学校創立者人名事典

日外アソシエーツ

Biographical Dictionary of School Founders in Japan

Compiled by
Nichigai Associates, Inc.

©2007 by Nichigai Associates, Inc.

Printed in Japan

本書はディジタルデータでご利用いただくことができます。詳細はお問い合わせください。

●編集担当● 児山 政彦
装　丁：浅海 亜矢子

刊行にあたって

　わが国における近代の学校教育制度は、明治5年の「学制」の発布に始まる。明治という時代を迎え、教育の場はそれまでの藩校、郷学、私塾、寺子屋から「学校」へと大きく変化を遂げた。青少年育成のため私立学校を創立する者が各地に現れ、法律学校、英語学校、工業技術を磨く徒弟学校、裁縫塾を基に女子教育に乗り出すなど様々な広がりを見せた。幕末の文化を明治に伝え、さらには明治初期の教育を背負ったのも私立学校であった。

　戦後になると「私立学校法」が制定され、教育者、政治家、実業家、宗教家、芸術家などの中から、自らの教育理念実践のため学校を創立する者が多く現れている。これら学校創立者に共通するのは、事業欲に駆られ学校を創始したのではなく、教育への熱意によって動かされたという事実である。

　本書は日本の私立学校創立者820人を収録、日本教育史の人物研究に役立つべく企図した人名事典である。編集にあたっては学校沿革史、地方百科事典などを調査し、これまで人名事典類に載ることのなかった人物も多数収録した。また、現存者の方にはアンケートを行い情報の精確さを期した。これらの中には、編集部の力及ばず、掲載をあきらめた人物もあることをお断りしておく。

　最後に、創立者に関する問合せに対し、快く資料・情報提供いただいた学校関係者の方々に深く感謝する次第である。

　　　2007年5月

　　　　　　　　　　　　　　　　　　　　日外アソシエーツ

凡　例

1．基本方針

1）本書は明治・大正・昭和の間に私立大学、短期大学、高校、旧制中学などの学校設立、創立に関わった教育者、実業家、政治家、宗教家、芸術家など820人を収録する人名事典である。

2）現存者に対してはアンケートを行い、回答を得た人物のみ掲載した。

2．人名見出し

1）見出しには、一般的な名前を採用した。使用漢字は原則常用漢字、新字体に統一した。

2）見出しの五十音順に排列した。

3．記載事項

記載事項およびその順序は以下の通り。

1）プロフィール
生年月日／没年月日／職業／肩書／本名・別名・異表記など／出生地／家族・親族／学歴／師弟／学位／専攻／所属団体／受賞歴／経歴

2）評伝・参考文献
伝記、評伝、学校沿革史などの参考文献。

4．人名索引

本文中に記載されている人名を五十音順に排列し、家族関係・師弟関係・交流関係のあった見出し人名（及び該当頁）を示した。本文の見出し人名は太字とした。

　　　　例）羽仁もと子 ·················· 263
　　　　　　千葉クラ ···················· 201
　　　　　　羽仁吉一 ···················· 264

　また、該当人物の別名（本名、通称、号など）から見出し人名（及び該当頁）への指示は「→」で示した。

　　　　例）人見円吉
　　　　　　　→人見東明 ················ 269

5．学校名索引

　本文中の人物が創立、設立に関わった学校、学園名（変遷後の校名など含む）を五十音順に排列し、その見出し人名（及び該当頁）を「→」で示した。

　　　　例）跡見学園
　　　　　　　→跡見花蹊 ················ 11

目　　次

【あ】

合川 正道 …………………… 3
会沢 信彦 …………………… 3
愛知 すみ …………………… 3
合原 琴 ……………………… 4
青木 千代作 ………………… 4
青田 強 ……………………… 4
赤井 米吉 …………………… 4
赤木 周行 …………………… 5
明石 嘉聞 …………………… 5
赤松 安子 …………………… 6
秋草 芳雄 …………………… 6
秋山 四郎 …………………… 6
安香 烈 ……………………… 7
浅井 熊太郎 ………………… 7
浅井 淑子 …………………… 7
浅野 総一郎 ………………… 8
浅野 長勲 …………………… 9
麻生 繁樹 …………………… 9
足立 闇励 …………………… 10
安達 清風 …………………… 10
足立 てる子 ………………… 10
安達 寿雄 …………………… 10
安達 安子 …………………… 11
跡見 花蹊 …………………… 11
阿部 ヤス …………………… 12
阿部野 利恭 ………………… 12
天野 貞祐 …………………… 13

雨森 菊太郎 ………………… 14
荒木 スヱヲ ………………… 14
荒木 民次郎 ………………… 14
荒木 俊馬 …………………… 14
有木 春来 …………………… 15
有田 徳一 …………………… 15
有馬 頼寧 …………………… 15
有元 史郎 …………………… 16
粟屋 活輔 …………………… 17

【い】

飯村 丈三郎 ………………… 17
五十嵐 豊吉 ………………… 18
池上 公介 …………………… 18
石川 志づ …………………… 18
石川 貞治 …………………… 19
石津 照璽 …………………… 19
石田 学而 …………………… 19
石田 米助 …………………… 19
石野 瑛 ……………………… 20
石橋 絢彦 …………………… 20
石橋 蔵五郎 ………………… 21
石原 堅正 …………………… 21
井尻 艶太 …………………… 21
石渡 坦豊 …………………… 22
イーストレーク, フランク …… 22
泉屋 利吉 …………………… 23
伊瀬 敏郎 …………………… 23
磯江 潤 ……………………… 23
磯部 醇 ……………………… 23

板野 不着	24
市川 源三	24
市毛 金太郎	25
市邨 芳樹	25
伊藤 卯一	25
伊藤 うた	25
伊藤 修	26
伊東 静江	26
伊藤 鶴代	26
伊藤 博文	27
稲置 繁男	31
稲毛 多喜	31
井上 円了	31
井上 源之丞	33
井上 はな	34
井上 操	34
井上 吉之	34
井口 在屋	35
今泉 定助	35
井村 荒喜	36
岩尾 昭太郎	36
岩崎 清一	37
岩崎 弥之助	37
岩下 清周	38
岩田 英子	39
巌谷 立太郎	39

【う】

ウィリアムズ, チャニング・ムーア	40
上田 勝行	40
植田 真一	41
上田 八一郎	41
上田 鳳陽	41
上野 清	41
上野 銀	42
植野 慶四郎	42
上野 安紹	42
上野 陽一	43
上原 とめ	43
植村 花亭	43
宇城 カ子	44
宇城 信五郎	44
宇田 友四郎	44
宇田 尚	45
馬田 行啓	45
梅沢 鋭三	45
梅高 秀山	46
梅原 融	46
梅村 清光	46
梅村 清明	47
漆 雅子	47

【え】

江木 衷	47
江角 ヤス	48
エディ, エレン・G.	48
榎本 武揚	48
江原 素六	50
海老名 弾正	51
海老名 隣	52
遠藤 政次郎	52
遠藤 豊	52
遠藤 隆吉	53

【お】

| 扇本 真吉 | 53 |
| 大井 才太郎 | 54 |

大井 龍跳	54	奥田 艶子	71
大江 市松	54	奥田 義人	72
大江 スミ	55	小倉 久	72
大久保 彦三郎	55	生越 三郎	73
大隈 重信	55	尾崎 はつ	73
大倉 喜八郎	59	押川 方義	73
大島 貞敏	60	織田 淑子	74
太田 耕造	61	小田 源吉	74
大谷 光演	61	織田 小三郎	74
大谷 光尊	62	越智 宣哲	75
大谷 智子	62	オネジム, スール・マリ	75
大谷 尊由	62	小野 光洋	75
大多和 音吉	63	小野 由之丞	76
大多和 タカ	63	小原 国芳	76
大津 和多理	63	恩田 重信	77
大塚 鉄軒	64		
大築 仏郎	64		
大妻 コタカ	65	**【 か 】**	
大庭 陸太	65		
大森 テル	66	ガイ, ハーベイ	78
大山 勘治	66	甲斐 和里子	78
岡内 清太	66	嘉悦 孝子	79
小笠原 清務	67	嘉数 昇	80
岡田 日帰	67	香川 綾	80
岡戸 文右衛門	67	香川 昇三	81
岡野 さく	67	香川 昌子	81
岡野 弘	68	影山 四郎	82
岡部 鎗三郎	68	笠原 田鶴子	82
岡見 清致	68	梶浦 逸外	82
岡村 輝彦	68	上代 淑	83
岡本 巌	69	加瀬 代助	83
岡山 兼吉	69	片岡 安	83
小川 銀次郎	70	片桐 竜子	84
沖永 荘兵衛	70	片倉 兼太郎(3代目)	84
奥 愛次郎	70	片山 石	84
奥 好義	71	桂 太郎	85
オグスト, スール・マリ	71	加藤 せむ	86

加藤 俊子	87
加藤 弘之	87
加藤 ふぢ	89
加藤 米	89
加藤 利吉	89
カートメル,マーサ・J.	89
金井 兼造	90
金尾 馨	90
金沢 尚淑	90
金丸 鉄	91
金子 泰蔵	91
兼松 成言	91
鏑木 忠正	92
釜瀬 新平	92
上岡 一嘉	92
上岡 長四郎	93
香山 晋次郎	93
カロリヌ,スール	93
河井 道	94
河口 愛子	94
川崎 幾三郎	95
川崎 祐宣	95
川島 アクリ	95
川島 至善	96
川島 隼彦	96
川田 鉄弥	96
川並 香順	97
河野 タカ	97
川原 忠平	97
河辺 貞吉	98
川俣 英夫	98
川村 文子	98
神田 乃武	99
菅野 慶助	99

【き】

祇園寺 きく	100
菊池 九郎	100
菊池 武夫	101
菊池 道太	101
木沢 鶴人	101
岸本 辰雄	102
キダー,メアリー・エディ	102
北 昤吉	103
喜多川 義比	103
キノルド,ヴェンツェスラウス	104
木原 適処	104
木宮 泰彦	105
木村 熊二	105
木村 秀子	106
桐山 篤三郎	106
ギール,ジェニー	106

【く】

グットレーベン,ジョセフ	107
国信 玉三	107
九里 総一郎	107
九里 とみ	108
熊谷 弘士	108
熊見 直太郎	108
クライン,フレデリック・チャールズ	109
栗本 祐一	109
栗本 廉	109
グレンジャー,ウィリアム	110
黒沢 酉蔵	110

(9)

クロスビー, ジュリア・ニールソン	……	111
クローソン, バーサ	……	111
黒土 四郎	……	112
桑沢 洋子	……	112
桑原 玉市	……	113

【け】

ゲーンズ, ナニー・B.	……	113

【こ】

小泉 順三	……	113
小泉 俊太郎	……	114
公江 喜市郎	……	114
髙村 坂彦	……	115
古賀 喜三郎	……	115
古賀 肇	……	115
後閑 菊野	……	116
黒正 巌	……	116
木暮 山人	……	117
コサンド, ジョセフ	……	117
越 泰蔵	……	117
越原 春子	……	117
越原 和	……	118
児島 惟謙	……	118
ゴーセンス, エルネスト	……	119
五代 友厚	……	120
児玉 九十	……	122
小寺 謙吉	……	122
五島 慶太	……	122
小梨 コマ	……	124
小西 信八	……	124
近衛 篤麿	……	125

小林 有也	……	126
小林 倭文	……	126
小林 清作	……	126
小林 虎三郎	……	126
駒井 重格	……	127
小松 謙助	……	128
小松原 賢誉	……	128
コルベ, マキシミリアノ	……	128
近藤 ちよ	……	129
近藤 真琴	……	130

【さ】

西園寺 公望	……	131
斎藤 英明	……	133
斎藤 辰	……	133
斎藤 秀三郎	……	133
斎藤 由松	……	134
酒井 嘉重	……	134
酒井 堯	……	135
佐方 鎮子	……	135
坂田 祐	……	135
阪谷 朗廬	……	135
佐久間 惣治郎	……	136
桜井 鷗村	……	137
桜井 ちか	……	137
桜井 房記	……	138
佐香 ハル	……	138
佐々木 とよ	……	138
佐々木 勇蔵	……	139
笹野 雄太郎	……	139
笹森 儀助	……	139
佐々 友房	……	140
薩埵 正邦	……	140
佐藤 一男	……	141
佐藤 カツ	……	141

佐藤 伎具能	141		島田 依史子	160
佐藤 重遠	142		清水 安三	161
佐藤 善治郎	142		下出 民義	161
佐藤 泰然	142		下河辺 光行	161
佐藤 夕子	143		下条 恭兵	162
佐藤 徳助	143		下田 歌子	162
実吉 益美	144		下村 房次郎	163
佐野 鼎	144		下八川 圭祐	164
鮫島 晋	144		ジャジソン, コーネリア	164
佐山 サダ	145		十文字 こと	165
沢井 兵次郎	145		白井 こう	165
沢田 亀	146		白井 種雄	166
沢野 忠基	146		白阪 栄彦	166
沢柳 政太郎	146		白戸 光久	166
沢山 保羅	147		新海 栄太郎	166
三田 葆光	148		信谷 定爾	167
三幣 貞子	148		進藤 貞範	167

【し】

【す】

椎尾 弁匡	149		須賀 栄子	168
椎野 詮	149		須賀 友正	168
塩原 市三郎	150		菅沢 重雄	168
塩原 キク	150		杉浦 鋼太郎	169
志方 鍛	150		杉浦 重剛	169
品川 弥二郎	151		杉野 芳子	170
篠田 時化雄	151		杉原 正市	171
斯波 安	152		杉村 次郎	171
柴田 周吉	152		杉森 シカ	171
柴田 徳次郎	152		椙山 いま	172
柴田 直記	152		椙山 正式	172
柴田 やす	153		スクーンメーカー, ドーラ	173
渋川 忠二郎	153		鈴木 彌美	173
渋沢 栄一	154		鈴木 藤三郎	173
渋谷 慥爾	159		鈴木 よね	174
島地 黙雷	160		鈴木 米次郎	174

スタウト, エリザベス …………	175
スタウト, ヘンリー …………	175
須藤 いま子 …………………	175
砂本 貞吉 ……………………	176
スミス, サラ・クララ ………	176

【せ】

瀬尾 チカ ……………………	177
関口 隆吉 ……………………	177
関本 諦承 ……………………	177
世耕 弘一 ……………………	178
瀬島 源三郎 …………………	178
千本 福隆 ……………………	179

【そ】

相馬 永胤 ……………………	179
園部 ピア ……………………	180
ソーパー, ジュリアス ………	180

【た】

ダウド, アニー ………………	181
高岡 元真 ……………………	181
高木 章 ………………………	181
高木 兼寛 ……………………	181
高木 君 ………………………	182
高楠 順次郎 …………………	182
高碕 達之助 …………………	183
高島 鞆之助 …………………	184
高津 鍬三郎 …………………	184
高津 仲次郎 …………………	185

高野瀬 宗則 …………………	185
高橋 一勝 ……………………	185
高橋 健三 ……………………	186
高橋 忠次郎 …………………	186
高柳 義一 ……………………	186
高山 紀斎 ……………………	187
滝 信四郎 ……………………	188
滝川 一益 ……………………	188
滝川 弁三 ……………………	188
田口 芳五郎 …………………	188
竹崎 順子 ……………………	189
武田 ミキ ……………………	189
武中 武二 ……………………	190
竹内 明太郎 …………………	190
竹内 綱 ………………………	190
武村 耕靄 ……………………	191
田沢 康三郎 …………………	191
田尻 稲次郎 …………………	192
辰馬 吉左衛門(13代目) ……	192
辰馬 吉男 ……………………	193
ダッドレー, ジュリア・エリザベス ………………………	193
辰野 金吾 ……………………	193
舘田 きね ……………………	194
田中 重信 ……………………	194
田中 寿一 ……………………	195
田中 省三 ……………………	195
田中 千代 ……………………	195
棚橋 絢子 ……………………	196
棚橋 一郎 ……………………	196
棚橋 衡平 ……………………	197
谷岡 登 ………………………	198
谷口 長雄 ……………………	198
谷本 多加子 …………………	198
田沼 志ん ……………………	198
田沼 太右衛門 ………………	199
玉木 リツ ……………………	199

目　　次　　　　　　　　ともく

玉名 程三 ………………… 199
田村 国雄 ………………… 200
田村 哲夫 ………………… 200
タルカット, エリザ ………… 200

【ち】

千葉 クラ ………………… 201
千葉 七郎 ………………… 202
チマッチ, ヴィンセンチオ …… 202
チャーチ, エラ …………… 202

【つ】

塚原 善兵衛 ……………… 203
塚本 英世 ………………… 203
辻本 一郎 ………………… 203
都築 貞枝 ………………… 203
都築 頼助 ………………… 204
津田 梅子 ………………… 204
津田 仙 …………………… 206
津田 白印 ………………… 207
土屋 智重 ………………… 207
常見 ろく ………………… 207
津曲 貞助 ………………… 208
鶴 虎太郎 ………………… 208
鶴 襄 ……………………… 209
鶴岡 トシ ………………… 209
鶴崎 規矩子 ……………… 210
鶴見 守義 ………………… 210

【て】

ディクソン, ジェムス ……… 211
手島 精一 ………………… 211
手塚 岸衛 ………………… 212
手塚 太郎 ………………… 212
寺尾 寿 …………………… 213
寺田 勇吉 ………………… 213
寺部 だい ………………… 213

【と】

土居 通夫 ………………… 213
戸板 関子 ………………… 214
遠山 参良 ………………… 215
禿 須美 …………………… 215
禿 了教 …………………… 215
徳富 久子 ………………… 216
徳永 四郎 ………………… 216
徳永 規矩 ………………… 216
徳野 常道 ………………… 217
土光 登美 ………………… 217
ドージャー, チャールズ・ケルゼイ
　………………………… 218
戸津 高知 ………………… 218
戸野 みちゑ ……………… 218
土肥 モト ………………… 219
富沢 カネ ………………… 219
富沢 昌義 ………………… 219
富田 かね ………………… 220
富田 小一郎 ……………… 220
富田 鉄之助 ……………… 220
友国 晴子 ………………… 221

(13)

とやま　　　　　　　目　　次

外山 ハツ ……………… 221
外山 正一 ……………… 221
豊田 周衛 ……………… 222
豊田 太蔵 ……………… 222
豊田 芙雄 ……………… 223
豊増 一女 ……………… 223

【な】

内木 玉枝 ……………… 224
内藤 儀十郎 …………… 224
那珂 通世 ……………… 225
永井 久一郎 …………… 225
永井 幸次 ……………… 226
永井 泰量 ……………… 226
中川 謙二郎 …………… 227
中川 小十郎 …………… 227
中川 重麗 ……………… 227
中川 横太郎 …………… 228
中川 与志 ……………… 228
永島 運一 ……………… 229
中島 吉郎 ……………… 229
中島 久万吉 …………… 230
長嶋 行吉 ……………… 230
中島 ヤス ……………… 231
永末 ミツヱ …………… 231
仲田 順光 ……………… 231
長戸路 政司 …………… 231
中沼 了三 ……………… 232
永野 たけ ……………… 232
中野 初子 ……………… 233
中野 冨美 ……………… 233
中野 ミツ ……………… 233
中野 与之助 …………… 234
中原 市五郎 …………… 234
永原 まつよ …………… 235

永渕 アサ子 …………… 235
中村 恭平 ……………… 235
中村 精男 ……………… 235
中村 貞吉 ……………… 236
中村 治四郎 …………… 236
中村 清蔵 ……………… 237
中村 仙巌 ……………… 237
中村 全亨 ……………… 237
中村 ハル ……………… 238
中村 春二 ……………… 238
中村 萬吉 ……………… 238
中村 みつ ……………… 239
中村 ユス ……………… 239
中村 由太郎 …………… 239
中村 六三郎 …………… 240
中森 孟夫 ……………… 240
中山 義崇 ……………… 240
夏川 嘉久次 …………… 241
並木 伊三郎 …………… 241
成瀬 仁蔵 ……………… 242
難波 正 ………………… 242
南部 明子 ……………… 243
南部 高治 ……………… 243

【に】

新島 襄 ………………… 244
新名 百刀 ……………… 247
新穂 登免 ……………… 247
二階堂 トクヨ ………… 247
西 周 …………………… 248
西 敏 …………………… 249
西川 鉄次郎 …………… 250
西田 天香 ……………… 250
西田 のぶ ……………… 251
西村 伊作 ……………… 251

西森 元 …………………… 252	廿日出 彪 …………………… 261
新田 長次郎 ………………… 252	服部 綾雄 …………………… 261
新田 仲太郎 ………………… 253	服部 一三 …………………… 261
蜷川 親継 …………………… 253	服部 仁平治 ………………… 262
二宮 邦次郎 ………………… 254	鳩山 春子 …………………… 262
	花岡 タネ …………………… 263
【ぬ】	羽仁 もと子 ………………… 263
	羽仁 吉一 …………………… 264
額賀 キヨ …………………… 254	浜田 健次郎 ………………… 265
額賀 三郎 …………………… 254	早坂 久之助 ………………… 265
額田 晋 ……………………… 254	林 恵海 ……………………… 265
額田 豊 ……………………… 255	林 霊法 ……………………… 265
	原口 隆造 …………………… 266
	ハリス, フローラ …………… 266
	バルツ, ジャック …………… 267
	バローズ, マーサ …………… 267
【ね】	
根津 嘉一郎（1代目）……… 255	**【ひ】**
【の】	ピアソン, ルイーズ・ヘンリエッタ …………………………… 267
能美 ヨシ子 ………………… 256	ビカステス, エドワード …… 268
野口 援太郎 ………………… 256	疋田 運獣 …………………… 268
野口 周善 …………………… 257	土方 寧 ……………………… 268
信清 権馬 …………………… 257	日高 藤吉郎 ………………… 269
野又 貞夫 …………………… 258	一柳 満喜子 ………………… 269
野村 武衛 …………………… 258	人見 東明 …………………… 269
野村 鈴吉 …………………… 258	人見 緑 ……………………… 270
	平岩 恒保 …………………… 271
【は】	平生 釟三郎 ………………… 271
	平岡 静人 …………………… 272
長谷川 泰 …………………… 259	平賀 義美 …………………… 273
長谷川 鉄雄 ………………… 260	平方 金七 …………………… 273
長谷川 良信 ………………… 260	平沢 直吉 …………………… 273
	平田 華蔵 …………………… 274
	平野 恒 ……………………… 274

(15)

比留間 安治	274		船田 兵吾	298
広池 千九郎	274		船田 ミサヲ	299
弘重 寿輔	276		プライン, メアリ	300
広田 精一	276		ブラウン, チャールズ・L.	300
			ブリテン, ハリエット・ガートルード	300
			古市 公威	301
【ふ】			古田 貞	301
			古田 重二良	301
フォス, グスタフ	277		古屋 喜代子	302
フォス, ヒュー・ジェームス	277		古屋 真一	302
深井 鑑一郎	277		フロジャク, ヨゼフ	303
福井 直秋	278			
福川 泉吾	278			
福沢 泰江	279		**【へ】**	
福沢 諭吉	279			
福田 昌子	290		ヘッセル, メリー	303
福冨 芳美	290		ヘボン	304
福西 志計子	291			
福原 軍造	291			
福本 寿栄	291		**【ほ】**	
福山 重一	291			
藤井 健造	292		ホーイ, ウィリアム・エドウィン	305
藤井 高蔵	292		朴沢 三代治	305
藤井 ショウ	292		星 一	305
藤井 曹太郎	293		星野 フサ	306
藤井 正男	293		穂積 陳重	306
伏木田 隆作	293		細川 泰子	307
藤田 啓介	294		堀田 正忠	307
藤田 進	294		ホフマン, ヘルマン	308
藤田 隆三郎	295		ボーマン, レオポルド	308
藤田 文蔵	295		堀 栄二	308
藤村 トヨ	295		堀越 千代	308
藤村 晴	296		堀水 孝教	309
藤本 寿吉	296		ボルジア, メール	309
藤原 市太郎	296		本庄 京三郎	310
藤原 銀次郎	297			
二木 謙吾	298			

本多 庸一 …………………… 310

【ま】

前田 若尾 …………………… 311
牧田 環 ……………………… 312
牧野 賢一 …………………… 312
マクレイ, ロバート・サミュエル …………………………… 312
増島 六一郎 ………………… 313
増田 孝 ……………………… 313
増谷 かめ …………………… 313
増谷 くら …………………… 313
増村 度次 …………………… 314
松浦 昇平 …………………… 314
松岡 登波 …………………… 314
松田 進勇 …………………… 314
松田 秀雄 …………………… 315
松田 藤子 …………………… 315
松平 浜子 …………………… 315
松平 頼寿 …………………… 316
松永 いし …………………… 316
松野 勇雄 …………………… 316
松前 重義 …………………… 317
松本 荻江 …………………… 317
松本 生太 …………………… 318
松本 隆興 …………………… 318
松山 鎰 ……………………… 318
松浦 詮 ……………………… 318
松良 みつ …………………… 319
丸木 清美 …………………… 319
丸橋 光 ……………………… 319
丸山 淑人 …………………… 320

【み】

三浦 幸平 …………………… 320
三上 アイ …………………… 320
三木 省吾 …………………… 321
御木 徳一 …………………… 321
三島 駒治 …………………… 321
三島 中洲 …………………… 322
三島 よし …………………… 322
水月 哲英 …………………… 323
水田 三喜男 ………………… 323
水谷 キワ …………………… 324
水野 鼎蔵 …………………… 324
三角 錫子 …………………… 324
水山 烈 ……………………… 325
聖園 テレジア ……………… 325
溝部 ミツエ ………………… 325
三田 俊次郎 ………………… 325
三田 てる …………………… 326
三田 義正 …………………… 326
満田 ユイ …………………… 327
三室戸 為光 ………………… 327
三室戸 敬光 ………………… 327
三守 益 ……………………… 328
三守 守 ……………………… 328
宮川 視明 …………………… 328
宮川 保全 …………………… 328
宮城 浩蔵 …………………… 329
宮田 慶三郎 ………………… 329
宮本 一郎 …………………… 330
三好 晋六郎 ………………… 330
三輪 桓一郎 ………………… 330
三輪田 真佐子 ……………… 330

【む】

宗村 佐信 …………………… 331
村上 専精 …………………… 331
村崎 サイ …………………… 332
村田 謙造 …………………… 332
村野 山人 …………………… 333

【め】

目賀田 種太郎 ……………… 333

【も】

望月 軍四郎 ………………… 333
元田 直 ……………………… 334
元田 肇 ……………………… 334
元良 勇次郎 ………………… 334
百瀬 泰男 …………………… 335
森 磯吉 ……………………… 335
森 嘉吉 ……………………… 335
森 茂樹 ……………………… 335
森 嘉種 ……………………… 336
森 わさ ……………………… 336
森田 一郎 …………………… 337
森田 倭文子 ………………… 337
森村 市左衛門 ……………… 337
森本 厚吉 …………………… 337
守屋 東 ……………………… 338
森谷 たま …………………… 338
諸沢 みよ …………………… 339

【や】

八代 斌助 …………………… 340
矢代 操 ……………………… 340
安田 茂晴 …………………… 341
保田 棟太 …………………… 341
安田 リョウ ………………… 341
谷田部 梅吉 ………………… 342
矢野 二郎 …………………… 342
矢野 龍渓 …………………… 343
山内 豊範 …………………… 343
山岡 次郎 …………………… 344
山川 波次 …………………… 344
山川 二葉 …………………… 345
山口 準之助 ………………… 345
山口 末一 …………………… 345
山口 久太 …………………… 346
山崎 周信 …………………… 346
山崎 寿春 …………………… 346
山崎 弁栄 …………………… 347
山下 亀三郎 ………………… 347
山田 顕義 …………………… 348
山田 喜之助 ………………… 349
山田 きみ …………………… 349
山田 源一郎 ………………… 350
山田 新平 …………………… 350
山野内 四郎 ………………… 350
山村 婦みよ ………………… 351
山本 宜喚 …………………… 351
山本 藤助 …………………… 351
山森 栄三郎 ………………… 352
山脇 玄 ……………………… 352

【ゆ】

幸 フク ………………… 352
行吉 哉女 ……………… 353
湯本 武比古 …………… 353

【よ】

横井 玉子 ……………… 354
横川 楳子 ……………… 354
横山 又吉 ……………… 354
吉岡 哲太郎 …………… 355
吉岡 弥生 ……………… 355
吉津 度 ………………… 356
吉田 一士 ……………… 356
吉田 数馬 ……………… 357
吉田 源応 ……………… 357
吉田 マツ ……………… 357
吉田 萬次 ……………… 358
吉田 幸雄 ……………… 358
吉村 寅太郎 …………… 358
吉森 梅子 ……………… 358
四倉 ミツエ …………… 359
米田 吉盛 ……………… 359

【ら】

ライト, カロライン ………… 360
ライネルス, ヨゼフ ………… 360
ラッセル, エリザベス ……… 360
ランドルフ, アニー・エドガー … 361

ランバス, ウォルター・ラッセル ……………………… 361
ランバック, セレスタン …… 362

【り】

了翁道覚 ………………… 362

【る】

ルラーヴ, ルイ ……………… 363

【れ】

レイカー, メリー・ユージニア 363
レーメ, クサヴェラ ………… 363

【ろ】

ロウ, J. H. ………………… 364
ロバート, ピエール ………… 364
ロング, C. S. ……………… 364

【わ】

輪島 聞声 ……………… 365
和田 雄治 ……………… 365
渡辺 たま ……………… 366
渡辺 安積 ……………… 366
渡辺 嘉重 ……………… 367
渡辺 洪基 ……………… 367

(19)

わたな	目　次

渡辺 辰五郎 ……………… 368
渡辺 登美 ………………… 368
渡辺 操 …………………… 369
渡利 アイ ………………… 369
亘理 晋 …………………… 369
ワレン, C. F. ……………… 370

人名索引 …………………… 371
学校名索引 ………………… 401

学校創立者人名事典

【あ】

合川 正道
あいかわ・まさみち
？〜明治27年（1894年）10月1日

弁護士　高等商業学校教授，英吉利法律学校創設者
滋賀県出身。東京大学法学部〔明治14年〕卒。

　大学卒業後、明治18年元老院権少書記官となり、同年増島六一郎らと18名で英吉利法律学校（現・中央大学）を創設。22年法制局参事官を最後に退官して代言人となった。極端に社交性のうすい読書家だったため、代言人の生活にも馴染めず、23年華族会館調査主任に転じ、再び官吏となって、文部省参事官から高等商業学校（現・一橋大学）教授に進んだが、27年持病の肺結核のため、その生涯を孤独の中に終えた。「法学新報」の編集を主宰した時代があり、「英米契約法講義」以下法律学、政治学に関する10数冊の著書がある。

【評伝・参考文献】
◇風霜三代―中央大学八十年小史　大久保次夫（中央大学総務部調査部長）編　中央評論編集部　1965.2.15
◇中央大学百年史 通史編〈上巻〉　中央大学百年史編集委員会専門委員会編　中央大学　2001.3.31

会沢 信彦
あいざわ・のぶひこ
文久2年（1862年）8月〜
大正11年（1922年）2月15日

教育家　竹田女学校創立者
豊後国直入郡豊岡村（大分県）出生。大分師範学校〔明治15年〕卒。

　豊後岡藩士の家に生まれ、藩校で学び、明治15年大分師範学校を卒業。大野郡大木学校、大分学校の訓導を経て、直入郡高等小学校（竹田高等小学校）の訓導兼校長、30年大分高等小学校訓導兼校長となり、31年から大分尋常小学校校長を兼任。同年再び直入郡高等小学校の訓導兼校長に就任し、41年に廃校となるまで20余年校長を務め小学校教育に当たった。その後、直入郡立女子実業補習学校校長を務め、大正5年私立の竹田女学校（のちの竹田南高校）を設立、女子教育の発展に尽力した。この間、直入郡教育会長を15年間務めたほか、育英会評議員、教育修養団委員などを歴任し大分県知事・帝国教育会・文部大臣から表彰された。

愛知 すみ
あいち・すみ
（生没年不詳）

教育者　共立女子職業学校創立者
東京師範学校〔明治13年〕卒。

明治13年7月母校の東京女子師範学校に奉職。19年共立女子職業学校(現・共立女子学園)設立発起人の1人として創設に参加した。

【評伝・参考文献】
◇共立女子学園百十年史　共立女子学園百十年史編集委員会編　共立女子学園　1996.10.18

合原　琴
あいはら・きん

(生没年不詳)

教育者　共立女子職業学校創立者
村上琴。東京女子師範学校〔明治17年〕卒。
　東京女子師範学校附属小学校に勤務。明治19年共立女子職業学校(現・共立女子学園)設立発起人の1人として創設に参加した。

【評伝・参考文献】
◇共立女子学園百十年史　共立女子学園百十年史編集委員会編　共立女子学園　1996.10.18

青木　千代作
あおき・ちよさく

明治17年(1884年)〜昭和46年(1971年)

教育家　三島高校創立者
静岡県三島宿出生。東京高師(筑波大学)〔大正2年〕卒。

小学校訓導として勤務したのち、東京高師(現・筑波大学)を卒業。各地の中学、高女、師範学校等を経て、県視学に任官。大正8年大仁実科高女(大仁高)初代校長に就任。11年県立三島高女(三島北高)勤務。昭和5年三島実践女学校を設立、校長に就任。9年三島家政女学校と合併して、三島実科高等女学校(30年三島高校と改称)を創立。13年第2代校長に就任。戦後、商業学校に転換するなど学校の発展に尽力。24年退任。

青田　強
あおた・つよし

明治40年(1907年)4月23日〜
昭和61年(1986年)2月14日

日生学園理事長
兵庫県姫路市出身。長男は青田進(日生学園理事長)。東京高師〔昭和16年〕卒。勲四等旭日小綬章〔昭和57年〕、三重県民功労者表彰〔昭和59年〕。
　兵庫県視学指導主事を経て、昭和40年三重県上野市に学校法人・日生学園高校を創立。"全力主義"をモットーに全寮制の特異な教育指導を進めた。

赤井　米吉
あかい・よねきち

明治20年(1887年)6月1日〜
昭和49年(1974年)2月26日

明星学園創立者
旧姓名は山本米吉。石川県出生。広島高等師範学校英語科〔明治45年〕卒。

明治45年愛媛師範学校教諭、福井県立小浜水産学校教諭、秋田師範学校附属小学校主事から大正11年成城小学校幹事。H・パーカースト創案のドルトン・プランを日本に紹介。13年明星学園を創設、独自の教育課程を作り自己の教育理念を追求した。昭和21年には金沢女子専門学園、30年ふじ幼稚園を創設した。北陸新聞社長、武蔵野市教育委員長、全国市町村教育委員連合会長、国際新教育協会副会長なども歴任。「愛と理性の教育」「この道」などの著書のほかラッセル「原子時代に住みて」など翻訳も手がけた。

【評伝・参考文献】
◇近代日本の教育を育てた人びと 下 孤高の教育家 沢柳政太郎〔ほか〕（滑川道夫）（教育の時代叢書） 東洋館出版社編集部編 東洋館出版社 1965 19cm
◇教育改革者の群像（現代教育101選 33） 中野光著 国土社 1991.1 198p 19cm
◇思想のレクイエム—加賀・能登が生んだ哲学者15人の軌跡 浅見洋著 （横浜）春風社 2006.4.14 259p 19cm （B6）

赤木 周行
あかぎ・しゅうこう

安政4年（1857年）～
明治29年（1896年）3月8日

東京物理学講習所創設者
東京大学理学部物理学科中退。

明治14年有志21人で東京物理学講習所（のち東京物理学校、現・東京理科大学）を創設。訳書に「常用曲線」がある。

【評伝・参考文献】
◇東京理科大学百年史 東京理科大学編 東京理科大学 1981.6.14

明石 嘉聞
あかし・かもん

明治30年（1897年）8月15日～
昭和48年（1973年）10月4日

医師 聖マリアンナ医科大学創立者
北海道留萌出生。京都府立医科大学〔昭和3年〕卒。

父尚男・母キクの四男として生まれる。明石家は新天地を求めて、東京から北海道に移住。父は40歳のころカトリックの宣教師と出会い、深い感化を受けて一家をあげて信仰を受け入れた。宣教師で植物学者でもあったフォーリー神父との出会い植物採集整理の仕事を手伝う。その後、宗教的教育者になるとの志を立て、聖マリア会が経営していた長崎聖マリア学院の中等科に入学。指導者であったフランス人教師から、医者になることをすすめられ、姉妹校である海星中学に編入。その後、昭和3年医科大学を卒業し、医師としての第一歩を踏み出した。22年私財を投じて川崎市に聖マリアンナ会を創設し、東横

5

病院、聖マリアンナ医学研究所、東横第三病院、聖マリアンナ高等看護学院、保育園等、一連の教育・医療・社会福祉事業に情熱を傾けた。そして医科大学の設立を志し、昭和46年4月に東洋医科大学が開学し明石は理事長に就任、昭和48年に校名を聖マリアンナ医科大学に変更した。

【評伝・参考文献】
◇聖マリアンナ医科大学創立10周年記念誌　聖マリアンナ医科大学創立10周年記念誌編集委員会編　聖マリアンナ医科大学　1980.9.25

赤松 安子
あかまつ・やすこ

慶応1年（1865年）〜
大正2年（1913年）2月2日

社会事業家, 教育家
周防国都濃郡徳山（山口県徳山市）出生。父は赤松連城（僧侶）、夫は与謝野照幢（宗教家）、長男は赤松克麿（社会運動家）、長女は赤松常子（政治家）、二男は赤松五百麿（社会運動家）、義父は与謝野礼厳（僧侶、歌人）、義兄は与謝野鉄幹（歌人）、義姉は与謝野晶子（歌人）。京都府立女学校〔明治18年〕卒。

西本願寺勧学の赤松連城の娘として生まれ、幼少の頃より漢学を学び、詩歌や絵画にも秀でた。明治18年京都府立女学校を卒業。19年に浄土真宗の僧侶与謝野礼厳の二男である照幢（歌人与謝野鉄幹の弟）と結婚し、既成宗教の枠に囚われない宗教的人道主義を模索していた夫を助けた。のち実家である徳山の徳応寺境内で徳山婦人講習会を開いて教育事業に取り組むようになり、20年には組織を拡張して白蓮女学校（のちの私立徳山女学校）を創立。さらに慈善事業を志して防長婦人相愛会を結成し、38年には真宗徳華婦人会を設立して孤児の救済に乗り出すとともに地方への仏教思想宣布にも貢献した。実子に社会運動家赤松克麿、政治家赤松常子らがいる。

秋草 芳雄
あきくさ・よしお

大正5年（1916年）12月15日〜
平成4年（1992年）

秋草学園創設者
栃木県出生。妻は秋草かつえ（秋草学園学園長）。北支那経理学校〔昭和15年〕卒。圀勲四等旭日小授章〔平成4年〕。

昭和24年東京中野区に秋草学園を発足、妻かつえが校長となる。30年学校法人に組織変更。54年所沢市に秋草学園短期大学、57年狭山市に秋草学園高校を開校した。

秋山 四郎
あきやま・しろう

嘉永2年（1849年）〜？

教育者　共立女子職業学校創立者
東京師範学校〔明治7年〕卒。
　東京師範学校卒業後、広島師範学校に派遣される。のち年東京女子師範学校に転じ、明治13年舎中監事となり修身を担当した。19年共立女子職業学校(現・共立女子学園)設立発起人の1人として創設に参加。

【評伝・参考文献】
　◇共立女子学園百十年史　共立女子学園百十年史編集委員会編　共立女子学園　1996.10.18

安香 烈
あこう・れつ

(生没年不詳)

教育者　共立女子職業学校創立者
賀古烈。東京女子師範学校〔明治16年〕卒。
　東京女子師範学校に奉職。明治19年共立女子職業学校(現・共立女子学園)設立発起人の1人として創設に参加した。

【評伝・参考文献】
　◇共立女子学園百十年史　共立女子学園百十年史編集委員会編　共立女子学園　1996.10.18

浅井 熊太郎
あさい・くまたろう

明治5年(1872年)～昭和19年(1944年)

教育家　静岡県立榛原高校創立者
静岡県榛原郡吉田村片岡(吉田町)出生。東京専門学校文学科(早稲田大学)〔明治26年〕卒。
　浜松中学に勤務した後、帰郷。明治33年吉田村の林泉寺に村立堰南学校を創立。34年郡立榛原中学校、大正6年静岡県立榛原中学校(昭和23年榛原第一高校、24年榛原高校と改称)となった。また、明治37年東遠女学会を創立し、昭和2年の県立榛原高等女学校を設立(23年榛原第二高校に移行, 24年統合され榛原高校)。明治33年には静岡県連合青年会、38年には榛原郡社会教育同志会を結成し、社会教育の必要性を説いた。

浅井 淑子
あさい・よしこ

大正6年(1917年)7月4日～
昭和55年(1980年)1月4日

服飾研究家, 教育者　浅井学園大学創立者
旧姓名は渡辺。北海道札幌市出生。夫は浅井猛(浅井学園理事長)。東京国華女学校〔昭和9年〕卒, 杉野ドレスメーカー女学院師範科〔昭和14年〕卒。
[賞]勲五等宝冠章〔昭和55年〕, 北海道開発功労賞〔昭和55年〕, 札幌市民文化奨励賞。
　昭和6年叔父を頼って上京、東京国華女学校の2年編入試験を受けて合格。9年女学校卒業、東京女子医専に合格し札幌に帰るが、父・政助の反対

に遭い、女医への道を断念。その後生家の家事を手伝いながら近くの塾で洋裁を学び、その技術を生かして仕立物の内職に励む。12年春再度上京、杉野ドレスメーカー女学院本科に入学し、洋裁の専門的な勉学と学費を稼ぐ内職に精を出す。14年卒業。帰札後9月、北海ドレスメーカー女学園（のちの浅井学園大学）院長）を開校。両親の反対を押し切り、無理な金策をしてでも学校を開きたいという悲願の末であった。2年浅井猛と結婚。実業界で鍛えた猛の経営的手腕が、理想実現に大きく貢献した。25年杉野ドレスメーカー学院デザイナー科に入学し、6ケ月間研究に没頭。北海ドレスメーカー女学院(15年に改称)院長であり、2児の母でもあったが、万事を夫に託しての上京であった。また同28年から29年まではヨーロッパ研修旅行を行っている。

【評伝・参考文献】
◇北海道開発功労賞受賞に輝く人々―昭和55年　北海道総務部知事室渉外課編　北海道　1981.3　273p
◇浅井学園創立五十周年記念誌　浅井学園創立五十周年記念誌編集・執筆委員会編　浅井学園　1989.10.1

浅野 総一郎
あさの・そういちろう

嘉永1年(1848年)3月10日～
昭和5年(1930年)11月9日

浅野財閥創設者
幼名は泰治郎、前名は浅野惣一郎。越中国氷見郡藪田村（富山県氷見市）出生。長男は浅野泰次郎（浅野財閥2代目総一郎）、孫は浅野五郎（浅野総業社長）、浅野総太郎（浅野学園理事）。

2度養子に行き、商売も失敗を重ね、明治4年24歳で上京。竹の皮屋、砂糖水売りなど転々としたあと、7年横浜で石炭商を始めた。8年廃物のコークスを官営の深川セメント工場に売り込み、莫大な利益を得る。14年渋沢栄一の援助で深川セメント工場の払い下げを受け、17年浅野工場を設立、以後政府の保護もあり、皇居造営、陸軍要塞などセメント事業を拡大。31年安田善次郎の後援で安田銀行から融資を得て浅野セメント合資会社（のちの日本セメント）を設立、大正元年株式会社とし、ついで4年北海道セメント、12年浅野ストレート、日本カーリット、13年木津川セメントなどを設立。この間、大正2年から京浜鶴見地区150万坪を埋立てて造船、製鉄、海運、石炭、電力など多彩な事業を展開した。7年には浅野同族会社を設立、9年末で直接関係会社36、傍系会社50といわれる浅野財閥を形成した。9年1月には浅野総合中学校を創立。戦後、財閥は解体された。

【評伝・参考文献】
◇明治　大実業家列伝―市民社会建設の人々　林房雄著　創元社　1952　255p 19cm
◇財界巨人伝　河野重吉著　ダイヤモンド社　1954　156p 19cm

◇日本財界人物列伝　第1巻　青潮出版株式会社編　青潮出版　1963　1171p　図版　26cm
◇政商から財閥へ（グリーンベルト・シリーズ）　楫西光速著　筑摩書房　1964　234p　18cm
◇財界人思想全集　第8　財界人の人生観・成功観　小島直記編・解説　ダイヤモンド社　1969　454p　22cm
◇セメント王浅野総一郎（一業一人伝）　木村徹著　時事通信社　1972　263p　肖像　18cm
◇人われを事業の鬼と呼ぶ─浅野財閥を創った男　若山三郎著　青樹社　1993.7　269p　19cm
◇人物に学ぶ明治の企業事始め　森友幸照著　つくばね舎, 地歴社〔発売〕1995.8　210p　21cm
◇稼ぐに追いつく貧乏なし─浅野総一郎と浅野財閥　斎藤憲著　東洋経済新報社　1998.11　270p　20cm
◇その男、はかりしれず─日本の近代をつくった男浅野総一郎伝　新田純子著　サンマーク出版　2000.11　295p　20cm
◇相場ヒーロー伝説─ケインズから怪人伊東ハンニまで　鍋島高明著　五台山書房, 河出書房新社〔発売〕2005.12.20　340p　19cm（B6）

浅野　長勲

あさの・ながこと

天保13年（1842年）7月23日〜
昭和12年（1937年）2月1日

侯爵　元老院議官, 貴院議員
幼名は喜代槌, 別名は為五郎, 長興, 茂勲, 号は坤山。安芸国広島（広島県）出生。養父は浅野長訓（広島藩主）。圀勲一等旭日大綬章〔明治23年〕, 勲一等旭日桐花大綬章〔昭和3年〕。

宗家浅野長訓の養嗣子となり, のち広島藩主長訓を補佐し, 元治元年幕府の長征に中立を守り出兵拒否。慶応2年第2次長征には薩長芸3藩共同出兵を約束したが, 土佐藩の公議政体論にも賛同, 長幕間の調整に尽力した。3年将軍慶喜に大政奉還を勧告。明治2年襲封, 広島藩主となり, のち広島藩知事。以後維新政府の会計事務総督, 参与, 議定。4年廃藩置県で東京移住。10年西郷隆盛を説得したが失敗, 西南の役勃発。13年元老院議官, 15年駐イタリア公使, 17年帰国, 侯爵, 宮内省華族局長官, 23年貴族院議員となった。また第十五銀行, 浅野学校, 徴古館, 山中高等女学校などを創設, 実業, 文化面に活躍した。大名らしい風格で旧大名中最長命であった。

麻生　繁樹

あそう・しげき

明治33年（1900年）1月15日〜
平成8年（1996年）6月21日

麻生学園学園長
福岡県福岡市出生。法政大学文学部国語漢文科〔昭和5年〕卒。教育学博士〔昭和48年〕。圀勲五等瑞宝章〔昭和47年〕, 勲三等瑞宝章〔昭和62年〕, 日赤金色有功章〔昭和47年〕, 米国インターナショナルユニバーシティ功績章〔昭和48年〕。

昭和10年戸畑市立戸畑高女校長、15年福岡県視学官教学官、のち福岡県立福丸高校長、糸島女子高校長を経て、34年宮竹幼稚園開設園長。39年麻生学園設立理事長、40年福岡教員養成所開設学長、52年山口学園を継承理事長、山口工業短期大学学長。53年第二麻生学園山口短期大学と改称し理事長学長、59年修紅学院理事長、修紅短期大学学長。60年第一麻生学園麻生東北短期大学と改称、理事長兼学長。

足立 誾励
あだち・ぎんれい

明治20年（1887年）8月20日～
昭和59年（1984年）12月21日

足立学園学園長、真宗大谷派本養寺住職
愛知県一宮市出身。京都大学文学部〔明治45年〕卒。置勲三等瑞宝章〔昭和41年〕。
　昭和2年稲沢高等女学校（現・稲沢女子高校）、26年には稲沢女子短期大学を設立した。

安達 清風
あだち・せいふう

天保6年（1835年）3月23日～
明治17年（1884年）9月15日

志士
名は忠貫。因幡国（鳥取県）出生。因幡鳥取藩士の子。江戸で昌平黌に学び、のち水戸学も修める。文久2年（1862年）因幡藩京都留守居役となる。尊攘運動を行い、本圀寺事件では参加者の助命に奔走。慶応2年（1866年）生野代官所の管理問題で藩と対立して辞職。維新後は隠居して、日本原の開墾など鳥取西部地方の開発に尽力した。明治12年有功学舎を創設。著書に「安達清風日記」。

【評伝・参考文献】
◇安達清風日記（日本史籍協会叢書9）日本史籍協会編　東京大学出版会　1969　668p 22cm

足立 てる子
あだち・てるこ

明治33年（1900年）2月3日～
平成8年（1996年）6月14日

足立学園学園長
愛知県名古屋市中区出生。県立一高女卒。置勲五等瑞宝章〔昭和46年〕、紺綬褒章〔昭和54年〕。
　昭和2年夫とともに稲沢市に稲沢高等女学校（現・稲沢女子高校）を創設した。

安達 寿雄
あだち・としお

大正3年（1914年）1月4日～？

中京学院大学学長、安達学園理事長
号は寿楽（じゅらく）。茨城県出生。長

男は安達元成(中京学院大学学長)、二男は安達和俊(中京短期大学教授)、兄は梅村清明(梅村学園名誉総長)、甥は梅村清弘(梅村学園総長)、梅村光弘(松阪大学学長)。神戸商業大学〔昭和13年〕卒。団 経営学 賞 藍綬褒章〔昭和48年〕、勲三等瑞宝章〔昭和61年〕。

　三菱重工業名古屋航空機製作所勤務、中京商業高等学校長を経て、昭和35年中京大学副学長・教授。のち学長に就任。中京幼稚園長を兼務。平成5年中京学院大学学長に就任。安達学園を創立し、9年まで理事長を務めた。著書に「私学協会設立案」「私立学校発展史」「青年心理研究」などがある。

安達 安子
あだち・やすこ

天保6年(1835年)10月12日～
大正2年(1913年)7月28日

東京女子高等師範学校教授
加賀国(石川県)出生。

　加賀藩士安達幸之助と結婚、明治5年夫の死後、県令の命で金沢に女学校を創立。9年京都女紅場(府立第一高女)に勤めたが、14年東京女高師寄宿舎長となり、16年同校御用掛、25年教授。19年には共立女子職業学校(現・共立女子学園)設立発起人の1人として創設に参加した。34年京都市教育会婦人部長、また慈愛女学校校長。38年東京に帰り、弘道会、愛国婦人会、慈恵会、婦人法話会などで活躍した。

【評伝・参考文献】
◇共立女子学園百十年史　共立女子学園百十年史編集委員会編　共立女子学園　1996.10.18

跡見 花蹊
あとみ・かけい

天保11年(1840年)4月9日～
大正15年(1926年)1月10日

女子教育家、日本画家　跡見女学校創設者
本名は跡見瀧野。号は花渓、木花、不言、西成。摂津国(大阪府)西成郡木津村(大阪市西成区)出生。父は跡見重敬(歌人)、養女は跡見李子(跡見学園初代理事長)、従妹は跡見玉枝(日本画家)。賞 勲六等宝冠章〔明治45年〕、勲五等瑞宝章〔大正14年〕。

　代々大庄屋を務めた家に生まれるが、彼女が生まれた頃にはすでに家産も傾き、歌人でもあった父は寺子屋をしながら辛うじて一家を養ったという。幼い頃から学問を好み、漢学を宮原節庵、後藤松陰に、絵を石垣東山、円山応立らに学ぶとともに詩文、和歌、書画、裁縫、音曲をよくした。安政3年(1856年)京都に上り、扇面に揮毫をする内職をしながら苦学。5年(1858年)からは大坂で父が開いていた私塾を助けたが、やがて父が公卿・姉小路公知に仕官することとなったため一家を挙げて京都に移住し、東洞院二条に塾を開いて上流家庭の

老若男女に絵を教えた。明治3年東京に移り、神田猿楽町に画塾を開設。4年には宮中の御用で絵を納入したのが認められ、5年には皇后の御前で揮毫。さらに6年宮中に召され、女官に漢籍や書画を教えた。この間、華族の父兄たちから令嬢の教育を懇請されるようになり、8年神田猿楽町に跡見学校を創設。同校は同時期に創立された知識主義を重視する他の女学校とは異なり、良妻賢母主義と古典的な教養主義に基づく実科中心の教育を行って上品な上流婦人の育成に努め、我が国の女子中等教育に大きな影響を与えた。また体力の重要性も認め、寄宿舎では盆踊りをやらせるなど日本の女子教育に初めて体育を導入した。20年校舎を小石川柳町に移転。21年には跡見女学校(現・跡見学園女子大学)として開校し、女子教育に専念した。大正8年養女・李子に譲って校長を退き、名誉校長に就任。絵は山水花鳥を得意とし、また書は跡見流として一家を成し、堂々たる筆跡で知られ、たびたび皇后・皇太后に召されて御前揮毫を行った。代表作に「四季花卉図」などがある。一生を独身で通し、21歳から亡くなるまでの60年間にわたっての日記を残した。

【評伝・参考文献】
◇近世女流文人伝　会田範治, 原田春乃共編　明治書院　1960　280, 90p 22cm
◇跡見花蹊女史伝—伝記・跡見花蹊(伝記叢書58)　高橋勝介著　大空社　1989.1　244, 6p 図版10枚 22cm

◇跡見花蹊女史伝　高橋勝介著,「跡見花蹊伝」編集委員会編　跡見学園　1990.9　200p 22cm
◇跡見花蹊教育詞藻　中野一夫編著　跡見学園　1995.11　203p 図版10枚 22cm

阿部 ヤス
あべ・やす

明治3年(1870年)1月3日～
昭和24年(1949年)3月5日

教育者　阿部高等技芸学校校長
旧姓名は岡田。山口県玖珂郡余田村(柳井市)出生。山口女学校卒。
　山口女学校に学んだのち、明治34年下関に裁縫塾を開く。のち下関市立高等小学校で教鞭を執るが、大正1年には私立阿部裁縫女学校を設立。以後、その校長として女子教育に力を尽くし、13年には阿部高等技芸学校に改称するなど、今日の早鞆高校の基礎を築いた。昭和16年に引退し、郷里山口県余田村で余生を送った。

阿部野 利恭
あべの・りきょう

明治3年(1870年)～
昭和25年(1950年)7月1日

東洋語学専門学校校長, 熊本海外協会理事長
熊本県熊本市法念寺町(水道町)出生。済々黌中退, 和仏法律学校(法政大学)卒。

和仏法律学校卒業後、九州茶業組合書記となる。のちロシアのウラジオストックにわたり、日露戦争前夜には石光真清や陸軍の武藤信義少佐らとロシアや満州で情報収集活動に当たる。明治37年日露戦争が勃発すると第3師団付一等通訳官として従軍するが、病気を患い、名古屋陸軍病院で療養中に終戦を迎える。旅順で漁業会社を経営し、大連中央魚市場を創設したが、41年熊本に帰郷。42年東亜同志会(のち東亜通商協会,熊本海外協会)の設立に参画、理事長を務めた。昭和17年には東洋語学専門学校(現・熊本学園大学)創設に参加して校長に就任、同校の基礎を築いた。この間、熊本市議を2期務めた。

天野 貞祐

あまの・ていゆう

明治17年(1884年)9月30日～
昭和55年(1980年)3月6日

哲学者,教育家　文相,京都大学名誉教授,独協学園園長

神奈川県津久井郡鳥屋村出生。京都帝国大学文科大学哲学科〔明治45年〕卒。文学博士〔昭和6年〕。團カント哲学 圕文化功労者〔昭和36年〕,勲一等旭日大綬章〔昭和48年〕,NHK放送文化賞〔昭和46年〕。

　大正3年七高に赴任し、8年学習院教授に就任。12～13年にかけてドイツに留学し、15年京都帝大助教授に就任、昭和6年教授となる。19年退官。

その間カント「純粋理性批判」の翻訳などをし、12年「道理の感覚」を刊行。戦後21～23年一高校長をつとめ、一高・東大合併の決議の際に辞職。23年京大名誉教授。日本育英会会長を経て、25年第3次吉田改造内閣の文部大臣に就任。28年母校独協学園校長となり、39年独協大学を創立して初代学長となる。この間、教育刷新委員会委員、中央教育審議会会長、自由学園理事長、国立教育会館初代館長などをつとめ、48年日本学生野球協会会長として野球殿堂入りも果たす。36年文化功労者となり、46年NHK放送文化賞を受賞した。著書に専門のカント研究書のほか、「学生に与うる書」「若き女性のために」「如何に生くべきか」などの啓蒙書も多く、「天野貞祐全集」(全9巻・栗田出版会)がある。

【評伝・参考文献】
◇随想録　天野貞祐著　河出書房　1953　372p 図版 19cm
◇忘れえぬ人々 自伝的回想　天野貞祐著　河出書房　1953　345p 図版 19cm
◇わたしの生涯から　天野貞祐著　青林書院　1953　267p 図版 19cm
◇教育五十年　天野貞祐著　南窓社　1974　247p 20cm
◇わが人生　天野貞祐著　自由学園出版局　1980.4　115p 22cm
◇回想天野貞祐　独協学園百年史編纂室編　独協学園　1986.12　442p 22cm
◇天野貞祐先生とヒューマニズム―先生と信州　松崎貞良編著　松崎貞良　1987.10　218p 19cm

◇天野貞祐伝　蝦名賢造著　西田書店
　1987.12　346p 19cm
◇天野貞祐―わたしの生涯から（人間
　の記録152）　天野貞祐著　日本図
　書センター　2004.8　269p 20cm
◇相模川歴史ウオーク　前川清治著
　東京新聞出版局　2005.5.30　237p
　19cm（B6）

雨森 菊太郎

あめもり・きくたろう

安政5年（1858年）9月～
大正9年（1920年）5月4日

政治家　衆院議員（中正倶楽部）
旧姓名は岩垣。独逸語学校卒。
　京都市議、京都府議などを経て、衆院議員に当選。3期務めた。明治17年京都私立独逸学校の設立に貢献。24年東京・大阪・京都の府知事が市長を兼任する市政特例撤廃の理由書を起草した。

荒木 スヱヲ

あらき・すえお

明治24年（1891年）4月17日～
昭和51年（1976年）3月27日

教育家　隈府女子技芸学校設立者
旧姓名は岩本。別名は荒木末生。熊本県阿蘇郡白水村出生。夫は荒木民次郎。熊本女学校（熊本フェイス学院高校）〔明治43年〕卒。置勲五等瑞宝章、熊日社会賞、菊池市名誉市民。

阿蘇郡白水村の素封家岩本四郎の三女として生まれる。大正3年荒木民次郎と結婚。14年夫とともに菊池市に隈府女子技芸学校（菊池女子高校の前身）を設立。同年10月夫民次郎急逝。夫の遺志を継ぎ以来51年間、現職校長として女子教育に専念。第二次大戦後、隈府女子専門学校として発展を方向づけた。

荒木 民次郎

あらき・たみじろう

？～大正14年（1925年）10月

教育家　隈府女子技芸学校創立者・初代校長
妻は荒木スヱヲ（教育者）。
　大正3年岩本スヱヲと結婚。14年妻とともに菊池市に隈府女子技芸学校（菊池女子高校の前身）を設立、初代校長となる。同年10月急逝。

荒木 俊馬

あらき・としま

明治30年（1897年）3月20日～
昭和53年（1978年）7月10日

天文学者　京都産業大学総長, 京都大学名誉教授
熊本県出生。長男は荒木雄豪（京都産業大学教授）、弟は荒木千里（脳外科学者）、岳父は新城新蔵（京都帝大総長）。京都帝国大学理学部宇宙物理学科〔大正12年〕卒。理学博士〔昭和4

年〕。団天体物理学。

　昭和4～6年ドイツ、フランスなどに留学。16年京都帝国大学教授。17年「新城博士記念天文・宇宙物理学彙報」を創刊。戦時中は大日本言論報国会でも活躍、汪精衛政府顧問を務め、「思想戦と科学」を公刊。20年10月退官。22年公職追放、26年解除。のち、大阪商科大学、大谷大学教授などを経て、40年京都産業大学を創立、初代理事長、学長に就任。44年から終身総長。49年京大名誉教授。その間、日本国策協会に参加、雑誌「国策」を発行。著書に「天文宇宙物理学総論」(全7巻)「天文と宇宙」「天体力学」「西洋占星術」「荒木俊馬論文集」、長男と共著の「現代天文学事典」などがある。

【評伝・参考文献】
◇学祖荒木俊馬先生と京都産業大学—建学の心をたずねて　京都産業大学編　京都産業大学　2001.11　123p　30cm

有木　春来
ありき・はるき

明治31年（1898年）2月～
昭和56年（1981年）3月4日

教育者　国本女子高校校長・理事長
北海道出生。囲勲四等瑞宝章〔昭和46年〕。

　女子学院、津田英学塾で学ぶ。昭和17年国本高等女学校を創立。以来、幼稚園、小学校、女子中学校、女子高校へと発展させ、女子教育一筋に歩んだ。著書に「おむすび」「父祖の年輪」「まゆ」「みのり」「有木基遺稿集」がある。

有田　徳一
ありた・とくいち

？～明治29年（1896年）1月21日

教育家，軍人　関西法律学校校長

　広島藩士の家に生れる。明治維新の際には官軍に従い、東北地方を転戦。明治初年沖縄県、大阪府の官吏となるが、5年陸軍省九等出仕となる。12年工兵大尉に任じ、工兵第四方面本署大津支署長、同方面本署第一団区長兼第二団区長を歴任。18年退役。また、土居通夫、井上操らと親交があり、関西法律学校(のちの関西大学)創立に関わり、23年第3代校長に就任。司法省指定認可を得たほか、「関西法律学校規則」「改正事務章程」「学生規則」などを制定し、校務制度の整備に尽くした。27年日清戦争に出征、28年帰国するが、翌年病のため死去。

【評伝・参考文献】
◇関西大学百年史　人物編　関西大学百年史編纂委員会編　関西大学　1986.11.4

有馬　頼寧
ありま・よりやす

明治17年（1884年）12月17日～
昭和32年（1957年）1月10日

政治家, 伯爵　衆院議員（立憲政友会）, 貴院議員, 農相, 中央競馬会理事長

東京・浅草出生。父は有馬頼万（旧久留米藩主）, 三男は有馬頼義（作家）。東京帝大農科大学〔明治43年〕卒。

農商務省嘱託から東京帝大農学部助教授。大正11年賀川豊彦らと日本農民組合設立に参加、部落解放運動にも関係し、華族の反逆児といわれた。13年衆院議員に当選、政友会に入る。昭和2年伯爵家を継ぎ、貴院議員。3年には大藪守次と協力して久留米昭和高等女学校などを設立し、女子の教育にも力を尽くした。7年農林政務次官、8年産業組合中央金庫理事長。12年第1次近衛文麿内閣の農相、新体制運動に協力。15年大政翼賛会事務総長、5カ月で辞任。戦後A級戦犯容疑で9カ月拘禁、釈放後、中央競馬会理事長。その功績を記念して有馬記念競馬が設けられた。44年野球殿堂入り。著書に「七十年の回想」「政界道中記」など。

【評伝・参考文献】
◇七十年の回想　有馬頼寧著　創元社　1953　383p 図版 19cm
◇政界道中記　有馬頼寧著　日本出版協同　1953
◇転向 中（創立期の翼賛運動―有馬頼寧 安田武著）　平凡社　1960
◇先人の面影 久留米人物伝記　久留米市編　1961　526, 30p 図版 22cm
◇有馬頼寧日記1 巣鴨獄中時代　伊藤隆編　山川出版社　1997.4　426p
◇有馬頼寧日記 2 大正8年〜昭和3年　有馬頼寧〔著〕, 尚友倶楽部, 伊藤隆編　山川出版社　1999.11　583p 22cm
◇有馬頼寧日記 3 昭和10年―昭和12年　有馬頼寧〔著〕, 尚友倶楽部, 伊藤隆編　山川出版社　2000.12　450p 22cm
◇有馬頼寧日記 4 昭和13年〜昭和16年　有馬頼寧〔著〕, 尚友倶楽部, 伊藤隆編　山川出版社　2001.9　574p 22cm
◇有馬頼寧日記 5 昭和17年―昭和20年　有馬頼寧〔著〕, 尚友倶楽部, 伊藤隆編　山川出版社　2003.1　447, 53p 22cm
◇この結婚―明治大正昭和の著名人夫婦70態（文春文庫）　林えり子著　文芸春秋　2005.8.10　242p 15cm（A6）

有元 史郎

ありもと・しろう

明治29年（1896年）6月25日〜
昭和13年（1938年）5月30日

教育家, 政治家　東京高等工商学校創設者, 津山市長

広島県尾道市土堂町出生。鹿児島第七高理科甲類〔大正11年〕卒, 東京帝国大学工学部機械工学科〔大正14年〕卒。

帆布を製造し、船具を売る商家で名家の四男として生まれる。3歳の時、兄2人とともに叔母・ミネに引き取られる。明治36年尾道尋常高等小学校に入学。高等科へ進学したのち、14歳の冬に西城町に移り、西城尋常高等小学校高等1年に編入した。史郎は進学を望むも叔母に認められず、44年2月卒業を前に家出同然に兵庫県

西の宮の叔父のもとへ向かう。叔父は史郎が学問に秀でていることを知り、大阪大倉商業学校に入ることを勧めたが、入学試験に失敗。その後、親戚の家への養子話もうまくいかず、また奉公に出るも奉公先が破産するなどして、ミネのもとへ戻ることになった。大正3年9月家にあった350円の現金を持って姿を消した。4年独力で大阪天王寺の桃山中学校第4年級への編入を果たすが、間もなく困窮し兄・三郎を頼る。さらに腸チフスに感染し桃山中を退学。1年間岡山で兵役に服したあと、検定試験で中学校を卒業。兄の援助を受け、8年鹿児島の第七高等学校理科甲類、東京帝国大学工学部機械工学科に入学。14年卒業。同大学経済学部へ学士入学する。これ以降、同大学院、法学部政治学科、日本大学校商科、同文科へ入学・卒業を繰り返し、工学・経済学・法学・商学・文学の学士号を取得。昭和2年32歳の若さで東京高等工商学校（現・芝浦工業大学）を創設。12年岡山県津山市より市長就任の依頼を受け受諾するが、就任1ケ月にして疑獄事件に巻き込まれ辞任。過渡のショックと心労のため精神を病んだ。公判中の翌13年5月家族旅行の帰途汽車から身を投げ死亡、事故死と報じられた。

【評伝・参考文献】
◇芝浦工業大学 60年の軌跡　芝浦工業大学広報室編　芝浦工業大学広報室　1991.5.10

粟屋 活輔

あわや・かつすけ

元治1年（1864年）～
昭和12年（1937年）7月1日

教育家　長門興風学校初代校長
帝国大学中退。
　明治27年山口県厚西村（現・山陽町）に興成義塾を創立。36年高千帆村（現・小野田市）に移転し、長門興風学校（現・小野田高）と改称し初代校長となった。

【評伝・参考文献】
◇粟屋活輔先生小伝　高橋政清著　粟屋活輔先生遺徳顕彰委員会　1955

【い】

飯村 丈三郎

いいむら・じょうざぶろう

嘉永6年（1853年）5月～
昭和2年（1927年）8月13日

衆院議員（東洋自由党）
　いばらぎ新聞社長を経て、衆院議員に当選2回。昭和2年茨城中学校（現・茨城高校）を設立。

【評伝・参考文献】
◇飯村丈三郎伝—生誕百五十年記念　復刻版　茨城　2003.10　429, 5, 3p

五十嵐 豊吉
いがらし・とよきち

明治5年(1872年)11月12日～
昭和16年(1941年)3月9日

東北中学校校長・理事長
山形県酒田市出身。

　山形県酒田に代々造船業を営む家に長男として生まれる。琢成小学校を卒業後、優れた数学力を身につけるが向学心から上京。東京数学院に学び、19歳で代数学の参考書を出版している。明治27年上野清らと同院宮城分院を創設し、28年仙台数学院と改称。33年東北中学(現・東北高校)とし、初代校長や理事長を歴任した。

池上 公介
いけがみ・こうすけ

昭和15年(1940年)9月29日～

池上学院学院長、池上学院高校理事長
北海道札幌市出生。東京経済大学〔昭和39年〕卒。団英語団日本青少年育成協会(理事)、青少年育成道民会議(副会長)、北海道日中経済友好協会(副会長)、札幌モーニング・ロータリークラブ(元会長)。

　ボランティア通訳の母親の影響で幼少時より英語に親しむ。家業の池上商店に入社。昭和46年池上イングリッシュクラブを開校。60年中学浪人予備校・池上学院を開校。独自の教育論で小中高校生から大学受験科までの個別指導教育を展開。平成10年東京以北初の通信サポート校・札幌高等学院を開校。16年学校法人池上学園・池上学院高等学校を設立。また池上・イングリッシュ・クラブでは英語教育、FMでも放送、テレビでも英語講座担当。著書に「教育は家庭から―こうすれば、あなたの子どもは必ず伸びる!」「実践 食卓が原点 池上式手作り教育論」「不登校・引きこもりから奇跡の大逆転!」がある。

石川 志づ
いしかわ・しず

明治19年(1886年)5月13日～
昭和55年(1980年)7月17日

鷗友学園理事長
東京・麹町二番町出生。女子英学塾(津田塾大学)本科〔明治41年〕卒。置勲四等宝冠章〔昭和55年〕。

　津田梅子、内村鑑三の内弟子として学ぶ。明治43年東京府立第一高女教諭となる。大正14年から日本キリスト教女子青年会(YWCA)中央委員をつとめ、昭和4年米国コロンビア大学ティーチャースクール(師範大学)の1年コースを修了。10年(財)鷗友学園理事長に就任。鷗友学園高女校長在職中に家裁調停委員、人権擁護委員もつとめた。

石川 貞治
いしかわ・ていじ

（生没年不詳）

教育家, 文化人類学者　北海高校創立者

　明治18年大津和多理、岡元輔らと共に、札幌農学校予科入学を目指す中等教育機関として北海英語学校を創立。38年私立北海中学校、大正9年北海中学校、昭和23年北海高校と改称。また、明治22年「北海道ニ於テアイヌ人種研究ノ急務ト石器時代住民ノ分布」、24年「千島国エトロプ島竪穴、古器者発見地」などを発表。27年には千島で地質学上の調査を実施した。

石津 照璽
いしず・てるじ

明治36年（1903年）〜昭和47年（1972年）

教育家, 宗教哲学者　東北大学学長, 東亜大学共同設立者
山口県美祢郡大田村出生。
　明楽寺の住職の二男として生まれる。のち、石津家の養子となる。東北大学学長などを務めた。昭和41年野村武衛、井上吉之、林恵海、村本福松、館良雄、櫛田薫らとともに、総合大学の創立を発起。49年東亜大学を創立した。

石田 学而
いしだ・がくじ

大正1年（1912年）12月23日〜
平成4年（1992年）12月30日

僧侶　旭川龍谷学園理事長
北海道旭川市出身。弟は石田瑞呂（東海大学教授）, 石田封栞（武蔵野音楽大学教授）。東洋大学倫理教育学科〔昭和8年〕卒。
　昭和33年地域の要望に応えるため北海道で初の普通科私立共学校として旭川高等学校を創設。浄土真宗本願寺派の僧侶として、仏教精神に基づいた「智育・徳育・体育」の実践に努めた。

石田 米助
いしだ・よねすけ

安政3年（1856年）11月23日〜
大正4年（1915年）10月2日

実業家　広陵中学校設立者・校主
　幼少から郷塾に学び、早くから英才として知られた。自ら商店をもって世に出ようとの志を抱いて日夜励み、明治15年広島市に進出。市内平田屋町に店舗を新築移転、市内有数の呉服商として不動の地位を確立した。また広く社会公共のために私財を投じたが、なかでも育英事業に傾注した。41年頃教員6人、生徒29人といった現状で廃校の危機に直面していた広陵中学への援助支援であった。42

年設立者として認可され、校主となった。それ以来着々と設備の充実を図り、今日の広陵学園(石田学園、広陵高校、山陽高校)発展の基礎を築いた。

石野 瑛

いしの・あきら

明治22年(1889年)4月21日～
昭和37年(1962年)12月5日

郷土史家　武相学園長
福井県坂井郡丸岡町出生。神奈川県師範〔明治44年〕卒、早稲田大学文学部史学科〔大正12年〕。團地方史(神奈川県・沖縄県)置神奈川文化賞〔昭和28年〕、文化財功労者〔昭和35年〕。

　明治44年神奈川県師範学校を卒業後、大正3年沖縄県那覇天妃小学校長となり、在任中に「琉球大観」を著した。6年横浜金港実業補習学校を創立し、その校長に就任。教育界での活動の傍らで早稲田大学文学部史学科に学び、12年に卒業、以後は考古学者としても活躍し、根坂間横穴墓群の発掘調査などを行った。その後、神奈川県立横浜第二中学校教諭や関東学院教諭などを経て昭和17年武相中学・高校を含む武相学園を創立、同学長となって学園の発展に尽力した。23年武相高等学校長に就任し、武相考古館を設立。多年にわたって神奈川県の文化・教育の発展に寄与したことから28年神奈川文化賞を受賞、また35年には文化財保護委員会より文化財功労者の表彰を受けている。著書は他に「武相考古」「横浜近郊文化史」などがある。

石橋 絢彦

いしばし・あやひこ

嘉永5年(1852年)12月～
昭和7年(1932年)10月15日

土木工学者　工手学校校長
旧姓名は中村。江戸出生。工部大学校〔明治12年〕卒。工学博士〔明治24年〕。團海上工事置勲五等瑞宝章、勲二等旭日重光章。

　中村国蔵の五男として生まれ、のち幕臣の石橋家を継ぐ。明治12年より3年間英国に留学、主として灯台工事や海上工事を研究。帰国後、工部省灯台局、神奈川県庁に勤務。21年工手学校(のちの工学院大学)創設の際は、創立委員として参画。43年同校校長に就任、大正12年まで校務に専念した。明治42年に架設した横浜市の伊勢佐木通り入口吉田橋工事は日本初の鉄筋コンクリート工法を応用したことで知られる。日本の灯台事業の先駆者だった。

【評伝・参考文献】
◇築 工学院大学学園創立百周年記念写真集　工学院大学百年史編纂委員会編　工学院大学　1989.4.1
◇工学院大学学園百年史　工学院大学学園百年史編纂委員会編　工学院大学　1993.9.30

石橋 蔵五郎
いしばし・ぞうごろう
明治8年（1875年）7月20日〜
昭和39年（1964年）4月20日

教育家　上野学園創立者，上野学園大学名誉学長，日本体育大学名誉教授　青森県八戸出生。日本体育会体育学校卒，東京音楽学校（東京芸術大学）専科〔明治35年〕修了。 賞 東奥賞（第6回）〔昭和28年〕。

16歳で八戸の小中野小教員となるが、その後上京。明治37年私立上野女学校を創立、リズムと運動感覚の結合による教育（"律動遊戯"）を提唱し、実践を行った。（学）上野学園理事長、上野学園大学・短期大学名誉学長、日本体育大学名誉教授、日本体育会理事など歴任。著書に「音楽と体育・女学講義」など。また文部省唱歌「牛若丸」「二宮尊徳」などを作曲した。

石原 堅正
いしはら・けんしょう
明治17年（1884年）〜昭和54年（1979年）

教育者　金沢高等予備学校設立者　富山県城端町（南砺市）出生。京都仏教大学（龍谷大学）研究院卒。 賞 北国文化賞〔昭和28年〕。

京都仏教大学を経て同研究院卒。福井別院教務所に勤め、大正10年金沢西別院輪番となる。翌年仏教幼稚園、13年金沢高等予備学校（後に金沢夜間中学，尾山中学校，尾山高校となる）設立。14年仏教精神に基づく金沢女子学院（後に藤花高女，後藤花高校，尾山台高校）を設立。この間、石川県私立学校審議会長、県私学連合会長、県教育委員会連合会長など歴任。全卒業生に「信念」の2字を贈った書道家でもある。生涯を教育に捧げた。

井尻 艶太
いじり・つやた
明治8年（1875年）3月26日〜
昭和35年（1960年）10月6日

教育者　吉備商業学校校長　岡山県上道郡北方村（岡山市）出生。 賞 紫綬褒章〔昭和32年〕，山陽新聞賞〔昭和34年〕。

兄が急死したため尋常小学校を中退し、小学校で代用教員を務めながら師範学校・中学校・高等女学校の教員免許を取得。大分県立師範学校や山口県立豊浦中学校で教えたのち、明治37年矢掛中学校に赴任するが、冤罪のために休職を命ぜられ、私学教育を志すようになった。39年懇望されて私立岡山教員養成所長となり、次いで42年には閑谷黌の岡山分校主事に転じた。44年吉備商業学校を設立し、校長に就任。大正15年同校を財団法人に改組、昭和7年には吉備商業実業訓練所を開き、実務中心の独特な商業教育を行い、有為の経済人育成に力を注いだ。戦後も教育活動

を続け、30年には吉備商科短期大学を創立。また、この間に岡山県会議員を2期務めたほか、県下の教育関係団体の役員を歴任している。

石渡 坦豊
いしわた・やすとよ
慶応1年(1865年)1月～
昭和12年(1937年)

教育家　横須賀市長、横須賀商業学校校長
神奈川県三浦郡滝ケ崎出生。神奈川県立師範学校中等師範学科〔明治19年〕卒。

　神奈川県三浦郡滝ケ崎の豪農、素封家に生まれる。明治20年郷里の公郷学校に奉職。教育の普及と振興のため、三浦郡教育会の活動に努力する。25年尋常高等豊島小学校訓導となる。その後、地方政治家に転進。26年には私設農産物試作場を設立し、農業の改善にあたる。29年豊島村農会幹事、35年神奈川県農会議員、豊島村長。36年町制施行に伴い、豊島町長に就任。38年には横須賀町豊島町組合立女子実業女学校を設立。40年の神奈川県立横須賀中学校設立の際には、自身の所有地の一部や650円を寄付した。同年横須賀に市制が施行にされるとともに横須賀市議、同議長に就任。また三浦郡教育会名誉会員、横須賀市学務委員として、県立横須賀中学の設立に尽力。41年横須賀市学務委員長、43年臨時市是調査委員会委員長などを歴任。大正13年～昭和2年横須賀市長。4年には横須賀商業学校を創立し、校主兼校長に就任。その後、三横畜産組合長、神奈川県畜産連合会理事なども歴任した。

イーストレーク, フランク
Eastlake, Frank Warrington
1858年1月22日～1905年2月18日

英語学者　国民英学会創立者
号は東湖。米国ニュージャージー州リバトン出生。父はイーストレーク, ウィリアム(来日歯科医)。ベルリン大学。博士号(言語学)。

　父は幕末に来日して横浜で開業した歯科医。1860年2歳の時、父と共に来日。のち、香港・米国・ドイツ・フランスなどで学び、1884年再び来日。1885年太田ナオミと結婚して東京・麹町に居を構え、日本に永住した。1886年英文週刊誌「The Tokyo Independent」を創刊。1888年磯辺弥一郎と共に東京・神田に国民英学会を創立し、大いに隆盛を極めた。また三省堂書店から「国民英学新誌」を刊行し、わが国の英語教育に貢献した。1896年には斎藤秀三郎と神田に正則英語学校を設立した。多くの言語に通じ、"博言博士"として知られ、教え子は10万人、著作数は100冊といわれる。

泉屋 利吉
いずみや・りきち

？〜平成12年(2000年)2月25日

金沢工業大学創設者・最高顧問
石川県金沢市出身。長男は泉屋利郎（金沢工業大学理事長）。
　昭和40年金沢工業大学を創設。

伊瀬 敏郎
いせ・としお

大正13年(1924年)1月7日〜
平成17年(2005年)11月23日

奈良県議,大和ガス社長,奈良学園理事長
奈良県出生。東京帝国大学経済学部〔昭和22年〕卒。囲奈良福祉会 置勲三等旭日中綬章〔平成13年〕。
　昭和26年奈良県議に当選。32年大和ガスを設立、社長となり、44年会長。平成2年相談役に退く。一方、昭和40年奈良学園を設立、同年〜平成16年理事長。この間、昭和59年奈良産業大学を開学、平成17年まで学長を務めた。

磯江 潤
いそえ・じゅん

慶応2年(1866年)10月10日〜
昭和15年(1940年)1月18日

京華中学創立者
鳥取県東伯郡中北条村江北出生。
　小学校卒業後、私塾・擁善学舎で漢学を学ぶ。14歳で京都に遊学、藐姑射（はこや）一岳に漢学を学び、15歳で九州・中津にふたたび遊学。成立学舎、哲学館、郁文館中学校教員を務めた後、明治30年東京都文京区龍岡町麟祥院境内に臨時校舎を借り、京華中学校を設立。33年本郷区東竹町に移転。34年京華商業学校、42年小石川原町に京華高等女学校を設立した。昭和13年名誉校長。

【評伝・参考文献】
◇京華学園六十年記念誌　京華学園記念誌編集委員会編　京華学園　1957.11.1

磯部 醇
いそべ・じゅん

安政6年(1859年)2月〜
昭和11年(1936年)10月10日

弁護士,教育者　英吉利法律学校創設者,長崎商業学校長,名古屋弁護士会会長
岐阜県笠松町出生。東京大学法学部〔明治16年〕卒。
　明治16年大学を卒業、代言人となる。18年増島六一郎らと18名で英吉利法律学校(現・中央大学)を創設。同年10月長崎商業学校長に任ぜられたが、翌19年検事に転じて熊本始審裁判所勤務、各地を歴任。43年大審院判事を退いてからは、かつて控訴院

判事として在任したことのある名古屋で弁護士を開業。名古屋弁護士会長、名古屋無尽株式会社社長なども務めた。日本画と俳句を得意とする趣味の人でもあった。

【評伝・参考文献】
◇風霜三代―中央大学八十年小史　大久保次夫(中央大学総務部調査部長)編　中央評論編集部　1965.2.15
◇中央大学百年史 通史編〈上巻〉　中央大学百年史編集委員会専門委員編　中央大学　2001.3.31

板野 不着
いたの・ふちゃく

安政3年(1856年)9月2日～
明治41年(1908年)6月16日

教育家　春靄学舎創立者、春靄中学校校長
本名は板野常太郎。岡山県師範学校(岡山大学)〔明治11年〕卒。

　板野百三郎・しげの長男に生まれる。幼いころから学問を好み、明治11年岡山県師範学校を卒業して小学校教員となったが、13年上京して、三島中洲主宰の二松学舎に学び塾頭格となる。21年帰郷して近所の若者に漢学を教授していたが、24年現総社市中原の地に、"小才を排して大成を期す"との教育方針を掲げて、漢学と哲学を教える春靄学舎(しゅんあいがくしゃ)を創設した。26年高梁川の大洪水で学舎の大半は流失したが、総社や倉敷の寺院に転舎して教授を続

けた。33年教育方針、人格に共鳴した中原の横田養一が私財を投じて建てた私立春靄中学校の校長に迎えられ子弟の育英に努め、病を得て死去するまで校長を務めた。その間38年に私立春靄女学校となり、40年に校舎を総社に移転、校運は進展しつつあったが翌年死去した。私立春靄女学校はその後、春靄実科高等女学校、春靄高等女学校、総社高等女学校と改称され、昭和23年に岡山県立総社高等学校へと発展。常太郎は校祖と仰がれ、三島中洲撰の顕彰碑が教え子たちによって校庭に建てられている。

市川 源三
いちかわ・げんぞう

明治7年(1874年)2月11日～
昭和15年(1940年)3月25日

女子教育家　鷗友学園創立者
長野県出生。長野師範〔明治28年〕卒、東京高師〔明治33年〕卒。

　明治34年東京府立第一高等女学校に勤め、教諭、教頭、校長を歴任、35年間在職。昭和10年同校同窓会創設の鷗友学園高等女学校校長となった。その間、女子教育普及のため全国高等女学校長協会、全国中等学校女教員会、女子教育振興会などを創設した。著書に「現代女性読本」「婦人問題講話資料」などがある。

市毛 金太郎
いちげ・きんたろう
明治10年(1877年)～昭和44年(1969年)

女子教育家　清水女子学園創立者
茨城県大貫村(大洗町)出生。茨城師範(茨城大学)卒,東京高等師範(筑波大学)英語科卒。藍綬褒章〔昭和35年〕,勲四等瑞宝章〔昭和39年〕。
　明治39年秋田県大館中学校教諭、仙台二中、茨城県師範、山口県室積師範などを経て、富士中学校(現・富士高)教頭を歴任。昭和8年"至誠・勤労・協和"を校訓とする清水裁縫女学校、清水商業女学校を設立、初代校長を務めた。のち、清水女子高校、清水女子中学校長、学校法人清水女子学園理事長として、同校の発展に尽力。

市邨 芳樹
いちむら・よしき
慶応4年(1868年)3月5日～
昭和16年(1941年)1月1日

教育者　名古屋女子商業学校創立者
広島県尾道市出生。高等商業(一橋大学)卒。
　明治21年郷里の広島県尾道市に私立尾道商業学校を開校し校長を務める。26年名古屋商業学校教諭となり、30年校長に就任。40年名古屋女子商業学校(のちの市邨学園)を創設し、女子の商業教育の確立に努めた。

伊藤 卯一
いとう・ういち
慶応3年(1867年)～昭和16年(1941年)

茶道家,教育家　南坊流家元(16代目),藤ノ花学園創設者
茶名は閑雲庵昇鶴。三河国渥美郡細谷村(愛知県豊橋市)出生。
　農家の三男に生まれ、苦学して教職に就く。愛知県豊橋市を本拠とする茶道の南坊流に入門、明治38年南坊流真台子を受伝され、16代目家元に就任。また35歳で豊橋裁縫女学校(現・藤ノ花学園)を創設した。

伊藤 うた
いとう・うた
明治1年(1868年)12月10日～
昭和9年(1934年)4月11日

教育者　財団法人伊藤学園理事長
旧姓名は守屋。甲斐国北巨摩郡穴山村(山梨県韮崎市)出生。徽典館女教場〔明治16年〕卒,東京裁縫女学校卒。
　私塾を開いていた父から読書・算術・習字の手ほどきを受ける。明治16年徽典館女教場を卒業後、同教場の教師関口ふくに師事して裁縫を教わった。21年同郷の伊藤又六と結婚し、2男2女をもうけるが、30年に夫と死別。のち子供を実家に預けて上京し、東京裁縫女学校で裁縫を修め、33年に帰郷して甲府に山梨裁縫学校を開いた。はじめは生徒数6人というきわ

めて小規模の学校であったが、徐々に生徒が増加したため、大正7年同校を山梨女子実科高等女学校に改組。さらに14年には甲府湯田高等女学校に昇格した。昭和2年財団法人伊藤学園を設立して同校の経営を移管し、その理事長として引き続き教育活動に当たった。

伊藤　修
いとう・おさむ

安政2年（1855年）～大正9年（1920年）

弁護士　東京法学社創設者
豊後国（大分県）出生。
　豊後国杵築藩士の家に生まれる。明治10年代言人となり、法学塾・法律学舎を開いていた元田直のもとで訴訟業務に従事。13年金丸鉄、薩埵正邦とともに東京法学社（のちの法政大学）創立に参画。26年東京弁護士会会員。28年退会。

【評伝・参考文献】
◇法政大学百年史　法政大学百年史編纂委員会編　法政大学　1980.12.1
◇法律学の夜明けと法政大学　法政大学大学史資料委員会編　法政大学　1992.3.31

伊東　静江
いとう・しずえ

明治26年（1893年）9月1日～
昭和46年（1971年）2月12日

教育家　大和学園理事長
東京・深川出生。父は利光鶴松（実業家）。聖心女子学院語学校〔大正3年〕卒。
　明治44年キリスト教の洗礼を受ける。昭和4年大和学園、20年大和農芸女子専門学校（現・大和学園女子短期大学）を創設した。この間、13年渡米して教育事情や婦人運動などを視察。44年東京教区カトリック婦人同志会会長に就任。

伊藤　鶴代
いとう・つるよ

明治1年（1868年）9月19日～
昭和8年（1933年）9月14日

教育家　鶴岡裁縫女学校創立者・校長
山形県鶴岡市日和町出生。
　明治43年鶴岡高等女学校教師を退職して自家に伊藤塾を開く。卒業生の組織する如蘭会を中心に各々出資、また寄付を募り、若葉町に校舎を新築し、大正13年5月開塾。14年3月県の許可を得て私立鶴岡裁縫女学校（のちの鶴岡中央高校）と改称し、校長に就任。心血をそそいで学校創設に尽力した。

【評伝・参考文献】
◇伊藤鶴代先生　佐藤円著　如蘭同窓会　1955

伊藤 博文
いとう・ひろぶみ

天保12年(1841年)9月2日〜
明治42年(1909年)10月26日

政治家,公爵　首相,元老,立憲政友会総裁

旧姓名は林。幼名は利助,前名は伊藤俊輔(いとう・しゅんすけ),号は伊藤春畝(いとう・しゅんぽ),滄浪閣主人。周防国(山口県)熊毛郡束荷村野尻(光市)出生。

　萩の農家・林家に生まれ貧困の中で育つが,安政元年(1854年)父が長州藩の中間・伊藤家の養子となったことにより下級武士の身分を得る。はじめ長州藩が幕命により警備を担当していた相模の御備場に勤務したが,4年(1857年)帰郷して吉田松蔭の松下村塾に学ぶ。幕末の動乱期には師や同藩の桂小五郎(のち木戸孝允),高杉晋作,久坂玄瑞らの影響を受けて尊皇攘夷運動に加わり,京都,江戸,長崎の各地を転々とした。文久3年(1863年)志願して井上聞多(のち馨)とともに渡英するが,ここで攘夷の不可能なことを悟り,4年(1864年)下関砲撃の報を聞いて帰国したあとは開国論に転換して列国との講和に努めた。その後,高杉らとともに倒幕運動に挺身し,長幕戦争や藩の内戦などで活躍。明治維新後,功臣として新政府に出仕し,明治元年〜2年初代兵庫県知事。さらに大蔵少輔兼民部少輔などを経て,4年工部大輔となった。同年岩倉具視遣外使節団に副使として参加し,欧米を歴訪。6年帰国後は内治優先を主張して西郷隆盛ら征韓論派を排し,大久保利通や岩倉具視を援けて政府の中枢に参画,参議兼工部卿に就任した。11年大久保の死後はその後継として内務卿となり,さらに14年の政変で大隈重信が下野してからは政府の実質的な最高指導者となった。15年憲法制度調査のため約1年に渡って渡欧。帰国後、プロシア憲法など近代西欧における国家体制の影響の下、国内の支配機構や諸制度の確立に尽力し、17年には華族制を施行して自ら伯爵となる。18年形骸化していた太政官を廃止して内閣制度を創始し、初代内閣総理大臣となって第一次伊藤内閣を組閣。傍ら女子の高等教育の必要性を痛感し、19年女子教育奨励会創立委員会を結成して委員長となり、21年同会をもとに国際性を備え、かつ知性豊かな気品ある女性の育成を目的として東京女学館を創立した。23年井上馨外相の条約改正交渉が漏洩し、それが自由民権派のみならず政府内部からも激しく批判されたため首相を退いた。この間、井上毅ら有能なスタッフを従え、枢密院議長として憲法草案及び皇室典範の起草に力を注ぎ、同年大日本帝国憲法の発布を実現させた。25年第二次内閣を組閣し、条約改正と日清戦争を乗り切ったあとは板垣退助の自由党と連携。31年には第三次内閣を組織したが、地租増徴に失敗したため退陣した。33年自ら立憲政友会を結党して総裁となり、さら

に同年第四次内閣を組閣するが、貴族院を中心に巨大な派閥を擁する山県有朋と対立し、わずか7ケ月の短命内閣に終わった。39～42年韓国統監府初代統監。42年満州視察の際、朝鮮独立運動家・安重根によりハルピン駅で暗殺された。

【評伝・参考文献】
◇東西百傑伝 第5巻 坪内逍遙〔ほか〕 柳田泉 池田書店 1950 19cm
◇明治の政治家たち―原敬につらなる人々〈上・下〉（岩波新書） 服部之総著 岩波書店 1950-54 2冊 18cm
◇世界偉人伝 第5巻 坪内逍遙（柳田泉） 世界偉人伝刊行会編 池田書店 1952 19cm
◇近代政治家評伝 阿部真之助著 文芸春秋新社 1953 353p 19cm
◇日本歴史講座 6 近代篇 伊藤博文 上杉重二郎著 河出書房 1954
◇伊藤公と私 岩田宙造著 防長倶楽部 1956
◇伊藤博文 三代宰相列伝 中村菊男著 時事通信社 1958 214p 図版 18cm
◇父逝いて五十年―伊藤博文小伝記 伊藤真一著 伊藤博文追頌会 1959.10 28p 21cm
◇日本人物史大系 第6巻 近代 第2 大久保利謙編 朝倉書店 1960 388p 22cm
◇日本人物史大系 第5巻 近代 第1 小西四郎編 朝倉書店 1960 340p 22cm
◇外国人の見た日本 3（伊藤博文と日英同盟） A・ステッド著, 網淵謙錠訳 筑摩書房 1961
◇20世紀を動かした人々 第10（近代日本の政治家） 遠山茂樹編 講談社 1964 395p 図版 19cm
◇近代日本の政治指導（藩閥支配の変容―伊藤博文の場合） 安井達弥著 東大出版会 1965
◇権力の思想（現代日本思想体系10） 神島二郎編 筑摩書房 1965
◇続 人物再発見 読売新聞社編 人物往来社 1965 237p 19cm
◇伊藤博文 明治官僚の肖像（グリーンベルト・シリーズ） 渡部英三郎著 筑摩書房 1966 236p 18cm
◇伊藤博文伝 上（明治百年史叢書） 春畝公追頌会編 原書房 1970 1030p 図版 22cm
◇伊藤博文伝 中（明治百年史叢書） 春畝公追頌会編 原書房 1970 1059p 22cm
◇伊藤博文伝 下（明治百年史叢書） 春畝公追頌会編 原書房 1970 1015, 17, 7p 図版 22cm
◇明治立憲政と伊藤博文 ジョージ・アキタ著, 荒井孝太郎, 坂野潤治訳 東京大学出版会 1971 352, 8p 22cm
◇伊藤博文暗殺記録―その思想と行動（明治百年史叢書） 金正明編 原書房 1972 371p 図 肖像 22cm
◇伊藤博文関係文書 1 伊藤博文関係文書研究会編 塙書房 1973 493p 22cm
◇伊藤博文関係文書 2 伊藤博文関係文書研究会編 塙書房 1974 498p 22cm
◇伊藤博文関係文書 3 伊藤博文関係文書研究会編 塙書房 1975 394p 22cm
◇伊藤博文関係文書 4 伊藤博文関係文書研究会編 塙書房 1976 478p 22cm
◇伊藤博文関係文書 5 伊藤博文関係文書研究会編 塙書房 1977.3 457p 22cm
◇伊藤博文関係文書 6 伊藤博文関係文書研究会編 塙書房 1978.3 488p 22cm
◇伊藤博文関係文書 7 伊藤博文関係文書研究会編 塙書房 1979.2

403p 22cm
◇伊藤博文関係文書 8　伊藤博文関係文書研究会編　塙書房　1980.2　448p 22cm
◇伊藤博文関係文書 9　伊藤博文関係文書研究会編　塙書房　1981.2　286p 22cm
◇伊藤博文秘録（明治百年史叢書）　平塚篤編　原書房　1982.1　442, 82p 22cm
◇伊藤博文秘録 続（明治百年史叢書）　平塚篤編　原書房　1982.2　254, 9p 22cm
◇明治・大正の宰相 第1巻 伊藤博文と維新の元勲たち　戸川猪佐武著　講談社　1983.7　326p 20cm
◇青春児—小説伊藤博文 上巻　童門冬二著　学陽書房　1985.3　279p
◇青春児—小説伊藤博文 下巻　童門冬二著　学陽書房　1985.3　297p
◇日本宰相列伝 1 伊藤博文（中村菊男著）　時事通信社　1985.10　214p 19cm
◇夏の巻 衆生病む　竹中労著　潮出版社　1986.5　287p 19cm
◇初代総理 伊藤博文 上　豊田穣著　講談社　1987.1　372p 19cm
◇初代総理 伊藤博文 下　豊田穣著　講談社　1987.1　351p 19cm
◇一歩先を読む生きかた（知的生きかた文庫）　堺屋太一ほか著　三笠書房　1987.9　244p 15cm
◇近代日本の政治家（同時代ライブラリー 15）　岡義武著　岩波書店　1990.3　318p 16cm
◇英雄色を好む—小説伊藤博文（文春文庫）　南條範夫著　文芸春秋　1990.5　522p 15cm
◇近代日本の自伝（中公文庫）　佐伯彰一著　中央公論社　1990.9　358p
◇幸運な志士—若き日の元勲たち　三好徹著　徳間書店　1992.4　283p
◇初代総理 伊藤博文 上（講談社文庫）　豊田穣著　講談社　1992.5　527p

◇初代総理 伊藤博文 下（講談社文庫）　豊田穣著　講談社　1992.5　487p
◇伊藤博文と安重根　佐木隆三著　文芸春秋　1992.11　252p 19cm
◇豊田穣文学・戦記全集 第14巻　豊田穣著　光人社　1993.5　670p 21cm
◇（史伝）伊藤博文 上　三好徹著　徳間書店　1995.5　477p 20cm
◇（史伝）伊藤博文 下　三好徹著　徳間書店　1995.5　462p 20cm
◇伊藤博文はなぜ殺されたか—暗殺者・安重根から日本へ（三一新書）　鹿嶋海馬著　三一書房　1995.6　218p 18cm
◇旋風時代—大隈重信と伊藤博文　南条範夫著　講談社　1995.9　248p
◇幕末青春児—小説伊藤博文 上（人物文庫）　童門冬二著　学陽書房　1996.5　369p 15cm
◇幕末青春児—小説伊藤博文 下（人物文庫）　童門冬二著　学陽書房　1996.5　395p 15cm
◇安重根と伊藤博文　中野泰雄著　恒文社　1996.10　221p 20cm
◇伊藤公実録　中原邦平著　マツノ書店　1997.9　670, 4p 図版18枚 22cm
◇孝子伊藤公　末松謙澄著　マツノ書店　1997.9　510, 2, 11p 22cm
◇俊輔—若き日の伊藤博文　大和町観光協会　1997.9　23p 21cm
◇政治史3（明治人による近代朝鮮論影印叢書 第19巻）　伊藤隆, 滝沢誠監修, 楢崎観一著　ぺりかん社　1997.10　465p 21cm
◇伊藤博文の情報戦略—藩閥政治家たちの攻防（中公新書）　佐々木隆著　中央公論新社　1999.7　322p 18cm
◇立憲国家の確立と伊藤博文—内政と外交 1889〜1898　伊藤之雄著　吉川弘文館　1999.7　338, 5p 21cm
◇史伝伊藤博文 上（徳間文庫）　三好徹著　徳間書店　2000.9　654p 16cm

◇史伝伊藤博文 下（徳間文庫）　三好徹著　徳間書店　2000.9　651p 16cm
◇暗殺・伊藤博文（ちくま新書 268）　上垣外憲一著　筑摩書房　2000.10　234p 18cm
◇伊藤博文と朝鮮　高大勝著　社会評論社　2001.10　205p 20cm
◇「原典」秘書類纂―伊藤博文文書　宮内庁書陵部所蔵　第17巻　日清事件1（檜山幸夫編）　伊藤博文〔原編〕，伊藤博文文書研究会編　北泉社　2003.5　458p 22cm
◇伊藤博文暗殺事件―闇に葬られた真犯人　大野芳著　新潮社　2003.8　414p 20cm
◇伊藤博文と韓国併合　海野福寿著　青木書店　2004.6　244, 12p 20cm
◇NHKにんげん日本史 伊藤博文―明治の国づくりをリードして　酒寄雅志監修, 小西聖一著　理論社　2004.12　113p 25×19cm
◇日本宰相列伝〈上〉（人物文庫）　三好徹著　学陽書房　2005.1.20　487p 15cm（A6）
◇お札になった偉人　童門冬二著　池田書店　2005.2.25　191p 21cm（A5）
◇新島襄の交遊―維新の元勲・先覚者たち　本井康博著　（京都）思文閣出版　2005.3.25　325, 13p 21cm（A5）
◇総理の値打ち（文春文庫）　福田和也著　文芸春秋　2005.4.10　234p 15cm（A6）
◇この結婚―明治大正昭和の著名人夫婦70態（文春文庫）　林えり子著　文芸春秋　2005.8.10　242p 15cm（A6）
◇明治の教訓 日本の気骨―明治維新人物学（CHICHI SELECT）　渡部昇一, 岡崎久彦著　致知出版社　2005.8.1　216p 18cm
◇龍車を撃つ―伊藤博文の日露大戦　石川能弘著　出版芸術社　2005.9.1　253p 19cm（B6）
◇日本史・ライバルたちの「意外な結末」―宿敵・政敵・好敵手たちの知られざる「その後」（PHP文庫）　日本博学倶楽部著　PHP研究所　2005.9.16　275p 15cm（A6）
◇漫画が語る明治（講談社学術文庫）　清水勲著　講談社　2005.10.10　204p 15cm（A6）
◇大江戸曲者列伝―幕末の巻（新潮新書）　野口武彦著　新潮社　2006.2.20　220, 9P 18cm
◇日本人に一番合った英語学習法―明治の人は、なぜあれほどできたのか（祥伝社黄金文庫）　斎藤兆史著　祥伝社　2006.3.20　187p 15cm（A6）
◇帝国議会誕生―今の国会と何が違うか！　原田敬一著　文英堂　2006.4.30　271p 21cm（A5）
◇ニッポン偉人奇行録（ぶんか社文庫）　前坂俊之著　ぶんか社　2006.6.20　255p 15cm（A6）
◇日本の戦争 封印された言葉　田原総一朗著　アスコム　2006.8.15　267p 19cm（B6）
◇総理の品格（ぶんか社文庫）　瀧沢中著　ぶんか社　2006.9.20　245p 15cm（A6）
◇実録 首相列伝―国を担った男達の本懐と蹉跌（学研M文庫）　学研編集部編　学習研究社　2006.9.21　381p 15cm（A6）
◇宗教と日本人―司馬遼太郎対話選集〈8〉（文春文庫）　司馬遼太郎著者代表, 関川夏央監修　文藝春秋　2006.10.10　285p 15cm（A6）
◇日本の近現代史述講 歴史をつくるもの〈下〉　五百旗頭真, 伊藤正直, 瀧井一博, 小倉和夫著, 藤井裕久, 仙谷由人監修, 日本の近現代史調査会編　中央公論新社　2006.12.15　300p 19cm（B6）
◇政治家の名セリフ―日本人の心を動かした（青春文庫）　瀧沢中著　青

春出版社　2006.12.20　267p 15cm
(A6)

稲置　繁男
いなおき・しげお

明治42年(1909年)6月17日～
平成5年(1993年)6月6日

稲置学園理事長・総長
奈良県月ケ瀬村出生。二女は稲置美弥子(星稜女子短期大学学長・稲置学園理事長)。三重県共立実業〔昭和2年〕卒。置藍綬褒章〔昭和42年〕,勲三等瑞宝章〔昭和54年〕,文部省教育功労者表彰〔昭和37年〕。

　昭和7年金沢市に北陸明正珠算簿記専修学校を創設。8年明正高等簿記学校、19年金沢商業女学校、23年2月金沢女子商業学校と改称。同年10月財団法人実践高等商業学校を設立し、金沢女子商業学校を実践高等商業学校と改称。25年学校法人に組織変更し、実践高等商業学校と改称。理事長兼校長を務める。35年石川県私学振興会専務理事となる。36年法人名を稲置学園に変更。"誠実にして社会に役立つ人間の育成"を理念に掲げて、37年実践第二高等学校(のちの星稜高校)、40年星稜幼稚園、42年金沢経済大学(のちの金沢星稜大学)、47年金沢経済大学星稜中学校(のちの星稜中学校)、54年星稜女子短期大学を設置。同年稲置学園理事長・金沢経済大学総長に就任。58年星稜泉野幼稚園を開園。石川県私立中学高校協会会長、石川県私立学校連会長、石川県人事委員会会長などを歴任。

稲毛　多喜
いなげ・たき

明治19年(1886年)6月24日～
昭和22年(1947年)6月17日

教育者　稲毛学園理事長
千葉県市原郡十五沢出生。長男は立野信之(小説家)。私立裁縫女学校卒。

　15歳の時に一家を上げて上京。17歳で同郷の小地主・立野与と結婚し、36年には長男信之(のちの小説家・立野信之)を出産した。しかし、夫の放埓な生活を嫌って婚家を離れ、40年東京・日本橋馬喰町に稲毛和洋裁縫所を開いた。同所は関東大震災ののちに巣鴨へ移り、稲毛和洋専門学院に改称。次いで、昭和10年には滝野川への校舎移転を機に学園組織を稲毛学園とした。また、同時に桜丘女子商業学校を併設し、それらの理事長兼校長として学校経営と後進の育成に力を注いだ。

井上　円了
いのうえ・えんりょう

安政5年(1858年)2月4日～
大正8年(1919年)6月6日

仏教哲学者　東洋大学創設者
幼名は岸丸,襲常,号は甫水,不思議庵,不知歌斎。越後国(新潟県)三島郡浦村慈光寺(長岡市)出生。東京大学

哲学科〔明治18年〕卒。文学博士〔明治29年〕。

実家は寺院。慶応3年(1867年)のちに陸軍軍医総監・子爵となる石黒忠悳の塾で漢学を学ぶ。16歳の頃に円了に改名。明治7年新潟県第一分校(現・長岡中学)に入って英学を修め、成績が優秀だったため9年には同校の句読師にあげられた。10年県会の推薦で京都・東本願寺本山教校に学び、11年同校の留学生として東京大学予備門を経て、14年東京大学文科大学哲学科に進学。在学中から西洋哲学をもとに仏教の新解釈を試みて学友とともにカント、ヘーゲル、コントらの勉強会を開き、17年には神田錦町に哲学会を創立した。18年東大を卒業したあとは大学の命によってインド哲学を研究し、19年「真理金針」を著して仏教を擁護するとともに、キリスト教を批判。20年には「仏教活論序編」を刊行して日本仏教界に警鐘を鳴らした。同年棚橋一郎らと哲学書院を設立して「哲学会雑誌」発行。また国粋保存主義の立場から棚橋、三宅雪嶺、杉浦重剛らの結成した政教社にも参加。同年仏教の活性化を図るため、及びあらゆる学問の基礎は哲学であるとの考えを基に東京・本郷に哲学館を創設、恩師・石黒の呼びかけにより勝海舟、山県有朋、坪内逍遥らの援助もあって全国から学徒が集まった。21年より「哲学館講義録」を発行。27年初めて"東洋哲学"という表現を用いて東洋哲学会を設立し、雑誌「東洋哲学」を創刊した。29年「日本仏教哲学系統論」の論文により文学博士号を取得。さらに31年「破唯物論」を刊行するなど精力的な執筆活動を続け、仏教と東洋哲学の啓蒙に努めた。この間、同校は駒込に移転し、30年には新校舎を小石川原町に建設。また32年京北尋常中学校、37年京北幼稚園を創立し、実際的教育にも従事した。36年哲学館が大学として認可され、39年東洋大学と改称。36年和田山に哲学堂を建設し、釈迦、孔子、ソクラテス、カントの四聖を祀った。一方、民間の迷信打破にも努め、妖怪研究会を結成して妖怪学を提唱し、「妖怪学講義録」(全48巻)を発刊して衆愚を啓発した。その後、大正8年までの十数年、日本全土、鮮満、中国各地へ講演旅行を続け、半生を社会教育に捧げたが、中国・大連幼稚園で講演中に脳溢血で倒れ、死去した。他の著書に「哲学―夕話」(全3編)「心理摘要」「倫理摘要」「日本仏教哲学系統論」「純正哲学」(上下)「哲学新案」、「甫水論集」「井上円了選集」(全11巻)など多数。

【評伝・参考文献】

◇近代仏教界の人間像　常光浩然著　世界仏教協会　1962　225p　図版　19cm
◇伝円了　平野威馬雄著　草風社 1974　382p 肖像 19cm
◇井上円了研究 資料集 第1冊(六合雑誌・太陽・国民の友・日本人)　東洋大学井上円了研究会第三部会編　東洋大学井上円了研究会第三部会　1981.3　211p 18×26cm
◇井上円了研究 資料集 第2冊(甫水論集 復刻版)　井上円了述　東洋大学井上円了研究会第三部会　1982.

3　396, 8p　21cm
◇井上円了研究 資料集　第3冊（円了講話集　復刻版）　井上円了講述　東洋大学井上円了研究会第三部会　1982.3　374p　21cm
◇井上円了研究 第2号　東洋大学井上円了研究会第三部会　1984.3　188p　21cm
◇井上円了研究 第3号　東洋大学井上円了研究会第三部会　1985.3　186p　21cm
◇井上円了研究 第4号　東洋大学井上円了研究会第三部会　1986.2　234p　21cm
◇井上円了研究 改訂正版 第1冊　東洋大学井上円了研究会第三部会　1986.3　143p　21cm
◇井上円了研究 第5号　東洋大学井上円了研究会第三部会　1986.3　146p　21cm
◇井上円了研究 第6号　東洋大学井上円了研究会第三部会　1986.12　138p　21cm
◇井上円了の思想と行動（東洋大学創立100周年記念論文集 6）　高木宏夫編　東洋大学　1987.10　359p　22cm
◇かわりだねの科学者たち　板倉聖宣著　仮説社　1987.10　410p　19cm
◇井上円了の西洋思想　斎藤繁雄編著　東洋大学井上円了記念学術振興基金　1988.8　291p　22cm
◇井上円了の学理思想　清水乞編著　東洋大学井上円了記念学術振興基金　1989.3　493p　22cm
◇山形ふしぎ紀行―井上円了の足跡を辿る　烏兎沼宏之著　法政大学出版局　1991.4　241p　19cm
◇井上円了先生―伝記・井上円了（伝記叢書 125）　三輪政一編　大空社　1993.9　361, 7p　22cm
◇教祖・意識変革者の群れ―宗教・性・女性解放（二十世紀の千人 8）　朝日新聞社　1995.6　438p　19cm

◇井上円了研究 第7号　東洋大学井上円了記念学術センター編　東洋大学井上円了記念学術センター　1997.2　208p　21cm
◇新編全国巡講日誌 沖縄県編　東洋大学井上円了記念学術センター編　東洋大学井上円了記念学術センター　1997.3　36p　21cm
◇新編全国巡講日誌 広島県編　井上円了〔著〕，東洋大学井上円了記念学術センター編　新田幸治　1997.11　106p　21cm
◇新編全国巡講日誌 鳥取県・島根県編　井上円了〔著〕，東洋大学井上円了記念学術センター編　新田幸治　1997.11　128p　21cm
◇新編全国巡講日誌 岡山県編　井上円了〔著〕，東洋大学井上円了記念学術センター編　新田幸治　1997.11　96p　21cm
◇新編全国巡講日誌 兵庫県編　井上円了〔著〕，東洋大学井上円了記念学術センター編　新田幸治　1997.11　102p　21cm
◇新編全国巡講日誌 香川県・愛媛県編　井上円了〔著〕，東洋大学井上円了記念学術センター編　新田幸治　1998.2　96p　21cm

井上　源之丞

いのうえ・げんのじょう

明治12年（1879年）11月3日～
昭和26年（1951年）11月20日

凸版印刷社長
東京・八丁堀出生。府立第四中〔明治32年〕卒。
　井上家は代々大阪で紙問屋を営む豪商。父源三郎は内閣印刷局に出仕していたが、家業である製紙業の再

興のため、明治23年井上製紙所(のち巴川製紙所)を開業した。32年中学校を卒業後、銀行勤務を介して印刷業に進出し、翔鸞社の経営に着手。38年農商務省嘱託として米国に渡り、一年にわたり製紙・印刷業界を視察。41年凸版印刷に入社。オフセット印刷の導入をはかるなど、日本の印刷界の近代化と技術革新に尽力した。大正9年父の遺志を継いで巴川製紙所社長に就任。12年凸版印刷社長に就任。昭和15年中学時代の恩師である深井鑑一郎を援助して、旧城北中学校の再興に参画、城北中学校は昭和16年4月に開校した。

【評伝・参考文献】
◇日本財界人物列伝 第2巻 青潮出版 株式会社編 青潮出版 1964 1175p 図版13枚 27cm
◇城北史 創立五十周年記念誌 創立五十周年記念誌編集委員会編 城北学園 1992.11.1

井上 はな
いのうえ・はな

明治4年(1871年)4月10日～
昭和21年(1946年)5月8日

教育家 佐原淑徳裁縫女学校校長
千葉県佐原町出身。東京裁縫女学校卒。
　明治34年郷里の千葉県佐原町に佐原淑徳裁縫女学校(現・佐原淑徳高)を設立、昭和16年まで校長を務めた。

井上 操
いのうえ・みさお

弘化4年(1847年)9月20日～
明治38年(1905年)2月23日

司法官
長野県松代出生。司法省法律学校〔明治9年〕卒。
　司法省法律学校でボアソナードに学ぶ。明治17年法典編纂委員に補され、19年法律学士、司法官となる。同年東京大学教授から大阪控訴院評定官、同部長に転じる。かたわら関西法律学校(関西大学の前身)の創立に参加、中心的役割を果たした。20年"大阪事件"の裁判長として名を馳せる。24年退職し郷里に帰る。著書に「刑法述義」「治罪法講義」「民法詳解」「民事訴訟法(明治23年)述義 全」など多数。

【評伝・参考文献】
◇関西大学百年史 人物編 関西大学百年史編纂委員会編 関西大学 1986.11.4

井上 吉之
いのうえ・よしゆき

明治29年(1896年)～
昭和49年(1974年)8月21日

鳥取大学学長, 東京農工大学学長, 京都大学教授
和歌山県和歌山市出生。京都帝国大学農学部農林化学科〔昭和2年〕卒。

農学博士〔昭和11年〕。団生化学置日本学士院賞〔昭和34年〕,日本農学会賞〔昭和30年〕。

　理化学研究所を経て昭和7年京都高等蚕糸学校教授となり、10年京大助教授、11年「不飽和脂胞酸一部分的水素添加卜其ノ化学構造」により農学博士。15年教授となり学生部長、農学部長、教養学部長などを務め34年退官。35年東京農工大学長、41年鳥取大学長、49年から東亜大学長となった。日本学術会議会員、日本農芸化学会会長も務めた。含窒素糖に関する研究、脂質に関する化学、生化学的研究などに業績をあげた。

井口 在屋
いのくち・ありや

安政3年(1856年)10月30日～
大正12年(1923年)3月35日

機械工学者　東京帝国大学教授
加賀国金沢(石川県金沢市)出生。工部大学校(東京大学工学部)機械工学科〔明治15年〕卒。帝国学士院会員〔明治42年〕。工学博士〔明治32年〕。

　金沢藩儒・井口犀川の二男として生まれる。明倫館で英語や数学を学ぶ。工部省に入り、明治19年東京帝国大学助教授。27～29年ヨーロッパ留学、帰国後教授。21年工手学校(のちの工学院大学)創設の際は創立委員として参画、機械学科教務主理として材料強弱、力学などを講じた。30年機械学会創立にも参画。海軍機関学校教授、海軍大学校教授も務めた。38年渦巻ポンプ理論を発表、この理論に基づいて試作された渦巻ポンプ(いのくちポンプ)は大発明品として評価され多方面に活用された。大正3年畠山一清とともに特許をとり、畠山により企業化され、荏原製作所の基礎となった。明治42年帝国学士院会員、大正9年学術研究会議会員。

【評伝・参考文献】
◇築　工学院大学学園創立百周年記念写真集　工学院大学百年史編纂委員会編　工学院大学　1989.4.1
◇工学院大学学園百年史　工学院大学学園百年史編纂委員会編　工学院大学　1993.9.30

今泉 定助
いまいずみ・さだすけ

文久3年(1863年)2月9日～
昭和19年(1944年)9月11日

古典学者,教育者　皇道学院院長,国学院学監補
前名は定介、号は竹の屋主人。陸奥国刈田郡白石(宮城県白石市)出生。東京大学古典講習科〔明治19年〕卒。

　仙台藩家老白石城主片倉家の家臣今泉伝吉の第三子として生まれる。白石神明社の神職佐藤家の養子となり、明治12年上京して神道事務局の学寮に入学、国語漢文科で修学。卒業後、丸山作楽の門人となり、書生として同家に住み込む。15年作楽の養子丸山正彦とともに、東京大学古

典講習科の国書科に入学。19年9月卒業後、東京学士会院編纂委員として「古事類苑」の編集に従事。21年私立補充中学校（都立戸山高校の前身）を設立、教頭、のち校長を務めた。23年「古事類苑」の仕事を辞して皇典講究所に移り、国学院の設立に参画。国学院学監補などを経て、昭和13年日大に皇道学院を創設、院長となり"祭政一致"の国体論を教育に実践。明治神宮奉斎会会長、皇典講究所理事、神祇院参与を歴任。有職故実に詳しく「故実叢書」128冊を校訂・編纂した。著書に「平家物語講義」「平治物語講義」「国体講話」、「今泉定助先生研究全集」（全3巻）などがある。

【評伝・参考文献】
◇府立四中　都立戸山校百年史　百年史編集委員会編　百周年記念事業実行委員会（都立戸山高等学校内）1988.3.31

井村　荒喜

いむら・こうき

明治22年（1889年）11月3日～
昭和46年（1971年）5月10日

実業家　富山テレビ社長, 不二越鋼材工業社長, 衆院議員
長崎県南高来郡北有馬町出生。行余学舎中退。
　台湾製糖から中越水力電気支配人、昭和3年不二越鋼材工業を設立して取締役社長となり、精密工具の生産を始めた。12年不二越工科学校を創立。17年衆議院議員に当選。戦後、経団連、日経連各理事、日本機械工業会副会長、日平産業取締役を兼任。晩年は不二越の関係会社ナチベアリング販売会長、富山テレビ放送社長、呉羽観光取締役などを歴任した。

【評伝・参考文献】
◇私の履歴書　経済人　4　日本経済新聞社編　日本経済新聞社　1980.7　480p 22cm
◇井村荒喜追想録　井村荒喜追想録刊行会編　井村荒喜追想録刊行会　1983.1　470p 22cm

岩尾　昭太郎

いわお・しょうたろう

？～昭和27年（1952年）10月

岩尾昭和学園理事長, 伏見屋岩尾古雲堂店主
　父で岩尾家第14代当主・岩尾半蔵が設立した薬屋"伏見屋岩尾古雲堂"を継ぎ、15代当主となる。昭和10年心臓病、熱病などに効果がある家伝薬の改良を重ねた「日本丸」の製造に成功、海外まで販路を広めた。その後、原料のジャコウジカ、サイカクなどの入手が困難になり、40年代に日本丸は製造を中止される。江戸時代に建てられた薬屋の母屋と蔵や、その後増築された家屋は、平成5年薬の資料館"日本丸館"として一般に公開される。地元では"豆田の天守閣"という通り名を持つ。また、昭和14年には報恩感謝の宗教的念願に基づいて、

日田家政女学校(現・昭和学園高校)を創立した。

岩崎 清一
いわさき・せいいち

明治26年(1893年)10月20日～
昭和44年(1969年)9月20日

実業家　岩崎通信機社長,岩崎学園創立者

島根県安濃郡久手町刺鹿村出生。刺鹿村小学校高等科〔明治41年〕卒,海城中〔明治45年〕中退。

　明治41年小学校高等科を卒業後、単身上京。東京師範学校(現・筑波大学)の寄宿舎食堂に身を寄せる。食堂の給仕として働くかたわら、夜間は私立の海城中学に学ぶ。境遇と志を同じくする友を集めて"破天会"を結成し、会長となる。45年徴兵検査を機に中退。大正2年12月岡山騎兵第21連隊に入隊。4年除隊後北海道に渡り、札幌で森本電気商会に入社。7年森本電気商会から独立し、道内各地にラジオ等の電気器械販売会社を設け、事業家として活動。10年北海道亜麻共同精織組合連合会を結成し、常務理事に就任。15年旭川電気軌道を設立、代表取締役。昭和2年北見鉄道株式会社を設立。また、鉱山経営に進出して雄武鉱産株式会社を設立した。8年3月道内の事業をすべて人に託し、再び上京。渋谷区代々木上原に岩崎電線を設立。11年岩崎電線の工場に研究室を設け、かつての"破天会"同志とともに盗聴防止の秘話装置付き軍用電話の開発に着手。13年秘話装置を完成させる。同年8月岩崎電線と電話機研究室を合併して岩崎通信機株式会社を設立し、初代社長に就任。14年軍部から誘導除去電話機の大量採用が始まるのを機に、世田谷区烏山町の土地を取得し、生産部門を烏山新工場に移転。岩崎通信機青年学校設置を申請、同年6月に認可を得て校長を兼任。17年私立青年学校岩崎女学校を併設。同年久我山台に新たに工場用地を取得。その一画に学園開設の準備をはじめ、19年4月財団法人岩崎学園久我山中学校を開校した。

【評伝・参考文献】
◇国学院大学久我山中学高等学校五十年史　国学院大学久我山中学高等学校編　国学院大学久我山中学高等学校　1996.9.30

岩崎 弥之助
いわさき・やのすけ

嘉永4年(1851年)1月8日～
明治41年(1908年)3月25日

実業家,男爵　三菱財閥2代目,三菱合資会社創立者,日本郵船会社創立者,日本銀行第4代総裁

土佐国安芸郡井口村(高知県)出生。兄は岩崎弥太郎(三菱財閥創立者)、長男は岩崎小弥太(三菱合資社長)、岳父は後藤象二郎(政治家)、甥は岩崎久弥(三菱合資会社社長)。

土佐藩校の致道館修了後、明治5年米国へ留学。帰国後6年三菱商会副社長となり、18年兄・弥太郎の死後、後を継いで三菱社と改称して社長となる。同年三井系の共同運輸との海運業をめぐる激烈な競争のあと、これを合併して日本郵船会社を設立した。以後、炭鉱、鉱山、銀行、造船、地所など事業を拡大させ、26年三菱合資会社を設立して三菱財閥の基礎を固めた。23年貴院議員。29年社長を兄・弥太郎の長男久弥に譲り、同年第4代日本銀行総裁に就任した。同年男爵を授けられる。一方、19年伊藤博文を中心に女子教育奨励会創立委員会を結成、21年創立委員の1人として東京女学館創立に関わった。

【評伝・参考文献】
◇日本財界人物列伝 第1巻 青潮出版株式会社編 青潮出版 1963 1171p 図版 26cm
◇岩崎弥之助伝 岩崎弥太郎岩崎弥之助伝記編纂会 1971 2冊 22cm
◇岩崎弥之助伝（岩崎家伝記3,4） 岩崎家伝記刊行会編 東京大学出版会 1980.5 2冊 22cm
◇日本再建者列伝—こうすれば組織は甦る（人物文庫） 加来耕三著 学陽書房 2003.4 453p 15cm
◇まちづくり人国記—パイオニアたちは未来にどう挑んだのか（文化とまちづくり叢書） 「地域開発ニュース」編集部編 水曜社 2005.4.25 253p 21cm（A5）
◇三菱の経営多角化—三井・住友と比較 小林正彬著 白桃書房 2006.4.26 483p 21cm（A5）

岩下 清周
いわした・せいしゅう

安政4年（1857年）5月28日～
昭和3年（1928年）3月19日

実業家 北浜銀行常務,衆院議員（中正会）

信濃国松代（長野県）出生。息子は岩下壮一（宗教家）。東京商法講習所（一橋大学）〔明治11年〕卒。

　明治11年三井物産に入り、16年パリ支店長となり、桂太郎、原敬らと支遊。帰国後辞任、22年品川電燈創立に尽力、関東石材など経営。24年中上川彦次郎に招かれ三井銀行副支配人。29年辞して30年北浜銀行常務、次いで頭取に就任。40年衆院議員。大正4年背任横領（北浜銀行事件）で起訴され、有罪となった。9年温情舎を創立。13年出獄。

【評伝・参考文献】
◇日本財界人物列伝 第1巻 青潮出版株式会社編 青潮出版 1963 1171p 図版 26cm
◇日本策士伝—資本主義をつくった男たち（中公文庫） 小島直記著 中央公論社 1994.5 449p 15cm
◇世評正しからず—銀行家・岩下清周の闘い 海原卓著 東洋経済新報社 1997.7 216p 20cm
◇岩下清周伝—伝記・岩下清周（伝記叢書335） 故岩下清周君伝記編纂会編 大空社 2000.9 1冊 22cm

岩田 英子
いわた・えいこ
明治6年(1873年)5月5日～
昭和7年(1932年)9月22日

教育家　大分県教育会評議員
本名は岩田エイ。旧姓名は渡辺。大分県大分町中上市町(大分市)出生。東京裁縫女学校〔明治33年〕卒。

　大分高等小学校に在学中、旧大分中学校の英語教師ウエンライトから英語の手ほどきを受ける。明治21年に同校を卒業後、大分小学校簡易科で教師を務めるが、間もなく退職し、漢学や生け花を学んだ。のち結婚して家庭の人となるが、28年に夫と死別。32年に上京して東京裁縫女学校に入学、33年卒業とともに帰郷し、大分裁縫伝習所を開いた。34年には同所を大分裁縫学校に改称し、自身も裁縫科中等教員免許を取得。次いで39年には予科・本科・高等科・専修科を設置した。同校は42年に岩田女校、44年には岩田実科高等女学校となるなど着実に発展を遂げ、現在の岩田高校の基礎が固まった。大正9年大分県教育会評議員。

巌谷 立太郎
いわや・りゅうたろう
安政4年(1857年)8月～
明治24年(1891年)1月

鉱山学者　東京大学教授
近江国甲賀郡水口(滋賀県)出生。父は巌谷修(書家)、弟は巌谷小波(児童文学作家)。大学南校卒。工学博士〔明治21年〕。

　明治の三筆と言われた書家・巌谷修の長男として生まれる。幼い時から中村栗翁に漢学を学ぶ。維新後、父に従って京都に出て神山四郎のもとで漢学を学ぶ。明治3年貢進生として大学南校に入り普通学を、開成学校となった後は化学を学んだ。5年鉱山学を学ぶためドイツに留学。ザクセン州フライベルク府の鉱山大学に入学し、冶金学を学ぶ。14年帰国し、15年東京大学教授に就任。16年工科大学教授、同年5月農商務省三等技師を兼務、鉱山局に勤務。21年工手学校(のちの工学院大学)創設の際は、創立委員として参画。管理員監事に就任するが、24年35歳の若さで亡くなった。

【評伝・参考文献】
◇築 工学院大学学園創立百周年記念写真集　工学院大学百年史編纂委員会編　工学院大学　1989.4.1
◇工学院大学学園百年史　工学院大学学園百年史編纂委員会編　工学院大学　1993.9.30

【う】

ウィリアムズ，
チャニング・ムーア

Williams, Channing Moore
1829年7月18日～1910年12月2日

宣教師(米国聖公会)，教育者　立教学院創立者

米国バージニア州リッチモンド出生。ウィリアム・アンド・メリー大学卒，バージニア神学校〔1855年〕卒。
　1855年7月米国聖公会宣教師として中国に赴任。1859年(安政6年)6月まだキリスト教禁令下の日本伝道の命をうけて長崎に上陸した。のち横浜に移り，1863年(文久3年)日本最初のプロテスタント教会・横浜クライスト・チャーチ(現・山手教会)を建立、外国人居留地内の外国人の信仰に奉仕すると共に、来たる日本人への伝道に備え日本語修得に励んだ。1866年一旦帰国したが、1868年(明治元年)再び上海に赴任し、中国および日本の伝道主教となる。翌年大阪に来任、1873年には東京に転じ、1874年(明治7年)日本専任監督に就任。1887年日本聖公会が設立され、その総会議長に選出された。1893年一時帰国するが、1895年京都に赴任し、以後1908年(明治41年)4月帰国するまで日本聖公会京都若王子教会の司祭として活躍した。一方、キリスト教教育にも尽力し、1874年(明治7年)東京築地明石町に立教学校(現・立教大学立教学院)、1875年大阪照暗女学校(のちの平安女学院)、1877年立教女学校(立教女学院の前身)などを創立した。謙譲・克己・質素を生活の信条とし、「耐え忍んで待ち、人に仕え」「世の光・地の塩」たるべく、「道を伝えて、己を伝えず」、全生涯を伝道と教育に捧げた。著書に「教会歴史問答」(1905～07年)などがある。

【評伝・参考文献】
◇日本基督教の黎明—老監督ウイリアムス伝記　元田作之進著　立教出版会　1970　279p 図 肖像 23cm
◇チャニング・ムーア・ウィリアムズ　矢崎健一著　立教女学院小学校 1988.11　251p 20cm
◇日本聖公会の創設者—C・M・ウィリアムズ主教小伝　B.D.タッカー著，赤井勝哉訳　聖公会出版　1999.8　119p 19cm

上田　勝行

うえだ・かつゆき
安政4年(1857年)9月16日～
明治36年(1903年)1月2日

教育家　京都薬学校校主
旧姓名は下河辺。
　明治維新の初め、京都の中学に入り、ついで欧学舎でレーマンにドイツ語を、舎密局でワグネルに理化学を学ぶ。明治12年京都療病院医学校(現・京都府立医科大学)教諭兼薬局

長となる。更に上京して海軍火薬製造所技師を務めが、火薬が爆発して負傷し、のち職を辞して京都に戻る。17年独逸学校の設立に関わり、25年京都薬学校（現・京都薬科大学）を創立、校主となった。

植田 真一
うえだ・しんいち

明治29年（1896年）7月1日～
平成1年（1989年）3月11日

清教学園理事長
大阪府出生。置勲五等瑞宝章〔昭和43年〕。
　大正13年教職に就き、昭和22年天見村立中校長を経て、25年清教学園を創立し、理事長。26年中学校、43年高校を開校し、校長を兼任。最後まで現役の校長として教育に尽した。

上田 八一郎
うえだ・はちいちろう

明治23年（1890年）～昭和40年（1965年）

教育者　明星学園中学校創立者
富山県出生。広島高等師範学校卒。
　広島高等師範学校附属中学校教諭を経て、朝鮮の大邱中学教頭。大正自由主義教育に共鳴し、三鷹市に明星学園中学と同高女を設立、教育に一生をささげた。

上田 鳳陽
うえだ・ほうよう

明和6年（1769年）～嘉永6年（1853年）

教育家　山口講堂創立者
名は恭述。山口県山口市出生。
　萩藩士の家に生まれ、のち上田家の養子となる。文化12年武家の子弟を教育する私塾山口講堂を開設。のち、山口講習堂、藩校山口明倫館、山口中学校などを経て、山口県立山口高校となった。また、「風土注進案」の山口宰判を編述した。

【評伝・参考文献】
◇学都山口と上田鳳陽　山口県立図書館編　山口県立図書館　1953

上野 清
うえの・きよし

嘉永7年（1854年）閏7月17日～
大正13年（1924年）6月21日

数学者，教育家
旧姓名は小林。号は閑雲。江戸出生。
　幼い頃、昌平黌に漢学を学び、また兄について数学を修める。和算家の福田理軒・治軒父子に師事。明治5年上野塾を開く。在野の数学者として東京数学会社や数学協会に参加、多くの数学雑誌を主宰した。一方、23年東京数学院（現・東京高）、27年仙台数学院（現・東北高）を創設。著書に「算術三千題」「近世算術教科書」

などがある。

上野 銀
うえの・ぎん

（生没年不詳）

教育者　共立女子職業学校創立者
東京女子師範学校〔明治13年〕卒。
　明治13年7月母校の東京女子師範学校に奉職し、27年頃まで教諭として勤務。この間、19年共立女子職業学校（現・共立女子学園）設立発起人の1人として創設に参加した。

【評伝・参考文献】
◇共立女子学園百十年史　共立女子学園百十年史編集委員会編　共立女子学園　1996.10.18

植野 慶四郎
うえの・けいしろう

明治1年（1868年）〜昭和8年（1933年）

教育家　柳井学園高校創立者
山口県大島郡神代町出生。
　大正8年山口県柳井町に周東実用中学校（柳井学園高校の前身）を創立、初代校長となる。地域の中等教育振興に尽力した。

上野 安紹
うえの・やすのり

明治19年（1886年）6月8日〜

昭和5年（1930年）2月20日

教育家　宇都宮学園創設者、栃木県議
旧姓名は手塚。栃木県宇都宮寺町（宇都宮市）出生。大叔父は児島強介（志士）。早稲田実業専科〔明治39年〕卒。師は天野為之。
　上京して早稲田実業に入り、終生の師と仰ぐ経済学者・天野為之の指導を受ける。明治39年卒業後は北海道拓殖銀行に勤める傍ら余暇に塾を開いて英語や簿記を教えた。兵役を終えて帰郷すると、41年宇都宮市に実用英語簿記学校を開設。その一方で同市立商業高校で教鞭を執るが、間もなく生徒指導に関して校長らと対立し、退職。これを機に自らの手で学校を興す決意をし、44年天野らの助力を受け、"己を敬し、他を敬し、事を敬し"の"三敬"を建学の精神に私立宇都宮英語簿記学校を創立。大正4年私立宇都宮実業学校、11年栃木県宇都宮実業学校に改組。この間、8年栃木県議に当選、また母校・早稲田実業講師も務め、大正12年同校幹事。昭和4年宇都宮実業学校を移転させ、その跡地に宇都宮女子実業学校を開いたが、5年43歳で病没した。

【評伝・参考文献】
◇下野人物風土記　第4集　栃木県連合教育会編　栃木県連合教育会　1971　218p 19cm

上野 陽一
うえの・よういち

明治16年(1883年)10月28日〜
昭和32年(1957年)10月15日

産業能率短期大学学長・創立者, 産業能率研究所所長
東京都出生。長男は上野一郎(産能大理事長)。東京帝大文科大学哲学科心理学専攻〔明治41年〕卒。団産業心理学。

　大正14年日本産業能率研究所を創設。米国のマネジメント思想と技術を導入、産業界に紹介して、日本最初のマネジメント・コンサルタントとなる。大蔵省作業部計画課長、日本能率学校理事長、立教大学経済学部長を歴任。昭和25年産業能率短期大学(現・自由が丘産能短期大学)を設立し、学長となる。産業界の"能率の父"といわれた。著書に「能率学原論」「能率概論」「人事管理の諸問題」などがある。

【評伝・参考文献】
　◇能率道　上野陽一追悼録　産業能率短期大学編　産業能率短期大学　1957　112p 図版 22cm
　◇上野陽一伝　産業能率短期大学編　産業能率短期大学出版部　1967 275p 図版 22cm

上原 とめ
うえはら・とめ

明治21年(1888年)〜昭和37年(1962年)

教育者　藤嶺学園創立者
京都府何鹿郡山家村(綾部市)出生。麹町高等女学校, 東京女子専門学校。

　明治44年単身上京し、私立共立女子職業学校、東京麹町高等女学校、東京女子専門学校などで学び、小学校専科(裁縫)正教員、師範学校・中等学校・高等女学校の裁縫科教諭の免許状を取得。神奈川県鎌倉郡の小学校や実業補習学校に勤務ののち、大正14年平塚町新宿(平塚市)に家政女塾を開設、和裁を指導した。昭和2年4月認可を受け平塚高等家政女学校と改称、さらに19年相模女子商業学校に改称し、この間経営者兼校長として女子教育に献身したが、空襲により校舎が全焼した。戦後、20年9月藤沢市の藤嶺学園に移管され、23年学制改革により藤嶺学園女子中高等学校と改称。その後、36年鵠沼女子高等学校、平成16年鵠沼高等学校(男女共学)へと発展した。

植村 花亭
うえむら・かてい

(生没年不詳)

教育者　共立女子職業学校創立者
　明治14年東京女子師範学校に奉職。19年共立女子職業学校(現・共立女子学園)設立発起人の1人として創設に参加。同校習字嘱託教員として31年頃まで勤務した。

【評伝・参考文献】

◇共立女子学園百十年史　共立女子学園百十年史編集委員会編　共立女子学園　1996.10.18

宇城 カ子
うしろ・かね

明治35年（1902年）2月6日〜
平成15年（2003年）12月8日

東筑紫学園創設者，東筑紫短期大学名誉学長
広島県神石町出身。孫は宇城照燿（東筑紫学園理事長）。京都洛陽高等技芸女学校〔昭和2年〕卒。団被服学置藍綬褒章〔昭和42年〕、勲三等瑞宝章〔平成1年〕。
　昭和11年筑紫洋裁女学院、23年東筑紫高校を創設。57年東筑紫学園理事長。九州栄養福祉大学、東筑紫短期大学などを運営する同学園の基礎を築いた。

宇城 信五郎
うしろ・しんごろう

明治22年（1889年）3月1日〜
昭和57年（1982年）1月26日

東筑紫学園理事長
三重県出身。置藍綬褒章〔昭和40年〕、勲三等瑞宝章〔昭和42年〕。
　昭和11年旧八幡市に筑紫洋裁女学院を設立。23年に現在地に東筑紫高校設立、25年に短期大学設立と同時に理事長・学長就任。54年3月から

短期大学名誉学長。41年から全日本学士会名誉会長だった。著書に「魂の平和」など。

【評伝・参考文献】
◇野と森と海の讃歌―宇城信五郎の生涯（秋山叢書）　野林正路著　秋山書店　1980.3　324p 19cm
◇風と光と雲の讃歌―宇城信五郎の生涯（秋山叢書）　野林正路著　秋山書店　1987.1　292p 20cm

宇田 友四郎
うだ・ともしろう

万延1年（1860年）3月25日〜
昭和13年（1938年）10月9日

土佐商船創立者，土佐セメント社長，衆院議員（憲政会）
土佐国香美郡岸本町（高知県香我美町）出生。養子は宇田耕一（政治家）。
　商家を営む2代目宇田長蔵の二男に生まれる。義兄・臼井鹿太郎が経営する臼井商店で3年間修業、明治18〜21年日本郵船高知支店に務める。土佐運輸を創立して寺田亮を社長に、自らは支配人として采配を振るい、のち高知汽船と合併して土佐郵船と改称し支配人となる。27年土洋商船を興し大阪支店長、のち4社合併による帝国商船が発足し常務を務め、32年土佐共同汽船と合併し土佐商船を創立、横山慶爾を社長に、自らは常務に就任。日露戦争では同社の船が御用船となり、自己の持ち船も提供して利益を上げた。40年土佐商船の事業

を大阪商船へ譲与して海運事業から手を引き、41年土佐電気鉄道社長（4代目）となる。大正11年土佐電気を設立し、昭和9年社長を引退。一方、明治44年～昭和7年土佐セメント社長、大正2年白洋汽船を設立、社長に就任し手腕を振るう。また高陽銀行頭取、土佐銀行頭取などを歴任、大正11年～昭和4年高知商業会議所会頭を務めるなど、土佐財界に大きく貢献し大御所と呼ばれた。傍ら、大正9年川崎幾三郎と共に土佐中学校を創設し高知県教育界にも尽力。政界においては、明治44年～大正8年高知県議、2～8年高知市議を経て、13年衆院議員（憲政会）に、14年貴院議員に当選し活躍した。

宇田 尚

うだ・ひさし

？～昭和43年（1968年）3月7日

東洋女子短期大学創立者
　大正15年東洋女子歯科医学専門学校（東洋女子短期大学の前身）を設立。昭和3年同校理事長に就任。5年校長兼務。

馬田 行啓

うまだ・ぎょうけい

明治18年（1885年）9月3日～
昭和20年（1945年）12月17日

仏教学者
福井県出身。早稲田大学哲学科〔明治42年〕卒,早稲田大学研究科宗教科〔明治43年〕修了。
　妙勧寺松本日精について仏門に入る。明治45年日蓮宗大、早大講師を経て、日蓮宗大教授となり、同大の大学令による立正大への昇格に尽力、大正13年立正大教授、予科部長。昭和2年立正幼稚園、立正裁縫女学校を設立。3年財団法人立正学園を設立、理事長に就任。同年立正学園高等家政女学校を創立、校長となる。11年から日蓮宗教学部長、同宗宗務総監、全日本宗教会理事などを務めた。著書に「印度仏教史」「日蓮聖人の宗教及び哲学」「日蓮聖人の思想と宗教」「日蓮」「朝の修養―開目鈔講話」「日蓮門下高僧列伝」「新時代の日蓮主義」「強く正しく誓願に生きよ」「東亜の新秩序と大乗精神」などがあり「妙法蓮華経」「無量義経」などを国訳した。

【評伝・参考文献】
◇文教大学学園70年の歩み　文教大学学園創立七十周年史編集委員会編　文教大学学園　1997.10.17

梅沢 鋭三

うめざわ・えいぞう

昭和2年（1927年）9月5日～
平成4年（1992年）9月25日

日本航空学園理事長
山梨県甲府市出身。長男は梅沢重雄（日本航空学園理事）。山梨工専卒。

昭和35年梅沢学園(現・日本航空学園)山梨航空工業高校設立、理事・副校長。49年日本航空高校校長、日本航空大学学長、62年日本航空学園理事長。

梅高 秀山
うめたか・しゅうざん

嘉永3年(1850年)～明治40年(1907年)

僧侶, 教育家　扇城女学校創立者
本名は梅高直次郎(うめたか・なおじろう)。旧姓名は別府。豊前国(大分県)上毛郡三毛門村(豊前市)出生。
　豊前国上毛郡三毛門村の手永(大庄屋)別府一九郎の子として生まれた。幼名直次郎。7歳で同村善正寺梅高氏の養子となり出家、法名は秀山。式部卿とも称した。長じて広瀬淡窓の咸宜園に入門し学んだ。明治20年代の帝国憲法の制定、教育勅語の公布など、近代社会への歩みとともに女子中等教育の必要性を説き、中津町明蓮寺住職の重松天祐、同光専寺住職の菅原秀行などと語らい、また町内仏教各宗派協同会の援助で中津の旧城内三ノ丁の別府又十郎所有の家屋を校舎に充て女子中学校を創立。32年開校の式典を挙げた。今の扇城学園の前身で県下初の女子中等教育機関となった。教育の指針は、信仰を基調にした婦徳と教養の向上、技芸の習熟であった。校長秀山の人格を慕って教えを受けるものは年々増加した。

梅原 融
うめはら・とおる

慶応1年(1865年)～
明治40年(1907年)12月30日

教育家　中央商業学校創立者
旧姓名は中臣。慶応義塾〔明治27年〕卒。
　福井県の本願寺派順教寺住職・中臣俊嶺の子に生まれる。同県教願寺住職・梅原筧乗の婿養子となり、上京して慶応義塾に入り、明治27年卒業。直ちに本願寺学寮の教師となり、西本願寺大学林教授を経て、仏教大学(のち龍谷大学)教授を務める。31年再び上京して日華学堂監督の任に当たった。一方、20年京都で高楠順次郎らと「反省会雑誌」を創刊。のち東京に本部を移転し、32年「中央公論」と改題、この編集に従事する。33年日本橋蠣殻町に簡易商業学校を設立し、自ら主監となって経営に当たり、36年中央商業学校(のち中央商科短期大学)を創立した。以来同校主監の傍ら慶応義塾で教鞭を執った。

梅村 清光
うめむら・せいこう

明治15年(1882年)～昭和8年(1933年)

教育家　梅村学園創立者
茨城県水戸出生。
　茨城・愛知で教員を務める。大正12年"学術とスポーツの真剣味の殿堂た

れ"を建学の精神として中京商業学校（現・中京大学附属中京高校）を創立し、校長に就任。昭和26年学校法人梅村学園を創立し、初代理事長に就任。傍ら、名古屋市議、愛知県議も務めた。

梅村 清明
うめむら・せいめい

明治41年（1908年）9月10日～
平成5年（1993年）7月14日

梅村学園名誉総長, 松阪大学名誉学長, 中京大学名誉教授
茨城県水戸市出生。長男は梅村清弘（梅村学園総長・理事長）、二男は梅村光弘（松阪大学学長）、弟は安達寿雄（安達学園理事長）。名古屋高商〔昭和5年〕卒, 神戸商業大学（神戸大学経済学部）卒。団体育学置勲二等瑞宝章〔昭和53年〕、朝日体育賞〔昭和54年度〕、中日文化賞〔昭和56年〕、ソビエト友好促進栄誉賞〔昭和62年〕。

中学時代は陸上の長距離選手として活躍。中京商（現・中京高）教諭、同校長を経て、昭和29年中京大学学長、31年愛知県教育委員長、57年松阪大学学長を歴任。61年名誉学長となり、平成2年4月梅村学園総長を退任。この間選手の育成、体育の振興に打ち込み、中京高野球部のほか、体操の中山、笠松など、多くの選手を手塩にかけた。著書に「名古屋城下町と社寺の隆盛」「風雪と曳航の足跡」。

漆 雅子
うるし・まさこ

？～昭和62年（1987年）3月10日

品川高校理事長, 自民党東京都連婦人部長
父は漆昌巖（政治家）。

大正8年女性の教育を目指して、荏原婦人会を発足、理事長に就任。14年権現山公園（現・城南中学校）に荏原女子技芸伝習所を開設。15年同地に荏原女学校設立、理事長。昭和4年財団法人品川高等女学校が開校。22年品川中学校設、23年品川高校設置。26年学校法人品川高校に組織変更。

【 え 】

江木 衷
えぎ・ちゅう

安政5年（1858年）9月19日～
大正14年（1925年）4月8日

弁護士, 法律学者　英吉利法律学校創設者, 東京弁護士会会長
周防国岩国（山口県）出生。東京大学法科〔明治17年〕卒。法学博士〔明治33年〕。

明治17年警視庁に入り、のち司法省、農商務省、外務省に勤務。24年品川彌二郎内務大臣秘書官。かたわら18年英吉利法律学校（現・中央大学）

を創設、教鞭を執った。民法典論争では英法派・延期派の代表として磯部四郎らと論争した。26年弁護士を開業、東京弁護士会会長。大正8年臨時法制審議会委員、9年陪審法調査会委員。一方森槐南、本田種竹らと一詩社を設立、「冷灰漫筆」「山窓夜話」などで政治を批判した。妻江木欣々は元新橋芸者で、社交界の名花。著書に「刑法原理」「刑法汎論」「陪審制度論」「国家道徳論」「法律解剖学」「法理学講義」「治罪原論」「民事訴訟法論」などがある。

【評伝・参考文献】
◇法思想の世界(塙新書) 矢崎光圀著 塙書房 1996.9 193p 18cm

江角 ヤス

えずみ・やす

明治32年(1899年)2月15日～
昭和55年(1980年)11月30日

修道女, 教育家, 社会事業家 (福)純心聖母会理事長, (学)純心女子学園理事長, 長崎純心大学創立者

修道名はマリア・アダレナ。島根県斐川町出生。東北帝大理学部卒。

在学中に受洗し、卒業後京都府立第一高女に勤務。昭和5年から4年間フランスのイエズス聖心会で修練をつみ帰国。9年日本婦人だけの修道会・純心聖母会の会長に就任。翌10年純心女子学院(現・純心女子学園)を創立して女子教育に尽した。20年8月9日、長崎原爆で被爆、病床から督励して修道会と学校を再建、以後、長崎はじめ各地に学校、幼稚園を擁する。45年恵の丘長崎原爆養護ホームを設立、"被爆者の母"といわれた。

【評伝・参考文献】
◇「江角ヤス」物語(斐川町人物史) 村上家次著 斐川町教育委員会 1995.10 101p 27cm

エディ, エレン・G.

Eddy, Ellen G.
(生没年不詳)

宣教師(米国聖公会), 教育者 平安女学院創立者

1874年(明治7年)来日し米国聖公会派遣の宣教師として大阪に赴任。C. M. ウィリアムズ監督の命令により、大阪川口の居留地に住んで、同地のキリスト教伝道に従事した。1875年川口居留地内に女学塾を設立、同校はエディの学校と呼ばれたが、1880年照暗女学校(St. Agnes' School)と改称された。大阪の女子教育に従事したのち、1881年に帰国。同校は、のち京都に移され、1895年から平安女学院として再出発した。

榎本 武揚

えのもと・たけあき

天保7年(1836年)8月25日～
明治41年(1908年)10月26日

政治家, 海軍中将, 子爵　農商務相, 外相, 文相, 逓信相, 海軍卿

通称は榎本釜次郎, 号は梁川。江戸・下谷御徒町出生。［賞］勲一等従二位〔明治19年〕。

12歳で昌平黌に入り, 嘉永6年幕府伝習生として長崎の海軍練習所に学んだ。安政5年江戸に帰り海軍操練所教授。文久元年開陽丸建造監督を兼ねてオランダ留学、造船学、船舶運用術、国際法などを学び、慶応2年帰国、軍艦乗組頭取、海軍奉行となった。戊辰の役では幕府海軍副総裁として主戦論を唱え、江戸開城後も政府軍への軍艦引き渡しを拒否、明治元年8月全艦隊を率い仙台を経て北海道へ脱走、箱館の五稜郭にたてこもり抗戦した（箱館戦争）。2年降伏して入獄、5年特赦となり、北海道開拓使となった。7年海軍中将兼特命全権公使としてロシアに赴き、千島樺太交換条約を締結。12年外務省二等出仕、13年海軍卿、15年清国在勤特命全権公使として伊藤博文全権と共に天津条約を締結。18年逓信大臣、21年農商務大臣兼任、22年文部大臣、24年外務大臣、27年農商務大臣を歴任。20年子爵。24年には育英黌農科（現・東京農業大学）を創設した。著書に「西比利亜日記」。

【評伝・参考文献】
◇榎本武揚 明治日本の隠れたる礎石　加茂儀一著　中央公論社 1960 299p 図版 22cm
◇世界ノンフィクション全集 第14（シベリア日記〔ほか〕）　中野好夫, 吉川幸次郎, 桑原武夫編　筑摩書房 1961　512p 図版 19cm
◇続 人物再発見　読売新聞社編　人物往来社　1965　237p 19cm
◇榎本武揚伝　井黒弥太郎著　みやま書房　1968　418p 図版 22cm
◇榎本武揚—資料　加茂儀一編集・解説　新人物往来社　1969　418p 20cm
◇人物日本の歴史 19（維新の群像）　小学館　1974　273, 3p 22cm
◇榎本武揚　井黒弥太郎著　新人物往来社　1975　264p 20cm
◇榎本武揚—物語と史蹟をたずねて　赤木駿介著　成美堂出版　1980.12　240p 19cm
◇航—榎本武揚と軍艦開陽丸の生涯　綱淵謙錠著　新潮社　1986.4　321p 20cm
◇榎本武揚とメキシコ殖民移住　角山幸洋著　同文舘出版　1986.12 243p 22×14cm
◇友達・棒になった男（新潮文庫）　安部公房著　新潮社　1987.8　296p
◇榎本武揚（中公文庫）　加茂儀一著　中央公論社　1988.4　623p 15cm
◇五稜郭　杉山義法著　日本テレビ放送網　1988.12　274p 19cm
◇悲劇の戊辰戦争（幕末・維新の群像4）　小学館　1989.1　302p 15cm
◇榎本武揚〈改版〉（中公文庫）　安部公房著　中央公論社　1990.2　355p 15cm
◇怒濤の人—幕末・維新の英傑たち（PHP文庫）　南条範夫著　PHP研究所　1990.2　269p 15cm
◇志の人たち　童門冬二著　読売新聞社　1991.10　282p 19cm
◇苦悩するリーダーたち（知ってるつもり?!　11）　日本テレビ放送網　1993.6　247p 19cm
◇メキシコ榎本殖民—榎本武揚の理想と現実（中公新書1180）　上野久著　中央公論社　1994.4　168p 18cm

◇運命には逆らい方がある―英傑の軌跡　中薗英助著　青春出版社　1996.11　239p 19cm
◇日本人の志―最後の幕臣たちの生と死　片岡紀明著　光人社　1996.12　257p 19cm
◇榎本武揚―幕末・明治、二度輝いた男（PHP文庫 み16-1）　満坂太郎著　PHP研究所　1997.8　359p 15cm
◇時代を疾走した国際人榎本武揚―ラテンアメリカ移住の道を拓く　山本厚子著　信山社出版　1997.8　285p 19cm
◇（小説）榎本武揚（たけあき）―二君に仕えた奇跡の人材長編歴史小説　童門冬二著　祥伝社　1997.9　402p 20cm
◇人生を二度生きる―小説榎本武揚（祥伝社文庫）　童門冬二著　祥伝社　2000.1　481p 16cm
◇榎本武揚から世界史が見える（PHP新書）　臼井隆一郎著　PHP研究所　2005.3.4　291p 18cm
◇黒船以降―政治家と官僚の条件　山内昌之, 中村彰彦著　中央公論新社　2006.1.10　218p 19cm（B6）
◇歴史人物・意外な「その後」―あの有名人の「第二の人生」「晩年」はこうだった（PHP文庫）　泉秀樹著　PHP研究所　2006.3.17　279p 15cm（A6）
◇幕臣たちと技術立国―江川英龍・中島三郎助・榎本武揚が追った夢（集英社新書）　佐々木譲著　集英社　2006.5.22　222p 18×11cm

江原　素六
えばら・そろく

天保13年（1842年）1月29日～
大正11年（1922年）5月19日

教育家, 政治家　麻布学園創立者, 衆院議員（政友会）

幼名は鋳三郎。江戸市外角筈五十人町出生。孫は稲葉興作（石川島播磨重工業社長）。

　幕臣の長男として生まれる。生家は貧しく、幼い頃から昼は房楊子作りの内職をし、夜それを売り歩くという生活を送った。嘉永5年（1852年）池谷福太郎の塾に通いはじめると師により才能を見込まれ、家族を説いてもらい昌平黌に進む。学業に励む一方で練兵館の斎藤弥九郎に剣術を修め、安政6年（1859年）講武所で洋式調練を習得。文久3年（1863年）講武所砲術教授。明治維新に際しては戊辰戦争に従軍するが、怪我を負って静岡県沼津に逃れた。明治元年静岡藩少参事となり、沼津兵学校を、2年には同校附属沼津病院を開設した。4年4月政府の命により欧米視察に出発、12月帰国。帰国後は士族授産のため開墾や牧畜、茶の製造、輸出などの事業に当たる傍ら、5年沼津兵学校附属小学校を集成舎として再生させ、8年静岡師範校長、12年沼津中学校長となり子弟の教育にも携わった。平行して、9年静岡県議、12～14年駿東郡長。この間、カナダ人宣教師ミーチャムにより洗礼を受け、その後、重病から奇跡的に一命をとりとめた経験により再び受洗してキリスト教伝道に努めた。22年上京してキリスト教系の東洋英和学校幹事となり、26年校長に就任。28年麻生尋常中学校（現・麻布学園）を創立して長く校長を務めた。34年東京市教育会会長、37

年東京基督教青年会(YMCA)理事長。一方、23年以来静岡県、東京市から衆院議員に当選7回、自由党、憲政党各総務や政友会幹部を務め、徳望を以て政界に重きをなした。45年政党人として初めて貴院議員に勅撰された。

【評伝・参考文献】
◇江原素六(駿河新書 1)　辻真澄著　英文堂書店　1985.1　175p 18cm
◇江原素六生誕百五十年記念誌　沼津市明治史料館編　沼津市明治史料館　1992.7　107p 27cm
◇江原素六先生伝─伝記・江原素六(伝記叢書 212)　江原先生伝記編纂委員編　大空社　1996.7　1冊 22cm
◇「遺聞」市川・船橋戊辰戦争─若き日の江原素六─江戸・船橋・沼津　内田宜人著　崙書房出版　1999.9　254p 19cm
◇江原素六の生涯(麻布文庫 1)　加藤史朗著　麻布中学校　2003.4　198p 18cm
◇麻布中学と江原素六(新潮新書)　川又一英著　新潮社　2003.9　185p

海老名 弾正
えびな・だんじょう

安政3年(1856年)8月20日〜
昭和12年(1937年)5月22日

牧師,思想家,教育家　同志社総長
幼名は喜三郎。筑後国柳河(福岡県柳川市)出生。いとこは徳富蘇峰(評論家)、徳富蘆花(小説家)。熊本洋学校,同志社英学校〔明治12年〕卒。

熊本洋学校時代、熊本バンドの一人としてジェーンズの導きで受洗する。明治12年同志社卒業後は安中、前橋、東京、熊本、神戸で牧師として活躍。また熊本英学校、熊本女学校を創設。23年日本基督伝道会社社長に就任。30年東京で基督同志会を結成、本郷教会牧師となる。大正9年から昭和3年にかけては同志社総長を務めた。その間「新人」「新女界」などを刊行し、また植村正久との間に"福音主義論争"が行なわれた。著書は多く「彼得前後書註釈」「耶蘇基督伝」「人間の価値」「基督教新論」などがある。

【評伝・参考文献】
◇新人の創造─海老名弾正評伝　武田清子著　教文館　1960
◇日本の代表的キリスト者 2─海老名弾正・植村正久　砂川万里著　東海大学出版会　1965
◇海老名弾正(人と思想シリーズ 第2期)　岩井文男著　日本基督教団出版局　1973　302p 19cm
◇父海老名弾正　大下あや著　主婦の友社　1975　169p 図 肖像 19cm
◇海老名弾正の政治思想　吉馴明子著　東京大学出版会　1982.5　242p
◇海老名弾正先生─伝記・海老名弾正(伝記叢書 108)　渡瀬常吉著　大空社　1992.12　508,7p 22cm
◇近代日本キリスト教と朝鮮─海老名弾正の思想と行動　金文吉著　明石書店　1998.6　206p 20cm
◇『新人』『新女界』の研究─20世紀初頭キリスト教ジャーナリズム(同志社大学人文科学研究所研究叢書 31)　同志社大学人文科学研究所編　人文書院　1999.3　460p 21cm

海老名 隣
えびな・りん

嘉永2年(1849年)4月～
明治42年(1909年)4月20日

教育者, 婦人運動家　東京基督教婦人矯風会副会頭
旧姓名は日向。陸奥国会津(福島県会津若松市)出生。夫は海老名季昌(官吏)。

　会津藩士の娘として生まれる。17歳の時に藩の軍事奉行・海老名季昌と結婚。明治5年警視庁の官吏となった夫とともに上京。21年には東京霊南坂教会牧師・綱島佳吉の下で洗礼を受けて熱心なキリスト教徒となり、東京基督教婦人矯風会に入って社会運動に従事した。26年に帰郷したのちは若松幼稚園や会津女学校を設立し、幼児及び女子の教育に尽くした。

遠藤 政次郎
えんどう・まさじろう

明治27年(1894年)7月27日～
昭和35年(1960年)8月22日

服飾教育家　文化服装学院創立者
岩手県出生。盛岡高農〔大正3年〕中退。藍綬褒章〔昭和28年〕。

　大正3年小笠原丸船員となったが、4年兵役で北海道旭川連隊入隊、5年除隊となって盛岡で白系露人の通訳をし、6年シンガー・ソーイング・ミシンに入社、販売面で抜群の成績をあげた。9年洋裁技術者の並木茂と知り会い、11年文化裁縫学院(後の文化服装学院)を開いた。昭和9年同学院長、15年財団法人並木学園(後の文化学園)の理事長となった。20年の戦災で校舎を焼失したが、洋裁はブームに乗って発展、25年文化短期大学(現文化女子大学)を開校した。28年にはパリからクリスチャン・ディオールを招いて日本初の本格的ファッション・ショーを開き、日本服飾界の目を世界に開かせた。さらに文化出版局を開設、服飾出版では日本服飾界の最高権威となった。

遠藤 豊
えんどう・ゆたか

大正14年(1925年)3月25日～
平成13年(2001年)3月26日

教育者, 教育評論家　自由の森学園学園長
栃木県出生。宇都宮大学学芸学部卒。団 教育科学研究会, 科学教育研究協議会。

　中学教師などを経て、東京・明星学園に勤務。のち同校校長となり、教頭の無着成恭とともに点数のない教育の実践に取り組んだが挫折に終わり、昭和58年退任。新しい理想の学園づくりを目指し、60年埼玉県飯能市に自由の森学園を設立して校長に就任、のち学園長。中高一貫で全人教育を行う。のち、やまぎし学園教育文化研究所所長。著書に「いま教育を変えな

ければ子どもは救われない」「学校が生きかえるとき〈上・下〉」「自由の森学園 その出発」など。

遠藤 隆吉
えんどう・りゅうきち

明治7年(1874年)10月～
昭和21年(1946年)

巣鴨高商(現・千葉商科大学)設立者
群馬県出生。女婿は堀内政三(巣鴨中学・高校校長)。東京帝大文科大学哲学科〔明治32年〕卒。文学博士。団社会学,易学。

　東洋大学、早稲田大学各教授を経て、晩年は巣鴨高等商業学校(後の千葉商大)を設立、校長となった。有賀長雄らとともに日本社会学の開拓者の一人で、研究の初期は社会有機体説の立場に立ったが、その後、ギデングス、ジンメルらの影響で心理学的社会学に転じ、社会力説を提唱した。一方易を研究し、易学研究所を設立、人文東洋主義を唱えた。著書に「支那哲学史」「日本社会の発達及思想の変遷」「虚無恬淡主義」「近世社会学」「孔子伝」「漢字の革命」「理想の人物」「社会力」「綜合心理学」「社会学原論」「老人研究」「易の処生哲学」「易学入門」など多数。

【評伝・参考文献】
　◇巣園自伝　遠藤隆吉著　巣鴨学園　1984.11　130p 23cm
　◇遠藤隆吉伝―巣園の父、その思想と生涯　蝦名賢造著　西田書店　1989.11　379p 19cm
　◇硬教育―巣鴨学園の教育精神　蝦名賢造著　西田書店　1998.10　218p 19cm

【 お 】

扇本 真吉
おうぎもと・しんきち

明治8年(1875年)9月6日～
昭和17年(1942年)7月

教育家　電機学校創立者
岐阜県高山町出生。東京帝国大学工科大学電気工学科〔明治35年〕卒。

　大学卒業後、ドイツのシーメンス・ハルスケ電気会社、深川電燈株式会社、江ノ島電気鉄道株式会社等に職を奉じた。明治40年9月大学在学時代からの先輩であった広田精一の支援を得て、共に私立電機学校を創立、校長として尽力しつつ、石川島造船所、黒板工業所、岩崎家自家用発電所及び相武電力などに主任技師、重役として勤務した。大正5年4月電機学校を財団法人に改め、理事として専心その任に当った。同12年欧州に出張し、校勢拡張について調査するところがあった。15年広田精一と共に電機学校理事を辞して協議員に推され、学校の枢機に参与した。奉天の市街電車計画が中止となり帰京していた扇本が仕事について相談すべく広田邸を訪ね、そこで技術者養成

に関する談義となったことが、学校創立の端緒となった。

【評伝・参考文献】
◇東京電機大学75年史　東京電機大学編　東京電機大学　1983.3.25
◇東京電機大学90年史　東京電機大学90年史編纂委員会編　東京電機大学　1998.3.25

大井 才太郎
おおい・さいたろう

安政3年(1856年)11月17日〜
大正13年(1924年)12月1日

電気工学者　電気学会会長
伊勢国(三重県)出生。工部大学校(東京大学)電信科〔明治15年〕卒。工学博士〔明治33年〕。

　工部省電信局に入り、明治21〜22年欧米の電話技術を視察。帰国後、東京-横浜間、大阪-神戸間の電話回線架設を指導、また台湾-鹿児島間、壱岐-対馬間海底電線敷設工事にあたる。26年通信省通信局工務課長となり、大正2年退官するまで、日本の電信電話事業の基礎体制確立に貢献した。退官後は日本電気などの重役を歴任。工手学校(のちの工学院大学)創立者の1人、また電気学会創立者の1人で、第6代会長も務めた。

【評伝・参考文献】
◇築　工学院大学学園創立百周年記念写真集　工学院大学百年史編纂委員会編　工学院大学　1989.4.1

◇工学院大学学園百年史　工学院大学学園百年史編纂委員会編　工学院大学　1993.9.30

大井 龍跳
おおい・りゅうちょう

明治10年(1877年)〜昭和23年(1948年)

教育者, 僧侶　向上高等学校創立者, 瑞雲寺住職(第21代)
神奈川県足柄上郡上曽我村(小田原市)出生。

　瑞雲寺第20代住職哲俊の子に生まれ、父の後を継ぎ、瑞雲寺第21代住職となる。一方、幕末・維新期に父が開いた寺子屋も継いだ。明治34年から3年間曽我小学校に勤務。40年家塾・自修会を瑞雲寺内に開設、43年境内に校舎を新築し、自修学校を開校。昭和16年財団法人自修学園、湘北中学校を設立。戦後23年学制改革により湘北高等学校となり、26年学校法人自修学園に組織変更。その後、40年向上高等学校、41年学校法人向上学園に変更された。

大江 市松
おおえ・いちまつ

明治4年(1871年)5月2日〜
昭和18年(1943年)2月1日

実業家, 教育家　御影貯金銀行取締役, 報徳実業学校創立者
兵庫県御影町浜弓場(神戸市)出生。御

影高小卒。
　明治28年25歳の時に株式会社御影貯金銀行を創立、取締役に就任。35年大江共有組合を設立し、酒造、山林業を営む。43年御蔭報徳会を設立、主事。44年かねてから尊崇していた二宮尊徳の報徳の教えを教育の根本とし、御影町（現・神戸市東灘区）に報徳実業学校（のちの報徳学園高等学校）を創設。大正13年私立報徳商業学校と改称。昭和7年神戸青谷に移転。

【評伝・参考文献】
◇以徳報徳 露堂々70年の歩み　報徳学園編　報徳学園　1981.5.2

大江 スミ
おおえ・すみ

明治8年（1875年）9月7日～
昭和23年（1948年）1月6日

女子教育家　東京家政学院創立者
長崎県出生。東洋英和女学校〔明治27年〕卒，東京女高師（お茶の水女子大学）〔明治34年〕卒。囗勲四等瑞宝章〔昭和13年〕，藍綬褒章〔昭和15年〕。
　明治27年母校東洋英和で教える。その後、東京女高師を出て沖縄師範学校女子部教諭となった。35年文部省命で家政学研究のため英国に留学、ロンドンの大学で学び39年帰国、東京女高師に勤めた。大正4年大江玄寿と結婚したが、10年に死別。14年女高師を辞め、かねての教育理念実践のため15年東京家政学院を創設した。著書に「三ぽう主義」「応用家事精義」「家事実習案内」などがある。

【評伝・参考文献】
◇大江スミ先生　東京家政学院光塩会編、大浜徹也著　東京家政学院光塩会　1978.10　321p 22cm
◇明治文明開化の花々　日本留学生列伝3　松邨賀太著　文芸社　2004.3　184p 19cm
◇新宿 歴史に生きた女性一〇〇人　折井美耶子，新宿女性史研究会編　ドメス出版　2005.9.3　247p 21cm（A5）

大久保 彦三郎
おおくぼ・ひこさぶろう

安政6年（1859年）8月16日～
明治40年（1907年）7月19日

教育者
号は剛石，在我堂。兄は大久保諶之丞（政治家）。二松学舎卒。
　明治17年愛媛県財田上村（現・香川県財田町）の自宅に忠誠塾を開く。20年京都に移転し、尽誠舎（現・尽誠学園高校）と改称した。25年病気のため一旦閉舎し帰郷。27年香川県四条村（満濃町）に再興、32年善通寺に移し、34年中等部・師範部、38年女子部を設置した。

大隈 重信
おおくま・しげのぶ

天保9年（1838年）2月16日～
大正11年（1922年）1月10日

政治家, 教育家, 侯爵　首相, 憲政党党首, 早稲田大学創立者

初名は八太郎。肥前国佐賀城下（佐賀県佐賀市）出生。父は大隈信保（佐賀藩士）, 孫は大隈信幸（駐コロンビア大使）。弘道館（鍋島藩校）, 蘭学寮。

家は代々, 佐賀藩の砲術師範を務める。7歳の時から藩校に通うが, 藩の教育方針である葉隠主義になじまず蘭学を学ぶようになり, 慶応元年（1865年）長崎五島町に英学塾・致遠館を開設。宣教師フルベッキを校長に, 副島種臣を学監に据えて英学を学ぶ傍ら自らも教鞭を執り, 実質的な運営者として藩や出身にこだわらず学生を受け入れた。3年（1867年）将軍・徳川慶喜に朝廷へ政権を返還するよう進言するため脱藩を企てるが, 途中で藩役人の追求に遭って送還され, 1ケ月の謹慎を命ぜられる。復帰後は前佐賀藩主・鍋島直正に重用され, 明治元年外国事務局判事として横浜に在勤し, キリスト教問題で英国公使パークスと会見。この時にパークスと互角に議論した手腕を買われ, 同年外国官副知事に昇進。その後, 民部大輔, 大蔵大輔となり, 鉄道や電信の敷設, 工部省の開設に尽くした。明治3年参議, 6年大蔵卿, 7年台湾征討・10年西南戦争の各事務局長官, 11年地租改正事務局総裁。この間, 大久保利通の下で財政問題を担当, 秩禄処分や地租改正を断行し, 殖産興業政策を推進して近代産業の発展に貢献した。14年国会即時開設を主張し, さらに開拓使官有物払下げに反対して薩長派と対立したため免官され下野（明治14年政変）。15年小野梓, 矢野龍渓らと立憲改進党を結成。20年伯爵。21年第二次伊藤内閣の外相として政界に復帰。続く黒田内閣でも留任し, 条約改正交渉を進めたが, 外国人判事の任用に非難が集中し, 国粋主義者・来島恒喜に爆弾を投じられて片脚を失い辞職した。29年改進党を立憲進歩党に改組。同年松方内閣の外相。31年自由党の板垣退助と連携して憲政党を結成し, 最初の政党内閣である第一次大隈内閣（隈板内閣）を組織したが4ケ月で瓦解。大正期に入り第一次護憲運動の高揚によって三度政界に戻り, 大正3年第二次大隈内閣を組閣。第一次世界大戦参戦, 対華21か条の要求, 軍備増強などを行い, 5年に総辞職。16年侯爵となった。この間, 一貫して教育について関心を持ち, 明治5年学制の早期発布を図る同藩出身の文部卿・大木喬任に対して, 大蔵省が時期尚早と反対の姿勢を示すと, 参議の威を以て大蔵省に予算を捻出させ学制発布を実現させることに成功。15年には学問の独立とその活用を図り, よって模範国民を育成することを本旨として東京専門学校を創立。しかし, 創立者でありながら, 政府要人より"大隈の私学校"として掣肘を受けるのを避け, "学問の独立"の本旨を守るために開校式には出席しなかった（初めて学校行事に参列したのは創立15周年式典であった）。35年大学組織に改めて校名を早稲田大学とし, 40年政界を退くと同大総長に就任して教育活動に専念。また附属学校として29年早稲

田中学、34年早稲田実業も開設した。著書に「大隈伯昔日譚」「開国五十年史」(全2巻・編著)「大隈侯論集」「東西文明の調和」などがある。

【評伝・参考文献】
◇自由を護った人々　大川三郎著　新文社　1947　314p 18cm
◇明治の政治家たち　原敬につらなる人々上, 下巻(岩波新書)　服部之総著　岩波書店　1950-54　2冊 18cm
◇大隈重信　渡辺幾治郎著　大隈重信刊行会　1952　430p 図版 22cm
◇近代政治家評伝　阿部真之助著　文芸春秋新社　1953　353p 19cm
◇明治文化の先達　大隈重信(偉人物語文庫)　沢田謙著　偕成社　1954　341p 図版 19cm
◇大隈重信　三代宰相列伝　渡辺幾治郎著　時事通信社　1958　250p 図版 18cm
◇大隈文書 5冊　早稲田大学社会科学研究所編　早稲田大学社会科学研究所　1958-1962
◇大隈重信(人物叢書 第76)　中村尚美著　吉川弘文館　1961　325p 図版 18cm
◇明治文明史における大隈重信　柳田泉著　早稲田大学出版部　1962　498p 図版 22cm
◇大隈重信生誕百廿五年記念展観　早稲田大学図書館編　早稲田大学1963　64p 図版 22cm
◇巨人の面影　大隈重信生誕百二十五年記念　丹尾磯之助編　校倉書房　1963　179p 図版 19cm
◇近代日本の教育を育てた人びと　上　教育者としての福沢諭吉〔ほか〕(源了円)(教育の時代叢書)　東洋館出版社編集部編　東洋館出版社　1965　19cm
◇郷土史に輝く人びと〔第1集〕　佐賀県青少年育成県民会議　1968 145p 19cm
◇明治百年　文化功労者記念講演集 第1輯　福沢諭吉を語る〔ほか〕　高橋誠一郎　尾崎行雄記念財団　1968　324p 19cm
◇大隈侯八十五年史 第1巻(明治百年史叢書)　大隈侯八十五年史会編　原書房　1970　872p 図版 22cm
◇大隈侯八十五年史 第2巻(明治百年史叢書)　大隈侯八十五年史会編　原書房　1970　730p 図版 22cm
◇大隈侯八十五年史 第3巻(明治百年史叢書)　大隈侯八十五年史編纂会編　原書房　1970　892p 図版 22cm
◇大隈重信関係文書(日本史籍協会叢書 38-43)　日本史籍協会編　東京大学出版会　1970　6冊 22cm
◇郷土史に輝く人びと　企画・編集:郷土史に輝く人々企画・編集委員会　佐賀県青少年育成県民会議　1973　396p 図 22cm
◇大隈重信―その生涯と人間像　J. C.リブラ著, 正ド健一郎訳　早稲田大学出版部　1980.1　227, 13p 22cm
◇大隈重信関係文書1(日本史籍協会叢書 38)　日本史籍協会編　東京大学出版会　1983.12　26, 538p 22cm
◇大隈重信関係文書2(日本史籍協会叢書 39)　日本史籍協会編　東京大学出版会　1984.1　22, 470p 22cm
◇大隈重信関係文書3(日本史籍協会叢書 40)　日本史籍協会編　東京大学出版会　1984.1　22, 484p 22cm
◇明治・大正の宰相 第6巻(大隈重信と第一次世界大戦)　豊田穣著　講談社　1984.1　310p 20cm
◇大隈重信関係文書4(日本史籍協会叢書 41)　日本史籍協会編　東京大学出版会　1984.2　16, 482p 22cm
◇大隈重信関係文書5(日本史籍協会叢書 42)　日本史籍協会編　東京大学出版会　1984.2　18, 480p 22cm
◇大隈重信関係文書6(日本史籍協会叢書 43)　日本史籍協会編　東京大学

出版会　1984.3　561p 22cm
◇大隈重信―進取の精神、学の独立　榛葉英治著　新潮社　1985.3　2冊　20cm
◇日本宰相列伝 3 大隈重信　渡辺幾治郎著　時事通信社　1985.10　250p 19cm
◇大隈重信(人物叢書 新装版)　中村尚美著　吉川弘文館　1986.1　325p
◇福沢山脈(小島直記伝記文学全集 第4巻)　小島直記著　中央公論社　1987.1　577p 19cm
◇(劇画)大隈重信　貴志真典著　けいせい出版　1988.10　204p 22cm
◇図録 大隈重信―近代日本の設計者　早稲田大学編　早稲田大学出版部　1988.10　202p 28×22cm
◇エピソード大隈重信125話　エピソード大隈重信編集委員会編　早稲田大学出版部　1989.7　204p 19cm
◇大隈重信とその時代―議会・文明を中心として　早稲田大学大学史編集所編　早稲田大学出版部　1989.10　326p 21cm
◇大隈重信(歴史人物シリーズ 第3巻)　榛葉英治著　PHP研究所　1989.12　206p 19cm
◇近代日本の政治家(同時代ライブラリー 15)　岡義武著　岩波書店　1990.3　318p 16cm
◇幸運な志士―若き日の元勲たち　三好徹著　徳間書店　1992.4　283p
◇大隈重信の余業　針ケ谷鐘吉著　東京農業大学出版会　1995.8　200p 19cm
◇旋風時代―大隈重信と伊藤博文　南條範夫著　講談社　1995.9　248p
◇謎の参議暗殺―明治暗殺秘史　三好徹著　実業之日本社　1996.8　276p 19cm
◇食客風雲録―日本篇　草森紳一著　青土社　1997.11　456p 19cm
◇歴史を動かした男たち―近世・近現代篇(中公文庫)　髙橋千劔破著　中央公論社　1997.12　429p 15cm
◇わが早稲田―大隈重信とその建学精神　木村時夫著　恒文社　1997.12　227p 20cm
◇知られざる大隈重信(集英社新書)　木村時夫著　集英社　2000.12　253p 18cm
◇教科書が教えない歴史人物～福沢諭吉・大隈重信～(扶桑社文庫)　藤岡信勝監修, 久保田庸四郎, 長谷川公一著　扶桑社　2001.6　335p 16cm
◇大隈重信と政党政治―複数政党制の起源明治十四年―大正三年　五百旗頭薫著　東京大学出版会　2003.3　319, 7p 22cm
◇大隈重信関係文書 1(あ―いの)　早稲田大学大学史資料センター編　みすず書房　2004.10　317p 22cm
◇日本宰相列伝〈上〉(人物文庫)　三好徹著　学陽書房　2005.1.20　487p 15cm(A6)
◇大隈重信(西日本人物誌〈18〉)　大園隆二郎著　(福岡)西日本新聞社　2005.4.11　246p 19cm(B6)
◇この結婚―明治大正昭和の著名人夫婦70態(文春文庫)　林えり子著　文芸春秋　2005.8.10　242p 15cm(A6)
◇志立の明治人〈上巻〉福沢諭吉・大隈重信　佐藤能丸著　芙蓉書房出版　2005.10.9　164p 19cm(B6)
◇大正時代―現代を読みとく大正の事件簿　永沢道雄著　光人社　2005.11.27　271p 19cm(B6)
◇大隈重信関係文書いの―おお　早稲田大学大学史資料センター編　みすず書房　2005.11.10　298p 21cm(A5)
◇日本の復興者たち(講談社文庫)　童門冬二著　講談社　2006.1.15　355p 15cm(A6)
◇ひとりは大切―新島襄を語る〈2〉　本井康博著　(京都)思文閣出版　2006.1.23　223, 10p 19cm(B6)

◇円を創った男―小説・大隈重信　渡辺房男著　文藝春秋　2006.2.10　291p 19cm (B6)
◇日本の戦争　封印された言葉　田原総一朗著　アスコム　2006.8.15　267p 19cm (B6)
◇ライバル対決で読む日本史―古代から近代まで、歴史を作った名勝負　菊池道人著　PHP研究所　2006.8.22　95p 26cm (B5)
◇特別支援教育―子どもの未来を拓く　鈴木陽子著　星の環会　2006.9.20　169p 19cm (B6)
◇大隈重信関係文書3 (おぉ―かと)　早稲田大学大学史資料センター編　みすず書房　2006.12.8　314p 21cm
◇吉備の歴史と文化 (日本地域文化ライブラリー〈2〉)　早稲田大学日本地域文化研究所編　行人社　2006.12.20　338p 19cm (B6)
◇国家を築いたしなやかな日本知　中西進著　ウェッジ　2006.12.26　245p 19cm (B6)

大倉 喜八郎
おおくら・きはちろう

天保8年 (1837年) 9月24日～
昭和3年 (1928年) 4月22日

実業家　大倉財閥創始者
号は鶴彦。越後国 (新潟県) 北蒲原郡新発田 (新発田市) 出生。息子は大倉雄二 (著述家)、ひ孫は大倉真澄 (陶芸家・書家)、大倉喜彦 (大倉商事社長)。
　苗字帯刀を許された大名主の家に生まれる。父・千之助は好学の士で詩文をよくし、土地の文化人としても知られた。幼少時より四書五経の素読を受け、嘉永元年 (1848年) より藩儒・丹波伯弘について漢学を学ぶ。安政元年 (1854年) 江戸に出て麻布の鰹節店の店員となり、4年 (1857年) には独立して下谷上野町に乾物店を開いた。開港ののち横浜港を訪れた際、鉄砲の取引に目をつけ、慶応元年 (1865年) 神田和泉橋に大倉屋鉄砲店を開業。やがて幕末維新の動乱で多くの注文を受けるようになり、特に戊辰戦争では奥羽征討総督・有栖川宮熾仁親王の愛顧を受けてその武器取引を一手に取り扱い、大いに財を成した。5年欧米視察に出発。ロンドン滞在中には岩倉遣外施設団の随員であった木戸孝允や大久保利通に面会して製絨所の建設を勧め、帰国後は自ら千住製絨所の御用商人となった。6年大倉商会を設立して貿易事業を開始。7年ロンドン支店を開業し、日朝修好条規締結の機を見ていち早く朝鮮貿易をはじめ、17年にはインド貿易に乗り出すなど徐々に財力を蓄え、26年には合名会社大倉組に発展させた。この間、11年渋沢栄一とともに東京商法講習所 (のち東京商工会議所) を設立し、14年東京会議所議員、32年副会頭を歴任。その後も日清・日露両戦争で兵器や食糧の供給を引き受けて巨利をあげ、国内では19年に東京電灯株式会社を興したのをはじめ大日本麦酒、日清精油、帝国劇場、帝国ホテルなどを経営した。また35年漢陽鉄廠に対して日本人初の対華借款を結び、満州の本渓湖鉱山の開発に手をつけて日中合名の本渓湖煤鉄公司を興すなど積極的に海外事業にも手を拡げた。44年株式会社大倉組を

設立し、合名会社大倉組の事業をその商事部門に移行。大正4年男爵を授爵。6年には同社を持株会社とし、大倉商事、大倉土木（大成建設）、大倉鉱業を直系3社とする一大財閥を築いた。一方で教育事業にも力を注ぎ、31年自身の還暦と銀婚式を記念して大倉商業学校（現・東京経済大学）を創立。同校がすぐれた業績をあげたことからますます商業教育の必要性を感じ、30年大阪大倉商業学校（現・関西大倉高等学校）を、朝鮮の京城に善隣商業学校をそれぞれ創設した。昭和3年産業界に尽くした功績により旭日大綬章を授けられた。

【評伝・参考文献】
◇日本の死の商人（モルガンと大倉喜八郎）　岡倉古志郎著　要書房　1952
◇明治　大実業家列伝―市民社会建設の人々　林房雄著　創元社　1952　255p 19cm
◇日本財界人物列伝　第2巻　青潮出版株式会社編　青潮出版　1964　1175p　図版13枚　27cm
◇財界人思想全集　第8　財界人の人生観・成功観　小島直記編・解説　ダイヤモンド社　1969　454p 22cm
◇逆光家族―父・大倉喜八郎と私　大倉雄二著　文芸春秋　1985.4　252p 20cm
◇大倉喜八郎・石黒忠悳関係雑集　予備版（東京経済大学沿革史料 5）　東京経済大学編纂　東京経済大学　1986.3　229p 26cm
◇鯰―元祖"成り金"大倉喜八郎の混沌たる一生　大倉雄二著　文芸春秋　1990.7　285p 19cm
◇政商―大倉財閥を創った男　若山三郎著　青樹社　1991.11　309p 19cm
◇致富の鍵（創業者を読む 3）　大倉喜八郎著　大和出版　1992.6　250p
◇政商伝　三好徹著　講談社　1993.1　251p 19cm
◇鯰大倉喜八郎―元祖"成り金"の混沌たる一生（文春文庫）　大倉雄二著　文藝春秋　1995.3　333p 16cm
◇モノ・財・空間を創出した人々（二十世紀の千人　第3巻）　朝日新聞社　1995.3　438p 19cm
◇人物に学ぶ明治の企業事始め　森友幸照著　つくばね舎, 地歴社〔発売〕　1995.8　210p 21cm
◇哲学を始める年齢　小島直記著　実業之日本社　1995.12　215p 21cm
◇政商伝（講談社文庫）　三好徹著　講談社　1996.3　287p 15cm
◇大倉喜八郎の豪快なる生涯　砂川幸雄著　草思社　1996.6　286p 20cm
◇大倉鶴彦翁―伝記・大倉喜八郎（近代日本企業家伝叢書 8）　鶴友会編　大空社　1998.11　1冊 22cm
◇政商―大倉財閥を創った男（学研M文庫）　若山三郎著　学習研究社　2002.5　470p 15cm
◇カネが邪魔でしょうがない―明治大正・成金列伝（新潮選書）　紀田順一郎著　新潮社　2005.7.15　205p 19cm（B6）

大島 貞敏

おおしま・さだとし

天保9年（1838年）11月23日～
大正7年（1918年）4月15日

司法官　大阪控訴院検事長
兵庫県出生。

出石藩士の家に生まれる。父に従い、藩江戸屋敷に勤番。明治3年明治政府に仕官。弾正台、大阪府を経て、

司法省に入り、東京上等裁判所判事、高知裁判所長に。のち退官したが、14年再び仕官し、長崎裁判所長、19年大阪始審裁判所長。この頃、関西法律学校(のちの関西大学)創立に携わった。23年東京地方裁判所長、長崎控訴院検事長、31年大阪控訴院検事長を歴任し、36年退官。

【評伝・参考文献】
◇関西大学百年史 人物編 関西大学百年史編纂委員会編 関西大学 1986.11.4

太田 耕造
おおた・こうぞう

明治22年(1889年)12月15日～
昭和56年(1981年)11月26日

弁護士 亜細亜大学学長,文相
福島県出生。東京帝大法学部英法科〔大正9年〕卒。置勲一等瑞宝章〔昭和40年〕。

大学卒業後、弁護士を開業、国本社の幹部となる。浜口雄幸狙撃事件、血盟団事件被告の弁護を担当。昭和13年法政大学教授。14年平沼内閣の内閣書記官長、勅選貴院議員。16年興亜専門学校(後の亜細亜大学)を設立した。20年鈴木内閣の文相に就任。戦後、27年猶興学園理事、29年亜細亜学園と改称し理事長、30年亜細亜大学学長、37年福島テレビ会長を歴任した。

【評伝・参考文献】

◇太田耕造全集 第3巻 太田耕造全集編集委員会編 亜細亜大学日本経済短期大学 1984.11 901p 22cm
◇太田耕造全集 第4巻(補遺) 太田耕造全集編集委員会編 亜細亜大学日本経済短期大学 1985.11 501p 22cm
◇太田耕造の思想と教育 亜細亜学園創立五十周年記念学術論文集編纂小委員会別巻編集委員会編 亜細亜大学 1991.11 528p 22cm
◇太田耕造全集 第5巻(研究篇) 太田耕造全集編集委員会編 亜細亜大学 1993.4 719p 22cm

大谷 光演
おおたに・こうえん

明治8年(1875年)2月27日～
昭和18年(1943年)2月6日

僧侶,俳人 真宗大谷派(東本願寺)第23世法主,伯爵
法号は彰如、俳名は大谷句仏(おおたに・くぶつ)、雅号は春坡、蕪孫、愚峰。京都府京都市出生。父は大谷光瑩(真宗大谷派第22世法主)、弟は大谷瑩潤(真宗大谷派宗務課長・衆院議員)、長男は大谷光暢(第24世門首)、孫は大谷光紹(東京本願寺住職)、大谷暢順(本願寺維持財団東山浄苑理事長・名古屋外大名誉教授)、大谷暢顕(第25世門首)、大谷光道(真宗大谷派井波別院代表役員)。

真宗大谷派第22世法主光瑩(現如)の二男。10歳で得度。明治33年まで東京で南条文雄、村上専精、井上円了らについて修学。同年5月仏骨奉迎正使として遥羅(タイ)訪問。34年6月真

宗大谷派副管長。この頃、札幌には宗教系学校が北星女子学校しかないことを知り、仏教主義の女子学校の創設を思い立つ。35年庁立札幌高等女学校と同時に開校するべく創設準備にとりかかったものの資金調達に難航。当初の予定より延びて、39年4月に北海女学校（後の札幌大谷高校の母体）を開校した。41年11月第23世法主を継ぎ、管長。44年宗祖650回遠忌を修したが、朝鮮で鉱山事業に失敗、昭和2年管長を退いた。大正12年伯爵。書画、俳句をよくし、明治31年「ホトトギス」により高浜虚子、河東碧梧桐に選評を乞うた。大正3年以降は雑誌「懸葵」を主宰。句集「夢の跡」「我は我」「句仏句集」などがある。書は杉山三郎に師事、絵画は幸野楳嶺、竹内栖鳳に学んだ。画集「余事画冊」がある。

大谷 光尊

おおたに・こうそん

嘉永3年（1850年）2月5日～
明治36年（1903年）1月18日

僧侶　真宗本願寺派（西本願寺）第21世法主,伯爵
字は子馨、幼名は峨君、法号は明如。京都出生。息子は大谷光瑞（真宗本願寺派第22世法主）、木辺孝慈（真宗木辺派第20世門主）、大谷光明（本願寺派管長事務代理）、大谷尊由（貴院議員）、娘は九条武子（歌人）。

明治4年父光沢の死により真宗本願寺派法主となり、5年伯爵を授けられる。6年設立の教部省大教正となり、明治初年の政府の宗教政策に重要な位置を占めた。教団の宗制、教育制度の近代化に尽力、本願寺教団の近代的発展の基礎を築いた。21年相愛女学校（現・相愛大学）を設立。

大谷 智子

おおたに・さとこ

明治39年（1906年）9月1日～
平成1年（1989年）11月15日

全日本仏教婦人連盟会長, 光華女子学園創立者
東京出生。父は久邇宮邦彦、姉は香淳皇后、夫は大谷光暢（真宗大谷派第24世門首）、長男は大谷光紹（東京本願寺住職）、二男は大谷暢順（本願寺維持財団東山浄苑理事長・名古屋外大名誉教授）、三男は大谷暢顕（真宗大谷派第25世門首）、四男は大谷光道（真宗大谷派井波別院代表役員）、孫は大谷光見（東京本願寺法嗣）、大谷光輪（本願寺門首）。京都府立第一高女〔大正13年〕卒。勲二等宝冠章。

大正13年真宗大谷派の大谷光暢と結婚。昭和15年光華女子学園を創立し、総裁となる。

大谷 尊由

おおたに・そんゆ

明治19年（1886年）8月19日～

昭和14年(1939年)8月1日

僧侶、政治家　真宗本願寺派(西本願寺)管長事務取扱、貴院議員、拓務相
京都府出身。父は大谷光尊(真宗本願寺派第21世法主)、兄は大谷光瑞(真宗本願寺派第22世法主)、木辺孝慈(真宗木辺派第20世門主)、大谷光明(本願寺派管長事務代理)、妹は九条武子(歌人)。

真宗本願寺派第21世法主・光尊(明如)の四男。明治37年本願寺遼東半島臨時支部長として日露戦争に従軍布教、41年神戸善福寺住職、43年本願寺派執行長となり渡欧、その後も3回欧米を訪問した。49年兄光瑞と共に中国、南洋で教線拡大に従事。護持会財団理事長を経て大正10年管長事務取扱となり兄を補佐した。14年金沢女子学院を創立。昭和3年貴院議員。12年6月第1次近衛内閣の拓務相となった。1年後辞任、北支開発会社総裁、内閣参議になった。著書に「国土荘厳」「超塵画譜」「潮来笠」などがある。

大多和 音吉
おおたわ・おときち

明治20年(1887年)～
昭和32年(1957年)5月

教育家　大多和学園理事長
広島県出生。妻は大多和タカ(教育家)。道徳科学研究所専攻科卒。千葉県の道徳科学研究所専攻科を卒業。海軍に入隊した後、妻タカとともに大正13年に松江市に松江ミシン裁縫女学院を設立。道徳教育を根本とし、経済的に自立できる女性を育成するための教育を目指した。学校は松江洋裁女学校として昭和13年に県知事認可され、23年には学制改革により松江家政高等学校となるが、その間校主、理事長として経営に当たった。道徳科学の普及にも努めた。

大多和 タカ
おおたわ・たか

明治26年(1893年)～
平成1年(1989年)11月

教育家　大多和学園理事長
広島県出生。夫は大多和音吉(教育家)。東京日本文化裁縫学院卒。藍綬褒章〔昭和39年〕、勲五等宝冠章〔昭和40年〕、勲四等宝冠章〔平成元年〕。

夫とともに創立した松江ミシン裁縫女学院は松江洋裁女学校、松江家政高等学校、松江第一高等学校(現・開星中学高校)と校名を変え、タカは校長、夫亡き後は理事長も兼ねて熱心に教育に当たり、私学の振興に尽くした。

大津 和多理
おおつ・わたり

安政4年(1857年)2月30日～

大正6年(1917年)9月15日

教育家　北海英語学校創立者
宮城県仙台市出生。札幌農学校(北海道大学)〔明治15年〕卒。

　仙台藩士大津仁右衛門、玉治子の二男として生まれ、幼少より読書を好む。加美郡米泉村に移住後は家臣の子弟とともに勉学、伯父の中目安富の蔵書を読破し有名になった。宮城英語学校に入学すると校中の範に。中退して警視庁巡査になり西南の役に従軍後、北海道へ渡る。明治15年札幌農学校卒業。物理学・数学を得意とした。16年札幌県御用掛。さらに札幌県師範学校教諭になったが、18年に辞して北海英語学校(のちの北海高等学校)設立。豊平館で開校式を挙げ、140名の入学者があった。設立の動機は、戴星義塾(札幌農学校第1期佐藤勇設立)の助教と師範学校教諭の経験から、農学校予科受験のための中等教育機関設立を痛感したからである。はじめは各種学校で英語のみだったが、のちに学科の拡充をしている。20年浅羽靖に校長職を譲り、晩年は郷里で過ごした。

大塚　鉄軒

おおつか・てっけん

安政4年(1857年)12月28日～
大正7年(1918年)10月7日

教育者,政治家　天城中学校校長,岡山県議

本名は大塚香。旧姓名は三浦。別名は香次郎、字は子方、別号は二四軒、東麓、石堰。備中国(岡山県高梁市)出生。父は三浦鉄巖(備中松山藩士)。小田県師範学校〔明治8年〕卒。

　備中松山藩の藩校有終館に学び、廃藩後は進鴻渓・鎌田玄渓に師事した。明治8年に小田県師範学校を卒業し、小学校訓導となる。12年岡山県児島郡の大塚家の養子となり、のち養家を継いだ。16年に岡山県会議員となり、以来、死去するまで連続して8回当選、この間に同議長を2回務めた。その一方で教育事業にも力を注ぎ、明治36年関西中学校の第6代校長に就任。同校長在任中には、関西中学校附設教員養成所・岡山医学専門学校予備門・関西中学天城分校などの創立にも関与し、41年天城分校が正式に天城中学校として認可を受けると、その校長を兼任した(のち天城中学校長専任)。漢学に精通し、漢詩人としても一家を成した。著書に「鉄軒存稿」などがある。

大築　仏郎

おおつき・ぶつろう

明治12年(1879年)2月23日～?

麹町学園理事長
帝国大学理学部地質学科卒。藍綬褒章〔昭和26年〕。

　父尚志・母茂登自の11番目の子として生まれる。大築家は代々下総佐倉藩の要職をつとめる家系で、尚志は砲

術を学び蘭学を修め、佐倉に戻って西洋学指南を務めた。第一高等学校から帝国大学理学部の地質学科に入学、卒業後は地質学研究の実地調査のため日本中を旅行し、その研究は「鉱物学」の教科書にまとめられた。明治37年結婚後まもなく女学校建設のための準備を進め、父から譲られた遺産を投じて元麹町に敷地を選定し校舎建設を経て、38年9月12日私立麹町女学校を開校した。

【評伝・参考文献】
◇麹町学園創立五十周年記念 「記念誌」編集委員会編 麹町学園 1955.10.15

大妻 コタカ
おおつま・こたか

明治17年(1884年)6月21日～
昭和45年(1970年)1月3日

教育家 大妻学院創立者
旧姓名は熊田コタカ。広島県世羅郡三川村(世羅町)出生。圓藍綬褒章〔昭和29年〕、勲三等宝冠章〔昭和39年〕、甲山町名誉町民〔平成14年〕。
　3歳で父を失い、高等小学校在学中の14歳の時に母を亡くす。17歳の時に向学の念を押さえきれずに上京。父の弟の家に下宿しながら和洋裁縫女学校と東京府の教員養成所に通い、卒業後は小学校教師の傍ら神奈川県小学校教員養成所の試験に合格し、明治40年正科の教員となった。同年宮内省技官の大妻良馬と結婚。41年手芸や裁縫の私塾を開き、42年東京技芸伝習所の看板を掲げた。やがて大妻技芸伝習所と改め、大正5年学校としての認可を受け大妻技芸学校となった。この年、三越主催の東京の各女学校による製作品展覧会に出品し、注目を集めた。8年高等女学校令により大妻実科高等女学校、10年大妻高等女学校と改称。11年には我が国初の女子勤労学生のための中等夜間学校を、14年夜間女学校を開設した。昭和17年大妻女子専門学校を設置。24年大妻女子大学を設置して大学、高校、中学を擁する総合学園と発展させたが、同年戦時中に様々な婦人団体の幹部として活躍したことにより公職を追放された。追放解除後は学園長に復帰、自らを戒める"恥を知れ"を校訓とし、女子教育に尽くした。また昭和初年から和服の裁ち方や手芸に関する本を出版し、版を重ねた。

【評伝・参考文献】
◇ごもくめし 大妻コタカ著 〔大妻女子大学〕 1961序 207p 肖像 19cm
◇教育ただ一筋に 大妻コタカ 上田高昭著 芦書房 1967 318p 図版 20cm

大庭 陸太
おおば・りくた

明治4年(1871年)～昭和18年(1943年)

教育者
号は春峰。福岡県久留米市出生。

漢学を広瀬時次郎に、国学を船曳鉄門に、英学を中山時三郎に学ぶ。明治20年頃から起った久留米の新文学に関心をよせ、「烈女胡蝶の歌」「孝女白菊の歌」の新体詩を発表。その後南筑私学校、久留米予備校に在職。また、41年渡辺勘次郎、星野フサ(房子)とともに久留米女子職業学校(のちの福岡県立久留米高校)を、渡辺勘次郎、佐藤弥吉とともに私立南筑中学校(のちの久留米市立南筑高校)を設立するなど、私学教育に尽力。渡辺五郎、渡辺勘次郎と共に久留米私学の三大功労者とされている。

大森 テル
おおもり・てる

明治19年(1886年)〜昭和55年(1980年)

教育者　東奥学園創立者・理事長
秋田県大館市出生。秋田師範学校〔明治38年〕卒。 藍綬褒章〔昭和36年〕、紺綬褒章〔昭和40年〕、勲四等宝冠章〔昭和55〕年。

大館尋常高等小学校、青森市立尋常高等小学校訓導、私立協成高等女学校を経て、昭和6年に青森市内に加賀よしをが創立した東奥家政女学校の経営を9年から受け継いだ。"知・情・意の調和のとれた人間の育成"を建学の精神とし、技能教育を通して誠実な人間育成を目標とした。20年には戦災で全校舎焼失したが、すぐに復興し、23年学制改革により東奥女子高等学校と改称。26年学校法人東奥学園に変更、理事長に就任。30年幼稚園併設、39年保育科新設、42年東奥保育・福祉専門学院併設、初代学院長に就任。平成6年には東奥学園高等学校(男女共学)に変更された。一貫して私立学校教育に携わり、青森県における女子教育の草分け的存在として活躍、"青森県女子教育の母"といわれる。

大山 勘治
おおやま・かんじ

？〜昭和55年(1980年)5月13日

久留米工業大学理事長
陸軍士官学校〔昭和15年〕卒。 藍綬褒章〔昭和54年〕、久留米市功労者〔昭和52年〕。

昭和33年学校法人久留米工業学園を設立、久留米工業大学理事長を務める。

岡内 清太
おかうち・せいた

文久3年(1863年)12月28日〜
昭和19年(1944年)9月25日

教育家　香川県育英会創設者
讃岐国高松城下(香川県)出生。

九思義塾で学び、明治16年小学校長となる。22年香川県教育会、24年進徳女学校(のち高松高女)、35年香川県育英会を設立した。

小笠原 清務
おがさわら・せいむ

弘化3年(1846年)11月～
大正2年(1913年)

有職家
江戸・神田出生。

　孫七郎の長男に生まれる。小笠原流諸礼式家で、文久2年(1862年)和宮降嫁の礼式を司る。明治12年米国の前大統領・グラント(当時)が来日の際に明治天皇の前で流鏑馬を演じた。23年松田秀雄、角田真平とともに神田高等女学校(現・神田女学園高校)を設立。また近代の女礼式の基礎を作った。著書に「新選女礼式」「小学女礼式」などがある。

岡田 日帰
おかだ・にっき

？～昭和6年(1931年)11月16日

日蓮宗総本山身延山第八十二世法主
　"堂塔の建立よりも人間の心に塔を築きたい"との願いから、昭和2年立正高等女学校(のち東京立正高等学校)を創設した。

岡戸 文右衛門
おかど・ぶんえもん

天保6年(1835年)～明治39年(1906年)

教育家　埼玉英和学校創立者
埼玉県羽生市手子林村出生。🏅藍綬褒章〔明治37年〕。

　児童の就学を説き、清浄院の本堂を借り受けて、広開学校という小学校を開設。また、就学督促対策として、児童の養鶏奨励、麦飯弁当の奨励を行い、手子林婦人会や虚礼廃止会を設立した。高等教育にも取り組み、多額の寄付をして、網野長左衛門らと私立相川中学校を設立。のち、不動岡中学校連合会メンバーとなり、連合町村立中学校を設立計画を議論。自身が所有していた相川中学校の施設・設備を寄付し、公立不動岡中学校として開校。しかし、明治19年の中学校令において、町村立中学校は設置できなくなり、同校は廃校措置となる。そのため、再び私立中学校として発足させようと、公売処分となった不動岡中学校の施設・設備を買い取る。当初は中学校として認可されなかったため、私立埼玉英和学校(埼玉県立不動岡高校の前身)として開校。27年に尋常中学校の認定を受ける。以後、29年に県立中学校が設立されるまで、県下唯一の中学校として多くの逸材を輩出した。著書には「岡戸文右衛門手記抄」がある。

岡野 さく
おかの・さく

明治25年(1892年)8月23日～
昭和60年(1985年)9月16日

共栄学園理事長
京都府綾部市出生。夫は岡野弘（共栄学園理事長）。共立女子専〔昭和4年〕卒。⬚勲五等瑞宝章〔昭和46年〕。
　昭和8年夫・弘とともに葛飾区に和裁塾を設立。14年本田裁縫女学校を創立して以来、同学園の短大、中・高校、春日部共栄高校、幼稚園を次々に創立した。

岡野　弘
おかの・ひろし
？〜昭和40年（1965年）

共栄学園理事長
妻は岡野さく（共栄学園理事長）。⬚教育功労者〔昭和38年〕。
　昭和8年妻・さくとともに葛飾区に和裁塾を設立。14年本田裁縫女学校を設立。17年財団法人共栄女子商業学校を設立、理事長・学校長に就任。21年共栄高等女学校に改称。22年共栄学園中学校、23年共栄学園高等学校を設立。25年学校法人共栄学園に改組した。

岡部　鎗三郎
おかべ・そうざぶろう
？〜平成1年（1989年）10月25日

高校教師　岡部温故館館長
　戦後、安中市の新島学園中、高等学校の創設に参加、教頭などを務め、昭和56年に退職した。平成元年7月、富岡市に寄付するまで古文書などを集めた「岡部温故館」の館長を務めた。

岡見　清致
おかみ・きよむね
安政2年（1855年）10月2日〜
昭和10年（1935年）5月30日

頌栄女学校創立者
江戸・築地上柳原町（東京都）出生。孫は岡見如雪（頌栄女子学院院長）。
　中津藩士岡見清通の子として江戸築地に生まれる。文久2年（1861年）清通が病気・隠居のため、8歳にして家督を継ぐ。明治元年（1868年）から5年まで林鶴梁の家塾・端塾で学び、漢学の素養を得る。10年米国長老派教会宣教師O. M. グリーンから受洗、キリスト教者となる。11年5月品川台町に品台学舎を設立し、教育事業に着手する。17年頌栄小学校を開校。18年2月には頌栄英学校を開校した。18年9月頌栄女学校の設立が認可される。大正11年3月財団法人頌栄高等女学校を設立し、理事長に就任。以後、女子教育のために残る生涯を捧げた。

【評伝・参考文献】
◇頌栄女子学院百年史　頌栄女子学院百年史編纂委員会編　頌栄女子学院　1984.12.8

岡村　輝彦
おかむら・てるひこ
安政2年（1855年）12月20日〜

大正5年(1916年)2月1日

中央大学学長,英吉利法律学校創設者
上総国鶴舞(千葉県)出生。開成学校
卒。法学博士〔明治21年〕。團 商法
学。

　鶴舞藩士の長男として生まれる。
藩校で漢学・英語を習い、明治3年貢
進生として大学南校に入学、次いで
開成学校に転じ法学を修めた。9年穂
積陳重や杉浦重剛らと英国に留学、
キングスカレッジで学ぶ。13年ロン
ドン法学院の試験に合格、上級裁判
所所員となった。14年帰国、司法省
民事局に入り、16年大審院判事、次
いで横浜始審裁判所長。18年穂積や
高橋健三ら18人とともに東京・神田
に英吉利法律学校(現・中央大学)を
創設。同校で証拠法を講じた他、東京
大学法学部や明治法律学校(現・明治
大学)でも教えた。判事退職後は弁護
士を開業、特に外国人からの依頼が
多く名声を博した。大正2～3年中央
大学学長。

岡本　巌

おかもと・いわお

慶応3年(1867年)～
昭和17年(1942年)6月16日

女子教育家　西遠女子学園創設者
江戸・小石川出生。圕静岡県教育功
労者〔昭和9年〕,文部省教育功労者
〔昭和15年〕。

江戸小石川の旗本・三間家の二男と
して生まれる。17歳の時、公立学校の
代用教員となる。以後、教職の傍ら、
独学で小学校正教員、中学校教員の
資格を取得。明治39年浜松に女子高
等技芸学校を開校、妻を校長とする。
43年浜松実科高等女学校とし、校長
に就任。大正8年浜松淑徳女学校を設
立し、校長に就任。9年西遠高等女学
校を設立し、校長に就任。西遠女子学
園の礎を築いた。

岡山　兼吉

おかやま・かねきち

安政1年(1854年)7月～
明治27年(1894年)5月28日

衆院議員,英吉利法律学校創立者
遠江国(静岡県)出生。東京大学法科
〔明治15年〕卒。

　明治15年法律事務所を開き、東京
専門学校の創立に参画して講師とな
る。18年英吉利法律学校(現・中央大
学)の創立に尽力。大同団結運動に加
わり、第1回総選挙に静岡第3区より
当選したが、吏党大成会に所属。

【評伝・参考文献】
◇風霜三代―中央大学八十年小史　大
　久保次夫(中央大学総務部調査部長)
　編　中央評論編集部　1965.2.15
◇梧堂言行録―伝記・岡山兼吉(伝記
　叢書272)　岡山同窓会編　大空社
　1997.11　566,7p 22cm
◇中央大学百年史 通史編〈上巻〉　中
　央大学百年史編集委員会専門委員会
　編　中央大学　2001.3.31

小川 銀次郎
おがわ・ぎんじろう

慶応3年(1867年)～
昭和20年(1945年)2月22日

教育者　東京女子学園設立者
東京都出生。東京大学文科〔明治31年〕卒。藍綬褒章。

　二高教授兼東北帝国大学講師を務める。明治35年棚橋一郎、山本宜暎、実吉益美、杉浦鋼太郎、高津鍬三郎、吉岡哲太郎とともに私立東京高等女学校(現・東京女子学園)設立を計画、36年の開校に尽力。昭和13年9月校長に就任。恩給財団常務理事として私学振興に寄与した。

【評伝・参考文献】
◇東京女子学園九十年史　東京女子学園九十年史編集委員会編　東京女子学園　1993.12.25

冲永 荘兵衛
おきなが・しょうべえ

明治36年(1903年)12月8日～
昭和56年(1981年)2月21日

帝京大学理事長
愛媛県喜多郡長浜町出生。日本大学〔大正14年〕卒。

　昭和6年帝京商業学校を創立。41年新設された帝京大学理事長に就任。日本大学最高顧問、全日本柔道連盟国際部長も務めた。

奥 愛次郎
おく・あいじろう

慶応1年(1865年)2月7日～
明治36年(1903年)5月8日

教育者　日彰館創立者
備後国吉舎(広島県双三郡吉舎町)出生。慶応義塾中退。

　代々醤油醸造業を営む家に生まれる。明治13年16歳で高浦豊太郎の漢学塾・日彰館に入門し、のち塾頭となる。18年上京し、慶応義塾や同人社で英学を学ぶが、病を得て20年に帰郷。以後は書籍商を営む傍ら、たびたび上京して病気の治療を受け、また雲照律師の下に参禅した。この間、21年閉鎖した日彰館の再興するため郷里の吉舎村に私立中学の設立を決意し、寄付金を募るため各地を遊説。やがて品川弥二郎、雲照、島田三郎、和田彦次郎といった名士も含めた多数の賛同を受け、27年恩師・高浦を招いて"徳教主義、田舎主義、私学主義"の三大主義を建学の精神として私立中学日彰館を創立した。34年には高等女学校を附設。さらに35年文部省の認可を得て日彰館中学に改組し、校舎の新築大改装や生徒募集の広告を大々的に行うが、36年38歳の若さで早世した。同校は戦後に広島県立日彰館高校となった。

【評伝・参考文献】
◇日彰館—百年の歩み　百年史編集委員会編　広島県日彰館同窓会　1994.4.27

◇〈漫画〉私学日彰館―青春を私学創設に捧げた男の物語 上巻 岩田廉太郎著, 藤村耕市, 塚本和順監修 菁文社 2001.9 187p 26cm
◇〈漫画〉私学日彰館―青春を私学創設に捧げた男の物語 下巻 岩田廉太郎著, 藤村耕市, 塚本和順監修 菁文社 2001.10 189p 26cm

奥 好義

おく・よしいさ

安政5年(1858年)9月20日～
昭和8年(1933年)3月9日

雅楽師
京都出生。

　雅楽専業の家系、元天王寺楽家秦姓林氏の一族。明治3年上京、宮内省雅楽局伶員となり、雅楽演奏のかたわら洋楽を習得。12年よりピアノを学び、14年以降は音楽取調掛員、女子高等師範教授を兼任。19年共立女子職業学校(現・共立女子学園)設立発起人の1人として創設に参加した。唱歌「金剛石」などを作曲。宮内省課員らが遊戯唱歌作曲の際、「君が代」の作曲を手掛け、のち、林広守作と発表された。当時の英国人フェントン作「君ケ代」は廃止され、好義作に変った。著書に「洋琴教則本」がある。

【評伝・参考文献】
◇共立女子学園百十年史　共立女子学園百十年史編集委員会編　共立女子学園　1996.10.18

オグスト, スール・マリ

？～1904年

女子教育家, 修道女　函館白百合学園高校創立者

　フランス・シャルトル聖パウロ修道女会より1878年スール・カロリヌ、スール・マリ・オネジムととも函館に派遣される。まず授産所、施療院、孤児院を開設。授産所では、カロリヌが技芸を教え、施療院では、オネジムが施療を担当。のちに赴任したスール・マリ・エリーズが孤児院の仕事にあたった。また、伝道の傍ら、裁縫、編物、手芸などを教授。この私塾は仏蘭西館、その後仏蘭西女学校と呼ばれた。1886年聖保禄女学校(現・函館白百合学園高校)を開校し、初代校長に就任。1891年初代日本管区長に就任。1898年本部が東京に移転するに伴い、東京に転じた。その後病床に伏し、1901年帰国。

奥田 艶子

おくだ・つやこ

明治13年(1880年)2月25日～
昭和11年(1936年)9月23日

東京女子高等職業学校長
兵庫県都志村出生。

　明治33年から5年間インドのカルカッタで手芸を研究。大正8年文部省生活改善会で奥田式裁縫を発表、10年東京・小石川に奥田裁縫女学校を設

立、校長となった。15年杉並区馬橋に移転。昭和3年渡米、6年帰国、同所に東京女子高等職業学校を設立して校長。著書に「新しき裁縫書」「奥田裁縫全書」がある。

奥田 義人
おくだ・よしと

万延1年(1860年)6月14日〜
大正6年(1917年)8月21日

官僚, 政治家, 法学者, 男爵　東京市長, 法相, 貴院議員(勅選), 衆院議員, 中央大学学長
因幡国鳥取(鳥取県鳥取市)出生。東京大学〔明治17年〕卒。法学博士。

　農商務省に入り、拓殖務、農商務、文部各次官、法制局長官、衆院書記官長などを務め、明治36年衆院議員に当選、当選2回。45年勅選貴院議員。大正2年山本内閣の文相、3年法相、4年東京市長となった。一方、民法に精通、18年英吉利法律学校の創立に関わり、明治45年後身の中央大学学長となった。死去に際し男爵に叙せられる。著書に「民法親族法論」など。

【評伝・参考文献】
◇中央大学70周年記念論文集　法学部　奥田義人博士とその身分法観　沼正也著　中央大学　1955
◇風霜三代―中央大学八十年小史　大久保次夫(中央大学総務部調査部長)編　中央評論編集部　1965.2.15
◇中央大学百年史 通史編〈上巻〉　中央大学百年史編集委員会専門委員会編　中央大学　2001.3.31

小倉 久
おぐら・ひさし

嘉永5年(1852年)8月15日〜
明治39年(1906年)11月4日

司法官　関西法律学校初代校長, 和歌山県知事, 徳島県知事, 富山県知事, 大分県知事, 岐阜県知事
東京出生。大学南校, 司法省法学校〔明治9年〕卒。

　明治3年藩の貢進生として大学南校に入学。5年司法省法学校に転じ、9年卒業。同年〜12年フランス留学。帰国後、司法省御用掛兼太政官御用掛として民法典編纂に従事。14年太政官御用掛、15年元老院権少書記官、駅逓官を歴任。17年リスボン万国郵便会議に出張。帰国後、横浜駅逓出張局長兼郵便局長となるが、19年司法畑にもどり、大阪控訴院検事。この頃、関西法律学校(のちの関西大学)創立に関わる。21年退官し、大阪で弁護士事務所を開業。31年再び仕官し、内務省警保局長兼司法省監獄局長に。その後、和歌山、徳島、富山、大分の各県知事を歴任し、明治39年岐阜県知事在職中に病死。

【評伝・参考文献】
◇関西大学百年史　人物編　関西大学百年史編纂委員会編　関西大学　1986.11.4

生越 三郎
おごし・さぶろう

明治30年(1897年)～昭和44年(1969年)

政治家, 教育者, 実業家　衆院議員, 益田工業高校理事長
島根県益田市出生。大阪工業専門学校機械科〔大正8年〕卒。藍綬褒章〔昭和38年〕。

　大正8年に大阪興行専門学校機械科を卒業し、技師として三菱造船に入社。昭和10年には日本機械車両会社を設立し、社長となった。一方、教育事業にも関心を持ち、15年に石見工業専修学校を創立。同校はのちに石見工業高校・益田商工高校を経て益田工業高校となるが、この間、理事長として同校の発展・後進の育成に心血を注いだ。22年には戦後初の総選挙で衆院議員に当選。38年文教功労者として藍綬褒章を受章した。

尾崎 はつ
おざき・はつ

明治13年(1880年)～昭和38年(1963年)

教育家　文化学園理事長
旧姓名は田島。長野県更級郡力石村(上山田町)出生。和洋裁縫女学校洋裁専門部(和洋女子大学)〔明治28年〕卒。

　更級郡力石村(現上山田町)田島家に生まれ、南佐久郡平賀村(現佐久市)の尾崎義三郎に嫁いだ。明治28年郷里の六郷、上山田各尋常小学校に勤務し、文部省の家事、裁縫中等教員検定に合格、以後松本高等女学校、中野実科高女、松本女子師範学校教諭を歴任し、昭和6年私立長野文化学院を長野市に創立した。33年4月学校法人文化学園創立、理事長に就任。同年同月私立長野文化高等学校設置認可を受け、校長に就任。教務のかたわら更級郡、中野町、松本市で婦人会を結成し、学校教育、社会教育を通して生活改善を進め、温水器を発明したり、子どもの体位向上のため洋服の普及を図った。

押川 方義
おしかわ・まさよし

嘉永4年(1851年)12月16日～
昭和3年(1928年)1月10日

牧師, 教育家, 実業家　仙台神学校院長, 宮城女学校創立者, 衆院議員
旧姓名は橋本。幼名は熊三。伊予国松山(愛媛県)出生。長男は押川春浪(小説家)、二男は押川清(野球選手)。東京開成学校、横浜英学校。

　松山藩士・橋本家の三男に生まれ、押川家の養子となる。明治2年藩の貢進生として東京開成学校に入学、4年横浜英語学校に転じ、同校で教えていた宣教師S. R. ブラウンとJ. H. バラーの感化でキリスト教に入信した。5年我が国初のプロテスタント教会・日本基督公会の創立に参画。9年新潟へ伝道に赴き、13年には仙台に移り、

14年仙台教会を創設して東北地方の伝道に努めた。19年W. E. ホーイの協力を得て伝道者育成のため仙台神学校を設立、初代院長に就任。24年東北学院と改称、神学生だけではなく本科・予科を設置して普通の学生にも門戸を開いた。同じく19年にはホーイとキリスト教に基づく女子教育を目的に宮城女学校(現・宮城学院)も創設、現在では両校とも東北を代表する名門校として名高い。27年大日本海外教育会を興し、29年朝鮮に渡り京城学堂を創立した。34年実業界に進出、鉱山採掘、油田開発を手がけ、さらに大正6年郷里で憲政会から衆院議員に当選、通算2期務めた。

【評伝・参考文献】
◇武士のなったキリスト者 押川方義管見 明治編　川合道雄著　近代文芸社　1991.2　361p 19cm
◇押川方義—そのナショナリズムを背景として　藤一也著　燦葉出版社　1991.10　329p 20cm
◇聖雄押川方義—伝記・押川方義(伝記叢書 216)　大塚栄三著　大空社　1996.7　235, 14p 22cm
◇押川方義管見(武士のなったキリスト者 大正・昭和編)　川合道雄著　りん書房　2002.4　240p 20cm

織田　淑子
おだ・きよこ

明治42年(1909年)4月21日〜
昭和63年(1988年)2月29日

愛国学園長
愛媛県出生。愛媛女子師範〔大正5年〕卒。囗勲五等瑞宝章〔昭和44年〕。
　昭和13年7月織田小三郎とともに織田教育財団を創立。13年愛国女子商業学校、23年愛国高等学校を設立。

小田　源吉
おだ・げんきち

明治1年(1868年)8月20日〜
大正7年(1918年)9月19日

教育家　格致学院創立者
号は天鈞、諱は純、字は博通。広島県恵蘇郡山内東村三日市町(庄原市)出生。
　家は代々医者であったが、家業を従弟の小田直樹に譲り、自らは上京し、漢学者の豊島洞斎の門下生となった。のちに漢学者の三島中洲に師事。明治30年8月父・孝太郎の死の報に接して帰郷。同年10月私塾の創設を思い立ち、自宅に格致学院を開いて子弟を教育した。学識も深く、詩書をよくし、よく談じ、よく飲む人であったが、生徒の指導に当たっては情熱の人であった。格致学院は後に県立格致中学校となり、現在の県立庄原格致高校へと発展した。

織田　小三郎
おだ・こさぶろう

明治23年(1890年)3月11日〜
昭和42年(1967年)8月29日

俳人　愛国学園理事長・校長
俳号は織田枯山楼（おだ・こさんろう）。愛媛県出生。⌘勲四等旭日小綬章〔昭和42年〕。

印刷出版業を経て、愛媛女子商業校長、愛国学園理事長、竜ケ崎高校長などを歴任。一方大正初期頃から俳句をはじめ、「渋柿」「白楊」に参加。「俳諧文学」「文明」などを発行した。

越智　宣哲
おち・せんてつ

慶応3年（1867年）9月13日～
昭和16年（1941年）11月13日

教育家
字は門郷，号は霞挙，黄華，九骨子。父は越智橘園。

父・等耀より漢籍を学び、大阪で藤沢南岳の泊園書院に学ぶ。明治25年郷里に戻り、山辺村に私塾正気書院を開校。34年奈良市に移転、夜学部も併設した。44年小西町に新築。三敬銘（敬身・敬学・敬事）を校訓とした。昭和5年私財を投じて正気書院商業学校（のちの奈良女子高校）を設立、校長兼教諭となる。

オネジム，スール・マリ

1845年～1938年4月30日

女子教育家，修道女　函館白百合学園高校創立者

ベトナムを経て、1878年スール・マリ・オグスト、スール・カロリヌ、スール・マリ・オネジムととも函館に派遣される。まず授産所、施療院、孤児院を開設。授産所では、カロリヌが技芸を教え、自身は、施療院で施療を担当した。考案調合した膏薬は次第に有名になり、「ビルジン様の膏薬」「ガンガン寺の膏薬」と呼ばれた。のちに赴任したスール・マリ・エリーズが孤児院の仕事にあたった。また、伝道の傍ら、裁縫、編物、手芸などを教授。この私塾は仏蘭西館、その後仏蘭西女学校と呼ばれた。1886年聖保禄女学校（現・函館白百合学園高校）を開校。のち第3代校長を務めた。函館を離れることなく、函館の社会事業と教育のために尽くした。

小野　光洋
おの・こうよう

明治33年（1900年）4月4日～
昭和40年（1965年）11月19日

政治家，教育家　立正学園理事長，参院議員（自由党）
山梨県出身。立正大学哲学科〔昭和3年〕卒。⌘藍綬褒章〔昭和31年〕。

大正13年大正新修大蔵経刊行会入会。立正学園石川台高女校長兼教諭、妙油寺住職。立正安国団理事、東京司法保護委員会嘱託、日蓮宗戦災寺院復興局委員、立正学園、錦葉学院各理事長、日本私学団体総連合会理事、私学教育研究所理事長などを歴

任。昭和21年日本私立中学高校連合会理事長。22年自由党から参院全国区議員に当選。23年文部政務次官。この間、2年馬田行啓とともに法華経を基盤とした立正精神を建学の精神とした立正幼稚園、立正裁縫女学校を創立。20年馬田逝去後、立正学園(のちの文教学園)理事長に就任。26年には学校法人に改組した。立正学園女子短期大学学長も務めた。

【評伝・参考文献】
◇文教大学学園70年の歩み　文教大学学園創立七十周年史編集委員会編　文教大学学園　1997.10.17

小野　由之丞

おの・よしのじょう

明治6年(1873年)～昭和25年(1950年)

教育家　豊州女学校設立者
大分県宇佐郡高並村(宇佐市院内町)出身。大分師範学校(大分大学)〔明治27年〕卒。

県師範学校を卒業後、宇佐郡内の高等小学校の訓導や校長などを歴任し、明治34年に県立大分高等女学校(現・上野丘高校)の教諭となる。当時、大分町(現・大分市)には女学校は県立1校、私立1校しかなく激しさを増す入試地獄を見かねて、同校を退職し、41年に"志操堅実な子女の養成"をめざして、自費で於北町に豊州女学校(現・別府大学附属高校)を設立。本科3年、研究科1年を置き、実科として裁縫などが教えられ、44年上野町に校舎が完成。初代校長、校主として学校経営を行い、特に校風作りの核として寄宿舎を設け、女教師が全員寄宿舎に入り、一大家族としての生活を送らせた。昭和2年昭和女学院と改称、経営を退いたが、13年から新校主の佐藤義詮のもとで校長に就任。校名も14年には豊州高等女学校となり、19年まで在職した。

小原　国芳

おばら・くによし

明治20年(1887年)4月8日～
昭和52年(1977年)12月13日

教育家　玉川学園創設者
鹿児島県川辺郡坊津町(南さつま市)出身。長男は小原哲郎(教育家)、義弟は高井望(玉川大学名誉図書館長)。京都帝国大学文学部哲学科卒。哲学博士。團教育哲学。

　幼い頃、父から厳しい教育を受けるが、10歳で母を、12歳で父を失う。小学校卒業後は中学に行けなかったため、戸籍謄本をごまかして13歳で電信学校に入り、電信技師となった。5年間勤めたのち、鹿児島師範に入学、合科教育の主唱者である木下竹次の影響を受けた。広島高師に進み、香川師範で教職に就く。京都帝国大学哲学科を卒業後、広島高師附属小学校主事を経て、沢柳政太郎が創設した成城小学校に招かれて主事に就任。「教育の根本的問題としての宗教」「教育改造論」「修身教授革新論」

「教育の根本的問題としての哲学」などの著作を矢継ぎ早に執筆し、新教育運動の指導者として活躍する傍ら、昭和4年町田市に幼稚園、小学校、中学、塾からなる玉川学園を創立し学園長に就任。両学園を兼務していたが、8年成城事件により同学園を退かざるを得なくなり、以後は玉川学園の教育と経営に専念。17年興亜工業大学(現・千葉工業大学)を開校。22年玉川大学、23年高等部を設置。"全人教育"をはじめとする12ケ条からなる教育理念を掲げ、幼稚園から大学までを持つ一大学園に育て上げた。この間、7年我が国最初の「児童百科大辞典」(全30巻)を刊行している。亡くなる数ヶ月前まで教壇に立ち続け、全集にして48巻に及ぶ膨大な著作を遺した。

【評伝・参考文献】
◇玉川のおやじ—弟子の見たる小原先生　諸星洪著　玉川大学出版部　1959.6　211p 19cm
◇夢みる人 小原国芳自伝 第1 生いたち,電信屋時代,師範時代,高師時代,高松時代　小原国芳著　玉川大学出版部　1963　22cm
◇夢みる人 小原国芳自伝 第2 京都時代,二度目の広島,成城時代,私の新教育開拓史　小原国芳著　玉川大学出版部　1963　22cm
◇小原国芳全集 28 小原国芳自伝—夢みる人1　玉川大学出版部　1973　402p 図 肖像 22cm
◇小原国芳全集 29 小原国芳自伝—夢みる人2　玉川大学出版部　1973　455p 図 肖像 22cm
◇教育一路　小原国芳著　日本経済新聞社　1976　198p 肖像 19cm
◇教育とわが生涯小原国芳　南日本新聞社編　玉川大学出版部　1977.11　270p 図 肖像 19cm
◇写真集小原国芳信　玉川学園編　玉川学園出版部　1978.12　1冊 27cm
◇私の履歴書 文化人 19　日本経済新聞社編　日本経済新聞社　1984.7　540p 22cm
◇玉川の丘—小原国芳先生と徳島　玉川学園同窓会徳島県支部　1990.7　237p 27cm
◇野路ははるけし—一六五人の小原先生　『小原国芳先生想い出集』編纂委員会編纂　『小原国芳先生想い出集』刊行委員会　1992.9　366p 21cm
◇今、蘇る全人教育小原国芳　山崎亮太郎著　教育新聞社　2001.5　257p 20cm
◇早わかり教育人名小事典　安彦忠彦編　明治図書出版　2005.3　139p (A5)
◇ジェンダーと教育—理念・歴史の検討から政策の実現に向けて(ジェンダー法・政策研究叢書〈第4巻〉)　生田久美子編　(仙台)東北大学出版会　2005.12.1　359p 21cm(A5)

恩田　重信
おんだ・しげのぶ

文久1年(1861年)6月16日～
昭和22年(1947年)7月30日

薬学者,教育者　明治薬学校総理
信濃国(長野県)出生。東京帝国大学医学部製薬学科別課〔明治15年〕卒。

　信濃松代藩士の子として生まれる。代用教員をしながら勉学に励み、のち東京帝国大学に入って薬学を学ぶ。明治15年同卒業後は内務省に勤務し、

陸軍薬剤官・二等薬剤官として日清・日露の両戦争にも従軍。この間、医学用語の統一をはかり、「独和他国字書大全」「独和医学大辞典」を刊行し、陸軍軍医であった小説家森鷗外らからその偉業を頌えられた。また、西洋的な医薬分業を目指し、35年には明治薬学校（現在の明治薬科大学）を設立。次いで女子薬学校も開き、多くの薬剤師を世に送り出した。両校は大正12年の関東大震災で倒壊するが、恩師長井長義や教え子の後援で再興。その後も後進の教育と薬剤師の地位向上・保健衛生思想の普及に努め、昭和7年に同校長を退いて同総理に就任。著書は他に「臨床備考日本薬局方大字典」などがある。

【か】

ガイ，ハーベイ
Guy, Harvey Hugo
1871年11月9日～1936年1月30日

宣教師　聖学院神学校校長
米国カンサス州ウォーセジ市出生。ガーフィールド大学，ドレーク大学卒。Ph. D.（エール大学）。

　1893年デサイプル派教会宣教師として日本に着任。小石川関口水道町、森川町の教会で伝道の傍ら、1896年聖書神学校を開いた。1903年聖学院神学校が設立され、校長兼教授となる。1906年聖学院中学校を設立。1907年夫人の病気のため帰国。米国ではカリフォルニアの日本人のため働き、神学校で宗教史などを教えた。

甲斐 和里子
かい・わりこ
明治1年（1868年）～昭和37年（1962年）

女子教育者　顕道女学院創設者
広島県神辺町出生。同志社女学校（同志社女子大学）卒。

　父は浄土真宗本願寺派の勧学だった足利義山和尚で、広島県神辺町の勝頼寺に生まれる。明治初期の日本はミッションスクールが各地で次々に

創立されたが、仏教系の女子学校はほとんどなく、仏教精神に根ざした女子校が必要と痛感。明治26年教師資格を得るため父の許しを得て26歳で同志社女学校(現・同志社女子大学)に入学。西本願寺で重要な地位にあった僧の子女が耶蘇の学校へ入学したと批判や誤解を受けたが、礼拝に参加し讃美歌を歌っても最後にアーメンの代わりに念仏を唱えるなど、敬虔な仏教徒として女学校生活を送る。英語をはじめキリスト教文化や西欧の思想に触れ、広い視野を身につけ優秀な成績で29歳の時に卒業。32年松田甚左衛門や夫・駒蔵らと共に仏教徒のための女学校・顕道女学院を創設。のち同校は西本願寺の支援を受け、43年には現在の京都女子大学などの前身・京都高等女学校に発展した。自らも昭和2年に退職するまで教壇に立ち、学生らの指導に当たった。

【評伝・参考文献】
◇甲斐和里子の生涯　籠谷真智子著　自照社出版　2002.7　250p 19cm

嘉悦 孝子
かえつ・たかこ

慶応3年(1867年)1月25日～
昭和24年(1949年)2月5日

女子教育家　日本女子高等学校校長
本名は嘉悦孝(かえつ・たか)。旧姓名は幼名=鷹。父は嘉悦氏房(政治家)。共立学舎女子部〔明治23年〕卒。賞勲四等瑞宝章。

熊本藩士・政治家の嘉悦氏房の長女として生まれる。明治7年父と同じく横井小楠門下の竹崎茶堂が経営する私塾・日新堂(のち本山小学校に改称)に入学。在学中より算術を得意とし、各郡から選抜されて県ごとに行われる大試験で一等賞を獲ったこともあった。10年からは父が設立した広取塾に学び、20年上京して成立学舎女子部本科に進学、棚橋絢子に修身を、坪内逍遥に文学を、土子金四郎に経済学を、何人かの外人教師に英語を教わった。特に棚橋と土子から強い影響を受けたという。22年同校本科を卒業して同校研究科に進み、傍ら学生の身分ながら本科で教鞭をとる。26年には正式に教員となるが、わずか1年で辞職して帰郷し、熊本鶴城学館女子部に主任教諭として赴任。29年再び上京、女紅学校監督兼教諭を務めるが、生徒たちの無気力さに悩んでいたところ、吉村寅太郎の招きで成女学校幹事兼舎監となる。この間、女子商業学校の設立の計画を進め、恩師・土子や東京高等商業学校長・矢野二郎らの助言を得て、36年和田垣謙三が経営する夜学の東京商業学校の教室を昼間に借り、和田垣を校長に迎えて私立女子商業学校(嘉悦女子中学校・高等学校)を創立した。以来、"怒るな働け"を建学の精神とし、経済知識と婦人道徳を重視した実学に基づく女子教育に尽力。40年神田錦町に新校舎を建築し、大正8年には自ら校長に就任して日本女子商業学校に改称。昭和4年日本女子高等学校(のち日本女子経済短期大学)を

併設して学園を財団法人嘉悦学園とし、19年には校名を日本女子経済専門学校に改めるなど、同学園の基礎を固めた。一方、花の日会会長や日本婦人連盟名誉理事長を歴任するなど多くの婦人団体にも関係し、吉岡弥生、下田歌子らとともに婦人界において指導的な役割を果たした。著書に「主婦と女中」「家政学講話」「怒るな働け」「女の務むべき道」などがある。

【評伝・参考文献】
◇嘉悦孝子伝　嘉悦弘人著　好江書房　1949
◇嘉悦学園六〇年史　嘉悦学園六〇年史編集委員会著　嘉悦学園　1963
◇嘉悦孝子伝―明治・大正・昭和三代を生きた女流教育家　嘉悦康人著　浪曼　1973　395p 図 肖像 20cm

嘉数　昇

かかず・のぼる

明治35年（1902年）3月15日～
昭和49年（1974年）7月23日

経営者

沖縄県那覇市出身。

　小学校卒業後、日本生命保険会社の講習所を出て、昭和5年保険勧誘員となって沖縄支部長、大分支部長を歴任。40歳で沖縄県令議員。戦後、沖縄で米軍の協力を得て労災保険を始め27年には生命保険にも業務を広げた。35年米軍の持ち株を清算、独立の琉球生命保険会社を創業、社長となった。その間、31年には嘉数学園を創立、学校教育にも尽力した。さらに同学園経営の沖縄高校、沖縄女子短期大学、沖縄大学へと私立教育の夢を広げた。

【評伝・参考文献】
◇琉球生命社長嘉数昇氏を語る文集「琉球生命社長嘉数昇氏を語る文集」発刊委員会　1964　134p 22cm
◇わが嘉数社長を語る　わが嘉数社長を語る発刊委員会　1970　119p 22cm
◇嘉数昇さん　若夏社編　琉球生命済生会　1981.1　313p 22cm

香川　綾

かがわ・あや

明治32年（1899年）3月28日～
平成9年（1997年）4月2日

香川栄養学園学園長、女子栄養大学学長

和歌山県出生。夫は香川昇三（栄養学者）、長女は香川芳子（女子栄養大学学長）、長男は香川靖雄（自治医大名誉教授）、三男は香川達雄（香川栄養学園理事長）。東京女子医専〔大正15年〕卒。医学博士。團栄養学置文化功労者〔平成3年〕、藍綬褒章〔昭和37年〕、勲二等瑞宝章〔昭和47年〕、文部大臣賞〔昭和36年〕、厚生大臣賞（栄養士育成功労者）〔昭和40年〕、日本栄養食糧学会賞・佐伯賞〔昭和45年度〕「栄養学の実践応用に関する研究と普及」、エイボン女性大賞〔昭和59年〕、荻野吟子賞〔昭和62年〕、ダイヤモンドレディ賞（第5回）〔平成2年〕、

東京都名誉都民〔平成5年〕。

　14歳の時母を急病で亡くし、医者になろうと決意。4年間小学校教師をしたあと上京。東京女子医専を卒業後、東大医学部島菌内科に入り、栄養の基礎を研究。昭和5年そこで同じ研究に打ち込む香川昇三と結婚、8年に夫とともに家庭食養研究所を設立。10年雑誌「栄養と料理」を創刊。"栄養料理はまずい"という偏見を打ち破るため、一流の料理人の料理を計量し、調味の割合を割り出す。戦後、計量カップと計量スプーンを作製するなど、料理や栄養学に大きく貢献。夫の死後（昭和20年）も栄養改善活動を推進、研究会を短期大学、大学へと発展させ、減量法「香川式食事法・四群点数法」を考案した。平成2年女子栄養大学理事長・学長を退任。

【評伝・参考文献】
◇一皿に生命こめて—栄養学に賭けた私の半生　香川綾著　講談社　1977.5　253p 20cm
◇栄養学と私の半生記　香川綾著　女子栄養大学出版部　1985.5　293p 20cm
◇人生の樹をどう育てるか—自分を生ききる15人の女たち　武田万樹著　大和書房　1993.12　237p 19cm
◇風の交叉点（豊島に生きた女性たち3）　豊島区立男女平等推進センター編　ドメス出版　1994.3　243p
◇余白の一行　香川綾著　女子栄養大学出版部　1996.9　219p 20cm
◇香川綾からのメッセージ—実録『食事日記』　香川綾〔著〕，女子栄養大学出版部編　女子栄養大学出版部　1998.3　255p 22cm

◇人生あせることはない—栄養学の母香川綾九十八年の生涯　香川芳子著　毎日新聞社　1999.10　255p 20cm

香川　昇三
かがわ・しょうぞう

明治28年（1895年）9月28日〜
昭和20年（1945年）7月17日

栄養学者
香川県那珂郡榎井村（琴平町）出生。妻は香川綾（香川栄養学園学園長）。東京帝大医学部卒。

　東京帝大業後、母校の医局でビタミンの研究にあたる。昭和8年妻の綾と自宅に家庭食養研究会（現・女子栄養大学）を設立。「月刊栄養」の創刊、胚芽米の奨励など栄養学の普及に努めた。

【評伝・参考文献】
◇炎燃ゆ—香川栄養学園創立者香川昇三伝　香川栄養学園編　香川栄養学園　1983.9　232p 20cm

香川　昌子
かがわ・まさこ

明治5年（1872年）1月1日〜
昭和28年（1953年）12月17日

教育者　香川学園園長
愛媛県喜多郡新谷村出生。藍綬褒章〔昭和27年〕。

　16歳で小学校教員となる。その傍ら、塾に通って漢文・裁縫・南画など

を修めた。明治33年小学校校長をしていた兄を頼って山口県厚狭郡に移り、同地の文人たちと交流。35年から山口県立徳基高等女学校で教員を務め、36年には藤山村(現・宇部市)に香川裁縫塾を開校。民家の一室を借りて始業した同塾は、生徒が増加するに従って徐々に規模を拡大し、香川高等女学校・香川学園高等学校に発展。昭和26年には香川学園園長に就任し、27年にはそれまでの教育活動の功により藍綬褒章を受章した。

【評伝・参考文献】
◇香川昌子伝　上田芳江著　香川学園藤花会　1963

影山　四郎
かげやま・しろう
大正10年(1921年)12月16日～
昭和62年(1987年)7月8日

奥羽大学理事長, 福島県身体障害者福祉会会長
号は影山晴川。福島県郡山市出身。長男は影山英之(東北歯科大学理事長)。
藍綬褒章〔昭和61年〕。

尋常小学校を卒業すると同時に歯科医院に技工見習として入社。昭和28年影山医科歯科器材を設立、次々と事業を拡大して47年東北歯科大学(現・奥羽大学)を創立し理事長に就任。61年会頭。福島県身体障害者福祉会長も務めた。書道で日展に2回入選した。

笠原　田鶴子
かさはら・たずこ
元治1年(1864年)～
明治38年(1905年)6月29日

教育者　長崎鶴鳴女学校校長
越後国西蒲原郡小中川村(新潟県)出生。華族女学校卒。

華族女学校を卒業後、日本の女子教育の充実を志し、明治27年から長崎の梅香崎女学校に勤務。しかし、日本古来の婦道を重んじる彼女にとって、キリスト教的な同校の教育方針と合わず、約1年で退職した。その後も長崎に留まって教育活動を続け、29年長崎市に長崎女子学院を創立。家庭主義・訓育主義・技芸奨励など日本婦道の精神に則った女子教育を展開した。34年には校舎を同市寺町に移転し、長崎鶴鳴女学校に改称。生徒数も60数名を数えるに至るが、間もなく肺結核に罹り、41歳の若さで病没した。同校は現在、短期大学や高校などを擁する鶴鳴学園として発展を遂げている。

梶浦　逸外
かじうら・いつがい
明治29年(1896年)7月10日～
昭和56年(1981年)2月10日

臨済宗妙心寺派管長
愛知県名古屋市東区白壁町出生。般若林(臨済宗連合)〔明治42年〕卒。

昭和18年臨済学院専門学校(現・花園大)学長。翌年辞任。23年妙心寺山内慈雲院副住職となり、妙心寺派に転派。44年より9年間妙心寺派管長。54年から国際臨済禅交流協会初代会長を務めた。一方、30年に正眼短期大学を創設、学長として後進の指導にあたったほか、妙心寺派の禅の海外布教を進めた。巨人軍の川上哲治元監督などの禅の師匠としても有名。

【評伝・参考文献】
◇底なし釣瓶で水を汲む──逸外老師随聞記　谷耕月編　柏樹社　1986.12　267p 20cm

上代 淑

かじろ・よし

明治4年(1871年)6月5日～
昭和34年(1959年)11月29日

山陽英和女学校校長
愛媛県松山市出生。梅花女学校〔明治22年〕卒。賞岡山市名誉市民賞〔昭和33年〕。

女学校卒業後、大西絹創立(明治19年)の山陽英和女学校(現・山陽学園)に勤務。一時アメリカのマウントホリヨーク大学に遊学の後、復職し、明治41年校長に。敬虔なクリスチャンでもあった上代の"愛と奉仕"の精神で学園に隆盛をもたらし、学園の基礎を築いた。88歳で世を去るまで、教育に尽くした。

【評伝・参考文献】

◇上代先生を語る　堀以曽編　山陽学園同窓会　1956

加瀬 代助

かせ・だいすけ

安政4年(1857年)～
明治40年(1907年)9月

東京物理学講習所創設者
東京大学理学部物理学科中退。
　明治14年有志21人で東京物理学講習所(のち東京物理学校, 現・東京理科大学)を創設した。

【評伝・参考文献】
◇東京理科大学百年史　東京理科大学編　東京理科大学　1981.6.14

片岡 安

かたおか・やすし

明治9年(1876年)6月4日～
昭和21年(1946年)5月26日

建築家　関西建築協会会長, 金沢名誉市長
旧姓名は細野。石川県金沢市出生。義父は片岡直温(実業家・政治家)。東京帝大工科大学建築学科〔明治30年〕卒。工学博士〔大正8年〕。

　日本銀行に技師として入り、明治36年日銀大阪支店の建築に当たった。その縁で後の蔵相片岡直温の女婿となった。38年大阪に辰野・片岡建築事務所を開き、大正6年関西建築協会(日本建築協会)を設立、29年間会長

の座を占めた。事務所の発展と共に東京に対抗した関西建築界の地位向上に大きく貢献した。また都市計画の面でも業績をあげた。昭和9年金沢市長となり、ほかに大阪商工会議所会頭も務めた。工業教育にも熱心で、関西工学専修学校(のちの摂南大学)創設に力を注ぎ、初代校長、のち初代理事長も務めた。作品に「三和銀行高麗橋支店」「金沢市役所」など。

【評伝・参考文献】
◇学校法人大阪工大摂南大学80年史 学校法人大阪工大摂南大学80年史編纂委員会編 大阪工大摂南大学 2002.10.30

片桐 竜子
かたぎり・りゅうこ

明治23年(1890年)5月18日～
昭和38年(1963年)5月27日

教育者　片桐高等女学校長
旧姓名は原田。愛知県北設楽郡薗村(東栄町)出生。夫は片桐竜三郎(教育者)。渡辺女子専門学校〔明治43年〕卒。

7歳の時に盆踊りの提灯が頭上に落下し大けがを負うが、母の看護で奇跡的に回復し、以来、社会奉仕を志す。明治43年東京の渡辺女子専門学校を卒業したのち、27歳で片桐竜三郎と結婚。大正7年岐阜市に岐阜裁縫専門学校を開校、14年には岐阜実科高等女学校に改称し、校長となった夫を助けて子女の教育に当たった。その傍ら、国家と家庭の幸福を願い、全国で講演活動を展開。また、15年には月刊誌「御国の華」を刊行するなど、著述にも従事した。15年夫が没すると片桐高等女学校(岐阜実科高等女学校より改称)の校長に就任。戦後、公職追放に遭ったため引退。著書に「日本婦人の使命と其修養」「心の華」「国境を越えて」などがある。

【評伝・参考文献】
◇郷土にかがやくひとびと　下巻　岐阜県　1970　285p 19cm

片倉 兼太郎(3代目)
かたくら・かねたろう

明治17年(1884年)9月20日～
昭和22年(1947年)1月15日

実業家　片倉製糸紡績社長
幼名は脩一。長野県出生。父は片倉兼太郎(2代目)、伯父は片倉兼太郎(1代目)。諏訪実科中学中退。

明治35年片倉組に入社。大正9年片倉製糸紡績取締役、昭和10年会長、16年社長。日本蚕糸製造社長、八十二銀行頭取、全国製糸業組合連合会会長、貴院議員なども歴任した。また昭和16年には松本女子実業学校(現・松本松南高等学校)を設立した。

片山 石
かたやま・いし

嘉永3年(1850年)10月1日～

大正6年(1917年)2月12日

教育家　翠松舎設立者・舎主
　岡山城下下西川に塩田辰衛の長女として生まれる。4歳ごろから両親や寺子屋で読書や習字を学び、11歳から14歳の秋まで岡山区上内田(現・舟橋町)の伏見塾で主として裁縫を学ぶ。明治11年元池田藩槍術指南片山信貞と結婚。17年私立翠松舎(すいしょうしゃ)を設立、自ら舎主となり、1期生入学者22人を対象に裁縫、手芸、作法を教授する。翠松舎は全寮制の24時間教育で、技術指導を通しての全人教育を目指した。指導に当たっては妥協を許さぬ厳しさと正確さを求め、競争原理を導入して集団の教育体制をつくり、教育課程と指導法にも工夫をこらすなど近代教育への取り組みがみられる当時としては斬新なものであった。翠松舎はその後大正13年片山女子高等技芸学校となり岡山裁縫教員養成所も併設したが、昭和20年の岡山空襲で全焼。32年倉敷市に移転開校して校名も創立当時の翠松舎にちなみ倉敷翠松高等学校と改称した。

桂 太郎
かつら・たろう

弘化4年(1847年)11月28日〜
大正2年(1913年)10月10日

政治家, 陸軍大将, 公爵　首相, 陸相, 元老

号は海城。長門国(山口県)萩城下平安古町(萩市)出生。弟は桂二郎(実業家)、二男は井上三郎(陸軍少将・侯爵)、孫は桂広太郎(貴院議員)。
　長州藩士の長男として生まれる。万延元年(1860年)藩の西洋軍隊に参加し、戊辰戦争では第四大隊に属して東北地方を転戦。明治3年ドイツへ留学して軍事を学び、6年帰国。7年陸軍に出仕し、8年再びドイツへ駐在武官として赴き、その軍政の調査研究に従事した。帰国後は陸軍首脳である山県有朋に参謀本部の独立を建言し、15年参謀本部管西局長、18年総務局長、19年陸軍次官を歴任、23年軍務局長を兼務して軍政の整備に努めた。27年日清戦争に第三師団長として出征、28年軍功により子爵を授けられた。29年台湾総督を経て、31年第三次伊藤内閣に陸相として初入閣し、同年大将に昇進。次いで第一次大隈内閣(隈板内閣)、第二次山県内閣、第四次伊藤内閣と4内閣3年間にわたって留任した。34年首相に就任となり、35年日英同盟を締結。37年日露戦争が開戦すると首相として挙国一致で難局を一貫して勤め上げたが、講和条約であるポーツマス条約への不満から民衆が講和反対運動を起こすに至って退陣に追い込まれ、西園寺公望に政権を譲った。以降、西園寺と交互に首相を務め、"桂園時代"と呼ばれた。44年公爵。人心収攬術に長けており、ニッコリ笑ってポンと肩を叩くことから"ニコポン"とあだ名され、次第に山県の影響から離れて政界に独自の勢力を伸ばした。大正元年8月

明治天皇の崩御に伴い内大臣兼侍従長として宮中入り。12月陸軍二個師団増設が拒否されたことにより上原勇作陸相が辞表を提出し第二次西園寺内閣が倒れると、宮中から出て第三次内閣を組閣するが、陸軍の横暴ぶりと藩閥政治の復活が世間から強い反発を受け、第一次護憲運動がわき起こったため、2年2月には総辞職を余儀なくされた。この年、自身の政党として立憲同志会結成を図ったが、結党前に病没した。7年9月の首相在任期間は戦前戦後を通じて最長である。この間、明治16年独逸学協会の一員として独逸学協会学校創設に参画し、20～23年同校長を務めた。また33年には台湾協会会頭として台湾協会学校（現・拓殖大学）を創立、初代校長に就任した。

【評伝・参考文献】
◇明治の政治家たち―原敬につらなる人々 上, 下（岩波新書） 服部之総著 岩波書店 1950-54 2冊 18cm
◇近代政治家評伝 阿部真之助著 文芸春秋新社 1953 353p 19cm
◇桂太郎（三代宰相列伝） 川原次吉郎著 時事通信社 1959 182p 図版 13cm
◇公爵桂太郎伝 乾巻（明治百年史叢書） 徳富蘇峰編著 原書房 1967 1131p 図版 22cm
◇公爵桂太郎伝 坤巻（明治百年史叢書） 徳富蘇峰編著 原書房 1967 1051, 61p 図版 22cm
◇日本宰相列伝 4（桂太郎） 川原次吉郎著 時事通信社 1985.11 182p 19cm
◇近代日本内閣史論 藤井貞文著 吉川弘文館 1988.7 364p 21cm
◇桂太郎自伝（東洋文庫 563） 桂太郎著, 宇野俊一校注 平凡社 1993.4 362p 18cm
◇日本の大陸政策 1895-1914―桂太郎と後藤新平 小林道彦著 南窓社 1996.10 318p 21cm
◇運命の児 日本宰相伝 2（徳間文庫） 三好徹著 徳間書店 1997.8 334p 15cm
◇山河ありき―明治の武人宰相桂太郎の人生 古川薫著 文芸春秋 1999.10 283p 20cm
◇山河ありき―明治の武人宰相・桂太郎の人生（文春文庫） 古川薫著 文芸春秋 2002.12 359p 15cm
◇日本宰相列伝〈上〉（人物文庫） 三好徹著 学陽書房 2005.1.20 487p 15cm（A6）
◇日本アジア関係史研究―日本の南進政策を中心に 伊藤幹彦著 （名古屋）ブイツーソリューション, 星雲社〔発売〕 2005.8.20 208p 26cm（B5）
◇大正時代―現代を読みとく大正の事件簿 永沢道雄著 光人社 2005.11.27 271p 19cm（B6）
◇桂太郎（人物叢書 新装版） 宇野俊一著 吉川弘文館 2006.3.10 300p 19cm（B6）
◇帝国陸軍の"改革と抵抗"（講談社現代新書） 黒野耐著 講談社 2006.9.20 194p 18cm
◇桂太郎―予が生命は政治である（ミネルヴァ日本評伝選） 小林道彦著 （京都）ミネルヴァ書房 2006.12.10 354, 10p 19cm（B6）

加藤 せむ

かとう・せむ

明治2年（1869年）～昭和31年（1956年）

教育家　金城遊学館設立者, 金城女学校校長

石川県石川郡柏野村(白山市)出生。夫は加藤広吉(教育家)。石川県尋常師範学校(金沢大学)卒。賞文部大臣賞, 北国文化賞, 金沢市文化賞。

　石川県尋常師範学校を卒業し、美川小学校訓導となり、明治30年金沢市長町小学校で教鞭をとる。女子教育のため37年私塾遊学館(翌年金城女学校となる)を夫・広吉とともに設立。2年後夫が急逝し、独力で経営の任に当たるが、生計のため小学校教員を兼務。大正4年長町小学校を退職し金城女学校の経営に専心。昭和6年学校の財政基盤の確立をみて校長に就任。"良妻賢母の育成"を目標とし、率先垂範の教えは今も金城学園の教育理念である。私学振興の功で第22回教育塔に合祀された。

加藤 俊子

かとう・としこ

天保9年(1838年)12月1日～
明治32年(1899年)6月27日

教育者　女子独立学校校長

旧姓名は白井。越後国(新潟県)出生。長男は加藤勝弥(民権運動家)。女子伝道学校中退。

　嘉永5年(1852年)越後国板屋沢村の大庄屋加藤雄次郎と結婚し、3男1女をもうけるが、31歳の時に夫と死別。明治14年病気の末子をキリスト教宣教医パームの病院に入院させたのがきっかけでキリスト教に触れ、17年長男の勝弥夫妻とともに牧師R・H・デヴィスから洗礼を受けた。同年上京し、女子伝道学校に入学するが、家庭の事情により3年で退学。22年東京・麹町に女子独立学校を創立し、その校長として財力に乏しい女子の教育・経済的自立を助けた。

加藤 弘之

かとう・ひろゆき

天保7年(1836年)6月23日～
大正5年(1916年)2月9日

政治学者　東京帝国大学名誉教授・初代綜理, 帝国学士院初代院長, 枢密顧問官

幼名は土代士, 弘蔵, 前名は成之, 誠之。但馬国(兵庫県)出石城下谷山町(豊岡市)出生。息子は加藤照麿(貴院議員・男爵), 孫は浜尾実(宮内庁東宮侍従), 浜尾文郎(カトリック枢機卿)。文学博士〔明治21年〕, 法学博士〔明治38年〕。

　父は出石藩で兵学師範役を務めた。弘化2年(1845年)藩校・弘道館に入り、嘉永5年(1852年)上京。初め甲州流軍学を修めるが、佐久間象山に入門して西洋兵学を、また大木仲益(坪井為春)に蘭学を学んだ。万延元年(1860年)蕃書調書教授手伝となり、ドイツ語を通じて西洋の政治社会の研究に入る。元治元年(1864年)開成所教授職並となり、目付、大目付に累進。明治維新後は新政府に出仕、2年1月会

計権判事、5月学校権判事、7月大学大丞、3年12月侍読、4年7月文部大丞、10月外務大丞、8年元老院議官など要職を歴任。10年2月開成学校綜理、14年制度改革により東京大学の初代綜理に任じられ、我が国最高学府の最初の長となった。23～26年帝国大学総長。23年勅選貴院議員。その後も宮中顧問官、帝国学士院初代院長、枢密顧問官を務めた。この間、天賦人権論に立って「立憲政体略」「真政大意」「国体新論」などを著し、我が国に初めて立憲政体を紹介してその必要性を説き、また同じ立場から「非人穢多御廃止之儀」を公議所に提出している。6年には福沢諭吉、西周、津田真道、神田孝平ら旧幕系洋学者とともに明六社を結成して「明六雑誌」を出すなど、初期の啓蒙思想家として活躍した。やがて天賦人権論を棄てて「真政大意」「国体新論」を絶版とし、15年「人権新説」で社会進化論に立って勃興していた民権思想を批判。26年「強者の権利と競争」では強権的な国家主義を唱え、晩年はキリスト教批判にも力を注いだ。ドイツ学の先駆者として独逸学協会に加わり、その一員として独逸学協会学校創設に参画、23～36年には同校長を務めた。

【評伝・参考文献】
◇近代日本の思想家 向坂逸郎編 和光社 1954 284p 19cm
◇日本の思想家 奈良本辰也編 毎日新聞社 1954
◇加藤弘之（人物叢書 日本歴史学会編） 田畑忍著 吉川弘文館 1959 211p 図版 18cm
◇日本人物史大系 第5巻（近代 第1） 小西四郎編 朝倉書店 1960 340p 22cm
◇近代日本の政治と人間―その思想史的考察 創文社 1966
◇加藤弘之の研究（日本史学研究双書） 吉田曠二著 大原新生社 1976 324p 22cm
◇弘之自伝―覆刻（日本思想史資料叢刊 3） 加藤弘之著 長陵書林 1979.10 128p 21cm
◇加藤弘之〈新装版〉（人物叢書） 田畑忍著 吉川弘文館 1986.10 211p 19cm
◇加藤弘之文書 第1巻（草稿 1） 上田勝美ほか編 同朋舎出版 1990.8 576p 23cm
◇加藤弘之文書 第2巻 草稿 2 上田勝美ほか編 同朋舎出版 1990.8 480p 23cm
◇加藤弘之文書 第3巻（加藤弘之講演全集） 上田勝美ほか編 同朋舎出版 1990.8 764p 23cm
◇加藤弘之自叙伝（伝記叢書88） 加藤弘之著 大空社 1991.11 1冊 21cm
◇怪物科学者の時代 田中聡著 昌文社 1998.3 279p 19cm
◇近代日本社会学者小伝―書誌的考察 川合隆男、竹村英樹編 勁草書房 1998.12 822p 21cm
◇日本教育史研究―堀松武一著作選集 堀松武一著 岩崎学術出版社 2003.2 357p 21cm
◇日本進化思想史〈1〉明治時代の進化思想 横山利明著 新水社 2005.4.5 258p 19cm（B6）
◇近代中国の立憲構想―厳復・楊度・梁啓超と明治啓蒙思想 李暁東著 法政大学出版局 2005.5.30 301,15p 21cm（A5）

加藤 ふぢ
かとう・ふじ
明治19年(1886年)4月1日～
昭和47年(1972年)5月10日

教育者　沼津淑徳女学院校長
旧姓名は岩崎。静岡県沼津市出生。夫は加藤信次郎(教育者)。日本女子大学国文学科〔明治40年〕卒,ワシントン大学卒,シカゴ大学卒。圀藍綬褒章〔昭和33年〕,勲四等瑞宝章〔昭和40年〕。

　明治40年日本女子大学を卒業して沼津に帰郷。42年アメリカに渡り加藤信次郎と結婚。3年間にわたって英語を学んだのち、ワシントン大学で教育学、シカゴ大学で家政学を修めた。大正14年、16年に及ぶアメリカ生活を終えて帰国。同年郷里に職業専門知識・技能の教育と女性の地位向上を目的とした沼津淑徳女学院を開き、その校長として人材育成に力を注いだ。戦後も夫の協力を得ながら教育事業を続け、のち同校は加藤学園として発展。47年5月に現役校長のまま死去した。

加藤 米
かとう・よね
慶応1年(1865年)9月15日～?

教育者　共立女子職業学校創立者
田村米。東京女子師範学校〔明治17年〕卒。

東京女子師範学校卒業後、千葉女子師範学校に勤め、明治18年群馬女学校に転じ、翌19年同校が廃校になり辞任。同年年共立女子職業学校(現・共立女子学園)設立発起人の1人として創設に参加、教員となった。

【評伝・参考文献】
◇共立女子学園百十年史　共立女子学園百十年史編集委員会編　共立女子学園　1996.10.18

加藤 利吉
かとう・りきち
明治15年(1882年)12月3日～
昭和37年(1962年)3月24日

教育家　仙台育英学校(現・仙台育英高校)創設者
福島県出身。

　東京学院(現・関東学院大)に学び、明治38年仙台に育英塾を開く。大正2年仙台育英学校を設立、仙台育英中学を経て、現在の仙台育英高校へと発展させた。

カートメル, マーサ・J.
Cartmell, Martha J.
1845年～1945年

宣教師,教育者　東洋英和女学院初代校長,カナダハミルトン官立女学校校長
トロント官立女子師範学校。

1865年より1882年までの17年間、カナダハミルトン官立女学校の教員および校長を務めた後、同年（明治15年）12月カナダの婦人宣教師として来日。日本に到着するや否や、直ちに東京市京橋区築地明石町に住み、主として日本語の修得に努めた。この間、日曜学校、婦人の集会などに臨み、またしばしば病人を慰問。1883年夏学校経営のための土地購入に関する協議会に参加。1884年（明治17年）東洋英和女学校が設立認可され、校長兼教師として就任するが、翌年過労のため健康を害し、秋に入ると一時山間に静養することを余儀なくされた。20年伝道会社はやむをえずカートメルの帰国を承認することとし、同年4月4年余りの日本生活を終えて帰国した。

金井 兼造
かない・けんぞう

大正11年（1922年）2月15日～
平成16年（2004年）11月24日

金井学園創立者
福井県出生。藍綬褒章、勲二等瑞宝章〔平成11年〕、産業教育功労賞、福井新聞社教育文化賞〔昭和40年〕、オーム技術賞（第21回）〔昭和48年〕、韓国明知大学校経営学名誉博士〔平成2年〕。
　昭和24年27歳の時に北陸電気学校を創立。34年学校法人金井学園を設立、理事長に就任。同年福井実業高校、40年福井工業大学、60年同大学院、平成元年大学附属福井中学校を開校、金井学園の基礎を確立した。この間、昭和39年の欧米10ケ国を皮切りに、世界各国の教育事情を視察、世界大学総長会議等の会議に出席。福井県各種学校連合会、福井県教育協会、福井県私立学校連合会会長・理事長、日本私立大学振興協会副会長なども務めた。

金尾 馨
かなお・かおる

？～昭和57年（1982年）7月26日

尾道高校理事長、尾道商工会議所会頭
　昭和21年尾道市体育協会が設立され、初代会長に就任。32年尾道高校を開校。47年のミュンヘン五輪100メートル平泳ぎ金メダリスト・田口信教らを育てた。

金沢 尚淑
かなざわ・なおよし

昭和5年（1930年）6月6日～
昭和60年（1985年）10月7日

大阪経済法科大学理事長
大阪府大阪市出身。神戸大学経済学科〔昭和28年〕卒。経済学博士。
　昭和46年経済学部と法学部から成る社会科学系大学として大阪経済法科大学を設立。

【評伝・参考文献】
◇汝在るところ全力を尽くせ―大阪経済法科大学創立者故金沢尚淑博士追悼文集　故金沢尚淑博士追悼文集編集委員会編　大阪経済法科大学出版部　1987.10　320p 22cm

金丸 鉄
かなまる・まがね

嘉永5年（1852年）〜
明治42年（1909年）11月25日

弁護士　東京法学社創設者，大阪府議
幼名は四郎，号は箕山，諱は英直。豊後国（大分県）出生。

　豊後国杵築藩士の家に二男として生まれる。19歳で上京し、明治10年出版社時習社を設立。社主兼編集長として日本初の法律専門誌の一つ「法律雑誌」を創刊。また、同郷の先輩で法学塾・法律学舎の元田直と親交を結ぶ。13年元田の助力を得て、伊藤修、薩埵正邦とともに東京法学社（のち法政大学）を創設。15年代言人資格に合格。大阪組合代言人として活躍。19年大阪府議となる。

【評伝・参考文献】
◇法政大学百年史　法政大学百年史編纂委員会編　法政大学　1980.12.1
◇法律学の夜明けと法政大学　法政大学大学史資料委員会編　法政大学　1992.3.31

金子 泰蔵
かねこ・たいぞう

明治37年（1904年）10月23日〜
昭和62年（1987年）5月17日

東京国際大学学長
東京出生。東京商大〔昭和2年〕卒。
団 国際教養論　賞 勲三等旭日中綬章〔昭和49年〕。

　昭和経済研究所長、京都外国語大学教授、一橋学院理事長などを経て、昭和40年国際商科大学（現・東京国際大学）教授に就任。著書に「二十世紀商工経済和英事典」「英文公文書文範」など。

兼松 成言
かねまつ・せいげん

文化7年（1810年）〜明治10年（1877年）

教育家
名は誠，号は石居，晩甘亭。江戸出生，陸奥国（青森県）出身。

　天保3年昌平黌に入学、佐藤一斎らに師事、舎長となる。8年書院番（馬廻）となり、藩士に経学の講義をした。弘化3年には世子武之助の侍講となる。嘉永3年11代弘前藩主順承から蘭学兼修を命じられ、江戸本所で蘭学の講師を招いて蘭学塾を開き、自らも学んで多くの蘭学者と交流をもった。安政3年武之助の早世によって起きた世嗣問題により蟄居となり、4年弘前に戻る。万延元年蟄居を許さ

れ、慶応元年書院番頭、稽古館経学士を兼ねる。同時に私塾・麗沢堂を開き、工藤他山の思斎館とともに私塾の双壁と称された。同年「藩祖略記」1冊を12代藩主承昭に献上。明治2年稽古館総司、内廷侍講となり承昭に経書を講じ、3年役職変更により督学となった。5年東奥義塾創設の際には、頭取として活躍。7年旧藩主の招きで上京、「津軽旧記類」編纂をおこなった。

鏑木 忠正
かぶらぎ・ただまさ

明治21年（1888年）8月～
昭和37年（1962年）9月6日

昭和医学専門学校創立者，衆院議員（立憲民政党）
東京出身。東京帝大獣医科〔大正2年〕卒，東京帝大政治科〔大正9年〕卒。
　昭和医学専門学校を創立し、理事長に就任。衆院議員（2選）、多額納税貴院議員の他、品川区長もつとめた。

釜瀬 新平
かませ・しんぺい

明治1年（1868年）～昭和5年（1930年）

教育家　九州高等女学校創立者
福岡県宗像郡南郷村出生。福岡師範学校〔明治25年〕卒。
　師範学校3年生のとき、第3回内国博覧会見学のため上京。外国製の地理模型に心を奪われ、以後地理教育に資する日本全土の立体的模型を作る研究に熱中し始める。師範を卒業してからは、郷里の小学校の教師となり、後に認められて師範学校訓導となった。明治36年退職し、私立予修館を開校。この予修館は師範学校志望者の予備校的なもので、知事の認可を得、福岡市内唐人町の集会所を借りて教室としたものである。その3年後には、予修館の女子部を独立させて、修業年限4年の私立九州高等女学校として創立している。この間、借家3つを寄宿舎とした。彼は前述のように地理模型の製作を研究していたが、地理模型を使って授業をし、この授業を通してさらに工夫を重ねるという努力を8年間払って、ようやく彼の地理模型を完成させた。この地理模型は高く評価され、志賀重昂の支持・支援をも得て、釜瀬式模型として全国各地に販売された。この収益がかねての念願であった、自分で理想的な学校を創立して運営してみたいという夢と結びついて、女学校の設立となった。40年6月それまでの地理模型販売の利益によって、予修館を増改築し、私立九州高等女学校（現・九州女子高等学校）を創立した。

上岡 一嘉
かみおか・かずよし

大正8年（1919年）12月28日～
平成3年（1991年）3月6日

白鷗大学学長、足利学園理事長
栃木県出生。早稲田大学商学部〔昭和18年〕卒。商学博士。団マーケティング。

戦後GHQ、東京都経済局勤務、昭和31年青山学院大学講師、38年教授。49年地方における教育文化の向上を目指し、白鷗女子短期大学を創設。51年同学長を経て、61年白鷗大学を創設と同時に学長に就任。著書に「経営政策と市場調査」「マーケティングに成功する方法」「外国企業の商法」「華僑のビジネス」など。

上岡 長四郎
かみおか・ちょうしろう

明治7年(1874年)〜昭和27年(1952年)

下野新聞記者、教育者　足利高等裁縫女学校理事長
栃木県下都賀郡三鴨村(藤岡町)出生。

上岡長七の長男に生まれる。明治26年中学卒業後小学校の教師、のち下野新聞社入社。32年足利町特派員。大正3年退社。4年4月足利裁縫女学校を設立。昭和2年学校を文部省認可職業学校財団法人足利高等裁縫女学校に発展させ、理事長に就任。没後、妻・た津が学校法人足利学園に発展させ、のちの白鷗大学の前身となった。

香山 晋次郎
かやま・しんじろう

文久3年(1863年)〜

明治38年(1905年)12月28日

医師、教育者　東山病院副院長
京都府京都市出生。

幼い頃から学術をたしなみ、ドイツ語をレーマンに、理化学をワグネルに、医学をショイベに習う。東京に遊学して緒方、佐藤両博士に従い医学医術を学習し、更に余暇を利用してスピンネルについてユニテリアンの宗教哲学を修め、精神の修養にも努めた。東山病院の創立に際し、創設者半井澄を助けて副院長の激職に就き、内外万事を処理して高く評価され、病院の名声を高めた。半井院長の逝去後は新院長半井朴を助けてますます盛業に至らしめた。京都私立独逸学校(現・京都薬科大学)の創立以来経営に参加し、特に会計主任として学校の維持発展のため貢献。慈医として市民から慕われた。

【評伝・参考文献】
◇京都薬科大学百年史　京都薬科大学百年史編纂委員会編　京都薬科大学　1985.9.20

カロリヌ,スール

1851年〜1945年4月20日

女子教育家、修道女　函館白百合学園高校創立者

1878年フランス・シャルトル聖パウロ修道女会よりスール・マリ・オグスト、スール・マリ・オネジムとともに函館に派遣される。まず授産所、施療

院、孤児院を開設。自身は授産所で、技芸を教え、施療院では、オネジムが施療を担当。のちに赴任したスール・マリ・エリーズが孤児院の仕事にあたった。また、伝道の傍ら、裁縫、編物、手芸などを教授。この私塾は仏蘭西館、その後仏蘭西女学校と呼ばれた。1886年聖保禄女学校（現・函館白百合学園高校）を開設。函館の社会事業と教育のために尽力。1945年在日67年の生涯を閉じた。

河井 道
かわい・みち
明治10年（1877年）7月29日～
昭和28年（1953年）2月11日

教育家
三重県伊勢市出身。プリンマー大学卒。

　明治32年新渡戸稲造に従って渡米、ギリスト教の教育を受けプリンマー大学を卒業、帰国して津田英学塾の教授となった。YMCA創立に参画、同日本総幹事を長く務めた。昭和4年恵泉女学園を創立、キリスト教人格教育を実践。その間欧米に8回渡り、移民、平和、教育問題の使命を果たした。16年にはミルス大学から人文博士号を受けた。戦後文部省委員などを務め、短期大学設立に尽力した。著書に「My Lantern, Sliding Doors」などがある。

【評伝・参考文献】

◇愛の人 河井道子先生　一色義子著　創元社　1953　198p 図版 19cm
◇五人の先生たち（女性と生活シリーズ）　日本基督教団出版部編　1960　154p 図版 18cm
◇陛下をお救いなさいまし―河井道とボナー・フェラーズ　岡本嗣郎著　ホーム社　2002.5　316p 20cm
◇河井道の生涯―光に歩んだ人　木村恵子著　岩波書店　2002.10　224p 19cm

河口 愛子
かわぐち・あいこ
明治4年（1871年）10月6日～
昭和34年（1959年）9月26日

教育者　小石川高等女学校校長
旧姓名は原。熊本県山鹿町（山鹿市）出生。済々黌附属女学校〔明治24年〕卒。圖紫綬褒章〔昭和30年〕。

　郷里熊本県で助教員を務める。結婚して家庭を営む傍ら、独学で中等教員の資格を取得し、京都高等女学校の教員となる。夫と死別後、大正2年に上京し、5年東京小石川に裁縫研究所と家事助手養成所を設立。8年には両所を併せて日本女子実務学校とし、勤勉・質素・貞純の理念に基づく女子実務教育を行った。12年には同校を小石川女子高等学校に改称し、その校長に就任。同校は戦後、文華女子高等学校として発展し、現在に至っている。また、婦人参政権運動や婦人会活動でも活躍し婦人参政同盟会理事長などを歴任。昭和3年には汎太平洋婦人大会日本代表に選ばれ、ハワイ・

アメリカ・ヨーロッパを巡って日本の文化の紹介に努めた。30年紫綬褒章を受章。廃物利用の提唱者としても知られ、著書には「趣味の廃物利用」「家事実習教科書」などがある。

【評伝・参考文献】
◇私の人生　河口愛子著　東都新報社　1961
◇私の人生―伝記・河口愛子（伝記叢書97）　河口愛子著　大空社　1992.7　195, 6p 22cm

川崎　幾三郎
かわさき・いくさぶろう

安政2年（1855年）10月29日〜
大正10年（1921年）11月10日

実業家　高知商業会議所会頭
幼名は常次郎。土佐国高知城下八百屋町（高知県）出生。

　十代より金物店を経営。明治15年慶長社魚市場を興し、19年高知商工会を創立。以降、土佐蚕糸、高知新聞、土佐銀行、土佐紡績、土佐電灯、土佐セメント等、各種の会社設立、経営に関与し、土佐財界の元老といわれる。34年より終生高知商業会議所会頭。また大正8年宇田友四郎らと共に、資金30万円を投じて私立土佐中学（現・土佐高校）を創設した。

川崎　祐宣
かわさき・すけのぶ

明治37年（1904年）2月22日〜
平成8年（1996年）6月2日

川崎学園名誉理事長
鹿児島県姶良郡横川町出生。岡山医科大学〔昭和6年〕卒。医学博士〔昭和36年〕。団外科学 置岡山県文化賞〔昭和54年〕。

　昭和14年川崎外科病院設立。24年岡山県医師会長、29年岡山県病院協会会長。45年川崎学園を設立し理事長となる。同年川崎医科大学、川崎医科大学附属高等学校が開校。48年川崎医療短期大学開学、学長に就任。63年学校法人川崎学園名誉理事長・学園長。平成3年川崎医療福祉大学が開学。

川島　アクリ
かわしま・あくり

明治10年（1877年）11月15日〜
昭和34年（1959年）11月25日

教育者
福岡県福岡市出生。置藍綬褒章〔昭和18年〕。

　裁縫を独習し、20歳で小学校裁縫科の准教員免許を取得。教員として小倉高等女学校や福岡県女子師範学校に勤務したのを経て、大正11年川島裁縫女学校を開校。同校は「女子は従順であれ」を校訓とし、実践的な教育を行った。昭和18年には川島女学校に改称するも、20年の福岡大空襲に遭って校舎は全焼。しかし、戦後に仮校舎から再起をはかり、29年

学校法人川島学園を設立。のちに同学園は、川島女子専門学校・福岡舞鶴高等学校へと順調な発展を遂げた。

川島 至善
かわしま・しぜん

（生没年不詳）

教育者　磐城女学校初代校長
旧姓名は山田。福島県出生。

平藩主安藤公の重役、山田勘兵衛の十男として生まれる。15歳で家老職川島家の養子となり、19歳で戊辰の役に従軍。その後、藩校、小学校で教鞭を執る。明治7年内務省警視庁警部を経て、25年平に戻り漢学を教える。35年平町長。37年旧平城跡、安藤公の植物園に私立磐城女学校を設立、以来41年まで校長を務めた。同年好間村長となる。45年同校は福島県立となり、磐城高等女学校（のちの磐城女子高校，磐城桜が丘高校）が開校した。

【評伝・参考文献】
◇創立四十年史　鈴木光四郎著　磐城女子高等学校　1951.10.10

川島 隼彦
かわしま・はやひこ

明治14年（1881年）6月3日～
昭和36年（1961年）11月11日

教育家　川島学園理事長
鹿児島県出身。東京物理学校（東京理科大学）卒。

郷里・鹿児島県の川辺中学に奉職中、風土病で片足の自由を失い教員生活を断念。実業人育成をめざし、大正5年鹿児島中学館（現・鹿児島実業高）を設立。昭和22年同校を母体に川島学園を創立し、理事長となる。

川田 鉄弥
かわだ・てつや

明治6年（1873年）5月27日～
昭和34年（1959年）7月4日

教育者　高千穂学園理事長・学長
高知県土佐郡初月村久万（高知市）出生。東京帝国大学文科大学漢文科〔明治32年〕卒。置藍綬褒章〔昭和3年〕、藍綬褒章〔昭和26年〕。

土佐の旧家、父惣七、母丑子の間に生まれる。久万小学校から高知尋常中学校をへて、明治25年第三高等学校に進学。28年東京帝国大学文科大学漢文科に進み、同32年7月卒業。同年9月文部省に入り、33年陸軍幼年学校の教官に就任。34年4月～36年8月東京専門学校（現・早稲田大学）にも奉職。36年東京府の小学校教員免許をうけ、同月に高千穂小学校を創立、校長に就任。40年幼稚園、42年中学校、大正3年全国初の私立高等商業学校を開設。幼稚園から高等学校までの一貫教育を行う総合学園を完成し、その教育と経営に当たり、現在の高

千穂大学の基礎を築いた。この間、明治41年欧米の視察旅行に、44年中国・朝鮮の視察旅行に出かけた。著書に「浦門川田先生全集」がある。

【評伝・参考文献】
◇高千穂学園八十年史　高千穂学園八十年史編集委員会編　高千穂学園　1983.5.27
◇図説　高千穂学園80年史　高千穂学園八十年史編集委員会編　高千穂学園　1983.5.27

川並 香順
かわなみ・こうじゅん

明治31年（1898年）4月4日～
昭和41年（1966年）4月27日

僧侶, 教育者　聖徳家政学院創立者
岐阜県稲葉郡日置江村出生。真宗大谷大学〔大正10年〕卒, 日本大学法文学部法律学科本科〔昭和3年〕卒。叙勲五等双光旭日章〔昭和41年〕。

　亀甲山光衆寺の住職・泰順、妻・かの長男として生まれる。大正10年大学卒業後上京し、協調会嘱託として勤務。昭和5年飯田橋より大森区に転居。亀甲山光衆寺を開墓。6年協調会の職を辞し、東京市の職員となり社会保護課に勤務。8年長女泰子わずか2歳で急逝。これをきっかけに夫妻は生涯を幼稚教育、女子教育に捧げることを決意する。同年4月聖徳家政学院と新井宿幼稚園を創立。19年聖徳家政学院、戦時下の学校整備により閉鎖。聖徳学園保母養成所設立認可。24年財団法人聖徳学園設立認可。礼節をはじめとする人間性に基本をおく聖徳教育、「和」の精神を尊ぶことを教育の根幹としていた。日本私立幼稚園連合会理事も務めた。

【評伝・参考文献】
◇聖徳学園六十五年のあゆみ　東京聖徳学園六十五年史編集委員会編　東京聖徳学園　1998.10.12

河野 タカ
かわの・たか

明治24年（1891年）4月20日～
昭和55年（1980年）2月28日

下関女子短期大学理事長・学長
大妻高女〔大正9年〕卒。

　大正15年下関市で河野高等技芸院を創設以来、幼稚園から大学まで次々に設立した。

川原 忠平
かわはら・ちゅうへい

明治32年（1899年）～昭和51年（1976年）

教育家　高岡第一高校創立者
富山県福光町出身。

　小杉高校校長、福野高校校長を経て、昭和34年高岡第一高校を創立。幼稚園教員養成所も設立した。農業教育の発展にも尽力。

河辺 貞吉
かわべ・ていきち

元治1年(1864年)6月26日～
昭和28年(1953年)1月17日

牧師　日本自由メソヂスト教団創設者
福岡県福岡市博多出生。

　明治18年渡米。一たん実業界に入ったが、20年サンフランシスコでキリスト教に入信、同地の日本人教会に大信仰覚醒運動を起こし、熱烈な説教と伝道を行い、25年からアメリカ西海岸で日本人移民を対象に伝道の旅を続けた。27年帰国、29年淡路で伝道を開始、アメリカの流れをくむ日本メソジスト教会を創設した。38年大阪伝道学館(現・大阪キリスト教学院)を創設。著書に「再臨と其準備」「勝利の生涯」「恩寵の七十年」などがある。

川俣 英夫
かわまた・ひでお

安政3年(1856年)4月8日～
大正13年(1924年)1月23日

医師,教育者　川俣病院長,烏山町長,私立烏山中学校校主
下野国烏山(栃木県那須郡烏山町)出生。東京大学医学部卒。

　烏山藩医の子として生まれ、同藩士村野永真軒の塾や藩学で漢学を修める。次いで横浜高島学校で仏学、横浜修文館・東京英語学校で英語、東京大学医学部別課や東亜学院で医学を学んだ。明治14年東京府医術開業試験に合格。一時期、警視庁検疫医や東京始審裁判所医務官を務めたが、23年に帰郷して開業医となり、33年には私立川俣病院を設立した。その傍ら、烏山町議や栃木県議として地方自治に参与し、38年烏山町長に就任。同町及び周辺の村から県立中学校設立の要望が上がると、栃木県の財政難を考慮して、まず40年に私立の各種学校烏山学館を開設。43年には文部大臣の認可を受けて私立中学烏山学館とし、さらに44年私立烏山中学校に改称した。彼は校主として学校経営に当たる一方、修身の授業を受け持ち、生徒の徳育に尽力。同校はのちに県に移管され、県立烏山高校として現在に至っている。

【評伝・参考文献】
◇下野人物風土記　第3集　栃木県連合教育会編　栃木県連合教育会　1970　182p 19cm

川村 文子
かわむら・ふみこ

明治8年(1875年)11月20日～
昭和35年(1960年)12月1日

女子教育家　川村女学院創立者
旧姓名は武田。秋田県出生。夫は川村竹治(政治家)。秋田師範学校〔明治27年〕卒。

代々医師を務める家に生まれる。明治27年秋田師範女子部を卒業して上京し、巌本善治の経営する明治女学校に学ぶ。31年内務省勤務の川村竹治(のち満鉄総裁・台湾総督)と結婚し、夫を援けるとともに6人の子を授かり、その教育に尽くした。しかし大正12年関東大震災の惨状を目の当たりにして信念と自覚を持った女性の教育を志すようになり、13年自宅に隣接した農科の土地を買い取って川村女学院を創立。以後の半生を教育事業に捧げ、昭和2年幼稚園、4年高等専攻科、7年小学部をそれぞれ併設。18年には女学院を川村女学院高等女学校と改めた。戦後、22年学制の改革により川村中学校を、23年川村高校を開設。26年には学園を学校法人化して川村学園を設立し、理事長兼学園長となった。27年には川村短期大学を開学。また道徳教育とともに情操教育の一環としての芸術教育も重視し、家庭生活と関わりが深い茶道や香道、華道、盆石を奨励。自らもこれらの諸芸について紫雲流という一派を興し、「茶道随筆」を刊行するなど茶道家としても一家を成した。著書に「雲のゆきかひ」「家庭生活」「紫雲録」などがある。

【評伝・参考文献】
◇川村学園30年史　川村学園鶴友会編　川村学園鶴友会　1956
◇紫雲　川村文子先生記念事業委員会著　川村学園　1961
◇風の交叉点(豊島に生きた女性たち3)　豊島区立男女平等推進センター編　ドメス出版　1994.3　243p

神田　乃武
かんだ・ないぶ

安政4年(1857年)2月27日～
大正12年(1923年)12月30日

英語教育家　正則高校創立者
幼名は信次郎。江戸出生。養父は神田孝平(蘭学者)。

　明治4年森有礼に随行してアメリカに渡り、アマースト大学に留学し、12年帰国。帰国後、大学予備門、文科大学、学習院、東京外語などで英語を教える。22年外山正一、元良勇次郎と正則予備校(のちの正則学院)を創立。45年から東京高商で教えた。31年貴族院議員となり、しばしば海外に出張した。また東京キリスト教青年会の創立に努力し、ローマ字運動をおこした。

【評伝・参考文献】
◇Memorials of Naibu Kanda—神田乃武先生追憶及遺稿伝記・神田乃武(伝記叢書 214)　神田記念事業委員会編　大空社　1996.7　516, 4p 22cm

菅野　慶助
かんの・けいすけ

明治40年(1907年)11月15日～
平成3年(1991年)8月16日

福島緑が丘学園理事長, 福島女子短期大学名誉学長
福島県相馬郡飯舘村出身。長男は菅野英孝(福島女子短期大学教授)。日

本大学高師部地歴科〔昭和18年〕卒。團地理,歴史團全国保母養成協議会（常務理事）賞藍綬褒章〔昭和47年〕,勲三等瑞宝章〔昭和54年〕。

昭和3年小学校教諭、21年福島師範学校助教授、同年福島高等洋裁学院、23年会津高等洋裁学院各院長等、34年緑が丘学園理事長、43年福島女子短期大学学長を歴任。

【 き 】

祇園寺 きく
ぎおんじ・きく

文久1年（1861年）～
昭和7年（1932年）3月8日

教育者

旧姓名は菊田。陸奥国仙台（宮城県仙台市）出生。仙台松操学校裁縫全科〔明治12年〕卒。賞文部省表彰。

仙台藩士の娘として生まれ、のち宮城県古川の八坂神社社司・祇園寺大信と結婚。仙台松操学校で裁縫を学んだ後、独自の教育を志し、明治14年古川に和裁塾を開いた。以後、女子の実務・実践教育に生涯を捧げ、教育功労者として文部省の表彰を受けた。その私塾は、現在、祇園寺学園祇園寺高等学校として着実に発展・成長を遂げている。

菊池 九郎
きくち・くろう

弘化4年（1847年）9月18日～
大正15年（1926年）1月1日

政治家,教育家　衆院議員（憲政本党）,弘前市長,東奥義塾創設者,東奥日報創業者

幼名は喜代太郎。陸奥国弘前（青森県弘前市）出生。

弘前藩士の子として生まれる。早く父を失って母の手により育てられ、安政5年（1858年）藩校・稽古館に入り皇漢学を修めた。御書院番・小姓組として藩主に仕えたが、慶応4年（1868年）藩論が勤王に傾いて奥羽越列藩同盟を脱退すると、これを不服として脱藩、官軍と戦った。明治2年許されて帰藩し、同年慶応義塾、3年薩摩藩英学校に留学して福沢諭吉や西郷隆盛の感化を受けた。5年東奥義塾の創設に中心的な役割を担い、後進の育成に尽くした。この間、同塾で英学教師を務めた米国人宣教師J. イングより洗礼を受けている。11年塾の関係者と政治結社・共同会を結成して自由民権運動に携わり、15年青森県議、22年初代弘前市長となるなど地方政界でも活躍した。23年第1回衆院選に当選、以来連続9選。また、21年東奥日報を創刊して社長を務め、30年山形県知事、31年農商務省農務局長も歴任。41年政界を引退し湘南海岸に移り住むが、再出馬を要請され、44年再び弘前市長となった。リンゴ栽培

菊池 武夫

きくち・たけお

安政1年（1854年）7月18日〜
明治45年（1912年）7月6日

弁護士, 教育者　英吉利法律学校学長
岩手県盛岡出生。法学博士, バチェラー・オブ・ロウ（ボストン大学）。

開成学校法学部在学中、同級の鳩山和夫、小村寿太郎、斎藤修一郎とともに、文部省留学生としてボストン大学法学部に学び、バチェラー・オブ・ロウの学位を得て帰朝した。明治24年8月、司法省民事局長を最後に退職して代言人を開業した。開業に際し、従四位菊池武夫という新聞広告を出したが、代言人の広告に位階をしるしたのはこれが初めである。明治21年穂積陳重らと国内初の法学博士の学位を授与された。英吉利法律学校（現・中央大学）創立に参画し、第2代の学長を務めた。

【評伝・参考文献】
◇風霜三代―中央大学八十年小史　大久保次夫（中央大学総務部調査部長）著　中央評論編集部　1965.2.15
◇中央大学史資料集　第6集（菊池武夫関係史料 2）　中央大学百年史編集委員会専門委員会編　中央大学大学史編纂課　1990.3　242, 92p 26cm
◇菊池先生伝―伝記・菊池武夫（伝記叢書）　新井要太郎編　大空社　1997.9　1冊 21cm

◇中央大学百年史 通史編〈上巻〉　中央大学百年史編集委員会専門委員会編　中央大学　2001.3.31

菊池 道太

きくち・みちた

文久1年（1861年）〜大正13年（1924年）

教育家　江南義塾盛岡高校創立者
盛岡馬場小路出生。東京師範卒。

盛岡師範卒業後、同校の訓導補となる。明治12年中村敬宇の同人社に参加し、東京師範卒業。東京碑文谷小学校長訓導を経て、東京英語学校別科、東京勧学義塾で学ぶ。東京府師範伝習所教員、22年東京朝陽新報社主筆記者嘱託、23年絵入自由新聞社主筆となる。25年帰郷し、盛岡に育英学舎を設立。33年江南義塾（現・江南義塾盛岡高校）と改称、塾長として同校の発展に尽くした。

【評伝・参考文献】
◇菊池道太―江南義塾の父　浦田敬三編　高橋道子　1992.9　197p 21cm

木沢 鶴人

きざわ・つると

明治4年（1871年）〜大正9年（1920年）

教育家　松本戊戌商業学校創立者
長野県松本市出生。

上京して東京物理学校、慶応義塾に学ぶ。明治31年に帰郷。信濃商業銀行に勤めながら、郷里に私学設立を

実現しようと、私立戊戌(ぼじゅつ)学会を自宅(松本市上土町)で始め、商業人育成のスタートを切った。33年文部省令実業学校規定により私立松本戊戌学校と改称、さらに35年には文部大臣の認可を得て松本戊戌商業学校となる。その間校長として草創期の基礎を築いた。44年校名は松本商業学校と改まり校舎は市内埋橋に移転した。

岸本 辰雄
きしもと・たつお

嘉永5年(1852年)11月8日～
明治45年(1912年)4月4日

法律家, 教育家　明治大学学長
大学南校(東京大学), 司法省明法寮〔明治9年〕卒。法学博士〔明治38年〕。
　鳥取藩士の三男として生まれる。秀才として知られ、藩校・尚徳館でオランダ式兵法を修めた。明治2年上京、3年箕作麟祥の塾でフランス語を学び、同年藩の貢進生として大学南校に入学。5年司法省明法寮に転じてボアソナードから法律を学んだ。9年優秀な成績で卒業し、ボアソナードの推薦によりフランスへ留学、パリ法科大学で学位も取得。13年帰国後は法制局参事官、大審院判事などを歴任し、法典編纂にも参与した。26年退官して弁護士となり、30年東京弁護士会会長。この間、14年法学と国民の権利意識の普及のため、明法寮からの友人・宮城浩蔵、矢代操とはかって東京・麹町に明治法律学校(現・明治大学)を創設、校長に就任する一方で自ら教壇に立ってフランス民法などを講じた。24年矢代、26年宮城が早世した後も学校経営に尽くし、36年明治大学と改称。45年電車に乗って学校に向かう途中、心臓発作で急逝した。

【評伝・参考文献】
◇明治大学の誕生―創設の志と岸本辰雄　別府昭郎著　学文社　1999.4　178p 22cm

キダー, メアリー・エディ

Kidder, Mary Eddy
1834年1月13日～1910年6月25日

女子教育家, 宣教師　フェリス女学院創設者
米国バーモント州ウォーズボロ出生。夫はミラー, エドワード(宣教師)。モンソン・アカデミー。
　信仰心の厚い一家に生まれ、幼い頃から教会に親しむ。やがて外国伝道を志すようになり、ニューヨークで外国伝道の経験のある米国改革派教会の宣教師・S. R. ブラウンの経営する男子寄宿学校教師に勤務。1869年(明治2年)新潟英語学校教師として来日したブラウン夫妻に随伴し、35歳の時に独身女性宣教師として初めて来日。新潟で日本語を学ぶ傍ら、日本の少女たちに英語を教える。1870年横浜に移り、ヘボン式ローマ字で

知られるJ. C.ヘボンの経営するヘボン塾で教鞭を執る。この時のクラス7人のなかに女子生徒3人がおり、日本の女子教育の発祥とされる。ヘボン夫妻が上海に帰任するとクラスの男子生徒を転校させ、神奈川県令・大江卓の好意により県庁官舎の一角を借り受け、女子教育のための学校を開く。1875年横浜・山手に新校舎を開校、米国改革派教会総主事フェリス父子を記念して校名をフェリス和英女学校(現・フェリス女学院)とし、1879年休暇で帰国するまで校長を務めた。第1期生に「小公子」の翻訳で知られる若松賤子がいる。1881年再来日、以後はフェリス和英女学校には戻らず、東京を中心に盛岡、高知などで、宣教師である夫・エドワード・ミラーと伝道活動に専念した。「キダー書簡集」がある。

【評伝・参考文献】
◇キダー書簡集―日本最初の女子教育者の記録　キダー，ミラー共著，フェリス女学院編訳　教文館　1976.10　188p 19cm

北 昤吉
きた・れいきち

明治18年(1885年)7月21日～
昭和36年(1961年)8月5日

哲学者，政治家　大東文化学院教授，衆院議員，自民党政調会長，多摩美術大学創立者
別名は礼華。新潟県佐渡出生。兄は北一輝(国家主義者)。早稲田大学文学部哲学科〔明治41年〕卒。

北一輝の弟。大正3～7年早大講師、のち大東文化学院教授。7～11年米国、ドイツに留学。大日本主義、アジア主義を唱え、14年「日本新聞」の創刊に参加、編集監督兼論説記者。昭和2年哲学雑誌「学苑」を創刊。3年祖国同志会を結成し、雑誌「祖国」を創刊、主宰した。この間、帝国音楽学校校長、大正大学教授を務め、10年多摩帝国美術学校(現・多摩美術大学)を創設。11年衆院議員に初当選、以来8回当選、民政党に所属。戦後、自由党の結成に尽力。追放解除後、日本民主党、自由民主党議員として活動、自民党衆院懲罰委員長、政調会長など歴任。著書に「光は東方より」「哲学概論」、また「明治天皇御製」のドイツ訳書を刊行した。

【評伝・参考文献】
◇追想記　北昤吉三周忌法要会編　1963　90p 22cm
◇一輝と昤吉―北兄弟の相剋　稲辺小二郎著　新潟日報事業社　2002.6　283p 20cm

喜多川 義比
きたがわ・よしちか

万延1年(1860年)9月26日～
大正8年(1919年)5月27日

教育家　京都私立独逸学校創立者，京都府立八坂病院薬局長
京都出生。

明治5〜7年京都府中学校で普通学を修業し、8年までボールドウインについて英語を、9年8月まで京都司薬場で理化学、鉱物学、植物学、天然薬物学、処方学を、また12年6月まで舎密局で製薬学、分析学、百工化学、実地研究、物理学、化学などを学んだ。この間9年1月から12年6月まで原口隆造についてドイツ語を習った。11年正規の試験を受けて薬舗開業免状を受け、同年12月京都舎密局の従業員、14年5月京都化学校授業員、15年4月京都府立療病院薬局員、20年京都府医学校助教諭、21年京都府医学校教諭兼薬局長心得、22年地方衛生会委員等を歴任。28年府立病院を辞任後京都薬学校講師となり、41年薬品試験所を退職後は、京都薬学校の教務に従事し、発展のために尽力した。43年退職後、府立八坂病院薬局長。

【評伝・参考文献】
◇京都薬科大学百年史　京都薬科大学百年史編纂委員会編　京都薬科大学　1985.9.20

キノルド，ヴェンツェスラウス

Kinold, Vencesrous
1871年7月7日〜1952年5月22日

宣教師（フランシスコ会），教育者
札幌光星学園創立者
ドイツギールスハーゲン出生。

　1890年フランシスコ会に入り神学および哲学を学び、1897年7月司祭に叙階された。フランシスコ会の小神学校で教えたり修練長および修院長を務めたのち、1907年（明治40年）当時の函館司教A.ベルリオーズ師の招きにより来日、札幌に赴任した。1911年同地に天使病院を設立して社会福祉に力を尽した。さらに札幌の子供たちのための教育活動を行うことを目標とし、1924年藤学園（藤高等女学校）を、1933年には光星商業学校（中等教育）を設立した。1942年札幌光星商業学校に、1944年札幌光星学園に改称。一方、1915年に光明社を設立して日本最初のカトリック週刊誌「光明」を刊行し、カトリックの宣教・教育などのために活躍した。

木原　適処

きはら・てきしょ

文政9年（1826年）〜
明治34年（1901年）12月7日

教育家
通称は秀三郎。安芸国賀茂郡檜山村（広島県東広島市）出生。師は勝海舟。
　農家の出身で、安政2年（1855年）に長崎へ遊学。のち江戸に赴き、幕臣・勝海舟の許で洋学を学ぶとともに、幕府の築地海軍所に入って軍艦運用術を修めた。文久2年（1862年）広島藩に出仕し、同藩周旋方に任ぜられて情報の収集に従事。慶応3年（1867年）には農兵を中心として神機隊を結成し、戊辰戦争で官軍方について活躍した。維新後は漢学者として私塾で

子弟を教え、明治17年私費を投じて広島英学校（現在の広島女学院の前身）を創立した。

【評伝・参考文献】
◇木原適処と神機隊の人びと　武田正視著　月刊ペン社　1986.5　387p

木宮 泰彦
きみや・やすひこ

明治20年（1887年）10月15日～
昭和44年（1969年）10月30日

歴史学者,教育家　常葉学園創設者
静岡県浜名郡入野村（浜松市）出生。二男は木宮高彦（弁護士）、三男は木宮栄彦（常葉学園短期大学副学長）、四男は木宮和彦（元参院議員）。東京帝国大学国史科〔大正2年〕卒,京都帝国大学大学院。團仏教史,文化史　置勲三等瑞宝章。

静岡県入野村（現・浜松市）にある雲龍寺の二男として生まれる。大正9年山形高校、12年水戸高校、昭和2年静岡高校教授を歴任、21年同校校長事務取扱を最後に退官。同年静岡女子高等学院（現・常葉学園）を創立、34年理事長。41年常葉女子短期大学を開学、学長に就任。著書に「栄西禅師」「日支交通史」「日本古印刷文化史」「日本民族と海洋思想」「日華文化交流史」など。

【評伝・参考文献】
◇故木宮泰彦先生八十二年の生涯—"私の歩いた途"より　木宮泰彦先生葬儀委員会　1969　1冊24cm
◇常葉—創立者の自伝と学園の歴史　木宮泰彦著,常葉編集委員会編　常葉編集委員会　1983.4　647p 19cm
◇歴史学者木宮泰彦の認識と再発見　木宮之彦著　静岡谷島屋　1985.3　172p 21cm

木村 熊二
きむら・くまじ

弘化2年（1845年）1月25日～
昭和2年（1927年）2月28日

教育者,牧師　明治女学校創立者,小諸義塾創立者
旧姓名は桜井。京都出生。妻は木村鐙子（教育者）、兄は木村勉（徳島県知事・衆院議員）、義弟は田口卯吉（経済学者）。ホープカレッジ（米国ミシガン州）卒。神学博士（ホープカレッジ）〔明治9年〕。

出石藩儒桜井一太郎の二男として京都で生まれる。幼くして父を失い、7歳で上京、父の高弟木村琶山の養子となる。昌平坂学問所に学ぶ。18歳の時に幕府に登用され、長州征伐などに従う。明治3年森有礼に随行して渡米し、ミシガン州ホープ・カレッジを卒業、のちラトガス大学所在のニュー・ブランスウィックに移って神学を、ニューヨーク大学で医学を学ぶ。15年宣教師の資格を得て帰国し、キリスト教の伝道に従事。18年妻鐙子とともに明治女学校を創立。25年長野県佐久に移住。26年小諸義塾を開き、島崎藤村らを教師に迎えたこと

は有名。

【評伝・参考文献】
◇木村熊二日記　東京女子大学附属比較文化研究所編　東京女子大学附属比較文化研究所　1981.3　524, 46p 27cm
◇小諸義塾の研究　高塚暁著　三一書房　1989.1　324p 21cm
◇木村熊二・鐙子往復書簡　東京女子大学比較文化研究所編　東京女子大学比較文化研究所　1993.3　445, 7p 22cm
◇近代佐久を開いた人たち　中村勝実著　(佐久)櫟　1994.2　350p 19cm
◇小諸義塾と木村熊二先生―伝記・木村熊二(伝記叢書225)　小山周次編　大空社　1996.10　144, 7p 22cm
◇明治東京畸人伝(新潮文庫)　森まゆみ著　新潮社　1999.7　320p 15cm

木村　秀子

きむら・ひでこ

明治2年(1869年)～
明治20年(1887年)10月

教育家
大和国吉野(奈良県)出生。東京医学校卒。

英独仏語を修め、明治17年医者開業試験受験を内務省に出願、翌年東大選科に入学を請願、ともに許され女性の嚆矢となる。20年東京女子専門学校を創立。男女交際会を興して風俗の改良を主張、また女子教育書を翻訳するなど女性の社会的地位の向上に尽力した。著書に「交際論」がある。

桐山　篤三郎

きりやま・とくさぶろう

安政3年(1856年)～
昭和3年(1928年)5月20日

教育家　東京大学理学部助教授、東京物理学講習所創設者
東京大学理学部物理学科〔明治13年〕卒。

明治14年有志21人で東京物理学講習所(のち東京物理学校、現・東京理科大学)を創設。東京大学理学部助教授を4年間務めたのち、郷里・長崎に戻り尋常長崎中学校長、35年猶興館館長などを務めた。

【評伝・参考文献】
◇東京理科大学百年史　東京理科大学編　東京理科大学　1981.6.14
◇物理学校―近代史のなかの理科学生(中公新書ラクレ)　馬場錬成著　中央公論新社　2006.3.10　314p 18cm

ギール，ジェニー

Gheer, Jean Margaret
1846年11月13日～1910年6月20日

宣教師、教育家　福岡女学院創立者
米国ペンシルバニア州ベルウッド出生。

1879年メソジスト監督教会の婦人外国伝道会より女子教育開拓のため同僚のE. ラッセルとともに日本に派遣される。長崎で活水女学校を創立。1885年福岡美以美教会の仮会堂で初

代校長となり、英和女学校を創立(のち福岡女学校、福岡女学院と改称)。健康を害して校長を退任し、一時帰国するが、回復後再来日。婦人伝道者養成や、全九州の責任者として活動するが、1910年再び健康を害して帰国、のち死去した。

【 く 】

グットレーベン，ジョセフ

Guthleben, Joseph
(生没年不詳)

宣教師(聖マリア会)，教育家
海星学校校長代理

　1892年9月来日。バルツの補佐役として、ランバック、ボーマンとともに同年12月長崎に入り、海星学校創立に参加。1898年まで在職し、1897年から98年にかけてバルツの後をうけて校長代理を務めた。

【評伝・参考文献】
◇海星百年史1892-1992　橋本国広，嶋末彦編・著　海星学園　1993.12.15

国信 玉三

くにのぶ・たまそう

明治26年(1893年)2月5日～
昭和63年(1988年)3月31日

比治山学園長

広島県安芸郡海田町出生。鹿児島高農植物科〔大正2年〕卒。 勲六等瑞宝章〔昭和15年〕，勲四等旭日小綬章〔昭和42年〕，教育功労者〔昭和37年〕。

　大正2年鹿児島高等農林助教授、東京大学農学部助手を経て、昭和16年昭和高等女学校校長に就任。18年比治山高等女学校と改称。22年比治山女子中学校を設立、校長。41年比治山女子短期大学を設立、学長。45年比治山女子短期大学附属幼稚園を設立、園長を兼任。

【評伝・参考文献】
◇柔軟心　国信玉三著　〔比治山女子短期大学〕　1975　315p 肖像 22cm

九里 総一郎

くのり・そういちろう

大正13年(1924年)10月1日～
平成17年(2005年)12月13日

浦和短期大学理事長・学長，九里学園理事長

東京都出生。早稲田大学教育学部〔昭和20年〕卒。 藍綬褒章〔昭和55年〕，勲三等瑞宝章〔平成9年〕。

　昭和24年浦和実業専門創立、校長、38年浦和実業学園高創立、校長、のち理事長。浦和短期大学学長も務めた。

九里 とみ

くのり・とみ

明治5年(1872年)11月7日～
昭和32年(1957年)

教育家　九里学園理事長
山形県米沢市大町出生。東京裁縫女学校高等科〔明治22年〕卒、東京裁縫女学校(家政大学)〔明治29年〕卒。圓藍綬褒章〔昭和18年〕。

　明治29年25歳の時、東京裁縫女学校(現・家政大学)を卒業し、5月に同校教師嘱託となる。34年高等女学校裁縫科教員検定試験に合格し、同8月九里裁縫女学校(のちの九里学園高校)を設立し、校長に就任。昭和22年2月、76歳で学校長を辞任し、その後学校法人九里学園理事長に就任。

【評伝・参考文献】
◇九里とみ先生―学園創立百周年記念誌　九里学園創立百周年記念事業実行委員会　2001.9　95p 21cm

熊谷 弘士

くまがい・ひろし

？～昭和55年(1980年)3月3日

筑邦学園理事長
圓藍綬褒章〔昭和40年〕、久留米市功労者〔昭和38年〕。

　昭和3年久留米淑徳女学校を創立。23年の学制改革で筑邦女子高、初代校長。26年学校法人筑邦学園設置、理事長。37年筑邦高校を併設、校長を兼任し、地方教育に貢献。

熊見 直太郎

くまみ・なおたろう

明治15年(1882年)7月20日～
昭和37年(1962年)

女子教育家　神戸実践女子商業学校創設者
兵庫県姫路市出生。兵庫県姫路師範〔明治38年〕卒。圓藍綬褒章〔昭和35年〕、産業教育功労者〔昭和29年〕。

　兵庫県姫路師範学校時代、初代校長で日本のペスタロッチと称された野口援太郎の影響を受ける。明治38年揖保郡御津小学校訓導、39年網干小学校訓導、大正3年揖保郡太市小学校校長、6年同郡斑鳩小学校校長を経て、8年出石郡視学に抜擢され、女子青年団などの指導に尽力した。11年赤穂視学、13年有馬郡視学に就任。同年5ケ月間にわたり教育学及び教育行政学を学ぶため、東京帝国大学、東京高等師範学校に派遣される。15年神戸市社会教育主事となり、神戸市視学嘱託。昭和4年市立須佐商工実修学校校長、須佐青年訓練所主事。11年神戸商業実践女学校が経営困難のため廃校せざるを得なくなり、その校長に就任。18年財団法人熊見学園の設立が認可され、理事長に就任。19年神戸実践女子商業学校を設立した。話術が上手く、内容も豊富でユーモアを交えて人を惹き付けた。また、囲

碁、珠算、暗算など多趣味であった。

クライン，フレデリック・チャールズ

Klein, Frederick Charles
1857年5月17日～1926年12月27日

宣教師（メソジスト・プロテスタント派教会），教育者　名古屋学院創立者
米国ワシントンD.C.出生。ウェスタン・メリーランド・カレッジ〔1882年〕卒。M.A.〔1882年〕。

のちバージニア州アレクサンドリア，さらにメリーランド州ボルティモアに移る。ボルティモア市の教会でL.W.ベーツ牧師に出会い，多大の影響を受ける。1876年ウェストミンスターのウェスタン・メリーランド・カレッジに入学，1882年M.A.の学位を得て卒業。1883年（明治16年）メソジスト・プロテスタント派教会の宣教師として来日。横浜ですでに伝道に従事していた同教会の女性宣教師H.G.ブリテンを助けブリテン男子校（横浜英和学校）を設立した。その後名古屋に転じ，1887年南武平町に私立愛知英語学校を開校，同年11月名称を名古屋英和学校と改称，信徒集会場も設けた。"敬神愛人"を建学の精神と定めた。同校は名古屋中学校を経て，名古屋学院へと発展した。1893年健康を害して米国へ帰り，ペンシルベニア州，デラウェア州，メリーランド州の教会で牧会を務めた。

栗本　祐一

くりもと・ゆういち
明治37年（1904年）4月16日～
昭和56年（1981年）10月7日

名古屋商科大学学長
岐阜県加茂郡出身。妻は栗本志津（元婦人有権者同盟副会長），長男は栗本宏（名古屋商科大学理事長）。アルバータ州立大学哲学科〔昭和6年〕卒。藍綬褒章〔昭和38年〕，勲三等旭日中綬章〔昭和49年〕，カナダ・アルバータ州立大学名誉法学博士号〔昭和39年〕。

昭和28年名古屋商科大学を設立し，学長に就任。45年アマチュアレスリング世界選手権大会日本チーム団長。

栗本　廉

くりもと・れん
安政1年（1854年）3月15日～
明治25年（1892年）4月8日

工手学校創立委員
大阪出生。フライベルグ鉱山大学。

大阪城代の官邸に生まれる。幕府の棟梁・栗本信濃政徳の家を継ぐが，家業を好まず，明治元年（1868年）官軍が江戸に侵入した際，彰義隊に参加しようとしたが，病を得て断念。同年11月徳川慶喜に従って静岡に落ちる。のち上京して中村正直の門に学ぶ。6年工部寮に入り，冶金専門学を修めた。13年英国に留学。14年ドイ

ツのフライベルグ鉱山大学で地質学を学ぶ。帰国後、21年工手学校(のちの工学院大学)創立委員として参画。また、日本の工業界に多大な貢献をした。

【評伝・参考文献】
◇築 工学院大学学園創立百周年記念写真集　工学院大学百年史編纂委員会編　工学院大学　1989.4.1
◇工学院大学学園百年史　工学院大学学園百年史編纂委員会編　工学院大学　1993.9.30

グレンジャー, ウィリアム

Grainger, William C.
1844年1月21日〜1899年10月31日

宣教師(セブンスデー・アドベンティスト派教会)、教育者　芝和英聖書学校創立者
米国ミズーリ州出生。コロンビア大学〔1867年〕卒。

　1888年カリフォルニア州サンタ・ロジャサロ市のヒルズバーグ・カレッジの校長となったが、たまたま同校に留学生として勉強中の大河平輝彦を知り、日本での伝道を志すに至った。1896年(明治29年)11月大河平を伴い来日、東京に居住し、日本最初のセブンスデー・アドベンティスト教会宣教師として伝道に従事した。3ケ年の布教ののち1899年死去。この間、1898年(明治31年)東京麻布に芝和英聖書学校を開設した。同校はのちに日本伝道学校、日本三育学院、三育学院へと発展した。

黒沢 酉蔵

くろさわ・とりぞう
明治18年(1885年)3月28日〜
昭和57年(1982年)2月6日

雪印乳業相談役、酪農学園創立者
茨城県常陸太田市出生。京北中〔明治38年〕卒。勲三等旭日中綬章〔昭和39年〕、勲二等旭日重光章〔昭和45年〕、勲一等瑞宝章、北海道文化賞〔昭和41年〕、キリスト教功労者(第12回)〔昭和56年〕。

　京北中学時代、田中正造の足尾鉱毒罹民救済運動に参加。明治38年20歳で中学を卒業し渡道。札幌で4年間牧夫をしたあと自立し、大正4年札幌牛乳販売組合を結成して協同組合運動を始める。14年雪印乳業の前身の北海道製酪販売組合を設立、15年同組合連合会(酪連)に改組。昭和16年には北海道酪農の一本化に尽力し、北海道興農公社を設立し社長に就任。25年雪印乳業と北海道バターに分割、33年合併し雪印乳業となり相談役。この間、8年には酪農義塾(現・酪農学園)を設立して我が国"酪農の父"といわれる一方、永らく道開発審議会会長として北海道開発にも貢献してきた。また札幌市議会副議長、衆院議員(大政翼賛会推薦)、北海タイムス社長などを歴任。著書に「酪農学園の歴史と使命」、語録集「反芻自戒」、「田中正造全集」(編)など。

【評伝・参考文献】
◇北海道開発功労賞受賞に輝く人々 昭和45年　北海道総務部知事室道民課編　北海道　1971　360p 22cm
◇北海道開発回顧録　黒沢酉蔵著　北海タイムス社　1975　690p 肖像 22cm
◇私の履歴書 経済人 17　日本経済新聞社編　日本経済新聞社　1981.2　428p 22cm
◇希望―黒沢酉蔵むめ江追悼記念誌　黒沢力太郎,黒沢信次郎編　北海タイムス社　1983.2　415p 23cm
◇「健土健民」への招待　仙北富志和著　(松戸)ストーク,星雲社〔発売〕　2005.7.1　151p 19cm(B6)

クロスビー, ジュリア・ニールソン

Crosby, Julia Nielson
1833年7月31日～1918年7月4日

宣教師(米国婦人一致外国伝道教会)、教育者　横浜共立学園共同創立者・総理(第2代)
米国ニューヨーク州出身。[叙]藍綬褒章〔1917年〕。

1871年(明治4年)米国婦人一致外国伝道教会はJ. H. バラの要請に応じて、日本の伝道と教育のためにM. プラインを代表者として、J. N. クロスビー、L. H. ピアソンの3人の女性宣教師を派遣した。同年8月3人は協力して横浜山手48番に亜米利加婦人教授所(アメリカン・ミッション・ホーム横浜共立学園の前身)を創立、翌1872年10月に学校を山手212番に移転し、教育に当たるとともに庶務・会計を担当した。1875年プラインの帰国後は第2代総理として学園運営の全責任を負った。1881年には婦人伝道者の養成機関・偕成伝道女学校(のちの共立女子神学校)を併設した。1917年日本の女子教育に対する功労により藍綬褒章を贈られた。讃美歌「主われを愛す」を最初に日本語に訳した人としても知られる。

クローソン, バーサ

Clawson, Bertha Fidelia
1868年～1957年

宣教師　女子聖学院名誉院長
米国カンザス州ストローン出身。トライ州立師範大学卒。

1898年アンゴラ・キリスト教会のメドバリー牧師の導きを受け、同教会より派遣され宣教師として来日。秋田教会、大阪川口伝道所で宣教する。1903年帰米した際、外国クリスチャン伝道協会のアーチボルド・マクレーン会長から日本に女子聖書学校を創立するにあたり校長を依頼される。1905年築地において女子聖学院初代院長となる。1924年院長の職を勇退し、名誉院長となる。

【評伝・参考文献】
◇バーサ・F・クローソン―女子聖学院の創立者　J. M. トラウト著　聖学院ゼネラル・サービス　1993.9　204p 19cm

黒土 四郎
くろつち・しろう

明治21年（1888年）～
昭和42年（1967年）2月9日

教育者　横浜高等学校創立者
青森県津軽郡出生。東奥義塾卒，東京高等師範学校〔明治45年〕卒。囲横浜文化賞〔昭和38年〕。

長野県大町中学校を振り出しに、函館高等女学校、丸亀中学校などを経て、大正14年佐賀県鹿島高等女学校校長となる。その後、平塚高等女学校、厚木中学校、横浜第三中学校を経て、昭和12年横浜第一中学校（希望ケ丘高等学校）校長となり、15年退職した。17年3月私立横浜中学校を創立し、理事長兼校長に就任。戦後23年学制改革により横浜高等学校となり、38年学園長となる。同校の教育の基本となる三条五訓を定めるが、なかでも"努力主義"は現在も精神的支柱として受け継がれている。また私学連合会委員長なども務めた。

【評伝・参考文献】
◇感謝の生涯　黒土四郎著　黒土四郎喜寿記念会　1965.6　130p 肖像 22cm

桑沢 洋子
くわさわ・ようこ

明治43年（1910年）11月7日～
昭和52年（1977年）4月12日

ファッション・デザイナー　東京造形大学創立者・学長，桑沢デザイン研究所長
東京・神田出生。女子美術専門学校西洋画部師範科第4学年〔昭和7年〕卒。囲藍綬褒章〔昭和48年〕，FEC賞〔昭和33年〕。

昭和7年雑誌「住宅」の編集を手伝いバウハウスに傾倒。13年婦人画報入社、モード記事を担当。17年東京銀座に桑沢服装工房を開き機能的な働き着の研究に乗り出す。ダンスや本格的なデッサンなど独自の教育方針で徐々に注目を集め、女子美大の専任教授、多摩川洋裁学院長に就任するとともに23年東京・多摩に研究所、29年佐藤忠良、亀倉雄策ら各界一線で活躍する講師を集めて渋谷区に桑沢デザイン研究所を開設。さらに32年桑沢学園を設立し理事長、41年東京造形大学を設立し、学長になる。49年桑沢学園学長。33年にFEC賞、48年藍綬褒章を受章。著書に「ふだんぎのデザイナー」「桑沢洋子の服飾デザイン」などがある。

【評伝・参考文献】
◇評伝・桑沢洋子（桑沢文庫3）　桜井朝雄著　桑沢学園　2003.11　267p 21cm
◇桑沢洋子とデザイン教育の軌跡（桑沢文庫〈4〉）　沢良子編、三浦和人撮影　（八王子）桑沢学園，そしえて〔発売〕　2005.5.30　237p 21cm

桑原 玉市
くわはら・たまいち

？～昭和57年（1982年）12月16日

福岡工業大学学長・理事長, 福岡電波学園創立者, 立花高校理事長
新潟県出身。
　昭和29年福岡高等無線電信学校を創設。33年学校法人福岡電波学園福岡電波高校を開設。以降、35年福岡電子工業短期大学、38年福岡電波学園電子工業大学を開設。41年大学の名称を福岡工業大学に、短期大学の名称を福岡工業短期大学に変更。48年法人名称を福岡工業大学に変更。著書に「原理日本精神研究」「大東亜皇化の理念」などがある。

【け】

ゲーンズ, ナニー・B.

1860年4月23日～1932年2月26日

女子教育家, 宣教師
米国ケンタッキー州出生。フランクリン・フィーメル・カレッジ卒。
　大学卒業後、公立小学校教師となる。1886年フロリダ・カンファレンス・カレッジ教師に招聘される。1887年南メソジスト監督教会による日本への宣教師派遣に応募し、来日。1889年～1920年広島英和女学校(1896年広島女学校と改称, 広島女学院の前身)校長に就任。幼児教育にも関心をもち、1891年幼稚園を開設。幼稚園保母養成の必要性を感じ、1895年広島英和女学校保母養成科(のち師範科と改称)を開設。1921年保母師範科は大阪に移り、ランバス女学院(聖和女子大学の前身)となる。1920年広島女学校名誉校長となる。1932年広島女学校は財団法人・広島女学院と改称。

【評伝・参考文献】
◇聖和100年のあゆみ　聖和女子大学編　聖和女子大学　1980.11.2
◇聖和保育史　聖和保育史刊行委員会編　聖和大学　1985.3.15

【こ】

小泉 順三
こいずみ・じゅんぞう

明治36年（1903年）～
昭和55年（1980年）6月5日

教育者　米子北高校創立者, 小泉証券社長
俳号は硯池。鳥取県米子市出身。
　小泉証券社長などを歴任。昭和33年4月米子北高校を創設、初代理事長兼校長に就任。

小泉 俊太郎
こいずみ・しゅんたろう

安政2年（1855年）10月22日～
昭和12年（1937年）8月6日

教育者，写真材料商　京都府薬剤師会会頭

幼名は直三郎。大阪（大阪府）堂島北町出生。兄は葛城思風（写真師），弟は片山精三（写真師）。

　葛城徳兵衛の三男として生まれる。のち，鍼医小泉俊斉の子となり，名を俊太郎と改める。明治元年医師を志して京都に移り，錦小路家に入る。4年欧学舎独逸学校に入り，ルドルフ・レーマンに師事した。5年粟田青蓮院内の寮病院に入り，ドイツ軍医ヨンケルらから解剖学・病理学・理学・語学などを修めたが，医師に向いていないことを悟る。その頃，養父の死に遭い，生活の必要上，舎密局に勤務しながら二条の夜学校で薬業街の子弟にドイツ語・ラテン語を教えた。舎密局時代には応用化学・分析化学・製薬化学などを修め，化学薬品の研究に従事。14年ワグネルから修了免状を得た。また，レーマンの薫陶を受けた人々で構成されるレーマン会に属し，17年京都私立独逸学校（のち京都薬学専門学校，現在の京都薬科大学の前身）の創設に貢献。同年から製薬事業に専念した。20年薬舗開業免状を受け，23年から約15年間京都府薬剤師会会頭を務めるなど，薬業界の第一人者として活躍。43年～昭和12年までは京都私立独逸学校の法人理事，特に昭和2～12年までは同校理事長として，学校経営に顕著な功績を残した。12年理事長在職中に逝去。なお，薬品に精通していたことから，写真用の薬品材料や書籍などの輸入・販売も手がけ写真材料商としての一面も持ち，兄の葛城思風，弟の片山精三は写真家として活躍した。

【評伝・参考文献】
◇京都薬科大学百年史　京都薬科大学百年史編纂委員会編　京都薬科大学　1985.9.20

公江 喜市郎
こうえ・きいちろう

明治30年（1897年）2月16日～
昭和56年（1981年）9月6日

武庫川学院理事長・院長

兵庫県出生。大阪外語〔大正15年〕卒。賞 黄綬褒章〔昭和32年〕，勲二等旭日重光章〔昭和48年〕。

　昭和14年武庫川学院，武庫川高等女学校を創設。のち，同学院高校長，同中学校長，文部省私立大学審議会委員，日本私立大学協会副会長，毎日放送取締役などを歴任。

【評伝・参考文献】
◇風濤偕に和して―公江喜市郎先生の歩んだ道　公江喜市郎先生叙勲記念会　1967　987p 図・肖像32枚 22cm

高村 坂彦
こうむら・さかひこ

明治35年(1902年)12月18日～
平成1年(1989年)10月7日

徳山大学理事長,衆院議員(自民党)
山口県光市出生。四男は高村正彦(衆院議員)。中央大学法律学科〔昭和2年〕卒。 置 勲二等瑞宝章〔昭和48年〕。

昭和2年内務省に入り、鳥取、香川、新潟各特高課長、内務事務官、警察講習所教授、近衛内閣総理大臣秘書官、愛媛県警察部長、内務省国土局総務課長、大阪府警察局長、内務省調査局長等を歴任し、22年退官。31年衆院議員、36年から徳山市長を4期、51年から衆院議員を2期。46年私立徳山大学を設立し、理事長に就任。

【評伝・参考文献】
◇激動の世に生きた政治家 高村坂彦伝 安藤輝国著 (徳山)徳山教育財団, 浪速社〔発売〕 1988.11 372p 19cm

古賀 喜三郎
こが・きさぶろう

弘化2年(1845年)11月24日～
大正3年(1914年)12月21日

教育家 海軍予備校創立者,日比谷中学創立者
本名は平尾喜三郎。海軍に入り少佐で予備役。明治24年11月麹町区元園町に生徒数約200名の海軍予備校を創立、海軍軍人志願者養成に尽くす。32年4月霞が関に日比谷中学を創立。33年海軍予備校を私立海城学校(のちの海城高校)に改称。39年3月日比谷中学校を閉鎖し、海城中学校を設立。同年9月には財団法人海城学校が設立認可された。

【評伝・参考文献】
◇海城六十年史 海城六十年史編纂委員会編 海城学園 1951.11.1

古賀 肇
こが・はじめ

明治37年(1904年)8月2日～
平成1年(1989年)6月20日

柳商学園柳川高校理事長,全国私学振興会連合会会長
福岡県三潴郡川口村(大川市)出生。長男は古賀通生(柳川高校校長)。九州帝大法学科〔昭和9年〕卒。置藍綬褒章〔昭和41年〕,勲三等端宝章〔昭和50年〕。

昭和17年柳川商業(現・柳川高)校長、理事に就任、26年理事長に。57年校長を引退。44年まで柳川市議5期、うち7年間市会議長を務め、福岡県教育委員長、日本私立中学高等学校連合会副理事長なども歴任した。

後閑 菊野
ごかん・きくの

慶応2年(1866年)10月9日～
昭和6年(1931年)6月21日

教育家　桜蔭高等女学校初代校長
東京女子師範学校小学師範科〔明治17年〕卒, 東京女子高等師範学校卒。

　後閑弥平次・こうの三女に生まれる。東京女子師範学校教師を経て、東京女子高等師範学校教授となる。明治19年共立女子職業学校(現・共立女子学園)設立発起人の1人として創設に参加。塚本誠を婿に迎え家を継ぐ。国語・修身・作法・家事を担当し、中学用「家事教科書」「作法教科書」「家計簿記法」を著作,「家事管理」「家事経済」の一般家政書も著すなど明治期の家事教育の基礎を作った。大正7年久邇宮良子が皇太子妃に内定すると教育係となった。13年桜蔭高等女学校創立と共に校長に就任。著書に「家事提要」など。

【評伝・参考文献】
◇共立女子学園百十年史　共立女子学園百十年史編集委員会編　共立女子学園　1996.10.18

黒正 巌
こくしょう・いわお

明治28年(1895年)1月2日～
昭和24年(1949年)9月3日

歴史学者　京都帝大教授, 大阪経済大学初代学長
旧姓名は中山。岡山県上道郡可知村(岡山市)出生。京都帝大経済学部〔大正9年〕卒。経済学博士(京都帝大)〔昭和4年〕。団日本経済史, 農業史, 農村社会史。

　大学院に進み大正11年京都帝大講師、15年教授。その後、六高校長、昭和学園理事長、大阪経済大学学長、岡山大学教授などを歴任。また社会経済史学会理事、昭和8年日本経済史研究所を設立して理事を務めた。24年日本学術会議議員。この間、10年浪華高等商業学校を私財をなげうち再建、昭和高等商業学校として新たに発足させた。24年同校は大阪経済大学となり、初代学長就任。著書に「百姓一揆の研究」「農業共産制史論」「経済史論考」「封建社会の統制と闘争」「マックス・ウェーバー社会経済史原論」など。

【評伝・参考文献】
◇黒正巌先生　黒正巌先生を偲ぶ会編　黒正巌先生を偲ぶ会　1980.12　76p 25cm
◇社会経済史学の誕生と黒正巌(大阪経済大学日本経済史研究所研究叢書第11冊)　山田達夫, 徳永光俊共編　思文閣出版　2001.3　202p 22cm
◇黒正巌と日本経済学(大阪経済大学日本経済史研究所研究叢書)　徳永光俊編　(京都)思文閣出版　2005.3.30　239p 21cm(A5)

木暮 山人
こぐれ・やまと

昭和3年(1928年)3月7日～
平成10年(1998年)5月26日

参院議員(自由党)
新潟県出生。日本歯科医専〔昭和24年〕卒,法政大学法学部〔昭和26年〕卒。医学博士,歯学博士。

　昭和38年沖歯科工業を設立。平成元年参院選比例区に自民党から当選。三塚派を経て、3年加藤グループに参加。6年離党し、新生党を経て、同年12月新進党結成に参加。10年1月自由党に参加。2期。

コサンド, ジョセフ
Cosand, Joseph

1851年10月20日～1932年6月5日

宣教師(米国フレンド派教会),教育者　普連土学園創立者
　米国フレンド派(クエーカー)のカンザス年会所属で、カンザス州にあるグルレット・アカデミーの舎監を務めた。1885年(明治18年)日本伝道最初の米国フレンド派教会宣教師として妻・サラとともに来日。初め攻玉社で英語を教えたが、1887年(明治20年)津田仙らの協力を得て東京麻布に普連土女学校(のちの普連土学園)を創立、監督となり、海部忠蔵校長の援助のもとに1900年まで教育に尽した。北村透谷も一時同校で教鞭をとった。基督友会の日本における最初の教会(月会)を作るのに尽力した。1900年一旦米国に帰ったが、翌1901年基督同胞教会の宣教師として再来日し、伝道活動の傍ら日本禁酒会、日本平和協会などの運動のために尽力した。1920年帰国。

越 泰蔵
こし・たいぞう

明治24年(1891年)11月8日～?

須坂商業学校創立者
長野県須坂市春木町出生。長野中学(長野高校)卒。
　明治43年山丸組須坂工場長となる。大正7年絹業視察団の一員として訪米。この時に米国の教育者・ヴンダリップ夫人と出会い、学校づくりの構想を抱く。帰国後15年35歳の時に須坂商業学校を創立。

越原 春子
こしはら・はるこ

明治18年(1885年)1月～
昭和34年(1959年)1月29日

女子教育家　名古屋女学院短期大学学長,衆院議員(国民協同党)
戸籍名ははる。岐阜県加茂郡東白川村出生。夫は越原和(女子教育家)。岐阜県師範学校教習所〔明治33年〕卒。藍綬褒章〔昭和33年〕,勲四等瑞宝章〔昭和34年〕。

早くから教師を志し、明治33年師範学校教習所卒業後15歳で郷里の小学校の教壇に立つ。43年内木和と結婚。大正4年夫とともに名古屋女学校を創設、夫が校長、自身は学監兼舎監となる。校訓を"親切"とした。10年名古屋高等女学校に昇格。15年夫に替わり校長に就任。昭和15年実業家小川善三郎・小川潤三兄弟、阿部公政らの寄付を得て、姉妹校・緑ケ丘高等女学校を創設、名誉校長となる。21年戦後第1回の総選挙で、愛知1区の上位当選を果たす。愛知国民協同党に所属。同年個人立であった名古屋高等女学校を財団法人越原学園立とする。23年同校、緑ケ丘高等女学校を合併して名古屋女学院高校・中学校(現・名古屋女子大学高校, 名古屋女子大学中学校)となった。25年名古屋女学院短期大学(現・名古屋女子大学短期大学部)を創設、学長に就任。女性解放の推進者としても知られ、簡略な「名古屋帯」の考案者でもある。

【評伝・参考文献】
◇もえのぼる―越原春子伝　南部弘著　越原学園　1995.11　388p 22cm
◇文字の世界と近代教育―学園創立八十周年記念越原春子伝出版記念資料展　越原学園, 名古屋女子大学編　越原学園　1995.11　117p 26cm

越原 和
こしはら・やまと

明治19年(1886年)～
昭和9年(1934年)8月

女子教育家　名古屋女学校創立者・校長
旧姓名は内木。岐阜県恵那郡加子母村出生。妻は越原春子(女子教育家)。早稲田大学〔大正2年〕卒。

明治43年大学在学中に越原春子と結婚、16代を継ぐ。大正4年私財を投じ、春子と共同で名古屋女学校を創立、自身は校長、春子が学監兼舎監となる。教職員6名、新入生26名によるスタートだった。10年名古屋高等女学校に昇格。女子の体力向上をめざしスポーツを奨励、自らも指導に当たった。

児島 惟謙
こじま・いけん

天保8年(1837年)2月1日～
明治41年(1908年)7月1日

裁判官　大審院院長, 衆院議員
旧姓名は金子, 緒方。幼名は種次郎, 五郎兵衛, 別号は天赦, 有終。伊予国宇和郡宇和島(愛媛県宇和島市)出生。

幕末期に尊王運動に参加。維新後は明治4年司法官となり、名古屋裁判所長、大審院民事乙局長、長崎控訴裁判所長などを経て、16年大阪控訴裁判所(19年大阪控訴院, 現・大阪高裁)所長、24年に大審院長となる。同年に起きた、ロシア皇太子ニコライが巡査津田三蔵に負傷させられた事件(大津事件)の対処に尽力。対露関係を憂慮して極刑を望んだ政府や元老に対して、皇室犯ではなく謀殺未

遂罪の適用を主張し、津田は無期刑となる。同裁判は、司法権の独立と裁判の神聖を守ったものとして、称賛され、児島は"護法の神"と呼ばれた。翌年、大審院判事の花札賭博の責を負って辞職、27年勅選貴院議員、31年衆院議員となった。この間、関西法律学校（のちの関西大学）創立にも携わった。

【評伝・参考文献】
◇児島惟謙伝　原田光三郎著　松菊堂　1955
◇児島惟謙伝　全訂決定版　原田光三郎著　松菊堂書房　1961　184,19p　図版19cm
◇児島惟謙（人物叢書）　田畑忍著　吉川弘文館　1963　214p 図版 18cm
◇児島惟謙　新編　吉田繁著　関西大学出版部　1965　191p 図版 19cm
◇日本における自由のための闘い（復初文庫）　吉野源三郎編　評論社　1969　339p 19cm
◇関西大学百年史　人物編　関西大学百年史編纂委員会編　関西大学　1986.11.4
◇児島惟謙〈新装版〉（人物叢書）　田畑忍著　吉川弘文館　1987.10　214p 19cm
◇児島惟謙の航跡（関西大学法学研究所研究叢書　第14冊）　児島惟謙研究班〔編〕　関西大学法学研究所　1996.3　283p 21cm
◇児島惟謙（これかた）―大津事件と明治ナショナリズム（中公新書 1358）　楠精一郎著　中央公論社　1997.4　237p 18cm
◇児島惟謙と其時代―護法の巨人伝記・児島惟謙（伝記叢書 279）　原田光三郎著　大空社　1997.11　355,19,5p 22cm
◇児島惟謙の航跡　続（関西大学法学研究所研究叢書　第18冊）　児島惟謙研究班著　関西大学法学研究所　1998.3　325p 21cm
◇先人の勇気と誇り―「歴史に学ぼう、先人に学ぼう」〈第2集〉　モラロジー研究所出版部編　（柏）モラロジー研究所，（柏）廣池学園事業部〔発売〕　2006.1.20　249p 19cm（B6）

ゴーセンス，エルネスト

1908年7月19日～？

神父　エリザベト音楽短期大学創設者

ベルギー・リエージュ出生。

　1926年9月ベルギーでイエズス会に入り、まだ神学生として日本へ送られ、1936年10月到着。1938年6月神学の勉強のため3人の神学生と共にヨーロッパへ帰ったが、ドイツの不安定な状況のためか、まだ神学課程が終らないうちに日本へ戻り、1941年東京で司祭に叙階され、それから広島幟町の教会へ送られた。管区長ラサール神父は教会の存在を広く知らせるために、たびたび音楽会を催しており、ゴーセンス神父はヴァイオリンを担当。1941年12月大東亜戦争が勃発し、翌1942年初めにベルギーはドイツに対して戦争を宣言したため、日・独・伊三国同盟の関係でゴーセンス神父も警察から3次の敵国人抑留所へ送られた。翌年、浦和の収容所へ送られたが、耐えられず、交換船で米国へ送られた。1947年米国から三たび来

訪し、広島幟町の司祭館に住む。米国で音楽を勉強し学位を得て、将来の計画のため5千ドルの寄附をもらってきていた。音楽教室の開催を提案、空襲の前に疎開させていたピアノを幟町の司祭館に持って帰り、9月1日に教室は出発した。教室は広島で評判になり、間もなく米国で貰った5千ドルの寄附で2階建ての建物を建築。それを校舎として正式に音楽学校の許可を申請。ヨーロッパへ出かけて寄附を集めたが、運よくベルギーのエリザベト女王から援助を受けたため、その御礼として、エリザベト音楽短期大学(現・エリザベト音楽大学)と名付けた。そして1952年4月第1期生が入学した。

【評伝・参考文献】
◇Deo gratias ELISABETH UNIVERSITY OF MUSIC エリザベト音楽大学創立50周年記念誌　創立50周年記念誌編集委員会編　エリザベト音楽大学　1998.11.21

五代 友厚

ごだい・ともあつ

天保6年(1835年)12月26日～
明治18年(1885年)9月25日

実業家　大阪商法会議所初代会頭
幼名は徳助,才助、号は松陰。薩摩国鹿児島郡城ケ谷(鹿児島県鹿児島市)出生。曽孫は五代富文(宇宙開発事業団副理事長)。

薩摩藩士。父は藩の町奉行を務め、儒者でもあった。12歳のとき、藩主・島津斉彬の命で父に代わって世界地図を模写。安政4年(1857年)選抜されて長崎海軍伝習所に留学し、航海・砲術・測量・数学などを修めた。6年(1859年)藩主から外国汽船購入を命じられて上海に渡り、ドイツ汽船の購入に成功。帰国後、この船は天祐丸と命名され艦長に任ぜられたが、文久3年(18963年)の薩英戦争では艦とともに拿捕されて英軍の捕虜となり、西洋との軍事力・技術力の差をまざまざと見せ付けられ開国の必要性を痛感したという。慶応元年(1865年)藩を説得して森有礼ら14名の留学生を連れて欧州を視察。帰国後は同藩の西郷隆盛、大久保利通や長州の桂小五郎、土佐の坂本竜馬らと交流して国事に奔走し、武器の購入や物資の運搬で活躍した。明治元年には新政府に登用され、参与職外国事務掛を皮切りに外国事務局判事、外国官権判事、大阪府権判事などを歴任し、大阪を中心とする外交・貿易事務に尽力。2年会計官判事に任ぜられて新政府の財務に関与し、通商会社・為替会社の設立にも大きく貢献するが、松島遊郭設置問題などにからみ1ケ月余りで会計官権判事に左遷された。同年これを機に下野してからは大阪に戻って実業界で活動し、まず西洋の冶金術を取り入れた金銀分析所を設置。6年弘成館を興して天和銅山や半田銀山など各地で鉱山の開発と経営を行った。9年には外国製の藍の輸入を防止するため製藍工場の朝陽館を

設け、国産藍の製造・販売にも当たった。また同年堂島米商会所、11年大阪株式取引所の設立に力を尽くし、同年中野梧一、藤田伝三郎、広瀬宰平らと大阪商法会議所(現・大阪商工会議所)を開いてその会頭に就任するなど、関西実業界におけるリーダーとして活躍した。一方で大阪新報社主筆・加藤政之助の説いた商法学校設置の意見に共感し、商業教育の発展を図るため、13年鴻池や住友などといった豪商を動かして大阪・立売堀に大阪商業講習所(現・大阪市立大学)を創立した。特に薩長と深い結びつきを持ち、有力な政商として重きをなしたが、14年北海道開拓使官有物払下げ事件に関与したために世間から大きな批判を浴びた。その後も大阪製銅会社、関西貿易会社、阪堺鉄道、神戸桟橋会社などの創設に当たり、関西財界において多彩な経済活動を進めた。

【評伝・参考文献】
◇大阪人物誌―大阪を築いた人(アテネ新書) 宮本又次著 弘文堂 1960 230p 19cm
◇五代友厚秘史 五代友厚七十五周年追悼記念刊行会編 1960 395p 図版 表 22cm
◇五代友厚 長谷川幸延著 文芸春秋新社 1960
◇日本財界人物列伝 第1巻 青潮出版株式会社編 青潮出版 1963 1171p 図版 26cm
◇五代友厚小伝 大阪商工会議所 1968 63p 図版40p 21cm
◇五代友厚伝記資料 第1巻(伝記・書翰) 日本経営史研究所編 東洋経済新報社 1971 578, 25p 肖像 22cm
◇五代友厚伝記資料 第2巻(貨幣・取引所・貿易・大阪商法会議所・その他) 日本経営史研究所編 東洋経済新報社 1972 545p 22cm
◇五代友厚伝記資料 第3巻(鉱山・工業・商社・交通) 日本経営史研究所編 東洋経済新報社 1972 524p 22cm
◇五代友厚関係文書目録 大阪商工会議所 1973 385p 肖像 21cm
◇五代友厚伝記資料 第4巻(政治・外交・雑纂・年譜) 日本経営史研究所編 東洋経済新報社 1974 256, 18p 図 肖像 22cm
◇五代友厚伝 宮本又次著 有斐閣 1981.1 568, 23p 22cm
◇五代友厚 真木洋三著 文芸春秋 1986.8 253p 19cm
◇起業家 五代友厚(現代教養文庫) 小寺正三著 社会思想社 1988.12 349p 15cm
◇功名を欲せず―起業家・五代友厚の生涯 渡部修著 毎日コミュニケーションズ 1991.4 306p 19cm
◇政商伝 三好徹著 講談社 1993.1 251p 19cm
◇人物に学ぶ明治の企業事始め 森友幸照著 つくばね舎,地歴社〔発売〕 1995.8 210p 21cm
◇政商伝(講談社文庫) 三好徹著 講談社 1996.3 287p 15cm
◇大阪をつくった男―五代友厚の生涯 阿部牧郎著 文芸春秋 1998.1 440p 20cm
◇五代友厚伝―伝記・五代友厚(近代日本企業家伝叢書5) 五代竜作編 大空社 1998.11 13, 605p 図版12枚 22cm
◇ニッポンの創業者―大変革期に求められるリーダーの生き方 童門冬二著 ダイヤモンド社 2004.10 319p 20×15cm

児玉 九十
こだま・くじゅう

明治21年(1888年)11月15日～
平成1年(1989年)12月15日

明星学苑名誉学苑長
旧姓名は増島。号は淡岳。静岡県出生。東京帝大文科大学哲学科〔大正3年〕卒。藍綬褒章〔昭和19年〕, 勲三等瑞宝章〔昭和49年〕。

大正5年成蹊学園に主事となり、のち成蹊中学校、小学校各校長。11年から26年間、全国中学校長協議会の常務理事をつとめる。欧米の教育を視察して帰国後、大正15年(財)明星実務学校を設立、昭和2年明星中学校長となり、のち明星学苑に発展し、学苑長をつとめる。一方、私学団体総連合を組織して副会長に就任、私学振興に力をつくした。著書に「両親教育」「明星ものがたり」「真実の教育を求めて」などがある。

【評伝・参考文献】
◇この道50年―喜寿記念　児玉九十著　明星学園　1965

小寺 謙吉
こでら・けんきち

明治10年(1877年)4月14日～
昭和24年(1949年)9月27日

神戸市長, 衆院議員(第一控室会), 浪速化学社長

兵庫県神戸市出生。神戸商〔明治27年〕卒。

エール大、コロンビア大で法律、ジョンズ・ポプキンス大学で政治経済学を学び、ドイツ、オーストリアに学んで帰国。明治41年以来衆議院議員当選6回。その間神戸市議、44年郷里に三田中学を創立して理事。昭和5年の落選を機に実業界に転身、12年コデラ工業所設立。13年浪速化学社長、岩木金山を経営。戦後21年新日本新聞社長、22年から神戸市長。

五島 慶太
ごとう・けいた

明治15年(1882年)4月18日～
昭和34年(1959年)8月14日

実業家　東急グループ創立者, 東京急行電鉄会長, 運輸通信相
旧姓名は小林。長野県小県郡青木村出生。長男は五島昇(東急電鉄会長)、岳父は久米民之助(実業家・政治家)。東京帝国大学法科大学政治学科〔明治44年〕卒。

明治33年旧制松本中学を卒業して小学校の代用教員となるが、35年東京高等師範学校の入学試験に合格。39年同校を卒業すると三重県の四日市商業学校に英語教師として赴任するも、40年25歳で東京帝国大学法科大学政治学科に進む。同期には正力松太郎、芦田均、石坂泰三らがいた。44年農商務省を経て、大正2年鉄道院入り。9年監督局総務課長で退官、武

蔵野電気鉄道常務に転身。小林一三の勧めで荏原電鉄専務も兼任、社名を目黒蒲田電鉄と改めた。沿線の土地開発を手がけて業績を伸ばし、武蔵野電気鉄道株を買収して13年東京横浜電気鉄道を設立、専務。昭和11年目黒蒲田電鉄、東京横浜電気鉄道両社の社長となり、14年両社を合併。さらに17年東京急行電鉄(東急)と改称。この間、池上電鉄、玉川電鉄、京浜電鉄など併行する私鉄各社を買収・合併して南東京の交通網を掌握。沿線に東京工業大学、日本医科大学、慶応義塾大学、東京府青山師範学校(現・東京学芸大学)などを誘致して通学客を確保し経営の安定を図り、またターミナルとなる渋谷には東急百貨店を開業。会社は"大東急"と称され、私鉄経営のナンバーワンとなった。19年東条内閣の運輸通信相。戦後は公職追放となり、26年解除。この間、集中排除法により東急は小田急、京王、京浜急行などに分割・再編。27年東急電鉄会長として復帰。以来、交通を中心に百貨店、土地開発、レジャーランド、映画などを含む多角的事業体の東急グループの強化・発展に尽くした。事業拡張に旺盛な意欲を示し、電鉄各社の他、東京地下鉄、白木屋など数多くの企業を傘下に収めて"強盗慶太"の異名をとった。沿線には自らも武蔵高等工科学校(現・武蔵工業大学)、東横学園を開き、30年には両校を運営する五島育英会を創設。亜細亜大学も東急グループに属し、亜細亜学園理事長も務めた。

【評伝・参考文献】
◇七十年の人生　五島慶太著　要書房　1953　256p 図版 19cm
◇五島慶太伝(日本財界人物伝全集)　三鬼陽之助著　東洋書館　1954　346p 図版 19cm
◇腕一本すね一本　五島慶太・永田雅一・山崎種二・松下幸之助　飛車金八著　鶴書房　1956　261p 19cm
◇商魂 新・財豪列伝　海藤守著　積文館　1957　278p 19cm
◇五島慶太の生い立ち　五島育英会著　新日本教育協会　1958
◇事業をいかす人　五島慶太著　有紀書房　1958　251p 図版 20cm
◇五島・堤風雲録　駒津恒治郎著　財界通信社　1959　252p 図版 19cm
◇五島慶太の追想　五島慶太伝記並びに追想録編集委員会編　1960　624p 図版17枚 22cm
◇財界の王座は語る　野依秀市編著　実業之世界社　1960　394p 19cm
◇五島慶太(一業一人伝)　羽間乙彦著　時事通信社　1962　212p 図版 18cm
◇日本財界人物列伝 第1巻　青潮出版株式会社編　青潮出版　1963 1171p 図版 26cm
◇私の履歴書 経済人 1　日本経済新聞社編　日本経済新聞社　1980.6　477p 22cm
◇光芒と闇—「東急」の創始者五島慶太怒濤の生涯　菊池久著　経済界　1988.9　233p 19cm
◇新・財界人列伝—光と影　厚田昌範著　読売新聞社　1992.1　254p
◇私の履歴書 昭和の経営者群像1　日本経済新聞社編　日本経済新聞社　1992.9　305p 19cm
◇小説 東急王国(講談社文庫)　大下英治著　講談社　1993.2　824p 15cm
◇土地の神話(新潮文庫)　猪瀬直樹著　新潮社　1993.5　419p 15cm

◇飛竜の如く―小説・五島慶太(光文社文庫) 広瀬仁紀著 光文社 1996.6 326p 15cm

◇東京ヒルトンホテル物語 富田昭次著 オータパブリケイションズ 1996.9 317p 19cm

◇もう一人の五島慶太伝(勉誠新書2) 太田次男著 勉誠出版 2000.7 247p 18cm

◇土地の神話(日本の近代猪瀬直樹著作集 6) 猪瀬直樹著 小学館 2002.5 374p 19cm

◇日本経営者列伝―成功への歴史法則(人物文庫) 加来耕三著 学陽書房 2005.8.20 452p 15cm(A6)

◇秘史「乗っ取り屋」―暗黒の経済戦争(だいわ文庫) 有森隆, グループK著 大和書房 2006.2.15 326p 15cm(A6)

◇ホテルの社会史 富田昭次著 青弓社 2006.4.14 254p 19cm(B6)

◇錬金術師―昭和闇の支配者〈4巻〉(だいわ文庫) 大下英治著 大和書房 2006.7.15 330p 15cm(A6)

小梨 コマ

こなし・こま

明治7年(1874年)~昭和21年(1946年)

女子教育家　修紅短期大学創立者, 一関修紅高校創立者

宮城県仙台市出生。松操学校卒。

　明治32年一関市に裁縫などを教える修紅私塾を開く。昭和12年修紅女学校、21年一関裁縫修紅女学校と改称。23年学制改革により一関修紅高校が開校。学校法人第一藍野学院となった。28年修紅短期大学を設立し、第二藍野学院となる。

小西 信八

こにし・しんぱち

安政1年(1854年)~昭和13年(1938年)

教育者　東京女子師範学校附属幼稚園監事, 共立女子職業学校創立者

越後(新潟県)出生。東京師範学校〔明治12年〕卒。

　明治12年東京師範学校卒業後、千葉師範学校教員として勤務。明治13年9月千葉師範学校校長であった那珂通世の東京女子師範学校への転出に伴って同校に転じ、19年1月まで附属幼稚園監事として幼稚園教育の基礎づくりに尽力。フレーベルに心酔し、17年にはフレーベル伝を翻訳して、「東京茗渓会雑誌」に発表。同年東京女子師範学校を退職して訓盲啞院に転じ、大正14年に同院をやめるまで盲聾啞教育に貢献した。多くの盲人が文化の恵沢に浴することになった点字の翻案は、小西がブライユ点字の効用を悟り、石川倉次に日本語の綴字音に翻案するようすすめたことに始まる。明治19年3月共立女子職業学校(現・共立女子学園)を渡辺辰五郎、那珂通世らとともに創立。32年財団法人化の際に監事に就任。昭和13年に84歳で没するまで、その職にあった。

【評伝・参考文献】

◇共立女子学園百十年史　共立女子学園百十年史編集委員会編　共立女子学園　1996.10.18

近衛 篤麿

このえ・あつまろ

文久3年(1863年)6月26日～
明治37年(1904年)1月2日

政治家, 公爵　貴院議長, 枢密顧問官　号は霞山。父は近衛忠房(公家), 母は近衛光子(島津久光の娘), 妻(後妻)は近衛貞子, 息子は近衛文麿(首相), 近衛秀麿(指揮者), 近衛直麿(雅楽研究家)。大学予備門〔明治12年〕入学, ライプツィヒ大学〔明治23年〕卒。

公家近衛忠房と島津久光の娘光子の長男として生まれる。明治6年父の死により家督相続。17年華族令制定で公爵。18年よりオーストリア、ドイツに留学。23年帰国後貴院議員となり、三曜会、懇話会、月曜会を率いて指導者として活躍。24年の大津事件、25年の選挙干渉事件で松方内閣を糾弾、また27年伊藤内閣でも日英条約改正手続き問題を批判。28年学習院長となり華族教育の改革を唱えた。29年貴院議長、36年枢密顧問官。大陸問題に関心深く、日清戦争後、「日清同盟論」を公刊、東亜の大同団結を呼びかけた。31年同文会を組織。34年上海に東亜同文書院(現在の愛知大学の前身)を置き、東亜同文会会長。33年同会を国民同盟会に改組、満州問題解決を主張。36年対露同志会を結成、対露強硬外交を唱えた。文麿、秀麿の父。著書に「近衛篤麿日記」(全5巻、別巻1)がある。

【評伝・参考文献】

◇私の欽仰する近代人　山田孝雄著　宝文館　1954　173p 19cm
◇近衛霞山公50年祭記念論集―アジア・過去と現在(近衛霞山をめぐる日中交渉史料)　波多野太郎著　霞山倶楽部　1955
◇近衛篤麿日記　第1巻　近衛篤麿著, 近衛篤麿日記刊行会編　鹿島研究所出版会　1968　353p 図版 22cm
◇近衛篤麿日記　第2巻　近衛篤麿著, 近衛篤麿日記刊行会編　鹿島研究所出版会　1968　537p 22cm
◇近衛篤麿日記　第3巻　近衛篤麿著, 近衛篤麿日記刊行会編　鹿島研究所出版会　1968　424p 22cm
◇近衛篤麿日記　第4巻　近衛篤麿著, 近衛篤麿日記刊行会編　鹿島研究所出版会　1968　358p 22cm
◇近衛篤麿日記　第5巻　近衛篤麿日記刊行会編　鹿島研究所出版会　1969　309, 100p 22cm
◇近衛篤麿日記　別巻　近衛篤麿日記刊行会編　鹿島研究所出版会　1969　706p 22cm
◇東亜同文書院大学と愛知大学　第4集　愛知大学東亜同文書院大学記念センター編　六甲出版　1996.11　94p 21cm
◇近衛篤麿公―伝記・近衛篤麿(伝記叢書 258)　工藤武重著　大空社　1997.5　395, 5p 22cm
◇近衛篤麿―その明治国家観とアジア観(Minerva日本史ライブラリー 10)　山本茂樹著　ミネルヴァ書房　2001.4　310, 7p 22cm
◇近衛篤麿と清末要人―近衛篤麿宛来簡集成(明治百年史叢書　第456巻)　衛藤瀋吉監修, 李廷江編著　原書房　2004.3　525p 22cm
◇工藤利三郎―国宝を撮った男・明治の写真師　中田善明著　(京都)向陽書房　2006.9.30　310p 19cm(B6)

小林 有也
こばやし・うなり

安政2年(1855年)6月～
大正3年(1914年)6月9日

教育家　長野尋常中学校校長
和泉国泉北郡伯太村(大阪府)出生。大学南校(東京大学)卒。
　明治14年農商務省に出仕。同年有志21人で東京物理学講習所(のち東京物理学校, 現・東京理科大学)を創設。17年長野県に中学校則取調委員として赴任、同年長野県中学(のち長野尋常中学)校長となり、以来在職29年、その徳育に大きな感化を与えた。その間3度高等教育会議員を務めた。

【評伝・参考文献】
◇物理学校―近代史のなかの理科学生(中公新書ラクレ)　馬場錬成著　中央公論新社　2006.3.10　314p 18cm

小林 倭文
こばやし・しずり

明治40年(1907年)5月21日～
平成17年(2005年)1月17日

長野家政学園長, 長野女子短期大学名誉学長
旧姓名は小川。長野県更埴市出身。長男は小林士朗(長野女子短期大学学長)。和洋女子専門学校高等師範科卒, 日本大学法学部法律科〔昭和36年〕卒。藍綬褒章〔昭和44年〕, 勲四等宝冠章〔昭和57年〕。
　昭和9年長野高等実践女学校教師に赴任。28年長野高等家政学校校長となり、32年長野家政学園、長野女子高認可に伴い理事長、校長に就任。42年長野女子短期大学を開学、同年～57年学長。この間、41年から4年間長野県教育委員。

小林 清作
こばやし・せいさく

明治4年(1871年)～昭和10年(1935年)

女子教育家　愛知淑徳学園創立者
新潟県西蒲原郡燕町(燕市)出生。義母は吉森梅子(愛知淑徳学園創立者)。東京帝国大学分科卒。
　京都日出新聞主筆を経て、明治38年愛知淑徳女学校を創設。39年愛知淑徳高等女学校と改称。県下初の高等女学校となった。

小林 虎三郎
こばやし・とらさぶろう

文政11年(1828年)～
明治10年(1877年)8月24日

越後長岡藩士
名は虎, 号は炳文, 双松, 寒翠, 病翁。越後国(新潟県)出生。
　越後長岡藩士・小林誠斎の三男。藩儒と父に学問を学び、17歳で藩校崇徳館の助教となる。嘉永3年(1850年)藩命により江戸に出、父の知友であっ

た洋学者・佐久間象山に師事。吉田寅次郎（松陰）と並んで"象山門下の両虎"と称され、師からは"事を天下になすものは吉田だが、我が子の教育を頼むなら小林だけだ"と評された。師の影響を受けて開国論を唱え、安政元年（1854年）ペリーが再び来航した際には師の横浜開港説に賛同して幕閣に献言したため罪に問われ、同年帰郷。明治元年の戊辰戦争では河井継之助と執政意見を異にし、非戦論を唱えた。明治2年戦争に敗北して戦禍を被り、取りつぶしは免れたものの禄高を大きく減らされた藩の大参事に就任。長岡の復興や教育振興に尽力し、同年国漢学校を開設。この時、支藩の三根山藩より見舞として米100俵が送られると、分配を切望する藩士たちには1粒も分け与えず、売却益を学校の費用に充当した。非難を浴びると、"いま食べられないからといって子弟の教育を怠れば、いつまでたっても食えない境地から脱することはできない"と説いて、ついに納得を得た。この逸話は小説家の山本有三の手により「米百俵」として戯曲化されて広く知られるようになり、平成に入ると小泉純一郎首相の所信表明演説にも引用され再び脚光を浴びた。同校は士族のみならず庶民にも門戸を開き、洋学局や医学局なども設置。学校は今日の長岡市立坂の上小学校となり、洋学局は長岡高校、医学局は長岡赤十字病院の前身となった。

【評伝・参考文献】

◇英雄伝説が彩る夢の跡地（ふるさと歴史舞台5）　清水春一，横浜雄幸，山上笙介，永岡慶之助，足利健亮，鶴田文史，半藤一利　ぎょうせい　1991.10　231p 19cm
◇われに万古の心あり―幕末藩士 小林虎三郎　松本健一著　新潮社　1992.5　303p 19cm
◇米百俵―小林虎三郎の天命　島宏著　ダイヤモンド社　1993.11　205p
◇われに万古の心あり―幕末藩士小林虎三郎（ちくま学芸文庫）　松本健一著　筑摩書房　1997.7　365p 15cm
◇米百俵と小林虎三郎　童門冬二，稲川明雄著　東洋経済新報社　2001.8　187p 20cm
◇小林虎三郎「米百俵」の思想（学研M文庫）　松本健一〔著〕　学習研究社　2001.10　397p 15cm
◇国を興すは教育にあり―小林虎三郎と「米百俵」　松本健一著　麗沢大学出版会　2002.10　245p 20cm
◇竜虎会談―戊辰、長岡戦争の反省を語る　山崎宗弥著　山崎宗弥　2004.10　193p 19cm

駒井 重格

こまい・しげただ

嘉永6年（1853年）11月～
明治34年（1901年）12月9日

専修学校創立者，高等商業学校校長
三重県桑名出生。ラッガース大学。

桑名藩士の家に生まれる。慶応3年（1867年）15歳で家督を継ぎ、翌年の戊辰戦争に参戦。敗戦後、旧桑名藩主の松平定教とともに横浜のブランズ塾で学ぶ。明治7年11月定教に同行し渡米。ニュージャージー州ニューブランズウィック市の私立ラッガース大

学に入学し、経済学を学ぶ。留学中に田尻稲次郎と親交を結び、12年帰国。明治13年9月田尻と学園創設を企画し、専修学校（現・専修大学）を開校、初代校主総代に就任。14年2月大蔵省国債局に勤務。同年9月岡山県中学校兼師範学校長となる。15年2月再び大蔵省に入り調査局に勤務。19年同省書記局に移り、参事官を兼ねる。29年東京市区改正委員、大蔵省国債局長兼参事官をつとめる。30年農商務省参事官に転じたが、31年大蔵省参事官となる。32年高等商業学校（現・一橋大学）の校長に就任。著書に「外国貿易之理」がある。

【評伝・参考文献】
◇専修大学百年小史　専修大学年史編纂室編　専修大学　1979.8.20

小松 謙助
こまつ・けんすけ

明治19年（1886年）〜
昭和37年（1962年）1月28日

白梅学園創設者、社会教育協会理事長
東北学院中退。賞藍綬褒章〔昭和35年〕。

上京して、独学で政治・経済を学ぶ。明治42年万朝報の記者となる。大正3年東京朝日新聞社に移り、社会課次長となる。9年毎日新聞社に移り、学芸課長。14年財団法人社会教育協会を創設し、常務理事、のち理事長。昭和17年3月東京家庭学園を創立。28年学校法人白梅学園設立、理事長。

小松原 賢誉
こまつばら・けんよ

明治44年（1911年）9月20日〜
平成7年（1995年）1月30日

真言宗豊山派24世管長・78世化主（けしゅ）、小松原学園創設者・理事長
東京出身。大正大学卒。

父の跡を継いで東京都北区の西福寺住職。埼玉県に小松原学園を創設し、理事長に。昭和58年にフラメンコの長嶺ヤス子が踊った「曼陀羅」のバックで声明（しょうみょう）を唱えた真言宗豊山派の管長。59年10月、ニューヨークのカーネギー・ホールでの再演のため同派の僧55人を率いて渡米。同時にブロードウェーで「世界平和のための法要」を営み、導師をつとめた。

コルベ，マキシミリアノ
Kolbe, Maximilianus Maria
1894年1月8日〜1941年8月14日

カトリック神父
別称はコルベ神父（こるべしんぷ）。ポーランド・ズドゥィンスカ・ボラ出生。グレゴリアン大学〔1919年〕卒。哲学博士。

1907年フランシスコ修道会に入信、1911年ローマのグレゴリアン大学に派遣され哲学、神学を学んだ。1917年同志とともに"無原罪の聖母の騎士会"を創立、1919年神司祭に叙せられ

る。帰国後1922年クラクフで月刊誌「無原罪の聖母の騎士」を発行。1930年2名の修道士とともに来日、長崎で「無原罪の聖母」日本語版を刊行、無原罪の園（聖母の騎士）を創設した。1936年帰国、修道院長となる。第二次大戦中の1939年および1941年ドイツ軍に捕らえられ、アウシュビッツ収容所へ送られた。同年7月1人の囚人が逃亡したことへの報復として10人が餓死刑を宣告されたが、そのうちの1人の身代わりとなって地下牢に入れられる。その後、他の9人は餓死したが、9人を励まし続けた神父は2週間たっても死ななかったため、8月薬殺された。1982年聖人に列せられる。

【評伝・参考文献】
◇コルベ神父物語　曽野綾子著, 西島伊三雄画　聖母の騎士社　1982.10　60p 26×26cm
◇アウシュヴィツの聖者コルベ神父　マリア・ヴィノフスカ著，岳野慶作訳　聖母の騎士社　1982.11　277p 19cm
◇優しさと強さと―アウシュビッツのコルベ神父　早乙女勝元著　小学館　1983.1　167p 20cm
◇長崎のコルベ神父―聖母の騎士物語　小崎登明著　聖母の騎士社　1983.5　319p 19cm
◇コルベ神父―アウシュヴィツの死　ダイアナ・デュア著，山本浩訳　時事通信社　1984.2　220p 20cm
◇母への手紙―アウシュヴィツの聖者コルベ神父　コルベ著，西山達也訳　聖母の騎士社　1984.6　199p 19cm
◇アウシュビッツの聖者コルベ神父（聖母文庫）　マリア・ヴィノフスカ著，岳野慶作訳　（長崎）聖母の騎士社　1988.2　290p 15cm

◇ながさきのコルベ神父（聖母文庫）　小崎登明著　（長崎）聖母の騎士社　1988.2　364p 15cm
◇コルベ（Century Books 122）　川下勝著　清水書院　1994.2　231p
◇コルベ神父身代わりの愛（聖母文庫）　小崎登明著　聖母の騎士社　1994.2　274p 15cm
◇コルベ神父の生き方　後藤まり子訳　フリープレスサービス　1996.4　382p 18cm
◇コルベ神父―優しさと強さと（母と子でみる A18）　早乙女勝元著　草の根出版会　2002.6　135p 21cm

近藤 ちよ
こんどう・ちよ

大正2年（1913年）12月30日～
平成8年（1996年）9月18日

教育家　狭山ケ丘学園創立者
埼玉県飯能町（飯能市）出生。奥田裁縫女学校〔昭和7年〕卒，文化服装学院師範科〔昭和9年〕卒。置勲四等瑞宝章〔昭和59年〕，文部大臣表彰〔昭和40・55年〕。

昭和9年東京千種服装学院教授となる。16年洋裁研究所を開設。22年4月近藤洋裁学院を設立し、学院長となる。25年飯能町（現・飯能市）に飯能高等家政女学校を設置し、校長に就任。35年入間市下藤沢に学校法人狭山ケ丘高校を移転開校し、校長に就任。38年男女共学となる。39年自己観察法による非行対策教育を全国に先駆けてスタートさせた。47年狭山ケ丘学園と改称。49年理事長・学園長に就任。

近藤 真琴

こんどう・まこと

天保2年(1831年)9月24日～
明治19年(1886年)9月4日

教育者, 洋学者　海軍兵学校教務副総理

幼名は鉚之助、通称は誠一郎、字は徴音、号は芳隣。江戸出生。

　伊勢鳥羽藩士の子として生まれる。4歳で父を失うが、母の薫陶を受けて「論語」や「大学」などを読破した。藩校の江戸分校・造士館で儒学を修めたのち、和泉国岸和田藩医・高松譲庵に蘭学を習い、安政4年(1857年)以降は長州藩の兵学者・村田蔵六(のちの大村益次郎)に師事。この間、鳥羽藩の蘭学方に任ぜられ、安政5年(1858年)には藩の漢学教授・世子侍読を兼任。文久2年(1862年)には選ばれて幕府の海軍操練所に入り、測量技術や航海術を修得した。また、一方では鳥羽藩江戸屋敷内の自宅に私塾を開き、蘭学を講じた。幕末期は海軍操練所翻訳方や測量学教授補・軍艦組一等などを歴任。明治維新ののち鳥羽に帰郷するが、明治2年には海軍中佐兼海軍兵学校教官として兵部省に出仕した。公務の傍ら、同年に築地の同所官舎内に海軍の初等教育を目的とした攻玉社を創立。のち、同社は航海測量修練所や女子部を設置し、福沢諭吉の慶応義塾や儒学者・中村正直の同人舎と並んで都下の三大私学と謳われた。6年ウィーンで開かれた第5回万国博覧会を視察するため渡欧。帰国後は海軍兵学校教務副総理や同一等教授などを務めた。16年国語学者の大槻文彦らとともに「かなのとも」を結成し、かな文字の普及に尽力。著書に、電信機やエスペラント語を初めて日本に紹介した「全世界未来記」のほか、「航海教授書」「ことばのその」「英国海軍砲術全書」などがある。

【評伝・参考文献】
◇夜明けの潮―近藤真琴の教育と子弟たち　豊田穣著　新潮社　1983.9　281p 20cm
◇近藤真琴資料集　近藤真琴著　攻玉社学園　1986.9　446p 22cm
◇幕末・明治初期数学者群像 上 幕末編　小松醇郎著　(京都)吉岡書店　1990.9　231p 19cm
◇先覚の光芒―近藤真琴と攻玉社―攻玉社学園創立130周年　攻玉社学園　1996.3　59p 30cm

西園寺 公望

さいおんじ・きんもち

嘉永2年(1849年)10月23日～
昭和15年(1940年)11月24日

政治家, 公爵 首相, 元老, 政友会総裁

幼名は美麿, 号は陶庵。京都上京21区蛤門内(京都府京都市)出生。父は徳大寺公純(公卿), 兄は徳大寺実則(明治天皇侍従長), 弟は住友友純(住友銀行創設者), 孫は西園寺公一(政治家), 甥は高千穂宣麿(英彦山神社座主・博物学者)。パリ第4大学(ソルボンヌ)卒。

九清華家の一つ徳大寺公純の二男に生まれ, 西園寺家の養子となる。公卿社会の因襲を嫌って慶応3年維新政府の参与となり, 戊辰戦争に従軍。明治2年私塾・立命館を創設。3年12月パリ・コミューンの渦中にあるフランスに留学し, クレマンソー, 中江兆民らと交わる。13年帰国し, 14年明治法律学校(現・明治大学)を設立。また自由主義者として「東洋自由新聞」を発行して天皇の咎めを受けた。15年伊藤博文に随いて渡欧, 以降各国公使, 賞勲局総裁, 27年から第2次・第3次伊藤内閣の文相, 33年枢密院議長などを歴任。36年立憲政友会総裁に就任。39年第1次西園寺内閣、44年第2次と桂太郎と交互に政権を担当して"桂園時代"をつくった。大正元年2個師団増設問題で陸軍と対立して3年辞職、最後の元老となり、後継首班推薦の任にあたる。8年にはベルサイユ講和会議首席全権もつとめた。9年公爵。国葬。著書に「西園寺公望自伝」など。

【評伝・参考文献】

◇西園寺公望―史劇自由民権の使徒 木村毅著 東京講演会 1946 148p 18cm
◇西園寺公 竹越与三郎著 鳳文書林 1947 366p 19cm
◇西園寺公望 木村毅著 沙羅書房 1948 376p 図版 19cm
◇歴史を創る人々(西園寺公の薨去) 嘉治隆一著 大八洲出版 1948
◇西園寺公望自伝 西園寺公望述, 小泉策太郎筆記, 木村毅編 大日本雄弁会講談社 1949 240p 図版 19cm
◇西園寺公と政局 8巻別1巻9冊 原田熊雄著 岩波書店 1950-1956
◇明治の政治家たち―原敬につらなる人々 上, 下(岩波新書) 服部之総著 岩波書店 1950-54 2冊 18cm
◇近代政治家評伝 阿部真之助著 文芸春秋新社 1953 353p 19cm
◇続 財界回顧―故人今人(三笠文庫) 池田成彬著, 柳沢健編 三笠書房 1953 217p 16cm
◇西園寺公望(三代宰相列伝) 木村毅著 時事通信社 1958 254p 図版 18cm
◇人物再発見 読売新聞社編 人物往来社 1965 235p 19cm
◇坐漁荘秘録 増田壮平著 静岡新聞社 1976 270p 図 肖像 20cm

◇最後の元老西園寺公望　豊田穣著　新潮社　1982.4　2冊　20cm
◇明治・大正の宰相 第5巻(西園寺公望と明治大帝崩御)　豊田穣著　講談社　1983.12　338p 20cm
◇最後の元老西園寺公望(新潮文庫)　豊田穣著　新潮社　1985.11　2冊
◇日本宰相列伝 5(西園寺公望)　木村毅著　時事通信社　1985.11　254p 19cm
◇百年の日本人 その3　川口松太郎, 杉本苑子, 鈴木史楼ほか著　読売新聞社　1986.6　253p 19cm
◇近代日本の政局と西園寺公望　中川小十郎著, 後藤靖, 鈴木良校訂　吉川弘文館　1987.1　530, 6p 22cm
◇近代日本内閣史論　藤井貞文著　吉川弘文館　1988.7　364p 21cm
◇近代日本の政治家(同時代ライブラリー 15)　岡義武著　岩波書店　1990.3　318p 16cm
◇陶庵随筆(中公文庫)　西園寺公望著, 国木田独歩編　中央公論社　1990.4　138p 15cm
◇西園寺公望伝 第1巻　立命館大学西園寺公望伝編集委員会編　岩波書店　1990.10　458p 21cm
◇西園寺公望伝 第2巻　立命館大学西園寺公望伝編纂委員会編　岩波書店　1991.9　384p 21cm
◇幸運な志士―若き日の元勲たち　三好徹著　徳間書店　1992.4　283p
◇ぜいたく列伝　戸板康二著　文芸春秋　1992.9　293p 19cm
◇西園寺公望伝 第3巻　立命館大学西園寺公望伝編纂委員会編　岩波書店　1993.1　384p 21cm
◇自由は人の天性なり―「東洋自由新聞」と明治民権の士たち　吉野孝雄著　日本経済新聞社　1993.6　323p 19cm
◇西園寺公望伝 第4巻　立命館大学西園寺公望伝編纂委員会編　岩波書店　1996.3　446p 22cm
◇西園寺公望伝 別巻1　立命館大学西園寺公望伝編纂委員会編　岩波書店　1996.11　348, 19p 22cm
◇西園寺公望伝 別巻2　立命館大学西園寺公望伝編纂委員会編　岩波書店　1997.10　394, 4p 22cm
◇「西園寺公望と興津」展図録―特別企画　岩井忠熊監修, フェルケール博物館編　フェルケール博物館　2001　44p 30cm
◇西園寺公望と明治の文人たち　高橋正著　不二出版　2002.1　247, 8p 20cm
◇西園寺公望―最後の元老(岩波新書)　岩井忠熊著　岩波書店　2003.3　232p 18cm
◇青年君主昭和天皇と元老西園寺　永井和著　京都大学学術出版会　2003.7　536p 22cm
◇陶庵随筆 改版(中公文庫)　西園寺公望著, 国木田独歩編　中央公論新社　2004.4　130p 16cm
◇西園寺公一―回顧録「過ぎ去りし、昭和」　人間の記録　西園寺公一著　日本図書センター　2005.2.25　358p 19cm(B6)
◇日本宰相列伝〈上〉(人物文庫)　三好徹著　学陽書房　2005.1.20　487p 15cm(A6)
◇教科書が教えない歴史有名人の晩年　新人物往来社編　新人物往来社　2005.5.20　286p 19cm(B6)
◇この結婚―明治大正昭和の著名人夫婦70態(文春文庫)　林えり子著　文芸春秋　2005.8.10　242p 15cm(A6)
◇昭和天皇と帝王学―知られざる人間形成と苦悩　高瀬広居著　展望社　2006.6.5　206p 19cm(B6)
◇政・財 腐蝕の100年 大正編　三好徹著　講談社　2006.12.11　319p

斎藤 英明
さいとう・えいめい

明治26年(1893年)～昭和60年(1985年)

僧侶, 教育者　林昌学園設立者・理事長, 東北短期大学学長
号は馨泉(きょうせん)。山形県飽海郡松山町出生。姉は斎藤辰(斎藤裁縫塾創立者)。名古屋浄土宗学校卒。置勲五等瑞宝章。

　斎藤折蔵の長男として生まれる。学校卒業後、大本山増上寺につとめ、大正9年山形市成願寺住職。その後、松山町心光寺、酒田市瑞相寺、昭和14年林昌寺の住職となる。昭和36年酒田の教育振興をはかり、宗祖法然上人の精神をもって学校法人林昌学園を設置し理事長となり、酒田南高等学校を創立。昭和41年市から豊里の市立病院跡を買い取り東北短期大学を創設し、43年から学長を兼ね、4年制大学の設立を目ざした。45年には酒田保育専門学校を創設、姉の斎藤辰が開設した天真学園と合併し、天真林昌学園(現・天真林昌学園)を設置。長い間、宗教家、特に姉の辰とともに私学教育の振興者として活躍。一方、青年時代南画を小室翠雲に学び、宋・元・明・清の中国画を研究し、独自の境地を開いき、ものにこだわらない豪放な人柄で市民からも敬愛された。

斎藤 辰
さいとう・たつ

明治18年(1885年)6月10日～
昭和46年(1971年)12月30日

教育家　斎藤裁縫塾創立者
山形県飽海郡松嶺(松山町)出生。弟は斎藤英明(酒田経済短期大学, 酒田南高校創設者)。置藍綬褒章, 宝冠章。

　織物を業とする商家に生まれる。大正12年39歳のとき酒田浄徳寺を借用して裁縫塾を営み、昭和2年本間光勇の知遇をうけて酒田駅前に私立裁縫女学校を設立、夫の又治を校主に充て太田喜八郎を校長に迎える。以来地元の女子教育のため情熱を傾け、同校はのちの天真学園高校の設立母体となった。酒田市功労賞受賞、のちに藍綬褒章つづいて宝冠章をうける。天真学園高校の校庭に斎藤夫妻の胸像がある。酒田経済短期大学、酒田南高校を創設した斎藤英明の姉。

斎藤 秀三郎
さいとう・ひでさぶろう

慶応2年(1866年)1月2日～
昭和4年(1929年)11月9日

英語学者　正則英語学校創設者, 一高教授
陸奥国仙台堤通(宮城県仙台市)出生。二男は斎藤秀雄(指揮者・チェロ奏者)。工部大学校〔明治16年〕中退。

仙台藩の重臣斎藤永頼の長男として生まれ、6歳より英語学校・辛未館で学ぶ。明治7年宮城外国語学校(同年,宮城英語学校に改称)に入学。東京大学予備門を経て、14年工部大学校に入り、英語教師・ディクソンに師事。17年仙台で英語塾を開く。20年二高助教授、翌21年教授となったが同年辞職し、岐阜、長崎、名古屋の中学校を経て、26年一高教授に就任。29年神田に正則英語学校を創設、校長となり、30年一高を辞職して、専ら正則英語学校で後進の指導にあたった。37年東京帝大文科大学講師となる。斎藤流の"英語慣用語法学"を展開し、英語学の発展に貢献した。「熟語本位英和中辞典」「斎藤和英大辞典」「Practical English Grammer」などの辞典や教科書を多数執筆した。明治英学の三大家の一人。

【評伝・参考文献】
◇斎藤秀三郎伝—その生涯と業績　木村喜吉著　吾妻書房　1960　543p 図版 19cm
◇斎藤秀三郎先生生誕百年記念文集　SEGクラブ編　SEGクラブ事務所　1965　35p 19cm
◇名著の伝記　紀田順一郎著　東京堂出版　1988.7　475p 19cm
◇英語辞書物語 時代を創った辞書とその編者たち 下(エレック選書)　小島義郎著　英語教育協議会　1989.10　374p 19cm

斎藤　由松
さいとう・よしまつ

明治7年(1874年)〜昭和16年(1941年)

女子教育家　斎藤女学館創設者
新潟県南蒲原郡三条町(三条市)出生。

旭尋常小学校校長を経て、中越地区の小学校校長を歴任。その後、小学校准教員長岡講習所の授業、寄宿舎の取り締まりにあたる。明治38年私立斎藤女学館(中越高校の前身)を創立し、館長に就任。当初は女子師範学校入学のための予備教育を行うが、実科を重んじる教育に転換。大正7年斎藤洋裁女学校、10年斎藤女学校(昭和19年長岡女子商業学校,20年長岡高等家政女学校、23年長岡家政学園高校,31年中越高校)に改称。

酒井　嘉重
さかい・かじゅう

慶応3年(1867年)〜昭和19年(1944年)

女子教育家　静岡和洋学園静岡女子高校創立者
静岡県安倍郡美和村内牧(静岡市内牧)出生。

明治26年静岡銀行に入行。大正3年副支配人、10年常務に就任。この間、明治43年〜大正10年静岡市議。大正8年妻・孝子とともに静岡和洋裁縫女学校を創立。"誠実、温雅、適応"を校訓とする。昭和8年静岡和洋女子職業学校、24年静岡和洋高校、29年静岡女

子高校と改称。学校法人静岡和洋学園静岡女子高校となった。

酒井 堯
さかい・たかし

？～昭和58年（1983年）1月30日

東京女子学院理事長
愛知県名古屋市中村区出身。
　昭和11年芙蓉女学校を創立、校長に就任。21年芙蓉高等女学校が認可され、24年東京女子学院高校と改称。

佐方 鎮子
さかた・しずこ

安政4年（1857年）3月8日～
昭和4年（1929年）7月25日

神田高等女学校校長
本名は佐方鎮。東京女子師範〔明治12年〕卒。
　鳥取藩士の二女に生まれる。東京女子師範附属小学校で教え、明治16年前橋高女に転じたが、翌年母校に戻り、18年同校附属幼稚園の次席教師となる。19年共立女子職業学校（現・共立女子学園）設立発起人の1人として創設に参加。22年一橋女学校教諭を経て、31年東京女高師教授に就任、生徒監を兼ねた。大正6年職を辞し、のち神田高女校長をつとめた。

【評伝・参考文献】

◇共立女子学園百十年史　共立女子学園百十年史編集委員会編　共立女子学園　1996.10.18

坂田 祐
さかた・たすく

明治11年（1878年）2月12日～
昭和44年（1969年）12月16日

教育家　関東学院初代学院長
秋田県鹿角郡大湯村出生。陸軍騎兵学校〔明治34年〕卒、東京帝大文科大学哲学科宗教学専攻〔大正4年〕卒。
　明治35年陸軍士官学校の馬術教官となる。36年小石川インマヌエル教会で受洗。37年バプテスト派の東京学院（現・関東学院）高等科に第1回生として入学、のち日露戦争に応召。44年内村鑑三に入門。大卒後は東京学院に勤め、大正8年関東学院の創設に参画、初代学院長に就任した。著書に「恩寵の生涯」「坂田祐と関東学院」（講演・説教集）など。

【評伝・参考文献】
◇恩寵の生涯―新編　坂田祐著，酒枝義旗編　待晨堂　1976　586p 図　19cm
◇会津のキリスト教―明治期の先覚者列伝（地方の宣教叢書 10）　内海健寿著　キリスト新聞社　1989.5　257p 19cm

阪谷 朗廬
さかたに・ろうろ

文政5年（1822年）11月17日～

明治14年(1881年)1月15日

儒学者
名は素, 字は子絢。備中国九名村(岡山県)出生。

　大坂で大塩平八郎、江戸で昌谷精渓、古賀侗庵に学び、嘉永6年(1853年)より郷里の郷校興譲館(のちの興譲館中学、興譲館高校)で多くの子弟に教授した。維新後は、広島藩、陸軍省、司法省等に出仕したが、病により辞任した。著書に「朗廬文鈔」。

【評伝・参考文献】
◇阪谷朗廬先生書翰集　山下五樹編著〔山下五樹〕　1990.12　299p 26cm
◇朗廬先生宛諸氏書簡集　山下五樹編〔山下五樹〕　1993.12　318p 26cm
◇阪谷朗廬の世界(岡山文庫177)　山下五樹著　日本文教出版　1995.11　171p 15cm

佐久間 惣治郎

さくま・そうじろう

明治10年(1877年)～
昭和31年(1956年)6月28日

教育家　千葉女子商業学校創立者・校長

千葉県匝瑳郡須賀村出生。東京物理学校数学科〔明治36年〕卒。

　農家佐久間徳太郎の長男として生まれる。明治31年千葉県師範学校講習科を終え、郷里の須賀尋常小学校の教員となる。同33東京物理学校(現・東京理科大)に入学。36年同校数学科を首席で卒業し、同年5月に山形県立山形中学校教諭心得として赴任した。大正6年私立赤坂中学校に数学教師として勤務。在職4年の間に柔道の創始者であり、著名な教育者であった嘉納治五郎の中等教育会に参加し、徳育や数学教育改善の研修に情熱を傾けた。10年私立精華高等女学校、12年群馬県立前橋中学校に勤め、13年岡田良平文部大臣に「教育刷新並びに実行方法について」の建白書を提出。15年長野県立木曽中学校に教頭として赴任したが、昭和3年嘉納の推薦などもあって、千葉県立大多喜高等女学校長として転任。学閥に属さぬまま積極的な発言を続ける惣治郎は煙たがられ、同6年3月県学務部長から退職の理由を示されないまま勇退を求められる。納得できない惣治郎は上奏、当時の新聞で大きく報じられた。退職後も理想の教育を目指し、8年当時廃校寸前の寒川高等女学校(のちの千葉経済学園)の経営を継承し、校長に就任。翌9年認可を受け千葉女子商業学校を寒川高等女学校に併設・開校、校長となった。

【評伝・参考文献】
◇佐久間惣治郎先生追想録　景徳記念事業委員会編　景徳記念事業委員会　1959
◇佐久間惣治郎先生　宇留野勝弥著　宇留野勝弥　1969　72p 図版 19cm
◇千葉経済学園60年史―写真でつづる学園のあゆみ　千葉経済学園60年史編集委員会編　千葉経済学園　1995.3.1

桜井 鷗村

さくらい・おうそん

明治5年(1872年)6月26日～
昭和4年(1929年)2月27日

評論家, 教育者, 翻訳家, 実業家
本名は桜井彦一郎。愛媛県松山出生。弟は桜井忠温(陸軍少将・小説家)。明治学院〔明治25年〕卒。

　女学校教師、記者生活をしながら「女学雑誌」に文芸、女子教育についての評論を発表。明治32年渡米、女子教育事情を視察、帰国後、津田梅子と女子英学塾(現・津田塾大学)を設立、子女教育に尽力した。のち塾長を補佐する傍ら「英学新報」の編集主任を務める。「世界冒険譚」(全12巻)や新渡戸稲造の「武士道」などを翻訳。語学が堪能なことから大隈重信に重用された。のち実業界に転じ、北樺太石油会社取締役として石油事業に貢献した。文筆をよくし著書に「近松世話物語」「現代女気質」「欧州見物」など多数。

桜井 ちか

さくらい・ちか

安政2年(1855年)4月4日～
昭和3年(1928年)12月19日

教育家　女子学院創立者
旧姓名は平野。別名は桜井ちか子(さくらい・ちかこ)。江戸・日本橋出生。共立女学校卒。

　徳川家の御用達を務める商人・平野与十郎の長女として生まれる。しかし維新ののち幕府が瓦解したため他の幕臣とともに一家で駿府に移住し、間もなく家は破産。再び上京して商売を開くが、上手くいかなかった。明治5年海軍士官の桜井昭悳(のちキリスト教伝道師)と結婚。のち神田の芳英舎や築地の英学校、横浜の共立学校などで英語を学び、7年には新栄教会で受洗して夫婦ともに敬虔なキリスト教徒となった。9年私財を投じて麹町に桜井女学校(のち女子学院)を設立し、幼稚園から高等女学校までの一貫教育を施したが、13年軍を退役して赤心社の牧師となった夫に従って函館に赴く際、ツルー夫人と矢島楫子に後を託し、アメリカ長老教会に経営を移管させた。この学校からはのちに日本基督教婦人矯風会で活躍する久布白落実、ガントレット恒など多くの女性を輩出した。その後、函館師範学校や札幌師範学校で英語を教え、19年には大阪に移って一致英和女学院(のち大阪女学院)創立に参画。26年から30年にかけて教育視察のため2度渡米。28年には東京・本郷に桜井女塾を開設し、専ら女子に英語と西洋料理法を学ばせ、長年教育に携わった経験や米国での研究を生かしてキリスト教主義的良妻賢母教育を目標とした育英に尽力した。また厳重かつ当時最も進歩した寄宿舎による全寮制教育も進め、父兄から篤い信頼を受けたという。編著に「主婦之友」「西洋料理教科書」「実用和洋惣菜料理」などがある。

桜井 房記

さくらい・ふさき

嘉永5年(1852年)～
昭和3年(1928年)12月12日

熊本五高校長, 東京物理学講習所創設者
東京大学理学部物理学科〔明治11年〕卒。

　明治3年貢進生となり大学南校(のちの東京大学)に学ぶ。14年有志21人で東京物理学講習所(のち東京物理学校, 現・東京理科大学)を創設。晩年まで物理学校の教壇に立ち、経営に携わった。熊本五高の教頭・校長も務めた。著書に「幾何新書〈第2巻〉」、共訳に「代数学:中等教育」など。

【評伝・参考文献】
◇東京理科大学百年史　東京理科大学編　東京理科大学　1981.6.14
◇物理学校—近代史のなかの理科学生(中公新書ラクレ)　馬場錬成著　中央公論新社　2006.3.10　314p 18cm

佐香 ハル

さこう・はる

明治7年(1874年)6月6日～
昭和33年(1958年)3月20日

教育者　香蘭高等学校校長
徳島県徳島市出生。徳島高等女学校〔明治21年〕卒, 堀越和洋裁縫女学校〔明治35年〕卒。全国女子教育擁護会表彰, 徳島県知事表彰, 文部大臣表彰。

　代々徳島藩のお抱え絵師を務める家柄に生まれる。明治21年に徳島県高等女学校を卒業後に結婚。しかし、間もなく離婚して上京し、渡辺裁縫女学校や堀越和洋裁縫女学校に学んだ。36年東京神田三崎町に和洋裁専門学校を開校。38年には郷里徳島に学校を移転し、和洋裁や一般教養を通じて良妻賢母の育成を目指した。大正15年同校は佐香和洋裁女学校に改称。次いで昭和5年には徳島県初の私立高等女学校となる香蘭高等女学校を新たに創立。その校長として学校経営と女子教育に心血を注ぎ、戦後には香蘭高等学校に発展・改組し、現在に至っている。教育功労者として徳島県知事や文部大臣などから多数の表彰を受けている。

佐々木 とよ

ささき・とよ

明治6年(1873年)10月26日～
昭和26年(1951年)8月15日

教育家　岐阜裁縫伝習所(現・鶯谷女子高)創立者
岐阜県出身。東京裁縫女学校卒。

　東京裁縫女学校(現・東京家政大学)で学び、明治33年岐阜市に岐阜裁縫

伝習所を開校。36年佐々木裁縫女学校、大正2年佐々木実科女学校、昭和23年鶯谷女子高校と校名を変更した。

佐々木 勇蔵
ささき・ゆうぞう

明治38年(1905年)6月7日〜
昭和60年(1985年)6月17日

泉州銀行頭取, 泉州高校創立者
大阪府出身。父は佐々木政义(衆院議員)。京都帝国大学経済学部〔昭和6年〕卒。

　昭和26年泉州銀行創設に参画、常務となり、38年頭取。のち相談役、名誉会長。一方、48年泉州高校を創設した。また47年日本少年野球連盟副会長となり、米国遠征チーム団長などを務めた。

【評伝・参考文献】
　◇追想佐佐木勇蔵　追想佐佐木勇蔵編集委員会編　泉州銀行　1991.6　464p 図版12枚　22cm

笹野 雄太郎
ささの・ゆうたろう

明治9年(1876年)8月1日〜
昭和29年(1954年)3月21日

実業家　広島女子商業初代理事長
静岡県出身。

　大正3年牛肉缶詰の製造・販売で成功した父の跡を継ぎ、呉・佐世保などに工場を増設、旭牛肉缶詰の名を高める。広島女子商業学校創立にも関わり、14年初代理事長となった。

笹森 儀助
ささもり・ぎすけ

弘化2年(1845年)1月25日〜
大正4年(1915年)9月29日

探検家, 島嶼研究家　青森市長
陸奥国弘前在府町(青森県弘前市)出生。

　陸奥弘前藩士。明治3年弘前藩庁権少属、14年青森県中津軽郡長となる。15年士族授産のため岩木山の麓に農牧社を経営。24年より西国巡視。25年請願して探検艦磐城に便乗し、千島列島を探検、翌年奄美、沖縄諸島を調査し、国境警備、辺境の社会改革を提言した。27年奄美大島島司に推され、31年まで務めた。この間、吐噶喇列島の調査、台湾視察を行い、次いで朝鮮、シベリアまで調査の範囲を広げた。32年近衛篤麿の東亜同文会の創立に加わり、また朝鮮咸鏡道に城津校を創立、校長に就任。34年帰国、35年青森市長となった。同年青森商業補習夜学校を創立。著書に「千島探検」「南島探検」「拾島状況録」「西伯利亜旅行日記」「台湾視察論」など。

【評伝・参考文献】
　◇郷土の先人を語る　第1(陸羯南〔ほか〕相沢文蔵)　弘前図書館(弘前市)編　弘前市立弘前図書館 弘前図書館後援会　1967　140p 18cm

◇ドキュメント日本人 第7(無告の民) 学芸書林 1969 308p 20cm
◇笹森儀助の人と生涯 横山武夫著 歴史図書社 1975 319p 図 肖像 22cm
◇雪日本 心日本(中公文庫) 高田宏著 中央公論社 1988.11 314p 15cm
◇独学のすすめ―時代を超えた巨人たち 谷川健一著 晶文社 1996.10 253, 24p 19cm
◇新南嶋探験―笹森儀助と沖縄百年 琉球新報社編 琉球新報 1999.9 302p 22cm
◇笹森儀助の軌跡―辺界からの告発 東喜望著 法政大学出版局 2002.4 260p 20cm
◇辺境を歩いた人々 宮本常一著 河出書房新社 2005.12.30 224p 19cm (B6)

佐々 友房

さっさ・ともふさ

安政1年(1854年)1月23日~
明治39年(1906年)9月28日

政治家　衆院議員(大同倶楽部)
幼名は寅雄, 坤次, 号は克堂, 鵬洲。肥後国熊本(熊本県熊本市坪井町)出生。弟は佐々正之(ジャーナリスト), 三男は佐々弘雄(法学者・参院議員), 孫は紀平悌子(参院議員), 佐々淳行(評論家・元防衛施設庁長官)。
　旧熊本藩士の子。藩校時習館に学び, のち水戸学の影響を受ける。征韓論決裂後, 「時勢論」を著し, 西南戦争では熊本隊を組織して, 薩軍に属す。明治15年同心学舎を発展させた私立中学・済々黌を設立。23年熊本国権党副総理となり, 以後衆院議員に9期連続当選を果たす。この間, 国民協会, 帝国党, 大同倶楽部などの中心メンバーとして活躍。また大陸通として知られ, 東亜同文会とも関係があった。著書に「戦袍日記」など。

【評伝・参考文献】
◇克堂佐々先生遺稿―伝記・佐々友房(伝記叢書 50) 佐々克堂先生遺稿刊行会編 大空社 1988.10 620, 5p 22cm

薩埵 正邦

さった・まさくに

安政3年(1856年)5月19日~
明治30年(1897年)6月14日

教育家　東京法学社創設者
京都府京都市上京区出生。
　石門心学の流れをひく儒者の家に生まれる。幼くして両親を失い, 祖母・孝子の手で育てられる。15歳で京都仏学校に入学し, フランス人教師レオン・デュリーに仏語を学ぶ。明治8年デュリーが東京開成学校(東大の前身)教師に転じたため, ともに上京し, 独学で法律を学ぶ。仏法学者の桜井能監らが作った仏国民法研究会に参加するうちに認められ, 11年内務省雇となる。12年司法省法学校教師ボアソナード博士に出会い, その推薦を得て司法省雇, 13年民法編纂局勤務。同年金丸鉄, 伊藤修らと東京法学社(のちの法政大学)を設立。14年東京法学校の独立後は, その主幹となり, 学校経営にあたった。

【評伝・参考文献】
◇法政大学百年史　法政大学百年史編纂委員会編　法政大学　1980.12.1
◇法律学の夜明けと法政大学　法政大学大学史資料委員会編　法政大学　1992.3.31

佐藤 一男
さとう・かずお

明治34年（1901年）7月25日～
昭和62年（1987年）12月21日

金蘭会学園理事長，金蘭短期大学学長
岡山県出生。東京帝国大学文学部〔大正15年〕卒。團英文学　置勲三等瑞宝章〔昭和47年〕。

大正15年教員となり、新潟県立長岡工、大阪府立大手前高女勤務。生野高、大手前高各校長を経て昭和37年金蘭会学園理事長、38年金蘭短期大学の前身・金蘭会短期大学を設立し学長。

佐藤 カツ
さとう・かつ

明治25年（1892年）2月2日～
昭和44年（1969年）8月23日

教育者　四国女子大学理事長
徳島県徳島市出生。神戸シンガー女学院卒。

大正7年郷里徳島に徳島裁縫学院を設立し、女性が自立するための職業教育を開始。同校はのち徳島洋服学院・徳島服装学院を経て昭和26年学校法人四国文化服装学院に改組。その後も校長・理事長として学校の発展に力を尽くし、36年には同校を四国女子短期大学とし、さらに41年には四国女子大学を設立した。また、同大附属の幼稚園を経営するなど、幅広い教育活動を進めた。

【評伝・参考文献】
◇偲ぶ草―佐藤カツ女性の自立への道　四国女子学園編　四国女子学園　1992.3　139p 21cm

佐藤 伎具能
さとう・きくの

慶応2年（1866年）2月2日～
昭和21年（1946年）7月28日

教育家　志信裁縫黌設立者，岡山高等女子職業学校校長
旧姓名は富山。岡山県赤坂郡西山村（赤磐郡山陽町）出生。

裁縫教育先駆者・私学教育功労者。女紅場で裁縫を習得、岡山県裁縫黌総教師田淵信頼から裁縫全科卒業証を受けた。のち久米北条郡大垪和村角石祖母の佐藤定太郎に嫁いだ。明治17年同地に私立志信裁縫黌を開いた。34年東京の和洋裁縫女学院で洋服科裁縫講習を修了し、38年学校を岡山市二番町に移し、校名を佐藤裁縫学校と改め、大正2年教員養成部を併設。13年組織を変更し、実業学校令による職業学校とし、校名を佐藤職業学校と改め、裁縫、袋物、編物、造花、刺繡の学科を設け、のち岡山高

等女子職業学校と改称し、商業科を増設し、校長として学校経営に当たった。この学校がその後の岡山城北女子高等学校、岡山女子高等学校の前身である。昭和30年には私学功労者として県知事から頌徳状を追贈された。

佐藤 重遠

さとう・じゅうえん

明治20年（1887年）12月～
昭和39年（1964年）1月5日

衆院議員（自由党）、目白学園理事長
東京出身。東京帝国大学政治科卒。

　大正13年宮崎1区より衆院議員に初当選。以来通算4回当選。駿豆鉄道（株）社長、国学院大学理事、目白学園（中学校・高校）を創立、理事長となる。立憲政友会・日本自由党各宮崎県支部長、大蔵大臣秘書官、衆院大蔵委員長等を歴任。

佐藤 善治郎

さとう・ぜんじろう

明治3年（1870年）～昭和32年（1957年）

女子教育家　横浜実科女学校創立者
千葉県出生。千葉師範卒、東京高等師範学校卒。藍綬褒章、神奈川県文化賞。

　千葉の農家に生まれる。補助教員を経て、千葉師範を卒業し、小学校教師として勤務。明治28年東京高等師範学校に進み、30歳で鎌倉師範教師となる。卒業論文「社会教育法」を出版したほか、歴史・教育学・教科書など100冊余りの著書を著す。34年文部省から師範学校長として採用するという話があったが、それを断り、遅れている神奈川県の女子教育振興のために横浜高等女学校校長に就任。しかし、突然職を追われる。大正3年女子に"生きる力""判断する力"を与えることを目指し横浜実科女学校（神奈川学園の前身）を創立、理事長。中高校長もつとめた。

佐藤 泰然

さとう・たいぜん

文化1年（1804年）～
明治5年（1872年）4月10日

蘭方医
幼名は田辺昇太郎、通称は庄右衛門、名は信圭、号は紅園。武蔵国川崎（神奈川県川崎市）出生。

　蘭方医の足立長雋や高野長英、長崎の蘭館長ニーマンらに師事し、天保9年（1838年）江戸両国薬研堀で医業を行いつつ家塾（のちの順天堂の源流）を開く。同14年（1843年）堀田正睦に招かれて下総佐倉に移住し、わが国初の私立病院佐倉順天堂を創設して医学教育と医療を行い、特に外科治術の発展に寄与した。訳著に「謨斯篤牛痘篇」「痘科集成」など。

【評伝・参考文献】

◇佐藤泰然伝　小川鼎三著　順天堂史編纂委員会　1972.4　120p 21cm
◇蘭医佐藤泰然―その生涯とその一族門流　伝記・佐藤泰然(伝記叢書139)　村上一郎著　大空社　1994.2　318,22,5p 22cm

佐藤 夕子
さとう・たね

明治8年(1875年)3月7日〜
昭和28年(1953年)11月22日

教育者　佐藤学園理事長
別名はタネ子。群馬県碓氷郡出生。東京裁縫女学校速成科〔明治34年〕卒。賞文部大臣表彰〔昭和28年〕。

　父は小学校校長も務めた神職であったが、家計は苦しく、彼女も小学校卒業後に家の農業を手伝った。明治28年呉服商の息子と結婚し、一子をもうけるが、夫の放蕩のため32年に離婚。33年東京裁縫女学校速成科に入学し、34年優秀な成績で卒業すると同時に中等教員の免許を取得した。のち静岡県の高等女学校などで教えるが、女性の自立を支援する独自の教育を志し、39年郷里群馬県高崎市に私立裁縫女学校を開校。以来、自由の理念に基づいた教育をすすめ、学校の経営と発展に尽力。40年に私立佐藤裁縫女学校に改称した同校は、のちには裁縫のみならず総合的な学科や師範科も設置し、昭和18年には財団法人佐藤学園の認可を得た。戦後は学制改革により佐藤技芸高等学校へと発展。その間、同学園の校長・理事長・名誉校長を歴任し、28年には多年にわたる教育への功労により文部大臣表彰を受けた。同学園は高崎商科大学・高崎商科大学附属高校などを含む学校法人佐藤学園として現在に至っている。

【評伝・参考文献】
◇佐藤夕子の生涯―良妻賢母の教育者　小野里良治著　高崎商科短期大学附属高等学校同窓会良妻賢母の教育者佐藤夕子伝記刊行委員会　1991.11　317p 22cm

佐藤 徳助
さとう・とくすけ

明治3年(1870年)4月7日〜
大正4年(1915年)7月13日

原町(福島県)町長
福島県相馬郡原町出生。

　明治30年29歳の時、初代原町町長となり、以後3期つとめた。この間、原町実業補習学校(福島県立相馬農業高校の前身)を設立。相馬電気会社を設立するなど、原町市の礎を築いた。また、"野馬追町長"といわれ、祭場となっている雲雀ヶ原の官有地30ヘクタールの払い下げを実現。明治35年には「野馬追いの唱歌」を自作するなどして、野馬追いの紹介につとめた。

実吉 益美
さねよし・ますみ

安政4年(1857年)～
昭和7年(1932年)12月26日

教育者　東京女子学園設立者
鹿児島県出生。東京帝国大学理科大学卒。

　学習院、山口高等学校、女子大学、物理学校、攻玉社、郁文館等の教授・教諭等を歴任。明治35年棚橋一郎、山本宜喚、小川銀次郎、杉浦鋼太郎、高津鍬三郎、吉岡哲太郎とともに私立東京高等女学校(現・東京女子学園)設立を計画、36年の開校に尽力した。

【評伝・参考文献】
　◇東京女子学園九十年史　東京女子学園九十年史編集委員会編　東京女子学園　1993.12.25

佐野 鼎
さの・かなえ

文政11年(1828年)～明治10年(1877年)

加賀藩士　共立学校創立者
駿河国富士郡水戸島村出生。

　郷士佐野小右衛門綱篤の長男として生まれる。長じて江戸に出、下曾根塾にて蘭式砲術を学び、塾頭となる。安政4年(1857年)加賀藩に砲術師範として仕える。万延元年遣米使節新見豊前守らに随従。この際「奉使米行航海日記」を記す。文久元年遣欧使節竹内下野守らに随従。英・仏・蘭・普・露・葡を歴訪。元治元年壮猶館(加賀藩校)の稽古方惣棟取役となる。慶応3年英艦来航時、異国船渡来之節応接方として活躍。アーネスト・サトウと会う。明治4年(1871年)太政官より造兵正に任ぜられる。また、共立学校(現・開成学園)を創立した。

【評伝・参考文献】
　◇万延元年訪米日記　佐野鼎著　金沢文化協会　1946　202p 図版 19cm
　◇開成の百年1871-1971　開成学園編　開成学園　1971.11.1
　◇富士出身の佐野鼎と幕末・明治維新　その1　磯部博平著　磯部出版　1998.4　40p 26cm
　◇富士出身の佐野鼎と幕末・明治維新　その2　磯部博平著　磯部出版　1998.8　19p 26cm
　◇佐野鼎と共立学校―開成の黎明　開成学園創立130周年記念　開成学園創立130周年記念行事運営委員会校史編纂委員会編　開成学園創立130周年記念行事運営委員会校史編纂委員会　2001.11　33p 30cm

鮫島 晋
さめじま・しん

嘉永5年(1852年)～
大正6年(1917年)12月9日

教育家　東京物理学講習所創設者
東京大学理学部物理学科〔明治12年〕卒。

　東京物理学講習所(現・東京理科大)の創設者の一人。新潟県高田藩士の家に生まれる。貢進生に選ばれ、大学南高(のちの東京大学)に学ぶ。明治14

年東京女子師範教諭となり、共立女子職業学校(現・共立女子学園)の設立に際して発起人に名を連ねた。18年東京師範学校教諭、20年東京高等女学校教諭。33年私塾・小諸義塾の専任教師となり、数学・物理・化学などを教える。39年閉塾。物事に頓着しない性格で閉塾後も長く塾生に愛された。40年群馬県前橋市に前橋義塾を設立。42年奈良県の私立中学文武館数学科主任教諭、45年広島県の私立明道中学教諭、大正2年長崎県の私立平戸女学校教諭などを務めた。小諸義塾の同僚教師であった島崎藤村とも親交があり、藤村の「千曲川スケッチ」や「貧しい理学士」にモデルとして登場している。

【評伝・参考文献】
◇東京理科大学百年史 東京理科大学編 東京理科大学 1981.6.14
◇共立女子学園百十年史 共立女子学園百十年史編集委員会編 共立女子学園 1996.10.18
◇物理学校─近代史のなかの理科学生(中公新書ラクレ) 馬場錬成著 中央公論新社 2006.3.10 314p 18cm

佐山 サダ
さやま・さだ

明治26年(1893年)3月23日～
昭和49年(1974年)5月15日

教育者 佐野裁縫女学校創立者・校長
旧姓名は栗原。栃木県安蘇郡植野村(佐野市)出生。夫は佐山左右治(教育者)。渡辺裁縫女学校卒。小学校教師であった佐山左右治と結婚。のち単身上京して渡辺裁縫女学校に入学し、卒業後は公立学校で教鞭を執った。大正11年に帰郷栃木県植野村に帰り、女子の経済的自立を助けるため、裁縫や実用的な知識・技能を教授する佐野裁縫女学校(現在の佐野清澄高校)を創立し、校長に就任。昭和6年には校長の職を夫に譲り、自らは一教員として学校の発展に力を尽くした。30年に脳溢血で倒れ、晩年は長い闘病生活を送った。

沢井 兵次郎
さわい・ひょうじろう

慶応2年(1866年)～昭和25年(1950年)

教育家 旭川大学高校創立者
宮城県立農学校獣医科〔明治22年〕卒。

磐城国伊具郡角田城主石川氏代々の家老の家に生まれる。明治維新後、宮城県立農学校獣医科を卒業の明治22年北海道に渡る。角田町で泉麟太郎と牧場の共同経営を始めるが、2年後には旭川に移住し、獣医と蹄鉄業を始める。旭川には小学校しかなかったため女子教育に取り組もうと、31年旭川裁縫専門学校を設立。昭和11年まで初代校長をつとめ、退任後は校主として経営にあたった。その後、27年旭川女子高校、39年旭川日本大学高校、43年北日本学院大学高校、45年旭川大学高校に改称。

沢田 亀

さわだ・かめ

文久3年（1863年）〜
昭和22年（1947年）3月26日

女子教育家　済美学園創設者
高知県出生。

　土佐藩士笹村茂之の長女として生まれ、明治12年郷士沢田栄之助に嫁ぐ。4人の男児をもうけるが、26年30歳の時、夫が病死。養蚕を試みたり小学校で裁縫を教えたりするが、自立を目指して上京し、渡辺裁縫学校速成科に学び、小学校準教員の資格を得て帰郷。高等小学校などに勤務したのち、"女性が自立できるだけの仕事を身につける、裁縫学校(塾)をつくりたい"と、34年39歳の時、単身松山に出て、沢田裁縫伝習所を開く。東京仕立てであることや、メートル法で教える指導法が評判となる。36年には沢田裁縫女学校に改称。41年船田ミサヲの家政女学会と合併し、私立愛媛実科女学校が設立された。44年愛媛実科女学校と勝山高等女学校が合併し、済美高等女学校・済美女学校となった。最後まで教壇に立ち、生徒の育成に努めた。昭和24年済美高等学校と改称。のちに済美学園として規模を拡大し、男女共学となる。

沢野 忠基

さわの・ただもと

万延1年（1860年）〜？

東京物理学講習所創設者
東京大学理学部物理学科〔明治13年〕卒。

　明治14年有志21人で東京物理学講習所（のち東京物理学校, 現・東京理科大学）を創設した。

【評伝・参考文献】
◇東京理科大学百年史　東京理科大学編　東京理科大学　1981.6.14
◇物理学校—近代史のなかの理科学生（中公新書ラクレ）　馬場錬成著　中央公論新社　2006.3.10　314p 18cm

沢柳 政太郎

さわやなぎ・まさたろう

慶応1年（1865年）4月23日〜
昭和2年（1927年）12月24日

教育家, 教育学者　帝国教育会会長, 京都帝国大学総長, 東北帝国大学初代総長, 成城学園創設者
信濃国松本（長野県松本市）出生。帝大文科大学（東京大学）〔明治21年〕卒。文学博士。

　文部省書記官をふり出しに、二高、一高校長を歴任。明治31年再び文部省に入り、普通学務局長を経て、39年文部次官に就任。この間、小学校令の改正（義務教育年期の4年を6年に延長）、高等教育機関の充実（東北, 九州両大学の設置, 高校増設）などを行った。41年辞任し、貴院議員、高等教育会議議員をつとめた。44年東北帝国大学初代総長、大正2年京都帝国大学総長となるが、同年教授会の意向を

無視し7人の教授に退職勧告したことから、大学の自治をめぐり沢柳事件を引き起こし3年辞職。4年帝国教育会会長として初等教育の改革に尽くす。6年成城学園を創設するなど、大正期の教育改革運動の指導的役割を果たした。著書「実際的教育学」(明治42年)は日本の教育学関係の古典的名著とされている。「沢柳政太郎全集」(全11巻, 国土社)がある。

【評伝・参考文献】
◇近代日本の教育を育てた人びと 下 孤高の教育家 沢柳政太郎〔ほか〕(滑川道夫)(教育の時代叢書) 東洋館出版社編集部編 東洋館出版社 1965 19cm
◇沢柳政太郎―その生涯と業績 2版(沢柳研究双書1) 新田貴代著 成城学園沢柳研究会 1972.7 276p 22cm
◇沢柳政太郎と成城教育(沢柳研究双書3) 庄司和晃著 成城学園沢柳研究会 1974 201p 22cm
◇沢柳政太郎全集 別巻(沢柳政太郎研究) 国土社 1979.5 325p 22cm
◇沢柳政太郎全集 第10巻(随想・書簡・年譜・索引) 国土社 1980.3 598p 22cm
◇吾父沢柳政太郎―伝記・沢柳政太郎(伝記叢書3) 沢柳礼次郎著 大空社 1987.9 282, 21, 6p 22cm
◇近代日本の教育学―谷本富と小西重直の教育思想 稲葉宏雄著 世界思想社 2004.2 363p 21cm
◇NHKスペシャル 明治 コミック版〈2〉国づくりの設計図編(ホーム社漫画文庫) NHK取材班編 ホーム社, 集英社〔発売〕 2006.5.23 492p 15cm(A6)
◇沢柳政太郎―随時随所楽シマザルナシ(ミネルヴァ日本評伝選) 新田義之著 (京都)ミネルヴァ書房 2006.6.10 332, 9p 19cm(B6)

沢山 保羅
さわやま・ぽうろ

嘉永5年(1852年)3月22日～
明治20年(1887年)3月27日

牧師

幼名は馬之進。周防国(山口県)吉敷郡吉敷村(山口市)出生。

長州藩士の長男として生まれる。郷校・憲章館で漢学を修め、また三原の吉村駿、今治の渡辺渉に陽明学を学んだ。明治3年神戸に出て、宣教師のD. C. グリーンについて英語を教わる中でキリスト教を知り、5年グリーンの紹介により渡米してイリノイ州エバンストンのノースアメリカン大学予科に留学。6年同地で洗礼を受け、使徒パウロの名をとって保羅(ぽうろ)と改名した。日本での伝道を志して神学を学び、9年帰国。郷里の先輩・内海忠勝による官界の誘いを断って伝道の道を歩むことを決断し、10年大阪に我が国で初めて外国の宗教団体の援助を受けない自給教会・浪花教会を設立、初の日本人牧師となった。11年にはキリスト教精神に基づく女性教育を目指し自給学校の梅花女学校を設立、この"梅花"の名は設立者有志が所属していた梅本町教会、浪花教会にちなむ。また同年、各地に伝道者を送る目的で新島襄らと日本基督伝道会社を設立した。終生一貫して日本の教会の自給独立を唱え、

日本教会費自給論を説いた。20年結核のため35歳で夭折した。

【評伝・参考文献】
◇沢山保羅研究 1-3　梅花学園沢山保羅研究会編　梅花学園　1968-1970　3冊　図　21cm
◇沢山保羅研究 4　梅花学園沢山保羅研究会編　梅花学園　1974　281p　図　肖像　21cm
◇沢山保羅研究 5　梅花学園沢山保羅研究会編　梅花学園　1976　87p　21cm
◇沢山保羅　笠井秋生, 佐野安仁, 茂義樹著　日本基督教団出版局　1977.10　238p　図　肖像　19cm
◇沢山保羅研究 6　梅花学園沢山保羅研究会編　梅花学園　1979.1　123p　21cm
◇沢山保羅伝―伝記・沢山保羅（伝記叢書 210）　武本喜代蔵, 古木虎三郎共著　大空社　1996.7　217, 5p　22cm
◇沢山保羅全集　茂義樹編　教文館　2001.5　1055, 19p　22cm

三田 葆光
さんた・かねみつ

文政7年（1824年）～
明治40年（1907年）10月15日

歌人

通称は伊兵衛。江戸出生。

はじめ仲田頼忠に学び、のち黒川真頼に師事。明治期の桂園派歌人として重きをなし、平井元満編の「東京大家十四家集」に作品が収録されている。当時の歌人の重要課題であった開化新題についても積極的に考え、軍艦をいくさふね、避雷針をかみよけなど用語案の一覧を残した。また一時お茶の水女学校の教師をつとめ、明治19年には共立女子職業学校（現・共立女子学園）設立発起人の1人として創設に参加した。家集「櫨紅葉」（明治45年, 非売）がある。

【評伝・参考文献】
◇共立女子学園百十年史　共立女子学園百十年史編集委員会編　共立女子学園　1996.10.18
◇三田葆光の伝記　三田佳平著　〔三田佳平〕　2002.8　144p　30cm

三幣 貞子
さんぺい・さだこ

明治3年（1870年）2月24日～
大正2年（1913年）9月27日

教育者　安房西高等学校創立者

旧姓名は斎藤貞子。初名はさだ。千葉県安房郡豊田村沓見（丸山町）出生。千葉県女子師範学校〔明治22年〕卒。

沓見の莫越山神社神官の長女に生まれる。明治22年千葉県女子師範卒業後、豊田尋常小学校訓導となる。33年豊田村の三幣竹蔵と結婚し上京。東京裁縫女学校に入学。38年3月帰郷し、地域の有力者などの協力を得て、北条町六軒町に安房女子裁縫伝習所を創設。39年11月私立安房女子校と改称、初代校長に就任。同校はのち、昭和19年安房女子商業学校、31年に安房女子高等学校、56年には安房西高等学校へと発展した。

【し】

椎尾 弁匡
しいお・べんきょう

明治9年（1876年）7月6日～
昭和46年（1971年）4月7日

宗教家，仏教学者　増上寺（浄土宗大本山）第82世法主，大正大学学長
号は椎名節堂。愛知県春日井出生。浄土宗高等学院〔明治31年〕卒，東京帝大哲学科宗教学専攻〔明治38年〕卒。文学博士。団インド哲学，仏教哲学，浄土教思想　囲紫綬褒章〔昭和31年〕。

浄土真宗高田派円福寺椎尾順位の5男。明治21年名古屋の浄土宗瑞宝寺で得度。33年小石川表町に興学舎を設立，宗門子弟の勉学に供した。38年東大卒後，浄土宗大学講師，翌年教授，40年浄土宗教学部長。大正2年名古屋に東海中学を設立，校長となった。15年大正大学設立と共に教授となり宗教学・哲学研究室主任。昭和2年学部長。11、17、27年の3期学長を務めた。一方3年の第1回普選から3回衆院議員に当選。また，早くから仏教を現実生活に生かす宗教倫理運動として"共生運動"を起し，多くの信奉者を得て，昭和10年には財団法人共生会が設立され会長に就任。20年から大本山増上寺法主となった。晩年は財団法人芝生会会長，三康文化研究所所長を務めた。著書には「人間の宗教」「仏教哲学」「椎尾弁匡選集」（全10巻）などがある。

椎野 詮
しいの・せん

明治20年（1887年）11月8日～
昭和22年（1947年）1月7日

教育家　米沢女子職業学校創設者，山形県婦人連盟理事長
旧姓名は武沢。山形県米沢市福田町出生。米沢高等女学校〔明治36年〕卒。

女学校卒業後，西置賜郡荒砥小学校で教鞭をとる。明治39年米沢市福田町出身の椎野誠一氏と結婚し，夫の任地飛田の高山に赴く。大正4年夫亡くなると，その遺志をついで教育に一生を奉げようと決意して上京。東京割烹女学校に入学し，和洋料理法を学び，さらに茶道・礼法，染色等をおさめて帰郷した。7年米沢に椎野家政塾を開き"勤労を通じて婦道を実践し，日本伝統の婦道精神を昂揚する"ことを教育の要旨として、子女の教育にあたった。11年文部大臣から実業学校としての認可をうけて，米沢女子職業学校（現・米沢中央高等学校）を米沢市明神堂町に創設した。昭和2年校名を米沢高等家政女学校と改め，教育内容の充実をはかった。同校の経営は，父・武沢源五郎，弟・武沢源一の協力のもとに独立経営し，山形県における私立学校として独自の

塩原 市三郎
しおばら・いちさぶろう

明治25年（1892年）11月27日〜
昭和37年（1962年）9月16日

教育家　塩原学園創立者
埼玉県旭村（本庄市）出生。

　陸軍下士官として服役後、裁縫教師・原田キクと結婚。大正8年4月妻と共に塩原裁縫伝習所を創立。14年塩原裁縫女学校を開設し、校長に就任。昭和6年塩原裁縫高等女学校に昇格させる。14年本庄高等家政女学校と改称。当初から自身が校長、キクが副校長を務め同校の基礎を築いた。29年塩原学園を設立し、同年11月学校法人塩原学園を創立、理事長兼校長に就任。32年本庄女子高校（のち本庄第一高校）と改称。36年校長を長男に譲るが、死去するまで理事長を務めた。

塩原 キク
しおばら・きく

明治30年（1897年）10月20日〜
昭和31年（1956年）7月6日

教育家　塩原学園創立者
旧姓名は原田。群馬県群馬郡元惣社村（前橋市）出生。共愛女学校〔大正5年〕卒。置藍綬褒章〔昭和30年〕。

　大正7年塩原市三郎と結婚。8年4月夫と共に塩原裁縫伝習所を創立。14年塩原裁縫女学校を開設。昭和6年塩原裁縫高等女学校に昇格させる。14年本庄高等家政女学校と改称。当初から市三郎が校長、自身が副校長を務め同校の基礎を築いた。

志方 鍛
しかた・たん

安政4年（1857年）5月9日〜
昭和6年（1931年）1月21日

司法官　広島控訴院長
武蔵国（埼玉県）出生。司法省法律学校〔明治17年〕卒。

　明治19年奈良支庁詰、京都始審裁判所、24年大阪地方裁判所部長判事、大阪控訴院判事。この間、関西法律学校（のちの関西大学）創立に関わり、27年の東京控訴院に転じるまで講師として教鞭をとった。のち、甲府、千葉地方裁判所長、大審院判事、広島控訴院長を歴任し、大正10年退官。著書に「恕堂遺稿」（詩集）がある。

【評伝・参考文献】
◇関西大学百年史　人物編　関西大学百年史編纂委員会編　関西大学　1986.11.4

（前段）校風を確立した。校務の余暇を利用して、社会教育に尽力。県下各地にわたり婦人会・女子青年団の会合の講師として農村婦女子の教化に貢献した。終戦時の混乱期には、山形県婦人連盟理事長として、また米沢市婦人会長として先頭に立って活躍した。

品川 弥二郎

しながわ・やじろう

天保14年(1843年)閏9月29日～
明治33年(1900年)2月26日

政治家, 子爵　内相, 枢密顧問官
変名は橋本八郎。長門国(山口県)出生。

　長州藩士の家に生まれる。安政4年(1857年)松下村塾に入門して吉田松陰に学び、尊王攘夷運動に挺身。明治元年戊辰戦争には奥羽鎮撫総督参謀として従軍。3年普仏戦争視察で渡欧、6年外務省書記官(ドイツ駐在)。9年帰国後内務省に転じ、15年農商務大輔、18年駐ドイツ公使、21年枢密顧問官を経て、24年松方内閣の内相。25年選挙干渉の責を負って辞任。その後西郷従道らと国民協会を組織し、副会頭。32年解散、枢密顧問官に復す。20年には京都の別邸に尊攘堂を設立、明治維新の志士の遺墨をはじめ、貴重な関係史料の蒐集を行った。17年子爵。一方、9年3月ドイツへの長期留学者であった品川、青木周蔵、平田東助、山脇玄、桂太郎らと、北白川宮能久親王を頭にいだき独逸同学会を創設。さらに14年9月北白川宮を会長として独逸学協会が設立され、品川らに加えて加藤弘之、西周らが会員として参加した。独逸学協会は明治16年に学校開設を決議し、同年10月独逸学協会学校が認可を受け開校、品川は創立委員長をつとめた。

【評伝・参考文献】
◇品川弥二郎関係文書1　尚友倶楽部品川弥二郎関係文書編纂委員会編　山川出版社　1993.9　469p 21cm
◇吉田松陰門下生の遺文(襖の下から幕末志士の手紙が出た)　一坂太郎著　世論時報社　1994.3　178p
◇独協学園史1881-2000　独協学園百年史編纂委員会編　独協学園　2000.5.31
◇品川弥二郎関係文書2　尚友倶楽部品川弥二郎関係文書編纂委員会編　山川出版社　1994.12　433p 22cm
◇独協学園史1881-2000　独協学園百年史編纂委員会編　独協学園　2000.5.31
◇品川弥二郎関係文書6　尚友倶楽部品川弥二郎関係文書編纂委員会編　山川出版社　2003.9　388p 22cm

篠田 時化雄

しのだ・しげお

安政3年(1856年)～昭和11年(1936年)

教育家, 宗教家　京都精華学園創立者
　桑名藩士の家に生まれる。明治5年神宮試験に合格。7年皇大神宮宮掌として京都に。のち神宮教に属し、教導にあたる。32年神宮奉斎会理事となり、のち会長。38年宮原正喬とともに精華女学校を設立し、校長に就任。41年精華高等女学校(昭和23年精華女子高校、43年京都精華女子高校に)と改称。

斯波 安
しば・やす

明治9年(1876年)〜?

教育家　文華高等女学校設立者
別名は斯波安子(しば・やすこ)。福井県福井出生。福井高等女学校卒、東京女子高等師範学校(お茶の水女子大学)卒。

　東京女子高等師範学校を卒業し、福井高等女学校で2年、母校女高師で16年間勤務。大正11年戸野みちゑ、十文字ことらと文華高等女学校(現・十文字高等学校)を設立し、学監として昭和10年3月まで勤務。このほか、婦人同志会幹事、十文字高等女学校評議員、全国中等学校女教員会理事、人事調停委員などを務めた。著書に「綴り方の本」「小学校作法書」「小学歴史要綱」「地理要綱」がある。

柴田 周吉
しばた・しゅうきち

明治30年(1897年)12月25日〜
昭和57年(1982年)9月2日

三菱化成工業相談役、桐蔭学園初代理事長
福岡県出生。東北帝大法文学部〔昭和3年〕卒。藍綬褒章〔昭和39年〕、勲二等瑞宝章〔昭和43年〕。

　昭和33年〜38年三菱化成工業社長、42年まで同社会長。産業教育、科学技術教育に力を注ぎ、桐蔭学園、茗渓学園、科学技術学園の各理事長もつとめた。

【評伝・参考文献】
◇柴田周吉自伝　増補版　鵜川昇編　桐蔭教育研究所　1985.5　249p
◇柴田周吉―その生涯と業績　「柴田周吉 その生涯と業績」刊行会　講談社　1988.1

柴田 徳次郎
しばた・とくじろう

明治23年(1890年)〜
昭和48年(1973年)1月26日

国士舘大学総長
福岡県筑紫郡那珂川町出生。早稲田大学専門部。

　福岡・那珂川町長の四男として生まれるが、小学生の時父が破産。明治38年兄を頼って上京、牛乳配達をしながら苦学する。大正6年夜学塾・国士舘義塾を創立。のち高等部、中等部を開設、昭和4年剣道、柔道、国漢を専門科目とする4年制の専門学校を開校。

柴田 直記
しばた・なおき

(生没年不詳)

教育者　共立女子職業学校創立者
　明治19年共立女子職業学校(現・共立女子学園)設立発起人の1人として創設に参加した。東京女子師範学校では第十級書記として、共立女子職

業学校では事務員として勤務した。

【評伝・参考文献】
◇共立女子学園百十年史　共立女子学園百十年史編集委員会編　共立女子学園　1996.10.18

柴田 やす
しばた・やす

明治14年（1881年）1月1日〜
昭和25年（1950年）5月14日

柴田学園理事長
旧姓名は今村。青森県青森市出生。東京府家事科教員伝習所卒。

19歳で呉服商を営む柴田勇吉と結婚し二児を儲けるが、25歳の時に上京して東京府家事科教員伝習所に学び、教員検定試験に及第して卒業。のち帰郷し、子育てと夫の看病の傍らで青森市公立女子実業補習学校などで裁縫や家事を教えた。大正3年弘前に移住して裁縫と手芸の私塾を開設、好評を得て次第に生徒を増やし、7年には女子裁縫実践学会を設立した。9年に塾を柴田和洋裁縫学校に改組、さらにこれらを基礎として12年弘前和洋裁縫女学校を開校し、昭和3年には文部省より甲種職業学校の認可を取得。その一方で各地の農村に赴いて裁縫を教授し、戦時中には作業しやすい柴田式改良もんぺを開発、全国的に流行した。終戦後の21年財団法人柴田学園を設立して理事長に就任し、東北女子専門学校を創立。ついで23年柴田女子高等学校、24年に東北栄養専門学校を開き、25年には東北女子短期大学開設の認可を受けるが、同年5月その開学式の席上で急死した。

【評伝・参考文献】
◇柴田やす追悼録　柴田学園編　柴田学園　1952
◇柴田やす女史追悼録　柴田学園創立三十年記念事業事務局編　柴田学園　1952.5　215p 21cm
◇ここに人ありき　第1-3巻　船水清著　陸奥新報社　1970　3冊 図版 19cm
◇柴田やす伝―ここに人ありき　学園の母　船水清著　柴田学園　1988.1　103p 19cm

渋川 忠二郎
しぶかわ・ちゅうじろう

嘉永7年（1854年）4月21日〜
大正14年（1925年）1月15日

弁護士　大阪弁護士会会長
出雲国（島根県）出生。

松江藩士の子として生まれ、藩校修道館で御雇い外国人アレキサンドルにフランス語などを学ぶ。横浜の高島塾、京都仏学校、東京に遊学し、中江兆民の私塾に入って学を修めた。明治8年より大阪上等裁判所に勤務し、通訳業務に従事。18年に代言人の免許を取得し、大阪事件などで弁護人を務めた。その傍らで法律学校の開設を企図し、明治13年大阪法学舎の設立に関与、舎主となる。21年から関西法律学校（のちの関西大学）講師を務め、民法売買編などを担当

した。37年島根県から総選挙に出馬するが、惜しくも落選。39年大阪弁護士会会長。

【評伝・参考文献】
◇関西大学百年史 人物編 関西大学百年史編纂委員会編 関西大学 1986.11.4

渋沢 栄一
しぶさわ・えいいち

天保11年（1840年）2月13日～
昭和6年（1931年）11月11日

実業家, 財界人, 子爵 第一国立銀行頭取

幼名は栄二郎、号は青淵。武蔵国榛沢郡血洗島村（埼玉県深谷市）出生。三男は渋沢秀雄（東宝会長・随筆家）、孫は渋沢敬三（日銀総裁・蔵相）、渋沢和男（民族文化協会長）、渋沢華子（文筆家）、鮫島純子（文筆家）、従兄は渋沢喜作（実業家）、尾高惇忠（富岡製糸工場長）。

武蔵国榛沢の郷士の生まれ、漢学を学び家業に従事したのち、江戸に出て尊攘派志士として活動。横浜の異人館焼討ちを計画するが果さず。のち一橋慶喜に仕え、慶応2年慶喜の将軍就任とともに幕臣となる。3年慶喜の弟昭武に随行して渡欧、西欧の近代的産業設備や経済制度を学ぶ。明治元年帰国し、静岡に日本最初の株式会社・商法会所を設立。2年大蔵省に出仕し、井上馨とともに財政制度の確立に努めたが、6年退官し第一国立銀行を設立、8～大正5年頭取。また、明治19年伊藤博文を中心に女子教育奨励会創立委員会を結成、21年委員の1人として東京女学館創立に関わった。この間、王子製紙、大阪紡績、東京人造肥料、東京瓦斯、日本鉄道など500余の会社を設立し経営、また東京商法会議所（のちの東京商業会議所）、東京銀行集会所、東京手形交換所などを組織、大正5年に引退するまで実業界・財界の指導的役割を果し、"日本資本主義の父"と呼ばれた。引退後は東京市養育院、など各方面の社会公共事業に力をそそいだ。明治33年男爵、大正9年子爵に列せらる。

【評伝・参考文献】
◇露伴全集 17 渋沢栄一伝 幸田露伴著 岩波書店 1949
◇東西百傑伝 第4巻（良寛〔ほか〕） 吉野秀雄 池田書店 1950 19cm
◇渋沢栄一（偉人伝文庫） 渋沢秀雄著 ポプラ社 1951
◇青淵渋沢栄一――思想と言行 明石照男編 渋沢青淵記念財団竜門社 1951.10 164p 19cm
◇世界偉人伝 第4巻 良寛（吉野秀雄） 世界偉人伝刊行会編 池田書店 1952 19cm
◇明治 大実業家列伝――市民社会建設の人々 林房雄著 創元社 1952 255p 19cm
◇人使い金使い名人伝〔正〕続 中村竹二著 実業之日本社 1953 2冊 19cm
◇国宝渋沢栄一翁 改版 渋沢栄一翁頌徳会編 実業之世界社 1954 330p 図版 19cm
◇渋沢栄一（史伝3） 山口平八著 埼玉県立文化会館 1955

◇渋沢栄一伝記資料 在郷及ビ仕官時代　渋沢栄一伝記資料刊行会　1955-58　27cm
◇渋沢栄一伝記資料　第4-21巻（実業界指導並ニ社会公共事業尽力時代）　竜門社編　渋沢栄一伝記資料刊行会　1955-58　27cm
◇渋沢栄一　渋沢秀雄著　渋沢青淵記念財団竜門社　1956　63p 図版　15cm
◇渋沢栄一伝記資料　第22巻（実業界指導並ニ社会公共事業尽力時代）　竜門社編　渋沢栄一伝記資料刊行会　1958　935p 27cm
◇渋沢栄一伝記資料　第23巻（実業界指導並ニ社会公共事業尽力時代）　竜門社編　渋沢栄一伝記資料刊行会　1958　695p 27cm
◇渋沢栄一伝記資料　第26巻（実業界指導並ニ社会公共事業尽力時代）　竜門社編　渋沢栄一伝記資料刊行会　1959　929p 27cm
◇渋沢栄一伝記資料　第24巻（実業界指導並ニ社会公共事業尽力時代）　竜門社編　渋沢栄一伝記資料刊行会　1959　637p 27cm
◇渋沢栄一伝記資料　第25巻（実業界指導並ニ社会公共事業尽力時代）　竜門社編　渋沢栄一伝記資料刊行会　1959　752p 27cm
◇渋沢栄一伝記資料　第27巻（実業界指導並ニ社会公共事業尽力時代）　竜門社編　渋沢栄一伝記資料刊行会　1959　715p 27cm
◇渋沢栄一伝記資料　第28巻（実業界指導並ニ社会公共事業尽力時代）　竜門社編　渋沢栄一伝記資料刊行会　1959　839p 27cm
◇父　渋沢栄一　上巻　渋沢秀雄著　実業之日本社　1959　272p 図版　20cm
◇父　渋沢栄一　下巻　渋沢秀雄著　実業之日本社　1959　277p 20cm

◇日本の思想家　山本健吉編　光書房　1959　224p 20cm
◇渋沢栄一伝記資料　第29巻（実業界指導並ニ社会公共事業尽力時代）　竜門社編　渋沢栄一伝記資料刊行会　1960　637p 27cm
◇渋沢栄一伝記資料　第30巻（社会公共事業尽瘁並ニ実業界後援時代）　竜門社編　渋沢栄一伝記資料刊行会　1960　861p 27cm
◇渋沢栄一伝記資料　第31巻（社会公共事業尽瘁並ニ実業界後援時代 2）　竜門社編　渋沢栄一伝記資料刊行会　1960　788p 27cm
◇渋沢栄一伝記資料　第32巻（社会公共事業尽瘁並ニ実業界後援時代）　竜門社編　渋沢栄一伝記資料刊行会　1960　615p 27cm
◇渋沢栄一伝記資料　第33（社会公共事業尽瘁並ニ実業界後援時代）　竜門社編　渋沢栄一伝記資料刊行会　1960　640p 27cm
◇渋沢栄一伝記資料　第34巻（社会公共事業尽瘁並ニ実業界後援時代）　竜門社編　渋沢栄一伝記資料刊行会　1960　686p 27cm
◇青淵渋沢栄一翁小伝及び年譜　野依秀市編　実業之世界社　1960
◇論語と渋沢翁と私　岸信介著　実業之世界社　1960
◇渋沢栄一伝記資料　第35巻（社会公共事業尽瘁並ニ実業界後援時代）　竜門社編　渋沢栄一伝記資料刊行会　1961　629p 27cm
◇渋沢栄一伝記資料　第36巻（社会公共事業尽瘁並ニ実業界後援時代）　竜門社編　渋沢栄一伝記資料刊行会　1961　682p 27cm
◇渋沢栄一伝記資料　第37-38巻（社会公共事業尽瘁並ニ実業界後援時代）　竜門社編　渋沢栄一伝記資料刊行会　1961　27cm
◇渋沢栄一伝記資料　第39巻（社会公共事業尽瘁並ニ実業界後援時代）　竜

◇門社編　渋沢栄一伝記資料刊行会　1961　763p 27cm
◇渋沢栄一伝記資料 第40巻（社会公共事業尽瘁並ニ実業界後援時代）　竜門社編　渋沢栄一伝記資料刊行会　1961　695p 27cm
◇世界の人間像 第5（世界の新聞王＝ピューリッツァー〔ほか〕（アイリス・ノーブル著，佐藤亮一訳））　角川書店編集部編　角川書店　1961　474p 図版 19cm
◇世界ノンフィクション全集 第14（アメリカ彦蔵回想記〔ほか〕（ジョゼフ・ヒコ著，中川努訳））　中野好夫，吉川幸次郎，桑原武夫編　筑摩書房　1961　512p 図版 19cm
◇渋沢栄一伝記資料 第41巻（社会公共事業尽瘁並ニ実業界後援時代）　竜門社編　渋沢栄一伝記資料刊行会　1962　686p 27cm
◇渋沢栄一伝記資料 第42巻（社会公共事業尽瘁並ニ実業界後援時代）　竜門社編　渋沢栄一伝記資料刊行会　1962　690p 27cm
◇渋沢栄一伝記資料 第43巻（社会公共事業尽瘁並ニ実業界後援時代）　竜門社編　渋沢栄一伝記資料刊行会　1962　699p 27cm
◇渋沢栄一伝記資料 第44巻（社会公共事業尽瘁並ニ実業界後援時代）　竜門社編　渋沢栄一伝記資料刊行会　1962　744p 27cm
◇渋沢栄一伝記資料 第45巻（社会公共事業尽瘁並ニ実業界後援時代）　竜門社編　渋沢栄一伝記資料刊行会　1962　640p 27cm
◇渋沢栄一伝記資料 第46巻（社会公共事業尽瘁並ニ実業界後援時代）　竜門社編　渋沢栄一伝記資料刊行会　1962　730p 27cm
◇渋沢栄一―日本民主自由経済の先覚者　山口平八著　平凡社　1963　186p 図版 表 19cm
◇渋沢栄一伝記資料 第49巻（社会公共事業尽瘁並ニ実業界後援時代）　竜門社編　渋沢栄一伝記資料刊行会　1963　669p 27cm
◇渋沢栄一伝記資料 第52巻（社会公共事業尽瘁並ニ実業界後援時代）　竜門社編　渋沢栄一伝記資料刊行会　1963　600p 27cm
◇渋沢栄一伝記資料 第48巻（社会公共事業尽瘁並ニ実業界後援時代）　竜門社編　渋沢栄一伝記資料刊行会　1963　699p 27cm
◇渋沢栄一伝記資料 第51巻（社会公共事業尽瘁並実業界後援時代）　竜門社編　渋沢栄一伝記資料刊行会　1963　641p 27cm
◇渋沢栄一伝記資料 第47巻（社会公共事業尽瘁並ニ実業界後援時代）　竜門社編　渋沢栄一伝記資料刊行会　1963　720p 27cm
◇渋沢栄一伝記資料 第50巻（社会公共事業尽瘁並ニ実業界後援時代）　竜門社編　渋沢栄一伝記資料刊行会　1963　643p 27cm
◇渋沢栄一と択善会　田村俊夫著　近代セールス社　1963
◇日本財界人物列伝 第1巻　青潮出版株式会社編　青潮出版　1963　1171p 図版 26cm
◇現代日本思想大系　11　筑摩書房　1964
◇渋沢栄一伝記資料 第55巻（社会公共事業尽瘁並ニ実業界後援時代）　竜門社編　渋沢栄一伝記資料刊行会　1964　683p 27cm
◇渋沢栄一伝記資料 第53巻（社会公共事業尽瘁並ニ実業界後援時代）　竜門社編　渋沢栄一伝記資料刊行会　1964　554p 27cm
◇渋沢栄一伝記資料 第54巻（社会公共事業尽瘁並ニ実業界後援時代）　竜門社編　渋沢栄一伝記資料刊行会　1964　550p 27cm

◇渋沢栄一伝記資料 第56巻(社会公共事業尽瘁並ニ実業界後援時代) 竜門社編 渋沢栄一伝記資料刊行会 1964 708p 27cm
◇渋沢栄一伝記資料 第57巻(第3編) 竜門社編 渋沢栄一伝記資料刊行会 1964-65 27cm
◇渋沢栄一伝記資料 第58巻索引(渋沢栄一事業別年譜, 渋沢栄一伝記資料総目次, 五十音順款項目索引) 竜門社編 渋沢栄一伝記資料刊行会 1964-65 27cm
◇渋沢栄一(一人一業伝) 渋沢秀雄著 時事通信社 1965 246p 図版 18cm
◇渋沢栄一伝記資料 別巻 第1(日記) 竜門社編 1966 790p 図版 27cm
◇渋沢栄一伝記資料 別巻 第2(日記) 竜門社編 1966 788p 図版 27cm
◇渋沢栄一滞仏日記(日本史籍協会叢書) 日本史籍協会編 東京大学出版会 1967 504p 図 肖像 22cm
◇渋沢栄一伝記資料 別巻 第3(書簡) 竜門社編 1967 634p 図版 27cm
◇渋沢栄一伝記資料 別巻 第4(書簡) 竜門社編 1967 631p 図版 27cm
◇渋沢栄一伝記資料 別巻 第5 講演・談話第1 竜門社 1968 724p 図版 27cm
◇渋沢栄一伝記資料 別巻 第6 談話 第2 竜門社 1968 690p 図版 27cm
◇明治百年 文化功労者記念講演集 第1輯(福沢諭吉を語る〔ほか〕) 高橋誠一郎 尾崎行雄記念財団 1968 324p 19cm
◇渋沢栄一伝記資料 別巻 第7(談話 第3) 竜門社 1969 626p 27cm
◇渋沢栄一伝記資料 別巻 第8(談話4, 余録) 竜門社 1969 702p 図 27cm
◇ドキュメント日本人 第4(支配者とその影) 学芸書林 1969 317p 20cm
◇渋沢栄一伝記資料 別巻 第9(遺墨) 竜門社 1970 358p 27cm
◇太平洋にかける橋―渋沢栄一の生涯 渋沢雅英著 読売新聞社 1970 486p 図 肖像 20cm
◇渋沢栄一伝記資料 別巻 第10(写真) 竜門社 1971 図292p 27cm
◇明治を耕した話―父・渋沢栄一(青蛙選書 53) 渋沢秀雄著 青蛙房 1977.9 310p 22cm
◇露伴全集 第17巻 幸田露伴著 岩波書店 1979.1 538p 19cm
◇日本人の自伝 1(福沢諭吉.渋沢栄一.前島密) 土屋喬雄著 平凡社 1981.4 430p 20cm
◇巨(おお)いなる企業家渋沢栄一の全研究―日本株式会社をつくった男(PHPビジネスライブラリー) 井上宏生著 PHP研究所 1983 222p 18cm
◇埼玉の先人渋沢栄一 韮塚一三郎, 金子吉衛著 さきたま出版会 1983.12 299p 図版
◇雨夜譚(日本財界人物伝全集) 渋沢栄一述, 長幸男校注 岩波書店 1984.11 338p 15cm
◇青淵百話 渋沢栄一著 図書刊行会 1986.4 2冊 22cm
◇近代の創造―渋沢栄一の思想と行動 山本七平著 PHP研究所 1987.3 510p 19cm
◇日々に新たなり―渋沢栄一の生涯 下山二郎著 国書刊行会 1988.2 381p 20cm
◇巨星渋沢栄一・その高弟大川平三郎(郷土歴史選書1) 竹内良夫著 教育企画出版 1988.3 21cm
◇渋沢栄一碑文集(第1-3巻) 山口律雄, 清水惣之助共編 博字堂 1988.11 151p 27cm
◇渋沢栄一〈新装版〉(人物叢書) 竜門社編 吉川弘文館 1989.5 295p 19cm

◇幕末武州の青年群像　岩上進著　(浦和)さきたま出版会　1991.3　375p 21cm

◇渋沢栄一―民間経済外交の創始者（中公新書1016）　木村昌人著　中央公論社　1991.4　199p 18cm

◇渋沢栄一―人間の礎（リュウセレクション）　童門冬二著　経済界　1991.12　254p 19cm

◇（評伝・）渋沢栄一　藤井賢三郎著　水曜社　1992.6　20cm

◇建設業を興した人びと―いま創業の時代に学ぶ　菊岡倶也著　彰国社　1993.1　452p 21cm

◇のるかそるか（文春文庫）　津本陽著　文芸春秋　1994.4　294p 15cm

◇モノ・財・空間を創出した人々（二十世紀の千人　第3巻）　朝日新聞社　1995.3　438p 19cm

◇渋沢栄一の「論語算盤説」と日本的な資本主義精神　国際日本文化研究センター編　国際日本文化研究センター　1995.5　38p 21cm

◇渋沢栄一、パリ万博へ　渋沢華子著　国書刊行会　1995.5　244p 20cm

◇渋沢栄一男の選択―人生には本筋というものがある(Ryu books)　童門冬二著　経済界　1995.7　278p

◇人物に学ぶ明治の企業事始め　森友幸照著　つくばね舎,地歴社〔発売〕　1995.8　210p 21cm

◇激流―若き日の渋沢栄一　大仏次郎著　恒文社　1995.12　265p 19cm

◇渋沢論語をよむ　深沢賢治著　明徳出版社　1996.5　236p 19cm

◇渋沢栄一と人倫思想　小野健知著　大明堂　1997.4　486p 21cm

◇徳川慶喜最後の寵臣　渋沢栄一―そしてその一族の人びと　渋沢華子著　国書刊行会　1997.12　317p 19cm

◇渋沢栄一―人間の礎（人物文庫）　童門冬二著　学陽書房　1998.5　273p 15cm

◇雨夜譚余聞（地球人ライブラリー039）　渋沢栄一述　小学館　1998.8　281p 20cm

◇渋沢栄一自叙伝―伝記・渋沢栄一（近代日本企業家伝叢書9）　渋沢栄一述　大空社　1998.11　1019, 59p 22cm

◇渋沢家三代（文春新書）　佐野真一著　文芸春秋　1998.11　294p 18cm

◇シリーズ福祉に生きる 11 渋沢栄一（大谷まこと著）　一番ケ瀬康子,津曲裕次編　大空社　1998.12　180p 19cm

◇渋沢栄一人間、足るを知れ―「時代の先覚者」はなぜかくも「無私」たりえたのか　永川幸樹著　ベストセラーズ　1999.1　249p 20cm

◇公益の追求者・渋沢栄一―新時代の創造　渋沢研究会編　山川出版社　1999.3　398, 9p 22cm

◇小説渋沢栄一　童門冬二著　経済界　1999.9　244p 20cm

◇論語とソロバン―渋沢栄一に学ぶ日本資本主義の明日　長編小説　童門冬二著　祥伝社　2000.2　313p

◇不易の人生法則―鈴木正三・石田梅岩・渋沢栄一に学ぶ（PHP文庫）　赤根祥道著　PHP研究所　2000.7　275p 15cm

◇常設展示図録渋沢史料館　渋沢史料館編　渋沢史料館　2000.11　151p 30cm

◇渋沢栄一と日本商業教育発達史（産業教育人物史研究3）　三好信浩著　風間書房　2001.10　369p 22cm

◇渋沢栄一とヘッジファンドにリスクマネジメントを学ぶ―キーワードはオルタナティブ　渋沢健著　日経BP社　2001.11　304p 20cm

◇渋沢栄一の経世済民思想　坂本慎一著　日本経済評論社　2002.9　334p 22cm

◇精神としての武士道―高次元的伝統回帰への道　内田順三著　シーエ

◇イチシー, コアラブックス〔発売〕 2005.1.30 279p 19cm(B6)
◇日本立憲政治の形成と変質 鳥海靖, 三谷博, 西川誠, 矢野信幸編 吉川弘文館 2005.2.20 390p 21cm(A5)
◇本好き人好き話好き 谷沢永一著 五月書房 2005.3.18 227p 19cm(B6)
◇小売業の繁栄は平和の象徴―私の履歴書 岡田卓也著 日本経済新聞社 2005.3.25 202p 19cm(B6)
◇明治〈1〉変革を導いた人間力(NHKスペシャル) NHK「明治」プロジェクト編著 日本放送出版協会 2005.5.30 229p 19cm(B6)
◇シヴィル・ソサエティ論―新しい国づくりを目指して(慶応義塾大学法学部渋沢栄一記念財団寄附講座) 渋沢雅英, 山本正, 小林良彰著 慶応義塾大学出版会 2005.6.10 284p 21cm(A5)
◇日本史・ライバルたちの「意外な結末」―宿敵・政敵・好敵手たちの知られざる「その後」(PHP文庫) 日本博学倶楽部著 PHP研究所 2005.9.16 275p 15cm(A6)
◇日本を創った12人(PHP文庫) 堺屋太一著 PHP研究所 2006.2.17 413p 15cm(A6)
◇NHKスペシャル 明治 コミック版〈1〉日本の独創力(ホーム社漫画文庫) NHK取材班編, 小川おさむ, 本山一城, 殿塚実, 狩那匠, 三堂司著 ホーム社, 集英社〔発売〕 2006.4.22 492p 15cm(A6)
◇成功者への道―渋沢栄一の「論語」に学ぶ夢の実現・願望達成のための手順書 高橋憲一著 朱鳥社, 星雲社〔発売〕 2006.4.18 131p 26cm(B5)
◇経営に大義あり―日本を創った企業家たち 日本経済新聞社編 日本経済新聞社 2006.5.22 247p 19cm(B6)
◇企業の正義 中條高徳著 ワニブックス 2006.7.1 263p 19cm(B6)
◇公益を実践した実業界の巨人・渋沢栄一を歩く 田沢拓也著 小学館 2006.9.20 303p 19cm(B6)
◇埼玉の三偉人に学ぶ 堺正一著 (さいたま)埼玉新聞社 2006.9.15 205p 19cm(B6)
◇岩波講座「帝国」日本の学知〈第2巻〉「帝国」の経済学 杉山伸也編 岩波書店 2006.9.15 339, 45p 21cm(A5)
◇指導者の精神構造―時代を動かすリーダーたちの内面をさぐる 小田晋著 生産性出版 2006.10.25 226p 19cm(B6)
◇NHKその時歴史が動いたコミック版 経済立国編(ホーム社漫画文庫) NHK取材班編 ホーム社, 集英社〔発売〕 2006.11.22 497p 15cm(A6)

渋谷 慥爾

しぶや・そうじ

？～明治28年(1895年)1月29日

弁護士, 教育者 英吉利法律学校創設者・初代幹事

佐賀県出身。東京大学法学部〔明治18年〕卒。

大学卒業後、岡山兼吉の事務所で代言人となり、明治18年英吉利法律学校(現・中央大学)設立後は、初代幹事として、ただ一人校務万般の処理にしたがった。

【評伝・参考文献】

◇風霜三代―中央大学八十年小史　大久保次夫(中央大学総務部調査部長)編　中央評論編集部　1965.2.15
◇中央大学百年史 通史編〈上巻〉　中央大学百年史編集委員会専門委員会編　中央大学　2001.3.31

島地 黙雷
しまじ・もくらい

天保9年(1838年)2月15日～
明治44年(1911年)2月3日

僧侶, 評論家　浄土真宗本願寺派(西本願寺)執行長

旧姓名は清水清水。幼名は繁丸, 俗名は謙致, 号は無声, 益渓, 縮堂。周防国佐波郡和田村(山口県周南市)出生。妻は島地八千代, 息子は島地威雄(生物学者)。

　周防・専照寺の清水円随の四男に生まれる。元治元年萩藩が火葬を禁じた時、「送葬論」を書いて批判した。慶応2年周防・妙誓寺の住職となり島地姓を名のる。同年大洲鉄然と共に改正局という学校を萩に設け、真宗僧徒の子弟を教育した。明治元年赤松連城らと京都真宗本願寺の宗規の乱れを改革、3年鉄然と共に上京。民部省内に寺院寮を設置するよう太政官に建議して成功。また木戸孝允の内意で雑誌「新聞雑誌」を編集発刊した。5年西本願寺から宗教事情視察のためヨーロッパに派遣され、6年帰国。明治政府に建議書を送り、政教分離と信教の自由を主張。また神仏合同の大教院分離を建白。神仏分離を策し、廃仏毀釈後の仏教新生のため尽力した。さらに白蓮社を興し、雑誌「報四叢談」を発行。僧侶指導に尽くした。9年西本願寺執行、のち執行長、25年盛岡願教寺住職、27年勧学となった。一方21年女子文芸学舎(千代田女学園の前身)を妻八千代とともに設立、日本赤十字社の創立に関与した。43年満州に渡り戦死者の遺霊を弔った。著書に「維摩経講義」「念仏往生義」「三国仏教略史」(全3巻)「仏教各宗綱要」、「島地黙雷全集」(第5巻)などがある。

【評伝・参考文献】
◇近代仏教界の人間像　常光浩然著　世界仏教協会　1962　225p　図版19cm
◇大教院の研究―明治初期宗教行政の展開と挫折　小川原正道著　慶応義塾大学出版会　2004.8　240, 8p　21cm

島田 依史子
しまだ・いしこ

明治35年(1902年)2月16日～
昭和58年(1983年)8月23日

文京学園理事長, 文京女子短期大学学長

本名は島田イシ(しまだ・いし)。東京出身。共立女子専卒。藍綬褒章〔昭和38年〕, 勲四等宝冠章〔昭和47年〕。

　大正13年文京学園の前身、私塾・本郷女学院を開き、一貫して女子教育の発展につとめた。

清水 安三

しみず・やすぞう

明治24年(1891年)6月1日～
昭和63年(1988年)1月17日

教育家,牧師　桜美林学園創設者
滋賀県高島郡新儀村(高島市)出生。妻は清水郁子(桜美林学園創設者)、息子は清水畏三(桜美林学園理事長・学園長)。同志社大学神学部〔大正4年〕卒、オベリン大学(米国)大学院〔大正15年〕修了。神学博士(オベリン大学)〔昭和43年〕。團キリスト教神學圍勲三等瑞宝章〔昭和41年〕、キリスト教功労者(第10回)〔昭和54年〕。

同志社大神学部在学中にキリスト教の洗礼を受け、日本人宣教師第1号として北京へ赴任。米国留学を経て、大正8年中国の芳草地に災童収容所を作り、9年朝陽門外に崇貞学園を設立、終戦まで20数年貧しい中国の子女の教育にあたり、"北京の聖者"と称された。引き揚げ後、昭和21年東京・町田に桜美林学園を創立し、高等女学校を開設。以後、中学校、高校、短期大学、大学を次々と開校し、総合学園に育てあげた。著書に「支那新人と黎明運動」「朝陽門外」「中江藤樹の研究」など。

【評伝・参考文献】
◇石ころの生涯—崇貞・桜美林物語　清水安三著　キリスト新聞社　1977.7　374p 肖像 19cm
◇朝陽門外—伝記・清水安三(伝記叢書228)　清水安三著　大空社　1996.10　367,5p 22cm
◇朝陽門外の虹—崇貞女学校の人びと　山崎朋子著　岩波書店　2003.7　399p 20cm

下出 民義

しもいで・たみよし

文久1年(1861年)12月～
昭和27年(1952年)8月16日

衆院議員(政友本党)、貴院議員(多額納税)、名古屋電燈副社長

名古屋市議、同参事会員、名古屋商業会議所議員を経て、大正9年愛知4区より衆院議員に当選。また、名古屋電燈副社長、愛知電気鉄道取締役、名古屋株式取引所相談役なども歴任した。12年東邦商業学校(現・東邦高校)を設立。

下河辺 光行

しもこうべ・みつゆき

安政3年(1856年)1月1日～
昭和19年(1944年)1月

教育者　京都府立医学専門学校助教諭

京都府京都市寺町広小路下ル出生。弟は上田勝行(京都私立独逸学校創立者)。京都府立中学卒。

士族下河辺光窓の長男として生まれる。明治3年より府庁の典事広瀬範治の私塾で漢学を学び、5年弟上田勝行とともに欧学舎においてレーマンからドイツ語を習う。欧学舎の廃

止とともに新設の京都府立中学に入学、卒業後9年より通訳として府庁に入る。のちレーマンの設計した梅津製紙場に通訳として勤め製紙事業にも従事した。35年6月京都府医学校教員、同年7月京都府立医学専門学校助教諭となり、37年退職。京都私立独逸学校(現・京都薬科大学)創設以来ドイツ語を教授し、その温和な性質と謹厳のゆえに多くの生徒の信頼を集めたが、昭和3年3月75歳で京都薬学専門学校を退職した。

【評伝・参考文献】
◇京都薬科大学百年史　京都薬科大学百年史編纂委員会編　京都薬科大学　1985.9.20

下条 恭兵
しもじょう・きょうへい

明治33年(1900年)4月〜
昭和61年(1986年)1月12日

参院議員
新潟県出身。早稲田工手学校〔大正11年〕卒。
昭和22年第1回参院選に社会党推薦で新潟地方区から当選1回。通信政務次官、参院建設委員長などを歴任。同年(財)柏専学院を創設し、柏崎専門学校(現・新潟産業大学)を創設。

下田 歌子
しもだ・うたこ

安政1年(1854年)8月8日〜
昭和11年(1936年)10月8日

女子教育家、歌人　華族女学校教授、実践女子学園校長

旧姓名は平尾。幼名は平尾銘(ひらお・せき)。美濃国(岐阜県)恵那郡岩村(恵那市)出生。

祖父は儒者の東条琴台。父は勤王派の志士であったため長い間蟄居を命ぜられるなど逆境の中で育つが、幼少時から学問を好み、明治4年に上京してからは八田知紀らについて歌道を修めた。5年より宮中に出仕。皇后に和歌を献じ、その歌才を高く評価されて歌子の名を賜わる。8年権命婦。12年病気のため宮中奉仕を辞し、東京府士族で剣客の下田猛雄と結婚。しかししばらくして夫が病に倒れたことから、14年東京・麹町華園町に桃夭女塾を創設して華族の子女に古典や和歌などを講じた。17年宮内省御用掛となり、18年華族女学校の創立に参画して同校幹事兼教授に任ぜられる。次いで19年同校学監となり、以来20余年間にわたって代々の校長を補佐しながら華族子女の教育に尽力した。26年英国王室の皇女教育及び各国の女子教育事情視察のため欧米に出張。このとき、欧米の婦人の姿や態度を見て中下流階級における女子教育の必要性を悟ったという。28年に帰国してからは明治天皇の皇女教育に携わる一方、一般の婦人の地位・能力向上にも力を注ぎ、31年帝国婦人協会を創設して会長に就任。32年賢母良妻の理念に基づいて同協会附属の実践女学校(現・実践女子大学)

及び女子工芸学校を開き、33年同協会の新潟支会に裁縫伝習所を設立した。35年には同女学校内に清国留学生部を設け、大正4年まで中国からの女子留学生を受け入れるなど、日清両国の友好にも貢献した。明治39年華族女学校が学習院女学部に改められ、引き続きその教授兼女学部長を務めたが、41年同院長乃木希典と対立し辞職。以後は実践女学校での事業に専念し、同年同校を法人化して学園を充実させるとともに、"本邦固有ノ大徳"と"日進ノ学理"の統一による実践教育を行った。他方、大日本婦人慈善会経営による順心女学校や逓信省貯金局女子従業員のための明徳女学校、滋賀県淡海女子実務時学校の校長なども兼務。大正9年には社団法人・愛国婦人会の第5代会長に推され、昭和2年に辞職するまで女性の生活改善や国民的自覚向上をはかるため精力的に全国を遊説した。その後、女子大学の創設を構想し、14年実践女学校専門部を開設した。才色兼備の女性で"明治の紫式部"の異名をとった。

【評伝・参考文献】
◇近代日本の教育を育てた人びと 上 教育者としての福沢諭吉〔ほか〕（源了円）（教育の時代叢書） 東洋館出版社編集部編 東洋館出版社 1965 19cm
◇続 人物再発見 読売新聞社編 人物往来社 1965 237p 19cm
◇ドキュメント日本人 第9（虚人列伝） 学芸書林 1969 356p 20cm
◇人物日本の女性史 第12巻（教育・文学への黎明） 集英社 1978.2 260p 20cm
◇下田歌子先生伝─伝記・下田歌子（伝記叢書 66） 故下田校長先生伝記編纂所編 大空社 1989.1 778, 7p 図版16枚 22cm
◇新時代のパイオニアたち─人物近代女性史（講談社文庫） 瀬戸内晴美著 講談社 1989.5 230p 15cm
◇明治を彩った妻たち 阿井景子著 新人物往来社 1990.8 194p 19cm
◇美と知に目覚めた女性たち（天山文庫） 円地文子ほか著 天山出版, 大陸書房〔発売〕 1990.9 268p 15cm
◇ミカドの淑女 林真理子著 新潮社 1990.9 252p 19cm
◇ミカドの淑女（新潮文庫） 林真理子著 新潮社 1993.7 281p 15cm
◇女人絵巻─歴史を彩った女の肖像 沢田ふじ子著 徳間書店 1993.10 337p 19cm
◇妖傑 下田歌子 南条範夫著 講談社 1994.10 268p 19cm
◇明治を駆けぬけた女たち 中村彰彦編著 ダイナミックセラーズ出版 1994.11 315p 19cm
◇妖婦下田歌子─「平民新聞」より 風媒社 1999.2 246p 20cm
◇近代日本の「手芸」とジェンダー 山崎明子著 （横浜）世織書房 2005.10.15 377p 21cm（A5）
◇東アジアの良妻賢母論─創られた伝統（双書ジェンダー分析〈12〉） ジンジョンウォン著 勁草書房 2006.11.20 293p 21cm（A5）

下村 房次郎

しもむら・ふさじろう

安政3年（1856年）4月4日〜
大正2年（1913年）2月21日

実業家, 新聞人
紀伊国和歌山（和歌山県）出生。長男は下村海南（ジャーナリスト）。

　年少の頃、藩立の時習館および兵学寮に学び、のち大阪に出て学を修め、明治9年和歌山県準判任御用掛となり、13年「和歌山日日新聞」主幹を経て、18年東京に出て通信省に務め、郵便電信学校の創設など行政の整備と吏員の養成に尽くし、また雑誌「交通」を発刊する。22年浜田健次郎とともに商業学校（現在の東京学園高等学校）を設立。26年退職し、以後、「東京日日新聞」客員となり、内国生命保険の設立に関わり顧問を務める。34年には日露貿易の急務を唱え、当局者に力説すると共にロシア国公使と会見して貿易に関する覚え書きを交換し、また同志25名とロシアに赴くなど日露貿易を推進した。この間、台湾茶株式会社の創立に尽力、傍ら通信官吏練習所講師を兼ねた。著書に「教育新論」「済世小言」「交通汎論」「官吏論」「鉄道論」などのほか多数。ジャーナリストの下村宏（海南）は長男。

下八川 圭祐
しもやかわ・けいすけ
明治35年（1902年）12月18日～
昭和55年（1980年）3月18日

声楽家　昭和音楽短期大学創立者
高知県高岡郡佐川町出生。長男は下八川共祐（東成学園理事長）。東洋音楽学校（東京音楽大学）声楽科〔大正15年〕卒。團バス・バリトン賣勲三等瑞宝章〔昭和49年〕, 伊庭歌劇賞〔昭和28年〕。

　ベレッティに師事。昭和5年東京でオペラデビュー。9年藤原歌劇団創設からバス・バリトン歌手として藤原義江と共演、オペラ「カルメン」のエスカミリオ役などで活躍。15年東京声専音楽学校（昭和音楽芸術学院の前身）、44年学校法人・東成学園及び昭和音楽短期大学を創設。51年藤原義江の死後、同歌劇団代表兼総監督をつとめた。また同年出身の高知で郷土の後進育成のため"下八川賞音楽コンクール"が設立された。

ジャジソン, コーネリア
Judson, Cornelia
1860年10月20日～1939年9月17日

宣教師, 教育家　松山夜学校創立者
米国コネチカット州ストラットフォード出生。ウェースレー大学英文学専攻。

　地元で名門の家に生まれる。13歳の時、大病をしたことがきっかけで、神のために一生を捧げることを決意。師範学校卒業後、小学校教師を勤める。ウェースレー大学在学中、外国伝道の重要性を知り、ボストン婦人伝道会の宣教師となる。来日後、新潟女学校に赴任。のち、身体を害したため、松山女学校の招きに応じ、英語、聖書を教える。傍ら不就学児童のために、1891年普通夜学校を創立。その後、発展して松山夜学校（現・松

山城南高校)となる。また、松山女学校がアメリカン・ボードに移管される際、第2代校長に就任。1920年校長退任後は、松山夜学校と附属の石手川幼稚園で、教育にあたる。1931年定年により帰国。

【評伝・参考文献】
◇松山関連宣教師文書 第1部(コーネリア・ジャジソン書簡) 竹田照子, 本山哲人編訳 岩波ブックサービスセンター(製作) 1999.6 107p 23cm

十文字 こと
じゅうもんじ・こと

明治3年(1870年)11月10日～
昭和30年(1955年)5月17日

女子教育家 十文字学園創立者
旧姓名は高畑。京都府船井郡梅田村(京丹波町)出生。女子高等師範学校〔明治26年〕卒。

明治10年京都府梅田村の明俊小学校に学ぶが、母が眼病を患ったため3年で退学。その後、京都府女学校、京都府尋常師範学校女子部を経て、22年東京女子高等師範学校に入学。卒業後は鹿児島県尋常師範学校で裁縫を教え、それまでの寺子屋式の個人教授法を廃し、一斉教授法を取り入れて効果をあげた。30年母校・京都府師範学校教諭兼舎監に転じたが、32年退職して十文字大元と結婚、東京に転じた。35年日本女学校教諭となり、38年まで務めた。大正11年戸野みちゑ、斯波安らと文華高等女学校を創立し、庶務会計主任と体育教師を務めるとともに、心身の向上を目指し自ら考案した自彊術体操を生徒たちの日課とした。昭和4年帝国教育会会長・林伯太郎夫妻とともにスイス・ジュネーブで開かれた第3回世界教育会議に出席し、ついでに欧米各国の教育事情を視察。10年校長に就任し、12年の同校校舎新築の際には私財を投じて単独経営者となって十文字高等女学校と改めた。18年には学園を財団法人化して理事長に就任。戦後も22年学制改革により十文字中学校を設置し、26年には学園を学校法人十文字学園とするなど、学園の発展と子女の教育に尽くした。

【評伝・参考文献】
◇十文字こと先生伝 十文字こと先生伝刊行会編 十文字こと先生伝刊行会 1961 570p 図版10枚 22cm
◇風の交叉点(豊島に生きた女性たち3) 豊島区立男女平等推進センター編 ドメス出版 1994.3 243p

白井 こう
しらい・こう

明治2年(1869年)2月9日～
昭和29年(1954年)7月25日

教育者 岡崎家政高等学校名誉校長
旧姓名は山本。三河国田原(愛知県田原市)出生。東京裁縫女学校速成科〔明治32年〕卒, 和洋裁縫女学校洋服研修速成科卒。

はじめ、郷里愛知県田原で小学校訓導を務める。明治22年新聞記者と結婚するが、30年に夫と死別。その後、上京して東京裁縫女学校速成科に学び、同校を卒業後は名古屋の小学校で教鞭を執った。35年に再び上京し、和洋裁縫女学校で洋裁を修得。40年には愛知県岡崎に私立岡崎裁縫女学校を設立し、その校長に就任。同校は岡崎高等家政女学校を経て戦後の学制改革で岡崎家政高等学校となったが、彼女はその間にも子女の教育と学園の発展に力を尽くし、現在の岡崎女子高等学校の基礎を築いた。

白井 種雄
しらい・たねお

？〜昭和49年（1974年）12月23日

大阪学院大学総長
　企業会計人育成のため、昭和15年に大阪学院大学の前身・関西簿記研究所を創立。

白阪 栄彦
しらさか・えいげん

（生没年不詳）

女子教育家　岡山実科女学校校長
別表記は白坂栄彦。
　岡山県視学官をつとめる傍ら、明治37年女子の手芸学校の設立を企画。進藤貞範らとともに私立岡山実科女学校（のちの就実大学・就実短期大学）を設立、初代校長に就任。38年広島県事務官を経て、神奈川県事務官。大正2年〜昭和5年福岡市の修猷館第9代館長を務めた。

【評伝・参考文献】
◇就実学園百年史　就実学園創立百周年記念事業実行委員会編　就実学園創立百周年記念事業実行委員会　2005.3.30

白戸 光久
しらと・みつひさ

明治13年（1880年）〜
昭和32年（1957年）6月

教育者　湘南学院創立者
青森県出生。海軍兵学校卒。
　昭和5年横須賀市に移り、はじめ横須賀市内の下士官や兵の教育に当たったが、女子教育の必要を感じ、7年4月若松町に軍港裁縫女学院を創立、校長となる。11年3月湘南女学校、14年8月高等湘南女学院と改称。16年3月文部大臣の認可を得、財団法人湘南女学校と改称。戦後23年学制改革により湘南女子学園・湘南女子高等学校となる。のち、平成12年に学校法人湘南学院・湘南学院高等学校（男女共学）へと発展した。

新海 栄太郎
しんかい・えいたろう

文久4年（1864年）1月7日〜
昭和10年（1935年）10月5日

教育家　山梨英和女学校創立者・校主，山梨県議

山梨県中巨摩郡玉幡村出生。

　山梨県玉幡村の素封家に生まれる。矢口、細川家につき和漢の学を修め、明治15年郷里に立園義塾を設立。キリスト教に入信し、22年根津啓吉らとともに、山梨英和女学校を創立、校主に就任。カナダ・メソジスト教会婦人宣教師団のウイントミューを校長として迎え、キリスト教精神に基づく教授訓育を行った。山梨県議、東京米穀取引所理事などを歴任。

信谷 定爾

しんたに・ていじ

安政3年（1856年）12月17日〜
明治26年（1893年）11月9日

東京物理学講習所創立者

江戸出生。東京大学理学部〔1878年〕卒。専物理学。

　東京物理学講習所（のち東京物理学校、現・東京理科大学）創立者21名のうちの1人。下総国生実藩士・信谷直行の長男として、江戸の藩邸で生まれる。幼いとき、淀の藩士広瀬東江について漢籍を学び、後、その藩地生実に行って漢籍を修めた。明治13年東京大学理学部助教として観象台の観測方となる。17年陸軍省の士官学校算学教官となる。東京大学御用掛を兼ね、理学部気象台に勤務していたが、19年退職。同年12月陸軍教授。23年肺患のため職を辞した。一方、大学および陸軍に職を奉じていたときから、理学を世に普及させなければならないことを唱え、同学の諸友と互いに規画していたが、その業を終えるや、明治14年25歳のとき、学友とともに東京物理学講習所を設立して鋭意努力した。この講習所が東京物理学校と改称し、ようやくその教則を改定し、規模を拡張するまで力を尽くした。

【評伝・参考文献】
◇東京理科大学百年史　東京理科大学編　東京理科大学　1981.6.14
◇物理学校―近代史のなかの理科学生（中公新書ラクレ）　馬場錬成著　中央公論新社　2006.3.10　314p 18cm

進藤 貞範

しんどう・さだのり

安政4年（1857年）1月20日〜
明治37年（1904年）11月6日

教育者　岡山実科女学校校長

備前国岡山（岡山県岡山市）出生。大阪師範学校卒。

　明治16年訓導として岡山県師範学校附属小学校に赴任。女子教育・幼児教育の必要性を痛感し、18年入学一年前の児童のために川東幼稚園を独力で開設。また、盛んに教育博覧会を開き、児童の就学を奨励した。小学校教育では、唱歌や英語・裁縫・礼法の授業を導入し、単級学級（一年生から四年生を一学級にまとめる）の研究にも従事。26年には岡山県下の小

学校で広く使用された小学校用テキスト「小学作法要録」を編纂・刊行した。一方で女子の実科教育を充実させるため、白阪栄彦らとともに岡山実科女学校（のちの就実大学、就実短期大学）の設立に尽力した。37年には同校の第2代校長となるが、新築校舎完成目前の11月病に倒れ急逝した。

【す】

須賀 栄子
すか・えいこ

明治5年（1872年）4月18日～
昭和9年（1934年）10月

女子教育家　須賀学園創立者
栃木県宇都宮市出身。栃木県尋常中学校女子部卒、大成学館卒。

　上野国（群馬県）館林藩士の六女に生まれるが、幼くして両親を失い、長姉に育てられる。長姉は宮家で女官を務めた後に小学校教師を務めた経歴を持ち、姉に従って栃木県内各地を移り住んだ後、東京・神田の大成学館で英語・理科・裁縫などを修めた。卒業後は郷里の宇都宮に戻り、明治33年共和裁縫教習所を創設。34年共和裁縫女学校、大正13年宇都宮須賀女学校と改組し、昭和7年宇都宮女子高等職業学校に改称。生涯独身で、寮生と起居を共にして行儀作法から掃除までを直接教え、同校が正規の女学校となったと後も自ら教壇に立った。裁縫では常に新しい流行や工夫を積極的に取り入れ、須賀流という裁ち方を考案した。

【評伝・参考文献】
◇下野人物風土記 第2集　栃木県連合教育会編　栃木県連合教育会　1973　194p 19cm
◇須賀栄子と後継者―教育一筋 須賀家の人々　渡辺基著　（宇都宮）下野新聞社　2006.1.23　122p 19cm（B6）

須賀 友正
すか・ともまさ

明治34年（1901年）10月3日～
昭和57年（1982年）9月1日

宇都宮短期大学創立者
栃木県宇都宮市出生。東京高工〔大正12年〕卒。藍綬褒章〔昭和37年〕、勲三等瑞宝章〔昭和46年〕。

　須賀栄子により創立された須賀学園を、昭和9年創立者須賀栄子の死去にともない須賀学園の校長に就任。同校は学制改革により23年宇都宮須賀高等学校となる。42年の宇都宮短期大学創設とともに、学長に就任。

菅沢 重雄
すがさわ・しげお

明治3年（1870年）4月～
昭和31年（1956年）1月7日

佐原興業銀行頭取, 衆院議員, 貴院議員(多額)
千葉県出身。

明治29年千葉県議となり、久賀村長、衆院議員を歴任。大正15年〜昭和7年、14〜22年貴院議員を務めた。15年工了高等女学校を設立し、理事長に就任した。同校は昭和6年東京成徳高等女学校、昭和23年東京成徳高等学校(現在の東京成徳大学高等学校)と改称。

杉浦 鋼太郎
すぎうら・こうたろう

安政5年(1858年)〜
昭和17年(1942年)12月14日

教育者　東京女子学園設立者
　尾州藩の明倫堂において学ぶ。のち、英国公使館附属のW.ホールライトに就いて英学、数学を、明治法律学校で法律・経済学を学ぶ。明治21年大成学館を創設。"和魂洋才"を建学の精神とした。22年国語伝習所を創設。30年大成学館尋常中学校(大成高校の前身)を開校。35年棚橋一郎、山本宜喚、小川銀次郎、実吉益美、高津鍬三郎、吉岡哲太郎とともに私立東京高等女学校(現・東京女子学園)設立を計画、36年の開校に尽力。37年東洋商業専門学校(のちの東洋高校)を創設。昭和17年5月棚橋一郎理事長逝去の後をうけて理事長に就任するが、同年12月病気のため死去した。

【評伝・参考文献】
◇東京女子学園九十年史　東京女子学園九十年史編集委員会編　東京女子学園　1993.12.25

杉浦 重剛
すぎうら・じゅうごう

安政2年(1855年)3月3日〜
大正13年(1924年)2月13日

教育家, 思想家　東京英語学校創立者, 東宮御学問所御用掛
幼名は謙次郎、号は梅窓、天台道士。近江国膳所別保(滋賀県大津市膳所別保)出生。大学南校(東京大学)卒。

　膳所藩の藩儒の家に生れる。藩校遵義堂や京都で漢学を学んだのち、明治3年膳所藩進貢生として大学南校に入学。9年から4年間、文部省から派遣されてイギリスに留学、化学を専攻。帰国後、東京大学予備門長(15年)や文部省専門学務局次長(21年)の要職につく。21年政教社を設立、雑誌「日本人」、新聞「日本」の創刊に尽力し、それらにより日本主義(国粋主義)を鼓吹し、当時の社会に大きな影響を及ぼした。22年日本倶楽部を結成し、大隈重信の条約改正案に反対。23年衆院議員に当選したが翌年辞職。25年東京朝日新聞論説員。一方、17年に開設した私塾・称好塾で子弟を養成するとともに、18年東京英語学校(のち日本学園・私立日本中学校)、東京文学院を創立、また国学院学監、皇典講究所幹事長、東亜同文書院院長、日本中学校長などを歴任し、教

育事業に貢献した。大正3年東宮御学問所御用掛に任ぜられ、倫理科を進講。宮中某重大事件では良子妃実現に努力した。著書に「日本通鑑」(共著、全7巻)、「倫理御進講草案」「杉浦重剛座談録」「杉浦重剛全集」(研究社)など。

【評伝・参考文献】
◇杉浦重剛先生伝　猪狩又蔵著　研究社　1946　160p B6
◇国師杉浦重剛先生　藤本尚則著　敬愛会　1954　530, 11, 13p 図 19cm
◇帝王学の権威　杉浦重剛　今堀文一郎著　愛隆堂　1959　158p 図版 19cm
◇致誠日誌―東宮御学問所御用掛(倫理)杉浦重剛先生手記　杉浦重剛著　梅窓書屋　1979.5　5冊 25cm
◇杉浦重剛全集 第5巻(語録・詞藻・書簡)　明治教育史研究会編　杉浦重剛全集刊行会　1982.1　698p 22cm
◇杉浦重剛全集 第6巻(日誌・回想)　明治教育史研究会編　杉浦重剛全集刊行会　1983.2　870p 317欄 22cm
◇天皇の学校―昭和の帝王学と高輪御学問所　大竹秀一著　文芸春秋　1986.4　310p 19cm
◇杉浦重剛先生　大町桂月, 猪狩史山共著　杉浦重剛先生顕彰会　1986.5　816p 図版16枚 22cm
◇新修杉浦重剛の生涯　石川哲三編著　大津梅窓会　1987.8　371p 19cm
◇国師杉浦重剛先生　藤本尚則著　石川哲三　1988.7　594p 19cm
◇怪物科学者の時代　田中聡著　昌文社　1998.3　279p 19cm
◇明治の教育者杉浦重剛の生涯　渡辺一雄著　毎日新聞社　2003.1　238p 20cm

杉野 芳子
すぎの・よしこ

明治25年(1892年)3月2日〜
昭和53年(1978年)7月24日

服飾デザイナー　杉野女子大学学長, 杉野学園ドレスメーカー学院創立者　旧姓名は岩沢。千葉県九十九里町出生。千葉県立第一高女〔明治43年〕卒。藍綬褒章〔昭和30年〕, 勲三等瑞宝章〔昭和40年〕, 勲三等宝冠章〔昭和53年〕, 産経服飾文化賞(第1回)〔昭和31年〕, シャルム賞(第1回)〔昭和33年〕, パルム・アカデミー(フランス)〔昭和34年〕。

　大正3年渡米、ニューヨークで洋裁の研究中、杉野繁一と結婚。帰国後の15年に東京虎ノ門のビルに1室を借り、ドレスメーカー・スクール(のち杉野学園ドレスメーカー学院)を開校した。昭和7年夫繁一が学院理事長に就任。12〜13年ニューヨークとパリで服飾を研究。戦時統制下にも、婦人服は自由であるべきだと主張、デザインと製作の洋裁教育に精を出した。戦火に焼かれて休校したが、22年自宅前に願書受付けの張り紙を出すと、志願者が長蛇の列をつくったという。以後スマートになりたい女性の願望に応え、洋裁ブームに乗ってドレメ王国を築き、ドレメの女王と呼ばれた。25年杉野学園女子短期大学、39年杉野女子大学を開校し学長、教授をつとめた。晩年は車イスの生活だったが、杉野講堂で毎年作品発表会を続

けた。著書に「服飾デザイン」「自伝炎のごとく」。

【評伝・参考文献】
◇炎のごとく―自伝　杉野芳子著　講談社　1976　270p 肖像 20cm
◇夢のかたち―「自分」を生きた13人の女たち　鈴木由紀子著　ベネッセコーポレーション　1996.2　268p 19cm
◇杉野芳子―炎のごとく（人間の記録30）　杉野芳子著　日本図書センター　1997.6　266p 20cm

杉原 正市
すぎはら・しょういち

弘化4年（1847年）～昭和2年（1927年）

教育家　静岡精華学園創立者
阿波国（徳島）出生。置勲六等瑞宝章〔昭和2年〕。

　藩学で修行中より英語を学ぶ。明治3年藩学校の外国語教師に。9年浜松瞬養学校訓導となり、11年浜松中学（現・浜松北高）校長に就任。19年県立静岡中学校（静岡高校）初代校長となる。29年休職。のち私立豆陽中学（下田北高校）校長、宮城県・刈田中学校長を歴任。35年私立静岡高等女学校校長となるが、36年廃校に。同年同校を継承して、私立静岡精華女学校（現・静岡大成高校）を創立し、校長に就任。大正8年実科を増設し、静岡精華高等女学校に改称。校長として24年間静岡精華学園の基礎を築いた。

杉村 次郎
すぎむら・じろう

?～明治28年（1895年）6月1日

工手学校創立委員
近江・彦根（滋賀県）出身。
　明治21年の工手学校（のちの工学院大学）創立委員として名を連ねる。五代友厚の鉱山事業に従事。諸方の鉱山の実地研究をした後、工部省に入り、農商務省四等技師に任ぜられる。日本鉱業会の創立に功労を残した。倉谷鉱業株式会社社長に就任したという記録が残っている。

【評伝・参考文献】
◇築　工学院大学学園創立百周年記念写真集　工学院大学百年史編纂委員会編　工学院大学　1989.4.1
◇工学院大学学園百年史　工学院大学学園百年史編纂委員会編　工学院大学　1993.9.30

杉森 シカ
すぎもり・しか

慶応1年（1865年）6月10日～
昭和37年（1962年）8月7日

女子教育家　杉森女学園創立者
福岡県柳川市奥州町出生。共立女子職業学校（共立女子大学）〔明治27年〕卒。置藍綬褒章〔昭和27年〕、勲五等瑞宝章〔昭和35年〕。
　柳川の城主立花藩納戸役、柳河師範学校附属中の初代校長を務めた父・

憲正と城内村の旧家出の母・泰(たい)の間に生まれる。弥平小学校、柳河師範学校を卒業後、明治14年16歳の時に東京に遊学。23年立花夫人に伴い上京、共立女子職業学校(のちの共立女子大学)で、裁縫科、造花科、25年刺繍科、26年家政科に進み、27年12月卒業。28年帰郷し、女紅会(裁縫塾)を開く。29年結婚し、徐々に弟子が増え、杉森女紅会と称し、大正15年杉森女学校、昭和19年財団法人・柳川高等技芸学校となり、23年新制となって中学校、高校をもつ杉森女子学園となった。杉森女学園理事長も務めた。

【評伝・参考文献】
◇近代日本の私学―その建設の人と理想　日本教育科学研究所編　有信堂　1972.3.31
◇杉森九十年史　杉森女子高等学校杉森九十年史編纂委員会編　杉森女子学園　1985.10.30

椙山 いま
すぎやま・いま

昭和14年(1939年)9月26日～
昭和40年(1965年)

教育家　椙山女学園創設者
別名は椙山今子(すぎやま・いまこ)。岐阜県加茂郡出生。夫は椙山正弌(教育者)。東京女子専門学校全科卒。

専門学校卒業後、郷里の小学校に奉職。のち椙山正弌と結婚。明治38年夫と名古屋市富士塚町に名古屋洋裁女学校をを開校。90余名の入学生から女子教育をスタートし、意欲と情熱を傾けてきた。大正6年高等女学校に変更。13年田代町に第二高女を設立。続いて女子専門学校を設立した。昭和6年椙山第一高等女学校、椙山女子専門学校、同附属高等女学校と改称。現在は幼稚園から大学院までをもつ女子総合学園として発展。今も創設者夫妻の教育理念、精神が生かされ、良妻賢母にとどまらない高水準の知性、社会性を目指す女子学園の名門として広く知られている。夫を39年に亡くし、後を追うように40年逝去。

椙山 正弌
すぎやま・まさかず

明治12年(1879年)6月26日～
昭和39年(1964年)2月18日

椙山女学園理事長
岐阜県出生。妻は椙山いま(教育者)。岐阜県師範学校〔明治32年〕卒、渡辺裁縫女学校〔明治38年〕卒。

岐阜の小学校訓導となり、県教育界誌を編集したが、明治35年上京、裁縫女学校に学び38年名古屋裁縫女学校を、妻・いまと共に創設。大正5年椙山高等女学校を併設、昭和5年さらに椙山女子専門学校を開校した。その後女子商業、幼稚園も併設、戦後椙山女学園大学、小学校を開校、総合学園椙山女学園理事長兼園長となった。23年から愛知県私学協会初代会長、全国私立中学校高等学校連合会

理事も務めた。

スクーンメーカー，ドーラ

Schoonmaker, Dora E.
1851年11月14日～1934年12月5日

宣教師(米国メソジスト監督教会)，教育者　青山学院女子高等部創立者
米国ニューヨーク州オリーブ出生。

　教師生活を送ったのち、1874年(明治7年)志願して米国メソジスト監督教会婦人外国伝道局(WFMS)から日本への最初の女性宣教師として派遣された。来日早々東京で伝道と教育の事業を開始し、J. ソーパー、津田仙らの協力を得て麻布新堀町に女子小学校(救世学校)を創立した。1876年築地十番に移り、海岸女学校と称し、これが発展してのちに青山学院女子高等部となった。1879年帰国、翌年ヘンリー・ソーパー教授と結婚、シカゴで夫の経営するソーパー雄弁学校を手伝ったが1911年に夫と死別、ロサンゼルスに移住した。

鈴木　弼美

すずき・すけよし

明治32年(1899年)11月21日～
平成2年(1990年)5月26日

基督教独立学園高校名誉校長
山梨県大月市出生。東京帝大理学部物理学科卒。師は内村鑑三。置吉川英治文化賞〔昭和47年〕。

　東大助手をやめ、昭和9年山形県小国町に基督教独立学園を創設。戦時中は投獄の体験もある。自衛隊は憲法違反であると主張し、国の予算にしめる防衛費相当分の納税を拒否、55年8月山形地裁米沢支部で国を相手取って訴訟を起こした。

鈴木　藤三郎

すずき・とうざぶろう

安政2年(1855年)11月18日～
大正2年(1913年)9月4日

実業家，発明家，政治家　日本精製糖社長，台湾製糖社長，日本醬油醸造社長，衆院議員
旧姓名は太田。幼名は才助。遠江国周智郡森村(静岡県森町)出生。

　古着商の二男に生まれる。代々菓子業の鈴木家の養子となり、明治7年家督を嗣ぎ、藤三郎と改名。21年上京し、氷糖工場を設立、砂糖精製法の発明に成功。28年日本精製糖(39年大阪製糖と合併して大日本製糖と改称)の創立に参加、33年台湾製糖を創立し社長、36年日本精製糖社長となり、製糖業界の指導者的存在となる。39年合併を機に辞職、40年には醬油醸造を工夫して日本醬油醸造社長となるが、42年失脚し財産を失う。晩年には釧路に水産工場、東京に澱粉製造所、静岡県佐野に農園を設けた。159件の特許を申請した発明家でもある。また36年に衆院議員をつとめ、39年

には福川泉吾とともに私立周智農林学校(静岡県立周智高校の前身)を創立した。

【評伝・参考文献】
◇産業史の人々　楫西光速著　東大出版会　1954
◇鈴木藤三郎伝―日本近代産業の先駆　鈴木五郎著　東洋経済新報社　1956　326p 図版 19cm
◇日本財界人物列伝　第2巻　青潮出版株式会社編　青潮出版　1964　1175p 図版13枚 27cm

鈴木 よね

すずき・よね

嘉永5年(1852年)〜
昭和13年(1938年)5月6日

鈴木商店社長, 神戸市立女子商業学校設立に貢献

播磨国姫路(兵庫県)出生。

　生家は「万漆製造所」の看板を掲げ大きく商いをしていた。26歳で神戸商人・鈴木岩治郎と再婚、両替店鈴木商店を開く。明治27年岩治郎が急逝した後社長に就任。金子直吉、柳田富士松の2人の番頭を信頼して仕事をまかせ、台湾の官営樟脳の販売権を獲得して発展の糸口をつかみ、また九州に作った大里製糖所をきっかけに急成長。大正3年勃発した世界大戦の際には直吉がすぐに船舶をはじめすべての商品の買い出動を命じ、のちの価格の暴騰により大戦直後の6年には15億4千万円の貿易年商額を達成、三井、三菱を抜いて日本一の座を得、大正財閥の花形となった。同年、神戸市立女子商業学校(のちの神戸市立第一女子商業学校)の設立に貢献した。盛時、合名会社鈴木商店の系列会社は65社、従業員2万5千人に及んだ。広大な屋敷に住み、"日本一の金持ち後家さん"と呼ばれた。昭和2年の金融恐慌で倒産するが、同社の中から大企業に成長した会社は多く、日商岩井、神戸製鋼所、帝人、豊年製油、石川島播磨重工業、サッポロビール、三菱レーヨン、昭和石油、大日本製糖などがある。余生は長男の所で専ら歌道に親しんだという。神戸市立博物館に遺品がある。

鈴木 米次郎

すずき・よねじろう

慶応4年(1868年)2月6日〜
昭和15年(1940年)12月28日

音楽教育家　東洋音楽学校創立者
東京出生。文部省音楽取調掛〔明治21年〕卒。

　明治23年第一高等中学校講師、25年東京音楽学校和声学通訳、26年東京高等師範附属音楽学校教務担当、34年東京高等師範学校助教授。40年東洋音楽学校を創立。大正元年卒業生による東京オーケストラ団結成、米国航路客船内で演奏を開始、渡米して指揮法を修得。3年点字の筝曲楽譜記符法を考案、5年催馬楽、神楽講座を開設、7年大日本音楽協会監事。

スタウト, エリザベス

Stout, Elizabeth
1840年〜1902年

教育者　梅光学院創立者
米国ニュージャージー州出生。

　兄の援助で女学校に入り、1年は学び1年は働きながら卒業した。1869年(明治2年)宣教師のヘンリー・スタウトと結婚し直ちに来日。1872年長崎に私塾を開設、聖書、英語、科学を男女両学生に教えた。私塾は1890年に梅香崎女学校(英語名:スタージェス・セミナリー)となり、のちに梅光女学院、梅光学院へと発展した。

【評伝・参考文献】
◇ヘンリー・スタウトの生涯―西日本伝道の隠れた源流　G・D・レーマン著, 峠口新訳　新教出版社　1986.4　200p 20cm

スタウト, ヘンリー

Stout, Henry
1838年1月16日〜1912年2月16日

宣教師(オランダ改革派教会), 教育者　東山学院院長, 梅光学院創立者
米国ニュージャージー州ラリタン出生。ラトガース大学〔1865年〕卒, ニューブランズウィック神学校〔1868年〕卒。神学博士(ラトガース大学)〔1894年〕。

　1869年(明治2年)妻エリザベスとともにオランダ改革派教会宣教師として来日、G. H. F. フルベッキの後任として長崎の広運館(済美館の後身)英語教師となる。1872年夫婦で長崎に聖書および英語塾を開設。1890年塾は梅香崎女学校(英語名:スタージェス・セミナリー)となり、のちに梅光女学院(下関)、梅光学院へと発展した。また1886年長崎東山手にスチール記念学校を設立し、1891年東山学院と改称、1899年院長に就任、神学教育に尽力した。傍ら、長崎をはじめ九州各地に伝道するとともに日本人伝道者の養成に努めた。1903年帰国し、ニュージャージー州のバウンド・ブルック教会で牧師を務めた。

須藤 いま子

すどう・いまこ
大正2年(1913年)8月11日〜
平成2年(1990年)8月19日

群馬女子学園理事長, 群馬女子短期大学学長
群馬県出生。東京高等技芸専〔昭和9年〕卒。團家政学圏藍綬褒章〔昭和51年〕。

　昭和11年服装の専門知識と技術を授けるとともに、女性の教育を高め、服装文化の改善と女性の地位を向上する目的で服装和洋裁女学院を高崎市喜多町に設立。29年財団法人須藤学園となり、須藤高等技芸学校と改称。41年群馬女子短期大学を設立、43年群馬女子短期大学附属高等学校を開校した。

【評伝・参考文献】
◇須藤いま子追悼録　「須藤いま子追悼録」編集委員会編　「須藤いま子追悼録」刊行委員会　1991.8　289p　22cm
◇夢を生きて—須藤いま子回想録　須藤昇著　〔須藤昇〕　1996.8　172p　22cm

砂本 貞吉
すなもと・ていきち
安政3年(1856年)9月30日～
昭和13年(1938年)5月7日

牧師，教育者　広島女学会創立者，広島美以教会創立者・初代牧師
広島県己斐(広島市西区)出生。

明治15年航海術を修める目的で渡英しようとしたが、寄港先の米国にとどまり、キリスト教に入信。米国で神学校に学び、福音伝道の熱意に燃えて明治19年帰国、直ちに親戚、友人に伝道を開始。20年当時神戸在住の宣教師J.W.ランバスの協力を得て広島美以(メソジスト)教会を設立、広島の子女に対する伝道と新しい女子教育のための女子塾、広島女学会(現・広島女学院)を創立した。のちハワイ、日本各地の教会で牧師を歴任し、東京で死去。

スミス，サラ・クララ
Smith, Sarah Clara
1851年3月28日～1947年2月28日

宣教師，女子教育家　北星学園創立者
米国ニューヨーク州ペインテッドポスト出生。置勲六等瑞宝章〔1923年〕。

裕福な家庭に生まれ、地元の小学校を卒業後、私立中等教育機関フリーアカデミーで4年間学ぶ。卒業後、2年間仏独に留学。その後、4ケ月教職につくが、1872年ニューヨーク州立ブロックポルト師範学校に入学。1874～79年第4ジョージ・エム・デーブン学校教師。1880年エルマイラ第一長老教会から宣教師として日本に派遣される。東京の私立新栄女学校の教師となり、のちに校長に就任。1883年から3年間函館に居をかまえ宣教活動を行う。1886年北海道尋常師範学校開設にともない、お雇い外国人として英語の教職を得る。1887年女学校を開校し、1889年スミス女学校(のちの北星学園)として認可される。1894年北星女学校に改称。1915年名誉校長となり学校運営を退く。以後は、自宅でバイブルズクラスを開いたり、日曜学校を増やしたりする。1932年帰国し、カリフォルニア州パサデナ市の引退宣教師のレディースホームで暮らした。

【評伝・参考文献】
◇北星学園百年史　通史篇　北星学園百年史刊行委員会編　北星学園　1990.7.31

【 せ 】

瀬尾 チカ

せお・ちか

明治20年(1887年)12月30日～
昭和31年(1956年)11月20日

教育家　成安裁縫学校(現・成安女子高)創立者
旧姓名は藤松。長崎県出身。

　大正7年京都に和洋裁縫手芸教習所、女子実業教習所を設立。9年成安裁縫学校(現・成安女子高)を創立した。

関口 隆吉

せきぐち・たかよし

天保7年(1836年)9月17日～
明治22年(1889年)5月17日

静岡県知事、元老院議官
号は黙斎。江戸出生。

　幕臣で嘉永5年父の職である御弓持与力を継ぐ。米艦が浦賀に来航するや攘夷論を唱え、反対派の勝海舟を九段坂に襲って失敗した。明治元年江戸開城の際、精鋭隊頭取と町奉行支配組頭を兼帯し、のち市中取締役頭となる。5年三潴県権参事、8年山口県令に就任し、9年前原一誠の乱が起ると、直ちにこれを平定し、10年西南戦争時には前原の残党の動きを制した。のち高等法院陪席判事、元老院議官、17年静岡県令、19年同県知事を歴任した。20年静岡メソジスト教会牧師平岩愃保らとともに私立静岡女学校(現在の静岡英和女学院)を開校。

【評伝・参考文献】
◇関口隆吉の生涯―幕末・維新の隠れた偉傑　八木繁樹著　緑蔭書房　1983.8　360p 19cm
◇関口隆吉伝　関口隆正著　関口隆克　1984.5　1冊 25cm

関本 諦承

せきもと・たいしょう

万延1年(1860年)～昭和13年(1938年)

僧侶、教育者　西山浄土宗光明寺派管長
号は真空。紀伊国(和歌山県)出生。師は问学。

　14歳の時に出家し、郷里・和歌山県の総持寺の僧・问学に師事。のち、高野山や奈良などで学び、明治41年に総持寺の住職となる。次いで、大正7年西山浄土宗の総本山である京都・粟生の光明寺に転じ、8年には西山浄土宗光明寺派管長となった。同年に西山専門学寮を設立し、12年に同校長に就任。女子教育にも力を注ぎ、同年和歌山に修徳高等女学校を、昭和2年京都に西山高等女学校を創立した。著書に「西山国師御法話」「西山両部

相承考」「信仰講話」などがあり、「関本諦承全集」全3巻がある。

世耕 弘一
せこう・こういち

明治26年(1893年)3月30日～
昭和40年(1965年)4月27日

政治家, 学校経営者　衆院議員(自民党), 経済企画庁長官, 近畿大学総長・理事長

和歌山県東牟婁郡熊野川町出生。息子は世耕政隆(参院議員・元自治相), 世耕弘昭(近畿大学理事長), 孫は世耕弘成(参院議員)。日本大学法文学科〔大正12年〕卒。

　ベルリン大学留学後、日本大学講師から教授、大阪専門学校校長を経て、昭和24年近畿大学初代総長兼理事長に就任。一方、7年政友会から総選挙に出馬当選。当選8回。21年吉田内閣の内務政務次官。22年石橋湛山蔵相時代に隠退蔵物資摘発処理特別委員会の委員長として、陸海軍が集積した物資を摘発、中には日銀の時価500億円ダイヤモンドもあばかれるなど"世耕機関"として世論をわかせた。34年第2次岸内閣の経企庁長官に就任。

【評伝・参考文献】
◇土性骨風雲録 教育と政治の天下人 世耕弘一伝(現代人物伝 6)　大下宇陀児著　鏡浦書房　1967　461p　19cm

◇回想世耕弘一　回想世耕弘一編纂委員会編　回想世耕弘一刊行会　1971　337p 肖像 22cm
◇我ガ生、難行苦行ナレドモ我ガ志、近畿大学トナレリ―炎の人生 評伝・世耕弘一先生　近畿大学世耕弘一先生建学史料室編　近畿大学世耕弘一先生建学史料室　2002.6　90p　19cm

瀬島 源三郎
せじま・げんざぶろう

明治23年(1890年)6月26日～
昭和54年(1979年)9月19日

大阪産業大学創立者

岡山県真庭郡川東村出生。日本大学高等師範部卒。䰗藍綬褒章〔昭和33年〕, 勲四等旭日小綬章〔昭和40年〕, 勲三等瑞宝章〔昭和52年〕。

　明治44年天城中学校卒業後、小学校教員をつとめた後に上京し、専修商業学校・専修大学の事務を経て鉄道省教習所に勤務。関西における交通教育の必要性を感じ、昭和3年11月大阪市北区兎我野町に大阪鉄道学校を創立。25年大阪交通短期大学を設立し、さらに昭和40年に大阪交通大学を設立、同年に大阪産業大学に改称した。この間、瀬島は大阪府私学総連合会を結成して常任理事に就任し、同会の会長、副会長を務めたのをはじめ、大阪府私立中学校・高等学校連合会会長、大阪府私立工業高等学校校長会会長、大阪府私立学校振興教育研究所所長などを歴任した。

【評伝・参考文献】
◇学校法人大阪産業大学五十年史　学校法人大阪産業大学五十年史編集委員会編　大阪産業大学　1980.11.3
◇学園創立70周年記念誌　わだち　大阪産業大学創立70周年記念事業記念誌編集委員会編　大阪産業大学　1998.10

千本 福隆
せんもと・よしたか

嘉永7年(1854年)5月24日～
大正7年(1918年)10月30日

教育家　東京高等師範学校名誉教授，東京物理学講習所創設者
幼名は於菟太郎，後名は基。江戸出生。東京大学物理学科〔明治11年〕卒。團物理学，数学。

　美濃大垣の支藩戸田淡路守家臣・千本三郎右衛門恕隆の子として江戸藩邸に生まれる。明治3年戸田氏の支封野村藩の貢進生として大学南校に入りフランス語を修める。開成学校、東京大学で物理学を専攻しプロスペル、フォルチュネ、フークらのフランス語による講義を受ける。12年陸軍士官学校雇、13年文部省に入省しフランスに留学、特殊中学校・師範学校の調査・視察に当たる。21年帰国し東京高等師範学校教諭、23年同校教授となり在職の27年間を日本の自然科学教育に尽くす。大正3年退官して名誉教授となるが、文部省直轄大学の勅任教授及び名誉教授の第1号であった。日本の理系教育草分けの一人で、14年東京物理学講習所の創立に参画、その後の経営にも尽力した。また「中学教育代数学」など数学教科書も執筆し、数学教育にも大きく貢献した。

【評伝・参考文献】
◇東京理科大学百年史　東京理科大学編　東京理科大学　1981.6.14
◇物理学校―近代史のなかの理科学生（中公新書ラクレ）　馬場錬成著　中央公論新社　2006.3.10　314p 18cm

【そ】

相馬 永胤
そうま・ながたね

嘉永3年(1850年)11月20日～
大正13年(1924年)1月25日

実業家　横浜正金銀行頭取，専修大学学長
近江国(滋賀県)出生。孫は相馬信夫（カトリック司教）。

　彦根藩士の家に生れ、儒者安井息軒に学ぶ。戊辰戦争では藩の東征軍に従い各地を転戦。藩命により鹿児島に留学したのち、米国に留学しコロンビア大学、エール大学に学ぶ。明治12年帰国、司法省に入り代言人、ついで14年判事に任ずるが、辞して目賀田種太郎、田尻稲次郎らと東京専修学校(現・専修大学)の創立に参与。18年横浜正金銀行に入り、30年頭取に就任。興銀監査役も兼任。39年退職して専修大学学長となった。

【評伝・参考文献】
◇専修大学100年小史　専修大学年史編纂室　専修大学　1979.8.20
◇相馬永胤伝　専修大学相馬永胤伝刊行会編　専修大学出版局　1982.6　841p 22cm

園部 ピア
そのべ・ぴあ

明治13年（1880年）5月29日～
昭和38年（1963年）11月17日

教育者　聖霊学園園長
本名はピア・ハイムガルトナー。通称はシスター・ピア。ドイツ・バーデン州出生。藍綬褒章〔昭和33年〕，秋田県功労賞〔昭和4年〕，秋田市文化章〔昭和31年〕，秋田県文化功労賞〔昭和32年〕。

　明治41年6月4人の修道女とともに来日、日本の立ち遅れた女子教育の現状を目の当たりにし、その発展・向上を志す。11月秋田市に楢山幼稚園を開設。42年には同地に女子職業学校を開き、その校長としてキリスト教の理念に基づく女子の職業教育を実践した。大正3年日本国籍を取得。4年聖霊学院女子職業学校、12年聖霊女子学院、昭和3年聖霊女子高等女学院、16年聖霊高等女学校に改称。戦後は22年聖霊中学校を設置して、23年聖霊高等女学校を聖霊高校に改称、26年聖霊学園を設立。29年聖霊女子短期大学設置とともに同附属高校・附属中学校と改称した。秋田の地でキリスト教思想に基づく女子教育に尽くしたが、32年体調を崩して温暖な名古屋に転居し、同地で亡くなった。

【評伝・参考文献】
◇海の星を追って—日本に生きたシスター・ピアの生涯　北条常久著　筑摩書房　1998.2　253p 20cm

ソーパー，ジュリアス
Soper, Julius

1845年2月15日～1937年2月5日

宣教師（米国メソジスト監督教会），教育者，神学者　青山学院神学部長
米国メリーランド州プールズビル出生。ジョージタウン・カレッジ〔1866年〕卒，ドルー神学校卒。

　1873年（明治6年）米国メソジスト監督教会宣教師として来日、以後30年間在留して伝道と教育に尽した。この間、東京および函館連回区の長老司として伝道に従事。1878年（明治11年）東京築地に耕教学舎（青山学院の前身）を創立、1897～1907年青山学院神学部長を務め、歴史神学や新約学などを教えた。また津田仙や古川正雄らに受洗した。1913年引退し、米国に帰国した。

【 た 】

ダウド, アニー

Dowd, Annie Aberdeen
1861年11月6日～1960年4月23日

宣教師(米国南部ミッション会社),教育者　清和学園創立者
米国ミシシッピ州アバディーン出生。▣高知市女子教育功労者〔1933年〕。
　1888年(明治21年)1月米国南部ミッション会社派遣婦人宣教師として来日。高知に居住し、同年4月に高知市広小路に開校した高知英和女学校で英語を教えた。のち同校が廃校となる1901年(明治34年)市内に私塾女学会(高知女学校,清和学園・清和女子高等学校の前身)を設立、高知の女子教育に多大な貢献を果たした。'37年4月帰国。

【評伝・参考文献】
◇真の教育者 アンニーダウド女史高知在住50年の足跡　福永久寿衛著　高知女学会同窓会　1966　136p 図版　19cm

高岡 元真

たかおか・げんしん

天保14年(1843年)4月8日～
大正9年(1920年)1月4日

医師　熊本医学校創立者
旧姓名は宇野。▣藍綬褒章〔大正4年〕。
　熊本藩の侍医・高岡元殷の長男に生まれる。家は代々侍医を務める。幼少より藩校・時習館で漢学を、再春館で医学を学び、藩の侍医となる。明治14年和漢医学の研究団体・春雨社に参加。21年春雨黌を創立して黌長となり医学教育の任に当たった。この間、私立英学館長に推される。29年熊本医学校を設立して校主となり熊本県の医学教育に貢献した。

高木 章

たかぎ・あきら

？～昭和41年(1966年)11月17日

国際短期大学学長,衆院議員
　昭和8年中野高等無線電信学校を創設。21年国際外国語学校を設立、25年の短期大学制度発足とともに国際外国語学校を母体として国際短期大学を設立。

高木 兼寛

たかき・かねひろ

嘉永2年(1849年)9月15日～
大正9年(1920年)4月13日

海軍軍医,医学者,男爵　海軍軍医総監,東京慈恵会医科大学創立者
幼名は藤四郎、号は穆園。日向国諸県郡穆佐村(宮崎県高岡町)出生。師は石

神良策(医学者)、岩崎俊斎(蘭学者)。医学博士〔明治21年〕。

鹿児島藩士の家に生まれ、若くして和漢学・剣道・医学・蘭学を学んだ。明治元年薩摩軍治療所助手になり、白河などの戦地病院に勤務。藩校で理学・数学・英学を修めた後、イギリス人ウィリスの医学校で校医を務める。5年召されて上京、海軍中軍医、大軍医、少医監を経て8年英国に留学、ロンドンのセント・トーマス医学校に学ぶ。13年中医監・東京海軍病院長、14年大医監、15年軍医大監、18年軍医総監・軍医本部長、20年東京慈恵院長。この間、14年成医会講習所(東京慈恵会医科大学の前身)を設立、15年有志共立東京病院を、18年には看護婦養成所を設立し、医師・看護婦の養成に尽力した。また、海軍兵食を白米から麦飯に変え脚気追放に多大の貢献をした。38年男爵。

【評伝・参考文献】
◇高木兼寛伝　東京慈恵会医科大学創立八十五年記念事業委員会編　東京慈恵会医科大学創立八十五年記念事業委員会　1965　341p 図版 22cm
◇高木兼寛伝—脚気をなくした男　松田誠著　講談社　1990.4　212p
◇白い航跡　上　吉村昭著　講談社　1991.4　253p 20cm
◇白い航跡　下　吉村昭著　講談社　1991.4　257p 20cm
◇白い航跡　上(講談社文庫)　吉村昭著　講談社　1994.5　259p 15cm
◇白い航跡　下(講談社文庫 よ3-16)　吉村昭著　講談社　1994.5　273p
◇宮崎の偉人　中　佐藤一一著　旭進学園　1998.1　222p 21cm

◇高木兼寛伝—伝記・高木兼寛(伝記叢書 305)　高木喜寛著　大空社　1998.12　329, 209, 5p 22cm
◇病気を診ずして病人を診よ—麦飯男爵高木兼寛の生涯　倉迫一朝著　鉱脈社　1999.8　541p 20cm
◇近代の神社神道　阪本是丸著　弘文堂　2005.8.15　286p 19cm(B6)

高木 君
たかぎ・きみ

明治15年(1882年)〜昭和35年(1960年)

教育者　神奈川裁縫女学校創立者
別名は高木きみ。神奈川県横浜市出生。東京裁縫女学校(東京家政大学)師範科卒。

明治38年高木女塾を開く。41年"真に自立できる女性の育成"を建学の精神として、神奈川裁縫女学校(のち高木高等女学校を経て、高木学園女子商業高校)を設立。校長として女子教育に尽力した。

高楠 順次郎
たかくす・じゅんじろう

慶応2年(1866年)5月17日〜
昭和20年(1945年)6月28日

仏教学者、教育家　東京帝国大学教授、東洋大学学長、武蔵野女子学院創立者
旧姓名は沢井。幼名は梅太郎、洵、号は雪頂。安芸国八幡村(広島県)出生。西本願寺普通学校〔明治18年〕卒、オ

ックスフォード大学卒。帝国学士院会員〔明治45年〕。文学博士。團インド学圏文化勲章〔昭和19年〕。

　明治13年郷里の小学校教師を勤め、18年西本願寺普通学校を卒業、23年渡欧、オックスフォード大学のマックス・ミュラーに師事、インド学を学び、ドイツ、フランスを経て30年帰国。東京帝国大学文学部講師となり梵文学を講じた。32年教授、33年東京外国語校長を兼任。35年中央商業学校を設立、45年帝国学士院会員。大正7年ルンビニー合唱団を興し、13年武蔵野女子学院を創立、仏教女子青年会を主宰。昭和2年東大を退官、9年まで東洋大学学長を務めた。19年文化勲章を受章。この間、「大正新修大蔵経」（全100巻）「国訳南伝大蔵経」（全65巻）「大日本仏教全書」（全151冊）「ウパニシャッド全書」（全9巻126種）などの監修をはじめ著書に「パリ仏教文学読本」「宇宙の声としての仏教」などがある。

【評伝・参考文献】
◇高楠順次郎先生伝　鷹谷俊之著　武蔵野女子学院　1957　295p 図版22cm
◇仏教と社会的実践の研究　石上智康著　世界聖典刊行協会　1988.2　254p 21cm
◇高楠順次郎先生伝―伝記・高楠順次郎（伝記叢書133）　鷹谷俊之著　大空社　1993.9　295,5p 22cm

高碕 達之助

たかさき・たつのすけ

明治18年（1885年）2月7日〜
昭和39年（1964年）2月24日

政治家，実業家　衆院議員（自民党），通産相，大日本水産会会長，電源開発初代総裁

大阪府高槻市出生。水産講習所製造科〔明治39年〕卒。

　明治39年東洋水産の技師となり、44年渡米して製缶技術を学ぶ。大正6年東洋製缶を設立、10年専務取締役社長。昭和9年東洋銅板を設立し社長。13年東洋罐詰専修学校（現在の東洋食品工業大学の前身）を創設。17年国策企業の満州重工業総裁に就任。戦後、満州で日本人会会長となり、抑留邦人の引揚げに尽した。22年帰国。公職追放となるが解除されると27年電源開発総裁、東洋製缶会長などを歴任。29年第1次鳩山内閣の経済審議庁長官となり、翌30年民主党から衆院議員に当選、以来連続当選4回。第2次・第3次鳩山内閣でも経済企画庁長官留任、33年第2次岸内閣の通産相に就任。その後、日ソ漁業交渉や、日中民間貿易でも大きな役割を果たした。また、ライオンやワニなど、猛獣の飼育でも知られた。

【評伝・参考文献】
◇私の履歴書〔第1集〕, 2-6　日本経済新聞社編　1957-58　6冊 19cm
◇事業に生きる　渡辺茂雄著　ダイヤモンド社　1959　287p 19cm

◇高碕達之助集　高碕達之助著，高碕達之助集刊行会編　東洋製缶　1965　2冊 19cm
◇私の履歴書　経済人　1　日本経済新聞社編　日本経済新聞社　1980.6　477p 22cm
◇創業者列伝（小島直記伝記文学全集　第11巻）　小島直記著　中央公論社　1987.11　533p 19cm
◇日本経営者列伝―成功への歴史法則（人物文庫）　加来耕三著　学陽書房　2005.8.20　452p 15cm（A6）

高島　鞆之助

たかしま・とものすけ

天保15年（1844年）11月9日～
大正5年（1916年）1月11日

陸軍中将，政治家，子爵　陸相，拓務相，枢密顧問官

諱は昭光，号は革丙。薩摩国鹿児島城下高麗町（鹿児島県）出生。贈勲一等。

　文久2年島津久光に従い上洛、明治元年戊辰戦争に従軍。3年侍従番長、7年陸軍大佐、10年西南戦争に従軍、少将。12年ドイツ、フランス留学。13年熊本、14年大阪各鎮台司令官、15年西部監軍部長、16年中将。17年子爵。20年第4師団長。24年第1次松方内閣の陸相となった。25年枢密顧問官、29年第2次伊藤内閣の拓務相、続いて第2次松方内閣の拓務相、陸相。32年再び枢密顧問官となった。この間、21年大阪偕行社附属小学校（追手門学院の前身）を大坂城の西北角の隣接地に創設した。

【評伝・参考文献】
◇追手門学院大学三十年史　三十年史編纂専門委員会編　追手門学院大学　1996.4.20
◇大阪偕行社附属小学校物語―ステッセルと乃木将軍の「棗の木」は、なぜ残った　宮本直和著　東洋出版　2000.1　318p 19cm

高津　鍬三郎

たかつ・くわさぶろう

元治1年（1864年）～
大正10年（1921年）11月23日

教育家，国文学者

愛知県出生。東京帝大文学部和文科〔明治22年〕卒。

　明治23年第一高等中学教諭、翌24年東京帝大文科大学講師嘱託、27年より同助教授を兼ねた。のち文部省図書審査官、明倫中学、中央大学講師などを歴任し、41年大成中学校長に就任、傍ら愛知社理事として育英事業に尽力した。この間、35年棚橋一郎、山本宜喚、小川銀次郎、杉浦鋼太郎、実吉益美、吉岡哲太郎とともに私立東京高等女学校（現・東京女子学園）設立を計画、36年の開校に尽力。同校校歌の作詞も行っている。著書に「日本文学史」（共著）、「日本中文典」「日本小文学史」など。

【評伝・参考文献】
◇東京女子学園九十年史　東京女子学園九十年史編集委員会編　東京女子学園　1993.12.25

高津 仲次郎

たかつ・なかじろう

安政4年(1857年)10月～
昭和3年(1928年)12月19日

衆院議員(立憲政友会)
専修学校法律科・経済学科修了。
　群馬電力、烏川電力を創立。他に東京電力、渡良瀬水電、上毛電気の要職にも就く。23年群馬2区から衆院議員に初当選。以来、通算4回当選した。この間、明治19年設立許可を受け、前橋堅町94番地に前橋英学校(校主・加藤勇次郎)を設立した。

【評伝・参考文献】
◇群馬の人々2(みやま文庫)　相葉伸等　相葉伸　1963
◇高津仲次郎日記1　高津仲次郎〔著〕, 丑木幸男編　群馬県文化事業振興会　1998.11　287p 22cm
◇高津仲次郎日記3　高津仲次郎〔著〕, 丑木幸男編　群馬県文化事業振興会　2000.7　358p 22cm
◇評伝高津仲次郎　丑木幸男著　群馬県文化事業振興会　2002.11　672p 22cm

高野瀬 宗則

たかのせ・むねのり

嘉永5年(1852年)～
大正4年(1915年)4月3日

農商務省権度課長, 東京物理学講習所創設者
東京大学理学部物理学科〔明治12年〕卒。
　東京物理学講習所(現・東京理科大)の創設者の一人。大学卒業後、駒場農科学校で教鞭を執る。明治19年農商務省権度課長となる。度量衡の整備に尽力し、22年には度量衡法が制定された。著書に「物理試験問題答案」「大日本度量衡全書〈第1巻〉」「度量衡制度詳解」がある。

【評伝・参考文献】
◇東京理科大学百年史　東京理科大学編　東京理科大学　1981.6.14
◇物理学校―近代史のなかの理科学生(中公新書ラクレ)　馬場錬成著　中央公論新社　2006.3.10　314p 18cm

高橋 一勝

たかはし・いっしょう

嘉永6年(1853年)5月12日～
明治19年(1886年)

弁護士　英吉利法律学校創設者
東京大学法科〔明治12年〕卒。
　明治18年(1885年)増島六一郎ら18名で神田区神田錦町に英吉利法律学校(現・中央大学)を創設。東京府会議員なども務めた。

【評伝・参考文献】
◇中央大学百年史 通史編〈上巻〉　中央大学百年史編集委員会専門委員会編　中央大学　2001.3.31

高橋 健三
たかはし・けんぞう

安政2年(1855年)9月～
明治31年(1898年)7月22日

官僚, ジャーナリスト　内閣書記官長, 英吉利法律学校創設者
号は自恃居士。江戸・本所(東京都墨田区)出生。父は高橋石斎(書家)。東京大学〔明治11年〕中退。
　明治3年下総曽我野藩の貢進生として大学南校(のちの東京大学)に入り、法律学を修めた。12年官吏となり、22年内閣官報局長を経て、29年第2次松方内閣の書記官長となった。その間、国粋主義を唱え、22年新聞「日本」の創刊に参画、また岡倉天心と美術雑誌「国華」を発刊した。26年「大阪朝日新聞」に主筆格で入り、27年雑誌「二十六世紀」を創刊、政府を攻撃した。一方、18年増島六一郎らと18名で英吉利法律学校(現・中央大学)を創設。専修学校、東京法学院などで教鞭を執った。

【評伝・参考文献】
◇内藤湖南全集　第2巻　内藤虎次郎著　筑摩書房　1996.12　760p　22×15cm

高橋 忠次郎
たかはし・ちゅうじろう

明治3年(1870年)3月13日～
大正2年(1913年)10月16日

体育教師, 遊戯研究家　東京女子体操学校創立者
宮城県宮城郡松島村磯崎出生。
　村の小学校を卒業後塾で修行、授業生(補助的な教員)を2年間務めたのち17歳で上京。私立東京体操伝習所と東京唱歌専門学校で体操・唱歌を修め、小学校の訓導をつとめた。その後、日本体育会体操練習所(現・日本体育大学)に招聘され、次いで坪井玄道の後任として女子高等師範学校(現・お茶の水女子大学)の体操科講師となった。明治26年日本遊戯調査会を設立して遊戯研究を行い、34年には雑誌「遊戯研究」を創刊。35年東京女子体操学校の設立に参加し、37年3月には山崎周信に代わって二代目の設立者となった。39年第3代校長に就任するが、直後に渡米し、アラスカ探検からシアトルに向かう途上客死した。共著に「最新ベースボール術」「音楽応用女子体操遊戯法」がある。

【評伝・参考文献】
◇藤村学園八十年のあゆみ　藤村学園八十年史編集委員会編　藤村学園　1983.5.10

高柳 義一
たかやなぎ・ぎいち

明治27年(1894年)12月1日～
昭和63年(1988年)2月3日

東北薬科大学学長・理事長・附属癌研究所長, 天津第二医学院名誉教授
宮城県宮城郡松島町出生。金沢医学

専門学校医学科〔大正10年〕卒。医学博士〔昭和3年〕、薬学博士〔昭和51年〕、D.P.(米トリニテーホールカレッジ)〔昭和47年〕。團細菌学,内科学 囲日本薬学会,日本内科学会,日本癌学会,日本化学会 賞藍綬褒章〔昭和37年〕、勲二等瑞宝章〔昭和41年〕、勲二等旭日重光章〔昭和49年〕、全国日本学士会アカデミア賞〔昭和42年〕、全国日本学士会功績賞〔昭和46年〕、全日本学士会会賞〔昭和49年〕、全日本学士会アカデミア学術大賞〔昭和57年〕、日本薬学会功労賞〔昭和57年〕、産業教育100周年記念文部大臣表彰功績者〔昭和59年〕。

東北帝国大学医学部助手を経て、開業。昭和14年3月東北薬学専門学校を創設し、理事長。24年東北薬科大学に改称。32年12月学長。

【評伝・参考文献】
◇思い出四十年　高柳義一著　東北薬科大学　1979.9　481p 22cm
◇高柳義一先生伝　「高柳義一先生伝」記念出版刊行会編　東北薬科大学創立四十周年・附属癌研究所開設二十周年記念事業委員会　1980.5　425p 22cm

高山 紀斎

たかやま・きさい

嘉永3年(1850年)12月12日～
昭和8年(1933年)2月8日

歯科医　東京歯科大学創立者
幼名は弥太郎。備前国岡山(岡山県)出生。

代々金川陣屋を預かる備前藩家老・日置氏に仕える高山家の作廻方・惣右衛門紀清の長男に生まれる。藩校に入り文武を学ぶと共に、真心影流の達人・阿部右源次に剣術を、甲州流軍学者・渡辺儀兵衛に軍学を学んだ。明治元年幕府追討軍の藩兵として東北地方に出兵し帰国。3年英学教授補に任ぜられ、慶応義塾に入り、岡田摂蔵(適塾門人)に従学を命じられた。5年私費で米国に渡り、サンフランシスコの歯科医ブァン・デンバーグに歯の治療を受けたのを機に、歯科医学を学び歯科医術開業試験に合格。11年帰国し医術開業試験に合格、同年東京銀座で歯科医を開業。14年日本初の近代歯科専門書「保歯新論」を出版し注目される。20年宮中の侍医局勤務となる。23年自宅の隣に高山歯科医学院(のちの東京歯科大学)を創設して校長となり、歯科医の養成を始め、また多数の歯科専門書や講義録を出版。26年シカゴ市で開催の万国博覧会に評議員として臨み、同市に開催の万国歯科医学会に参列、のち欧州を巡歴した。32年弟子の講師・血脇守之助に学院の一切を譲り、血脇は東京歯科医学院と改称した。譲渡後は専ら診療に従い、一方、35～39年大日本歯科医会会長を務めたほか、各種名誉職を歴任し、大正12年引退した。ほかの著書に「歯牙解剖図」「歯科薬物摘要」「衛生保歯問答」「歯科冶金学」「歯科手術論」など。

滝 信四郎

たき・のぶしろう

慶応4年（1868年）7月15日～
昭和13年（1938年）11月26日

実業家　滝兵商店社長

　明治28年名古屋の繊維問屋・滝兵（現・タキヒヨー）の5代目を継ぐ。34年丁稚奉公制を改革し、月給制や公休日制を採用して店員の待遇を改善した。また大正15年滝実業学校を創設した。

滝川 一益

たきがわ・かずます

明治38年（1905年）1月4日～
平成3年（1991年）7月30日

滝川学園理事長，名古屋文理短期大学学長

　愛知県出生。京都帝大経済学部〔昭和3年〕卒，ウィスコンシン大学〔昭和6年〕卒。法学博士。團経済政策，会社法團民事法学会置厚生大臣表彰〔昭和37年〕，文部大臣表彰〔昭和49年〕。

　京大講師、昭和18年明大教授を経て、21年日本経済復興会議委員、のち食糧科学研究所理事長などを歴任。

滝川 弁三

たきがわ・べんぞう

嘉永4年（1851年）11月21日～
大正14年（1925年）1月12日

実業家　大同マッチ社長，神戸商業会議所会頭，滝川中学校創立者

　幼名は百十郎，武熊。長門国豊浦郡長府村（山口県下関市）出生。

　旧長府藩士。戊辰戦争では報国隊書記兼斥候として北越に出征。明治4年京都に出て英学を学び、13年神戸で組合を設立して、マッチ製造を始める。のち独立して滝川燐寸（マッチ）製造所を設立、大正元年東洋燐寸株式会社と改称、昭和2年には東洋、日本、公益の3社協同して大同燐寸会社を設立、社長に就任。この間、神戸商業会議所会頭、貴院議員（多額納税）なども務めた。また晩年は育英事業にも力を注ぎ、私財を投じて滝川中学校を設立した。

田口 芳五郎

たぐち・よしごろう

明治35年（1902年）7月20日～
昭和53年（1978年）2月23日

カトリック枢機卿　大阪教区大司教，英知大学初代学長

　洗礼名はパウロ。長崎県外海町出生。東京大神学校，ウルバノ大学（ローマ）〔昭和2年〕卒。哲学博士（ウルバノ大学）〔大正15年〕，神学博士（ウルバノ大学）〔昭和5年〕，法学博士。

　昭和3年ローマのラテラン大聖堂で司祭に叙階され、帰国後カトリック中央出版部編集長、出版部長などを

経て、13年駐日ローマ教皇使節の秘書に任命される。同時に東京大神学校で、教会法および倫理神学を講じた。16年大阪司教となり、戦時下の教会維持に尽力した。23年大阪聖ヨゼフ布教修道女会を創立。37年より第2バチカン公会議に出席。38年には大阪に聖マリア大聖堂を建設、同年英知大学を開設して初代学長となる。44年大阪教区大司教、48年教皇パウロ6世から枢機卿に任ぜられた。著書に「真理の本源」「聖体の研究」などがある。

竹崎 順子
たけざき・じゅんこ

文政8年(1825年)10月25日～
明治38年(1905年)3月7日

教育家　熊本女学校校長
旧姓名は矢島。肥後国上益城郡津森村杉堂(熊本県益城町)出生。夫は竹崎茶堂(漢学者),妹は徳富久子(蘇峰・蘆花の母),横井津世子(横井小楠の妻),矢島楫子(教育家),甥は徳富蘇峰,徳富蘆花。

天保11年郷士竹崎茶堂(律次郎)に嫁し、夫を助けて農業と子弟の教育にあたる。夫及び兄矢島源助を通じて横井小楠の影響を受ける。明治20年海老名弾正に従いキリスト教に入信。21年弾正創立の熊本女学会(22年熊本女学校と改称)舎監となり、30年校長に就任した。以後没するまでキリスト教信仰と儒教的女徳に基づいた全人的教育に献身した。

【評伝・参考文献】
◇人物を中心とした女子教育史　平塚益徳著　帝国地方行政学会　1965
◇竹崎順子—伝記・竹崎順子(伝記叢書76)　徳富健次郎著　大空社　1990.4　896,9p 22cm

武田 ミキ
たけだ・みき

明治34年(1901年)11月20日～
平成5年(1993年)12月27日

広島文教女子大学名誉学長,武田学園理事長
広島県沼隈郡千年村常石(福山市)出生。長男は武田学千(元広島文教女子大学学長)。増川実科高女〔大正6年〕卒。置勲三等瑞宝章〔昭和47年〕,勲三等宝冠章〔昭和63年〕,中国文化賞。

呉市立女学校教師、広島県主事を経て、昭和23年可部女専創立。27年武田学園と改称、理事長に就任。32年可部女子高を設立、校長、37年可部女子短期大学を設立、学長。41年広島文教女子大学を設立、学長。平成5年退任。

【評伝・参考文献】
◇続・山陽路の女たち　広島女性史研究会編著　ドメス出版　1989.7　274p 19cm
◇武田ミキ人間教育論　広島文教女子大学教育研究所　1992.11　229p 22cm

武中 武二
たけなか・たけじ

？～昭和57年(1982年)5月24日

成徳学園理事長，東京都議
　大正15年成徳女子商業学校を創立。昭和23年学制改革により、成徳中学校・成徳高校となる。26年学校法人成徳学園となり、成徳学園中学校・成徳学園高校(のち下北沢成徳高校に校名変更)となる。49年まで理事長を務めた。26年から東京都議1期。

竹内 明太郎
たけのうち・あきたろう

安政7年(1860年)2月28日～
昭和3年(1928年)3月23日

実業家，政治家　衆院議員(政友会)，夕張炭鉱重役
　土佐国宿毛村(高知県宿毛市)出生。父は竹内綱(自由党領袖)、弟は吉田茂(首相)。
　父に従い上京、英語、仏語を学んだ。自由党に入り、「東京絵入自由新聞」を発行。のち鉱山を経営、明治34年欧米漫遊。帰国後茨城無煙炭、夕張炭鉱各社重役、さらに竹内鉱業会社、九州唐津鉄工場の重役兼務。衆院議員に当選、政友会相談役。また早稲田大学理工科新設に尽力、高知市に私立高知工業学校を設立するなど育英事業に貢献した。

【評伝・参考文献】
◇沈黙の巨星―コマツ創業の人・竹内明太郎伝　小松商工会議所機械金属業部会編　北国新聞社　1996.3　310p 20cm

竹内 綱
たけのうち・つな

天保10年(1839年)12月26日～
大正11年(1922年)1月9日

実業家，政治家　衆院議員(自由党)，京釜鉄道専務理事
通称は竹添進一郎(たけぞえ・しんいちろう)、万次朗、字は光鴻。土佐国宿毛村(高知県宿毛市)出生。息子は竹内明太郎(実業家・政治家)、吉田茂(首相)。
　戊辰戦争に従軍後、明治3年大阪府典事、少参事、大蔵省六等出仕となり、8年後藤象二郎とともに高島炭坑の経営にあたる。10年林有造らと西南戦争に呼応しようとした罪で禁獄1年の刑に処せられる。その後板垣退助の自由党結成に尽力し、23年以降衆院議員に当選3回、自由党、立憲政友会に所属した。29年京釜鉄道専務理事、のち芳谷炭坑社長となり、40年以降は東京の実業界で活躍。45年高知市に私立高知工業高校、また秋田鉱山専門学校(現・秋田大学鉱山学部)も創立した。著書に「竹内綱自叙伝」がある。

武村 耕靄

たけむら・こうあい

嘉永5年(1852年)1月～
大正4年(1915年)6月6日

日本画家, 教育者　女子高等師範学校教授

本名は武村千佐子。別号は玉蘭軒。江戸・芝(東京都港区)出生。共立女学校卒。師は山本琴谷, 春木南溟, 川上冬崖。団日本美術協会, 日本画会, 日本南宗画会(幹事)置日本絵画協会絵画共進会一等褒状(第1回)〔明治29年〕「晃山戦場原秋草図」。

　仙台藩士の娘として生まれる。はじめ山本琴谷に絵の手ほどきを受け、元治1年(1860年)より南北合派の日本画家・春木南溟に師事。のちには川上冬崖から洋画も学んだ。明治維新後の一時期、禄を失った家族を養うために輸出用の扇面画を描く。横浜の共立女学校を卒業後、工部省の通訳・絵画助教などを経て明治9年に東京女子師範学校教諭となり、英語や絵画を教えた。19年共立女子職業学校(現・共立女子学園)設立発起人の1人として創立に参加、監事、商議員を長く務めた。フェノロサや狩野芳崖の画論に影響を受けて制作に邁進し、29年の第一回日本絵画協会絵画共進会に「晃山戦場原秋草図」を出品し、一等褒状を受賞。他にも龍池会や日本画会などでも活動し、日本南宗画会では幹事を務めた。この間、明治19年東京女子高等師範学校教授に就任。自作の絵を用いた図画教科書を作成するなど、草創期の図画教育に重要な役割を果たした。31年に教職を辞したのちは、東京小石川に画塾を開き、引き続いて絵画の指導に当たった。40年文展開設に際し、評議員として正派同志会の結成に参画。晩年は鎌倉に住んだ。作品は他に「牡丹」などがある。

【評伝・参考文献】
◇共立女子学園百十年史　共立女子学園百十年史編集委員会編　共立女子学園　1996.10.18

田沢 康三郎

たざわ・やすさぶろう

大正3年(1914年)4月9日～
平成9年(1997年)1月22日

宗教家　松緑神道大和山教主, 新日本宗教団体連合会名誉理事長

青森県青森市出生。父は田沢清四郎(松緑神道大和山始祖)。東京帝国大学文学部宗教学主教史学科〔昭和13年〕卒, 東京帝国大学大学院修了。団WCRP(世界宗教者平和会議), 新日本宗教団体連合会。

　東京帝大助手、法政大学講師を経て、昭和21年青森県外童子山に帰るが、戦後の食糧難と荒廃した人心に接し、造田工事などをし、併せて"信仰づくり"を行う。41年父のあとを受けて松緑神道大和山教主となる。主神は神仏混交の「大和山大神」。小教団ながら広大な神域をもち、世界

平和運動にも力を注ぐ。一方、昭和30年生活学苑大和山松風塾を開塾、49年に松風塾高校を開校した。著書に「親よ立ちあがれ」「剣を鋤にかえて」「シャンティ・シャンティ」「続 一日一言」など。

【評伝・参考文献】
◇年輪 改訂増補 田沢康三郎著 大和山出版部 1978.6 292p 図版10枚 23cm
◇わが成人譜—大和山六十年史をみつめて 田沢康三郎著 大和山出版部 1978.9 245p 図版17枚 23cm
◇ご事績を慕いて—教主・大和小松風先生の喜寿の賀にささげる 田沢邦風著 大和山出版社 1991.4 117p 20cm

田尻 稲次郎
たじり・いなじろう

嘉永3年（1850年）6月29日～
大正12年（1923年）8月15日

大蔵官僚, 財政学者, 子爵 大蔵次官, 東京帝国大学教授, 貴院議員（勅選）
号は北雷。京都出生, 鹿児島県出身。大学南校, エール大学〔明治11年〕卒。帝国学士院会員〔明治39年〕。法学博士〔明治21年〕。

薩摩藩士であった父の郷里鹿児島と長崎に学び、明治元年上京。慶応義塾、開成所、海軍操練所、大学南校に学んだのち、4年米国留学しエール大学で経済・財政学を専攻、12年帰国。13年大蔵省少書記官、14年文部省御用掛、18年大蔵省調査局第四部長、19年国債局長などを歴任。この間、専修学校（現・専修大学）創立に参画し、帝大法科大学教授を兼任。その後、22年大蔵省銀行局長、24年主税局長、25年大蔵次官を務め、財政金融制度の創設に貢献。34年会計検査院長、大正7年東京市長に就任した。この間、明治24～34年、大正7～12年勅選貴院議員。明治28年男爵、40年子爵授爵。「経済大意」「財政と金融」など財政学および金融論、銀行論などの著書多数。

【評伝・参考文献】
◇田尻稲次郎年表（専修大学創立者年表 1） 専修大学大学史資料室 2000.1 112, 16p 21cm

辰馬 吉左衛門（13代目）
たつうま・きちざえもん

慶応4年（1868年）5月5日～
昭和18年（1943年）10月10日

実業家, 酒造家 辰馬本家酒造相談役, 辰馬海上火災保険社長
旧姓名は辰馬篤市。摂津国西宮（兵庫県）出生。父は辰馬悦蔵（白鷹創業者）。

「白鷹」酒造元・北辰馬家の長男に生まれるが、明治16年「白鹿」酒造元である辰馬本家の養子となり、30年家督を相続、13代吉左衛門を襲名。大正5年辰馬汽船、6年辰馬本家酒造、8年夙川土地の各株式会社を設立して相談役となる。また8年には辰馬海上火災保険（現・興亜火災海上保険）を

設立して社長となり、関西で指折の実業家となった。同年財団法人・辰馬育英会を設立、甲陽中学校、甲陽高等商業学校を設立した。

辰馬 吉男
たつうま・よしお

明治39年(1906年)2月2日～
平成1年(1989年)6月15日

辰馬本家酒造会長、辰馬育英会会長、甲陽学院高等学校・甲陽中学校創設者
兵庫県出生。長男は辰馬章夫(辰馬本家酒造社長)。関西学院大学〔昭和3年〕卒。

清酒「白鹿」で知られる辰馬本家酒造の14代目。甲陽学院高校・中学のほか、白鹿記念酒造博物館、香枦園テニス倶楽部なども創立した。

ダッドレー,ジュリア・エリザベス
Duddley, Julia Elizabeth
1840年12月5日～1906年7月12日

宣教師(アメリカン・ボード)、教育者
神戸女学院共同創立者、聖和女子学院共同創立者
米国イリノイ州ネバービル出生。ロックフォード・セミナリー卒。

数年間教師を務めた後、1873年(明治6年)日本伝道を志し、アメリカン・ボードから派遣されE.タルカットとともに来日。同年10月タルカットと協力して神戸に女子のための私塾(のちの神戸英和女学校、神戸女学院)を開設。校務の傍ら兵庫地区の伝道を受け持ち、特に旧三田藩の子女に積極的に伝道した。のちヨーロッパを経て一時帰国、1880年(明治13年)再び来日し、M. J. バローズとともに神戸女子神学校(のちの聖和女子学院)を設立、女子伝道者の養成に努めた。1900年病気のため帰国、南カリフォルニアで療養に専念した。

辰野 金吾
たつの・きんご

嘉永7年(1854年)8月22日～
大正8年(1919年)3月25日

建築家　日本建築学会会長、東京帝国大学工科大学学長
旧姓名は松倉。肥前国唐津(佐賀県唐津市)出生。長男は辰野隆(フランス文学者)。工部大学校(東京帝大工学部)造家学科〔明治12年〕卒。工学博士。

唐津藩士・姫松倉右衛門の二男に生まれ、明治元年辰野宗安の養嗣子となる。6年工部省工学寮(のち工部大学校)に入学し、お雇い外国人・コンドルの指導を受ける。12年工部大学校卒業後、13年ロンドンに留学、建築家W. バージスに師事。16年帰国し、工部省に奉職。17年工部大学校(のち帝国大学工科大学)教授となり、日本建築の講座を設け、31年東京帝大工科大学長。35年に退官、36年辰野葛

西建築事務所を創立。38年大阪辰野片岡建築事務所を創立。議院建築意匠設計懸賞募集審査委員長、日本建築学会会長など歴任。明治期建築界の開拓者であり指導者であった。この間、21年工手学校(のちの工学院大学)設立にあたっては創立発起人として、同校の創設に尽力した。主な建築作品に日本銀行本店(明29年)、両国国技館(明42年)、東京駅(大3年)、国会議事堂(途中病気で倒れる)などがある。

【評伝・参考文献】
◇郷土史に輝く人びと〔第4集〕 佐賀県青少年育成県民会議 1971 138p 肖像 19cm
◇郷土史に輝く人びと 企画・編集:郷土史に輝く人々企画・編集委員会 佐賀県青少年育成県民会議 1973 396p 図 22cm
◇築 工学院大学学園創立百周年記念写真集 工学院大学百年史編纂委員会編 工学院大学 1989.4.1
◇工学院大学学園百年史 工学院大学学園百年史編纂委員会編 工学院大学 1993.9.30
◇東京駅の建築家 辰野金吾伝 東秀紀著 講談社 2002.9 478p 19cm

舘田 きね
たてだ・きね

明治31年(1898年)～
昭和54年(1979年)9月

教育者 五所川原第一高等学校創立者・名誉校長
旧姓名は木村。青森県五所川原町(五所川原市)出生。夫は舘田悦郎(五所川原学園理事長)。東京女子高等師範学校附属高等女学校〔大正9年〕卒。勲五等瑞宝章〔昭和44年〕、青森県文化賞〔昭和46年〕。

大正9年東京市の私立淑徳女学校を振り出しに、五所川原女子実業補習学校、清水村外10ヵ村組合立玉成女子実業補習学校、木造町立実業女学校、五所川原高等女学校の教師を23年間務めた。戦後、新時代にふさわしい女子教育の必要性を感じ、23年五所川原家庭寮を創設、寮長となる。24年五所川原家政学院と改称し学院長に就任。31年学校法人五所川原学園と改称。32年家政高校を併設、校長となる。46年学園理事長。48年舘田学園五所川原第一高校(男女共学)と改称し、名誉校長となる。女子教育に一生を捧げた。

田中 重信
たなか・しげのぶ

大正8年(1919年)6月27日～
平成6年(1994年)7月1日

田中学園創立者・理事長
茨城県水戸市出生。長男は田中睦啓(田中学園理事長)。法政大学経済学部〔昭和35年〕卒。経営学博士。団経営財務、簿記 団亜細亜美術交遊会 置全国一水会展入選。

昭和28年田中学園を創設し、理事長に就任。水戸短期大学学長、水戸短期大学附属高校、水戸短期大学附

属水戸高校各校長などを兼務した。

田中 寿一
たなか・じゅいち
明治19年（1886年）10月5日〜
昭和35年（1960年）11月11日

教育者　名城大学理事長
福岡県出身。東北帝大卒。
　東北帝大助教授、浜松高工教授を務める。大正15年名古屋高等理工科講習所を開設、のち名古屋専門学校などを経て、昭和24年名城大学に発展させ、理事長に就任した。

田中 省三
たなか・しょうぞう
安政5年（1858年）〜
大正14年（1925年）6月

教育家　福山中学校創立者
鹿児島県出生。
　篤農家で、網元の家に生まれる。田原坂の戦に参加し、流刑に処せられるが、許されて帰郷。師範学校に進み、福山小学校の主席訓導となるが、2年半で退職。その後、能登半島の小学校校長となるが、校舎建築問題に絡み免職に。続いて、大阪で官吏登用試験を受け、奈良県五条の看守長となる。ほどなく大阪府裁判所書記に抜擢される。明治27年職を辞し、豪商福永正七の相談相手となり、秘書兼顧問格に。関西実業界の信用を築き、やがて独立。船舶業を中心に自営を始め、第一次世界大戦による物価高騰などで財をなし、資産1千万円を超す大実業家になる。大正4年には総選挙に出馬し、代議士を1期務めた。7年私財25万円を投じ、初代校長・岩崎行親とともに私立福山中学校（現・県立福山高校）を創立。

田中 千代
たなか・ちよ
明治39年（1906年）8月9日〜
平成11年（1999年）6月28日

ファッションデザイナー　田中千代学園理事長，田中千代服飾専門学校校長
旧姓名は松井。東京市芝区田村町（現・東京都港区）出生。夫は田中薫（地理学者），長男は田中久（薬学者），父は松井慶四郎（外相），弟は松井明（外交官），義父は田中阿歌麿（湖沼学者）。双葉高女〔大正12年〕卒, ニューヨーク大学修了。団デザイナークラブ（名誉顧問），総合デザイナー協会（顧問）置藍綬褒章〔昭和43年〕，勲三等瑞宝章〔昭和52年〕，兵庫県文化賞〔昭和30年〕，産経服装文化章〔昭和31年〕，東京都名誉都民〔平成3年〕。
　大正13年18歳で地理学者の田中薫と結婚。昭和3年から夫とともに4年間欧米に留学。デザインや洋裁技術を学び、特にチューリヒではオットー・ハスハイエ教授に師事。6年帰国。7年鐘紡に入り、企業デザイナーとなる。8年阪急百貨店婦人服部デザイナ

ー。12年田中千代洋裁研究所を開設。15年大阪帝大理学部日本衣服研究所長。23年田中千代学園を創立し、芦屋、東京、名古屋、福岡に学校を設立、日本のファッション教育の基礎を築いた。一方、26〜46年神戸女学院大学教授。皇后良子さまの服装の相談役も務めた。民族衣装の収集家としても知られ、平成元年東京・渋谷に民族衣装館を設立。著書に「田中千代服飾事典」など。没後の12年、遺族により民族衣装コレクション約5000点が国立民族学博物館に寄贈された。

【評伝・参考文献】
◇わが心の自叙伝 5 神戸新聞学芸部編 のじぎく文庫 1973 251p 19cm
◇夢しごと―田中千代の世界(シリーズ「女いま生きる」10) 田中千代, 小川津根子著 ミネルヴァ書房 1984.10 266p 20cm
◇心やさしく生きる 改訂版 田中千代著 源流社 1987.4 291p 21cm
◇田中千代 日本最初のデザイナー物語 西村勝著 実業之日本社 1994.6 265, 6p 19cm

棚橋 絢子
たなはし・あやこ

天保10年(1839年)2月24日〜
昭和14年(1939年)9月21日

女子教育家　東京女子学園創立者
本名は棚橋絢。旧姓名は牛尾田。幼名は貞。大坂出生。息子は棚橋一郎(教育家)。

大坂・高麗橋に酒造家の長女として生まれる。安政4年(1857年)盲目の漢学者・棚橋大作(松邨)と結婚。婚家が没落した後は寺子屋や裁縫の師匠として生計を立てた。明治元年尾張で私塾を開き、5年名古屋の十番小学校教員となる。8年上京、東京女子師範学校訓導を経て、11年より学習院に奉職。14年退官し、19年金声小学校を創立。23年成立学舎女子部教頭に、29年名古屋に高等女学校を開校して校長に、33年愛敬女学校を創立して同校長となる。36年には東京高等女学校(のちの東京女子学園)を創設して初代校長に就任し、昭和13年100歳を迎えるまで校長を務めた。14年101歳で亡くなり、訃報は海を越えてニューヨーク・タイムズにも掲載された。

【評伝・参考文献】
◇歴史ウォッチング Part2 名古屋テレビ編 (舞阪町)ひくまの出版 1987.11 252p 19cm
◇伝記棚橋絢子刀自―伝記・棚橋絢子(伝記叢書62) 中村武羅夫著 大空社 1989.1 204, 7p 22cm

棚橋 一郎
たなはし・いちろう

文久2年(1862年)11月13日〜
昭和17年(1942年)2月7日

教育家　郁文館創立者, 衆院議員(国民党)
父は棚橋大作(漢学者), 母は棚橋絢

子(女子教育家)。東京大学文学部和漢文学科〔明治16年〕卒。

父は漢学者の棚橋大作(松邨)、母は女子教育家の棚橋絢子。中村敬宇、井上円了に師事し、漢文・東洋史を修める。明治17年東京大学文学部を卒業後、東京大学予備門、第一高等中学校、東京府尋常中学校、成立学舎、東京英語学校、哲学館などで教鞭を執る。傍ら英語学者としても活躍し、「英和雙解字典」「英和字海」「英和小字彙」「ウェブスター氏新刊大辞書和訳字彙」などを編纂した。21年杉浦重剛、三宅雪嶺らと政教社を設立し同人として参加、雑誌「日本人」(のち「日本及日本人」)を発行。22年健全な精神的教育によって国家社会に貢献するため、東京・駒込蓬萊町に私立郁文館を創立。当初、同校は井上円了の哲学館と校舎を共有していたので、哲学館の学生で英語を学びたい者には聴講を許すなど密接な関係を持っていた。しかし学生からはわずかな月謝しかとらなかったので常に経営難であり、校長である棚橋自らが教壇に立って英語、修身、国語などを講じ、さらに陸軍幼年学校にも出講した。間もなく生徒数も増加したため25年追分町に移転し、東京府から認可を受けて私立尋常中学郁文館(現・郁文館夢学園)に改称。35年女子教育の重要性を痛感し、小川銀次郎と7名で私立高等女学校設立を計画、36年母・棚橋絢子を校長に迎え、府下最初の4年制女学校・東京高等女学校(のちの東京女子学園)を開校した。同年には衆院選に立候補し、当選。東京市議会副議長も務めた。大正7年新たに郁文館商業学校を併設したが、10年には校長を辞職した。

【評伝・参考文献】
◇東京女子学園九十年史　東京女子学園九十年史編集委員会編　東京女子学園　1993.12.25

棚橋　衡平
たなはし・こうへい

天保5年(1834年)4月17日～
明治43年(1910年)10月2日

教育者,尊攘運動家　天籟学校校長
名は嘉和,幼名は喜満太,号は天籟。美濃国山県郡伊自良村(岐阜県山県市)出生。兄は棚橋松村(漢学者),兄嫁は棚橋絢子(教育者),甥は棚橋一郎(教育者)。

美濃国揖斐の旗本代官・岡田将監に仕える。安政6年(1859年)江戸に上り、主家の子弟を教育した。元治1年(1864年)揖斐を通過しようとする武田耕雲斎率いる水戸の天狗党との交渉を担当。これを大いに歓待したのちに領内から去らしめ、町を戦火から救った。のち京都に赴き、岩倉具視・大原重徳ら公家と提携して国事に奔走。鳥羽・伏見の戦いでは斥候長として従軍し、戦功を立てた。維新後は教育者として活躍し、岐阜師範学校長・大阪府立農学校校長などを歴任。さらに明治27年上京し、甥の棚橋一郎が校主を務める私立郁文館で教えた。36年には揖斐に戻り、私立天籟学

校（現在の揖斐高校）を創立。

谷岡 登
たにおか・のぼる

明治27年（1895年）〜
昭和49年（1974年）11月22日

大阪商業大学創立者
圑国文学。

　昭和3年"世に役立つ人物の養成"を建学の精神として、大阪城東商業学校を開学、初代学長に就任。24年大阪城東大学を開学。27年大阪商業大学と改称。

谷口 長雄
たにぐち・ながお

元治2年（1865年）4月6日〜
大正9年（1920年）1月14日

熊本医学校創立者
旧姓名は告森。伊予国宇和島（愛媛県）出生。養子は谷口弥三郎（産婦人科学者）。帝国大学医科〔明治23年〕卒, ベルリン大学卒。医学博士〔明治39年〕。圑医学。

　愛媛県立松山病院院長、熊本県立病院院長を経て、明治29年熊本医学校を創立する。35年ドイツに留学し、ベルリン大学でエーワルド教授、クラウス教授について内科学一般を研究。帰国後、37年医学校の後身の熊本医学専門学校（現・熊本大学医学部）校長に就任した。

谷本 多加子
たにもと・たかこ

明治39年（1906年）11月26日〜
昭和55年（1980年）9月5日

関西外国語大学学長
茨城県出身。夫は谷本昇（谷本英学院創立者）。頌栄高女卒。圎勲三等瑞宝章〔昭和53年〕。

　昭和20年夫・谷本昇と私財を投じて大阪市東住吉区に谷本英学院を創立。22年関西外国語学校、28年関西外国語短期大学、41年関西外国語大学を開設した。

田沼 志ん
たぬま・しん

明治10年（1877年）7月3日〜
昭和45年（1970年）1月3日

教育家　横浜高等女学校校長
神奈川県横浜出生。父は田沼太右衛門（教育者）。圎勲四等宝冠章〔昭和41年〕, 横浜市文化賞〔昭和33年〕, 文部大臣表彰, 神奈川県文化賞〔昭和40年〕。

　明治32年に父の太右衛門が神奈川県初の私立高等女学校・横浜女学校を創立すると、その補佐役として学園の創設に参画、管理・運営に従事。同校生徒監などを経て昭和7年に同校長となり、その在職は約20年に及んだ。太平洋戦争の戦火で校舎を焼失するが、22年には学制改革に伴って同校

を横浜学園高等学校・同中学校とし、さらにこれらを経営するため26年には学校法人横浜学園を設立。同年校長職から退き、名誉校長に就任。晩年は妹ふくとともに県下初のガールスカウトを導入した。著書に倫理訓「増鏡」、歌集「梅香集」がある。

田沼 太右衛門

たぬま・たえもん

嘉永6年(1853年)～
昭和7年(1932年)3月30日

実業家,政治家,教育者　横浜米穀取引所理事長,神奈川県議会副議長,横浜学園創立者

武蔵国北葛飾郡八代村(埼玉県)出生。

叔父田沼新左衛門に招かれ横浜へ出て、その家督を継ぎ米穀・木材商となった。明治13年横浜共益社を設立し、米穀・醬油・薪炭の販売を営む。20年書籍出版業も始め、国定教科書の翻訳出版も行う。22年横浜共同電灯理事、32年横浜電気鉄道取締役となり、この間、横浜米穀取引所理事長、横浜商業会議所議員など多くの役職を兼任した。政治では明治8年真砂町総代に当選、翌年神奈川第一大区議員に当選、以後市会議員、県会議員を務め、32年県会副議長となる。一方、同年2月私財を投じて横浜女学校を創立、県議退任後は専ら女子教育に専念した。38年4月認可を受け私立横浜高等女学校に改称。のち同校は昭和26年に学校法人横浜学園へと発展した。

玉木 リツ

たまき・りつ

安政2年(1855年)～
昭和19年(1944年)2月4日

教育者　玉木女学校校長
肥前国長崎(長崎県長崎市)出生。父は玉木鶴亭(画家)。東京男女洋服専門学校卒。内国勧業博覧会一等賞(第3回)〔明治23年〕。

幼時から書道・茶道・裁縫・生花を嗜む。明治17年長崎学区公立上等長崎女児小学校の教員となる。21年に退職して上京し、東京男女洋服専門学校に入学。その一方で小鷹留峰子に師事して洋裁や編み物を学んだ。間もなく裁縫の技術も上達し、23年には第3回内国勧業博覧会に毛糸編みのテーブル掛を出展、一等賞を受賞した。24年に教員資格を取得して帰郷し、25年には和洋裁縫の普及と女子の社会的自立を目指して長崎女子裁縫学校を創立。以来、その校主として学校経営の充実に尽力し、39年には玉木女学校に改称。さらにその後も学科目の改善や校舎の移転などを行い、現在の玉木女子高等学校の基礎を固めた。

玉名 程三

たまな・ていぞう

文久1年(1861年)～

昭和12年(1937年)11月6日

教育家　三高教授, 東京物理学講習所創設者

旧姓名は名村。東京大学理学部物理学科〔明治13年〕卒。

　大学卒業後、大学の観象台で気象観測を手伝う。のち、東京外国語学校、第一高等学校教諭として勤務。明治14年の東京物理学講習所創立以後、8年間教鞭を執る。鹿児島高等中学校、造士館、二高、33年三高に転じる。44年文部省より転勤の命を受けるが従わず、教授を辞して隠居した。

【評伝・参考文献】
◇東京理科大学百年史　東京理科大学編　東京理科大学　1981.6.14
◇物理学校―近代史のなかの理科学生（中公新書ラクレ）馬場錬成著　中央公論新社　2006.3.10　314p 18cm

田村　国雄
たむら・くにお

？～昭和45年(1970年)1月16日

目黒学園理事長

藍綬褒章〔昭和43年〕、勲四等旭日小綬章〔昭和45年〕。

　昭和12年10月目黒商業女学校を設立。18年設立者を財団法人田村学園に変更し、理事長に就任、目黒女子商業学校と改称。23年の新制教育移行にともない目黒学園女子商業高校となる。37年学校法人渋谷教育学園理事長に就任し、両学園は姉妹校となった。

田村　哲夫
たむら・てつお

昭和11年(1936年)2月26日～

渋谷教育学園理事長, 青葉学園理事長, 東京医療保健大学理事長

号は哲山（てつざん）。東京都出生。東京大学法学部〔昭和33年〕卒。藍綬褒章〔平成9年〕、エリザベス2世女王大英帝国名誉勲爵士叙勲, 東京都功労者表彰〔平成4年〕。

　昭和33年住友銀行入行。37年渋谷教育学園常任理事、45年理事長。50年青葉学園常任理事、のち理事長。麻布学園理事。渋谷教育学園幕張中学・高等学校、渋谷中学・高等学校、早稲田渋谷シンガポール校（平成19年3月辞任）、各校校長就任。平成7年文部省中央教育審議会委員を皮切りに、教育改革国民会議委員、文化庁文化審議会国語分科会委員、文部科学省大学設置・学校法審議会特別委員等を歴任。現在、中央教育審議会委員。16年日本私立中学高等学校連合会会長、財団法人日本私学教育研究所理事長、17年日本ユネスコ国内委員会副委員長、東京医療保健大学理事長、19年東京医療保健大学大学院理事長。

タルカット，エリザ
Talcott, Eliza

1836年5月22日～1911年11月1日

宣教師(アメリカン・ボード),教育者
神戸女学院共同創立者,同志社看護婦学校設立者

米国コネティカット州ロックビル出生。ポーター女学校卒,ニュー・ブリテン州立師範学校〔1857年〕卒。

　裕福な毛織物工場主の二女に生まれたが、12歳で父を亡くし、次いで母を失った。ポーター女学校を経て、1857年ニュー・ブリテン州立師範学校卒業後、1863年までポーター女学校、ニューブリテン公立学校の教師を務めた。その後10年間は母の実家で病弱な叔母の看護に当った。1873年(明治6年)日本伝道を志し、アメリカン・ボードから派遣されJ. E. ダッドレーとともに来日。同年10月ダッドレーと協力して神戸に女子のための私塾(のちの神戸英和女学校、神戸女学院)を開設、校長として同学院の発展の基礎を築いた。1880年伝道に専念するため神戸を去り、岡山、鳥取、京都を中心に活躍。京都では同志社看護婦学校の経営に協力し、また日清戦争中は広島で日清両国傷病兵の看護伝道に当り、敬愛の的となった。1896年一時帰国し、ハワイで2年間日本人に伝道したりしたが、1902年再び来日し、神戸女子神学校教授として女子伝道者の養成に努める傍ら伝道に従事した。"日本のナイチンゲール"あるいは"クララ・バートン"ともいわれる。

【ち】

千葉 クラ
ちば・くら

明治9年(1876年)1月22日～
昭和10年(1935年)1月20日

教育者　八戸千葉裁縫女学校校長

旧姓名は松岡。青森県八戸出生。姉は羽仁もと子(教育者),弟は松岡正男(新聞人),松岡八郎(新聞人)。牛込女学校卒。

　姉の羽仁もと子(のちの自由学園の創立者)を頼って上京し、牛込女学校に学ぶ。同卒業後、帰郷して医師の原大一郎と結婚し、明治37年より千葉姓を名乗った。41年に洗礼を受けてキリスト教徒となり、43年八戸浸礼教会の敷地内に八戸女塾を開設。同塾ははじめ裁縫や手芸を教えたが、のちにはアメリカ帰りの弟・松岡八郎が英語を担当し、その他に国語や書道・修身なども教えるようになった。大正3年校舎移転に伴って校名を八戸裁縫講習所とし、次いで12年には青森県知事の認可を受けて私立千葉裁縫女塾に改称。さらに昭和5年実業学校令により八戸千葉裁縫女学校に改組し、その初代校長となった。一貫してキリスト教的信愛の精神を教育の柱とし、現在の千葉学園の基礎を築いた。

千葉 七郎
ちば・しちろう
?～昭和61年（1986年）7月31日

網走学園理事長
宮城県栗原郡若柳町出身。🔲網走市文化賞。
　戦前は網走支庁教育課主事、上湧別青年学校長などを務め、昭和22年私立網走女子技芸専門学校を設立、34年女子高昇格、43年から男子部併置で現在の網走高とし、クラブ活動、奉仕活動で知られるユニークな私学を育てあげた。

【評伝・参考文献】
◇評伝千葉七郎―明治生れの教師の残した道標　救仁郷茂著　網走学園網走高等学校　1987.7　444p 22cm

チマッチ, ヴィンセンチオ
Cimatti, Vincenzo
1879年7月15日～1965年10月6日

宣教師（サレジオ会）, 教育者　日向学院創立者
イタリア・ファエンツア市出生。パルマ市王立音楽大学〔1900年〕卒。自然科学博士（トリノ市王立大学）, 哲学博士（トリノ市王立大学）〔1906年〕。
　1926年（大正15年）2月司祭6名と修道士3名を引率して来日、九州地方において伝道に従事。1933年（昭和8年）宮崎小神学校（日向学院の前身）を設立。1935年宮崎、大分両県の教区長に任ぜられ、1937年には新設されたサレジオ会日本管区の管区長に就任。1946年日向中学校を創立して初代校長となる。1948年財団法人日向高等学校を創立。1956年イタリア政府から多年の日本における宣教活動および日伊文化交流につくした功績に対して勲章が贈られた。

【評伝・参考文献】
◇チマッチ神父の生涯　上巻　A.クレバコーレ著　ドン・ボスコ社　1992.10　610p 19cm
◇チマッチ神父の生涯　下巻　A.クレバコーレ著　ドン・ボスコ社　1992.10　p611-1222 19cm

チャーチ, エラ
Church, Ella R.
1861年8月5日～1918年1月5日

宣教師（米国婦人バプテスト外国伝道協会）, 教育者　日ノ本学園校長（初代）
米国コネティカット州ウェスト・ウィリングトン出生。
　コネティカット州バーミンガムのハイスクールを卒業したのち、同地の小学校教師を9年間務めた。1889年（明治22年）米国婦人バプテスト外国伝道協会の宣教師として来日。最初東京の駿台英和女学校で教え、まもなく横浜に移り、さらに1892年（明治25年）神戸に赴任した。姫路市内五軒邸に女子ばかりの小さな私塾を開き、また下寺町に校舎兼宣教師館を建て、

翌1893年2月、日の本女学校として開校、初代校長に就任。同校はのちに日ノ本学園へと発展した。1913年病気のため帰国。

【 つ 】

塚原 善兵衛
つかはら・ぜんべえ

明治41年（1908年）12月9日〜
平成12年（2000年）4月13日

塚原学園理事長, 塚原青雲高校校長
長野県東筑摩郡麻績村出身。長女は塚原嘉代子（塚原青雲高校校長）。中央大学法学部〔昭和16年〕卒。
　昭和20年白菊高等洋裁学院を創立し、院長。31年塚原高校に名称変更し、校長となる。34年天竜高校を、59年青雲高校（現・塚原青雲高校）を創立し、校長を務めた。のち塚原学園理事長。

塚本 英世
つかもと・ひでよ

大正5年（1916年）12月2日〜
昭和57年（1982年）6月21日

塚本学院理事長, 大阪芸術大学学長
大阪府大阪市出身。◯文部省教育功労賞〔昭和51年〕。

浦野病院、向坂病院勤務を経て、昭和21年浪速外語を設立、学長兼理事長に就任。26年浪速外語学院理事長、同年浪速外語短期大学学長兼理事長。39年浪速芸術大学を設立、41年大阪芸術大学と改称し、学長に就任。26年から幼稚園に行けない子のために先生を派遣する青い鳥運動（移動幼稚園）に尽力、全国保母養成協議会副委員長などを歴任した。

辻本 一郎
つじもと・いちろう

大正2年（1913年）3月31日〜
平成14年（2002年）10月16日

京都学園名誉学園長
和歌山県出身。同志社大学法学部〔昭和11年〕卒。◯藍綬褒章〔昭和45年〕、勲三等旭日中綬章〔昭和60年〕。
　日本紙工勤務を経て、昭和22年京都商業高校（現・京都学園高校）校長を経て、同年京都学園初代理事長。44年京都学園大学、58年京都文化短期大学を設立した。平成13年退任。

都築 貞枝
つずき・さだえ

明治34年（1901年）4月21日〜
昭和62年（1987年）10月20日

教育家　都築学園理事長
徳島県名西郡石井町城ノ内出生。二男は都築泰寿（第一経済大学長）。実

践女学校専門部家政科〔大正14年〕卒。☒勲三等宝冠章〔昭和49年〕。

　高小を卒業後大阪に出て、独学で看護婦資格をとる。その後、実践女学校専門部に入学。卒業後、輪島高女、柳川高女、早良高女(現・西福岡高)教諭を経て、昭和23年女性としては全国初の福岡県立福岡西福岡高校長に就任。25年県立筑紫中央高校長となる。退職後、31年福岡第一高校長、33年高宮学園、都築育英学園各理事長、39年第一薬科大学長事務取扱、41年福岡第一商業高校長を歴任した。

都築 頼助
つずき・よりすけ

明治36年(1903年)8月3日～
昭和47年(1972年)10月28日

教育家　都築学園創立者,都築育英学園創立者

徳島県出生。国学院大学文学部卒,九州帝国大学大学院〔昭和9年〕修了。☒国語学会、西日本史学会、全国大学教育学会　☒紺綬褒章、正四位勲三等旭日中綬章。

　福岡師範学校教諭、福岡県青年学校視学委員、福岡第一師範学校(現・福岡教育大学)教授などを歴任。この間、昭和31年学校法人都築学園を設立し、学園総長に就任。福岡第一高校、福岡第一商業高校、第一薬科大学、みやこ幼稚園を経営する。41年には学校法人都築育英学園総長として、第一経済大学、第一幼稚園を経営。同年都築教育学園を創設、九州工業短期大学(現・第一幼児教育短期大学)を開学。42年福岡教育大学教授を定年退官。国立国語研究所地方研究員などもつとめた。

津田 梅子
つだ・うめこ

元治1年(1864年)12月3日～
昭和4年(1929年)8月16日

女子教育家,英語教育者　津田塾大学創始者

本名は津田むめ。江戸・牛込南町(東京都新宿区)出生,千葉県出身。父は津田仙(佐倉藩士・学農社農学校創設者)。プリンマー・カレッジ(米国)選科〔明治25年〕修了。☒勲六等宝冠章〔大正4年〕,勲五等瑞宝章〔昭和2年〕。

　佐倉藩士・洋学者の津田仙の二女として生まれる。明治4年開拓使の募集に応じ、我が国初の女子留学生の一人に選ばれる。当時彼女は7歳で、同行の女性たちの中でも最年少であった。なお同行の留学生にはのちに大山巌夫人となる山川捨松、瓜生外吉海軍大将夫人となる永井繁子らがいた。同年11月岩倉具視遣外使節一行に加わって横浜を出帆し、12月米国サンフランシスコに到着。以来、日本弁務使館書記官チャールス・ランメンに養育され、初等及び中等教育を修了し、11年に渡る留学生活でラテン語、

数学、物理学、天文学、フランス語などを修めた。この間、6年に洗礼を受け、聖公会信徒となる。15年帰国。16年築地海岸女学校(青山学院大学の前身)の英語教師となり、さらに18年から華族女学校に勤め、19年同教授に昇進。22年在職のまま再び米国に留学してプリンマー・カレッジで生物学を、オスウェゴー師範学校で教育学を研究し、24年から25年にかけてモーガン教授と共同で発表した「蛙の卵の発生研究」は日本女性による初の科学論文として知られる。また滞在中は日本女性に関する研究も行っていたアリス・ベーコンの邸宅で起居し、その影響を受けて日本における女子高等教育の開拓を志すようになったといわれる。25年帰国後は引き続き華族女学校に勤務し、31年より女子高等師範学校教授を兼任。同年万国婦人連合大会日本婦人代表として出席し、帰途には欧米諸国を視察した。日清戦争後の好況により女子教育振興の機運が高まると、念願であった女子高等教育を実現させるため、33年一切の公職を辞して東京・麹町に女子英学塾(現・津田塾大学)を設立。以後、その塾長として人格形成と個性の重視、英語教師としての確たる実力の養成を掲げた教育を行うとともに学園設備の拡充に奔走し、37年には専門学校の認可を得るに至った。また34年に「英学新報」を創刊し、英語教本や教材の出版に当たるなど、日本の英語教育の発展にも貢献している。その後も38年日本キリスト教女子青年会(YWCA)初代会長に選ばれ、さらに大正2年には世界キリスト教学生大会出席のため渡米するなど女子教育家として活躍したが、長年にわたる心労がたたって健康を害し、6年聖路加病院に入院して塾長を辞した。

【評伝・参考文献】
◇津田梅子伝　吉川利一著　津田塾同窓会　1956　399p 図版 19cm
◇津田梅子　吉川利一著　津田塾同窓会　1956
◇五人の先生たち(女性と生活シリーズ)　日本基督教団出版部編　1960　154p 図版 18cm
◇津田梅子(人物叢書 第91)　山崎孝子著　吉川弘文館　1962　313p 図版 18cm
◇近代日本の教育を育てた人びと 上 教育者としての福沢諭吉〔ほか〕(源了円)(教育の時代叢書)　東洋館出版社編集部編　東洋館出版社　1965　19cm
◇人物日本の女性史 第12巻(教育・文学への黎明)　集英社　1978.2　260p 20cm
◇津田梅子文書　津田塾大学編　津田塾大学　1980.10　103, 601p 22cm
◇女性の自立と科学教育―津田塾理科の歴史　津田塾理科の歴史を記録する会編　ドメス出版　1987.5　197p 19cm
◇津田梅子〈新装版〉(人物叢書)　山崎孝子著　吉川弘文館　1988.6　313p 19cm
◇新時代のパイオニアたち―人物近代女性史(講談社文庫)　瀬戸内晴美編　講談社　1989.5　230p 15cm
◇津田梅子　大庭みな子著　朝日新聞社　1990.6　269p 19cm
◇津田梅子(中公文庫)　吉川利一著　中央公論社　1990.8　353p 15cm

◇美と知に目覚めた女性たち（天山文庫）　円地文子ほか著　天山出版，大陸書房〔発売〕　1990.9　268p　15cm
◇津田梅子と塾の90年　津田塾大学創立90周年記念事業出版委員会編　津田塾大学　1990.10　152p　29cm
◇津田梅子（Century Books）　古木宜志子著　清水書院　1992.11　242p　19cm
◇津田梅子（朝日文芸文庫）　大庭みな子著　朝日新聞社　1993.7　264p
◇多様化する「知」の探究者（21世紀の千人　第4巻）　朝日新聞社　1995.5　438p　19cm
◇歴史を動かした女たち（中公文庫）　高橋千剣破著　中央公論社　1997.2　391p　15cm
◇人物日米関係史—万次郎からマッカーサーまで　斎藤元一著　成文堂　1999.11　209p　19cm
◇津田梅子を支えた人びと　飯野正子，亀田帛子，高橋裕子編　津田塾大学　2000.9　294p　22cm
◇津田梅子—ひとりの名教師の軌跡　亀田帛子著　双文社出版　2005.3.10　263p　21cm（A5）
◇津田梅子とアナ・C. ハーツホン—二組の父娘の物語　亀田帛子著　双文社出版　2005.12　219p　22cm
◇NHKその時歴史が動いたコミック版女たちの決断編（ホーム社漫画文庫）　三堂司，高芝昌子，宮前めぐる，井沢まさみ，殿塚実，安宅一人著，NHK取材班編　ホーム社，集英社〔発売〕　2006.8.15　498p　15cm（A6）

津田 仙
つだ・せん

天保8年（1837年）7月6日～
明治41年（1908年）4月24日

農学者，教育家　青山学院女子部創設者

旧姓名は小島。下総国佐倉（千葉県佐倉市）出生。次女は津田梅子（津田塾大学創始者）。

　安政4年蕃書調書に入り、翌年外国奉行に出仕。慶応3年渡米し、西洋農法を見聞する。明治6年のウィーン万国博覧会に庭園植物主任兼審査官として出席。この機会に欧州の農法を学び、7年「農業三事」を著わす。農業の近代化と人材育成を目指し、9年学農社農学校を創立、農業教育に尽くした。また8年キリスト教徒となり、11年耕教学舎（青山学院女子部）を創設。禁酒運動、禁煙運動、及び盲唖教育にも尽力した。

【評伝・参考文献】
◇近代日本農政の指導者たち　小倉倉一著　農林統計教会　1953
◇津田仙—明治の基督者　都田豊三郎著　都田豊三郎　1972　229p　肖像　19cm
◇真実の愛を求めて　高見沢潤子著　教文館　1990.9　291p　19cm
◇津田仙—明治の基督者 伝記・津田仙（伝記叢書341）　都田豊三郎著　大空社　2000.12　229, 5p　22cm
◇津田仙と朝鮮—朝鮮キリスト教受容と新農業政策　金文吉著　世界思想社　2003.2　244p　22cm
◇近代日本のキリスト者たち　高橋章編著　パピルスあい，社会評論社〔発売〕　2006.3.10　335p　21cm（A5）

津田 白印
つだ・はくいん

文久2年(1862年)4月1日～
昭和21年(1946年)2月15日

日本画家,社会事業家,僧侶　淳和女学校校長

本名は明導。幼名は峯丸,別号は白道人,吸江山人,黄薇山人,甘露窟主人。備中国笠岡(岡山県笠岡市)出生。師は成富椿屋。䨇宮内省表彰〔大正13年〕,文部大臣表彰〔昭和15年〕,合同新聞社文化賞〔昭和18年〕。

　笠岡の浄心寺(浄土真宗)住職・津田明海の子として生まれ,豊前で仏教学や漢学を修業。その傍ら,明治13年から長崎派の南画家・成富椿屋に師事し,文人画を習った。24年奈良監獄の教誨師となり,少年囚を教導。この時から,青少年の社会環境改善を志すようになり,33年に辞職して郷里笠岡の本林寺内に孤児収容施設甘露育児院を開いた。同院は間もなく実家の浄心寺に移管。その経営は,彼の描いた絵の収入や信徒からの寄附などで賄われた。大正12年淳和女学校(現・淳和女子高等学校)を創立し,校長に就任。13年には長年に渡る社会・教育事業が高く評価され,宮内省より表彰を受けた。また慈善・教育活動の一方で,資金難に喘いでいた学校の経営を補助するために絵筆をとり続け,たびたび個展を開催した。その画風は伝統的な南画の流れを汲みながら大胆な構図と高い品格を持ち,特に花卉や山水などに秀作が多い。

土屋 智重
つちや・ちじゅう

明治5年(1872年)～昭和29年(1954年)

教育家　三島高校創立者
静岡県三島宿(三島市大社町)出生。
　東京高等師範及び京都帝国大学で国語漢文科講習修了。明治41年郡立三島高等女学校勤務。大正7年家政女塾を創立。大正11年三島家政女学校に改組し,校長に就任。昭和9年三島実践女学校と合併し,三島実科高等女学校(30年三島高校と改称)を創立し,初代校長に就任。学校の礎を築いた。13年退任。

常見 ろく
つねみ・ろく

明治12年(1879年)6月26日～
昭和29年(1954年)2月1日

教育者　常磐学園理事長
群馬県佐波郡境町出生。東京裁縫女学校速成科〔明治31年〕。
　明治30年18歳で上京し,東京裁縫女学校速成科に学ぶ。同校を卒業後,郷里群馬県に帰り,小学校の教員を務めた。同僚の教師と結婚後,教職を辞して夫婦で仕立屋を始めるが,実弟の死によって常見家を継ぐこととなり,教壇に復帰した。大正3年群馬

県太田の自宅に常見裁縫伝習所を開設。同校はのちに太田裁縫女学校・太田高等家政女学校・常磐高校と改組・発展。その間、彼女は校長として学校経営に当たったのみならず、昭和20年まで一教師として裁縫や礼法を教えた。戦後、22年に学園の経営を養子に譲って常磐学園理事長となり、教育の第一線から退いた。

津曲 貞助
つまがり・さだすけ

明治12年(1879年)4月27日～
昭和24年(1949年)6月18日

教育家　津曲学園創設者, 鹿児島県議
鹿児島県出身。立命館大学卒。
　大正11年郷里の鹿児島県に津曲学園を創設、鹿児島高等女学校、鹿児島中学校、鹿児島高等商業学校などを開設した。鹿児島市議・県議、鹿児島県織物業同業者組合長などを歴任した。

鶴 虎太郎
つる・とらたろう

明治3年(1870年)5月25日～
昭和26年(1951年)12月30日

教育家　広陵学園創立者
福岡県柳川市出生。四男は鶴襄(鶴学園名誉総長)。橘蔭学館(伝習館高校)〔明治22年〕卒。

　鶴家は大名立花氏に代々数学をもって使えた家柄。明治22年高校を卒業し、翌23年福岡県三潴郡間小学校の教員となるとともに、叔父の宮本宗四郎に師事して近代数学を学ぶ。25年宗四郎の他界を機に教職を辞し、東都遊学を志すが、立ち寄った広島で私立育英家塾に数学の教師として就職。29年独立して数理学会を設立し、会主となる。31年キリスト教に入信。のちの人格形成に大きな影響を及ぼしたと言われる。32年数理学会を究数学院と改称し、同時に勤労青少年に学問の門戸を広く開放するため実業夜学会を設立。究数学院中等科は34年に私立広陵中学に、実業夜学会は究数学院商工学校を経て広島実業学校に改称。この頃、虎太郎は脊椎カリエスが悪化し、病臥のまま数学の授業をつづけた。"鶴校長病臥の教室"は当時の多くの新聞・雑誌に写真入りで紹介された。40年文部大臣の認可を得て中学校令による私立広陵中学校を設立し、初代校長に就任。大正14年広陵中学校を退職後、昭和2年広島高等予備学校、昭和5年広島高等学院(昭和13年広島電気学校と改称)を設立。20年8月原爆により4人の子供を失い、五女は病死した。21年電気学校を復興、23年広島電気学校専門部を広島電気専門学校と改称し、26年学校法人広島電機学園設立認可を得て、広島電機高等学校を設立。理事長兼校長に就任するが、その年の12月死去した。虎太郎の教育は純粋な愛情にもとづく身的なものであったが、その愛はキリストの聖

なる普遍的な愛に支えられたものであった。愛を教育の基盤におき、のちに鶴学園の建学精神として位置づけた"教育は愛なり"もここに源を発している。

【評伝・参考文献】
◇鶴学園三十年史　鶴学園編　鶴学園　1986.11.1
◇広陵百年史　広陵学園編　広陵学園　1994.6.21

鶴　襄

つる・のぼる

大正4年（1915年）1月25日〜
平成18年（2006年）12月21日

広島工業大学学長, 鶴学園名誉総長
筆名は水流登(つる・のぼる)。広島県広島市中区大手町出生。父は鶴虎太郎(教育家)。福岡中〔昭和7年〕卒。

昭和31年広島高等電波学校、33年広島電波工高を各創立校長、鶴学園を創立理事長、36年広島工業短期大学、38年広島工業大学を各創立、学長に就任。平成9年理事長兼名誉総長、のち理事。戦後ヒロシマ・ピース・センター理事長を務めた。62年谷本清平和賞を創設。

【評伝・参考文献】
◇鶴学園三十年史　鶴学園編　鶴学園　1986.11.1

鶴岡 トシ

つるおか・とし

明治27年（1894年）7月11日〜
昭和53年（1978年）8月3日

教育家　北海道女子栄養学校創立者, 北海道栄養短期大学学長

新潟県出生。新潟高等女学校〔明治41年〕修了, 天沼学園歴史科〔明治43年〕卒。勲四等瑞宝章〔昭和43年〕, 北海道知事表彰〔昭和42年〕。

明治41年県立新潟高等女学校3年修了後、東京の天沼学園歴史科を卒業。43年から大正6年まで、故郷の南蒲原郡や西蒲原郡で小学校の訓導を務める。その後札幌へ移住し、札幌成美女学校（成徳専門学校）へ勤務し、首席教官を務めた。この間、庁立札幌高女で割烹科教員をしていた新太郎と結婚し、手を携えて全道辺地の食生活改善指導に従事した。昭和17年6月北海道女子栄養学校を創立して校長に。北海道・東北で初めて、全国でも6番目の栄養学校として、当時ではめずらしかった栄養士の養成に乗り出した。夫が中心になって創設した学校法人鶴岡学園は38年にスタートしたが、その直後に急逝。ひとり残されながら、同学園に道栄養短大を併設し、さらに附属高校、幼稚園、道調理師学校と次々に開校。いずれも学長、校長、園長を務めた。

【評伝・参考文献】
◇北海道開発功労賞受賞に輝く人々昭和50年　北海道総務部知事室渉外

課編　北海道　1976　229p 22cm

鶴崎 規矩子
つるさき・きくこ

万延1年（1860年）～昭和16年（1941年）

教育家　日曜学校太子館創立者，太子館理事長
長崎県諫早市出生。

　浄土真宗安勝寺住職・正林石仙を父に持つ。医学者・鶴崎平三郎と結婚し、一生を神戸の地で過ごす。聖徳太子が説いた和の心を広めるため、私財をなげだして日曜学校・太子館を建設。社会事業に強い関心を示し、地域からの声にもあと押しされ、幼稚園を建て太子館に寄付を行った。そのため、睦学園では鶴崎規矩子を校母として深く尊敬されている。太子館の創立に際し、私塾を経営し活発な活動をおこなっていた河野仙代に、その中心となる役目をもちかけた。大正12年6月仙代は30数名の生徒をつれて須磨区の太子館へ移り、太子館附属高等裁縫部としてスタート。仙代は生涯にわたる親友でもあった。また大正15年の太子館附属幼稚園設立にあたっては、人柄に信頼をよせる現光寺住職・河野厳想に幼児教育の分野を託した。初期の睦学園は、太子館、須磨幼稚園、須磨高等実践女学校の3部門だったが、昭和12年3月その3事業を合わせて財団法人太子館とし、理事長に就任。

【評伝・参考文献】
◇睦学園創立75周年記念誌　記念誌編集委員会編　睦学園　1999.3.1
◇睦学園創立80周年記念誌　睦学園　2003.6.10

鶴見 守義
つるみ・もりよし

安政5年（1858年）3月12日～
昭和14年（1939年）12月

司法官　関西大学初代学監，大審院判事
栃木県日光出生。司法省法学校〔明治17年〕卒。

　明治9年栃木県の貢進により司法省法学校に入学。17年司法省御用掛、19年大阪始審裁判所詰判事。23年部長判事。関西法律学校（のちの関西大学）創立に関わり、初代学監をつとめたほか、フランス民法を講じる。28年長崎控訴院判事、32年大審院判事を歴任。大正11年退官。

【評伝・参考文献】
◇関西大学百年史　人物編　関西大学百年史編纂委員会編　関西大学　1986.11.4

【て】

ディクソン, ジェムス

Dixon, James Main
1856年4月20日〜1933年9月27日

教育者　東京帝国大学英語教授
英国スコットランド・ペィズリー出生。エディンバラ大学, セント・アンドリュース大学。L. H. D.（ディッキンソン大学）〔1909年〕。

　1879年（明治12年）母校セント・アンドリュース大学のチューターとなる。同年、在ロンドンの日本政府代表を通じて工部大学校の英語教師として招聘され来日。1880年1月当時虎の門にあった工部大学校の英語英文学教師として着任、その後6年間同校に勤務した。1886年帝国大学文科大学の英語学および英文学教師に就任。同年伊藤博文が創立委員長となり女子教育奨励会創立委員会がつくられ、創立委員として1888年東京女学館の創設に係わった。1892年帝国大学文科大学を退職して、アメリカに渡る。同年から1902年までワシントン大学で教鞭をとった。1901年米国に帰化。著書に「English Idioms」がある。

手島 精一

てじま・せいいち
嘉永2年（1849年）11月28日〜
大正7年（1918年）1月23日

工業教育指導者　東京高等工業学校名誉教授
旧姓名は田辺。幼名は惇之助。江戸（東京都）外桜田（千代田区）出生。ラファイエット大学（米国）。

　沼津藩士・田辺直之丞の二男として江戸藩邸で生まれ、12歳の時に同藩士の手島家の養子となる。明治3年米国に留学、5年岩倉使節団が米国に来た際は通訳を務め、随行して英国に渡った。7年帰国。8年東京開成学校（現・東京大学）監事、10年教育博物館長補、14年東京教育博物館長。同年東京職工学校（現・東京工業大学）創設に尽力、23年校長に就任し、校名も東京工業学校に改めた。30年文部省普通学務局長、31年実務教育局長を務め、井上毅文相の下で産業教育振興の実業補習学校規程、実業教育費国庫補助法を制定。教育と産業とを結ぶ実業教育、社会教育の振興に貢献した。32年東京工業学校校長に復帰、以後大正5年に老齢を理由に退任するまで我が国の工業教育の権威として工業教育の普及と振興に尽くした。傍ら、明治19年共立女子職業学校（現・共立女子学園）設立発起人の1人として創設に参加、同校校長を兼ね、女子の職業教育にも力を注いだ。また国内外の博覧会に数多く関わった。

【評伝・参考文献】
◇工業教育の慈父 手島精一伝 安達竜作著 化学工業技術同友会 1962 256p 図版 19cm
◇近代日本の教育を育てた人びと 上 教育者としての福沢諭吉〔ほか〕（源了円）（教育の時代叢書） 東洋館出版社編集部編 東洋館出版社 1965 19cm
◇共立女子学園百十年史 共立女子学園百十年史編集委員会編 共立女子学園 1996.10.18
◇手島精一と日本工業教育発達史（産業教育人物史研究 1） 三好信浩著 風間書房 1999.2 411p 22cm

手塚 岸衛
てずか・きしえ

明治13年（1880年）7月13日～
昭和11年（1936年）10月7日

自由ケ丘学園創立者
栃木県出生。東京高師〔明治41年〕卒。

　福井、群馬、京都女子の各師範学校教師を経て、大正8年千葉師範附属小学校主事となる。この学校で、東京高師の篠原助市の支援を受けて、9年から教科の自学主義の徹底、課外的な自由学習、学校自治集会と学級自治の3領域にわたって自主自由教育を実施、試験や通知簿の廃止などの改革を行った。さらに全国的に自由教育運動を展開、その指導者となる。15年千葉県大多喜中学校長となるが、陸軍の配属将校と軍人教員に扇動された生徒たちの校長排斥運動のため辞職。昭和3年東京に自由ケ丘学園（自由ケ丘の地名の起源、自由ケ丘学園高等学校の前身）を創設した。死後、学園は小林宗作に引き継がれトモエ学園となる。

【評伝・参考文献】
◇教育改革者の群像（現代教育101選 33） 中野光著 国土社 1991.1 198p 19cm

手塚 太郎
てずか・たろう

文久2年（1862年）1月16日～
昭和7年（1932年）11月19日

司法官　長崎控訴院長、日本生命済生会理事長
江戸（東京都）出生。東京外国語学校、司法省法学校〔明治17年〕卒。

　医師・手塚良仙の長男に生まれる。明治19年千葉始審裁判所詰検事、大阪始審裁判所に転じ、関西法律学校（のちの関西大学）創立に関わる。25年大津地方裁判所検事正に転じるまで教壇に立ち、法律大意、民法、経済学などを講じた。のち、函館地方裁判所、仙台地方裁判所長、34年大阪地方裁判所検事正、名古屋控訴院検事長を経て、大正2年長崎控訴院長に就任。日本生命済生会理事長も務めた。

【評伝・参考文献】
◇関西大学百年史 人物編 関西大学百年史編纂委員会編 関西大学 1986.11.4

寺尾 寿
てらお・ひさし

安政2年(1855年)9月25日～
大正12年(1923年)8月6日

天文学者　東京帝国大学教授,東京天文台長

筑前国住吉村(福岡県)出生。弟は寺尾亨(国際法学者)。東京大学理学部物理学科〔明治11年〕卒。理学博士。

　明治12～16年フランスに留学し、各所の天文台及びパリ大学で天体力学を学ぶ。帰国後、17年東京大学教授に就任。21年初代東京天文台長を兼ね、また41年日本天文学会初代会長などもつとめた。東京物理学校(東京理科大学)創立者の一人でもある。

【評伝・参考文献】
◇東京理科大学百年史　東京理科大学編　東京理科大学　1981.6.14
◇物理学校―近代史のなかの理科学生(中公新書ラクレ)　馬場錬成著　中央公論新社　2006.3.10　314p 18cm

寺田 勇吉
てらだ・ゆうきち

嘉永6年(1853年)6月～
大正10年(1921年)10月11日

教育家　東京高商校長
江戸出生。

　明治3年大学南校(のちの開成学校)に入り、鉱山学を修める。鉱山局などを経て、11年太政官に出仕。のち文部省御用掛に転じ、東京大学予備門教諭、第一高等中学校教諭。22年欧米の教育制度を視察、帰国後第一高等学校教授兼文部省参事官となり、28年官房文書課長を兼ね統計主任。30年文部省書記官兼参事官に第一高等学校教授を兼務し、のち文部省視学官を経て、35年東京高等商業学校校長に就任。その後は精華学校を創立してその経営に専念した。明治20年代に学校における兵式体操を非難したことでも知られる。

寺部 だい
てらべ・だい

明治15年(1882年)10月20日～
昭和41年(1966年)5月18日

教育家　安城学園創設者
愛知県出身。東京裁縫女学校卒。

　20歳で上京し、東京裁縫女学校に学ぶ。明治45年郷里の愛知県に安城裁縫女学校を創設、校長に就任。戦後は安城学園を設立した。

【 と 】

土居 通夫
どい・みちお

天保8年(1837年)4月21日～
大正6年(1917年)9月9日

実業家, 政治家　大阪商業会議所会頭, 大阪電燈社長, 衆議院議員
旧姓名は大塚。幼名は万之助, 彦六。伊予国宇和島(愛媛県)出生。

4歳の時宇和島藩士村松家の養子となるが、23歳で父の母方の姓・土居を名のる。慶応元年宇和島藩を脱藩して大坂に出、京坂地方で志士として活動。維新後、外国事務局に入り、五代友厚の下で大阪運上所に勤務、明治2年大阪府権少参事となる。5年司法省に移って東京裁判所権少判事、兵庫裁判所裁判長、大阪上等裁判所裁判長などを歴任した。17年鴻池家家政整理の際、同年顧問となり財界に入る。20年大阪株式取引所設立委員、21年大阪電燈、のち長崎電燈の社長に就任。27年衆院議員。28年大阪商業会議所会頭となり、以後死亡するまで22年間務めた。33年欧米視察後、大阪商店改良会を組織、内国勧業博覧会開催などにつとめ、また中国、朝鮮への商品輸出にも尽くし、大阪商工業界の長老的存在の一人となった。この間、関西法律学校(のちの関西大学)創立にも携わった。

【評伝・参考文献】
◇大阪人物誌―大阪を築いた人(アテネ新書)　宮本又次著　弘文堂　1960　230p 19cm
◇剣客豹変―小説土居通夫伝　小島直記著　PHP研究所　1982.8　243p
◇関西大学百年史　人物編　関西大学百年史編纂委員会編　関西大学　1986.11.4
◇土居通夫君伝―伝記・土居通夫(近代日本企業家伝叢書7)　半井桃水編　大空社　1998.11　897, 4p 図版10枚 22cm
◇通天閣―第七代大阪商業会議所会頭・土居通夫の生涯　木下博民著　創風社出版　2001.5　525p 20cm

戸板　関子
といた・せきこ

明治2年(1869年)4月19日～
昭和4年(1929年)1月14日

教育家　戸板裁縫学校創立者
陸前国仙台北五番町(宮城県仙台市)出生。松操女学校, フェリス女学校卒。團裁縫教育。

明治15年仙台立町小学校を卒業後、母から裁縫を仕込まれ、絹物の羽織を容易に仕立てられるほどの腕前となる。次いで母校・仙台立町小学校や石巻小学校などに勤務し、傍ら裁縫の私塾も開いたという。22年女医を志して上京するが、適当な学校がなく横浜のフェリス女学校で裁縫を教えると同時に英語を学んだ。25年洋行帰りの長尾糸に師事して洋裁を修める。その後、英和女学校、東京女学館を経て、32年東京・麹町の成女学校に招かれ、教員の採用や授業方針の立案など学務全体を担当し、業績を上げた。この間、牧師の武田芳三郎と結婚。のち牧師を辞めて新聞記者となった夫に従い、同校を退職して長野県に赴いたが、請われて同県内各地でも裁縫を教授した。34年東京に戻り、35年裁縫教育の集大成として東京・芝公園に戸板裁縫学校を設立。ここでは自らが裁縫のスピー

ド化をはかるために多年の経験から考案した分解式一斉教授法によって生徒たちを教え、毎年優秀な卒業生を送り出した。そのため教えを請う者が多くなり、37年三田に新校舎を建設した。その後も41年予科、44年高等科、45年中等教員養成科及び高等師範科、大正2年夜学を次々と新設した他、大正5年三田高等女学校、11年三田博和女学校、12年大森城南女学校及び城南幼稚園、15年大森高等女学校を併設するなど、精力的に学園を拡充した。社会福祉や慈善事業にも尽くし、関東大震災後には婦人復興会を設立して被災者や震災による失業者などの救護に当たった。著書に「戸板裁縫全集」などがある。

遠山 参良

とおやま・さぶろう

慶応2年(1866年)1月13日～
昭和7年(1932年)10月9日

教育者　九州学院初代院長
肥後国八代郡鏡町(熊本県)出生。熊本洋学校, 同志社卒, カブリ英語学校卒, ウェスリアン大学〔明治28年〕卒。

　熊本洋学校、京都・同志社に修学を経て、明治12年広取校、鏡英学校で英語・漢学を修業した。17年長崎の加伯利(カブリ)英語学校(のち鎮西学館時代を経て鎮西学院と改称)に学び、卒業後同校教師となる。この頃すでにキリスト教に入信。25年渡米しオハイオ州ウェスリアン大学に入学、英語・生物学・宗教・哲学を研究し、28年卒業。29年帰国し再び鎮西学館で牧師を務める傍ら、教鞭を執る。33～43年五高に赴任、夏目漱石の後を受けて英語科主任となる。九州学院の創立に参画し、44年初代院長に就任、以来21年間同校の発展の基礎を築き柱石として活躍、多くの子弟の養育に貢献した。

禿 須美

とく・すみ

明治9年(1876年)～昭和25年(1950年)

女子教育家　福井仁愛高等女子校校長
福井県鯖江市出生。父は禿了教(女子教育家)。成立学舎女子部, 同志社大学女子部。置藍綬褒章〔昭和19年〕。

　浄覚寺住職の家に生まれる。幼少時から和漢の書に親しんで育ち、父了教が上京の際、明治21年成立学舎女子部に入学、さらに同志社大学女子部に学んだ。31年父とともに福井市に県内初の私立女子中学校・婦人仁愛会教園を設立。大正13年福井仁愛高等女学校となり、校長に就任。昭和20年戦災で焼失したが、福井仁愛学園を設立。52年間、仏教に根ざした女子教育に尽くした。

禿 了教

とく・りょうきょう

弘化3年(1846年)～昭和12年(1937年)

女子教育家，僧侶　仁愛女学校校長，浄覚寺住職

福井県出生。長女は禿須美（女子教育家）。

福井県今立郡浄覚寺住職をつとめる傍ら、明治維新の際の仏教界や国民思想の退廃を憂い、海外視察に赴く。明治21年13歳の長女・須美を連れて上京し、神田英学塾に入学し、インド、ヨーロッパを旅した。31年娘とともに福井市に県内初の私立女子中学校・婦人仁愛会教団を設立し、校長に就任。34年知事の認可を受け、仁愛女学校と改称。大正13年組織変更で、福井仁愛高等女学校となるのを機に、校長を須美に譲った。父娘で生涯、女子教育に尽くした。

徳富　久子

とくとみ・ひさこ

文政12年（1829年）4月11日～
大正8年（1919年）2月18日

熊本女学会創設者

旧姓名は矢島。肥後国上益城郡杉堂村（熊本県）出生。夫は徳富一敬（漢学者），息子は徳富蘇峰（評論家），徳冨蘆花（小説家），姉は竹崎順子（教育家），妹は矢島楫子（教育家）。

旧熊本藩郷士矢島直明の娘。横井小楠門下の徳富一敬のもとに嫁ぎ、徳富蘇峰・徳冨蘆花らを生む。女子教育に尽し、明治20年5月熊本女学会を創設、明治21年に熊本英学校附属女学校と改称し、さらに22年には熊本女学校となった。東京に移ってからは、妹・矢島楫子の矯風会事業を助けた。歌集に「浜久木」がある。

【評伝・参考文献】
◇わが母―伝記・徳富久子（伝記叢書 197）　徳富猪一郎著　大空社　1995.12　228, 315, 7p 22cm

徳永　四郎

とくなが・しろう

（生没年不詳）

浪華商業学校初代校長

大正10年大阪市天王寺区に浪華商業実修学校（浪商学園の前身）を設立。職員2名、生徒も20名に満たないスタートだった。12年大阪市南区に浪華商業学校として移転。15年東淀川区に新校舎を建設し移転。同年全国中等学校野球大会に大阪代表として出場、志願者は年を追って増加した。上級学校を開設するため、渡米。昭和7年浪華高等商業学校を開設。しかし9年11月原因不明の出火により校舎が全焼、翌10年その責任を取り辞職した。

【評伝・参考文献】
◇浪商学園創立六十年史　浪商学園創立六十年史記念誌編集委員会編　浪商学園　1982.10.25

徳永　規矩

とくなが・もとのり

文久1年（1861年）～

明治36年（1903年）10月21日

教育家
肥後国芦北郡水俣村（熊本県）出生。従弟は徳富蘇峰, 徳富蘆花。

　明治3年頃より元田永孚の元田塾、竹崎茶堂の漢学塾に学ぶ。5年熊本洋学校に入学したが年少の理由で退学。8年慶応義塾に学び、11年横浜の米国人宣教師ジョン・C.バラの英学塾に転じ英語を修学、キリスト教に接し、12年18歳で横浜住吉町教会（のちの横浜指路教会）でジョン・ナックスから洗礼を受ける。15年従弟・徳富蘇峰の大江義塾開校に尽力し自身も塾生となる。20年熊本市にキリスト教主義による熊本英語学会を設立し、同年海老名弾正を校長に迎えて熊本英学校と改称する。一方、熊本新聞主筆となり、また実業界にも活躍したが、21年肺結核にかかって以来病床に伏し長崎に移った。その信仰体験を「逆境の恩寵」と題して著し、37年出版された。

徳野　常道
とくの・つねみち

大正10年（1921年）6月27日～
平成16年（2004年）6月25日

東福岡学園創立者
福岡県北九州市出身。九州大学法学部〔昭和25年〕卒, 九州大学経済学部〔昭和25年〕卒, 九州大学大学院法学研究科〔昭和35年〕修了。藍綬褒章〔昭和53年〕。

昭和20年福岡米語義塾校長、24年九州貿易専門学校校長を経て、29年東福岡学園を設立。理事長、学園長、東福岡高校校長を務めた。著書に「苦節30年」がある。

土光　登美
どこう・とみ

明治4年（1871年）8月8日～
昭和20年（1945年）4月21日

教育者　橘学苑校長
旧姓名は伏見。岡山県御野郡当新田村（岡山市）出生。二男は土光敏夫（実業家）。

　18歳の時、肥料仲買商の土光菊次郎と結婚。大正9年頃に上京し、事業に専心する夫に内助の功を尽くした。昭和15年に夫と死別し、その一周忌を機に女学校の設立を決意。以来、資金集めと土地の確保に奔走し、17年4月には横浜鶴見に4年制の女学校である橘学苑（現・橘学苑高等学校）を創立。「正しき者は強くあれ」をモットーとして生徒に農作業をさせたほか、当時廃止されていた英語の授業を復活、戦時下の混乱期にあって確固たる教育方針を示した。戦争の終結を見ずに死去。二男は実業家の土光敏夫。

【評伝・参考文献】
◇正しきものは強くあれ―人間・土光敏夫とその母　宮野澄著　講談社　1983.2　230p 20cm

ドージャー, チャールズ・ケルゼイ

Dozier, Charles Kelsey
1879年～1933年5月31日

宣教師(南部バプテスト派教会),教育者　西南学院創立者・院長(第2代)
米国ジョージア州ラ・グレインジュ出生。マーシャ大学卒,南部バプテスト神学校(ケンタッキー州ルイビル)〔1906年〕卒。

　13歳でバプテスマを受ける。1906年(明治39年)9月南部バプテスト派教会の宣教師として妻を伴い来日、福岡、佐世保、下関で伝道に従事。'15年西南学院創立計画に参加し、'16年(大正5年)4月創立後は同学院の主事となり、'17～29年第2代院長を務め、同学院の発展に貢献した。院長辞任後は西南女学院理事として同構内に居住、北九州一円の伝道に従事した。妻もバプテスト教会の婦人同盟会の結成や幼稚園園長などの働きを残し、息子E.B.ドージャーも西南学院院長を務めた。遺訓「Seinan, Be True To Christ(西南よ、キリストに忠実なれ)」は建学の精神として受け継がれている。

【評伝・参考文献】
◇西南学院の創立者C.K.ドージャーの生涯—生誕100年記念　西南学院学院史編集室編　西南学院　1979.5　34p 21cm

戸津 高知

とず・たかとも
明治5年(1872年)11月3日～
昭和34年(1959年)12月30日

教育家,政治家　札幌商業学校創設者,札幌市議,北海道議
札幌農学校(北海道大学)卒。

　旧伊達藩士戸津高富・しけしのの長男。維新後、北海道移住の多かった藩士の動向に刺激され、札幌農学校入学を志して渡道、受験準備で浅羽靖が校主・校長の北海英語学校(北海中学の前身)に入る。農学校卒後、一時公立中学校に勤めたが、浅羽に望まれて北海中学に移り、浅羽の死後2代目校長。教育モットーは「健康・信念・敬愛」で、浅羽の"厳格"と合わせてユニークな学風を形成、寒川光太郎、島木健作、早坂文雄、坊屋三郎、益田喜頓、南部忠平、飛沢栄三、本郷新、梁川剛一、黒川利雄、野呂栄太郎など多彩な人材を送りだした。第1次大戦後、実業家から後継者養成の学校が必要という要望に応え、北海中学の姉妹校札幌商業学校(のちの北海学園札幌高等学校)を創設、総合大学をめざした北海学園の基礎をつくった。のち市議、道議を務めた。

戸野 みちゑ

との・みちえ
明治3年(1870年)2月7日～?

教育家　文華高等女学校設立者, 東京中村高等女学校校長
京都府出生。京都府立高等女学校卒, 東京女子高等師範学校(お茶の水女子大学)卒。

　東京女子高等師範学校を卒業し、高等女学校、師範学校教諭を経て母校東京女高師教諭となる。のち清国の教育事業に招聘され湖北省で女子教育、幼児教育に携わる。帰国後、東京中村高等女学校校長、女子美術専門学校主監、佐藤高等女学校校長、女子美術専門学校教頭、同校理事、女子学習院講師などを務める。また生活改善中央会理事や少年保護婦人協会評議員としても活躍。大正11年十文字こと、斯波安と共に文華高等女学校(現・十文字高等学校)設立。昭和10年6月教育功労者として表彰される。著書に「校外読本」「新日本子供教科書」のほか家事教科書数種がある。

土肥 モト
どひ・もと
明治11年(1878年)1月19日〜
昭和28年(1953年)3月6日

教育家　土肥裁縫女学校創設者
広島県郷田村(東広島市)出身。渡辺裁縫女学校卒。

　夫の死後、上京して渡辺裁縫女学校に学ぶ。明治41年広島県郷田村(現・東広島市)に帰郷し、土肥裁縫女学校(現・清水ケ丘高)を創設した。

富沢 カネ
とみざわ・かね
明治37年(1904年)4月25日〜
昭和59年(1984年)

教育家　山形女子職業学校創設者, 富沢学園理事
山形県山形市香澄町出生。東京共立女子専門学校〔大正12年〕卒。

　女子専門学校を卒業後、和歌山県御坊商業学校に奉職するが、在職2年で郷里山形市へ帰る。昭和5年七日町にあった山形裁縫女学校の校長・常世正三郎の依頼により、同校に奉職。8年常世校長が亡くなり、同校も閉鎖となる。山形市七日町若葉町に新校舎を建築し、山形女子職業学校を創設してその初代校長に就任。学校経営の一切を引受けて、50余名の生徒とともに一歩をふみ出すこととなった。のち山形看護婦養成所を併設し、看護婦を社会に送り出した。女子職業学校も漸次発展して、14年山形市城北に新校舎の建設、16年山形高等女子職業学校(のちの山形城北高校, 山形女子短期大学)を創設した。

富沢 昌義
とみざわ・まさよし
？〜昭和51年(1976年)7月14日

山形女子短期大学学長
妻は富沢カネ(教育者)。

昭和16年妻・カネとともに財団法人富沢学園を設立。従兄弟で教育学者であった小西重直(元・京都帝国大学総長)の助言を受け、建学の精神"敬・愛・信"を確立する。

富田 かね
とみだ・かね
明治6年(1873年)1月10日～
昭和32年(1957年)10月26日

教育者　富田女学校創設者
岐阜県大野郡房島(揖斐川町)出生。和洋裁縫伝習所卒。置紫綬褒章〔昭和3年〕。

　上京して和洋裁縫伝習所に学ぶ。のち文部省検定により教員の資格を取得し、明治38年郷里に戻って岐阜県立高等女学校の教諭となった。間もなく私立による女子教育を志し、39年岐阜市に富田女学校を創立。以来、校長として学校の経営に当たったのみならず、自ら修身・家事・裁縫を教えた。やがて学校の施設を拡充させ、大正11年には富田高等女学校を開設。昭和20年戦災によって校舎が全焼するが、戦後すぐに学園の再建をはかり、23年学校を富田女子高等学校に改称、26年には学校法人富田学園を設立した。

富田 小一郎
とみた・こいちろう
安政6年(1859年)5月22日～
昭和20年(1945年)2月2日

教育家　盛岡実践女学校創立者
東京大学卒。

　明治24年郷里の岩手県で盛岡中学教諭となる。大正9年盛岡実践女学校(のち盛岡市立女子商業)を創設、女子教育に尽くした。

【評伝・参考文献】
◇教育の父富田小一郎先生　堀内正巳著　人文閣　1946
◇不屈の人富田小一郎　富田雄二著　富田小一郎伝記刊行委員会　1973　155p 肖像 19cm
◇不屈の人冨田小一郎 再版　冨田雄二著　戸田宏　2002.3　93p 27cm

富田 鉄之助
とみた・てつのすけ
天保6年(1835年)10月16日～
大正5年(1916年)2月27日

官僚,実業家　日本銀行総裁(第2代),貴院議員(勅選),富士紡績会長,横浜火災保険社長
号は鉄耕。

　安政3年江戸に出て、勝海舟の塾に入り、蘭学、航海術、砲術を学ぶ。慶応3年米国に留学、明治元年帰国。6年以降ニューヨーク副領事、上海総領事、外務省少書記官、ロンドン公使館一等書記官などを歴任。ついで大蔵省大書記官に転じ、15年日本銀行副総裁、21年第2代総裁に就任するが、翌年退任。23年勅選貴院議員となり、24年東京府知事に就任。27年辞

し、その後は29年富士紡績創立に参加、初代会長となり、また30年横浜火災保険を創立し社長に就任、晩年までその経営にあたった。この間、19年共立女子職業学校(現・共立女子学園)設立発起人の1人として創設に参加した。

【評伝・参考文献】
◇忘れられた元日銀総裁―富田鉄之助伝　吉野俊彦著　東洋経済新報社　1974　481p 図 肖像 23cm
◇共立女子学園百十年史　共立女子学園百十年史編集委員会編　共立女子学園　1996.10.18

友国 晴子
ともくに・はるこ

安政5年(1858年)2月7日～
大正14年(1925年)10月26日

教育家
摂津国八部郡須磨村(兵庫県神戸市)出生。女紅場〔明治18年〕卒。置藍綬褒章〔大正5年〕,勲六等瑞宝章〔大正13年〕。

女紅場で教えたのち、明治21年親和女学校に転じる。24年同校が閉鎖されると、翌年独力で同校を再発足。41年親和高等女学校と改称し、同校を発展に導いた。

【評伝・参考文献】
◇女たちの群像―時代を生きた個性　島京子編　(神戸)神戸新聞総合出版センター　1989.10　254p 19cm

外山 ハツ
とやま・はつ

明治26年(1893年)11月29日～
昭和58年(1983年)4月23日

教育家　函館大妻学園創設者,函館大妻高校校長
北海道函館市蓬来町出生。東京大妻技芸学校(大妻女子大学)〔大正13年〕卒。置藍綬褒章〔昭和34年〕,勲四等瑞宝章〔昭和41年〕,北海道社会貢献賞〔昭和50年〕。

20歳で函館裁縫女学校を卒業し、大正6年函館市蓬来町に和裁と手芸を教える裁縫私塾を開く。8年"お母様"と慕っていた東京大妻技芸学校創立者・大妻コタカを頼り上京、同校に入学し、11年からは助教諭として勤務。13年コタカより大妻の暖簾分けを許され、函館市蓬来町に全国唯一の分校として函館大妻技芸学校を創立。以来、"恥を知れ"を校訓に女子教育に尽くし、昭和7年甲種実業学校に昇格して函館大妻女子高等技芸学校となり、23年函館大妻技芸高校と改称。26年学校法人函館大妻学園を組織。36年普通科を併置して函館大妻高校とした。

外山 正一
とやま・まさかず

嘉永1年(1848年)9月27日～
明治33年(1900年)3月8日

教育者, 社会学者, 詩人　東京帝国大学名誉教授, 文相

幼名は捨八, 号はゝ山（ちゅざん）。江戸・小石川柳町（東京都文京区）出生。ミシガン大学化学科〔明治9年〕卒。文学博士〔明治21年〕。

　文久元年藩所調書で英学を修め、3年16歳で開成所教授方となる。慶応2年幕府の命で英国に留学。明治3年外務省弁務少記として森有礼に随行して英国に赴く。5年勉学の志を立て官を辞し、ミシガン大学などで哲学・化学を学ぶ。9年帰国後、東京開成学校教授。10年東京大学創設で唯一人の日本人教授となり、以後、文学部長、文科大学長、30年東京帝国大学総長を歴任。のちわが国最初の東京帝国大学名誉教授になる。一方、明六社の一員としても活躍した。19年伊藤博文を中心に女子教育奨励会創立委員会を結成、21年委員の1人として東京女学館創立に関わり、22年には正則学院を創立した。33年には3ケ月であるが教育行政上の手腕を買われて、第3次伊藤内閣の文部大臣の任にあった。また漢字廃止、ローマ字採用を主張したこともある。15年矢田部良吉、井上哲次郎と共に「新体詩抄」を刊行、その名を不朽ならしめた。創作詩「抜刀隊」は、のち仏人ルルーが作曲、鹿鳴館で演奏され、陸軍軍歌の典型となった。27年長詩「忘れがたみ」、ついで28年上田万年らと「新体詩歌集」を刊行。没後の42年「ゝ山存稿」が刊行された。教育、宗教、政治、文芸、美術等にわたって明治啓蒙期の学者として幅広く活躍した。

【評伝・参考文献】
◇外山正一先生小伝―伝記・外山正一（伝記叢書6）　三上参次著　大空社　1987.9　79, 7p 22cm

豊田　周衛

とよだ・しゅうえ

（生没年不詳）

東京物理学講習所創設者
東京大学理学部物理学科〔明治12年〕卒。

　明治14年有志21人で東京物理学講習所（のち東京物理学校, 現・東京理科大学）を創設した。

【評伝・参考文献】
◇東京理科大学百年史　東京理科大学編　東京理科大学　1981.6.14
◇物理学校―近代史のなかの理科学生（中公新書ラクレ）　馬場錬成著　中央公論新社　2006.3.10　314p 18cm

豊田　太蔵

とよだ・たぞう

安政3年（1856年）5月9日～
昭和12年（1937年）12月5日

鳥取県議, 教育家　育英黌創設者
鳥取県由良村（北栄町）出生。

　鳥取県議を務め、明治39年私財を投じて郷里の鳥取県由良村（現・大栄町）に育英黌（現・県立由良育英高等学校）を創設した。

豊田 芙雄
とよだ・ふゆ

弘化2年(1845年)10月21日～
昭和16年(1941年)12月1日

教育家
旧姓名は桑原。幼名は冬,冬子,別名は芙雄子。常陸国藤坂町(茨城県)出生。おじは藤田東湖(幕末の政治・思想家)。

水戸藩勤皇の志士豊田小太郎と結婚。慶応2年夫が暗殺され、その遺志を継いで漢学・洋学を修め家塾を開いた。明治6年茨城県立発桜女学校教師、8年東京女子師範学校読書教員、9年同校附属幼稚園保母となり、日本最初の幼稚園保母の一人に。18年東京女学校教諭。19年共立女子職業学校(現・共立女子学園)設立発起人の1人として創設に参加。20年渡欧、帰国後茨城県尋常師範学校助教諭、28年栃木県高等女学校、同師範学校教諭兼任。大正2年水戸大成女学校長。保育唱歌の創作、鹿児島女子師範附属幼稚園の設立を指導した。

【評伝・参考文献】
◇日本の保母第一号豊田芙雄子と保育資料　渡辺宏編　堀川秀雄,本阿弥愛子〔流山〕崙書房(制作)　1976　2冊 26cm
◇日本幼児教育の先覚―豊田芙雄子と渡辺嘉重(ふるさと文庫)　渡辺宏著　崙書房　1979.5　100p 18cm
◇共立女子学園百十年史　共立女子学園百十年史編集委員会編　共立女子学園　1996.10.18

豊増 一女
とよます・はじめ

明治4年(1871年)9月18日～
昭和25年(1950年)5月27日

教育家　成美女学校創設者
佐賀県出身。

明治21年佐賀婦人矯風会を結成、初代会長に就任。23年実習女学校、29年佐賀女学校を設立、34年両校を合併して成美女学校を創設。戦後は佐賀市新道幼稚園長、佐賀市婦人会長などを歴任した。

【 な 】

内木 玉枝
ないき・たまえ

明治11年(1878年)12月1日～
昭和49年(1974年)7月22日

中京女子大学創立者
岐阜県恵那郡加子母村出生。東京女子美術学校卒。圀勲三等宝冠章。

　愛知県第一師範学校教師を務めた後、明治38年名古屋市に中京裁縫女学校を創設し、女性の衣服・体位などの改善を考え指導者の養成を目指す。43年高等師範科を設置する。大正8年財団法人内木学園理事長となり、10年中京高等女学校を併設、更に家事体操専攻科、家事裁縫専攻科を増設した。戦後は、昭和25年中京女子短期大学を設立し、26年学校法人化する。38年中京女子大学を愛知県大府市に設置し、40年附属幼稚園を設立する。46年内木学園総長となった。

内藤 儀十郎
ないとう・ぎじゅうろう

弘化4年(1847年)5月20日～
大正8年(1919年)8月13日

教育家
旧姓名は赤尾。肥後国熊本(熊本県)出生。

　熊本藩士・赤尾嘉平の子として生まれ、内藤仲辰の養嗣子となる。幼少時から文武にすぐれ、藩校・時習館に学ぶ。維新後、明治2年藩兵指南役、5年温故中学教師を経て、9年熊本師範学校舎監となるが、10年西南戦争で同藩の佐々友房らとともに西郷軍に加わり、敗れて3年間入獄した。16年佐々が熊本に済々黌を開くと、その下で幹事・教師となり、21年同校附属女学校(のち尚絅高)の創立にともない初代校長に就任。当初は学校経営も困難を極め、彼自身が生徒や教師とともに養蚕に携わりながら学校の維持経営に当たったという。24年尚絅女学校として独立。校名は中国の古典「中庸」の中にある「錦を衣て絅(きぬ)を尚(くわ)う」(女性が綺麗な衣装をこれ見よがしに着飾ることを戒める言葉)にちなむ。25年には仙台の松操女学校で行われていた裁縫の一斉教授法を導入し、この方法によって女子の就学を増やすべきことを熊本出身の井上毅文部大臣に建議したことから同校の名が全国的に知れ渡るようになり、生徒数も大幅に増えた。また同校では教授書の編纂や裁縫講習会の開催も積極的に行い、西日本における裁縫教育のメッカとなった。32年新学制により高等女学校となり、創立20周年に当たる44年には財団法人化して校長を退き、校主に転じた。

那珂 通世
なか・みちよ

嘉永4年(1851年)1月6日～
明治41年(1908年)3月2日

東洋史学者　東京高等師範学校教授
旧姓名は藤村。陸奥国岩手郡盛岡(岩手県盛岡市)出生。慶応義塾〔明治7年〕卒。文学博士〔明治34年〕。圀勲五等瑞宝章。

　盛岡藩士の家に生まれ、藩儒那珂通高の養子となる。福沢諭吉邸の書生となり、英学の修業に努める。明治10年千葉師範教師長、ついで千葉中学校長を兼任。12年東京女子師範教諭兼校長。19年共立女子職業学校(現・共立女子学園)設立発起人の1人として創設に参加。21年元老院書記官。24年華族女学校教授、27年第一高等中学校(のちの一高)教授兼(東京)高師教授となり、29年帝大講師も兼任。30年第一高等中学校教授退官、37年東京帝大講師を辞任。日本における東洋史学の開拓者の一人で、三宅米吉らと建言して教育科目の支那史を東洋史と改め、27年中学校の歴史の教科書に初めて東洋史という言葉を用いた。また大学に東洋史の学科目を設置。漢文の著書「支那通史」(全5巻)は中国でも刊行され、「成吉思汗実録」は蒙古史研究における画期的業績とされる。日本史についても「外交繹史」(全4巻)などを著わし、また「元史訳文証補」の校訂など中国史籍の翻刻出版にも努めた。

【評伝・参考文献】
◇歴史残花　第5　時事通信社　1971
　363p 図 19cm
◇共立女子学園百十年史　共立女子学園百十年史編集委員会編　共立女子学園　1996.10.18

永井 久一郎
ながい・きゅういちろう

嘉永4年(1851年)8月2日～
大正2年(1913年)1月29日

実業家, 漢詩人
本名は永井匡温。筆名は禾原、来青。尾張国愛知郡鳴尾村(愛知県)出生。長男は永井荷風(小説家)、岳父は鷲津毅堂(儒者)。

　永井匡威の長男に生まれる。藩儒・鷲津毅堂の門下生となり漢学を修め、明治2年家督を次弟に譲り毅堂と共に上京。開成校に通学、漢詩を大沼枕山に、洋学を福沢塾に、英語を箕作麟祥に学ぶ。4年米国に留学しプリンストンの大学などで英語・ラテン語を修得。6年帰国し、7年工部省に入り、8年文部省医務局、書籍館兼博物館に移る。10年の西南戦争による政府の経費削減策により同館は廃止の方針となったが、久一郎の尽力により東京府に移管、東京書籍館(のちの上野帝国図書館)として再出発した。同年東京女子師範学校教諭、12年内務省衛生局兼統計院、14年内務省書記官。17年ロンドンの万国衛生博覧会に日本政府代表として出張、フランス、ドイツなどの衛生事情を視察

し、18年帰国。19年東京帝国大学書記官、22年文部大臣主席秘書官、24年文部省会計局長に就任。30年官職を辞して、伊藤博文、西園寺公望らの斡旋で日本郵船に転じ上海支店長、33〜44年横浜支店長を歴任。この間、10年穀堂の2女・恒と結婚し、12年長男・壮吉(のちの作家・荷風)が誕生。19年共立女子職業学校(現・共立女子学園)設立発起人として創設に参加。25〜26年には同校2代目校長であった手島精一の外遊中、校長代理を務めた。著書に「西遊詩」「西遊詩続稿」「雪炎百日吟稿」、訳書に「百科全書水運」「百科全書希臘史」などがある。

【評伝・参考文献】
◇共立女子学園百十年史　共立女子学園百十年史編集委員会編　共立女子学園　1996.10.18

永井 幸次

ながい・こうじ

明治7年(1874年)2月21日〜
昭和40年(1965年)4月7日

音楽教育家　大阪音楽大学学長
鳥取県鳥取市出身。東京音楽学校〔明治29年〕卒。🏅藍綬褒章〔昭和32年〕、大阪府文芸賞〔昭和23年〕、大阪市民文化賞〔昭和27年〕。

明治29年静岡県尋常師範学校教員、33年鳥取県師範学校教諭、38年神戸市中宮小学校訓導、39年大阪府立清水谷高等女学校教諭を歴任し、大正4年大阪音楽学校(現・大阪音楽大学)を開校した。8年大阪陸軍地方幼年学校、10年明浄高等女学校、昭和3年大阪府立高津中学校などでも教えた。23年大阪音楽高校校長、33年大阪音楽大学学長。

【評伝・参考文献】
◇琥珀のフーガ—永井幸次論考　鎌谷静男著　音楽之友社　1998.3　347,4p 20cm

永井 泰量

ながい・たいりょう

明治15年(1882年)3月20日〜
昭和49年(1974年)

僧侶, 教育者, 政治家　葛生高等学校創立者・校長, 栃木県議
旧姓名は松尾。岐阜県本巣郡席田村出生。曹洞宗大学(駒沢大学)〔明治40年〕卒。🏅藍綬褒章〔昭和33年〕、勲四等旭日小綬章〔昭和49年〕、栃木県文化功労者〔昭和34年〕。

松尾忠七、せむの二男。家族の1人を僧籍に出家させ祖先を弔う習わしに従い、13歳の時得度、彦根の清涼寺に入る。清涼寺住職永井機外との縁により永井姓となる。やがて上京して麻布中学校に入学、ついで曹洞宗高等学校を経て、明治40年曹洞宗大学を卒業。茨城県立竜ケ崎中学校教諭を経て、40年葛生町善増寺住職。同年私費を投じ私立葛生中学館を創立、館長兼教諭に就任。大正14年財団法人葛生農商学校(3年制乙種)を創設、さらに昭和15年葛生商業学校(5

年制甲種)に改組。23年学制改革により葛生高等学校(のち青藍泰斗高等学校)に昇格させ、校長と教諭を兼ね、26年学校法人に組織を変更、理事長に就任した。この間に葛生町議(4期)、栃木県議(2期)を歴任。また、25～33年栃木県私立学校審議会会長を務めた。

中川 謙二郎

なかがわ・けんじろう

嘉永3年(1850年)9月21日～
昭和3年(1928年)4月16日

教育家
丹波国北桑田郡鳥路村(京都府)出生。東京開成学校〔明治9年〕卒。

　新潟学校、ついで明治14年学習院、のち東京女子師範で教鞭をとる。18年東京師範教諭に転じ、23年女子高等師範教諭兼幹事に進み、24年同学校長心得となる。31年東京工業学校教授兼高等師範教授に就任。34年文部省視学官、ついで仙台高工校長、43年東京女高師校長となった。のち第六教員養成所管理者、高等教育会議員、教員検定委員会常任委員などを兼ねた。この間、19年共立女子職業学校(現・共立女子学園)設立発起人の1人として創設に参加した。

【評伝・参考文献】
◇共立女子学園百十年史　共立女子学園百十年史編集委員会編　共立女子学園　1996.10.18

中川 小十郎

なかがわ・こじゅうろう

慶応2年(1866年)1月4日～
昭和19年(1944年)10月7日

教育家,文部官僚　立命館大学創立者
丹波国北桑田郡馬路村(京都府)出生。帝国大学法科大学(東京大学法学部)〔明治26年〕卒。　圓教育功労賞〔昭和8年〕。

　文部省に入省し、西園寺公望文相の秘書官から京都帝大書記官として、京都帝大創立事業に従事。のち加島銀行理事、朝日生命副社長を経て、再び京都帝大書記官、西園寺首相の秘書官、樺太庁事務官を歴任。大正元年台湾銀行副頭取、9年頭取となり、辞任後の14年貴族院議員となった。この間、明治33年私立京都法政学校設立。大正2年立命館大学と改称、昭和6年職制改革により初代立命館総長となる。

【評伝・参考文献】
◇暖流―先考中川小十郎書簡より　中川小十郎著、勝田節子編　勝田節子　1990.8　146p 21cm

中川 重麗

なかがわ・しげあき

嘉永2年(1849年)2月2日～
大正6年(1917年)5月16日

美学者, 俳人, 編集者　京都市立工芸学校教授

本名は中川登代蔵。旧姓名は下田。号は中川四明（なかがわ・しめい）、霞城山人（かじょうさんじん）、初号は紫明。京都府出生。京都中卒。

　京都町奉行与力の三男として生まれ、中川家の養子となる。安井息軒の塾で学んだのち、京都中でドイツ語を修める。京都私立独逸学校初代校主を経て、京都府に出仕。東京大学予備門教師を退職後、明治20年より日本新聞社、23年京都中外電報社に勤める。32年より大阪朝日新聞社に勤務。京都中外電報時代に同僚の巌谷小波と俳句をはじめ、29年正岡子規の日本派俳句を広めるため日本派地方俳壇の嚆矢となった京阪満月会を創設。37年には俳誌「懸葵」を創刊した。また霞城山人の筆名で児童雑誌「少年文武」を出版、最初期のグリム童話の翻訳者としても知られる。美学者として京都市立工芸学校などで講じ、「形以神韻 触背美学」では我が国で初めて映画美学に言及した。句集「四明句集」の他、著書「平言俗語 俳諧美学」などがある。

【評伝・参考文献】
◇京の美学者たち　神林恒道編著　（京都）晃洋書房　2006.10.20　258p 21cm（A5）

中川　横太郎

なかがわ・よこたろう

天保7年（1836年）〜
明治36年（1903年）4月15日

教育者, 実業家　岡山県学区取締, 岡山薬学校校主

初名は金次、号は健忘斎。備前国岡山（岡山県岡山市）出生。

　父が岡山藩の馬乗役であったため、幼少から馬術を好む。明治5年岡山県学区取締に任ぜられ、小学校の設置や病院の充実・医学校の開設・閑谷学校の再建などに携わる。また弁舌を得意とし、6年の美作血税一揆や8根の地租改正反対運動の収拾にも功があった。のち官吏を辞し、自由民権運動やキリスト教の布教に参加。その傍ら、士族授産のために岡山紡績や児島湾干拓を目的とした微力社を設立した。20年には岡山薬学校（のち関西中学、現在の関西高校）を創立し、校主に就任。山陽女学校の経営にも協力し、資金集めのために自らの生き葬式を営むなどユニークな行動で知られた。晩年は日露開戦を予期して軍馬の育成事業に着手。36年には馬種見学のため大阪で開かれた内国勧業博覧会に出席するが、同地で急死した。

中川　与志

なかがわ・よし

明治2年（1869年）7月4日〜
大正11年（1922年）3月22日

宗教家, 教育者　修徳学校創立者

旧姓名は明山。丹波国・篠山（兵庫県

多紀郡篠山町)出生。息子は中川庫吉(修徳学園初代理事長)。

　明山謹七と同宇能の長女として生まれる。明山家は青山藩の蔵米払役をしていたが、維新の混乱期に没落し京都府船井郡南大谷村に移る。明治20年中川弥吉のもとに嫁し、21年長男をもうける。23年大阪に移住。ここで弥吉の姉いよに導かれて天理教会に参拝したことが、中川与志の一生を定める機縁となる。30年伝道するため上京、その前年数ケ月の間の布教で既に与志の人格に傾倒していた人びとは、その膝下に集まった。与志の布教のために31年本所区外手町40番地(現・墨田区厩橋の東本大教会所在地)に一戸を借り入れ、同年10月東本布教所の認可が下りる。以後、34年神殿増築、39年東本支教会、42年東本分教会に昇格。信徒の増加する中で、当時教育を受ける機会に恵まれなかった人びとに、教育の機会を与えようとした。40年頃には東本夜学部と呼ばれるようになり、教科書も使用され始めた。大正2年9月2日東京都知事より認可を受け正式に天理教高安大教会東本分教会附属修徳学校の校名を変更。初代校長として発展に尽力した。

【評伝・参考文献】
◇中川与志　高橋兵輔著　天理教道友社　1949
◇大いなる慈母—東本初代・中川よしの道　高橋定嗣著　天理教道友社　1979.1　262p 19cm
◇修徳学園90年のあゆみ　川崎彊　修徳学園　1994.11.19

永島　運一

ながしま・うんいち

明治35年(1902年)〜昭和63年(1988年)

教育者　永島学園創設者・初代理事長
島根県松江市八束郡東出雲町出生。専修大学卒。

　松江商業を経て大正14年鉄道省に勤務しながら特待生で専修大学を卒業。松江市で永島会計税務事務所を開業するとともに米子、松江、出雲、益田に私立商業高校を経営する学校法人永島学園理事長も務めた。昭和9年揖屋町会議員となって以来、多くの公職を歴任、県町村監査委員協議会会長、県消防協会副会長も務めた。また松江商業剣道部主将以来、剣道を修練して範士8段となり、38年から23年間県剣道連盟会長を務めた。

中島　吉郎

なかしま・きちろう

慶応3年(1867年)8月9日〜
大正11年(1922年)4月14日

教育家　神陽学館創設者
号は槐堂。

　父の中島資雄とともに篤学の士として知られ、幼い頃から名士について和漢の書を学ぶ。明治28年より佐賀中学教諭を務めるが、39年眼病のため退職。同年5月郷里・佐賀県神崎に私塾を開き、尊敬していた佐賀の勤王家・教育家の枝吉神陽(政治家・副

島種臣の実兄)にちなんで神陽学館と名付けた。以後、熱心に子弟の教育に当たり、10月館内に農業補習学校を、41年には神陽女学校を併置。さらに44年農業補習学校を廃して農産学校(現・神埼清明高校)を設立した。学校経営のために私財をなげうち、遂には秘蔵の書画をも手放さざるを得ない状況にまで陥ったが、それが地方有志から同情され、のちには寄付金や県郡町からの補助金を受けるようになった。一方、詩や書に通じ、「儒道発揮」「大義訓」「修身鄙言」「山本常朝先生伝」「佐賀先哲叢話」「槐堂詩文稿」などの編著がある。

中島 久万吉

なかじま・くまきち

明治6年(1873年)7月24日～
昭和35年(1960年)4月25日

実業家、政治家、男爵　古河電工社長、日本工業倶楽部専務理事、商工相、貴院議員

神奈川県横浜市出身。父は中島信行(初代衆院議長)、伯父は陸奥宗光(伊藤内閣外相)。高等商業学校(一橋大学)〔明治30年〕卒。

第1次桂内閣の首相秘書官から明治39年古河合名(古河鉱業)に入り、横浜護謨製造(横浜ゴム)、横浜電線製造(古河電工)各社長を歴任後、大正5年日本工業倶楽部創立とともに専務理事に就任。昭和7年には斎藤内閣の商工相となり、製鉄、ビール、製紙などの会社合併を推進する。だが2年後、足利尊氏を讃美したとして右翼の攻撃を受けたため大臣を辞任、帝銀事件にも連座して、一時政財界から退いた。その後15年には財界に復帰、戦後は日本貿易会を設立したほか国際電信電話創立委員長、文化放送会長を歴任。著書に「政界財界五十年」がある。大正7年に城西実務学校を創立、大正14年に城西学園と改称された。

長嶋 行吉

ながしま・こうきち

明治4年(1871年)～昭和35年(1960年)

教育家　静岡女子商業学園創立者
旧姓名は鈴木。静岡県長上郡河輪村(浜松市)出生。静岡県尋常師範(静岡大学)〔明治26年〕卒。圜藍綬褒章〔昭和26年〕。

駿東郡片浜尋常小学校、安倍郡不二見北尋常小学校、静岡市立静岡商業学校、同実践商業学校などで教鞭を執る。大正13年退職し、15年静岡女子商業学校を創立、校長に就任。昭和19年財団法人となり、理事長に就任。23年静岡女子商業高校に改称。25年学校法人静岡女子商業学園に組織変更し、理事長となる。33年理事長専任の名誉校長となる。

中島 ヤス

なかしま・やす

明治9年(1876年)8月26日～
昭和26年(1951年)3月18日

教育者　佐賀旭高等女学校校長
佐賀県佐賀郡鍋島村出生。長男は中島貞善(教育者)。佐賀実習女学校卒。置藍綬褒章〔昭和18年〕、帝国教育会長表彰〔昭和8年〕、佐賀市教育会長表彰〔昭和14年〕、文部大臣表彰〔昭和17年〕。

　教員として佐賀県下の小学校に勤務。その傍らで近所の少女に裁縫や礼法を教えるが、評判を聞いて教えを乞う者が多くなり、大正12年佐賀市に佐賀裁縫女学校を創立。以来、女子教育に全精力を注ぎ、新校舎の建設や商業科の設置などで着実に学校を発展させた。昭和18年教育功労者として藍綬褒章を受章。21年学校を財団法人に改組するとともに佐賀旭高等女学校に改称し、22年には復員してきた息子の貞善に校長職を譲って自身は名誉校長に退いた。

永末 ミツヱ

ながすえ・みつえ

明治37年(1904年)12月11日～
昭和59年(1984年)8月15日

博多女子商業高校学園長
福岡県飯塚市出身。嘉穂高等女学校卒。洋裁研究所などで学び、昭和16年に博多女子商高の前身、和洋文化女学校を設立。27年の学制改革で博多高校(男女共学)に校名変更。さらに38年博多高校と博多女子商高とに分離した。

仲田 順光

なかだ・じゅんこう

明治26年(1893年)～昭和49年(1974年)

女子教育家　藤枝学園創立者
愛知県西尾市米津町出生。静岡高等裁縫女学校研究科卒。置勲四等瑞宝章〔昭和46年〕。

　明治30年養父長谷川尭本に預けられ、長谷川きたと名乗る。その後、退玄庵仲田智光尼の幼女に。大正元年仲田裁縫教授所を設立し、仲田順光と名乗る。11年仲田恵法と結婚。12年夫とともに青島高等裁縫女学校を設立し、校長に。昭和19年青島女子商業学校に改称。のちに青島家庭高等学校女子中学校、附属幼稚園を併設し、29年学校法人藤枝学園・藤枝南女子高等学校と改称。

長戸路 政司

ながとろ・まさじ

明治17年(1884年)12月10日～
昭和55年(1980年)6月3日

弁護士　千葉敬愛経済大学学長
旧姓名は椎名。千葉県出生。東京帝大

〔明治43年〕卒。藍綬褒章〔昭和34年〕,勲四等旭日小綬章〔昭和40年〕。

検事から弁護士に転じる。一方、大正10年郷里・千葉県に八日市場女学校を設立。以後、東敬愛実科女学校、千葉敬愛短期大学、千葉敬愛経済大学などを開校し校長・学長に就任。また千葉敬愛学園、長戸路学園の理事長も務めた。千葉名誉市民となる。

中沼 了三
なかぬま・りょうぞう

文化13年（1816年）8月15日～
明治29年（1896年）5月1日

儒学者
名は之舜,号は葵園。隠岐国（島根県）周吉郡中村（隠岐の島町）出生。

代々漢方医の家に生まれる。天保6年（1835年）京都にのぼり、山崎闇斎の学統である鈴木遺音の門に入る。師の没後、京都・烏丸下ルに学舎を開き、西郷従道、川村純義、桐野利秋、中岡慎太郎ら多くの維新の志士たちが学んだ。孝明天皇の侍講を務め、天皇の命により学習院設立に取り組み、その儒官となった。元治元年（1864年）十津川郷士の指導のため、奈良の十津川に文武館（現・十津川高等学校）を開く。慶応3年（1867年）明治政府の参与となり、鳥羽伏見の戦いに際しては参謀として軍議に参画。明治2年からは明治天皇の侍講を務めたが、天皇のあり方について三条実美、徳大寺実則らとの激しく対立し、下野した。のち大津に湖南学舎を開き、子弟の教育に当たった。

【評伝・参考文献】
◇中沼了三伝―隠岐の生んだ明治維新の先覚者 明治天皇侍講 中沼郁著 中沼了三先生顕彰会 1976.5 101p 19cm
◇中沼了三―明治維新の先覚者 改訂版 中沼郁著 中沼了三先生顕彰会 1977.9 153p 19cm
◇隠州渡海日記・中沼了三書翰 第6巻 藤田新著 海城高等学校 1980.10 17p 26cm
◇中沼了三書翰集 藤田新編 藤田新 1986.1 116p 21cm
◇もう一つの明治維新―中沼了三と隠岐騒動 中沼郁,斎藤公子著 創風社 1991.12 498p 19cm

永野 たけ
ながの・たけ

明治4年（1871年）4月17日～
昭和25年（1950年）11月5日

教育者 茂原北陵高等学校創立者,長生学園創立者
上総国長柄郡一の宮上流（千葉県長生郡長南町）出生。東京裁縫女学校卒。

長南町出身で東京裁縫女学校創立者の渡辺辰五郎に私淑し、私学の経営を志す。父を説得し、渡辺の助言を得て、明治32年私立長生裁縫女学校を創立、生徒数30名規模で開校。40年渡辺の招きで母校の教師を兼任。昭和12年長生家政女学校と改称。戦後、23年学制改革により長生家政高等学校と改称。同校はその後、26年学校法

人長生学園に組織変更、39年長生女子高等学校、42年長南高等学校、平成6年茂原北陵高等学校と改称された。

中野 初子
なかの・はつね

安政6年(1859年)1月5日～
大正3年(1914年)2月16日

電気工学者　東京帝国大学教授
肥前国小城町(佐賀県)出生。工部大学校(東京大学工学部)電信科〔明治14年〕卒。工学博士〔明治32年〕。
　佐賀藩士中野卜斉の二男。明治6年兄を頼って上京し、7年工部省工部寮小学校に入学。のち工部大学校に進み、英国の電気工学者エアトンの指導を受け、在学中の11年3月25日藤岡市助、浅野応輔らと同校大ホールで開かれた中央電信局開局祝宴にアーク燈を点じた。この日は"電気記念日"となっている。14年卒業後、工部省、文部省に出仕、19年工部大学校が帝大工科大学に合併されると同大学助教となり、21年米国コーネル大学に留学。24年帰国後、帝大工科大学教授に就任。33～34年欧州の電気工場を視察。電気機械、高電圧送電、電気応用の開発に力を尽くした。また、21年工手学校(のちの工学院大学)創設の際は、創立委員として参画。44年電気学会会長なども務めた。

中野 冨美
なかの・ふみ

明治16年(1883年)3月8日～
昭和41年(1966年)2月18日

教育者
旧姓名は石田。初名は文。滋賀県草津市出生。東京裁縫女学校卒。藍綬褒章〔昭和18年〕,勲四等瑞宝章〔昭和40年〕。
　京都の裁縫塾や東京の三越百貨店で裁縫を修業し、のち東京裁縫女学校を卒業。結婚して家庭に入るが、間もなく夫と死別し、大正7年滋賀県大津市に松村裁縫速進教授所を開いた。はじめは7人であった生徒も徐々に増加し、それに伴って学校の規模も拡大。昭和6年には小学校裁縫教員養成課程を開設し、19年には学校組織を財団法人純美礼学園に改めた。その間、教育功労者として藍綬褒章を受章。同校は戦後、私立滋賀女子高等学校となり、現在に至っている。

中野 ミツ
なかの・みつ

弘化4年(1847年)～大正15年(1926年)

双松堂中野書林創業者
愛媛県西宇和郡伊方町出生。養子は中野和高(洋画家)。
　30歳の時に愛媛県喜多郡市木村(現・大洲市)の豪農だった中野家の養女となる。のち大洲初の近代的な書店で

ある双松堂中野書林を開業。活版印刷による印刷事業も手掛け、発行した地元教育者たちの手による教科書は愛媛県全県に広く採用された。また女性教師の確保や資金調達、町長の校主就任への説得など、明治36年の私立大洲女学校(のちの大洲高校)創設にも尽力。敬虔なクリスチャンでもあったミツは、シャム(現在のタイ)法律主任顧も務めた政尾藤吉をはじめ多くの青年子女に学費や生活費を貸与して、その勉学への志を支えた。"大洲の女傑"と評された。

中野 与之助

なかの・よのすけ

明治20年(1887年)8月12日～
昭和49年(1974年)6月24日

宗教家　三五教教祖, 精神文化国際機構総裁
静岡県焼津出生。

　明治38年材木商となり、大正6年名古屋で建設工事請負業を開業。10年第1次大本教事件で出口王仁三郎の人物の大きさを知り入信。14年見神を体験して霊能を示した。昭和10年第2次大本教事件が起こり、11年検挙され、13年保釈、17年無罪となった。この間長沢雄楯に霊学を学び学統を継いだ。戦後24年静岡県清水市で三五教を開教。29年第1回世界宗教会議を開催、30年国際宗教連盟をを結成、理事長となった。三五教は宗教と天文を一如とする教義から31年天体観測を開始、全国10カ所に天文台を建設した。35年国際文化交友会を設立、理事長となり、36年精神文化国際会議を開き、精神文化国際機構(後オイスカ・インターナショナル)を設立し総裁に就任した。著書に「産業の宗教」など。昭和43年、学校法人中野学園設置。昭和58年にオイスカ高等学校設立・開校。

中原 市五郎

なかはら・いちごろう

慶応3年(1867年)5月15日～
昭和16年(1941年)3月22日

歯科教育家
信濃国(長野県)出生。

　岡田三百三に師事、明治22年歯科医術開業免許を取得。40年日本歯科教育会設立、共立歯科医学校設立、42年6月日本歯科医学校、同8月日本歯科医学専門学校(現・日本歯科大学)に昇格。大正5年メリーランド大学から最高学位を贈られた。昭和11年名誉校長、日本口科学会名誉会長、歯科医として日本初の区会議員当選。中原式咬合器の創案者で、歯科医教育と歯科医制に貢献した。

【評伝・参考文献】
◇中原市五郎の生涯―歯科界の巨星　宮下慶正著　ほおずき書籍　1992.11　158p 20cm

永原 まつよ

ながはら・まつよ

明治31年（1898年）8月2日～
昭和58年（1983年）6月12日

西九州大学学長
佐賀県神埼郡神埼町出生。佐賀師範本科〔大正6年〕卒。
　昭和21年佐賀栄養専門学校、43年西九州大学、佐賀短期大学、三光幼稚園など永原学園グループを創設した。

永渕 アサ子

ながふち・あさこ

天保14年（1843年）9月9日～
大正8年（1919年）3月9日

教育家
本名は武富アサ子。父は武富圯（儒学者）。
　儒学者の武富圯の二女。明治21年豊増一女らと佐賀婦人矯風会を設立、女性の人権を守る運動を起こした。23年実習女学校、29年佐賀女学校創立に参画。また佐賀県における赤十字看護婦婦人会などの組織作りにも携わった。

中村 恭平

なかむら・きょうへい

安政2年（1855年）5月21日～
昭和9年（1934年）1月21日

教育家　東京物理学校校長
三河国渥美郡田原町（愛知県）出生。東京大学理学部物理学科〔明治11年〕卒。
　三河田原藩士の家に生まれる。明治11年東京大学を卒業して長崎師範学校教諭、文部省属、福島師範学校校長、新潟県尋常中学校校長などを経て、明治36年東京帝大助教授となり学生監を兼務、40年学生監専任、大正4年同大の書記官となる。この間、明治14年中村精男らと東京物理学講習所を設立し、以来その維持・経営に当たり講師として授業を担当した。東京帝大退任後の昭和5年から、その後身の東京物理学校（現・東京理科大学）校長に就任し同校の発展に貢献した。

【評伝・参考文献】
◇東京理科大学百年史　東京理科大学編　東京理科大学　1981.6.14
◇物理学校―近代史のなかの理科学生（中公新書ラクレ）　馬場錬成著　中央公論新社　2006.3.10　314p 18cm

中村 精男

なかむら・きよお

安政2年（1855年）4月18日～
昭和5年（1930年）1月3日

気象学者　東京物理学校校長,中央気象台長
長門国阿武郡椿郷（山口県）出生。東京大学理学部物理学科〔明治12年〕卒。帝国学士院会員〔明治41年〕。理学博士〔明治35年〕。

長州藩士の長男に生れ、若年にして松下村塾に学ぶ。明治4年上京し、東京明治協会を経て、大学南校(東大)に入学。12年内務省地理局に入り、東大理学部、農商務省御用掛を歴任し、19年ドイツに留学。20年帰国後中央気象台技師となり、28年〜大正12年第3代中央気象台長。この間、明治32年欧米に出張し、33年帰国、41年帝国学士院会員。震災予防調査会委員、高等教育会議員、学術研究会議地球物理学部長などをつとめた。また14年同志と共に東京物理学校(現・東京理科大学)を創立、29年〜昭和5年第2代同校校長。エスペラント及びメートル法の普及に尽力した功績も大きい。

【評伝・参考文献】
◇気象学の開拓者　岡田武松著　岩波書店　1949
◇東京理科大学百年史　東京理科大学編　東京理科大学　1981.6.14
◇物理学校―近代史のなかの理科学生(中公新書ラクレ)　馬場錬成著　中央公論新社　2006.3.10　314p 18cm

中村　貞吉

なかむら・さだきち

安政5年(1858年)7月〜
明治28年(1895年)7月11日

工手学校初代校長
旧姓名は山本。三河・豊橋(愛知県)出生。慶応義塾, 工部大学校〔明治12年〕卒。

三河豊橋藩の山本謙斎の三男として生まれる。のち、中村清行の養子となり、中村姓を継ぐ。明治2年(1869年)藩命により慶応義塾で英学を学ぶ。16年(1873年)、工学寮に入り舎密学(化学)を修めた。12年工部技師となり、工部大学校教授補、助教授と進み、18年化学研究のため英国に留学。19年帰国し、農商務省技師に任用される。20年工手学校(のちの工学院大学)設立時には創立委員として参与、21年開学とともに初代校長に推挙された。24年病のため官を辞したが、校長の職にとどまり、翌年7月辞任した。

【評伝・参考文献】
◇築　工学院大学学園創立百周年記念写真集　工学院大学百年史編纂委員会編　工学院大学　1989.4.1
◇工学院大学学園百年史　工学院大学学園百年史編纂委員会編　工学院大学　1993.9.30

中村　治四郎

なかむら・じしろう

？〜昭和49年(1974年)11月14日

九州産業大学総長
昭和35年学校法人中村英数学園を設立し、九州商科大学を開設。38年法人名を学校法人中村産業学園に、大学名を九州産業大学と改称。建学の理念を"産学一如"とする。

中村 清蔵
なかむら・せいぞう

万延1年(1860年)12月24日～
大正14年(1925年)11月9日

倉庫銀行頭取
江戸・深川出生。

　明治9年叔父清右衛門の養子となり、直ちに家督を相続。早くから深川正米市場に進出し、同市場の有力者となった「上清」と称される。同時に味噌製造業、倉庫業を経営。34年中加貯蓄銀行、翌35年倉庫銀行を創立。40年頃から正米市場を離れ、実業方面に主力を注ぐ。金城銀行、明治商業銀行、大日本製糖、日本護謨など各会社の重役を務め、また深川区議、東京府議を歴任した。明治36年に深川女子技芸学校を創立、明治42年に中村高等女学校と改称し、昭和23年に中村高等学校となった。

中村 仙巌
なかむら・せんがん

嘉永2年(1849年)8月9日～
昭和4年(1929年)3月10日

尼僧, 教育者
諱は活道。越後国二十村郷(新潟県長岡市)出生。

　慶応2年(1866年)17歳の時に長岡の実相庵で出家。雲洞庵南木国定の許で剃髪し、さらに得度を受けて仙巌尼を名乗る。円通庵の天巌尼や京都養林院の観苗尼らに師事して修行を積んだのち長岡に戻り、児童教育を開始。明治20年には地方における女子教育の先駆けとなる仙巌学園(星野女学校の前身)を設立、一時は100人の学生を教えたが、28年に閉園を余儀なくされた。同年小出町に移り、円通寺を創建して庵主となる。その後も教育事業で活躍し、40年尼僧学林(のちの新潟県専門尼僧堂)を設立。また生涯に庵主として説教を行うこと6000回に及んだと言われるなど、熱心に活動した。大正7年中風に罹り、10年余り療養したのち没した。

中村 全亨
なかむら・ぜんりょう

大正3年(1914年)1月15日～
平成5年(1993年)2月5日

九州電気学園理事長, 九州電機短期大学学長
福岡県北九州市出身。長男は中村文彦(九州電機短期大学副学長)。横浜専貿易科〔昭和12年〕卒。団外国貿易学置勲四等旭日小綬章〔平成1年〕。

　満州国郵政管理局に入りのち応召。昭和16年より紫水高女教諭、福岡山口両県下中学経理学校等教員をつとめ、32年九州電気学校、38年九州電気学園、40年九州電機工業短期大学を創立、学長。48年九州電機短期大学と改称。

中村 ハル

なかむら・はる

明治17年(1884年)6月1日～
昭和46年(1971年)9月2日

女子教育家　中村学園創立者
福岡県出生。福岡県立師範学校〔明治35年〕卒。

　福岡県内の小学校訓導、松崎実業女学校教諭、横浜、神戸などで高等小学校訓導を務め、かたわら料理の実地研究を進めた。昭和5年九州高等女学校に勤務。24年中村割烹女学院を創立、28年中村学園を設立し理事長。29年福岡高等栄養学校、さらに中村栄養短期大学、中村学園大学を創立、40年学長となった。また全国料理学校協会長も務めた。著書に「郷土に立脚したる家事科の施設及指導の実際」「日本女性の教育」など。

中村 春二

なかむら・はるじ

明治10年(1877年)3月31日～
大正13年(1924年)2月21日

教育者　成蹊学園創立者
東京・麹町出生。曽祖父は山梨稲川(国文学者)、父は中村秋香(国文学者・歌人)。東京帝大文科大学国文科〔明治36年〕卒。

　曹洞宗附属中学林、同第一中学林、東京城西実務学校、東京麹町女学校で国文学を講じる。明治39年今村繁三の賛助で学生塾・成蹊園(現・成蹊学園)を創設。禅の人間形成論を指導原理とする教育運動を開始する。45年岩崎小弥太の援助を得、成蹊実務学校設立。続いて中学校、小学校、実業専門学校、女学校を開校した。大正4年成蹊教育会を結成し、「新教育」を創刊した。著書に「教育一夕話」「導く人の為めに」「かながきのすすめ」、「中村春二選集」などがある。

【評伝・参考文献】
◇人間中村春二伝　中村浩著　岩崎美術社　1969　352p 図版11枚 19cm
◇「成蹊」の名の由来―中村春二先生生誕百年記念　成蹊学園編　成蹊学園　1977.9　44p 21cm
◇大正自由教育の旗手―実践の中村春二・思想の三浦修吾　上田祥士, 田畑文明著　小学館スクウェア　2003.4　289p 22cm

中村 萬吉

なかむら・まんきち

明治2年(1869年)～明治44年(1911年)

女子教育家　浜松学芸高校創立者
静岡県気賀町出生。妻は中村みつ(浜松学芸高校創立者)、娘は中村春子(浜松学芸高校第3代校長)。東京高等師範学校(筑波大学)。

　明治26年私塾不如学舎を設立。27年に結婚した妻みつとともに、貧しい家庭の子や商家の使用人らの自活を促す教育を目指す。男子部と女子部に分かれ、自身が男子部、みつが女子部を指導。修身、算術、女子に

は裁縫を課した。28年東京高等師範学校(現・筑波大学)に入学。妻も東京裁縫女学校(現・東京家政大学)に入学したことにより、閉校となる。35年妻とともに浜松裁縫女学校(現・浜松学芸高校)を設立し、妻が初代校長となる。

中村 みつ

なかむら・みつ

明治7年(1874年)～昭和17年(1942年)

女子教育家　浜松学芸高校創立者
静岡県浜松町利(浜松市)出生。夫は中村萬吉(浜松学芸高校創立者)、娘は中村春子(浜松学芸高校第3代校長)。東京裁縫女学校(東京家政大学)。

　明治27年中村萬吉と結婚。前年に夫が開設していた私塾不如学舎女子部の主任となる。貧しい家庭の子や商家の使用人らの自活を促す教育を目指す。修身、算術、女子には裁縫を課した。28年東京裁縫女学校(現・東京家政大学)に入学。夫も東京高等師範学校(現・筑波大学)に入学したことにより、閉校となる。35年夫とともに浜松裁縫女学校(現・浜松学芸高校)を設立し、初代校長となる。44年夫が病没し、経済的後ろ盾を失うが、女手一つで学校を背負う。その気丈な人柄は評判になり、"浜松の三女傑"と並び称せられた。

中村 ユス

なかむら・ゆす

天保12年(1841年)12月28日～
大正13年(1924年)11月25日

教育者　中村高等女学校校長
長門国吉敷郡宮野村(山口県山口市)出生。

　長州藩士の娘として生まれる。はじめ藩主の被服仕立役を務める本間氏の許に嫁ぐが、夫の死後に実家へ戻った。明治維新後、山口にある毛利家別邸(通称・野田御殿)の敷地内に裁縫塾を開設。やがて生徒が増加したのに伴って塾を移転・拡大し、明治14年中村裁縫伝習所を創立した。以後、その校長として女子教育と学園の発展に情熱を傾け、大正2年には中村高等女学校に改称し、現在の中村女子高等学校の基礎を築いた。

中村 由太郎

なかむら・よしたろう

明治29年(1896年)～
昭和58年(1983年)5月

実業家, 教育者　光星学院創設者・初代理事長
青森県出生。早稲田大学法律経済校外生修了。

　戦前には海陸運輸合資会社代表社員、湊通運株式会社常務取締役などを務め運送業を営む事業家であったが、戦争中の企業整理で廃業。終戦直

前昭和18年に八戸和洋裁縫女塾を買い取った後、これを八戸家政女学校、白菊学園高等学校と改め、25年白菊学園をカナダのケベック州ウルスラ修道院に寄贈。八戸市に男子校をという社会的要請に応え、白菊学園の姉弟校として31年光星学院高等学校を創立。34年学校法人光星学院設立、初代理事長に就任。その後、42年しののめ幼稚園、43年多賀台幼稚園、46年光星学院八戸短期大学、47年光星学院野辺地工業高等学校、白銀幼稚園、49年光星学院高校専攻科、50年光星学院八戸短期大学附属聖アンナ幼稚園、53年びわの幼稚園、光星学院野辺地自動車工学専門学校、第2しののめ幼稚園、56年に八戸大学商学部商学科を設置する。この間、社団法人青森県私学協会理事、青森県学校法人理事長協議会理事などを務めた。

【評伝・参考文献】
◇八戸大学創立20周年記念誌　八戸大学編　八戸大学　2000.11.10

中村 六三郎

なかむら・ろくさぶろう

天保12年（1841年）2月〜
明治40年（1907年）1月9日

東京商船学校創立者
肥前国長崎（長崎県）出生。
　海運の振興と海事思想の普及に努め、日本海員掖済会を創設した。明治8年私立三菱商船学校を設立、校長となる。15年に官立となり東京商船学校に改称（現・東京海洋大学）。

中森 孟夫

なかもり・たけお

明治1年（1868年）10月5日〜
昭和21年（1946年）3月3日

教育家　京都女子手芸学校創設者
近江国（滋賀県）出身。
　明治23年京都に泰西簿記学校、35年京都女子手芸学校（現・京都橘女子高校）を創設。大正3年からハワイ在住日本人の教育に携わった。帰国後、京都工科学校などを創設した。

中山 義崇

なかやま・よしたか

大正13年（1924年）4月20日〜
平成15年（2003年）11月24日

崇城大学学長，君が淵学園理事長
熊本県下益城郡小川町出身。養子は中山峰男（崇城大学学長）。熊本工専電気工学科（熊本大学）〔昭和20年〕卒。工学博士。団電子通信系統工学置藍綬褒章〔昭和56年〕，産業教育百年記念教育功績者〔昭和59年〕。
　昭和24年君が淵電気電波専門学校、36年君が淵学園、同年君が淵電波工業高校を設立し、校長。以降同校を発展させ、42年熊本工業大学を設立、学長に就任。平成12年崇城大学に改称。昭和53年文徳学園理事長を兼任。また63年日本私立大学協会理事、平

夏川 嘉久次
なつかわ・かくじ

明治31年(1898年)8月18日～
昭和34年(1959年)4月8日

実業家　近江絹糸紡績社長・会長
滋賀県彦根市出生。彦根中学校中退。
　大正7年中学を中退して父熊次郎が創立した近江絹綿に入社し、昭和5年に専務、12年には社長に就任。13年近江実修工業学校(現・近江高等学校)を創立した。戦後の26年当時の繊維大不況に際しては、紡績機を半値で買うなどの逆手戦法の積極経営で、会社を10大紡の中位にまで押し上げる。しかし、前近代的な労務管理から29年には人権闘争を主張する近江絹糸争議が発生、「結婚の自由を認めよ」「信書開封の中止」など賃上げ以前の22項もの組合側要求が国際的にも注目されたのに対し、会社側はロックアウトで対抗。会社は労働基準法違反で強制捜査を受け、争議は3度目の中労委あっせんで106日ぶりに組合側の勝利に終わった。このためもあって翌30年には社長から会長に退き、2年後に退任する。

【評伝・参考文献】
　◇夏川嘉久次と紡績事業　高宮太平著　ダイヤモンド社　1959　312p 図版 19cm
　◇夏川会長をしのぶ　今泉正浩著　ダイヤモンド社　1960
　◇日本財界人物列伝　第2巻　青潮出版株式会社編　青潮出版　1964　1175p 図版13枚 27cm

並木 伊三郎
なみき・いさぶろう

明治23年(1890年)～
昭和8年(1933年)9月25日

女子教育家　文化女子大学創立者
　幼い頃から裁縫に興味を持ち、飯島婦人服裁縫店で徒弟奉公をする。大正8年東京・青山南町に並木婦人子供服裁縫店、婦人子供服裁縫教授所を開く。9年アメリカ・シンガーミシンの調査員だった遠藤政次郎と出会い、洋裁学校設立を語り合う。同年遠藤とともに、戸板せき子に願い出て、戸板裁縫学校に洋裁科を置く。10年遠藤がシンガー洋裁院に洋服科を新設したため、講師に。11年遠藤とともに独立して文化裁縫学院を創立。12年文化裁縫女学校初代校長に就任。のちに同校は、文化女子大学、文化女子短期大学、文化服装学院などに発展する。

【評伝・参考文献】
　◇近代日本の私学―その建設の人と理想　日本教育科学研究所編　有信堂　1972.3.31
　◇写真にみる　文化学園六十年のあゆみ　学園本部年史編纂室編　文化学園　1984.9.30

成瀬 仁蔵
なるせ・じんぞう

安政5年(1858年)6月23日～
大正8年(1919年)3月4日

教育家　日本女子大学創立者
周防国吉敷村(山口県)出生。山口県教員養成所〔明治9年〕卒。

小学校長などをつとめた後、明治10年キリスト教に入信、大阪で洗礼を受ける。11年大阪梅花女学校教師となるが、15年辞職。牧師として布教活動に従事し、その間、22年新潟女学校、北越学館を設立。23年アメリカに留学し、女子教育を研究、27年帰国して梅花女学校(現・梅花女子大学)校長に就任、雑誌「女子教育」を創刊するなど女子教育に尽力した。34年日本女子大学を創設し、長く同学長をつとめた。人格教育を重視した生涯学習を提唱した。大正元年再び欧米に渡航、帰国後、2年教育調査委員会委員、6年臨時教育会議委員として女子教育の発展に尽くした。「成瀬仁蔵著作集」(全3巻)がある。

【評伝・参考文献】
◇日本女子大学創立者 成瀬先生 訂6版　渡辺英一著　桜楓会出版部　1948　322p 図版 18cm
◇近代日本の教育を育てた人びと 下 孤高の教育家 沢柳政太郎〔ほか〕(滑川道夫)(教育の時代叢書)　東洋館出版社編集部編　東洋館出版社　1965　19cm
◇成瀬仁蔵先生語録　日本女子大学カウンセリング・センター編　日本女子大学カウンセリング・センター　1980.12　75, 11p 21cm
◇成瀬仁蔵先生の女子教育　菅支那著　成瀬仁蔵先生の女子教育刊行会　1981.6　174p 22cm
◇成瀬仁蔵研究文献目録　日本女子大学女子教育研究所成瀬記念館編　日本女子大学女子教育研究所成瀬記念館　1984.10　130p 21cm
◇成瀬先生伝―伝記・成瀬仁蔵(伝記叢書 56)　仁科節編　大空社　1989.1　632, 2, 6p 22cm
◇成瀬仁蔵の教育思想―成瀬的プラグマティズムと日本女子大学における教育　影山礼子著　風間書房　1994.2　355p 22cm
◇学校週五日制時代の女性教師―成瀬仁蔵の教育理念に学ぶ　唐沢富太郎著　東京法令出版　1997.4　217p
◇成瀬仁蔵(人物叢書 新装版)　中嶌邦著　吉川弘文館　2002.3　254p 19cm
◇知られざる社会学者成瀬仁蔵　河村望著　人間の科学新社　2003.2　313p 20cm
◇デューイとミードと成瀬仁蔵　河村望訳　人間の科学新社　2004.3　303p 19cm
◇明治教育家成瀬仁蔵のアジアへの影響―家族改革をめぐって(日文研フォーラム 第166回)　陳暉〔述〕　国際日本文化研究センター　2004.9　42p 21cm

難波 正
なんば・ただし

安政6年(1859年)4月～
大正9年(1920年)12月22日

電気工学者　京都帝国大学教授
備前国岡山(岡山県岡山市)出生。開成学校〔明治7年〕卒, パリ大学。工

学博士〔明治33年〕。

　岡山藩士の子として生まれる。岡山藩の兵学館などを経て明治7年開成学校を卒業。8年フランスに渡り、以後約10年間パリ大学で物理学の研究に従事した。17年に帰国して東京大学講師となり、次いで20年には仙台に新設された第二高等中学校に転じ、教頭を務めた。29年再びフランスに留学し、電気工学を研究。帰国後、31年に京都帝国大学教授に就任し、電気工学を講じた。33年工学博士。京都の疎水を利用した発電法を考案したほか、日露戦争時には海軍省の依嘱で軍用蓄電池を研究・開発するなど、我が国における電気工学の草創期に大きな業績を残した。また、14年有志21人で東京物理学講習所(のち東京物理学校,東京理科大学)を創設した。

【評伝・参考文献】
◇東京理科大学百年史　東京理科大学編　東京理科大学　1981.6.14
◇物理学校―近代史のなかの理科学生（中公新書ラクレ）　馬場錬成著　中央公論新社　2006.3.10　314p 18cm

南部　明子
なんぶ・あきこ

大正9年(1920年)11月3日～?

光塩学園理事長・女子短期大学学長
筆名は南部あき子。北海道磯谷郡蘭越町出生。夫は南部高治(光塩学園理事長・故人)。東京家政学院家政科〔昭和13年〕卒。団家政学,料理 置藍綬褒章〔昭和57年〕。

　昭和20年秋一家で東京から網走市の郊外に入植したが、2年で離農。23年南部服装研究所を設立。24年札幌に移転し、28年校名を光塩学園家政専門学校と改める。これを母体に42年光塩学園女子短期大学を創設、学長に就任。同附属幼稚園長、光塩学園調理師専門学校長も兼務した。

【評伝・参考文献】
◇私のなかの歴史5　北海道新聞社編　北海道新聞社　1985.5　285p 19cm

南部　高治
なんぶ・たかはる

明治44年(1911年)1月2日～
平成1年(1989年)9月7日

光塩学園理事長
埼玉県出生。妻は南部明子(光塩学園女子短期大学学長)。明治大学法科〔昭和8年〕卒。置北海道社会貢献賞〔昭和53年〕。

　昭和23年南部服装研究所(現・光塩学園)を設立。同学園の調理師専門学校、女子短期大学、幼稚園の創立者で、私学振興に寄与した。著書に「保存食ノート」などがある。

【 に 】

新島 襄
にいじま・じょう

天保14年(1843年)1月14日～
明治23年(1890年)1月23日

キリスト教主義教育者　同志社創立者

幼名は七五三太,諱は経幹,英語署名はNeejima, Joseph Hardy, 漢字署名は約瑟。江戸(東京都)神田一ツ橋(千代田区)出生。アーモスト大学〔明治3年〕卒,アンドーバー神学校別科〔明治7年〕修了。LL. D.(アーモスト大学)〔明治22年〕。

安中藩(群馬県)藩士の子として江戸の藩邸で生まれる。早くから蘭学・漢学を学び,万延元年から江戸の軍艦操練所や塾で兵学・数学・航海術を学ぶ。文久3年から英学に切り換え,米国の政治・社会、キリスト教に興味を持つ。元治元年密出国、米国船長の尽力でボストンに着き、船主の援助を得て、フィリップス・アカデミーやアーモスト大学、アンドーバー神学校で学ぶ。その間慶応2年受洗。明治4年岩倉具視大使一行の来米で案内役となり渡欧、諸国の教育事情を見学、調査し報告書作成に参画。政府任官を勧められたが断り、日本にキリスト教学校の必要を感じ、米国の組合派ミッションの資金援助を得て7年帰国。8年より襄と称す。同年京都に同志社英学校、10年同志社女学校を設立、さらに大隈重信、岩崎弥之助らの援助、募金を得て大学設立を計画、17～18年再び渡米、寄付を得て帰国、同志社発展に心血をそそいだが、途中病いに倒れた。著書に「新島襄全集」(全10巻,同朋舎)、「新島パンフレット」(全集・全4巻)、「新島襄書簡集」などがある。

【評伝・参考文献】
◇わが人生　新島襄著, 鑓田研一編　全国書房　1946　363p 19cm
◇自由を護った人々　大川三郎著　新文社　1947　314p 18cm
◇愛の偉人新島襄　神田哲雄著　群馬文化協会　1948
◇新島襄　岡本清一著　広島図書　1948
◇歴史を創る人々　嘉治隆一著　大八洲出版　1948
◇東西百傑伝　第4巻(良寛〔ほか〕)　吉野秀雄　池田書店　1950　19cm
◇新島襄―人と思想　魚木忠一著　同志社大学出版部　1950
◇世界偉人伝　第4巻　良寛(吉野秀雄)　世界偉人伝刊行会編　池田書店　1952　19cm
◇新島襄　岡本清一著　同志社大学出版部　1952
◇いかに生きたかの伝記集成　第3(ベートーヴェン〔ほか〕)　島影盟　泰光堂　1954　19cm
◇近代日本の思想家　向坂逸郎編　和光社　1954　284p 19cm
◇新島襄書簡集(岩波文庫)　新島襄著,同志社編　岩波書店　1954　286p 図版 15cm
◇新島先生と徳富先生　徳富猪一郎著　同志社　1954

◇新島襄の生涯　神田哲雄著　社会教育者連盟　1955　208p 図版 19cm
◇新島襄の生涯　増補改訂版　神田哲雄著　社会教育者連盟　1955　226p 図版 19cm
◇新島襄先生　徳富猪一郎著　同志社大学出版部　1955
◇人世をみちびくもの（教養選書）　島影盟, 山田清三郎, 山内房吉共著　泰光堂　1958　245p 図版 19cm
◇地上の星―新島襄物語　真下五一著　現代社　1958
◇新島襄（人物叢書 第35 日本歴史学会編）　渡辺実著　吉川弘文館　1959　294p 図版 18cm
◇同志社創立者新島襄伝資料―渡辺実氏著「新島襄」正誤　田中良一著　田中良一　1960
◇日本人物史大系　第5巻（近代　第1）　小西四郎編　朝倉書店　1960　340p 22cm
◇新島先生記念集 2版　同志社校友会編　同志社校友会　1962.11　295p 図 肖像 19cm
◇新島先生と徳富蘇峯　書簡を中心にした師弟の関係　森中章光編著　同志社　1963　460p 図版 19cm
◇近代日本の教育を育てた人びと 上　教育者としての福沢諭吉〔ほか〕（源了円）（教育の時代叢書）　東洋館出版社編集部編　東洋館出版社　1965　19cm
◇日本の代表的キリスト者 1―新島襄・本多庸一　砂川万里著　東海大学出版会　1965
◇明治百年 文化功労者記念講演集 第1輯（福沢諭吉を語る〔ほか〕）　高橋誠一郎　尾崎行雄記念財団　1968　324p 19cm
◇新島襄（人と思想シリーズ 第2期）　和田洋一著　日本基督教団出版局　1973　302p 19cm
◇新島襄の生涯　J. D. ディヴィス著, 北垣宗治訳　同志社校友会　1975　229p 肖像 20cm
◇新島襄の生涯（100万人の創造選書 20）　J. D. デイヴィス著, 北垣宗治訳　小学館　1977.3　221p 肖像 20cm
◇新島襄―小説　真下五一著　上毛新聞社出版局　1977.4　408p 19cm
◇自然科学者としての新島襄 その1（蘭学時代を中心にして）　浜田敏男著　浜田敏男　1979.3　22p 26cm
◇Life and letters of Joseph Hardy Neesima　Arthur Sherburne Hardy編　同志社大学出版局　1980.1　350p 20cm
◇日本人の自伝 3（内村鑑三. 新島襄. 木下尚江）　平凡社　1981.5　388p 20cm
◇新島襄とその妻　福本武久著　新潮社　1983.10　257p 20cm
◇新島襄全集をめぐって―新島襄と仏教徒たち　河野仁昭著　同志社大学出版部　1985.2　30p 18cm
◇新島襄全集 10（新島襄の生涯と手紙）　新島襄全集編集委員会編　同朋舎出版　1985.5　483, 16p 23cm
◇新島襄全集 6（英文書簡編）　新島襄全集編集委員会編　同朋舎出版　1985.10　447p 23cm
◇新島襄と科学　島尾永康著　同志社大学出版部　1985.10　28p 19cm
◇新島襄と自然科学教育　末光力作著　同志社大学出版部　1986.5　26p
◇百年の日本人 その3　川口松太郎, 杉本苑子, 鈴木史楼ほか著　読売新聞社　1986.6　253p 19cm
◇坂本竜馬の後裔たち　中野文枝著　新人物往来社　1986.11　253p 19cm
◇新島襄全集 3（書簡編 1）　新島襄全集編集委員会編　同朋舎出版　1987.10　926p 23cm
◇教育者新島襄　井上勝也著　同志社大学出版部　1988.5　44p 19cm
◇蘇峰とその時代―よせられた書簡から　高野静子著　中央公論社　1988.

◇新島襄―自由への戦略　吉田曠二著　新教出版社　1988.12　250p 19cm
◇近代群馬の思想群像 2　高崎経済大学附属産業研究所編　日本経済評論社　1989.3　349p 21cm
◇新島襄全集 4（書簡編 2）　新島襄全集編集委員会編　同朋舎出版　1989.8　570p 23cm
◇新島襄―人と思想　井上勝也著　（京都）晃洋書房　1990.2　300p 21cm
◇新島襄先生の生涯　森中章光著　不二出版　1990.3　394, 445, 15p 19cm
◇幕末・明治初期数学者群像 上 幕末編　小松醇郎著　（京都）吉岡書店　1990.9　231p 19cm
◇わが生涯の新島襄―森中章光先生日記　吉田曠二著　不二出版　1991.5　294p 19cm
◇新島先生逸事―同志社創立者　山内英司編　山内英司　1992.6　28p 26cm
◇新島襄全集 8（年譜編）　新島襄全集編集委員会編　同朋舎出版　1992.7　581, 152p 23cm
◇新島襄先生伝―伝記・新島襄（伝記叢書 100）　ゼー・デー・デビス著　大空社　1992.12　412, 6p 22cm
◇新島襄―その時代と生涯　新島襄生誕一五〇年記念写真集　同志社編　同志社　1993.2　181p 30cm
◇新島襄への旅　河野仁昭著　京都新聞社　1993.2　365p 30cm
◇新島襄―近代日本の先覚者―新島襄生誕一五〇年記念論集　同志社編　晃洋書房　1993.2　327, 12p 22cm
◇新島襄とアーモスト大学　北垣宗治著　山口書店　1993.12　644p 22cm
◇新島襄全集 9（来簡編）　同朋舎出版　1994.10　2冊セット 21cm
◇新島襄全集 7（英文資料編）　新島襄全集編集委員会編　同朋舎出版　1996.11　428p 23cm

◇明治期基督者の精神と現代―キリスト教系学校が創立　加藤正夫著　近代文芸社　1996.11　204p 19cm
◇新島襄の英文書簡 第1部（十年間のアメリカ時代）　新島襄〔著〕, 阿部正敏編著　大学教育出版　1997.4　157p 21cm
◇新島襄の青春　河野仁昭著　同朋舎　1998.6　285p 20cm
◇のびやかにかたる新島襄と明治の書生　伊藤弥彦著　晃洋書房　1999.3　170p 20cm
◇国家と教育―森有礼と新島襄の比較研究　井上勝也著　晃洋書房　2000.3　195p 20cm
◇新島襄の短歌―和歌的発想と短歌的発想（新島講座 第20回）　安森敏隆著, 同志社新島基金運営委員会編　同志社　2000.3　38p 19cm
◇現代語で読む新島襄　新島襄〔著〕, 同志社『現代語で読む新島襄』編集委員会編　丸善　2000.11　312p 22cm
◇新島襄とアメリカ　新島襄〔英文〕, 阿部正敏編著　大学教育出版　2001.5　177p 21cm
◇新島襄全集を読む（同志社大学人文科学研究所研究叢書 35）　伊藤弥彦編　晃洋書房　〔2002.2〕　268, 7p 22cm
◇教材新島襄 第2版　教材「新島襄」編集委員会著　新教出版社　2002.3　75p 21cm
◇新島襄と徳富蘇峰―熊本バンド、福沢諭吉、中江兆民をめぐって　本井康博著　晃洋書房　2002.3　268, 7p 23cm
◇闕字にみる新島襄の精神と儀礼　明楽誠著　大学教育出版　2002.9　218p 21cm
◇『新島襄の生涯』展示図録―第2回企画展　安中市ふるさと学習館編　安中市ふるさと学習館　2002.10　22p 30cm

◇新島襄―わが人生（人間の記録 151）　新島襄著　日本図書センター　2004.8　307p 20cm
◇西洋家具ものがたり（らんぷの本）　小泉和子文　河出書房新社　2005.2.28　143p 21cm（A5）
◇新島襄―良心之全身ニ充満シタル丈夫（ミネルヴァ日本評伝選）　太田雄三著　（京都）ミネルヴァ書房　2005.4.10　384, 10p 19cm（B6）
◇新島襄の交遊―維新の元勲・先覚者たち　本井康博著　（京都）思文閣出版　2005.3.25　325, 13p 21cm（A5）
◇教育における比較と旅　石附実著　東信堂　2005.7.5　226p 19cm（B6）
◇千里の志―新島襄を語る〈1〉　本井康博著　（京都）思文閣出版　2005.6.30　217, 8p 19cm（B6）
◇幕末・明治の士魂―啓蒙と抵抗の思想的系譜（飯田鼎著作集〈第7巻〉）　飯田鼎著　御茶の水書房　2005.8.5　412, 11p 21cm（A5）
◇ひとりは大切―新島襄を語る〈2〉　本井康博著　（京都）思文閣出版　2006.1.23　223, 10p 19cm（B6）
◇近代日本のキリスト者たち　高橋章編著　パピルスあい, 社会評論社〔発売〕　2006.3.10　335p 21cm（A5）
◇ホイットマンとマハンから読むアメリカの民主主義と覇権主義　四重六郎著　新風舎　2006.3.24　173p 21cm（A5）

新名 百刀
にいな・もと

明治5年（1872年）～昭和17年（1942年）

教育者　新名学園創立者
旧姓名は水野。岐阜県出生。

　岐阜県士族水野山平の長女に生まれる。上京し裁縫・手芸を修める。医師新名友作と結婚。小田原へ移り、明治35年洋裁・造花・編物伝習所を開設。39年私立学校法により昇格し、新名裁縫女学校を創立。昭和10年新名学園と改称し、小田原女子教育の基礎を築いた。同校は戦後31年に学校法人新名学園・旭丘高等学校へと移行された。

新穂 登免
にいほ・とめ

明治5年（1872年）4月29日～
昭和46年（1971年）1月13日

教育者　玉名実践女学院校長
旧姓名は内藤。熊本県出身。尚絅女学校卒。

　熊本県の高瀬実科女学校、小国実科女学校などで教え、裁縫の一斉教授法を創始する。大正14年玉名実践女学院（現・玉名女子高）を創立し、のち校長を務めた。

二階堂 トクヨ
にかいどう・とくよ

明治13年（1880年）12月5日～
昭和16年（1941年）7月17日

教育家　二階堂体操塾創設者
宮城県志田郡三本木村（大崎市）出生。

福島県尋常師範学校卒、東京女子高等師範学校文科〔明治37年〕卒。

はじめは小学校教員を務めるが、向学心はやまず、福島県尋常師範学校を経て、明治37年東京女子高等師範学校を卒業。同年石川県立高等女学校に赴任し、当初は国語と体育を教えたが、スウェーデン式体操を専修した英国の宣教師シスター・モルガンに師事して体育の原理や技能を学んでからは体育教育に専念した。40年高知県師範学校教諭兼舎監に転じ、県下において女子遊戯体操講習会を開くなど積極的に活動。また当時の女子体操界の指導者であった東京女子高等師範学校の井口阿くりとも交友し、44年井口の後を受けて同助教授に抜擢された。大正2年からは英国キングスフィールド体操専門学校に留学し、スウェーデン式体操を中心とした体操研究に従事。4年に帰国してからは東京女子高等師範学校教授に昇任し、スウェーデン式体操を教えた。傍ら女子体操学校の設立を志して個人雑誌「わがちから」(のち「ちから」に改題)を発行し、11年同校を退職して東京・代々木に二階堂体操塾を創設。15年には認可を受けて我が国初の女子体操専門学校である日本女子体操専門学校(現・日本女子体育大学)に昇格し、以後は経営者、校長、教師、舎監を兼ねるという多忙な中で女子体育指導者の養成に当たった。門下に日本人女性初のオリンピックメダリスト人見絹枝らがいる。著書に「足かけ四年」「通俗体育講話」などがある。

【評伝・参考文献】
◇女子体育の母二階堂トクヨ伝　二階堂清寿等著　二階堂清寿　1958
◇二階堂トクヨ伝　二階堂清寿、戸倉ハル、二階堂真寿著　不昧堂書店　1960　222p 図版 19cm
◇体育に生涯をかけた女性―二階堂トクヨ　西村絢子著　杏林書院　1983.8　266p 22cm
◇足掛四年―英国の女学界(女性のみた近代 世界へ 11)　二階堂トクヨ著、髙良留美子、岩見照代編　ゆまに書房　2004.12　392, 6p 22cm

西 周

にし・あまね

文政12年(1829年)2月3日～
明治30年(1897年)1月31日

啓蒙思想家、西洋哲学者
字は経太郎、名は時懋、魚人、通称は修亮、周助、号は天根、甘寢舎(斎)。石見国(島根県)鹿足郡津和野(津和野町)出生。

津和野藩医の長男として生まれる。藩校・養老館に入り朱子学を修めたが、やがて荻生徂徠の学に傾き、大坂に遊学して後藤松蔭の塾に入門。嘉永6年(1853年)ペリー来航に際して藩命により江戸へ派遣されるが、ここで時勢の変転と洋学の必要性を悟り、安政元年(1854年)脱藩して杉田成卿、手塚律蔵に洋学を、ジョン万次郎に英語を学んだ。4年(1857年)蕃書調所開設に伴い津田真道、加藤弘之らと教授手伝並となり、文久2年(1862年)幕府の海軍派遣留学生一行

に加わってオランダに留学、ライデン大学で自然法・万国公法・国法・経済・統計の5科目を修得した。慶応元年(1865年)帰国し、開成所教授に復し幕府直参となる。明治元年訳書「万国公法」を刊行。同年幕府瓦解後に静岡県に移った徳川家に従い、沼津兵学校頭取となった。3年兵部省に出仕し、4年兵部少丞、5年陸軍大丞などに任じられ、山県有朋のもとで陸軍官制の整備に当たり、13年には「軍人勅諭」の原案を起草している。この間、6年津田、加藤をはじめ福沢諭吉、神田孝平ら旧幕系洋学者とともに明六社を結成、「明六雑誌」を創刊して哲学や政治学に関する論文を寄せ、西洋思想の啓蒙にあたった。特に海外の学術書を訳する中で、学術用語を漢訳して日本語に置き換え、現在でも用いられる"哲学""心理学""感覚""主観""客観""理性""帰納""演繹"などの様々な言葉を訳出した。また自宅に私塾・育英館を開いて子弟の教育にも従い、親族で同郷の後輩である森鷗外を寄宿させていたことでも知られる。16年独逸学協会の一員として独逸学協会学校創設に参画し、初代校長も務めた。12年東京学士院会長、14年東京師範学校校長、23年勅選貴院議員なども歴任した。

【評伝・参考文献】
◇鷗外全集(著作篇 第11巻 史伝) 森鷗外著 岩波書店 1951-55 19cm
◇日本の思想家(第1) 朝日新聞社朝日ジャーナル編集部編 朝日新聞社 1962 333p 19cm
◇経済学・歴史と理論―堀経夫博士古稀記念論文集(西周の回心と転身―西周研究の一節) 大道安次郎著 未来社 1966
◇西周に於ける哲学の成立―近代日本における法哲学成立のためのエチュード 蓮沼啓介著 有斐閣 1987.7 278, 4p 21cm
◇西周と欧米思想との出会い 小泉仰著 三嶺書房 1989.7 386p 19cm
◇日本の観念論者(舩山信一著作集 第8巻) 舩山信一著 こぶし書房 1998.9 482, 10p 21cm
◇幕末維新なるほど人物事典―100人のエピソードで激動の時代がよくわかる(PHP文庫) 泉秀樹著 PHP研究所 2003.8 452p 15cm
◇開花期の若き啓蒙学者達―日本留学生列伝〈4〉 松邨賀太著 文芸社 2005.2.15 177p 19cm(B6)
◇西周と日本の近代 島根県立大学西周研究会編 ぺりかん社 2005.5.15 490p 21cm(A5)
◇随筆 明治文学〈1〉政治篇・文学篇(東洋文庫) 柳田泉著, 谷川恵一ほか校訂 平凡社 2005.8.10 431p 18cm
◇新編 明治前期の憲法構想 家永三郎, 松永昌三, 江村栄一編 福村出版 2005.10.20 558p 21cm(A5)
◇技術と身体―日本「近代化」の思想 木岡伸夫, 鈴木貞美編著 (京都)ミネルヴァ書房 2006.3.30 389, 11p 21cm(A5)
◇京の美学者たち 神林恒道編著 (京都)晃洋書房 2006.10.20 258p 21cm(A5)

西 敏

にし・さとし

大正13年(1924年)9月13日～
平成18年(2006年)12月15日

希望が丘学園園長

鹿児島県高尾野町出生。熊本大学法学部〔昭和27年〕卒。

　昭和27年熊本鎮西高教諭、30年鎮西簿記会計学校教諭を経て、31年加世田市に南薩商業高を設立、理事長。40年加世田女子高学園（現・希望が丘学園）を設立し、加世田女子高（現・鳳凰高）に改称。51年しらうめ幼稚園を開園し園長、同年加世田女子高学園園長。加世田医療福祉専門学校なども開き、私学発展に尽力した。53年加世田自動車学校を設立、代表取締役、のち会長。

西川　鉄次郎

にしかわ・てつじろう

嘉永6年（1853年）～
昭和7年（1932年）6月1日

長崎控訴院院長，英吉利法律学校創設者

江戸小石川江戸川町出生。東京大学〔明治11年〕卒。

　明治11年大学を卒業して外務省に入り、12年ロンドン公使館書記官として赴任。間もなく内務省、さらに文部省に転じた。19年司法省に転じて判事となり、大審院判事、函館控訴院長、長崎控訴院長を歴任、大正2年退官。大審院判決録の編纂に与って力が大きかった。この間、明治18年増島六一郎らと18名で英吉利法律学校（現・中央大学）を創設した。

【評伝・参考文献】
◇風霜三代―中央大学八十年小史　大久保次夫（中央大学総務部調査部長）編　中央評論編集部　1965.2.15
◇中央大学百年史 通史編〈上巻〉　中央大学百年史編集委員会専門委員会編　中央大学　2001.3.31

西田　天香

にしだ・てんこう

明治5年（1872年）2月10日～
昭和43年（1968年）2月29日

宗教家　一燈園創始者，参院議員（緑風会）

本名は西田市太郎。滋賀県長浜市出生。

　滋賀県長浜の紙問屋に生まれる。明治24年北海道に渡り、開拓事業の監督となるが、小作農と資本主との紛争に苦悩を深め、3年余で辞職。懐疑と求道の放浪生活を送る。トルストイの「我が宗教」に啓発され、人生の理想は"無心"と悟る。明治38年京都に"一燈園"を設立、托鉢、奉仕、懺悔の生活に入った。大正10年その教話集「懺悔の生活」がベストセラーとなる。その後、中国や北アメリカにも進出、すわらじ劇団を設立した。戦後は22年参院議員となり、緑風会結成に参加。「西田天香選集」（全5巻）がある。

【評伝・参考文献】
◇九十年の回顧　西田天香著　一灯園出版部　1962　134p 図版 19cm

◇この三人―天香・百三・トルストイの思想と生活　鈴木五郎著　春秋社　1972　244p 肖像 20cm
◇一灯園と西田天香の生活（灯影撰書 3）　福井昌雄著　一灯園灯影舎　1985.5　196p 19cm
◇西田天香―長浜が生んだ偉大な思想家　西田天香没後30年記念　市立長浜城歴史博物館編　西田天香没後30年記念事業実行委員会　1998.10　158p 23cm
◇一灯園西田天香の生涯　三浦隆夫著　春秋社　1999.4　316p 20cm
◇現代に甦る知識人たち（SEKAISHISO SEMINAR）　鈴木良，上田博，広川禎秀編　（京都）世界思想社　2005.10.20　222p 19cm（B6）
◇日本人はなぜ無宗教でいられるのか　片山文彦著　原書房　2006.9.25　238p 19cm（B6）

西田 のぶ

にしだ・のぶ

明治13年（1880年）9月15日～
昭和23年（1948年）4月22日

女子教育家　須磨裁縫女学校創設者
京都府中郡五箇村出生。渡辺女子専門学校（東京家政大学）〔明治39年〕卒。

　京都府中郡で、酒醸造業を営み、庄屋であった家に生まれる。渡辺女子専門学校卒業後、宮崎県立延岡女学校に赴任。その後、愛媛県、奈良県の女学校に裁縫科教員として勤務。大正2年結婚し、3児を授かるが、11年43歳の時に死別。同年、和裁を主とする家庭的な人間を育成することを目指して、神戸市須磨区に須磨裁縫女学校（のちの須磨学園）を創立した。清楚な気品と質素な生活をモットーとし、家庭的で清雅な校風を作り上げた。昭和13年須磨女学校、21年には須磨高等女学校と改称。須磨学園創立者として、26年間同校の発展に尽くした。著書に「和服裁縫書」がある。

西村 伊作

にしむら・いさく

明治17年（1884年）9月6日～
昭和38年（1963年）2月11日

教育家　文化学院創立者
奈良県北山村出生。長女は石田アヤ（教育家），叔父は大石誠之助（社会主義者・医師）。明道中（広島市）〔明治36年〕卒。囹新宮市名誉市民。

　明治24年濃尾大地震で両親を失い、母方の吉野の大山林地主西村家に相続人として引き取られる。叔父大石誠之助の影響で平民社の活動に参加、45年大逆事件との関連で約1ケ月拘留された。和歌山県新宮で山林業を営んでいた時、そこを訪れる文化人と親しく交際、大正10年長女が高等女学校へ進学する時、わが子のために自由で芸術的な雰囲気にみちた理想の学校を創ることを決意。与謝野鉄幹・晶子夫妻、石井柏亭、河崎なつ等の協力により東京・駿河台に日本初の男女共学制学校、文化学院を創立、校長に就任。昭和16年長女石田アヤに校長を譲り、校主となる。学院には当時の一流の学者、芸術家を教師と

して招き、卒業生からは、三宅艷子、飯沢匡、青地晨など多数の文化人を輩出した。戦時下の18年不敬罪で検挙、学院も強制閉鎖されるが、21年再開した。著書に「教育の理想」「楽しき住家」「我子の教育」「生活を芸術として」「我に益あり—西村伊作自伝」など多数。平成10年遺族が西村記念館を新宮市に寄贈した。

【評伝・参考文献】
◇我に益あり　西村伊作自伝　西村伊作著　紀元社　1960　447p 図版 19cm
◇人生語録　われ思う　西村伊作著　七曜社　1963　297p 19cm
◇ドキュメント日本人（悲劇の先駆者）学芸書林　1969　348p 20cm
◇伊作とその娘たち　上坂冬子著　鎌倉書房　1979.5　235p 20cm
◇愛と反逆の娘たち—西村伊作の独創教育（中公文庫）　上坂冬子著　中央公論社　1983.3　220p 16cm
◇大正の夢の設計家—西村伊作と文化学院（朝日選書 394）　加藤百合著　朝日新聞社　1990.1　246, 7p 19cm
◇教育改革者の群像（現代教育101選 33）　中野光著　国土社　1991.1　198p 19cm
◇西村伊作の世界—「生活」を「芸術」として　西村伊作〔作〕, 水沢勉, 植野比佐見編　NHKきんきメディアプラン　2002　327p 22cm
◇心の花束—西村伊作にささげる　西村クワ編　ルヴァン美術館　2002.4　151p 19cm

西森 元
にしもり・もと

明治10年（1877年）6月27日～
昭和30年（1955年）9月15日

教育者　真備高等女学校校長
高知県高知町（高知市）出生。女子高等師範学校〔明治33年〕卒。置勲六等瑞宝章〔大正12年〕。

　明治37年岡山高等女学校兼岡山女子師範学校の教諭となる。44年女子師範学校の専任となり、洋服を制服としたのをはじめとして、校内や寄宿舎の諸制度を改革。大正12年岡山県女教育会が発足すると、その初代会長に推され、女性教員の地位や待遇向上に尽力。その一方で、岡山連合婦人会の幹部としても活躍し、男女格差の撤廃・婦人参政権の獲得を主張した。14年真備高等女学校を創立し校長に就任、以後、判断力と実行力を兼備する自立した女性の育成に力を注いだ。昭和22年に同校を退いたが、27年に復帰、同校長や理事長を歴任し、現在の真備高校の基礎を固めた。

新田 長次郎
にった・ちょうじろう

安政4年（1857年）5月29日～
昭和11年（1936年）7月17日

実業家, 社会事業家　新田ベニヤ製造所長, 松山高等商業学校創立者
号は温山。伊予国温泉郡山西村（愛媛県）出生。甥は新田仲太郎（教育家）。

　5歳で父と死別し、明治10年大阪に出て米屋西尾商店に丁稚奉公する。

のち藤田組製革所の見習工に雇われ西欧式製革技術を習得して、17年結婚を機に、18年大阪で妻のツルと妻の兄・井上利三郎とで新田製作所を設立し製革業を始めた。ベルト工業などの事業に成功し、26年単身渡米し皮革工場を見学、更に欧州に渡り機械を購入して帰国。技術の発明改良と事業経営の発展に努め、革製パッキングを始め、十数種類の特許を取り、北海道に工場を建設、従業員2千数百名の社長となり、名実共に東洋一のベルト業者となる。ベルト工業を中心にゼラチン、ベニヤ、ゴム工業など関連事業を興しヒット商品を生み、大正末期からは工場近代化と国際化を計り、東京・名古屋・小樽に支店を置き、ボンベイ・満州などに進出する。また財界では大阪工業会の設立発起人になるなど、日本産業界に貢献した。一方、社会事業にも力を注ぎ、私財を投じて、44年大阪市難波に有隣小学校を、大正12年松山高等商業学校を設立し、子弟教育にも尽力した。生涯で得た特許29、実用新案10、内外博覧会に出品し最高賞牌受賞100という。

【評伝・参考文献】
◇至誠―評伝・新田長次郎　西尾典祐著　中日出版社　1996.3　252p 19cm
◇戦後教育の原点を守れるのは誰か―大人になれない大人がつくった「学習指導要領」の破産と虚妄　重見法樹著　東京図書出版会, 星雲社〔発売〕　2004.10　219p 19cm

新田　仲太郎
にった・なかたろう

明治11年（1878年）12月8日～
昭和44年（1969年）12月2日

実業家　新田高校創立者
愛媛県温泉郡山西村出生。叔父は新田長次郎（実業家・社会事業家）。団愛媛県教育文化賞, 愛媛新聞賞, 愛媛県功労賞。

　明治29年叔父が経営する新田皮革に、なめし用材料を納入するため新田商店を開業。44年海運業に転じ、北海道で回漕店を営む。のちに、新田汽船、内外汽船に発展。昭和13年私財を投じて財団法人新興育英会を創設し、同年新田中学校を設立。23年新制高校として新田高校となる。新田学園理事長を歴任した。

【評伝・参考文献】
◇風雪九十年―回顧録　新田仲太郎著　新田勝彦, 高辻義胤　1968　380p 図版 19cm

蜷川　親継
にながわ・ちかつぐ

？～昭和62年（1987年）1月9日

日本文化大学学長
京都府京都市出身。団政治学。

　有職故実の学塾・柏樹書院の第24代当主。昭和53年日本文化大学を創設。

二宮 邦次郎

にのみや・くにじろう

万延1年（1860年）1月2日～
大正15年（1926年）9月7日

宣教師, 女子教育家　松山女学校創立者

岡山県高梁出生。岡山師範学校〔明治9年〕卒, 同志社神学校。

備中国高梁の藩士片貝家に生まれ、二宮家の養子となる。小学校教員の傍ら、自由民権運動に参加。新島襄らに感化されキリスト教徒となり、同志社神学校で学ぶ。その後、伝道師として松山に赴き、明治18年松山教会を創立。19年増田シゲ、蜂谷芳太郎らとともに四国で初めて私立松山女学校を創立（のちの松山東雲学園）し、初代校長に就任。開校後、転任することになるが、喜多川久徵らの協力を得て校長職を留任。2年間全国を巡教したのち、新伝道地開拓にあたり、のち校長職を退く。松山女学校は経営困難のため、その後米国婦人伝道会社に経営を移された。

【ぬ】

額賀 キヨ

ぬかが・きよ

？～昭和42年（1967年）8月1日

教育者　大成学園創立者

夫は額賀三郎（大成学園創立者）。勲五等宝冠章〔昭和41年〕, 教育功労者〔昭和40年〕。

明治40年12月夫の三郎とともに茨城県水戸市に裁縫塾を開設。42年3月大成裁縫女学校と改称。大正8年水戸市大成女学校と改称（のち廃校）。昭和4年4月大成高等女学校を併設。23年大成高等女学校を大成女子高等学校と改称。女子大成中学校を併設する（のち廃校）。女子教育に身を捧げた。

額賀 三郎

ぬかが・さぶろう

？～昭和28年（1953年）2月13日

教育者　大成学園創立者

妻は額賀キヨ（大成学園創立者）。

明治40年12月妻のキヨとともに茨城県水戸市に裁縫塾を開設。42年3月大成裁縫女学校と改称。大正8年水戸市大成女学校と改称（のち廃校）。昭和4年4月大成高等女学校を併設。23年大成高等女学校を大成女子高等学校と改称。女子大成中学校を併設する（のち廃校）。初代学校長として女子教育に身を捧げた。

額田 晋

ぬかだ・すすむ

明治19年（1886年）12月22日～
昭和39年（1964年）9月29日

内科医学者
岡山県出生。兄は額田豊(内科学者)。東京帝大医科大学〔大正1年〕卒。医学博士〔大正8年〕、理学博士〔大正15年〕。藍綬褒章〔昭和35年〕。

　米国留学後東大講師。大正14年兄豊とともに帝国女子医学専門学校(現・東邦大学)を創設、校長となった。昭和12年ロックフェラー財団の招きで北京協和医院学校に赴任、次いで欧州視察。14年千葉市稲毛海岸に額田医学生物学研究所を創設。25年東邦大医学部長、32年学長、同理事長となった。

額田 豊

ぬかだ・ゆたか

明治11年(1878年)3月23日～
昭和47年(1972年)7月29日

内科医学者
岡山県出生。弟は額田晋(内科学者)。東京帝大医科大学〔明治38年〕卒。医学博士〔大正2年〕。勲三等旭日中綬章〔昭和41年〕。

　東大青山内科に勤め、明治40年ドイツ留学、ミュンヘン大学で内科学、医化学を学ぶ。大正2年額田病院を創設、逓信省本省医務嘱託。9年鎌倉に額田保養院を創設、10年内閣社会事業調査委員。14年弟の晋とともに帝国女子医学専門学校(現・東邦大学)を創設、理事長。同年日本大学専門部医学科を創設、初代医学科長として昭和8年まで併任。25年東邦大学長、26年同大理事長、32年学長、理事長辞任。また、駒場東邦高等学校も創設した。著書に「医化学講義」「内科臨床診断学」「安価生活法」「食物並嗜好品分析表」などがある。

【 ね 】

根津 嘉一郎(1代目)

ねず・かいちろう

万延1年(1860年)6月15日～
昭和15年(1940年)1月4日

実業家, 政治家, 美術愛好家　根津コンツェルン総帥, 東武グループ創立者, 衆院議員(憲政会), 貴院議員(勅選)甲斐国(山梨県)山梨郡正徳寺村(山梨市)出生。長男は根津嘉一郎(2代目)、孫は根津公一(東武百貨店社長)、根津嘉澄(東武鉄道社長)。

　甲斐国(現・山梨県)に生まれる。20歳の時に上京して漢学を学んだのち帰郷し、村議、郡議、県議などを経て、正徳寺村村長となる。他方で山林業も経営し、明治26年有信貯蓄銀行を設立して金融業にも手をつけた。近代産業の勃興期、地方政治家にあきたらず、同郷で甲州財閥の先輩・若尾逸平の"灯り(電力)と乗りもの(電車)に手を出せ"の言葉に影響されて東京に進出。25年頃から私財を投じて株取引を行い、機敏な才覚を発揮して巨利を得た。また会社の経営に

も関心を持ち、東京電燈、東京瓦斯、帝国石油、館林製粉、大日本製粉、太平生命保険、昭和火災保険などの重役を歴任して経営に辣腕を振るった他、日本麦酒鉱泉や富国強兵保険など業績不振の会社の株を買収して経営再建を図ることにより資産価値の増大に努めた。中でも鉄道会社の経営で知られ、房総鉄道取締役や東京市街鉄道会社の設立などを経て、私鉄会社の設立・買収に力を注ぎ、38年請われて東武鉄道の社長に就任、赤字続きであった同社を東上鉄道との対等合併を進めることによって立ち直らせた。そのほか南海電鉄、南朝鮮鉄道など内外の私鉄24社を支配下に収め、東武沿線の日清製粉や上毛モスリンといった会社の経営にも参画するなど事業拡大を推進し、いわゆる"根津コンツェルン"を形成。東京米穀商品取引所理事長、東京商工会議所副会頭なども務めた。37年には衆院議員に当選、通算4期。一方、教育事業にも乗り出し、大正10年根津育英会を設立し、同年世界に通用する人材を育成するために我が国初の7年制高等学校である武蔵高校を創立。15年勅選貴院議員。古美術愛好家としても知られ、没後、根津美術館が設立された。

【の】

能美 ヨシ子
のうみ・よしこ

明治44年(1911年)7月22日～
平成14年(2002年)9月22日

能美学園星琳高校理事長
福岡県北九州市出身。東筑紫短期大学〔昭和29年〕卒。

昭和24年各種学校を開校。28年学校法人・八幡筑紫女子学園(現・能美学園)を設立、理事長。38年女子高校、49年幼稚園を併設。50年学校法人・青山学園を設立、理事長を兼任した。

野口 援太郎
のぐち・えんたろう

明治1年(1868年)9月18日～
昭和16年(1941年)1月11日

教育家, 教育運動家　城西学園理事長, 新教育協会会長
筑前国鞍手郡(福岡県)出生。福岡尋常師範学校〔明治23年〕卒, 東京高等師範学校文学科〔明治27年〕卒。

京都府下視学、福岡尋常師範教諭などを経て、明治34年兵庫県第2師範学校長となり、校名を姫路師範と改め、師範教育の改革に努力。大正3年

ドイツ、フランス、米国留学。8年帝国教育会専務主事、10年教育養護同盟を組織、12年教育の世紀社を創設、13年池袋児童の村小学校を設立、校長となり、自由教育を実践。14年城西学園長、昭和2年城西学園中学校を創設、校長兼務。5年新教育協会を創立、会長。9年目白学園小学校設立、11年東京児童の村小学校と改称。13年城成学園理事長を辞任、名誉校長。著書に「自由教育と小学校教具」「私の教育思想と其実際」「新教育原理としての自然と理性」などがある。

【評伝・参考文献】
◇三人の先生　三先生言行録刊行会編　1955　332p　図版　22cm
◇近代日本の教育を育てた人びと 下 孤高の教育家 沢柳政太郎〔ほか〕（滑川道夫）（教育の時代叢書）　東洋館出版社編集部編　東洋館出版社　1965　19cm
◇野口援太郎先生小伝—伝記・野口援太郎（伝記叢書 8）　野口先生建碑会著　大空社　1987.9　118, 3, 10p　22cm

野口 周善
のぐち・しゅうぜん

明治12年（1879年）～昭和25年（1950年）

僧侶, 教育家　樹徳高校創立者
群馬県前橋市出生。宗教大学卒。

6歳の時、出家。大善寺住職を経て、浄運寺住職となる。また、浄土宗、群馬県仏教会などの要職を歴任した。大正3年樹徳裁縫伝習所を創立。同年樹徳裁縫女学校と改名、初代校長となる。昭和16年財団法人樹徳高等裁縫女学校、21年樹徳高等女学校と改称。25年樹徳高校・同中学校と改称。この間、大正11年インドに渡航以来、マレーシア、中国、タイ、ヨーロッパ、米国などの教育・社会福祉施設を視察。ジュネーブ国際軍縮会議に宗教界を代表して出席したこともある。

信清 権馬
のぶきよ・ごんま

明治2年（1869年）6月27日～
昭和3年（1928年）12月2日

教育家, 政治家　江陽学舎創立者, 高知市議, 高知県議
旧姓名は鍋島。高知県長岡郡久礼田村（南国市）出生。

鍋島利作の長男。漢学・英語などを独学し、明治18年長岡郡天坪村馬瀬小学校で代用教員、23年高知市山田町（はりまや町）で寺子屋式個人教授を始める。28年中新町（桜井町）で塾を拡張し学校式教授に改め、30年信清家の養子となる。32年県の認可を得て学校組織江陽学舎を設立。37年北新町に校舎を移転して中学校の予備的役割を果たす。大正3年江陽学舎を江陽学校と改称、6年商業補習学校を付設し、8年乙種城東商業学校開校。15年には甲種（5年制）に昇格させ、幼稚園から短期大学まで持つ現在の学校法人高知学園の基礎をつくった。その間高知市会議員や県会議員も務め

野又 貞夫
のまた・さだお

明治34年(1901年)12月23日～
昭和51年(1976年)10月5日

野又学園創設者
北海道旭川市出身。函館中(旧制)〔大正8年〕卒、小樽高商〔大正12年〕卒。藍綬褒章〔昭和43年〕、勲三等瑞宝章〔昭和48年〕、函館市制功労者〔昭和26年〕、産業教育功労者表彰〔昭和34年〕、北海道知事表彰〔昭和42年〕、函館市文化賞〔昭和50年〕。

大正8年函館税関の監吏となるが、9年退職して小樽高等商業学校に入学。12年卒業して函館水電に入社するも、再び1年余りで辞め函館大谷高等女学校教諭となった。15年学園訓三ヶ条(報恩感謝・常識涵養・実践躬条)を建学の精神として函館計理学校(現・函館大学附属有斗高校)を設立、校長に就任。昭和15年函館高等計理学校に昇格、16年財団法人道南学院に組織変更して理事長。18年函館化学工業学校、21年函館計理商業と改め、23年学制改革により函館有斗高校と改称。また道南学院を野又学園と変更、26年学校法人化した。その後、28年函館商科短期大学、30年函館栄養専門学校(現・函館短期大学)、同年函館保母養成専門学院(現・函館医療保育専門学校)、34年函館女子商業高校(現・函館大学附属柏稜高校)、40年函館大学、41年、函館短期大学附属幼稚園をそれぞれ創立。函館市議も務めた。

【評伝・参考文献】
◇あまかい 前編 湖村灯月著 野又貞夫 1961

野村 武衛
のむら・たけえ

明治28年(1895年)2月1日～
昭和62年(1987年)7月19日

三重大学名誉教授・学長、日本数学教育会長
山口県大津郡三隅町出身。東京帝大理学部卒。数学教育 勲二等旭日重光章〔昭和41年〕。

千葉大学学芸部長、東京学芸大学教授などを経て昭和32年から41年まで三重大学長。41年東亜大学創立の発起人の一人となった。日本数学教育会名誉会長などに就き、42年に三重大学名誉教授に。戦後の数学教育に関する指導者だった。著書に「教師のための数学科」「算数・数学教育ノート」など。

野村 鈴吉
のむら・ちんきち

安政2年(1855年)10月2日～
明治29年(1896年)1月20日

教育家, 司法官　関西法律学校創立者, 大阪始審裁判所検事

群馬県前橋出生。大学南校, 東京大学英法科〔明治11年〕卒。

　大学卒業後、大蔵省に入省。関税局に入り、横浜税関、主税局を歴任。19年大阪始審裁判所検事となる。26年退官し、大阪地方裁判所所属の代言人に。また、関西法律学校(のちの関西大学)創立に関わり、法学士ながら"経済学"を講じる異色の存在であった。20年に創立された大阪英法学校でも講師として活躍した。

【評伝・参考文献】
　◇関西大学百年史　人物編　関西大学百年史編纂委員会編　関西大学　1986.11.4

【 は 】

長谷川 泰

はせがわ・たい

天保13年(1842年)6月～
明治45年(1912年)3月11日

医学教育家, 政治家, 医事行政官　済生学舎創立者, 衆院議員

幼名は泰一郎, 号は蘇山, 柳塘。越後国福井村(新潟県)出生。

　父は漢方医。江戸に出て、坪井芳洲や佐倉順天堂の佐藤尚中に西洋医学を学ぶ。また、江戸の松本良順の塾に入り、幕府の医学所にも学んだ。慶応3年帰郷して長岡藩に仕え、北越戦争の藩医として従軍。明治2年大学東校開設とともに少助教兼中寮長となり、のち文部大助教。東京医学校、長崎医学校の校長を歴任。7年東京府病院長となり、9年東京本郷に私立の医学校・済生学舎を創立して医学生を養成。閉校までの20数年間に9600余人の医師を送り出した。この間、11年内務省御用掛となり、長与専斎を助けて衛生行政の根幹を確立した。20年国政医学会を創立、21年内務省衛生局長に昇任。一方、23年衆院議員に当選し3期務める。27年以後は教育に専心したが、36年の専門学校令を、私学を拘束するものとして学舎を閉じた。著訳書に「脚気新説」「内科要説」が

ある。

【評伝・参考文献】
◇長谷川泰先生小伝—伝記・長谷川泰（伝記叢書156）　山口梧郎著　大空社　1994.11　184,5p 22cm
◇済生学舎と長谷川泰—野口英世や吉岡弥生の学んだ私立医学校　唐沢信安著　日本医事新報社　1996.11　224p 21cm
◇お言葉ですが…3 明治タレント教授（文春文庫）　高島俊男著　文芸春秋　2002.10　318,6p 15cm

長谷川 鉄雄
はせがわ・てつお

明治14年（1881年）～昭和20年（1945年）

女子教育家　誠心高校創立者
東京都麻布区本村町（港区）出生，静岡県出身。東京帝国大学工学部卒。

　逓信省技師となり、大正7年浜松に。福利厚生事業を志し、三方原水力電気、掛塚の福長飛行機、弁天島土地会社を設立。のち、女子教育の重要性を痛感し、13年全私財を投じて、誠心高等女学校（現・誠心高校）を創立。"誠心・敬愛"を校訓として掲げる。遠州学友会水泳部、浜名湖水泳協会役員として水泳振興にも尽力した。

長谷川 良信
はせがわ・りょうしん

明治23年（1890年）10月11日～
昭和41年（1966年）8月4日

淑徳学園創立者
茨城県西茨城郡南中山内村本戸出生。長男は長谷川良昭（元大乗淑徳学園理事長），二男は長谷川匡俊（大乗淑徳学園理事長）。宗教大学（大正大学）〔大正4年〕卒。

　6歳で茨城県の浄土宗得生寺小池智誠のもとで得度。大学在学中、渡辺海旭の知遇を得、社会・教育事業を志す。大正8年大乗（マハヤナ）学園を創設し、巣鴨女子商業学校を設立、第2次大戦後には浄土宗教育資団淑徳高等女学校と大乗学園巣鴨女子商業高等学校と合併して大乗淑徳学園を創設、幼稚園から大学までの総合学園の基礎を築いた。また大正大社会事業研究室主任教授をつとめ、仏教・教育・社会事業の三位一体を説いた。著書に「長谷川良信選集」（2巻）など。

【評伝・参考文献】
◇仏教と社会事業と教育と—長谷川良信の世界　長谷川仏教文化研究所　1983.3　414p 22cm
◇トゥギャザー ウィズ ヒム—長谷川良信の生涯　長谷川匡俊著　新人物往来社　1992.11　237p 19cm
◇長谷川良信語録　長谷川匡俊編　大乗淑徳学園附置長谷川仏教文化研究所　1998.5　157p 19cm
◇生涯発達心理研究—淑徳大学開学者・長谷川良信の生涯とその精神を中心に（淑徳大学社会学部研究叢書15）　金子保著　学文社　2002.3　251p 22cm
◇長谷川良信のブラジル開教—その理念と実践　長谷川匡俊著　大巌寺文化苑出版部　2003.6　87p 19cm
◇長谷川良信（シリーズ福祉に生きる〈24〉普及版）　長谷川匡俊著

大空社　2005.4.6　219, 4p 19cm
（B6）

廿日出 厖

はつかで・ひろし

明治34年（1901年）4月～
昭和22年（1947年）10月19日

興誠学園創立者，衆院議員
広島県出身。東北帝大法文学部〔昭和4年〕卒。
　昭和8年11月"誠の精神"を建学の精神として興誠商業学校を創設。衆議院議員（自由党）に当選し，日本国憲法制定時の帝国憲法改正小委員会委員をつとめた。

【評伝・参考文献】
◇嵐の孤児―廿日出厖先生追想録　廿日出厖先生追想録編集委員会編　興誠同窓会　1980.10　338p 27cm

服部 綾雄

はっとり・あやお

文久2年（1862年）12月11日～
大正3年（1914年）4月1日

教育者，政治家　金光中学校長，衆院議員
駿河国沼津（静岡県沼津市）出身。父は服部純（砲術家）。築地大学校〔明治16年〕卒，プリンストン大学。
　沼津藩士で砲術家の服部純の子として生まれ，維新ののち一家を上げて下総国（現・千葉県）に移住。横浜に居たヘボンに英語を習い，次いで東京の築地大学校に学ぶ。明治16年同校の第一期生として卒業後，幹事として明治学院の創設に参画。18年アメリカに渡ってプリストン大学で神学を修め，25年に帰国したのちは牧師として牛込教会に勤めた。35年再び渡米，シアトルの貿易会社の顧問や現地の日本人会会長などを務め，在留邦人の保護に尽力。40年に帰国し，岡山の金光中学校校長に就任。41年総選挙に当選して衆議院議員となり，新会に属するが，のちには国民党に移った。アメリカ通の論客として知られ，一貫して日本の対外膨張政策に反対，軍備拡張や韓国併合などを批判した。大正2年サンフランシスコで日系移民の排斥運動が起こると，政友会の江原素六とともに渡米し，問題解決のためにアメリカの各地を遊説するが，3年4月サンフランシスコで客死。

服部 一三

はっとり・いちぞう

嘉永4年（1851年）2月11日～
昭和4年（1929年）1月24日

貴院議員（勅選），兵庫県知事，文部省書記官
長門国吉敷（山口県）出身。ロトゲルスカレッジ理学部（米国）卒。BS。
　漢学を修め，長崎で英語を学び明治2年米国に留学。8年帰国し，9年文部省督学局に出任。以後東京英語学

校長、東大予備門主幹、東大総理補兼任、大阪専門学校総理を経て、文部省書記官となり、東大法学部長兼予備門長、同大幹事を歴任。16年農商務省御用掛兼務。同年米国、欧州を巡遊し、帰国後文部省書記官兼参事官。ついで普通学務局長、岩手・広島・長崎各県知事を経て、33年兵庫県知事となり、36年知事在任のまま勅選貴院議員。この間、19年共立女子職業学校(現・共立女子学園)設立発起人の1人として創設に参加した。

【評伝・参考文献】
◇共立女子学園百十年史　共立女子学園百十年史編集委員会編　共立女子学園　1996.10.18

服部 仁平治
はっとり・にへいじ

明治24年(1891年)～昭和52年(1977年)

教育家　富士学園創立者
静岡県富士郡加島村(富士市)出生。静岡師範(静岡大学)。藍綬褒章〔昭和33年〕、勲四等旭日小綬章〔昭和42年〕、従五位〔昭和52年〕。

富士郡加島村の素封家に生まれる。小学校訓導を歴任後、大正11年操子と結婚。夫妻で地域の女子教育の向上に取り組み、昭和2年自宅の一部を開放して富士見女学校(富士見高校の前身)を創立。5年富士幼稚園、12年男子の富士商業学校、19年富士女子商業学校を設立。22年富士見中学校を併設、23年学制改革により富士見高校を設置。25年学校法人富士学園となる。

鳩山 春子
はとやま・はるこ

文久1年(1861年)3月23日～
昭和13年(1938年)7月12日

教育家　共立女子大学創立者
旧姓名は多賀。信濃国松本(長野県松本市)出生。夫は鳩山和夫(衆院議長・東大教授)、長男は鳩山一郎(首相)、二男は鳩山秀夫(東大教授・衆院議員)、孫は古沢百合子(家庭生活研究会会長)、鳩山威一郎(参院議員)、長男の妻は鳩山薫(共立女子学園理事長)。東京女子師範(お茶の水女子大学)〔明治14年〕卒。

明治14年東京女子師範教師となり、同年鳩山和夫と結婚。友人らを招く日本最初の結婚披露宴を行った。19年共立女子職業学校(現・共立女子学園)を創立、教授となり、大正11年同校6代目校長に就任。この間、明治28年大日本女学会を創立、地方の女子に通信教育を行う。昭和3年共立女子専門学校(現・共立女子大学)、11年同高等女学校を設立、校長となるなど女子教育に尽くした。13年長男・一郎の妻薫があとを継ぎ学園理事長となった。著書に「自叙伝」がある。

【評伝・参考文献】
◇日本人の自伝7(高群逸枝.鳩山春子)　平凡社　1981.3　508p 20cm

◇自叙伝―伝記・鳩山春子(伝記叢書78) 鳩山春子著 大空社 1990.4 256,7p 22cm
◇共立女子学園百年史 共立女子学園百年史編集委員会編 共立女子学園 1996.10.18
◇鳩山春子―我が自叙伝(人間の記録3) 鳩山春子著 日本図書センター 1997.2 266p 20cm

花岡 タネ
はなおか・たね

明治11年(1878年)1月14日～
昭和42年(1967年)8月15日

教育者　花岡学園理事長
香川県美濃郡財田西村(三豊市)出生。東京和洋裁縫女学院卒。置勲四等瑞宝章,紫綬褒章。

　明治40年香川県坂出に和洋裁縫塾を開く。やがて同塾は生徒の増加などに伴い、私立和洋女学校・坂出実業学校へと発展・改組。昭和20年には花岡学園を設立、以後はその理事長として坂出実修高校(現・坂出一高)などの経営に力を尽くした。多年に渡る教育への功労により、勲四等瑞宝章・紫綬褒章をはじめ、数多くの賞・表彰を受けている。

羽仁 もと子
はに・もとこ

明治6年(1873年)9月8日～
昭和32年(1957年)4月7日

教育者　自由学園創設者,「婦人之友」創刊者

旧姓名は松岡。青森県三戸郡八戸町(八戸市)出生。夫は羽仁吉一(自由学園創設者)、娘は羽仁説子(評論家)、羽仁恵子(自由学園園長)、孫は羽仁進(映画監督)、羽仁協子(コダーイ芸術教育研究所所長)、ひ孫は羽仁未央(映画監督・エッセイスト)、女婿は羽仁五郎(歴史学者)。東京府立第一高女卒、明治女学校高等科卒。

　高女在学中に洗礼を受ける。郷里で小学校教師をした後、明治31年報知新聞に入社、婦人記者第1号となる。34年7歳下の羽仁吉一記者と結婚、退社。36年夫婦で協力して「家庭の友」(のち「婦人之友」に改題)を創刊。長女説子が小学校を終えるのを機に大正10年東京・雑司ケ谷に自由学園を創設。徹底した生活中心の教育をめざし、学校には1人の雇人もおかず、子供たち自らが知識、技術、信仰を自発的に身につけるというユニークな教育を実践的に追求した。13年自由学園北京生活学校を開設。14年幼児生活団を作る。戦後は男女の最高学部をつくり、文部省の基準によらない独自の総合的な学園構想実現へ努力した。「羽仁もと子著作集」(全20巻)がある。

【評伝・参考文献】
◇羽仁もと子著作集 第14巻(半生を語る 新刷版) 羽仁もと子著 婦人之友社 1950.55 19cm
◇五人の先生たち(女性と生活シリーズ) 日本基督教団出版部編 1960 154p 図版 18cm

◇野の花の姿(日本宣教選書) 羽仁もと子著 教文館 1960
◇羽仁もと子―評伝 秋永芳郎著 新人物往来社 1969 246p 図版 20cm
◇羽仁もと子一巻選集 春秋社 1970 352p 図版 22cm
◇永遠の教育者羽仁もと子(郷土の先人を語る) 八戸市立図書館 1976 121p 図 肖像 18cm
◇人物日本の女性史 第12巻(教育・文学への黎明) 集英社 1978.2 260p 20cm
◇社会を教育する(言論は日本を動かす 第5巻) 三谷太一郎編 講談社 1986.5 312p 19cm
◇羽仁もと子―生涯と思想 斉藤道子著 ドメス出版 1988.5 343p
◇自立した女の栄光―人物近代女性史(講談社文庫) 瀬戸内晴美編 講談社 1989.8 242p 15cm
◇羽仁もと子―生涯と思想 斉藤道子著 日本点字図書館(製作) 1989.9 6冊 27cm〔点字資料〕
◇歴史をひらく愛と結婚 福岡女性学研究会編 ドメス出版 1991.12 236p 19cm
◇風の交叉点(豊島に生きた女性たち 3) 豊島区立男女平等推進センター編 ドメス出版 1994.3 243p
◇羽仁両先生の思い出 自由学園出版局 1995.7 150p 21cm
◇夢のかたち―「自分」を生きた13人の女たち 鈴木由紀子著 ベネッセコーポレーション 1996.2 268p 19cm
◇見に行く会いに行く 下 心の故郷を訪ねる旅(婦人之友社・明日の友シリーズ) 婦人之友社明日の友編集部編 婦人之友社 2001.6 126p 26cm
◇読書欲・編集欲 津野海太郎著 晶文社 2001.12 254p 19cm
◇田中穣が見た羽仁吉一・もと子と婦人之友社100年 田中穣著 婦人之友社 2003.4 141p 26cm

羽仁 吉一
はに・よしかず

明治13年(1880年)5月1日～
昭和30年(1955年)10月26日

教育者 自由学園創設者
山口県出生。妻は羽仁もと子(自由学園創設者)、娘は羽仁説子(評論家)、羽仁恵子(自由学園園長)、孫は羽仁進(映画監督)、羽仁協子(コダーイ芸術教育研究所所長)、ひ孫は羽仁未央(映画監督・エッセイスト)。周陽学舎。

明治30年上京して報知新聞社に入社。34年日本初の婦人記者・羽仁もと子と結婚、36年夫婦協力して「家庭之友」(現・「婦人之友」)を創刊、41年婦人之友社を設立。社主として経営、編集に携わった。大正10年自由学園を創立したほか、生涯教育、社会教育の分野でも先駆的役割を果たした。著書に「雑司ケ谷短信」(全2巻)。

【評伝・参考文献】
◇羽仁両先生の思い出 自由学園出版局 1995.7 150p 21cm
◇見に行く会いに行く 下 心の故郷を訪ねる旅(婦人之友社・明日の友シリーズ) 婦人之友社明日の友編集部編 婦人之友社 2001.6 126p 26cm
◇田中穣が見た羽仁吉一・もと子と婦人之友社100年 田中穣著 婦人之友社 2003.4 141p 26cm
◇自由学人 羽仁吉一 『自由学人 羽仁吉一』編集委員会編 (東久留米)自由学園出版局, 婦人之友社〔発売〕

2006.9.15　435p 21cm（A5）

浜田 健次郎
はまだ・けんじろう

万延1年（1860年）～
大正7年（1918年）1月23日

実業家　大阪商業会議所書記長
東京帝大政治経済学科〔明治17年〕卒。

　東京・大阪の商業会議所で財政経済の調査に貢献。また図書に通暁し、官報局時代に送り仮名法制定に腐心、官報局、法制局諸文書はその送り仮名法によった。明治22年下村房次郎と商業学校（現・東京学園高校）を設立。

早坂 久之助
はやさか・きゅうのすけ

明治16年（1883年）9月14日～
昭和34年（1959年）8月3日

カトリック司教　長崎純心聖母会創立者
宮城県仙台市出生。第二高等学校文科〔明治38年〕卒。

　カトリック一家に育ち、幼時受洗。二高卒業後ローマのウルバノ大学に留学、明治44年司祭となり帰国。弘前、函館、仙台などの教会を経て、大正10年駐日ローマ教皇使ジャルディニ大司教秘書。昭和2年長崎司教となり、同年10月ローマ聖ペトロ大聖堂で教皇ピオ11世から日本人初代司教として祝聖された。3～8年長崎教区長を務め、9年長崎純心聖母会を創立。10年純心女学院（現・純心女子高校）を創立。12年病気のため引退、仙台に隠せいした。

林 恵海
はやし・えかい

明治28年（1895年）5月～
昭和60年（1985年）1月22日

東京大学教授，日本社会学会顧問
山口県秋芳町出生。東京帝大卒。 団
農村社会学，人口論。

　東京大学教授、日本社会学会会長を務めた。昭和41年東亜大学創立の発起人の一人となった。著書に「人口理論」「農家人口の研究」など。

林 霊法
はやし・れいほう

明治39年（1906年）9月29日～
平成12年（2000年）3月7日

僧侶　養林寺住職，知恩寺（浄土宗大本山）法主，東海学園女子短期大学学長
愛知県名古屋市出生。東京帝国大学文学部哲学科〔昭和5年〕卒。 団 宗教，教育。

　8歳で僧籍に入り、大学卒業後の昭和6年友松円諦、増谷文雄らの仏教法政経済研究所主事を務める。8年1月新興仏教青年同盟（妹尾義郎委員長）

に参加、書記長となり、仏教界の覚醒と反戦、平和の運動を続ける。12年10月治安維持法違反で検挙、拘禁。戦後21年12月妹尾らと仏教社会主義同盟の結成に参加。25年1月から浄土宗立東海高等学校校長となった。37年4月東海女子高校を創立、39年4月東海学園女子短期大学を設立して校長、学長に就任した。44年〜平成6年浄土宗本山百万遍知恩寺法主になり、個人機関紙「大地」を発行、民衆伝道に努力した。大僧正。著書に「法然上人の生涯と信仰」「妹尾義郎と新興仏教青年同盟」などがある。

原口 隆造

はらぐち・りゅうぞう

安政1年(1854年)〜
明治34年(1901年)11月12日

教育者　京都療病院監事
團ドイツ語。

　九州生まれ。独逸学校(欧学舎)に学び、明治5年京都療病院出仕となり、欧文書記、舎長、監事を歴任した。京都私立独逸学校の創立以来その幹部として、専らドイツ語を担当し「独逸語小文典」「独逸語楷梯」の著書がある。

【評伝・参考文献】
◇京都薬科大学百年史　京都薬科大学百年史編纂委員会編　京都薬科大学　1985.9.20

ハリス, フローラ

Harris, Flora Lydia Best
1850年3月14日〜1909年9月7日

宣教師(米国メソジスト監督派教会)、教育者、詩人　遺愛学院創立者
旧姓名はベスト、フローラ〈Best, Flora〉。米国ペンシルベニア州ミートビル出生。夫はハリス、メリマン・コルバート(宣教師)。アービング女子大学卒、アレガニー大学(文学・神学)卒。

　1873年10月同窓生のM. C. ハリスと結婚、直ちに夫がメソジスト監督派教会から日本に派遣され、1874年(明治7年)1月夫とともに北海道函館に赴任。着任早々、まだ遅れていた日本教育の現状を目の当たりにし、特に女子教育の必要性を感じ、1878年婦人外国伝道協会機関紙に「日本女子教育振興論」を投稿した。この一文が、駐独米国公使夫人カロライン・ライトの心を動かし、女学校建設資金として1800ドルが寄付された。この資金などにより、1882年(明治15年)函館元町にミセス・カロライン・ライト・メモリアルスクールを創設した。同校は1885年に遺愛女学校と改称され、のち遺愛学院へと発展した。1883年病気のため一時帰国したが、1904年夫が日本・朝鮮の監督に就任したのを機に再来日し、青山学院構内監督住宅に居住した。一方、幼い頃より文学を好み、日本古典文学にも造詣が深く、「土佐日記」(1891年)や「おとぎ話」「百人一首」などを英訳した。

また1954年版「讃美歌」343番は彼女の作詩によるもので、他に「フローラ・ベスト・ハリス夫人詩集」(新谷武四郎訳, '71年)がある。

【評伝・参考文献】
◇はりす夫人―伝記・F・L・B・ハリス (伝記叢書182) 山鹿旗之進編 大空社 1995.10 378, 5p 22cm

バルツ, ジャック
Barth, Jacques
(生没年不詳)

宣教師(聖マリア会), 教育家
海星学校初代校長

1889年に来日し、1891年2月聖マリア会会員として最初に長崎に入り、学校を設立する準備をすすめる。1892年海星学校を開校。同年より1897年まで初代校長をつとめるが、健康を害して帰国した。

【評伝・参考文献】
◇海星百年史1892-1992 橋本国広, 嶋末彦編・著 海星学園 1993.12.15

バローズ, マーサ
Barrows, Martha J.
1841年7月26日～1925年3月13日

宣教師(アメリカン・ボード), 教育者
聖和女子学院共同創立者
米国バーモント州ミドルベリ出生。マウント・ホリヨーク大学。

1876年(明治9年)アメリカン・ボードの宣教師として来日。終始神戸に居住し、キリスト教の伝道と女子教育に従事した。1880年(明治13年)にはJ. E. ダッドレーと協力して神戸女子神学校(のちの聖和女子学院)を設立し、女子伝道者の養成に努めた。1924年帰国。

【ひ】

ピアソン, ルイーズ・ヘンリエッタ
Pierson, Louise Henrietta
1832年4月7日～1899年11月28日

宣教師(米国婦人一致外国伝道教会), 教育者 横浜共立学園共同創立者・校長(初代), 偕成伝道女学校校長
米国ニューヨーク州出生。バチスタル女学校卒。

バチスタル女学校卒業後、ピアソンと結婚したが、4児は早世し、1861年夫も死去。1871年(明治4年)米国婦人一致外国伝道教会はJ. H. バラの要請に応じて、日本の伝道と教育のためにM. プラインを代表者として、J. N. クロスビー、L. H. ピアソンの3人の女性宣教師を派遣した。同年8月3人は協力して横浜山手48番に亜米利加婦人教授所(アメリカン・ミッション・ホーム横浜共立学園の前身)を創立、校長として経営・教育に尽力し

た。1881年には婦人伝道者の教育機関・偕成伝道女学校（のちの共立女子神学校）を併設、同校長を兼任した。滞日28年の生涯を日本の教育とキリスト教伝道に献げ、1899年横浜で死去した。

ビカステス，エドワード

Bickersteth, Edward
1850年6月26日～1897年8月5日

宣教師（英国福音宣布協会），神学者，教育者　日本聖公会組織者，香蘭女学校創立者
英国ノーフォーク州バニンガム出生。ケンブリッジ大学ペンブローク・カレッジ〔1873年〕卒。B. A.〔1873年〕，神学博士〔1882年〕。
ハイゲート校を経て、ケンブリッジ大学ペンブローク・カレッジに学ぶ。1873年卒業後、司祭に叙階。1875年母校の神学科講師となる。1877年伝道団を組織してインドのデリーへ赴任した。1882年病のため帰国。1886年2月監督に聖別され、同年（明治19年）4月第2代日本主教として来日、長崎に到着した。直ちに法規を整え、米国聖公会主教C. M. ウィリアムズと協力し、1887年2月日本聖公会を組織した。さらに日本全土に6地方部を置き組織の充実を図った。伝道の基盤として英国人大学卒業生の聖職からなる聖アンデレ伝道団と英国婦人伝道部からなる聖ヒルダ伝道団を創設した。また同年、聖アンデレ学院神学部、同英学部・香蘭女学校などを創設した。しかし1896年インド以来の持病が悪化したため帰国、翌年療養先のチスルドンで死去した。著書に「Our Heritage in the Church」（1898年）などがある。

疋田　運獣

ひきた・うんゆう

明治2年（1869年）～昭和38年（1963年）

僧侶　刈田造士館創立者，白石延命寺28世住職，植松弘誓寺59世住職
山形県出生。東京専門学校。
宮城県名取郡植松村の弘誓寺の疋田運に従い得度、養子となる。白石延命寺28世住職、植松弘誓寺59世住職、真言宗智山派宗務庁庶務課長などを兼務。東京青山斎条を創設し、のち大僧正。この間、明治32年刈田造士館を設立。34年郡立刈田中学校、43年宮城県立白石中学校、大正8年宮城県白石中学校、昭和23年新学制に伴い宮城県白石高校と改称。

土方　寧

ひじかた・やすし

安政6年（1859年）2月12日～
昭和14年（1939年）5月18日

法学者　英吉利法律学校創設者，東京帝大名誉教授
養子に土方成美（経済学者）。東京帝大法科大学〔明治15年〕卒。帝国学士院会員〔明治39年〕。法学博士〔明治

24年〕。団イギリス法圏教育功労者。

　明治16年東大助教授、20年英国留学、24年帰国して教授となり、民法、英法を講じた。44年学長に就任。大正14年退官、名誉教授。明治18年には穂積陳重らと英吉利法律学校(のちの中央大学)創立に参画、同教授兼任。39年帝国学士院会員、大正11年貴族院議員。

【評伝・参考文献】
◇中央大学百年史 通史編〈上巻〉　中央大学百年史編集委員会専門委員会編　中央大学　2001.3.31

日高 藤吉郎

ひだか・とうきちろう

？～昭和7年(1932年)2月23日

日本体育会創始者

　陸軍歩兵軍曹だった明治18年、軍人志望の少年の養成を目的に文武講習館を創設。19年成城学校と改称し、陸軍士官学校・幼年学校への予備教育を施した。24年体育・スポーツの発展とその指導者養成を目的として日本体育会を創立した。国防上の立場から体育を奨励し、一部には批判もあったが、国民体育の奨励に尽力した功績は高く評価される。

一柳 満喜子

ひとつやなぎ・まきこ

明治17年(1884年)3月18日～
昭和44年(1969年)9月7日

近江兄弟社学園創立者、近江兄弟社会長

東京出生。夫はヴォーリズ、ウィリアム・メレル(近江兄弟社社長)、父は一柳末徳(旧小野藩主)、兄は広岡恵三(元大同生命社長)。東京女高師附属高女、神戸女学院、ブリンマー女子大学卒。

　父は旧小野藩主の一柳末徳。明治43年G. A. ジョンストンによって受洗。35歳で帰国、近江兄弟社を設立し伝道活動を行っていたW. M. ヴォーリズ(一柳米来留)と大正8年に結婚、滋賀県近江八幡に住む。11年清友園幼稚園を設立、のちに近江兄弟社学園へと発展する。戦時中は軽井沢に疎開。戦後は近江八幡に戻り、近江兄弟社と同学園のために尽し、生涯を教育を通して伝道に捧げた。著書に「教育随想」がある。

【評伝・参考文献】
◇今生きるヴォーリズ精神　佐々木伸尚著　(京都)晃洋書房　2005.3.20　189p 21cm(A5)

人見 東明

ひとみ・とうめい

明治16年(1883年)1月16日～
昭和49年(1974年)2月4日

詩人、教育者　昭和女子大学教授・理事長

本名は人見円吉(ひとみ・えんきち)。別筆名は清浦明人。岡山県岡山市出生、東京都出身。妻は人見緑(教育

者)、息子は人見楠郎(昭和女子大学学長・理事長)。早稲田大学高等師範部英語科卒。叙藍綬褒章〔昭和26年〕、勲三等旭日中綬章〔昭和40年〕、勲二等瑞宝章〔昭和49年〕、菊池寛賞〔昭和33年〕。

在学中から早稲田詩社で活動を始める。明治42年読売新聞社に入社し、文芸欄担当記者として活躍。同年自由詩社を結成。44年「夜の舞踏」、大正3年「恋ごころ」などの詩集を出版。雑誌「文庫」「秀才文壇」などの詩の選者となった。また、島村抱月の推薦によって「芸術座」の幹部となる。一方、偶然の機会から経営困難に陥っていた女学校を見かねて、妻の緑、当時大学を出たばかりの友人、坂本由五郎を誘って無給教師を買って出てこれを援助、学校を立て直らせた。この体験を通して女子教育への理想を抱くようになり、文化懇談会を始め、これを発展させて日本婦人協会を結成、9年9月私塾日本女子高等学院(現・昭和女子大学)を創立した。10年「愛のゆくへ」を出してからは教育に重点をおき、昭和女子大学理事長などを歴任。また日本詩人クラブの理事をもつとめ、その後の詩集に「学園の歌」「東明詩集」などがある。

【評伝・参考文献】
◇人見東明全集(別巻)　昭和女子大学光葉同窓会　1980.5　789p 22cm
◇昭和女子大学七十年史　昭和女子大学七十年史編集委員会編　昭和女子大学　1990.7.1
◇近代文学研究叢書(別巻)　昭和女子大学近代文学研究室著　昭和女子大学近代文化研究所　2000.10　837p 19cm

人見 緑
ひとみ・みどり

明治20年(1887年)10月10日～
昭和36年(1961年)2月23日

教育家　日本女子高等学院創立者
愛媛県越智郡岡村小大下出生。夫は人見東明(詩人、教育者)、息子は人見楠郎(昭和女子大学学長・理事長)。今治高女、日本女子大学校国文科〔明治43年〕卒。

教育熱心な両親のもとに育ち、大学卒業後も「源氏物語」「枕草子」などの研究を続ける。大正2年詩人の人見東明(円吉)と結婚。文化懇談会を開催し、日本婦人協会を経て、日本女子高等学院(現・昭和女子大学)を創立。その深い学識と教育への情熱をもって東明を助けた。常にみずからは表面にたつことを避け、陰の力として献身し、大正、昭和の時代を通じ、あらゆる苦難の中にひたすら夫を支えて経営、教育指導の任に当たり、今日の昭和女子大学を築いた。"校母"と呼ばれる所以である。文字通りその生涯を学校のために捧げ尽くし、昭和36年2月永眠。同月27日学校法人昭和女子大学理事会は、「本学の前身日本女子高等学院は、人見緑の発意に基づいて創立されたものである。よって創立者の礼をもって遇する」と決議してその功を顕彰している。

平岩 愃保

ひらいわ・よしやす

安政3年(1856年)12月17日～
昭和8年(1933年)7月26日

宣教師　日本メソヂスト教会監督，東洋英和学校総理
江戸・小石川出生。開成学校〔明治9年〕中退。

　明治8年カナダ・メソヂスト教会宣教師カクランにより受洗。牛込、下谷メソヂスト教会でキリスト教の伝道に努め、14年按手礼を受け、カナダ・メソヂスト協会最初の教職につく。以後甲府、静岡、麻布、駒込、本郷中央会堂など各地で牧師を務め、この間、東洋英和学校神学部教授、同総理、関西学院長も務め、20年には関口隆吉らとともに静岡女学校(現在の静岡英和女学院)を開校。40年メソヂスト3派合同に際し、教会条例制定編纂委員長に選ばれた。また本多庸一のあとを継いで、45年日本メソヂスト教会第2代監督に就任。大正8年まで務め、以後は東京阿佐ケ谷の自宅で伝道に従事、阿佐ケ谷教会の基礎を築いた。

【評伝・参考文献】
◇平岩愃保伝—伝記・平岩愃保(伝記叢書107)　倉長巍著　大空社　1992.12　266, 5p 22cm
◇日本メソヂスト教会史研究　沢田泰紳著，土肥昭夫編　日本キリスト教団出版局　2006.7.25　317p　21cm (A5)

平生 釟三郎

ひらお・はちさぶろう

慶応2年(1866年)5月22日～
昭和20年(1945年)10月27日

実業家，政治家　日本製鉄会長，貴院議員(勅選)，文相，枢密顧問官
旧姓名は田中。岐阜県加納町出生。高等商業(一橋大学)〔明治23年〕卒。

　美濃国加納藩士の田中家に生まれ、明治19年平生家の養子となる。23年高等商業学校卒業と同時に同校の助教授となり、附属主計学校で経済学や英語を教える。同年同校長・矢野二郎の推薦で韓国仁川海関の税関吏として朝鮮に赴任。傍ら無料の英学塾を開き、これがのちの仁川南公立商業学校の母体となった。26年再び矢野に推されて校務不振に陥っていた神戸商業学校の校長に任ぜられ、学校の再建に尽力。27年東京海上火災に入社して大阪支店の設立に当たり、30年同支店長、33年神戸支店長兼務を経て、大正6年同社専務となった。この間、兵庫県武庫郡の有志の懇請を受け、明治43年"人格の修養と健康の増進を重んじ、個性を尊重して各人の天賦の特性を伸長させる"を建学の精神として甲南幼稚園を、44年甲南小学校を設立。さらに久原房之助

の講演を受けて大正8年甲南中学校を新設し、12年には中学校を廃して7年制の甲南高等学校を創立した。14年には東京海上火災取締役を辞して教育事業に専念することとなり、15年甲南学園理事長に就任。兵庫県教育会会頭や文教審議会委員なども務めた。昭和6年経営危機にあった川崎造船の建て直しを要請されて実業界に復帰し、8年同社長。10年には会社再建策の一環として従業員教育の効率化を図るため、同社の企業内教育機関である川崎東山学校を設立した。10年貴院議員に勅撰。11年には広田内閣に文相として入閣し、義務教育年限の延長や国定教科書の値下げなどを図ったが、内閣自体は短命に終わった。その後、12年日本製鉄会長、鉄鋼連盟会長、15年大日本産業報国会会長、大政翼賛会総務、16年重要産業統制団体協議会会長などを歴任した。17年枢密顧問官。

【評伝・参考文献】
◇平生釟三郎追憶記　津島純平著　拾芳会　1950　213p 図版 22cm
◇平生釟三郎　河合哲雄著　羽田書店　1952　899p 図版6枚 22cm
◇平生釟三郎翁のことども　山本為三郎著　甲南大学学友会　1959.4　36p 19cm
◇甲南学園50年史　甲南学園50年史出版委員会編　甲南学園　1971.3.31
◇平生釟三郎のことば　甲南学園編　甲南学園　1986.4　50p 19cm
◇平生釟三郎の日記に関する基礎的研究（甲南大学総合研究所叢書 1）甲南大学総合研究所　1986.9　83, 59p 21cm
◇夢を抱き歩んだ男たち―川崎重工業の変貌と挑戦　福島武夫著　丸ノ内出版　1987.3　282p 18cm
◇東京海上ロンドン支店（小島直記伝記文学全集　第8巻）小島直記著　中央公論社　1987.5　638p 19cm
◇平生釟三郎日記抄（大正期損害保険経営者の足跡　上巻）平生釟三郎著, 三島康雄編　(京都)思文閣出版　1990.5　497p 21cm
◇平生釟三郎とその時代（甲南大学総合研究所叢書 18）甲南大学総合研究所　1991.3　45, 136p 21cm
◇甲南学園の70年　甲南学園史料室委員会編　甲南学園　1992.4.21
◇平生釟三郎の人と思想（甲南大学総合研究所叢書 27）甲南大学総合研究所　1993.3　133, 15p 21cm
◇平生釟三郎自伝　安西敏三校訂　名古屋大学出版会　1996.3　482, 11p 20cm
◇暗雲に蒼空を見る平生釟三郎　小川守正, 上村多恵子著　PHP研究所　1999.4　228p 20cm
◇平生釟三郎・伝―世界に通用する紳士たれ　小川守正, 上村多恵子著　燃焼社　1999.12　258p 19cm
◇大地に夢求めて―ブラジル移民と平生釟三郎の軌跡　小川守正, 上村多恵子著　神戸新聞総合出版センター　2001.6　205p 19cm
◇続 平生釟三郎・伝 昭和前史に見る武士道　小川守正著　(大阪)燃焼社　2005.6.15　164p 19cm（B6）

平岡　静人

ひらおか・しずと

明治27年（1894年）8月24日～
平成6年（1994年）6月20日

僧侶　清風学園理事長,清風南海学園理事長・学園長,高野山真言宗大僧正
僧名は平岡宥峯(ひらおか・とうほう)。広島県出身。長男は平岡英信(清風中学・高校校長)。仏教大学卒。藍綬褒章〔昭和35年〕,勲三等瑞宝章〔昭和54年〕。

具志堅幸司、西川大輔、池谷幸雄ら多数の五輪体操メダリストを育成した。

平賀 義美
ひらが・よしみ

安政4年(1857年)9月18日～
昭和18年(1943年)3月2日

応用化学者,実業家　大阪実業協会会長
旧姓名は石松。筑前国(福岡県)出生。東京大学化学科〔明治11年〕卒,イギリス・オーエンス大学。師はアトキンソン,ショーレンマー。

　明治3年福岡藩の貢進生として大学南校(東京大学の前身)に入学。ここで理化学に関心を持ち、イギリス人化学者アトキンソンの指導を受けた。11年に東京大学化学科を卒業ののちイギリスのオーエンス大学に留学、有機化学者ショーレンマーに師事し、有機化学と染色の研究に従事した。次いで現場実習としてジョン・ニュートン社で染色術を修めた。14年に帰国後、東京職工学校教諭を経て23年農商務省技師となり、織物染色の改良と指導に当たる。27年大阪府立商業陳列所長に就任、29年には大阪織物会社を創立。また、各種の博覧会で委員を務めたり、後進の指導にも力を注ぐなど染色織物工業の発展・普及に力があった。35年関西商工学校(のちの関西実業高等学校)を創立。大正6年大阪実業協会会長。

平方 金七
ひらかた・きんしち

明治22年(1889年)3月16日～
昭和48年(1973年)2月12日

教育家　明和女子短期大学創設者
群馬県出生。

　群馬県小野上村役場、警察署勤務を経て、昭和2年伊勢崎町助役。8年平方裁縫女学校(現・明和高校)を設立。のち明和女子短期大学、附属幼稚園教員養成所、明和幼稚園などを開設した。著作に「私の八十五年」がある。

平沢 直吉
ひらさわ・なおきち

明治15年(1882年)～
昭和39年(1964年)11月10日

実践学園理事長,東京堂取締役
新潟県出生。

　明治39年東京堂に入店。会計主任を経て、大正6年取締役に就任。9年社内に私塾を開き、昭和27年東京堂教習所を開設。10年実践商業学校(の

ちの実践学園高校)を創立した。のち財団法人実践学園の理事を経て、同校2代目校長に就任。

平田 華蔵
ひらた・けぞう

明治16年(1883年)～
昭和43年(1968年)3月17日

平田学園創設者
賞市川市名誉市民〔平成6年〕。
　仏教による女子教育を志し、大正15年3月国府台高等女子学校(のちの国府台女子学院高等部)を創設。以来長年校長を務める。"敬虔、勤労、高雅"を校訓とした。昭和26年学校法人平田学園を設立、校名を国府台女子学院と改称。千葉県私学団体連合会初代会長など歴任。

平野 恒
ひらの・つね

明治32年(1899年)2月1日～
平成10年(1998年)1月20日

白峰学園理事長,横浜女子短期大学学長
　神奈川県出生。青山学院神学部〔昭和5年〕卒。団保育原理 賞藍綬褒章〔昭和31年〕、勲四等瑞宝章〔昭和41年〕、勲三等瑞宝章〔昭和62年〕、神奈川文化賞〔昭和41年〕、キリスト教功労者〔平成2年〕。

昭和6年中村愛児園長に就任。41年白峰学園設立、45年附属幼稚園設置。

比留間 安治
ひるま・やすじ

?～昭和55年(1980年)1月20日

昭和第一学園理事長,東京高速道路会長
　昭和2年から北多摩郡村山村(現・武蔵村山市)の村長3期。昭和4年昭和第一商業、15年昭和第一工業学校(昭和第一学園高校の前身)を創設。18～22年都議を務めた。

広池 千九郎
ひろいけ・ちくろう

慶応2年(1866年)3月29日～
昭和13年(1938年)6月4日

歴史家,教育家　広池学園創立者
　豊前国下毛郡鶴居村永添(現・大分県中津市大字永添字八並)出生。長男は広池千英(倫理学者)、孫は広池千太郎(教育学者)。中津市校卒。法学博士〔明治45年〕。団東洋法制史。
　明治13年永添小学校助教となり、18年大分師範の応請試業(教員資格検定試験)に合格、形田小学校、万田尋常小学校、中津高等小学校訓導をつとめる。24年大分県立教育会の中に日本で最初の教員互助会を設立するなど地域の教育改善に取り組んだ。25年歴史家を志し京都に出て、月刊

誌「史学普及雑誌」を発行。28年上京し、「古事類苑」編纂に従事。38年早稲田大学講師、48年神宮皇学館教授を経て、41年支那法制史研究のため中国に渡る。大正2年天理教教育顧問、天理中学校校長に就任。4年退職し、以後全国各地で講演を行った。昭和10年道徳科学専攻塾（広池学園）を創設した。主著に「道徳科学の論文」「支那文典」「東洋法制史序論」「日本文法てにをはの研究」などのほか、「広池博士全集」（全4巻）がある。

【評伝・参考文献】
◇広池博士の書翰抄―モラロヂーの学祖　広池千九郎著，諸岡長蔵編　諸岡長蔵　1961　97p 図版 22cm
◇まことの心―広池博士の思い出（モラロジー新書）　香川景三郎, 香川初音著　道徳科学研究所　広池学園出版部（発売）　1969　194p 図版 17cm
◇広池博士の資料研究―主として京都時代　浅野栄一郎著　広池学園事業部　1971　271p 21cm
◇資料が語る広池千九郎先生の歩み　改訂版　モラロジー研究所編　広池学園出版部　1982.4　748p 22cm
◇広池千九郎先生小伝　改訂2版　横山良吉著　広池学園出版部　1984.9　241p 21cm
◇広池千九郎日記 2（大正5年～大正10年）　モラロジー研究所編　広池学園出版部　1986.1　303p 22cm
◇父広池千九郎―その愛と家庭生活　広池富著　広池学園出版部　1986.5　422p 20cm
◇広池千九郎日記 3（大正11年～昭和4年）　モラロジー研究所編　広池学園出版部　1986.6　322p 22cm
◇広池千九郎日記 1（明治19年～大正4年）　モラロジー研究所編　広池学園出版部　1986.7　331p 22cm
◇広池千九郎日記 4（昭和5年～昭和7年）　モラロジー研究所編　広池学園出版部　1987.1　331p 22cm
◇広池千九郎日記 5（昭和8年～昭和10年）　モラロジー研究所編　広池学園出版部　1987.8　382p 22cm
◇広池千九郎語録　改訂　モラロジー研究所編著　広池学園出版部　1987.10　262p 19cm
◇広池千九郎日記 6（昭和11年～昭和13年）　モラロジー研究所編　広池学園出版部　1988.6　300p 22cm
◇広池博士の学問上における経歴　新版　佐藤厳編纂, モラロジー研究所校訂　広池学園出版部　1988.8　120p 22cm
◇回顧録　広池千九郎著　広池学園出版部　1991.1　244p 20cm
◇広池千九郎日記　別巻 索引　モラロジー研究所編　広池学園出版部　1993.6　168p 22cm
◇広池千九郎博士の教え―随行記録　井出大著　広池学園出版部　1994.8　285p 19cm
◇宇宙の心、自然の心―広池千九郎に学ぶ生き方　欠端実著　広池学園出版部　1995.3　246p 19cm
◇人生の転機―広池千九郎の生涯　井出元著　広池学園出版部　1995.5　294p 19cm
◇まごころ―広池千九郎博士の思い出　広池学園出版部編　広池学園出版部　1996.6　206p 19cm
◇よく生きる力―きずなの回復と創造　松浦勝次郎著　広池学園出版部　1997.8　254p 19cm
◇広池千九郎の思想と生涯　井出元著　広池学園出版部　1998.8　359p
◇伝記広池千九郎　モラロジー研究所編　モラロジー研究所　2001.11　735p 22cm
◇写真に見る広池千九郎の生涯　モラロジー研究所編　モラロジー研究所

2002.10　70p 26cm
◇『伝記広池千九郎』学習ガイドブック　モラロジー研究所編　モラロジー研究所　2003.3　86p 26cm
◇広池千九郎の人間学的研究　下程勇吉著　(柏)モラロジー研究所, (柏)広池学園事業部〔発売〕　2005.3.17　375p 21cm(A5)
◇CHIKURO HIROIKE :Father of Moralogy　(柏)モラロジー研究所, (柏)広池学園事業部〔発売〕2005.1　623p 24×16cm
◇師の心を求めて　大沢俊夫著　(柏)モラロジー研究所, (柏)広池学園事業部〔発売〕　2005.6.1　383p 21cm(A5)
◇伝統に学ぶ道―人生を拓く累代教育　矢野悦蔵著　(柏)モラロジー研究所, (柏)広池学園事業部〔発売〕2005.8.20　118p 26cm(B5)
◇廣池千九郎の行迹77篇　モラロジー研究所出版部編　(柏)モラロジー研究所, (柏)廣池学園事業部〔発売〕2006.6.4　251, 4p 21cm(A5)
◇品性資本の経営―品性資本定量化の試み　モラロジー研究所道徳科学研究センター品性資本定量化開発室編　(柏)モラロジー研究所, (柏)廣池学園事業部〔発売〕　2006.9.1　239p 19cm(B6)
◇随行記録　廣池千九郎博士の教え　井出大著　(柏)モラロジー研究所, (柏)廣池学園事業部〔発売〕　2006.9.1　285p 19cm(B6)

弘重 寿輔
ひろしげ・じゅすけ

明治18年(1885年)10月30日～
昭和27年(1952年)2月25日

医師
別表記は広重寿輔。山口県柳井町出生。

　16歳のとき上京し、済生学舎で一年間医学を修業。18歳で開業医免状を取得、日露戦争に軍医少尉として従軍したのち、22歳で郷里に帰って開業。結核の研究も始める。31歳の時に東京伝染病研究所に入り、学位を取得。大正12年弘重病院を創立。もみ夫人が小原国芳の講演を聴いたことなどがきっかけとなり、同年から翌8年にかけて上の3人を成城小学校に入学させる。8年小原の退職問題をめぐっていわゆる成城事件が表面化すると、弘重を代表とする250名の児童とその父兄は新学園設立および成城小学校退学を決行、新学園は翌9年設立認可を受け、和光学園が開設された。

【評伝・参考文献】
◇和光学園三十年史　和光学園三十年史編纂委員編　和光学園　1963.11.10

広田 精一
ひろた・せいいち

明治4年(1871年)10月20日～
昭和6年(1931年)1月25日

電機学校創立者, オーム社創業者
広島県福山市出生。帝国大学工科大学電気工学科〔明治29年〕卒。工学博士。

　明治29年大学卒業後、高田商会に入社。在職のままドイツのシーメン

ス・ハルスケ電気会社に入社し欧米各国を視察した。帰国後、茨城電気株式会社取締役に就任。40年扇本真吉を助けて電機学校(現・東京電機大学)を創立。出版部を設置し、大正3年学校の付帯事業として電気工学の専門雑誌「OHM」をオーム社発行として創刊。11年同社を学校から独立させ、株式会社に改組、理工学専門の出版社とした。この間、大正5年の電機学校の財団化にともない理事、10年には神戸高等工業学校長に就任した。

【 ふ 】

フォス, グスタフ
Voss, Gustave
1912年～1990年3月19日

カトリック司祭　栄光学園名誉学園長, 日本カトリック学校連合会理事長
ドイツ・ドルトムント出生。ギムナジウム卒。

　1933年イエズス会から神学生として派遣され、来日。のち、米国留学を経て、1946年再来日。上智大教授ののち、1947年旧制栄光中学(現・栄光学園)を創立し、初代校長に。1956年理事長に就任。1977年名誉学園長。「真のエリート教育」の必要性を唱え、中高一貫教育で、同校を全国有数の進学校に育て上げた。一方、家庭教育や父親の大切さを指摘し、学歴偏重の日本の教育を批判した。著書に「日本の父へ」「日本の父へ再び」「どう教えどう育てるか」(共著)など。

フォス, ヒュー・ジェームス
Foss, Hugh James
1848年6月25日～1932年3月21日

宣教師(英国福音宣布協会), 教育者
日本聖公会大阪地方部主教, 神戸松蔭女子学院創立者
英国ケント州カンタベリー近郊出生。ケンブリッジ大学クライスト・カレッジ卒。

　1872年助祭に任ぜられ、翌1873年司祭に叙階された。1876年(明治9年)9月英国福音宣布協会(SPG)の宣教師として来日、神戸を中心に伝道に従事。1878年乾行義塾を開設して英語による初級・中級教育を始める。1892年(明治25年)神戸市北野町に松蔭女学校(のちの松蔭女子学院、神戸松蔭女子学院)を創立。1899年2月日本聖公会大阪地方部(現在の大阪教区・神戸教区)主教に任じられ、その生涯を同地方部のために捧げた。また1877年に「讃美の歌」を出版、1922年発行の「改訂古今聖歌集」には編集委員長として貢献した。1923年帰国。

深井 鑑一郎
ふかい・かんいちろう
慶応1年(1865年)5月5日～

昭和18年(1943年)3月24日

教育家　城北学園創立者
武州岩槻出生。帝国大学古典講習科漢書課卒。

　武州岩槻藩士の家に生まれ、7歳から旧藩校・遷喬館に通う。大学卒業後、明治24年共立中学校に赴任。31年城北尋常中学校校長に就任。その後、公立に移管され、府立四中(現・都立戸山高校)となったあとも、昭和13年まで校長を歴任。質実剛健、実践躬行を旨とする独自の教育理念で、名物校長として知られた。退任後は、私立城北高等補習学校校長を務める傍ら、15年富士見高等女学校を再建。16年井上源之丞とともに城北中学校を再興、初代理事長兼校長となる。

【評伝・参考文献】
◇城北史　創立五十周年記念誌　創立五十周年記念誌編集委員会編　城北学園　1992.11.1

福井　直秋
ふくい・なおあき

明治10年(1877年)10月17日〜
昭和38年(1963年)12月12日

音楽教育家　武蔵野音楽大学創立者
富山県中新川郡宮川村(上市町)出生。長男は福井直俊(元東京芸術大学学長)、娘は若尾輝子(ピアニスト)、二男は福井直弘(元武蔵野音楽大学学長)。東京音楽学校(東京芸術大学)甲種師範科〔明治35年〕卒。

明治44年東京府立第三中学校教諭となり、学校唱歌、発声法などを研究、「音程教本」「初等和声学」などを著し、初期の音楽教育に尽力。大正11年日本教育音楽協会を設立、昭和4年武蔵野音楽学校を創設、初代校長に就任した。7年専門学校に認可され、24年武蔵野音楽大学となり初代学長。長男は東京芸術大学学長、二男武蔵野音楽大学学長、娘はピアニストと、音楽一家で、多年にわたって音楽教育に貢献した。著書は他に「楽典教科書」「和声学教科書」などがある。

【評伝・参考文献】
◇福井直秋伝　福井直秋伝記刊行会　1969　324p 27cm

福川　泉吾
ふくかわ・せんご

天保2年(1831年)〜明治45年(1912年)

実業家　周智高校創立者
遠州森町村(周智郡森町)出生。

　製茶貿易、製糸、製材、植林など実業家として活躍し、福川財閥を築いた。明治町(森町)の新設や、伏間道路の開削などに多額の私財を投じたほか、昭和39年鈴木藤三郎とともに私立周智農林学校(現・周智高校)を創立。また、鈴木の製糖事業を助けて事業を成功させた。のちに森町名誉町長をつとめた。

福沢 泰江
ふくざわ・やすえ

明治4年(1871年)9月30日～
昭和12年(1937年)7月10日

赤穂村(長野県)村長,全国町村長会長
長野県伊那郡赤穂村(駒ケ根市)出生。

19歳で生地・長野県赤穂村の収入役となる。大正2年村営の電灯計画をめぐって混乱に陥った時、立て直しの任を帯びて、3年村長に就任、昭和12年まで24年間務める。当時の中央集権的な自治制度に反対して模範村赤穂を作り上げた。また全国町村長会の創立に参画、大正9年長野県町村会会長に、昭和4年3代目全国町村長会長に推された。大正6年には村立の公民実業学校(現・赤穂高)を創立、12年には郡役所廃止を実現、地方財政調整交付金制度の創設、小学校教員俸給国庫支弁要求などの運動にも尽力した。昭和10年内閣調査局勅任参与となった。

福沢 諭吉
ふくざわ・ゆきち

天保5年(1834年)12月12日～
明治34年(1901年)2月3日

啓蒙思想家,教育家　慶応義塾創立者
大坂・堂島(大阪府)出生。孫は清岡映一(慶応義塾大学名誉教授)、福沢進太郎(慶応義塾大学教授)、女婿は福沢桃介(実業家)、甥は今泉一瓢(漫画家)。

豊前中津藩士の五子として大坂で生まれる。"諭吉"という名は父の百助が長年捜し求めていた唐本の「上諭条例」を手に入れたことにちなむ。天保7年(1836年)父の死により藩地・中津に帰り、叔父に当たる中村家の養子(自身は福沢姓で以後も生活)となった。安政元年(1854年)19歳で長崎に遊学し、蘭学を修業。2年(1855年)大坂に出て緒方洪庵の適塾に学び、やがて塾頭を選ばれた。3年(1856年)兄の死により福沢家の家督を継承。5年(1858年)藩命で江戸に赴き、藩の中屋敷内の長屋で蘭学塾を開設するが、6年(1859年)横浜に遊んだ際、主に英語が使われており自身のオランダ語が役に立たなかったことから、英学に転じた。万延元年(1860年)幕府の遣米使節派遣に際し、志願して軍艦奉行・木村喜毅の従僕という名目で幕府軍艦・咸臨丸に乗り込み渡米。同地では同行していたジョン万次郎とともに日本人ではじめて「ウェブスター大辞書」を購入。帰国後すると米国で手に入れた広東語・英語対訳による「華英通語」に日本語の訳語を付した「増訂華英通語」を自身初の著作として刊行。文久元年(1861年)幕府の遣欧使節に随行し、約1年間に渡って各国を歴訪。元治元年(1864年)には幕府の外国奉行翻訳方に任ぜられた。慶応2年(1866年)幕府の軍艦受取委員の一行に参加して再渡米。帰国後は執筆活動を本格化させ、同年「西洋事情」の初編を刊行(外編は明治元年、三編は明治3年にそれぞれ刊行)、こ

れは偽版も含めて20万部を売り上げる大ベストセラーとなり、西洋の諸制度や思想の紹介に大きく貢献した。王政復古後は新政府からの仕官の勧めを固辞し、以降は帯刀も廃し平民として生き、官職や生前の栄典は一切受けなかった。明治元年芝新銭座に塾を移転し、慶応義塾と改称。以後、塾生の指導に心血を注ぎながら著述を進め、欧米事情通の知識人として近代合理化主義を提唱するなど啓蒙活動に尽力した。2年福沢屋諭吉を名のり、出版業にも着手。4年には塾を三田に再移転。5年"天は人の上に人を造らず"の一文によって知られ、彼の代表的著作としても名高い「学問のすゝめ」を刊行し、当時の人々に大きな影響を与えた。6年には西周、津田真道、森有礼らとともに明六社を結成。8年「文明論之概略」を著し、啓蒙的文明史論を展開した。12年西周らと東京学士院(のち日本学士院)を創設し、初代会長となる。13年社交クラブとして交詢社を設立。自由民権思想の高揚に際しては"内安外競"を説いて距離をおき、15年には"官民調和""不偏不党"の思想に基づく「時事新報」を創刊して政治問題や時事問題、社会問題などで活発な論陣を張った。23年には慶応義塾に大学部(現・慶応義塾大学)を設置。専修学校(現・専修大学)や北里柴三郎の伝染病研究所などの設立にも協力した。彼の思想の真髄は"独立自尊"の4文字であると言われ、門下からは実業界で活躍する人物を数多く輩出した。他の著書に「丁丑公論」「国会論」「帝室論」「脱亜論」「福翁自伝」「福翁百話」などがある。

【評伝・参考文献】
◇新井白石・福沢諭吉断片—日本に於ける教育の世界的進歩に対する先駆者の寄与　羽仁五郎著　岩波書店　1946　427p 肖像 19cm
◇福沢諭吉　宇野浩二著　新生社1946
◇自由を護った人々　大川三郎著　新文社　1947　314p 18cm
◇福翁自伝　福沢諭吉著　森下書店　1947　354p B6
◇福沢諭吉(日本の経済学者　人と学説)　高橋誠一郎著　実業之日本社　1947　337p 図版 19cm
◇福沢諭吉と新教育　小林澄兄著　教育科学社　1947
◇町人諭吉　太田正孝著　新世界文化社　1948　298p 19cm
◇福翁自伝　訂　福沢諭吉著　森下書房　1948　352p 19cm
◇福沢諭吉の根本理念(東洋経済講座啄書 第25襄)　野村兼太郎著　東洋経済新報社　1948　78p 15cm
◇福沢諭吉の人と書翰　小泉信三著　慶友社　1948　275p 19cm
◇王堂選集 2(福沢諭吉)　田中王堂著　関書店　1949
◇日本近代化と福沢諭吉—日本憲政史上における福沢諭吉　中村菊男著　改造社　1949　202p 19cm
◇福沢諭吉 4版　石河幹明著　岩波書店　1949　500p 図版 19cm
◇福沢諭吉　吉田武三著　潮文閣1949　298p 19cm
◇福沢諭吉(王堂選集 第2冊)　田中王堂著　関書院　1949　273p 19cm
◇福沢諭吉(アテネ文庫)　小泉信三著　弘文堂　1949
◇福沢諭吉　小林澄兄著　広島図書　1949
◇福沢諭吉　宮下正美著　妙義出版社　1949

◇福沢諭吉の若き日　浦上五六著　学習社　1949
◇東西百傑伝 第3巻(親鸞〔ほか〕(亀井勝一郎))　池田書店　1950　19cm
◇日本近代化と福沢諭吉―日本憲政史上における福沢諭吉　中村菊男著　改造社　1950　2刷 202p 19cm
◇福翁自伝(岩波文庫)　福沢諭吉著　岩波書店　1950　429p 15cm
◇福沢諭吉　高石真五郎著　社会教育協会　1950　137p 19cm
◇福沢百話(創元文庫)　創元社　1951
◇福沢諭吉選集 第6巻(福翁自伝)　福沢諭吉著作編纂会編　岩波書店　1951-52　19cm
◇わが師を語る―近代日本文化の一側面　社会思想研究会編　社会思想研究会出版部　1951　331p 19cm
◇世界偉人伝 第3巻(親鸞(亀井勝一郎))　世界偉人伝刊行会編　池田書店　1952　19cm
◇日本歴史講座 5(福沢諭吉)　土橋俊一著　河出書房　1952
◇福沢諭吉―人と書註(創元文庫)　福沢諭吉著, 小泉信三編　創元社　1952　242p 図版 15cm
◇福沢諭吉の人と書翰(創元文庫)　小泉信三編著　創元社　1952
◇愛児への手紙　福沢諭吉著　岩波書店　1953　233p 図版 18cm
◇近代日本と福沢諭吉　中村菊男著　泉文堂　1953　234p 19cm
◇続 財界回顧―故人今人(三笠文庫)　池田成彬著, 柳沢健編　三笠書房　1953　217p 16cm
◇福翁自伝 復元版(角川文庫)　福沢諭吉著, 昆野和七校訂　角川書店　1953　304p 15cm
◇福翁自伝(英文)　福沢諭吉, 清岡暎一訳　北星堂書店　1953
◇偉大な人間の歩み(教養選書)　島影盟, 丸山義二, 恒屋清蔵共著　泰光堂　1954　257p 19cm
◇一茶と長英と諭吉　渡辺慶一著　一茶と長英と諭吉刊行会　1954
◇近代日本の思想家　向坂逸郎編　和光社　1954　284p 19cm
◇日本の思想家　奈良本辰也編　毎日新聞社　1954
◇福翁自伝 2版(correspondence library)　福沢諭吉著, 富田正文校訂解題　慶応通信　1954　6刷 330p 15cm
◇福翁自伝 改訂版　福沢諭吉著　岩波書店　1954　331p 図版 15cm
◇福沢百話(角川文庫)　角川書店 1954
◇福沢諭吉―人と書註(新潮文庫)　福沢諭吉, 小泉信三著　新潮社　1955　250p 16cm
◇福沢諭吉(アテネ文庫)　小泉信三著　弘文堂　1955　5版 61p 15cm
◇福沢諭吉(岩波写真文庫)　岩波書店編集部編　岩波書店　1955　図版 64p 19cm
◇福沢諭吉の遺風　富田正文編　時事新報社　1955
◇福沢諭吉の人と書翰(新潮文庫)　小泉信三編著　新潮社　1955
◇福翁自伝 新訂版　福沢諭吉著, 富田正文校注解説　慶応通信　1957　333p 図版 18cm
◇思想家としての福沢諭吉　加田哲二著　慶応通信　1958　232p 19cm
◇父諭吉を語る　福沢先生研究会編　1958　196p 20cm
◇福沢諭吉入門 その言葉と解説　伊藤正雄著　毎日新聞社　1958　306p 19cm
◇福沢諭吉 人とその思想　野村兼太郎著　慶応通信　1958　264p 19cm
◇新井白石・福沢諭吉 断片―日本に於ける教育の世界的進歩に対する先駆者の寄与　羽仁五郎著　岩波書店　1959　4刷 427p 図版 19cm
◇父・福沢諭吉　福沢大四郎著　東京書房　1959　235p 図版 19cm

◇日本の思想家　山本健吉編　光書房　1959　224p 20cm
◇福沢諭吉全集　第7巻(福翁自伝)　福沢諭吉著, 慶応義塾編　岩波書店　1959　718p 図版 22cm
◇外国人の見た日本 3(福沢諭吉)　J・H・ウィグモア著, 清岡暎一訳　筑摩書房　1961
◇近代日本の思想家(文化新書)　家永三郎著　有信堂　1962
◇日本の思想家　第1　朝日新聞社朝日ジャーナル編集部編　朝日新聞社　1962　333p 19cm
◇福沢先生と信州　宮沢憲衛著　長野三田会　1962
◇福沢諭吉先生と豊橋—とくに中村道太について　小山喜久弥著　小山喜久弥　1962
◇現代日本思想大系 2(福沢諭吉(家永三郎編))　筑摩書房　1963
◇三代言論人集　第2巻(福沢諭吉〔ほか〕(高橋誠一郎))　時事通信社　1963　291p 図版 18cm
◇世界教養全集　第28(福翁自伝〔ほか〕(福沢諭吉))　平凡社　1963　585p 図版 19cm
◇20世紀を動かした人々　第2(近代日本の思想家〔ほか〕(桑原武夫編))　講談社　1963　410p 図版 19cm
◇世界の人間像　第14(エラスムスの勝利と悲劇〔ほか〕)　ツワイク著, 滝沢寿一訳　角川書店　1964　434p 図版 19cm
◇人間福沢諭吉(実日新書)　松永安左衛門著　実業之日本社　1964　226p 図版 18cm
◇近代日本の教育を育てた人びと　上(教育者としての福沢諭吉〔ほか〕(源了円))　東洋館出版社編集部編　東洋館出版社　1965　19cm
◇続　人物再発見　読売新聞社編　人物往来社　1965　237p 19cm
◇福翁自伝 改版(角川文庫)　福沢諭吉著, 昆野和七校訂　角川書店　1966　337p 15cm
◇福沢諭吉(岩波新書)　小泉信三著　岩波書店　1966　209p 図版 18cm
◇明治文学全集 8(福沢諭吉集(富田正文編))　筑摩書房　1966
◇福翁自伝 明日へのともしび　福沢諭吉著　金園社　1967　352p 図版 19cm
◇福沢諭吉(センチュリーブックス 人と思想 21)　鹿野政直著　清水書院　1967　200p 図版 20cm
◇福沢諭吉 生きつづける思想家(講談社 現代新書)　河野健二著　講談社　1967　185p 18cm
◇『学問のすすめ』講説—福沢諭吉の骨格を語る　伊藤正雄著　風間書房　1968　695p 22cm
◇人生の名著　第8(キュリー自伝〔ほか〕)　M.キュリー著, 木村彰一訳　大和書房　1968　324p 図版 20cm
◇明治百年 文化功労者記念講演集　第1輯(福沢諭吉を語る〔ほか〕(高橋誠一郎))　尾崎行雄記念財団　1968　324p 19cm
◇福沢諭吉論考　伊藤正雄著　吉川弘文館　1969　612, 77p 図版 22cm
◇日本近代教育の思想構造—福沢諭吉の教育思想研究　安川寿之輔著　新評論　1970　384p 22cm
◇福翁自伝(白凰社名著選)　福沢諭吉著, 昆野和七解説　白凰社　1970　381p 図版 20cm
◇福沢諭吉—思想と政治との関連(UP選書)　遠山茂樹著　東京大学出版会　1970　278p 19cm
◇福沢諭吉—その人と生活　会田倉吉著　日新報道　1970　268p 19cm
◇明治人の観た福沢諭吉—資料集成　伊藤正雄編　慶応通信　1970　243p 19cm
◇福翁自伝(潮文庫)　福沢諭吉著, 茅根英良校訂　潮出版社　1971　350p 15cm

- ◇福沢諭吉全集 第18巻 2版（書簡集 2） 慶応義塾編纂 岩波書店 1971 956,15p 肖像 22cm
- ◇福翁自伝—現代語版 福沢諭吉著 文憲堂七星社 1972 306p 図 肖像 20cm
- ◇論集・福沢諭吉への視点 編集・解説：市村弘正 りせい書房 1973 244p 19cm
- ◇世界教養全集 28 平凡社 1974 585p 19cm
- ◇福沢諭吉（人物叢書 日本歴史学会編） 会田倉吉著 吉川弘文館 1974 280p 図 肖像 18cm
- ◇福沢諭吉年鑑 1(1974) 福沢諭吉協会 慶応通信（製作） 1974 190p 22cm
- ◇福沢諭吉年鑑 2(1975) 福沢諭吉協会 慶応通信（制作） 1975 246p 21cm
- ◇福沢諭吉研究 ひろたまさき著 東京大学出版会 1976 281p 22cm
- ◇福沢諭吉年鑑 3(1976) 福沢諭吉協会 慶応通信（制作） 1976 297p 21cm
- ◇福沢諭吉年鑑 4(1977) 福沢諭吉協会 1977.11 295p 21cm
- ◇福沢屋諭吉（古通豆本 34） 丸山信著 日本古書通信社 1978.7 92p 11cm
- ◇福翁自伝 新訂（岩波文庫） 福沢諭吉著,富田正文校訂 岩波書店 1978.10 346p 15cm
- ◇福沢諭吉—明治知識人の理想と現実（Century books） 高橋昌郎著 清水書院 1978.11 226p 19cm
- ◇福沢諭吉年鑑 5(1978) 福沢諭吉協会 1978.11 191p 21cm
- ◇福沢革命 高野善一著 第三文明社 1979.4 346p 20cm
- ◇福沢諭吉—人と学説 高橋誠一郎著 長崎出版 1979.5 337p 19cm
- ◇福沢諭吉の思想形成 今永清二著 勁草書房 1979.5 254p 20cm
- ◇福沢諭吉—警世の文学精神 伊藤正雄著 春秋社 1979.7 279,6p 19cm
- ◇福沢諭吉年鑑 6(1979) 福沢諭吉協会 1979.10 192p 21cm
- ◇日本を創った人びと 25（福沢諭吉 西欧化日本の出発（鹿野政直著）） 日本文化の会編集 平凡社 1979.11 82p 29cm
- ◇草稿福翁自伝 福沢諭吉協会編纂 東出版 1980.6 5冊 25×37cm
- ◇福沢諭吉年鑑 7(1980) 福沢諭吉協会 1980.10 209p 21cm
- ◇福沢諭吉の西航巡歴（福沢諭吉協会叢書） 山口一夫著 福沢諭吉協会 1980.12 399p 22cm
- ◇世界の伝記 39（福沢諭吉） 福田清人著 ぎょうせい 1981.1 330p 20cm
- ◇日本人の自伝 1（福沢諭吉.渋沢栄一.前島密） 平凡社 1981.4 430p 20cm
- ◇福沢諭吉 小島直記著 学習研究社 1981.8 326p 20cm
- ◇福沢諭吉伝 石河幹明著 岩波書店 1981.9 4冊 23cm
- ◇福沢諭吉選集 第10巻 富田正文,土橋俊一編集 岩波書店 1981.10 374p 18cm
- ◇福沢諭吉選集 第13巻 富田正文,土橋俊一編集 岩波書店 1981.11 270p 18cm
- ◇福沢諭吉選集 第14巻 富田正文,土橋俊一編集 岩波書店 1981.12 234p 18cm
- ◇福沢諭吉年鑑 8(1981) 福沢諭吉協会 1981.12 230p 21cm
- ◇福沢諭吉—物語と史蹟をたずねて 岩井護著 成美堂出版 1982.12 216p 19cm
- ◇福沢諭吉年鑑 9(1982) 福沢諭吉協会 1982.12 253p 21cm
- ◇松永安左エ門著作集 第1巻 五月書房 1982.12 454p 20cm

◇福翁自伝 新訂（岩波クラシックス21） 福沢諭吉著, 富田正文校訂 岩波書店 1983.1 346p 20cm
◇福沢諭吉―国民国家論の創始者（中公新書722） 飯田鼎著 中央公論社 1984.3 254p 18cm
◇福沢諭吉と浄土真宗（仏教文化シリーズ12） 稲城選恵著 教育新潮社 1984.7 169p 19cm
◇進歩がまだ希望であった頃―フランクリンと福沢諭吉 平川祐弘著 新潮社 1984.9 231p 20cm
◇福沢諭吉（河出人物読本） 河出書房新社 1984.9 270p 21cm
◇福沢諭吉（清水新書） 高橋昌郎著 清水書院 1984.9 226p 18cm
◇福沢諭吉―「文明開化は銭にあり」―経営者・経済人としての諭吉の生涯（21世紀図書館50） 丸山信著 PHP研究所 1984.9 190p 18cm
◇福沢諭吉百通の手紙 土橋俊一編集・解説 中央公論美術出版 1984.10 157p 22×31cm
◇福沢諭吉の発想と戦略―日本ビジネスの原点(Kosaido books) 宮崎正弘著 広済堂出版 1984.12 258p 18cm
◇福沢諭吉の人生・処世・教育語録―独立自尊への道 有城乃三朗編著 日新報道 1985.1 235p 19cm
◇福沢諭吉・家庭教育のすすめ（小学館創造選書92） 渡辺徳三郎著 小学館 1985.3 222p 19cm
◇嵐学の時代 青春篇 長坂秀佳著 講談社 1985.4 230p 20cm
◇福沢諭吉（人物叢書） 会田倉吉著 吉川弘文館 1985.6 280p 19cm
◇福沢諭吉の複眼思考―先を読み、人を観る智恵 土橋俊一著 プレジデント社 1985.6 262p 20cm
◇一五〇年目の福沢諭吉―虚像から実像へ（有斐閣選書） 内山秀夫編 有斐閣 1985.10 240p 19cm

◇福沢諭吉年鑑 12(1985) 福沢諭吉協会 1985.10 307p 21cm
◇言論は日本を動かす 第1巻（近代を考える（三谷太一郎編）） 内田健三ほか編 講談社 1986.1 315p 20cm
◇福沢諭吉の亜米利加体験（福沢諭吉協会叢書） 山口一夫著 福沢諭吉協会 1986.9 455p 22cm
◇福沢山脈（小島直記伝記文学全集第4巻） 小島直記著 中央公論社 1987.1 577p 19cm
◇福沢先生哀悼録―慶応義塾学報 臨時増刊39号〔複刻版〕（みすずリプリント1） みすず書房 1987.3 331, 70p 21cm
◇福沢諭吉〔復刻版〕（みすずリプリント11） 田中王堂著 みすず書房 1987.9 317p 19cm
◇福沢諭吉と内村鑑三 清水威著 令文社 1987.9 296p 22cm
◇人物列伝幕末維新史―明治戊辰への道 綱淵謙錠著 講談社 1988.2 247p 19cm
◇福沢屋諭吉の研究 長尾正憲著 思文閣出版 1988.7 560, 18p 22cm
◇福沢先生百話（福沢諭吉協会叢書） 桑原三郎著 福沢諭吉協会 1988.12 343p 21cm
◇福沢諭吉―留学した息子たちへの手紙 桑原三二編著 はまの出版 1989.8 205p 19cm
◇「適塾」の研究―なぜ逸材が輩出したのか（PHP文庫） 百瀬明治著 PHP研究所 1989.11 255p 15cm
◇文士と文士 小山文雄著 河合出版 1989.11 237p 19cm
◇進歩がまだ希望であった頃―フランクリンと福沢諭吉（講談社学術文庫） 平川祐弘著 講談社 1990.1 285p 15cm
◇父親は息子に何を伝えられるか。―偉人たちの手紙 鈴木博雄著 PHP研究所 1990.5 235p 19cm

◇福沢諭吉の知的処世術―激動期に甦る男の手腕(ベストセラーシリーズ・ワニの本 750) 村石利夫著 ベストセラーズ 1991.2 236p 18cm
◇私の福沢諭吉(講談社学術文庫) 小泉信三著 講談社 1991.2 221p
◇福翁自伝 新訂版(ワイド版 岩波文庫 33) 福沢諭吉著, 富田正文校訂 岩波書店 1991.6 346p 19cm
◇(小説)福沢諭吉(Ryu selection) 大下英治著 経済界 1991.7 404p
◇幕臣 福沢諭吉 中島岑夫著 ティビーエス・ブリタニカ 1991.7 337p 19cm
◇福沢諭吉―日本を世界に開いた男(集英社文庫) 笠原和夫著 集英社 1991.7 225p 15cm
◇日本人の自伝(講談社学術文庫) 佐伯彰一著 講談社 1991.8 285p
◇福沢諭吉 中津からの出発(朝日選書 432) 横松宗著 朝日新聞社 1991.8 225p 19cm
◇福翁自伝 17版 福沢諭吉著, 富田正文校注解説 慶応通信 1992.5 333, 10p 17cm
◇福沢諭吉―その重層的人間観と人間愛(丸善ライブラリー048) 桑原三郎著 丸善 1992.5 225p 18cm
◇考証 福沢諭吉 上 富田正文著 岩波書店 1992.6 430p 21cm
◇福沢諭吉と松下幸之助―「福沢思想」と「松下哲学」に共通する繁栄の思想とは 赤坂昭著 PHP研究所 1992.8 277p 19cm
◇(考証)福沢諭吉 下 富田正文著 岩波書店 1992.9 432〜805, 41p 22cm
◇福沢諭吉の名文句―組織の崩壊をどう生き抜くか(カッパ・ビジネス) 田原総一朗著 光文社 1992.10 183p 18cm
◇咸臨丸海を渡る―曽祖父・長尾幸作の日記より 土居良三著 未来社 1992.11 530p 19cm

◇福沢諭吉の亜欧見聞(福沢諭吉協会叢書) 山口一夫著 福沢諭吉協会 1992.11 435p 22cm
◇グルマン福沢諭吉の食卓 小菅桂子著 ドメス出版 1993.5 251p
◇福沢諭吉の社会思想―その現代的意義 千種義人著 同文舘出版 1993.11 324p 21cm
◇福沢諭吉伝 第1巻 石河幹明著 岩波書店 1994.2 794p 21cm
◇福沢諭吉伝 第2巻 石河幹明著 岩波書店 1994.2 856p 21cm
◇福沢諭吉伝 第3巻 石河幹明著 岩波書店 1994.2 800p 21cm
◇福沢諭吉伝 第4巻 石河幹明著 岩波書店 1994.2 840, 19p 21cm
◇諭吉のさと―城下町中津を歩く 横尾和彦著 (福岡)西日本新聞社 1994.2 166p 19cm
◇新版 福翁自伝 福沢諭吉著, 富田正文校注 慶応通信 1994.5 358, 13p 19cm
◇福沢諭吉(岩波新書) 小泉信三著 岩波書店 1994.7 209p 22cm
◇福沢輸吉と西欧思想―自然法・功利主義・進化論 安西敏三著 名古屋大学出版会 1995.3 434, 9p 22cm
◇人物に学ぶ明治の企業事始め 森友幸照著 つくばね舎, 地歴社〔発売〕 1995.8 210p 21cm
◇文明のエトス 石坂巌著 河出書房新社 1995.9 331p 20cm
◇福沢諭吉の世界 狭間久著 大分合同新聞社 1995.11 283p 19cm
◇福沢諭吉と桃太郎―明治の児童文化 桑原三郎著 慶応通信 1996.2 382, 12p 22cm
◇福沢諭吉のコミュニケーション 平井一弘著 青磁書房 1996.6 391p 22cm
◇医者のみた福沢諭吉―先生、ミイラとなって昭和に出現(中公新書) 土屋雅春著 中央公論社 1996.10 235p 18cm

◇近代日本の先駆的啓蒙家たち―福沢諭吉・植木枝盛・徳富蘇峰・北村透谷・田岡嶺雲　タグマーラ・パーブロブナ・ブガーエワ著, 亀井博訳　平和文化　1996.10　222p 21cm
◇(小説)福沢諭吉(人物文庫　お1-1)　大下英治著　学陽書房　1996.10　426p 15cm
◇福沢諭吉と写真屋の娘　中崎昌雄著　大阪大学出版会　1996.10　213p
◇日本人の志―最後の幕臣たちの生と死　片岡紀明著　光人社　1996.12　257p 19cm
◇隈ちた「苦艾」の星―ドストエフスキイと福沢諭吉　芦川進一著　河合文化教育研究所　1997.3　249p 21cm
◇とっておきのもの　とっておきの話　第1巻(芸神集団Amuse)　YANASE LIFE編集室編　芸神出版社　1997.5　213p 21cm
◇比較政治思想史講義―アダム・スミスと福沢諭吉　岩間一雄著　大学教育出版　1997.5　189p 21cm
◇福沢諭吉と福住正兄―世界と地域の視座(歴史文化ライブラリー)　金原左門著　吉川弘文館　1997.10　219p 19cm
◇福沢諭吉の思想と現代　高橋弘通著　海鳥社　1997.10　238p 20cm
◇新しい福沢諭吉(講談社現代新書1382)　坂本多加雄著　講談社 1997.11　262p 18cm
◇福沢諭吉の日本経済論　藤原昭夫著　日本経済評論社　1998.1　326p 22cm
◇愛の一字―父親福沢諭吉を読む　桑原三郎著　筑地書館　1998.2　170p 20cm
◇福沢諭吉の横顔(Keio UP選書)　西川俊作著　慶応義塾大学出版会 1998.3　269p 19cm
◇近代化の中の文学者たち―その青春と実存　山口博著　愛育社　1998.4　279p 19cm
◇福沢山脈 上(Chichi-select)　小島直記著　致知出版社　1998.4　311p
◇福沢山脈 下(Chichi-select)　小島直記著　致知出版社　1998.4　311p
◇福沢諭吉と儒学を結ぶもの　張建国著　日本僑報社　1998.8　247p
◇ふだん着の福沢諭吉(Keio UP選書)　西川俊作, 西沢直子編　慶応義塾大学出版会　1998.8　302p 19cm
◇京都集書院―福沢諭吉と京都人脈　多田建次著　玉川大学出版部　1998.9　205p 20cm
◇草稿　福翁自伝　福沢諭吉協会編, 富田正文監修　大空社　〔1998.9〕 4冊　24×37cm
◇福沢諭吉―物語と史蹟をたずねて(成美文庫 M-53)　岩井護著　成美堂出版　1998.9　285p 16cm
◇グルマン福沢諭吉の食卓(中公文庫 こ35-1)　小菅桂子著　中央公論社 1998.10　276p 16cm
◇福沢諭吉と福翁自伝(朝日選書612)　鹿野政直編著　朝日新聞社　1998.10　239p 19cm
◇福沢諭吉のすゝめ(新潮選書)　大嶋仁著　新潮社　1998.11　253p 20cm
◇咸臨丸 海を渡る(中公文庫)　土居良三著　中央公論社　1998.12　602p 15cm
◇近代日本社会学者小伝―書誌的考察　川合隆男, 竹村英樹編　勁草書房　1998.12　822p 21cm
◇比較文学研究 73　東大比較文学会編　恒文社　1999.2　166, 9p 21cm
◇福沢諭吉と宣教師たち―知られざる明治期の日英関係(慶応義塾福沢研究センター叢書)　白井堯子著　未来社　1999.6　323, 24p 22cm
◇福沢諭吉論の百年(Keio UP選書)　西川俊作, 松崎欣一編　慶応義塾大学出版会　1999.6　320p 19cm
◇福沢諭吉の農民観―春日井郡地租改正反対運動　河地清著　日本経済評論社　1999.10　223p 22cm

◇福沢諭吉―その武士道と愛国心　西部邁著　文芸春秋　1999.12　229p 20cm
◇福沢諭吉の議論「論」と議論　平井一弘著　青磁書房　2000.2　280p
◇福沢諭吉―快男子の生涯(日経ビジネス人文庫 017)　川村真二著　日本経済新聞社　2000.11　487p 15cm
◇福沢諭吉の教育観　桑原三郎著　慶応義塾大学出版会　2000.11　326p 20cm
◇福沢諭吉のアジア認識―日本近代史像をとらえ返す　安川寿之輔著　高文研　2000.12　321p 20cm
◇「世紀をつらぬく福沢諭吉―没後100年記念―」展　鷲見洋一, 前田富士男, 柏木麻里責任編集　慶応義塾　2001　163p 29cm
◇福翁自伝　富田正文校注, 福沢諭吉著　慶応義塾大学出版会　2001.1　362, 13p 19cm
◇福沢諭吉書簡集　第1巻(安政4年―明治9年)　福沢諭吉〔著〕, 慶応義塾編　岩波書店　2001.1　451p 20cm
◇福沢諭吉と中江兆民(中公新書)　松永昌三著　中央公論新社　2001.1　241p 18cm
◇慶応ものがたり―福沢諭吉をめぐって　服部礼次郎著　慶応義塾大学出版会　2001.2　463p 20cm
◇文豪福沢諭吉―その意匠と述作　福沢学入門書　福田一直著　福田一直　2001.2　307p 21cm
◇福沢諭吉書簡集　第2巻(明治10年―13年6月)　福沢諭吉〔著〕, 慶応義塾編, 川崎勝, 寺崎修編集責任　岩波書店　2001.3　424p 20cm
◇福沢諭吉書簡集　第3巻(明治13年7月―明治16年8月)　福沢諭吉〔著〕, 慶応義塾編, 飯田泰三, 坂井達朗編集責任　岩波書店　2001.5　385p
◇教科書が教えない歴史人物～福沢諭吉・大隈重信～(扶桑社文庫 ふ4-5)　藤岡信勝監修, 久保田庸四郎, 長谷川公一著　扶桑社　2001.6　335p 16cm
◇福沢諭吉の哲学 他六篇(岩波文庫)　丸山真男著, 松沢弘陽編　岩波書店　2001.6　335p 15cm
◇福沢諭吉研究―福沢諭吉と幕末維新の群像(飯田鼎著作集 第5巻)　飯田鼎著　御茶の水書房　2001.7　439, 20p 22cm
◇福沢諭吉書簡集　第4巻　福沢諭吉〔著〕, 慶応義塾編　岩波書店　2001.8　397p 20cm
◇福沢諭吉書簡集　第5巻　福沢諭吉〔著〕, 慶応義塾編　岩波書店　2001.10　409p 20cm
◇ドラッカーと福沢諭吉―二人の巨人が示した「日本経済・変革の時」　望月護著　祥伝社　2001.11　290p 20cm
◇福沢諭吉書簡集　第6巻(明治21年4月―明治23年12月)　福沢諭吉〔著〕, 慶応義塾編, 小室正紀, 坂井達朗編集責任　岩波書店　2002.1　441p
◇福沢諭吉―天は人の上に人を造らず　普及版(大分県先哲叢書)　後藤弘子文, 南聡絵　大分県教育委員会　2002.3　193p 19cm
◇福沢諭吉研究　丸谷嘉徳著　創栄出版　2002.3　263p 22cm
◇福沢諭吉書簡集　第7巻(明治24年1月―明治27年12月)　福沢諭吉〔著〕, 慶応義塾編, 川崎勝, 西川俊作編集責任　岩波書店　2002.3　417p
◇起業家福沢諭吉の生涯―学で富み富て学び　玉置紀夫著　有斐閣　2002.4　336p 22cm
◇独立自尊―福沢諭吉の挑戦　北岡伸一著　講談社　2002.4　342p 20cm
◇福沢諭吉書簡集　第8巻(明治28年1月―明治30年12月)　福沢諭吉〔著〕, 慶応義塾編, 小室正紀, 松崎欣一編集責任　岩波書店　2002.6　426p
◇福沢諭吉の宗教観　小泉仰著　慶応義塾大学出版会　2002.8　278, 15p

◇福沢諭吉の法思想―視座・実践・影響　安西敏三, 岩谷十郎, 森征一編著　慶応義塾大学出版会　2002.8　349, 13p 20cm
◇福沢諭吉書簡集 第9巻　福沢諭吉著, 慶応義塾編, 小室正紀ほか編集責任　岩波書店　2003.1　374, 77p 20cm
◇福沢諭吉の「サイアンス」　永田守男著　慶応義塾大学出版会　2003.3　205p 19cm
◇福沢諭吉―その発想のパラドックス　横松宗著　梓書院　2004.1　217p
◇福沢諭吉の手紙(岩波文庫)　慶応義塾編　岩波書店　2004.4　329, 7p 15cm
◇実学の理念と起業のすすめ―福沢諭吉と科学技術　藤江邦男著　慶応義塾大学出版会　2004.6　202p 19cm
◇福沢諭吉の経済思想―その現代的意義 第2版　千種義人著　同文舘出版　2004.6　556p 22cm
◇福沢諭吉の真実(文春新書)　平山洋著　文芸春秋　2004.8　244p 18cm
◇井上毅と福沢諭吉(学術叢書)　渡辺俊一著　日本図書センター　2004.9　335p 22cm
◇ユニテリアンと福沢諭吉　土屋博政著　慶応義塾大学出版会　2004.10　237, 22p 19cm
◇座右の諭吉―才能より決断(光文社新書)　斎藤孝著　光文社　2004.11　212p 18cm
◇福沢諭吉 2 朱夏篇　岳真也著　作品社　2004.12　332p 19cm
◇精神としての武士道―高次元的伝統回帰への道　内田順三著　シーエイチシー, コアラブックス〔発売〕　2005.1.30　279p 19cm(B6)
◇近代日本の成立―西洋経験と伝統　西村清和, 高橋文博編　(京都)ナカニシヤ出版　2005.1.20　249p 21cm(A5)
◇お札になった偉人　童門冬二著　池田書店　2005.2.25　191p 21cm
◇韓国・日本・「西洋」―その交錯と思想変容(日韓共同研究叢書)　渡辺浩, 朴忠錫編　慶応義塾大学出版会　2005.3.10　464p 21cm(A5)
◇明治デモクラシー(岩波新書)　坂野潤治著　岩波書店　2005.3.18　228p 18cm
◇法文化としての租税(法文化叢書〈3〉)　森征一編　国際書院　2005.3.20　228p 21cm(A5)
◇信州と福沢諭吉　丸山信著　東京図書出版会, 星雲社〔発売〕　2005.4.18　149p 19cm(B6)
◇福沢諭吉のレガシー(贈りもの)　柴田利雄著　丸善　2005.4.23　210, 4p 19cm(B6)
◇日米戦略思想史―日米関係の新しい視点　石津朋之, マーレー, ウィリアムソン編　彩流社　2005.4.25　299, 3p 21cm(A5)
◇写説『坂の上の雲』を行く　太平洋戦争研究会著　ビジネス社　2005.5.6　175p 22×17cm
◇近代中国の立憲構想―厳復・楊度・梁啓超と明治啓蒙思想　李暁東著　法政大学出版局　2005.5.30　301, 15p 21cm(A5)
◇近代国家を構想した思想家たち(岩波ジュニア新書)　鹿野政直著　岩波書店　2005.6.21　181p 18cm
◇教養のすすめ―明治の知の巨人に学ぶ　岡崎久彦著　青春出版社　2005.7.10　223p 19cm(B6)
◇千里の志―新島襄を語る〈1〉　本井康博著　(京都)思文閣出版　2005.6.30　217, 8p 19cm(B6)
◇偉人にみる人の育て方　河合敦著　学陽書房　2005.7.15　254p 19cm(B6)
◇語り手としての福沢諭吉―ことばを武器として　松崎欣一著　慶応義塾大学出版会　2005.8.10　301, 6p

19cm（B6）
◇明治維新と文化（明治維新史研究〈8〉）　明治維新史学会編　吉川弘文館　2005.8.20　238p　21cm（A5）
◇幕末・明治の士魂―啓蒙と抵抗の思想的系譜（飯田鼎著作集〈第7巻〉）　飯田鼎著　御茶の水書房　2005.8.5　412, 11p　21cm（A5）
◇井上角五郎は諭吉の弟子にて候　井上園子著　文芸社　2005.9.15　513p　19cm（B6）
◇ものづくり魂―この原点を忘れた企業は滅びる　井深大著, 柳下要司郎編　サンマーク出版　2005.9.30　279p　19cm（B6）
◇巌本善治―正義と愛に生きて　葛井義憲著　朝日出版社　2005.9.27　204p　19cm（B6）
◇志立の明治人〈上巻〉福沢諭吉・大隈重信　佐藤能丸著　芙蓉書房出版　2005.10.9　164p　19cm（B6）
◇明治国家の政策と思想　犬塚孝明編　吉川弘文館　2005.10.20　284p　21cm（A5）
◇福沢諭吉理念の原点―「自立はアリの門人なり」　石坂巌著　労務行政研究所, 労務行政〔発売〕　2005.10.25　220p　19cm（B6）
◇ひとりは大切―新島襄を語る〈2〉　本井康博著　（京都）思文閣出版　2006.1.23　223, 10p　19cm（B6）
◇聞き書・福沢諭吉の思い出―長女・里が語った、父の一面　中村仙一郎著, 中村文夫編　近代文芸社　2006.1.10　162p　19cm（B6）
◇異評　司馬遼太郎　岩倉博著　草の根出版会　2006.2.6　235p　19cm（B6）
◇世界一受けたい日本史の授業―あなたの習った教科書の常識が覆る（二見文庫）　河合敦著　二見書房　2006.3.25　258p　15cm（A6）
◇病いとかかわる思想―看護学・生活学から"もうひとつの臨床教育学"へ　森本芳生著　明石書店　2006.3.25　414p　19cm（B6）
◇公共哲学〈17〉知識人から考える公共性　平石直昭, 金泰昌編　東京大学出版会　2006.3.30　360p　21cm（A5）
◇異端の民俗学―差別と境界をめぐって　礫川全次著　河出書房新社　2006.4.30　210p　19cm（B6）
◇三田の政官界人列伝　野村英一著　慶応義塾大学出版会　2006.4.10　327, 18p　19cm（B6）
◇志は死なず　過去世物語日本編―教科書には出てこない「もう一つの歴史」　ザ・リバティ編集部編　幸福の科学出版　2006.4.27　210p　19cm（B6）
◇高嶋教科書裁判が問うたもの―その焦点と運動13年の総括　高嶋教科書訴訟を支援する会編　高文研　2006.6.17　301p　19cm（B6）
◇師弟―ここに志あり　童門冬二著　潮出版社　2006.6.22　269p　19cm（B6）
◇福沢諭吉の戦争論と天皇制論―新たな福沢美化論を批判する　安川寿之輔著　高文研　2006.7.10　386p　19cm（B6）
◇新・武士道論（ちくま文庫）　俵木浩太郎著　筑摩書房　2006.7.10　302p　15cm（A6）
◇経済思想〈9〉日本の経済思想（1）　大森郁夫責任編集　日本経済評論社　2006.7.14　299p　21cm（A5）
◇鉄路の美学―名作が描く鉄道のある風景　原口隆行著　国書刊行会　2006.9.15　358p　19cm（B6）
◇白い陰毛　濱田良二郎著　東京図書出版会, リフレ出版〔発売〕　2006.9.25　176p　19cm（B6）
◇政治思想のデッサン―思想と文化の間（Minerva21世紀ライブラリー〈85〉）　中道寿一著　（京都）ミネルヴァ書房　2006.9.30　294, 6p

19cm(B6)
◇マーケティング思想史—メタ理論の系譜　堀田一善著　中央経済社　2006.10.10　223p 21cm(A5)
◇福沢諭吉　小野忠男,相磯裕文,穂積和夫絵　(国立)にっけん教育出版社,星雲社〔発売〕　2006.10.7　1冊 25×19cm
◇小説福沢諭吉 若き血に燃ゆる　茶屋二郎著　リベラルタイム出版社　2006.11.10　221p 19cm(B6)
◇知られざる福沢諭吉—下級武士から成り上がった男(平凡社新書)　礫川全次著　平凡社　2006.11.10　246p 18cm
◇福沢諭吉　国家理性と文明の道徳　西村稔著　(名古屋)名古屋大学出版会　2006.12.15　338,11p 21cm(A5)
◇日本の近現代史述講 歴史をつくるもの〈上〉　坂野潤治,三谷太一郎著,藤井裕久,仙谷由人監修,日本の近現代史調査会編　中央公論新社　2006.12.15　252p 19cm(B6)

福田　昌子
ふくだ・まさこ

明治45年(1912年)7月8日～
昭和50年(1975年)12月30日

産婦人科医,政治家　衆院議員(社会党),東和大学理事長
福岡県築上郡吉富町出身。弟は福田敏南(元福田学園理事長)。東京女子医学専門学校〔昭和9年〕卒,九州帝大医学部専科〔昭和13年〕卒。医学博士〔昭和15年〕。

九州帝大医学部附属病院、済生会福岡病院、至誠会関西支部病院などに勤めた。昭和22年衆院議員となり、以来5回当選。社会党中執委員などを歴任。のち婦人問題研究所を創設、所長兼附属福田診療所所長。42年東和大学を設立し、理事長に就任。平成15年福田昌子平和文化賞が創設された。主著に「優生保護法解説」がある。

福冨　芳美
ふくとみ・よしみ

大正3年(1914年)11月23日～
平成4年(1992年)4月22日

服飾デザイナー　神戸文化短期大学学長,神戸ファッション専門学校校長
兵庫県出生。夫は福冨震一(福冨学園理事長)。エコール・ド・デッサン・アプリケ・ア・ラ・モード〔昭和31年〕卒,日本大学芸術学部美術科〔昭和36年〕卒。置藍綬褒章〔昭和50年〕,勲三等瑞宝章〔昭和62年〕,兵庫県教育功労者表彰〔昭和40年〕,神戸市文化賞〔昭和57年〕,産業教育功績者文部大臣表彰〔昭和59年〕,兵庫県文化賞〔昭和60年〕。

女学校卒後、婦人服の仕立て職人に弟子入り。その後、杉野学園ドレスメーカーで学び、昭和12年神戸ドレスメーカー学院を設立。30代半ばに東京に出て大学に入り、欧米をまわる。42年明石短期大学を創立、学長となる。

福西 志計子

ふくにし・しげこ

弘化4年(1847年)12月～
明治31年(1898年)8月31日

教育家　順正女学校創立者
備中国松山城下(岡山県高梁市)出生。
　岡山県で最初の女学校である順正女学校の創立者。7歳の時父を失くし、17歳で結婚。明治9年開設早々の高梁女紅場(のち高梁小学校の附属裁縫所として組織変更)に14年まで5年間裁縫教師として奉職。のち高梁に入って来たキリスト教を信奉したため附属裁縫所が閉鎖となり、順正女学校を創立。翌年15年には高梁基督教会創立に参加、明治プロテスタント教会史上最大といわれる迫害に遭ったが、女子教育家としてその後も活動を続けた。

福原 軍造

ふくはら・ぐんぞう

明治35年(1902年)1月28日～
昭和63年(1988年)11月17日

福原学園名誉総長
福岡県鞍手郡鞍手町出身。立正大学史学科〔昭和5年〕卒、日本大学史学科〔昭和9年〕卒。理学博士〔昭和46年〕、工学博士〔昭和47年〕。置勲三等旭日中綬章〔昭和47年〕。
　昭和22年北九州市に福原学園を創設、九州女子大、九州女子短期大学などを設立。60年学園理事長を辞職。日本私立大学協会理事、全九州私立大学協会会長なども歴任。

福本 寿栄

ふくもと・じゅえい

明治11年(1878年)～
昭和6年(1931年)12月

教育者　三浦高等学校創立者
神奈川県三浦郡衣笠村神金(横須賀市)出生。神奈川県師範学校卒。
　大正11年沢山小学校校長となる。昭和に入ると間もなく大塚孝雄と私立中学校の設立に参画する。昭和3年2月財団法人三浦中学校設立許可を申請し、4月自邸で入学式を挙行、池上町妙蔵寺で授業を開始する。4年4月財団法人三浦中学校設立及び三浦中学校設置が認可され、初代理事長兼校長に就任。大塚孝雄が商業学校設立のため中途で分かれ、以後福本が継承した。のち同校は23年に三浦高等学校となり、26年学校法人三浦学苑に組織変更された。

福山 重一

ふくやま・しげかず

明治42年(1909年)1月21日～
平成4年(1992年)9月21日

芦屋学園総長・理事長, 名城大学名誉教授
兵庫県神戸市出生。妻は福山起弥(芦

屋女子短期大学学長）。関西学院大学法文学部〔昭和12年〕卒、関西学院大学大学院文学科〔昭和14年〕修了。経済学博士〔昭和33年〕。団産業教育学、職業指導学　日本教育学会、日本産業教育研究会（会長）、日本私立大学協会（常務理事）置勲二等瑞宝章〔昭和55年〕、日本学士会アカデミア賞〔昭和45年〕、文部大臣表彰〔昭和49年〕。

昭和39年芦屋大学を創設。芦屋大学学長の他、大阪府教育委員長もつとめた。職業選択能力を指数で表し、学生の進路指導に役立てる"F式選職能力テスト"を考案した。

藤井　健造
ふじい・けんぞう

明治39年（1906年）1月14日～
平成3年（1991年）2月10日

大手前女子学園理事長
大阪府大阪市出身。関西大学経済学部〔昭和4年〕卒。置藍綬褒章〔昭和46年〕、勲三等瑞宝章〔昭和52年〕、レジオン・ド・ヌール勲章〔昭和57年〕、パルムアカデミックオフィシェ章〔昭和56年〕。

昭和21年4月"今後、戦争のない社会を作るための女子教育の必要"を痛感し、大手前文化学院を創設。

藤井　高蔵
ふじい・こうぞう

明治13年（1880年）7月1日～
大正13年（1924年）6月9日

女子教育家　奈良育英学園創立者
奈良県吉野郡小古田村出生。妻は藤井ショウ（奈良育英学園創立者）。明治法律学校法政科〔明治37年〕卒。
東京で三島毅の私塾二松学舎に漢文学を学び、夜間国民英学会で英語を学ぶ。のち、明治法律学校を卒業後、新大和新聞主筆となる。明治41年それまで廃絶状態にあった同志記者倶楽部を再興し、その代表発起人となった。同年地方政界に進出し、白銀村議に当選。また、奈良基督教会の青年団体・日新社理事となり、経営に関わるほか、講演会なども企画した。42年ショウと結婚。大正5年妻とともに私立育英女学校を創立、9～13年校長を務めた。12年奈良育英高等女学校（現・奈良育英高校）と改称。

【評伝・参考文献】
◇奈良育英学園五十年のあゆみ　奈良育英学園編　奈良育英学園　1966.10.12
◇奈良育英学園の八十年　奈良育英学園編　奈良育英学園　1996.11.8

藤井　ショウ
ふじい・しょう

明治15年（1882年）12月15日～
昭和17年（1942年）3月4日

女子教育家　奈良育英学園創立者
旧姓名は馬場。大分県西国東郡朝日村出生。夫は藤井高蔵（奈良育英学園創立者）。熊本尚絅女学校〔明治33年〕卒。

　明治33年大分南部高等小学校訓導、36年鹿児島県加治木女子尋常高等小学校に赴任。東京府女子教育会で文部省家事裁縫受験予備科を修了後、39年市立奈良職業学校、41年大分県立大分高等女学校兼大分女子師範学校に勤務。42年藤井高蔵と結婚。大正5年夫とともに私立育英女学校を創立。12年奈良育英高等女学校（現・奈良育英高校）と改称。13年に夫が亡くなった後は、校主となり、昭和3～16年校長を務めた。

【評伝・参考文献】
◇奈良育英学園五十年のあゆみ　奈良育英学園編　奈良育英学園　1966.10.12
◇奈良育英学園の八十年　奈良育英学園編　奈良育英学園　1996.11.8

藤井 曹太郎
ふじい・そうたろう

安政2年（1855年）4月～
大正12年（1923年）5月24日

教育家　盈進商業実務学校創立者
備後国（広島県）福山出生。

　深安郡の小学校に奉職していたが、明治37年その職を辞し、さらに進んで地方青年のため、盈進商業実務学校を創立。翌38年2月文部大臣より認可。39年には簡易商業科を新設している。その人柄は温厚篤実。教育や地方実業界への功により、県や教育会などから数回表彰を受ける。その教育理念は孟子の教え"源泉混々として昼夜をおかず科（あな）に盈（み）ちて後に進み四海にいたる"。校名の由来でもある。

藤井 正男
ふじい・まさお

明治39年（1906年）3月19日～
平成7年（1995年）6月12日

衆院議員（国民協同党）
広島県出身。明治大学法学部〔昭和6年〕卒。置勲四等瑞宝章〔昭和52年〕。

　昭和21年衆院議員に当選。22年から福山市長2期。藤井商事会長を務めた。昭和35年福山電波工業専門学校を創立。

伏木田 隆作
ふしきだ・りゅうさく

明治33年（1900年）1月5日～
昭和37年（1962年）4月11日

教育家　北海道尚志学園創立者
北海道浦河郡荻伏村出生。置藍綬褒章〔昭和35年〕，運輸大臣賞（交通文化賞）。

　北海道荻伏村の牧畜を営む農家に生まれる。尋常小学校卒業後、家業

を手伝いながら馬喰まがいの仕事を始める。大正7年東京自動車学校に入学し、8年自動車運転手甲種免許証を取得し、卒業。帰郷し、出口慶次郎の自動車会社の運転手となる。同年、日本甜菜製糖清水工場の自動車部勤務を経て、12年設立の札幌乗合自動車の運輸部長。利用者が少なかったため1年とたたず経営困難になり、13年乗合自動車を運休。同年自宅で自動車運転技能教習所(のちの北海道自動車学校)を始める。昭和28年自動車学園(のち北海道尚志学園)理事長に就任。30年札幌高等電波専門学校を設立。

【評伝・参考文献】
◇目で見る70年のあゆみ　北海道尚志学園学園史編纂委員会編　北海道尚志学園　1993.3.31
◇北海道尚志学園七十周年史　北海道尚志学園学園史編纂委員会編　北海道尚志学園　1995.3.31

藤田　啓介
ふじた・けいすけ

大正14年(1925年)3月21日～
平成7年(1995年)6月11日

藤田保健衛生大学理事長・総長
愛媛県新居浜市出生。名古屋大学医学部〔昭和23年〕卒。医学博士〔昭和29年〕。團生化学。

昭和35年岩手医科大学助教授、38年愛知学院大学教授。その後、40年南愛知准看護学校長、41年名古屋衛生技術短期大学学長・名古屋医学技術専門学院長、42年新居浜精神衛生研究所・藤田学園各理事長などを歴任して、43年名古屋保健衛生大学学長に就任。59年藤田学園保健衛生大学に、平成3年4月藤田保健衛生大学に改称。著書に「歯学生化学」「医学領域における臨床看護学入門」など。

藤田　進
ふじた・すすむ

大正2年(1913年)2月10日～
平成15年(2003年)3月1日

労働運動家,政治家　総評議長,参院議員(社会党),大阪工大摂南大学総長・理事長
広島県賀茂郡黒瀬町出生。関西工学校土木科〔昭和7年〕卒。経済学博士〔昭和35年〕。團経済政策 置勲一等旭日大綬章〔昭和58年〕,参議院永年在職議員表彰。

ミシガン州立ウェイン大学留学。広島県庁を経て、昭和12年広島電気に入社。戦後、労働運動に参加し、21年中国配電労組中央本部書記長、24年電産中央執行委員長。27年総評2代目議長に就任。炭労、電産の2大争議を指導した。28年社会党から参院議員に当選、5期務めた。一方、36年大阪工業大学教授となり、41年法人理事、44年理事長。62年総長も兼務。摂南大学、広島国際大学を創設した。黒龍江大学名誉教授、同済大学名誉教授。著書に「基幹産業社会化の動向」

など。

【評伝・参考文献】
◇国政のウラオモテ・国会30年の藤田進　国政のウラオモテ・国会30年の藤田進刊行委員会編　国政のウラオモテ・国会30年の藤田進刊行委員会　1997.8　394p 20cm

藤田 隆三郎
ふじた・たかさぶろう

安政3年(1856年)5月2日～
昭和5年(1930年)12月27日

名古屋控訴院長
愛媛県出生。東京大学法科〔明治11年〕卒。
　明治18年増島六一郎らと18名で英吉利法律学校(現・中央大学)を創設。外務権少書記官なども務めた。

藤田 文蔵
ふじた・ぶんぞう

文久1年(1861年)8月6日～
昭和9年(1934年)4月9日

彫刻家　東京美術学校教授, 女子美術学校創立者
旧姓名は田中。因幡国法美郡(鳥取県)出生。工部美術学校〔明治15年〕卒。
　明治9年上京し、国沢新九郎主宰の彰技堂に学ぶ。同年工部美術学校に入り、ラグーザに師事して彫刻を学ぶ。16年彫刻専門美術学校を設立しようとするが失敗。22年の東京美術学校(現・東京芸術大学)開校に際し、23年同校雇となり、24年講師、33～38年同教授をつとめた。一方、32年に女子美術学校(現・女子美術大学)を創立し校長に就任。明治維新に功のあった人々の記念碑的肖像を多く手がけ、代表作に「有栖川宮肖像」「陸奥宗光像」「乃木将軍像」などがある。同窓だった大熊氏広らと共に日本近代彫刻の基礎を築いた。また熱心なクリスチャンで、明治20年代頃牛込教会長老として日本基督教会に属し、大正8年には四谷キリスト教会牧師となった。

藤村 トヨ
ふじむら・とよ

明治10年(1877年)6月16日～
昭和30年(1955年)1月18日

女子体育指導者　東京女子体育専門学校校長
香川県坂出町出生。東京女高師理科中退, 東京女子医専(東京女子医科大学)〔大正9年〕卒。
　病弱で進学できず、明治35年体操で健康になったことから体育に強い関心を持ち、37年体操教員検定試験で女性最初の合格者となった。同年東京女子体操音楽学校に就職、41年校長となる。かたわら大正4年東京女子医専に入って医学を修め、昭和3年から3年間海外視察。6年にドイツのワルター女史を迎えてドイツ体操を奨励。19年東京女子体育専門学校(現・

東京女子体育大学)校長に就任、"女子体育は女子の手で"をモットーに女子体育指導者養成に尽力した。

【評伝・参考文献】
◇気骨の女―森田正馬と女子体操教育に賭けた藤村トヨ　寺田和子著　白揚社　1997.10　257p 19cm

藤村 晴
ふじむら・はる

安政2年(1855年)10月～
昭和10年(1935年)

教育者　共立女子職業学校創立者
長男は藤村操,義弟は那珂通世(東洋史学者)。東京女子師範学校小学師範科〔明治12年〕卒。

明治19年共立女子職業学校(現・共立女子学園)設立発起人の1人として創設に参加。25年から札幌女子小学校に勤務していたが、33年ごろ夫の死去により母子5人で上京。34年11月から共立女子職業学校に勤務し、算術を教授。36年旧制第一高等学校生であった長男藤村操が"人生不可解"の「巖頭の感」を遺して日光華厳滝へ投身、息子に先立たれた。共立女子職業学校には大正6年まで在職した。

【評伝・参考文献】
◇共立女子学園百十年史　共立女子学園百十年史編集委員会編　共立女子学園　1996.10.18

藤本 寿吉
ふじもと・じゅきち

安政2年(1855年)～
明治23年(1890年)7月17日

工手学校創立委員
豊後(大分県)出生。慶応義塾, 工部大学校。

慶応元年に上京、慶応義塾に学ぶ。明治14年(1881)工部大学校で造家学を修める。工部省営繕局を経て、19年三菱社に入社。21年工手学校(のちの工学院大学)創立委員として参画。開学後は管理員監事となり、造家学科教務主理として草創期の学園を支えた。

【評伝・参考文献】
◇築　工学院大学学園創立百周年記念写真集　工学院大学百年史編纂委員会編　工学院大学　1989.4.1
◇工学院大学学園百年史　工学院大学学園百年史編纂委員会編　工学院大学　1993.9.30

藤原 市太郎
ふじわら・いちたろう

元治1年(1864年)～
昭和14年(1939年)1月15日

教育家　大阪歯科大学創立者
大阪・島ノ内出生。

歯科医師開業試験合格後、大阪市東清水町に診療所を開く。明治27年から講習会を主催するなど教育を志

す。その後、歯科医学校設立を決意、43年設立基金積立講を発足し、設立資金を集めた。44年大阪歯科医学校(元・大阪歯科大学)を設立。のち、54歳で経営を譲渡する。

【評伝・参考文献】
◇大阪歯科大学史　大阪歯科大学史編集委員会　大阪歯科大学　1981.6.18

藤原 銀次郎

ふじわら・ぎんじろう
明治2年(1869年)6月17日〜
昭和35年(1960年)3月17日

実業家,政治家　王子製紙社長,商工相,軍需相
長野県安茂里村(長野市)出生。慶応義塾〔明治22年〕卒。

　明治22年慶応義塾を卒業後、松江日報に入社して主筆を務めるが、明治28年三井銀行に入社。30年富岡製紙場、31年王子製紙出向を経て、32年三井物産に転出し、台湾支店長や木材部長などを歴任した。44年それまでの経験と紙・パルプ業に明るいことを買われて業績不振に陥っていた三井系の王子製紙の専務に就任。以来、有能な人材の発掘及び活用と、北海道苫小牧工場を拠点とする徹底的な合理化を推進し、第一次大戦にともなう洋紙の高騰にも助けられ、会社の再建に成功。大正9年には社長となり、欧米の経営法や先進技術を導入するため積極的に社員を海外に派遣し、自身もたびたび欧米視察に赴いた他、樺太・朝鮮・中国などにも工場を進出させた。昭和8年にはライバル会社であった富士製紙、樺太製紙との製紙大合同を実現させることにより王子製紙を日本の製紙の90%を占める巨大企業に成長させ、"製紙王"の異名をとった。13年会長。この間、内閣顧問、海軍顧問などを歴任し、昭和4年貴院議員に勅撰。15年には米内内閣に商工相として初入閣し、18年東条内閣の国務相、19年小磯内閣の軍需相を歴任した。一方、14年古稀を機に私財を投じ、工業への貢献と英語・数学など基礎を重視した工学教育を行うため横浜・日吉に藤原工業大学を設立。同校は19年学園に工学部を必要としていた慶応義塾大学に寄付され、同大工学部となったが、子どものいない彼は月に何度か大学を訪れて学生や卒業生たちと交歓するのを楽しみにしていたという。戦後、23年公職追放となり、王子製紙も三分割された。晩年は趣味に生きて静かに余生を送り、34年残った財産で藤原科学財団を設立し、すぐれた技術者に贈られる藤原賞を創設。また、それまで製紙のために木を切った罪滅ぼしとして植林事業を展開した。著書に「欧米の製紙界」「労働問題帰趨」「工業日本精神」「藤原銀次郎回顧八十年」などがある。

【評伝・参考文献】
◇思い出の人々　藤原銀次郎著,石山賢吉記　ダイヤモンド社　1950　329p 図版 19cm

◇藤原銀次郎回顧八十年（5版）　下田将美著，藤原銀次郎述　講談社　1950　481p 図版 19cm
◇私の経験と考え方　藤原銀次郎著　高風館　1951
◇回顧八十年（市民文庫）　下田将美著，藤原銀次郎述　河出書房　1952　254p 15cm
◇苦楽断片　藤原銀次郎著　高風館　1952
◇続 財界回顧―故人今人（三笠文庫）　池田成彬著，柳沢健編　三笠書房　1953　217p 16cm
◇財界巨人伝　河野重吉著　ダイヤモンド社　1954　156p 19cm
◇産業史の人々　楫西光速著　東大出版会　1954
◇日本財界人物伝全集 4（藤原銀次郎伝）　水谷啓二著　東洋書館　1954
◇藤原銀次郎伝（日本財界人物伝全集）　水谷啓二著　東洋書館　1954　345p 図版 19cm
◇藤原銀次郎氏の足跡　石山賢吉著　ダイヤモンド社　1960　343p 図版 19cm
◇世渡り九十年　藤原銀次郎著　実業之日本社　1960　302p 図版 19cm
◇藤原銀次郎（一業一伝）　桑原忠夫著　時事通信社　1961　243p 図版 18cm
◇藤原銀次郎伝　窪田明治著　新公論社　1962　530p 19cm
◇日本財界人物列伝（第1巻）　青潮出版株式会社編　青潮出版　1963　1171p 図版 26cm
◇藤原さんと私　市川義夫著　〔市川義夫〕　1973　155p 肖像 19cm
◇藤原銀次郎翁語録―明治・大正・昭和実業人の典型　市川義夫著　藤原科学財団　1979.3　253p 19cm
◇藤原銀次郎―巨人伝説から（銀河グラフティ）　宮坂勝彦編　（長野）銀河書房　1986.3　110p 21cm
◇福沢山脈（小島直記伝記文学全集 第4巻）　小島直記著　中央公論社　1987.1　577p 19cm
◇藤原銀次郎の軌跡―生誕百二十周年記念　紙の博物館，藤原科学財団編　紙の博物館　1989.6　71p 26cm

二木 謙吾

ふたつぎ・けんご

明治30年（1897年）1月1日～
昭和58年（1983年）12月22日

宇部学園創立者，参院議員（自民党）山口県出生。長男は二木和夫（元山口県議），二男は二木秀夫（元参院議員）。山口師範〔大正7年〕卒。󠄁勲二等瑞宝章〔昭和43年〕，勲一等瑞宝章〔昭和54年〕。

　小学校教師を経て、昭和17年宇部学園を創設。宇部女子高、美称中央高校長、山口芸術短期大学学長を歴任。一方、22年から山口県議を3期務めたあと、37年参議院山口地方区で自民党から当選。以来連続3期、参院議員を務め、大蔵政務次官、文教、外務、ロッキード特別委の各委員長を歴任、55年引退した。

船田 兵吾

ふなだ・ひょうご

明治1年（1868年）9月28日～
大正13年（1924年）12月11日

教育家　作新学院創設者
下野国（栃木県）梁田郡上渋垂村（足利

市)出生。長男は船田中(政治家)、二男は船田亨二(法学者・政治家)、三男は藤枝泉介(政治家)、孫は船田譲(栃木県知事)。置勲六等瑞宝章〔大正12年〕、帝国教育会長功牌〔明治44年〕。

　代々、赤城神社の神職を務める家に生まれる。幼時、祖父より学問の手ほどきを受け、次いで小学校や私塾に学び、漢学・文学・剣術などを修めた。明治17年英学塾に進むため宇都宮に赴くが、間もなく塾が経営不振に陥り、関係者の総意により若年ながら塾を任された。18年同地に下野英学校を設立したが、21年閉校。同年宇都宮市内の私立学校が合同して旧黒羽藩の藩校・作新館の名称を受け継ぐ私立作新館が創設されるとこれに参画、24年創設主唱者の小山田弁助が運営から手を引いた為、同館長に就任。28年には文部省の認可により同校を栃木県初の私立尋常中学校とし、この年に生まれた長男に中学の"中"の字を命名した。32年中学校令の改正を期に私立下野中学校となり、大正8年下野中学校と改称。13年56歳で病没したが、やがて同校は作新学院として幼稚園から大学までを擁する一大学園となり、高校野球などスポーツの名門校としても全国に知られるようになった。傍ら、障害者教育にも力を尽くし、明治41年には私立宇都宮聾唖学校の設立に参画。長男・中は後年に衆院議長となり、二男・亨二、三男・藤枝泉介も衆院議員、国務大臣を務めた。

船田 ミサヲ
ふなだ・みさお

明治5年(1872年)1月13日〜
昭和31年(1956年)5月19日

女子教育者、女性運動家　済美高校理事長、大日本婦人会松山支部長
旧姓名は白川。愛媛県松山市二番町(柳井町)出生。兄は白川義則(陸軍大将)。愛媛師範附属小高等科卒。置愛媛県教育文化賞〔昭和29年〕。

　旧松山藩士の長女として生まれる。実家は材木問屋を営み裕福だったが、やがて没落。明治19年小学校教員見習いとなる。25年私立松山幼稚園保母長となり、40年家政女学会を設立。41年沢田亀と愛媛実科女学校を開校、44年勝山高等女学校と合併して済美高等女学校となり、その専務理事として学校経営に尽力。また愛媛県における女性運動の先駆者としても知られる。戦時中に大日本婦人会松山支部長を務めたことから戦後公職追放に遭ったが、教え子らの署名運動により追放が解除され、済美高校理事長として経営の復興に当たった。

【評伝・参考文献】
◇先人の勇気と誇り—「歴史に学ぼう、先人に学ぼう」〈第2集〉　モラロジー研究所出版部編　(柏)モラロジー研究所、(柏)廣池学園事業部〔発売〕　2006.1.20　249p 19cm (B6)

プライン，メアリ

Pruyn, Mary
(生没年不詳)

宣教師(米国婦人一致外国伝道教会)，教育者　横浜共立学園共同創立者・総理(第1代)

　1871年(明治4年)米国婦人一致外国伝道教会はJ. H. バラの要請に応じて、日本の伝道と教育のためにプラインを代表者として、J. N. クロスビー、L. H. ピアソンの3人の女性宣教師を派遣した。同年8月3人は協力して横浜山手48番に亜米利加婦人教授所(アメリカン・ミッション・ホーム横浜共立学園の前身)を創立、総理格としてホームの経営と塾舎の取締りに当たった。しかし病気のため、1875年帰国した。

【評伝・参考文献】
◇ヨコハマの女性宣教師―メアリー・P. プラインと「グランドママの手紙」　メアリー・P. プライン〔著〕、安部純子訳著　EXP　2000. 12　301p 19cm

ブラウン，チャールズ・L.

? ～1921年

宣教師(米国南部一致ルーテル教会)
九州学院創立者
米国ノースカロライナ州出生。

アメリカ南部一致ルーテル教会宣教師。神学校に進み宣教師となったブラウン博士は、1899年(明治32年)に熊本来訪、布教活動に従事した。1910年(明治43年)九州学院設立。翌年開校。1916年(大正5年)博士は第1期の卒業生を見届けた後、故郷米国に帰国。その後も精力的に活動を続けるが、アフリカの伝道地視察旅行の最中、リベリアで風土病に罹り、47歳の若さで亡くなった。1925年(大正14年)博士の業績を記念し、ブラウン・メモリアル・チャペル竣工。屋根に十字架をしつらえたロマネスク風建築で、1996年(平成8年)10月文化庁の登録有形文化財に指定されている。

ブリテン，ハリエット・ガートルード

Britten, Harriet Gertrude
1822年6月～1897年4月30日

宣教師(米国メソジスト・プロテスタント教会)，教育者　ブリテン女学校(横浜英和女学校)創立者・校長
英国出生，米国ニューヨーク州ブルックリン出身。

　幼い頃両親とともに米国に渡り、ニューヨーク州ブルックリンに居住。10歳の頃転落事故で背骨を痛め、8年間寝たきりの生活を送った後、キリスト教の宣教師として生きることを決意する。アフリカ、インドでの伝道ののち、1880年(明治13年)9月、58歳の時に米国メソジスト・プロテスタント教会から派遣されて来日。同年

横浜山手にブリテン女学校を創立し、5年間校長を務めた。同校は1886年横浜英和女学校に改称、のち成美学園、横浜英和学院へと発展した。1897年までキリスト教伝道のため活躍したが、病気のため帰国を決意、同年4月出帆したが、サンフランシスコ入港の翌日死去した。

古市 公威

ふるいち・こうい

嘉永7年(1854年)閏7月12日～
昭和9年(1934年)1月28日

土木工学者,男爵　東京帝大名誉教授,枢密顧問官,貴院議員(勅選)
幼名は兵庫郎、通称は造次、諱は孝粛。江戸出生,兵庫県出身。大学南校,パリ大学理科〔明治13年〕卒。帝国学士院会員〔明治39年〕。工学博士〔明治21年〕。

　姫路藩士の子。明治3年大学南校の貢進生となり、フランス語を修得。8年パリ大学理科に留学。13年内務省土木局に入省。19年帝大工科大学教授兼学長になり、21年わが国最初の工学博士。23年土木局長に任じられ、同年勅選貴院議員。その後、内務省初代技監、逓信省総務長官兼官房長・鉄道作業局長官・京釜鉄道会社総裁・韓国総監府鉄道管理局長官等を歴任。36年東京帝国大学名誉教授。大正3年土木学会初代会長。さらに理化学研究所長、万国工学会議会長などを歴任。8年男爵を授けられ、13年枢密顧問官に任じられる。また日仏協会・日仏会館理事長も務め、日仏文化交流に尽力した。この間、明治21年工手学校(のちの工学院大学)設立にあたっては創立委員に名を連ねた。

古田 貞

ふるた・さだ

明治2年(1869年)7月28日～
大正11年(1922年)10月18日

教育家　鳥取女子高校創設者
因幡国(鳥取県)出身。

　明治33年鳥取市に女子裁縫塾を開く。38年鳥取裁縫女学校、44年鳥取技芸女学校と名称変更。のちに鳥取女子高校となった。

古田 重二良

ふるた・じゅうじろう

明治34年(1901年)6月23日～
昭和45年(1970年)10月26日

日本大学会頭
秋田県秋田市出生。秋田師範中退,日本大学高等専攻部法律科〔大正14年〕卒。

　秋田師範を中退して大正10年上京し、日本大学高等専攻部法律科に学ぶ。14年同卒業とともに日大高等工学校(工学部の前身)の事務職員となり、昭和4年日本大学書記、6年同参事、17年日大附属第二商業学校講師を経て、終戦直前の昭和20年6月同大

工学部事務長。戦後は日大と同じように戦災を受けた全国の私学に働きかけて全国私学時局対策大会を開催。さらに日本私学団体総連合会を結成してその事務所を日大に置き、自らは会長代理を務めた。24年日本大学理事となり、同年理事長に就任。33年理事会の満場一致を受けて同大学内最高のポストである会頭兼理事長兼学長に選出された。以後、各地に附属高校を増設するなど学園の規模の拡大を図った他、学部独立採算制を導入して学部間の競争を煽り、在任中に大学生8万人、高校、中学を合わせると14万人にのぼる学園のマンモス化を達成。また同年からは大学審議会会長も兼ね、当時の佐藤栄作首相を総裁にかついで日本会を結成するなど、政界にも太いパイプを持った。他方、28年郷土・秋田の人材育成を目的に、同郷の先覚者・佐藤信淵を建学の祖として仰ぎ、真理・調和・実学の三つを建学の柱として秋田短期大学及び同附属高校を創立。39年には秋田経済大学（のち秋田経済法科大学, 現・ノースアジア大学）を開校した。

【評伝・参考文献】
◇学校法人秋田経済法科大学四十年史　秋田経済法科大学四十周年記念史編纂委員会編　秋田経済法科大学　1996.11

古屋 喜代子
ふるや・きよこ

明治43年（1910年）3月15日～
昭和54年（1979年）10月4日

教育家　山梨学院創立者
愛知県名古屋市出生。夫は古屋真一（山梨学院創立者）。愛知県女子師範専攻科〔昭和3年〕卒。

　昭和21年夫・真一とともに山梨実践女子高等学院を創設。同年山梨女子高等学院、23年山梨高等学院と名称変更。26年学校法人山梨学院となる。同年山梨学院短期大学教授兼栄養科長、32年短期大学副学長、37年山梨学院大学教授となり、45年同学長、理事長に就任。学園紛争処理にあたった。

古屋 真一
ふるや・しんいち

明治40年（1907年）2月～
平成14年（2002年）11月6日

山梨学院創立者
山梨県出身。妻は古屋喜代子（山梨学院創立者）、長男は古屋忠彦（山梨学院大学理事長・学長）。早稲田大学大学院修了。団公法学置藍綬褒章、私学教育功労者表彰、山梨県政功績者表彰、関東郵政局長表彰。

　昭和8年から12年間、日本女子高等学院附属昭和高校教諭、都立杉並実践女学校校長など歴任。帰郷後、21年妻・喜代子とともに山梨実践女子高等

学院を創設。23年山梨学院を創立し、理事長に就任。学校法人に組織変更後、山梨学院短期大学附属幼稚園長、同短期大学学長、同短期大学附属小、中、高の校長を経て、山梨学院大学学長、49年山梨学院学院長を務めた。自治体の諸施策、文化活動の推進にも尽力した。

フロジャク，ヨゼフ
Flaujac, Joseph
1886年3月31日～1959年12月12日

カトリック神父、社会福祉活動家
ベトレヘムの園創立者
フランス・ロデス出生。󠄁勲四等瑞宝章、朝日賞（社会奉仕賞、1958年度）〔1959年〕。

　パリ外国宣教会に入り同会経営の神学校に学び、1909年12月来日。'10年栃木県宇都宮教会に赴任、のち3年間にわたり北関東地方を徒歩で伝道した。'29年身寄りのない結核患者5名を引き取り、のちの"ベタニアの家"を建てる。さらに東京府下清瀬町に児童福祉施設"ナザレトの家"を建設。'33年には同地に療養農園"ベトレヘムの園"を建て結核患者を収容した。他にも東星学園を創立するなど、東京における社会福祉活動に大きな足跡を残した。

【評伝・参考文献】
◇フロジャク神父の生涯　五十嵐茂雄著　緑地社　1964　436p 図版 19cm

◇ベタニア修道女会とフロジャク神父　清水須巳子著　清水弘文堂　1991.5　272p 19cm

【 ヘ 】

ヘッセル，メリー
Hesser, Marry Kathrina
1853年7月28日～1894年9月1日

宣教師（米国北部長老派教会）、教育者　北陸学院創立者
米国ペンシルベニア州出生。ウェスタン女子神学校（オハイオ州）〔1882年〕卒。

　ドイツ系アメリカ人。1882年（明治15年）米国北部長老派教会派遣の婦人宣教師として来日。最初大阪に赴任したが、金沢在住の宣教師T. C. ウィンと出会い、それが機縁で金沢に転任した。北陸英和学校に勤めたのち、女子教育の必要性を感じ、米国の女子神学校をモデルとして、1885年（明治18年）金沢女学校（現・北陸学院）を設立開校した。1891年病気のため一旦帰国したが、1893年再来日。1年後再び病気のため帰国、9月死去した。明治期の日本人女性のための中等教育に短い生涯をささげた。その業績をしのび、北陸学院短大図書館はヘッセル記念図書館と命名されている。

【評伝・参考文献】

◇メリー・ヘッセルの生涯―女子教育の先駆者　梅染信夫編著　北陸学院短期大学　2001.4　281p 20cm

ヘボン

Hepburn, James Curtis
1815年3月13日～1911年9月21日

教育家, 宣教師　明治学院総理
米国ペンシルバニア州ミルトン出生。プリンストン大学〔1832年〕卒、ペンシルバニア大学医科〔1836年〕卒。医学博士, 法学博士。圀勲三等旭日章〔1905年〕。

祖先はスコットランドから北アイルランドへ移ったスコッチ・アイリッシュで、信仰心の厚い両親に育てられる。1831年プリンストン大学に進学、のちペンシルバニア大学に進み、開業医となる。1840年クララと結婚。1841年二人で米国長老教会より宣教師としてシャムへ派遣される。途中、シンガポールで宣教地を中国のアモイに変更。しかし、夫妻ともにマラリアに罹り伝道を断念。1846年帰国し、ニューヨークで医療活動を開始。コレラに罹った患者に対して適切な治療を施し医師としての評判を高めた。1858年米国長老教会海外伝道局に日本への伝道を申請。翌年ニューヨーク港を出帆し、喜望峰回りで、香港と上海に寄港した後、神奈川沖に到着。当時日本人にキリスト教を布教することは幕府より禁じられていたが、医療行為は黙認されていたため、居としていた成仏寺や宗興寺で診療を行った（1861年幕府から施療所閉鎖命令が出される）。1862年横浜居留地39番に新居と施療所を構える。1863年ヘボン塾を開設し、英語を教える。同時期、S. R. ブラウン博士が開設したブラウン塾とともに、のちの明治学院の母体となった。また、1870年米国・オランダ改革教会宣教師キダーがヘボン塾に着任するが、1872年独自に女子教育を行うため独立、後のフェリス・セミナリー（現・フェリス女学院）へと発展した。ヘボンは、英和・和英辞書の必要性を感じ、医療活動の傍ら、日本語研究と語彙の蒐集に取り組み、1867年日本初の本格的な和英・英和辞書「和英語林集成」を出版。辞書を編纂するときに考案されたヘボン式ローマ字表記法は、現在まで使用されている。1875年高齢と聖書翻訳作業のため、学校教育の専門家であり信仰心厚いバラ夫妻に塾を委ねることとなり、ヘボン塾はバラ学校と呼ばれるように。のち、一致英和学校、英和予備校となり、1886年明治学院の設立に参加。同学院の寄宿舎はヘボン館と名づけられた。1887年明治学院教授となり、生理・衛生学を担当。1889年明治学院初代総理に就任。夫妻は日本に33年間滞在したのち、1892年帰国。この間、1880年ブラウンと共同で「新約聖書」、1888年フルベッキとの共同で「旧約聖書」文語体訳を出版した。

【ほ】

ホーイ, ウィリアム・エドウィン

Hoy, William Edwin
1858年6月4日～1927年3月3日

宣教師(米国ドイツ改革派教会)、教育者　東北学院副院長(初代)
米国ペンシルベニア州ミフリンバーグ出生。フランクリン・アンド・マーシャル・カレッジ〔1882年〕卒、改革派教会神学校(ランカスター)〔1885年〕卒。

1885年(明治18年)12月日本派遣の宣教師募集に応じて来日、東京に滞在中の日本基督公会牧師・押川方義と知り合う。1886年5月仙台で押川らとともに仙台神学校を創設。1891年神学部校舎が建てられ、東北学院に改称、翌年副院長に就任、院長の押川を助けて同校の育成に尽力した。1893年には英文誌「Japan Evangelist」を創刊。1899年学院を辞任し、1900年中国布教のため湖南地方に赴任した。求神学堂、女子聖書学館、教会、女学校、病院を設立し、教育・伝道・厚生事業のために活動したが、'27年3月中国内の動乱を避けて帰国する船中で病没した。

朴沢 三代治

ほうざわ・みよじ
文政5年(1822年)～明治28年(1895年)

教育家　朴沢松操学校創設者
宮城県仙台市出生。

渡辺学園を創立した渡辺辰五郎とともに、明治初期における裁縫教授の先覚者。仙台藩士として生まれ、明治維新後、廃刀令が出されてから自分の趣味と天分とを生かして仕立業に転身し、明治12年自宅に裁縫指導の松操塾を開き、5年後に朴沢松操学校(仙台大学の前身)を創設。下級藩士出身の仕立師であった朴沢は、いわゆる袴帯などを専門とする半物師であったが、多年の経験を生かして「裁縫教授用掛図」「衣服名称掛図」「裁縫教科書」などを編纂、独特の一斉教授による裁縫指導を確立した。この一斉教授法は、今までの教授法が師匠の模範を模倣する個人教授法であったのに対し、裁縫の手順を分解、掛図を用いて生徒たちに理解させた後簡単な運針から順次高度なものへと一斉に教授するものであった。また、著書「小学中等科裁縫教授書」(明治17年)は、師範学校用教科書として指定され、多く用いられたという。

星 一

ほし・はじめ
明治6年(1873年)12月25日～
昭和26年(1951年)1月19日

実業家, 政治家　星製薬創業者, 参院議員（国民民主党）, 衆院議員（政友会）

福島県いわき市出身。長男は星新一（SF作家）。東京高商（一橋大学）卒, コロンビア大学（米国）政治経済科〔明治34年〕卒。

明治27年に渡米、7年間の留学中に英字新聞「ジャパン・アンド・アメリカ」を発刊。34年に400円を携えて帰国、製薬事業に乗り出し、43年星製薬を設立、のち星薬学専門学校（星薬科大学）を建学した。星製薬を"クスリハホシ"のキャッチフレーズで代表的な製薬会社に仕立て上げ、後に"日本の製薬王"といわれた。一方、41年衆院議員（政友会）に初当選。後藤新平の政治資金の提供者になるなど関係を深め、その世話で台湾産阿片の払い下げを独占した。そのため、大正12年に後藤が政界から退くと、召喚・逮捕（のち無罪）などが続き、昭和6年には破産宣告をする。12年以後衆院議員に連続3回当選。戦後、22年4月第1回参院選で全国区から出馬、48万余票を得票してトップ当選を果たした。4年後米国で客死した。

星野　フサ

ほしの・ふさ

慶応4年（1868年）3月6日～
昭和26年（1951年）8月2日

教育者, 社会事業家　久留米女子職業学校校主

通称は房子。筑後国久留米（福岡県久留米市）出生。久留米中学校卒。

生地・福岡県久留米には女学校がなかったため、唯一の女子生徒として久留米中学校に学ぶ。明治17年本家に当たる星野伝次郎に嫁ぐが、5年後に夫と死別。この頃から、男女同権に基づく女子教育の発展・向上を志し、21年久留米婦人協会を設立した。32年には県立久留米高等女学校創立に際し、私財を投じて校地1000坪と基本金を寄附。次いで38年に久留米幼稚園を開き、41年には自ら校主となって久留米女子職業学校（のちの福岡県立久留米高校）を開校した。その他、久留米慈善病院の建設に尽力するなど、各種の社会福祉に大きく貢献した。

穂積　陳重

ほずみ・のぶしげ

安政3年（1856年）7月11日～
大正15年（1926年）4月7日

法学者, 男爵　枢密院議長, 帝国学士院院長, 東京帝大教授

伊予国宇和島（愛媛県宇和島市）出生。弟は穂積八束（法学者）, 長男は穂積重遠（民法学者）。開成学校、ベルリン大学。帝国学士院会員〔大正1年〕。法学博士〔明治21年〕。

祖父重麿以来の国学者の家に生まれる。藩校明倫館に学び貢進生として明治7年開成学校で法学を専攻する。9年英・独に留学、法学を修める。

13年に治外法権撤廃の件でベルリン万国国際法会議に出席。翌14年帰国。以後、15年より東京帝大法学部教授兼法学部長を務め、ドイツ法振興政策を推進。18年増島六一郎らと18名で英吉利法律学校（現・中央大学）を創設。23年貴院議員に勅選。26年法典調査会主査委員となり、民法典を起草、民事訴訟法、戸籍法、国際法等を編纂。大正元年に帝国学士院会員、14年同院長。また大正4年に男爵に叙せられ、5～14年枢密顧問官、14年3月枢密院副議長、同年10月議長となった。

【評伝・参考文献】
◇日本の敬語論―ポライトネス理論からの再検討　滝浦真人著　大修館書店　2005.6.15　315p 19cm（B6）

細川　泰子

ほそかわ・たいこ

明治39年（1906年）9月21日～
平成2年（1990年）6月12日

盛岡大学学長，生活学園短期大学学長
岩手県出身。三島学園〔大正15年〕卒。哲学博士，栄養学博士。◉勲三等瑞宝章，キリスト教功労者（第20回）〔平成1年〕。

　昭和18年東北高等女学校常勤講師、20年盛岡市立盛岡青年学校教師、26年盛岡生活学園を創立、園長。29年盛岡栄養専門学校長、31年(学)生活学園理事長。その後、愛育幼稚園、生活学園高校、盛岡調理師学校、生活学園短期大学などを設立し、校長。56年盛岡大学長を兼任。著書に「私の料理」「郷土の料理」ほか。

堀田　正忠

ほった・まさただ

安政6年（1859年）12月27日～
昭和13年（1938年）3月11日

検察官，教育家　大阪控訴院検事，関西大学創立者
千葉県出生。

　明治6年司法省顧問ボアソナードの住み込み書生となり、法典の翻訳、編纂の手伝いをして法律知識を得る。16年ボアソナードの推薦をうけ、福島事件の検察官。高田事件でも主任検事となり"国事犯の堀田か、堀田の国事犯か"といわれる。19年大阪控訴院詰に転じ、大阪事件を担当。この間、関西法律学校（のちの関西大学）創立に関わり、治罪法等を講じる。22年講師、及び検事を辞し、大阪毎日新聞社に入社。23年第1回総選挙に立候補するが、敗れた。この間、東京法学社（のちの法政大学）創立にも関わる。著書に「刑法釈義」「治罪法要論」「仏国会社法要論」など。

【評伝・参考文献】
◇関西大学百年史　人物編　関西大学百年史編纂委員会編　関西大学　1986.11.4
◇法律学の夜明けと法政大学　法政大学大学史資料委員会編　法政大学　1992.3.31

ホフマン, ヘルマン
Hoffmann, Hermann
1864年6月23日～1937年6月1日

宣教師(イエズス会)、カトリック司祭、教育者　上智大学創立者・学長(初代)
ドイツ・ライン地方エルベルフェルト出生。哲学博士。

　16歳でイエズス会に入会し、オランダのエクサーテンで2年間の修道生活を送る。ラテン語及びギリシャ語をオランダのロイナーツラードで学び、1885年オーストリアのフェルドキルヒにあるギムナジウムの教師となり4年間務めた。さらにオランダと英国で哲学・神学を修めた後、1895年司祭となる。1902～09年オランダのファルケンブルク大学哲学教授として活躍。'09年ローマのイエズス会本部から日本赴任の命を受け、'10年(明治43年)来日。東京にカトリック系大学の設立の必要性を説き、'11年財団法人上智学院を設立、'13年(大正2年)東京四谷に上智大学を創立し、'37年没するまで学長を務めた。また哲学・倫理学・ドイツ語も講じた。日本の青年を心から愛し、彼等が有為な人物になるよう常に知育、徳育一如の精神を持って指導に当り、一生独身でひたすら教育のために尽した。

ボーマン, レオポルド
Baumann, Leopold
(生没年不詳)

宣教師(聖マリア会)、教育家
　1892年9月来日。ランバック、グットレーベンとともに1892年12月長崎に入り、海星学校創立に参加した。

【評伝・参考文献】
◇海星百年史1892-1992　橋本国広、嶋末彦編・著　海星学園　1993.12.15

堀 栄二
ほり・えいじ
明治19年(1886年)10月～
昭和21年(1946年)4月9日

教育家　享栄学園創立者
愛知県名古屋市中区裏門前町出生。名古屋商業学校卒。
　商業学校卒業後、明治38年より9年間米国で学ぶ。大正2年実業人養成を目指し私塾英習字簿記学会を開く。4年享栄学校を設立。7年享栄貿易学校、14年享栄商業、19年享栄女子商業高校(現・享栄高校)と改称。のち、鈴鹿国際大学、鈴鹿高校、鈴鹿中学校などを擁する享栄学園として発展した。

堀越 千代
ほりこし・ちよ
安政6年(1859年)8月15日～
昭和23年(1948年)4月4日

教育者　堀越高等女学校校長
陸奥国盛岡(岩手県盛岡市)出生。洋

式東京洋服裁縫学校卒。

裁縫に関心を持ち、明治16年より洋式東京洋服裁縫学校に学ぶ。同校卒業後、しばらく母校の教師を務め、それからフランス婦人に従ってフランス式裁縫を修得した。30年東京・飯田町に和洋裁縫女学校を開校。のちには一般教育科目や卒業後の無試験による中学裁縫教員免許の授与など教育課程を充実させた。大正12年には堀越高等女学校を創立し、校長に就任。次いで、昭和3年には裁縫女学校を和洋女子専門学校に発展させ、のちの和洋学園の基盤を確立した。

堀水 孝教
ほりみず・こうきょう

明治33年（1900年）11月7日～
平成2年（1990年）4月27日

北海道立正学園園長
山梨県出身。山梨師範卒、立正大学専門部師範科卒。置勲四等旭日小綬章〔昭和48年〕、旭川市文化賞〔昭和55年〕、文部大臣表彰〔昭和56年〕。

昭和22年旭川市立実業高校長、北海道立歌志内高校長、増毛高校長などを歴任。35年旭川実業高を創設、平成元年まで同校理事長、校長を兼任した。

ボルジア，メール

1850年3月20日～1933年3月8日

女子教育家，修道女　熊本信愛女学院創立者

本名はマテ，フィリベルトゥ。修道名はボルジア，フランソワ・ドゥ〈Borgia, Francois de〉。フランス・ソーヌ・ロワール県出生。ショファイユ師範学校〔1870年〕卒。置藍綬褒章〔1929年〕。

フランスで7年間、教育の仕事に従事。1877年イエズス修道会による日本への修道女派遣に志願し、他の3人とともに、同年7月神戸に上陸。キリスト教に対して強い誤解を持たれていた中、9年間孤児や病人の世話を行う。1866年岡山に赴任。1889年岡山静瑰女学校（のちのノートルダム清心女子大学・高校・中学校）を創立。1894年熊本に着任し、洋裁の指導や孤児・病人の世話に従事。ハンセン病患者の治療にもあたった。1897年修道院・静瑰館内に寄宿制の女学校を開く。1899年熊本仏英和女学校を開き、仏語、英語、音楽、フランス手芸、和洋裁などを教える。1900年熊本玖瑰女学校（熊本信愛女学院の前身）を設立し、本格的な女子教育を始めた。27歳で来日してから、56年間一度も帰国することはなかった。

【評伝・参考文献】
◇近代日本の私学―その建設の人と理想　日本教育科学研究所編　有信堂　1972.3.31

本庄 京三郎
ほんじょう・きょうざぶろう

明治1年(1868年)4月13日～
昭和13年(1938年)12月23日

実業家,教育者　関西工学専修学校設立者・校主
岡山県出生。東京法学院〔明治24年〕卒。

　父は初代の村長、郵便局長を努め、土地の素封家であった。東京法学院(現中央大学)を卒業後、米国に留学、信託制度を学んで帰国。大正5年頃、大正信託(資本金300万円)を設立、舎主となる。また大正7年、甲陽土地株式会社(資本金375万円)、大正8年株式会社大阪カフェ・パウリスタ(資本金10万円)、9年有馬パラダイス土地株式会社(資本金500万円)等を経営する実業家であった。11年関西工学専修学校(現・大阪工大摂南大学)を設立し、同15年まで校主を務める。

【評伝・参考文献】
◇学園史―創設史実編　学園史(創設史実編)編集委員会編　大阪工業大学　1983.10.30
◇学校法人大阪工大摂南大学80年史　学校法人大阪工大摂南大学80年史編纂委員会編　大阪工大摂南大学　2002.10.30

本多 庸一
ほんだ・よういつ

嘉永1年(1848年)12月13日～
明治45年(1912年)3月26日

牧師,教育家
幼名は徳蔵。陸奥国弘前(青森県弘前市)出生。日本メソジスト教会初代監督,青山学院初代院長。

　弘前藩士の長男に生まれる。藩校・稽古館に学び、16歳で同校の司監に抜擢された。慶応4年(1868年)戊辰戦争に際して菊池九郎とともに庄内藩に派遣され奥羽越列藩同盟締結に奔走するが、藩論が勤王に傾いて弘前藩が同盟を脱退するとこれを不服とし、藩を脱けた。明治元年許されて帰藩し、3年藩命により横浜に内地留学して宣教師ジェームズ・バラの薫陶を受けた。4年廃藩により一時帰郷するが、5年私費で再び横浜に遊学、バラーより洗礼を受けた。7年菊池が創設した東奥義塾の塾頭に迎えられ宣教師のJ. イングと帰郷、11年塾長。この間、8年弘前キリスト公会を創設し、9年教派をメソジストに転じて弘前メソジスト教会とした。11年塾の関係者と政治結社・共同会を結成して自由民権運動に携わり、15年青森県議、17年同議長となるなど地方政界で活躍する傍ら、16年上京して築地の新栄教会で按手礼を受けて長老(正教師)となりキリスト教伝道にも努めた。19年弘前教会に来徳女学校を開設、後年弘前学院となった。20年東京英和学校教授に迎えられ、21年渡米。この時、列車にひかれそうになり九死に一生を得たことから、政界を断念して宗教に生きることを決意。ニュージャージー州のドルー神学校

で神学を修め、23年帰国後は同校総理（校長）に就任。以後40年まで在任して同校の父と称せられ、32年文部省訓令第12号で宗教教育が禁止された際もキリスト教主義学校各校の代表として政府との折衝を続け、実質的な権利回復にこぎ着けた。また日本のメソジスト3教派合同に尽力し、40年日本メソジスト教会の成立に伴い青山学院を辞してその初代監督となった。

【ま】

前田 若尾
まえだ・わかお

明治21年（1888年）10月21日～
昭和22年（1947年）10月6日

洗足学園創立者
高知県土佐郡潮江村新町（高知市）出生。渡辺裁縫女学校師範科〔大正6年〕卒。
　大正6年に卒業後、群馬県の身濃山補習女学校や東京の錦秋女学校で裁縫・家事・体操を講じる。この間、キリスト教に入信。のち、青山女学院の教壇に立ち、裁縫と聖書とを教えた。11年に日本絹撚会社女工監督となったのを経て13年平塚裁縫女学校を創立。15年には洗足高等女学校を併設し、のちの洗足学園の基礎を固めるが、昭和20年戦災で校舎は全焼。戦後、21年に校舎を川崎市に移して学園の再建に着手し、22年洗足女子中学校を開いた。学校経営のほかにも全国高等女学校協会理事・母と学生の会理事長・新日本女子教育者同盟委員長などを歴任した。

牧田 環
まきた・たまき

明治4年（1871年）7月20日〜
昭和18年（1943年）7月6日

実業家　三井合名理事
大阪府大阪市北桃谷町出生。岳父は団琢磨（三井合名理事長）。東京帝大工科大学採鉱冶金学科〔明治28年〕卒。工学博士〔大正2年〕。

明治28年三井鉱山に入り、三池炭鉱に勤務、大正2年取締役、常務を経て、昭和9年会長。大正15年には四条畷学園高等女学校（現・四条畷学園高校）を創設した。昭和7年三井合名理事となり三井財閥首脳部の1員に。三池炭鉱の近代化、三池染料、三池製錬、東洋高圧など大牟田コンビナート育成に貢献、総帥団琢磨の女婿として活躍した。11年三井合名、三井鉱山を退職。12年昭和飛行機工業を設立、社長、13年帝国燃料興業初代総裁。他に日本経済連盟、日本工業倶楽部各理事、釜石鉱山会長、日本製鉄取締役など多くの要職を歴任した。

牧野 賢一
まきの・けんいち

明治26年（1893年）10月17日〜
平成6年（1994年）5月1日

第二静岡学園名誉学園長
静岡県磐田市出身。静岡師範学校本科〔大正2年〕卒。圕勲四等瑞宝章〔昭和46年〕。

小学校教師を経て、昭和16年静岡県庁入庁。27年静岡学園大学予備校を開設し、校長。41年高校、45年幼稚園、53年中学、56年早慶セミナーを設置。のち第二静岡学園理事長を務めた。

マクレイ，ロバート・サミュエル
Maclay, Robert Samuel
1824年2月7日〜1907年8月18日

宣教師（米国メソジスト監督教会），教育者　東京英和学校総理（院長）
米国ペンシルベニア州コンコード出生。ディッキンソン大学〔1845年〕卒。

1846年3月メソジスト派牧師に補れフィラデルフィア年会の正員となり、ゲティスバーグの牧師としても活躍。1847年10月中国伝道の宣教師として福州に赴任、翌年2月香港に上陸した。福州を中心に教会、学校、病院を設けて25年間にわたり宣教活動を続けた。1872年日本伝道の必要性を説き、彼自身が日本宣教総理に任命され1873年（明治6年）横浜に上陸した。伝道は教育と並行して行うべきであるという信念から、1879年に横浜山手町に美會神学校を創立。のち同校は東京英学校と合併、1883年（明治16年）東京英和学校（青山学院の前身）と改称し、総理に就任、帰国する1888年まで在任した。帰国後は南カリフォルニアのマクレイ神学校の校長を務めた。また、新約聖書の中国

語訳を完成させ、日本語訳にも参加した。著書に「Life among the Chinese」(1861年)、「覚世文」(1856年)、「受洗礼之約」(1857年)、「信徳統論」(1865年)などがある。

増島 六一郎
ますじま・ろくいちろう

安政4年(1857年)6月～
昭和23年(1948年)11月13日

弁護士,法学者 英吉利法律学校初代校長
東京帝大法学部〔明治12年〕卒。法学博士〔明治24年〕。

英国に留学し、ロンドンのミドル・テンプル法学院でバリスター・アト・ロー(法廷弁護士)の称号を得た。帰国後東大講師を経て、英吉利法律学校(後の中央大学)創立に参画、明治18年初代校長となった。弁護士としても活躍、東京代言人組合会長、弁護士組合会長を務めた。著書に「法律沿革論」「英吉利治罪法」「契約法判決例」「訴訟法」「日本法令索引総覧」(全2巻)などがある。

増田 孝
ますだ・たかし

明治37年(1904年)3月31日～
平成11年(1999年)11月20日

折尾女子学園学園長
福岡県遠賀町出身。京都帝大経済学部〔昭和4年〕卒,九州帝大大学院修了。

昭和10年折尾女子学園を創設し、理事長、学園長を務めた。著書に「増田孝著作集」がある。

増谷 かめ
ますたに・かめ

文久2年(1862年)3月10日～
昭和14年(1939年)1月23日

女子教育家 増谷裁縫女学校校長
摂津国菟原郡御影村(兵庫県)出生。兵庫県教育功労者〔大正4年〕,教育功労者〔大正8年〕。

醬油醸造業を営む家に生まれる。幼少時に痛風を患い、足に障害が残り、歩行が多少困難となる。裁縫を学び、上京して渡辺辰五郎に師事。のち御影小学校で裁縫科を担当した。明治13年兵庫県御影町で裁縫塾を開く。34年増谷裁縫女学校(のちの夙川学院)を創立、初代校長に就任。大正4年増谷女学校と改称。昭和10年眼病のため、校長を辞任。

増谷 くら
ますたに・くら

明治29年(1896年)7月28日～
昭和57年(1982年)3月5日

教育者 夙川学院副学院長
旧姓名は川崎。兵庫県三木市出生。養母は増谷かめ(教育者)、夫は増谷義雄

(教育者)。増谷女学校補習科〔大正6年〕卒。勲五等瑞宝章、産業教育功労者表彰〔昭和29年〕、兵庫県教育功労者表彰〔昭和42年〕、短期大学教育功労者表彰〔昭和55年〕。

　増谷裁縫女学校の創立者・増谷かめの養女。養母が経営する増谷女学校の専攻科・補習科に学ぶ。6年同校を卒業してすぐに母校の教諭となり、養母とともに増谷式和裁の普及と教育に尽した。大正11年に養母が没したのちは、学校の理事としても活躍。昭和11年同校を増谷高等女学校に改称したが、20年の戦災で校舎が消失。戦後、兵庫県芦屋の夙川に学園を移転し、23年に夙川学院高等学校とした。以来、校長である夫の義雄を助けて学園の再興と発展に努力し、40年には夙川学院短期大学を設立してその家政科講師(のち教授)に就任。44年には夙川学院副学院長・同名誉教授となった。55年短期大学教育功労者として表彰。

増村 度次
ますむら・たくじ

明治1年(1868年)9月～
昭和17年(1942年)5月18日

教育家　有恒学舎舎主
字は子徳、号は朴斎。

　明治29年父・増村越渓の遺志を継ぎ、私財を投じて有恒学舎を創立、舎主としてその教育と経営に尽力。のち新潟県教育会長などを歴任。同校は昭和39年から県に移管され、新潟県立有恒高校となった。

松浦 昇平
まつうら・しょうへい

？～昭和48年(1973年)10月17日

松蔭学園理事長
　昭和16年4月松蔭女学校設立。吉田松陰の教えである"知行合一"を教育理念とし、学園の校是とする。

松岡 登波
まつおか・となみ

(生没年不詳)

教育者　共立女子職業学校創立者
　東京女子師範学校に勤務し、明治13年舎長、翌14年舎中取締となる。19年共立女子職業学校(現・共立女子学園)設立発起人の1人として創設に参加した。

【評伝・参考文献】
◇共立女子学園百十年史　共立女子学園百十年史編集委員会編　共立女子学園　1996.10.18

松田 進勇
まつだ・しんゆう

明治37年(1904年)11月11日～
昭和63年(1988年)2月21日

医師　杏林学園理事長・学園長, 横浜社会保険中央病院副院長
東京出生。日本大学医学科〔昭和7年〕卒。医学博士〔昭和22年〕。団外科学。

昭和19年東京鉄道病院医官となり、28年東京三鷹新川総合病院を設立、院長に就任。41年杏林学園を設立、理事長、杏林学園短期大学を開設、学長、48年杏林短期大学と改称。この間日大医学部教授、横浜社会保険中央病院副院長歴任。

松田　秀雄
まつだ・ひでお

嘉永4年（1851年）～
明治39年（1906年）1月23日

東京市長, 衆院議員（政友会）
近江国（滋賀県）出生。

明治22年東京の神田区議、24年東京府議、次いで副議長。その間の23年に小笠原清務、角田真平とともに神田高等女学校を設立。28年東京から衆院議員に当選。29年東京府会議長代理、東京府農工銀行頭取となった。31～36年東京市長。37年神田区から2級候補者として市会議員、市参事会員、38年同1級候補として市会議員に当選した。

松田　藤子
まつだ・ふじこ

明治32年（1899年）5月2日～

平成1年（1989年）10月6日

作陽学園長, 作陽音楽大学学長
岡山県岡山市出生。東京女子美術学院〔大正10年〕卒。団服装美学, 宗教学　置藍綬褒章〔昭和43年〕, 勲四等宝冠章〔昭和44年〕, 文部大臣表彰〔昭和40年〕, 津山市名誉市民〔昭和51年〕。

佐世保高等裁縫女教諭、大正15年尾道実科女教頭、昭和5年津山女子高等技芸学院（現・作陽学園）設立、6年校長、のち作陽女子商、作陽女子高各校長。21年作陽学園理事、25年学園長、26年作陽短期大学設立、33年学長。41年作陽学園大設立、学長に就任、43年作陽大と改称。62年学長退任。著書に「人生の聖化」「真理への道」。

松平　浜子
まつだいら・はまこ

明治14年（1881年）11月13日～
昭和42年（1967年）3月16日

教育者　関東学園理事長, 関東短期大学学長
旧姓名は細谷。群馬県佐波郡伊与久村（伊勢崎市）出生。夫は松平太郎（元東京小型自動車社長・日本史学者）、息子は松平順一（医師・関東学園学園長）。日本女子大学国文学部〔明治37年〕卒。　置勲四等宝冠章〔昭和39年〕。

明治36年歴史学者・松平太郎と結婚。大正9年東京帝大に聴講生として入学、国文学を学ぶ。13年関東高等女学校を開設。昭和21年館林市に関東女子専門学校を開校し校長となる。のち校名を関東女子短期大学、関東短期大学と改称。また歌人としても知られる。

松平 頼寿
まつだいら・よりなが

明治7年（1874年）12月10日～
昭和19年（1944年）9月13日

伯爵　貴院議長，大東文化学院総長
東京出生。父は松平頼聰（旧高松藩主・伯爵）。東京専門学校（早稲田大学）邦語法律科〔明治35年〕卒。

讃岐藩松平家12代藩主。明治41年貴院議員となり、扶桑会に属した。大正3～昭和19年再び貴院議員。甲寅倶楽部、研究会に属し、昭和8年副議長、12年議長となった。その一方で教育にも力を尽くし、大正12年には本郷中学校を創立。のちに帝都教育会会長、大東文化学院総長、日本競馬会理事長、結核予防会顧問、香川県教育会会長などを務めた。

松永 いし
まつなが・いし

明治17年（1884年）～
昭和19年（1944年）10月26日

女子教育家　焼津高校創立者
駿河国益津郡中村（静岡県焼津市）出生。焼津玉声舎裁縫教授所卒。

16歳で裁縫の学校教員免許を取得。明治35年松永裁縫教授所を開設。以後、一貫して女子教育に尽力した。大正13年焼津高等裁縫女学校を開校し、校長に就任。昭和19年焼津女子商業学校と改称、23年学制改革により焼津高校となる。

松野 勇雄
まつの・いさお

嘉永5年（1852年）3月29日～
明治26年（1893年）8月6日

国学者　共立中学校校長
備後国御調郡三原（広島県）出生。

幼少より国学、漢学を修め、また剣、弓、銃、砲の技を学んだ。元治元年大砲方となり、慶応2年藩校の授読を命じられ、のち矢野郷校、三原郷校、竹原皇学校、三津皇学校の教授となる。明治5年大阪に出、翌6年には上京して平田銕胤の学僕となった。同年宇佐神宮禰宜、9年皇大神宮権主典、10年権禰宜と進み、同年本居豊穎の養子となったが、まもなく同家を去った。12年神宮権禰宜を辞し、神道事務局に入って漢学を講じた。15年皇典講究所の創立に尽力、また「古事類苑」の編纂に従い、23年には国学院の創立に携わって国学の研究普及に努めた。この間、21年元田直、丸山淑人、今泉定助らと私立補充中学校（都立戸

山高校の前身)を設立した。

松前 重義
まつまえ・しげよし

明治34年(1901年)10月24日～
平成3年(1991年)8月25日

教育家, 政治家, 電気通信工学者
東海大学総長・理事長, 国際武道大学学長, 衆院議員(社会党)
熊本県上益城郡嘉島町出生。長男は松前達郎(元参院議員), 二男は松前紀男(元東海大学長), 三男は松前仰(元衆院議員)。東北帝国大学工学部電気工学科〔大正14年〕卒。工学博士。団電気通信協会, 日本対外文化協会(会長)賞勲一等瑞宝章〔昭和46年〕, ソ連諸民族友好勲章〔昭和53年〕, 勲一等旭日大綬章〔昭和57年〕, 浅野賞〔昭和10年〕, 電子通信学会功績賞(第3回・昭13年度), 毎日通信賞(第1回)〔昭和14年〕「無装荷ケーブル搬送通信方法の完成」, 東ドイツ民族友好ゴールドスター章〔昭和63年〕, モスクワ大学名誉博士号, マスコミ功労者顕彰(放送功労者部門)〔平成8年〕。

通信省に入る。昭和7年篠原登とともに電話通信における無装荷ケーブル方式を発明, 遠距離通話の改良に貢献した。11年青年道場・望星学塾設立。15年大政翼賛会総務部部長, 16年通信省工務局長。18年航空科学専門学校(東海大学の前身)を設立。19年当時の東条内閣を批判したことから, 二等兵として異例の召集を受け, 翌20年奇跡的に生還。終戦直後, 通信省総裁に就任したが公職追放を受け退官。27年熊本1区より衆院議員に当選, 以後当選6回。原子力基本法の成立に努力し, 原子力平和利用のレールを敷いた。42年以来東海大学総長。他にソ連・東欧との交流のための日本対外文化協会会長, 日本武道館会長, 国際柔道連盟会長, 世界連邦建設同盟会長など幅広く活躍。武道を通じた国際交流を推進し, 昭和59年国際武道大学を創設。平成元年東海大と提携関係にあるモスクワ大学に野球スタジアムを寄贈する。「松前重義著作集」(全10巻)がある。

松本 荻江
まつもと・おぎえ

嘉永4年(1851年)6月～
明治32年(1899年)9月15日

女流教育家 東京女子師範学校教授
本名は松本むつ。武蔵国秩父郡大宮(埼玉県)出生。

明治19年共立女子職業学校(現・共立女子学園)設立発起人の1人として創設に参加した。

【評伝・参考文献】
◇共立女子学園百十年史 共立女子学園百十年史編集委員会編 共立女子学園 1996.10.18

松本 生太

まつもと・せいた

明治13年（1880年）4月19日～
昭和47年（1972年）7月29日

教育家, 弁護士　京浜女子大学創立者
岡山県出身。岡山師範学校〔明治30年〕卒, 日本大学〔明治40年〕卒, 京都帝国大学法学部〔大正11年〕卒。

岡山で小学校長を歴任後, 日大を経て, 大正2年足尾銅山実業学校。京大卒業後横浜市社会課長。昭和6年日大高師から教授兼総務部長、8年帝国女子医学薬学専門学校教授兼主事。11年神奈川県川崎に京浜女子工芸学校を、次いで京浜高等女学校を創立。18年京浜女子家政理学専門学校を設立。戦後25年京浜女子短期大学と改めて再建、附属校、園を併設、34年京浜女子大学（現・鎌倉女子大）とした。また日本私立短期大学協会長、私立学校教職員共済組合理事長などを歴任。

松本 隆興

まつもと・たかおき

嘉永7年（1854年）6月15日～
昭和3年（1928年）12月20日

教育家　松本商業校長
白島師範卒。

明治34年広島県西条町（現・東広島市）に松本学校を創立。大正3年松本商業実務学校と改称。昭和2年まで校長を務めた。

松山 鎰

まつやま・いつ

嘉永4年（1851年）～
大正6年（1917年）8月7日

教育者
江戸・麻布（東京都港区）出生。

幕府与力の娘として生まれる。維新後、徳川家の駿河移封に伴って藤枝に移り、結婚して一女を生むが、間もなく寡婦となる。その後、士族の娘としての教養を生かして教員生活に入り、明治6年に勤有社教員、次いで10年に静岡師範附属女学校舎監を務めた。18年に静岡県初の幼稚園が開設されると、その保母となって活躍し、しばしば東京に出張して幼児教育の研究に従事。37年東京に移住し、東洋婦人会や東洋音楽学校の創設に尽力。大正5年には常磐松高等女学校（のちのトキワ松学園）を創立した。

松浦 詮

まつら・あきら

天保11年（1840年）10月18日～
明治41年（1908年）4月13日

伯爵, 茶道家, 歌人　貴院議員, 平戸藩知事

字は景武, 義卿, 通称は朝五郎, 源三郎, 肥前守, 号は乾字, 稽詢斎, 松浦心月庵（まつら・しんげつあん）。肥前

国松浦郡平戸串崎（長崎県平戸市）出生。長男は松浦厚（貴院議員・伯爵）。🏅勲二等。

　嘉永2年伯父の平戸藩主松浦曜の養嗣子となり、安政5年襲封。尊王攘夷論者で、藩領の海防に努めた。明治元年戊辰戦争には奥羽征討に従軍。維新後制度寮副総裁、平戸藩知事、御歌会始奉行、明宮祗候、宮内省御用掛などを歴任。13年猶興書院（長崎県立猶興館高校の前身）を設立。17年伯爵。23～41年貴院議員を務めた。文武に通じ、ことに茶道は石州流鎮信派家元で布引茶入など名器を収集。和歌にも長じ、心月庵と号し「蓬園月次歌集」などがある。

松良 みつ

まつら・みつ

明治28年（1895年）7月24日～
昭和49年（1974年）5月3日

教育者
旧姓名は武田。宮城県仙台市出生。嘉悦学園卒。

　東京の嘉悦学園に学んだのち、松良銀行頭取の松良善熙と結婚。のち私塾を開き、新しい女子教育を志す。昭和3年松良銀行を閉じた夫の資産をもととして、仙台市に常磐木学園高等女学校を創立。以来、戦災による校舎の焼失や理解者であった夫の死などの苦難を乗り越え、女子教育と学園の発展に尽力、現在の常磐木学園高校の基礎を築いた。

丸木 清美

まるき・せいみ

大正3年（1914年）11月12日～
平成6年（1994年）8月27日

医師　埼玉県議、埼玉医科大学創立者
埼玉県入間郡毛呂山町出身。長男は丸木清浩（埼玉県議・埼玉医科大学理事長）。日本医科大学〔昭和14年〕卒。医学博士。🏅藍綬褒章〔昭和49年〕、勲二等瑞宝章〔平成6年〕。

　海軍軍医を経て、昭和20年毛呂病院を開業。37年以来埼玉県議に9選。平成3年引退。この間、昭和47年埼玉医科大学を創立。理事長、同大短期大学学長なども兼任した。

丸橋 光

まるはし・みつ

（生没年不詳）

教育者　共立女子職業学校創立者
東京女子師範学校〔明治13年〕卒。

　明治13年7月母校の東京女子師範学校に奉職。18年東京高等女学校に勤務。19年共立女子職業学校（現・共立女子学園）設立発起人の1人として創設に参加した。

【評伝・参考文献】
◇共立女子学園百十年史　共立女子学園百十年史編集委員会編　共立女子学園　1996.10.18

丸山 淑人
まるやま・よしと

嘉永2年（1849年）〜？

教育家　横浜共立修文館館長，東京府尋常中学校校長

　飯田、京都、大阪、東京、函館、横浜の各地で英語、漢学および数学を学ぶ。明治5年11月より1ケ年間高島学校助教兼舎長を、そのあと横浜共立修文館助教兼塾監になった。9年1月から7月まで神奈川県学務課雇いとなり修文館館長を務める。その後神奈川県尋常師範学校訓導になり、13年東京府尋常中学校へ教諭として赴任。英語、経済学担当。17年12月尋常中学初の専任校長となる。21年東京府尋常中学校は分校の設置を予定し志願者を募集、応募者600余名中200名を選抜しながら、設置を断念するという事態に陥った。向学心に燃える入学予定者を路頭に迷わすに忍びないと、東京府学務課長元田直、東京府尋常中学教諭今泉定助、皇典講究所幹事松野勇雄らと、同年9月私立補充中学校（都立戸山高校の前身）を設立。翌年11月には校長に就任した。しばらく尋常中学校長との兼任であったが23年4月から補充中学校の専任校長となった。25年3月退職。その人柄は温厚で、天神ひげを蓄え"天神様"のあだ名で呼ばれた。

【評伝・参考文献】
　◇府立四中　都立戸山高　百年史　百年史編集委員会編　百周年記念事業実行委員会（都立戸山高等学校内）1988.3.31

【み】

三浦 幸平
みうら・こうへい

明治23年（1890年）〜
昭和50年（1975年）6月7日

中部工業大学学長
愛知県成岩町（半田市）出生。
　昭和13年名古屋高等工業学校教授を退官して三浦学園を設立し、名古屋第一工業学校の校長となる。37年春日井市に中部工業短期大学を創設し、学長に就任。39年には中部工業大学（59年より中部大学）を開設し学長となる。

三上 アイ
みかみ・あい

明治13年（1880年）3月〜
昭和45年（1970年）6月1日

江の川学園創立者
島根県川本町出生。渡辺裁縫専門学校〔明治39年〕卒。藍綬褒章〔昭和38年〕、勲四等瑞宝章〔昭和39年〕。
　卒業後帰郷、明治40年島根県邑智郡に県下で初の私学邑智裁縫女学院を創立し、和洋の裁縫や茶道を教え

た。昭和34年私立学校法の制定により川本家庭高等学校に改称し、その姉妹校となる江津女子高等学校を開校。37年には両校を統合し、江津市に本拠を移して江の川高等学校に改めた。次いで43年新たに江の川短期大学を設置、これに伴って組織を江の川学園とし、その理事長に就任した。

三木 省吾
みき・しょうご

昭和5年(1930年)12月8日～
昭和58年(1983年)7月15日

教育家　三木学園創設者・理事長
兵庫県姫路市豊富町出生。京都大学法学部〔昭和29年〕卒。

　三木準一の二男として生まれる。昭和38年32歳で学校法人三木学園を興し理事長となり、白陵高等学校・同中学校を開校。目標としたものは、旧制高等学校に範をとり、boarding schoolによる人格陶冶と真の英才教育による前途有為の青年の育成、輩出であった。昭和51年には岡山県に姉妹校を設置した。性格は豪放にして繊細、峻厳にして温雅。自ら夙夜教鞭を執る、真に情熱の人であったという。

【評伝・参考文献】
◇40周年記念誌―学校法人三木学園白陵中学校白陵高等学校　三木学園事務局編　三木学園事務局　2002.11

御木 徳一
みき・とくはる

明治4年(1871年)1月27日～
昭和13年(1938年)7月6日

宗教家　ひとのみち教団初代教祖
本名は御木長次郎。伊予国(愛媛県)出生。長男は御木徳近。巽小中退。

　明治44年大阪に出て神道徳光教に入ったが、大正13年に長男の徳近とともに人道徳光教を創立、神による"お振替"の贖罪教理を唱え、人の道の実行を強調した。昭和4年旧制中野中学校を創立。6年人道徳光教を"ひとのみち教団"と改称、不安な世相のなかで全国に広まり、信者は60万に達した。しかし天照大神に関する教義が政府から不敬とみなされ、12年治安維持法違反で教団は解散。戦後、徳近によってPL教団と改称して再出発した。

三島 駒治
みしま・こまじ

明治3年(1870年)9月10日～
昭和17年(1942年)1月3日

教育家　東北法律学校設立者, 三島学園創立者・理事長
岩手県江刺郡米里村出生。妻は三島よし(教育家)。東京法学院(中央大学)〔明治25年〕卒, 明治法律学校(明治大学)〔明治28年〕卒, 和仏法律学校(法政大学)〔明治29年〕卒。

三島長之助、よしの長男として生まれる。隣卦川麻渓につき漢学、書を学び、岩手県遠野町たて屋（呉服商）に奉公する。明治23年宮城県巡査、大河原勤務。東京法学院、明治法律学校卒業後、郷里岩手県の振興を目的とし岩手益友会を組織し会主となる。同29年菅よしと結婚。33年東北法律学校を設立、校主となる。34年仙台市法友会副会長。35年東北法律学校に附属英語専修会を新設。36年妻よしと協力し、東北女子職業学校の設立認可をうけ、校主となる。40年大日本愛国青年会設立の基礎として東北青年会を組織、「育英時報」を発行。大正3年仙台市会議員。10年議員を引退。昭和15年財団法人三島学園設立、理事長となる。

【評伝・参考文献】
◇三島学園創立六十年史　三島学園編　三島学園　1963.10

三島　中洲
みしま・ちゅうしゅう

天保1年（1830年）12月9日〜
大正8年（1919年）5月12日

漢学者, 教育者　二松学舎創立者
本名は三島毅。通称は貞一郎, 別号は桐南、絵荘、字は遠叔。備中国都窪郡中島村（岡山県倉敷市）出生。息子は三島一（東洋史学者）。文学博士。

　生家は代々村の里正を勤める家柄で、14歳で陽明学の山田方谷に入塾し塾長となる。23歳で伊勢・津藩の斎藤拙堂に学び、28歳の時江戸へ出て昌平黌に入り佐藤一斎、安積艮斎に師事。松山藩に藩儒として仕えて、安政6年藩学有終館の学頭となる。維新後の明治5年上京し司法省七等出仕、のち新治裁判所長、大審院中判事と一時法曹界にあったが、10年退官し、麹町一番町に家塾・二松学舎（現・二松学舎大学）を創設して漢学を教えた。当時慶応義塾、同人社と並んで3大塾といわれた。のち再び官に仕えて東京高師教授、東京帝大古典科教授、東宮侍講、宮中顧問官などを歴任。その漢学の学殖は当時、重野安繹、川田甕江と並び明治の3大文宗と称された。主著に「中洲詩稿」「中洲文稿」「詩書輯説」「孟子講義」など。

三島　よし
みしま・よし

明治5年（1872年）2月14日〜
昭和25年（1950年）1月8日

教育家　三島学園理事長
旧姓名は菅。岩手県水沢町出生。夫は三島駒治（教育家）。和洋裁縫女学校卒。

　中等小学校卒業後、国語・漢文・和歌などを学ぶ。明治28年に歌人を志して上京し、翌29年同郷の三島駒治と結婚。周囲の勧めで実学に転じ、東京裁縫女学校や東京簿記学校、和洋裁縫女学校などに学ぶ。その後、上田高等女学校教諭などを経て、36年夫とともに宮城県仙台に東北女子職業学

校（現・三島学園）を創立。以来、その校長として女子の実業教育に心血を傾け、昭和17年には夫駒治の死去により三島学園理事長に就任し、学園の基礎固めに力を注いだ。

水月 哲英
みずき・てつえい

明治1年（1868年）～昭和23年（1948年）

宗教家，教育者　筑紫高等女学校創立者・初代校長

福岡県出生。東京帝国大学文科大学卒。

　浄土真宗西本願寺派の僧侶の子として生まれる。大学を卒業後、直ちに新潟県の中学教師となったが、明治33年西本願寺の米国駐在開教師として渡米し、布教にあたった。サンフランシスコの米国仏教会で活動中、米国女性の民主主義の意識と社会的地位の高さに感心し、日本で女子教育に生涯をささげる決意をさせたという。帰国後、広島に本校をもつ第4仏教中学福岡分教場で40年まで教鞭を執る。この分教場は、筑前・筑後の真宗本派寺院の共同経営であったが、学制改革のため閉鎖。佐賀県に統合された跡地を利用し、福岡県下の寺院・有志に呼びかけ、年来の女子教育の大切さを説き、女学校設立に奔走。40年3月4日創設認可を得、私立筑紫女学校と命名し、同年4月11日開校式を行った。さらに4月19日に文部大臣の認可を得、私立筑紫高等女学校

（現・筑紫女学園）と改称。職員は水月哲英校長をはじめとして8名で出発したが、設立当初は3年制、生徒数は139名であった。

水田 三喜男
みずた・みきお

明治38年（1905年）4月13日～
昭和51年（1976年）12月22日

政治家　蔵相，通産相，衆院議員（自民党）

千葉県鴨川市出生。二女は水田宗子（城西国際大学学長）。京都帝大法学部〔昭和6年〕卒。

　東京市役所職員や鉄鋼、石油関係会社の役員を経て、戦後昭和21年の総選挙に郷里の千葉県から出馬して初当選。以後、11回当選。自由党幹事長をしていた大野伴睦に認められてからの大野派だが、党人脈では珍しい財政経済通のマルクスボーイ。27年1月第3次吉田内閣改造で党政調会長、28年3月第4次内閣に経済審議庁長官として初入閣した。29年鳩山内閣の発足後は野党になった緒方自由党で再度政調会長となり、30年暮れに自由民主党が誕生すると3度政調会長に。その後、石橋内閣の通産相を経て、35年池田内閣の蔵相となり同内閣の"所得倍増計画"を財政面から支援。続く佐藤内閣でも第3次改造内閣まで引き続いて蔵相に起用されてその"金庫番"を務めた。39年の大野の死後は船田派に属した。40年城西大

学を開設。46年には村上派、藤山派を吸収して衆参両院20人の水田派を結成、3年後の田中内閣総辞職の際は"総裁候補"のささやきも聞かれた。

水谷 キワ

みずたに・きわ

明治15年(1882年)9月14日～
昭和35年(1960年)1月16日

教育者　水谷学園理事長
島根県出雲市出生。東京和洋裁縫女学院卒。置文部大臣表彰、島根県文化賞。

　独学で裁縫科の教員免状を取得。島根県女子師範学校教員養成所で学んだのち、島根県下の小学校の教員を務めた。のち東京和洋裁縫女学院に入り、卒業後は母校の助手となるが、父の急逝で帰郷。明治42年島根県今市に今市裁縫女学校を創立し、女子教育の基本として和洋裁・茶道・華道・礼法を教えた。同校はその後、今市女子商工学校・今市家政女学校・今市女子高校を経て昭和30年出雲女子高校に改称・発展。彼女はその校長や水谷学園理事長として長きに渡って女子教育に携わり、教育功労者として顕彰・表彰を多数受けた。35年出雲女子高校長在任のまま死去した。

水野 鼎蔵

みずの・ていぞう

明治23年(1890年)～昭和43年(1968年)

実業家、教育者　上田城南高校創立者、上田化工専務取締役、上田市長
長野県上田出生。上田中学(上田高校)卒。

　細工物に興味を持ち、内外の玩具を研究、大正11年日本アルプス玩具水野工場を創設。玩具輸出による外貨獲得の功で、日本貿易協会から表彰される。昭和16年上田化工を設立、専務取締役工場長。14年上田市議に当選、18年議長。26年上田市長に当選して2期8年務める。在任中、市立高校の県立移管、小、中学校の学区制の改革、国立療養所の移転、市営産院新設、産業道路開通などの業績を残す。また、神科、神川、塩尻、川辺、泉田の一部、豊殿各村との合併を推進した。34年市長退任後は私学振興を志し、上田城南高校創立と経営などに尽力した。35年学校法人上田学園設立認可、上田城南高等学校設立開校。

三角 錫子

みすみ・すずこ

明治5年(1872年)4月20日～
大正10年(1921年)3月12日

女子教育家　常磐松高等女学校校長
石川県出生。父は三角風蔵(測量家)。東京女高師(お茶の水女子大学)〔明治35年〕卒。

　旧金沢藩士・測量家の三角風蔵の長女に生まれる。札幌女子小学校訓導、東京女学館、横浜女学校、東京高等女学校などの教職を経て、晩年東京

渋谷に常磐松女学校を創立した。唱歌「真白き富士の根」の作詞も手がけた。

水山 烈

みずやま・れつ

嘉永2年(1849年)10月10日～
大正6年(1917年)6月23日

教育家　修道中学理事長
　広島藩学問所句読師で、明治2年志和文武塾塾頭となる。5年上京してフランス学を学ぶ。帰郷後、修道学校を再興。38年修道中(現・修道高)を設立し、理事長兼校長に就任した。

聖園 テレジア

みその・てれじあ

明治23年(1890年)12月～
昭和40年(1965年)9月14日

教育家
ドイツ・ウェストファーレン出生。
　大正2年聖霊奉侍布教修道女会の修道女として来日し、9年秋田市に教会聖心愛子会を創立、同年託児所みその園を開設した。昭和2年日本に帰化。15年御園保母学園を設立、27年御園高等保母学院と改称し、のちの御園学園短期大学の基礎を築いた。

溝部 ミツヱ

みぞべ・みつえ

明治33年(1900年)～昭和39年(1964年)

教育家　別府高等技芸学校設立者、別府女子短期大学設立者
大分県別府市亀川町出身。和洋女子専門学校(和洋女子大学)〔昭和9年〕卒。
　和洋女子専門学校卒業後、京都府立女子専門学校に入り教授を勤めていたが、これを辞して昭和21年郷里別府市亀川町に別府高等技芸学校を設立。28年には学校法人溝部学園となり、31年には別府女子高校を開校。39年別府女子短期大学(被服科)を設置。さらに附属ひめやま保育園も併設した。「いかなる時代にあっても、人間として、女性として、自ら生きることのできる女性の育成」が建学の理念。家庭管理能力に加え、職業的資格の取得に教育の重点を置く。被服科の作品は全国手工芸展で連続してグランプリを獲得した。その作品"南蛮入船"は成田空港のロビーを飾る。学校法人溝部学園は短期大学を中心に、附属高校・附属幼稚園・歯科技術専門学校などひろがりをみせている。

三田 俊次郎

みた・しゅんじろう

文久3年(1863年)3月～
昭和17年(1942年)9月

眼科医,教育家　岩手医学専門学校創設者,盛岡市議

妻は三田てる(教育者)、兄は三田義正(実業家)、養子は三田定則(法医学者・血清学者)。岩手医学校〔明治18年〕卒。

　南部藩士の家に9人きょうだいの二男として生まれる。県立の岩手医学校に学ぶが、財政難で同校が廃校となって病院だけが残り、間もなく病院に学習施設を復活させるが再び廃し、病院自体も廃止されるという転変に義憤を感じ、医療施設に情熱を燃やすようになった。東大医学部選科で眼科を専攻し、明治42年盛岡市に眼科医院を開業。この間、30年閉鎖中の元県立病院を借り受けて私立岩手病院とし、34年県内に医学養成機関が皆無となっていたのを憂えて私立の岩手医学校を併設。昭和3年岩手医学専門学校(現・岩手医科大学)を創設し、初代校長に就任。開校当日に"当分家には帰らぬ。従って家屋と家の手入れを一切禁ずる"と厳命して家を出ると、そのまま7年に第一期卒業生を送り出すまでほとんど校長室に寝泊まりして学校の陣頭指揮を執った。6〜8年には岩手サナトリウムや岩手保養院を開設し、県内医療設備の整備にも力を注いだ。また兄・義正(実業家)と協力して明治31年岩手育英会を発足させ三田医学奨励会、岩手奨学会、岩手女子奨学会など育英資金貸与の道を開く傍ら、大正10年には盛岡実科高等学校(現・岩手女子高校)も創立した。一方、明治34年〜昭和4年連続6期28年間、盛岡市議を務めた。

三田　てる
みた・てる

明治5年(1872年)〜昭和29年(1954年)

教育者　岩手女子高等学校名誉校長
旧姓名は小泉。岩手県盛岡市出身。夫は三田俊次郎(医師・教育者)。東京高等女学校、東京女子高等師範学校高等師範学科〔明治28年〕卒。勲六等。
　県立盛岡高女、私立東北高等女学校の教師を務める。明治36年医師・三田俊次郎と結婚。大正10年盛岡実科高等女学校(現・岩手女子高)を創立し校長。夫の死後、岩手済生医会理事長代理、岩手女子高等学校名誉校長を務めるなど、女子教育の先駆者として活躍した。

三田　義正
みた・よしまさ

文久1年(1861年)4月21日〜
昭和10年(1935年)12月31日

三田商店創業者,貴院議員(多額)
幼名は寅太郎。弟は三田俊次郎(医師・教育者)。宮城英語学校〔明治11年〕卒,学農社卒。
　津田仙の学農社を卒業後、県庁に1年勤め、明治16年山林会社・養立社を設立。その後、洋式農耕、牧畜、製糖事業などを多角経営したが、すべて失敗する。28年火薬銃砲店を出し、鉱山開発や日露戦争景気に助けられて事業を拡大した。大正7年岩手林業、

昭和2年南部土地を設立。4年個人経営だった三田商店を株式会社・三田商店と三田合資会社とし法人化した。一方、岩手県議、盛岡市議を経て、大正11～14年貴院議員を務める。また、15年に私財12万円を投じて岩手奨学会を設け、岩手中学校（現・岩手高校）を創設するなど地域教育にも尽力した。

満田 ユイ

みつだ・ゆい

明治17年（1884年）1月6日～
昭和7年（1932年）6月7日

教育者　鹿児島高等実践女学校校長
鹿児島県出生。渡辺裁縫女学校〔明治40年〕卒。

　鹿児島市立女子徒弟興業学校を卒業後、鹿児島県加治木の旧家に嫁ぐが、間もなく離婚。明治37年に上京し、渡辺裁縫女学校に学ぶ。40年に同校を卒業して帰郷。同年役に立つ教育を目指して鹿児島女子技芸学校を創立し、校長に就任。その教育方針は、日本初の洋食講座の開設やセーラー服を制服に採用するなど当時としては斬新なものであった。大正15年同校を鹿児島高等実践女学校に改称。次いで、昭和5年にはデパートと提携して実習授業を行う鹿児島女子実践商業を併設し、現在の実践学園の基盤を固めた。

三室戸 為光

みむろど・ためみつ

明治36年（1903年）5月5日～
昭和63年（1988年）6月2日

東邦音楽大学学長、三室戸学園理事長
東京都出生。父は三室戸敬光（貴院議員・故人）、二男は三室戸東光（三室戸学園理事長）、弟は三室戸文光（東邦音大理事・故人）。明治大学法学部〔大正15年〕卒。置勲三等瑞宝章〔昭和52年〕。

　昭和40年東邦音楽大学を設立し学長に就任。

三室戸 敬光

みむろど・ゆきみつ

明治6年（1873年）5月18日～
昭和31年（1956年）10月31日

子爵　貴院議員、宮中顧問官、東京高等音楽院院長
京都府出生。明治法律学校（明治大学）卒。

　藤原北家日野流の家柄に生まれる。宮内省に入り、書記官、皇宮主事、御歌所主事、主猟官などを歴任、宮中顧問官となった。東京高等音楽院長を兼任。大正11年襲爵、14年貴院議員となり、研究会に属した。昭和9年私費を投じて東京高等音楽院大塚分教場（現・三室戸学園）を開設。10年の天皇機関説問題では美濃部批判の強硬派の立場をとった。

三守 益
みもり・ます

（生没年不詳）

教育者　共立女子職業学校創立者
福島益。東京女子師範学校〔明治17年〕卒。
　明治19年共立女子職業学校（現・共立女子学園）設立発起人の1人として創設に参加した。

【評伝・参考文献】
◇共立女子学園百十年史　共立女子学園百十年史編集委員会編　共立女子学園　1996.10.18

三守 守
みもり・まもる

安政6年（1859年）4月26日～
昭和7年（1932年）1月27日

数学家，教育者　東京高工教授
東京大学理学部物理学科〔明治13年〕卒。
　明治14年東京大学物理学科卒の学友14名と東京物理学講習所（のち東京物理学校，現・東京理科大学）を創設し、経営維持に努め、隆盛の基礎を築いた。一方、大学卒業後、東京職業学校の教官となり、同校が東京高等工業学校（現・東京工業大学）に改称時に教授に就任する。大正5年退官して名誉教授。数学教科書の著作が多数ある。

【評伝・参考文献】
◇東京理科大学百年史　東京理科大学編　東京理科大学　1981.6.14
◇物理学校―近代史のなかの理科学生（中公新書ラクレ）　馬場錬成著　中央公論新社　2006.3.10　314p

宮川 視明
みやがわ・しめい

文政6年（1823年）～明治9年（1876年）

教育家　高水学園創立者
　宍戸氏の家臣の家に生まれ、6歳の時宮川政昌の養子となる。徳修館で勢一尚古に学ぶ。明治8年私塾磨鍼塾を設立。31年高水村塾を設立。その後、高水学園となり、昭和23年には高水高校が設置された。

宮川 保全
みやがわ・ほぜん

寛永5年（1628年）2月17日～
大正11年（1922年）11月26日

教育者　共立女子職業学校創立者
旧姓名は山崎。江戸出生。
　旧幕臣山崎三輪之助の長男として生まれる。後に姓が宮川となり、明治3年沼津兵学校資業生となったが、同校の廃止によって教導団工兵科に編入。4年病を得て除隊し、7年文部省13等出仕に任ぜられ、次いで長崎師範学校に勤務した。8年東京女子師範学校算術教授掛となり、訓導、助教諭、教諭を歴任、18年文部省から品行・学

力等検定のうえ、中学校師範学校算術・代数・幾何科教員の免許された。同年9月東京女子師範学校が男子の東京師範学校に合併され、東京師範学校教諭に任ぜられたが、19年官を辞し、共立女子職業学校の設立を企画。自らも含めて29名の同志と力を合わせて学校設立の発起人となった。"共立"の名の由来でもある。当初、発起人の1人渡辺辰五郎の私塾の隅に共立女子職業学校の看板を掲げたが、次第に人を集め、19年8月東京府知事より私立学校設置認可を受けることとなった。宮川は学校幹事として、もっぱら校務にあたった。共立女子職業学校はその後、37年4月に校則を全面的に変更して創立当時とは異なった大規模な学校に発展した。大正5年第5代校長として就任。名実ともに学校を代表し、学校の拡張充実に活躍した。

【評伝・参考文献】
◇共立女子学園百十年史 共立女子学園百十年史編集委員会編 共立女子学園 1996.10.18

宮城 浩蔵

みやぎ・こうぞう

嘉永5年(1852年)4月15日〜
明治26年(1893年)2月13日

法律家 衆院議員
出羽国天童(山形県)出生。
　天童藩医・武田玄々の二男として生まれ、慶応元年(1864年)同藩家老・宮城家の養子となる。藩校・養生館に学び、戊辰戦争にも従軍。明治2年藩命により上京、3年藩の貢進生として大学南校に入学。5年司法省明法寮に転じてボアソナードから法律を学んだ。9年優秀な成績で卒業し、ボアソナードの推薦によりフランスへ留学、リヨン大学で学位も取得。13年帰国後は東京裁判所判事、司法省検事、大審院判事などを歴任し、法典編纂にも参与した。この間、14年法学と国民の権利意識の普及のため、明法寮からの友人・岸本辰雄、矢代操とはかって東京・麹町に明治法律学校(現・明治大学)を創設、教頭に就任する一方で自ら教壇に立って刑法などを講じた。23年第1回総選挙に当選。26年腸チフスのため夭折した。

宮田 慶三郎

みやた・けいざぶろう

明治39年(1906年)1月7日〜
平成9年(1997年)5月22日

明海大学理事長, 朝日大学理事長
俳号は宮田静甫。北海道出生。大阪歯医専〔昭和5年〕卒。医学博士〔昭和35年〕。
　昭和15年不二越研究員、16年不二越鋼材工業営業部長、17年東洋工機社長、のちミヤタエンタープライズ社長。46年岐阜歯科大学(現・朝日大学)を設立。明海大学理事長、朝日大学理事長を歴任。

宮本 一郎
みやもと・いちろう

大正3年(1914年)10月18日〜
昭和57年(1982年)8月10日

静修学園理事長,(株)みやもと社長
北海道札幌市出身。早稲田大学商学部〔昭和11年〕卒。

　昭和24年父親の跡を継いで静修学園理事長に就任。女子短期大学、附属幼稚園を創設し、主に女子教育に尽くした。37年から北海道私立学校審議会委員を4期16年務めた。

三好 晋六郎
みよし・しんろくろう

安政4年(1857年)7月21日〜
明治43年(1910年)1月28日

造船学者　東京帝大工科大学教授
工部大学校機械科〔明治12年〕卒。工学博士〔明治24年〕。旭日中綬章〔明治39年〕, 勲二等瑞宝章〔明治43年〕。

　幕臣三好阿波守の六男として生まれる。明治12年工部大学校機械科を首席で卒業。工部省留学生として英国グラスゴーに留学、造船会社やグラスゴー大学など造船学を研究。16年帰国。17年工部大学校助教授、19年帝国大学工科大学教授となり、日本で初めて鉄骨木皮船建造の講義を行った。21年工手学校(のちの工学院大学)創立委員として同校創立に参画(31年3代目校長に就任)。30年逓信省技師を兼任。

三輪 桓一郎
みわ・かんいちろう

文久1年(1861年)〜
大正9年(1920年)2月1日

京都帝国大学理工科大学教授, 東京物理学講習所創設者
江戸・市ケ谷(東京都)出生。東京大学理学部物理学科〔明治13年〕卒。理学博士。

　大学卒業後、東京大学御用掛として採用、1年半後には助教授に就任。26歳で学習院教授、東京帝国大学理科大学助教授を兼務。のち、京都帝国大学理工科大学教授。この間、明治14年有志21人で東京物理学講習所(のち東京物理学校, 現・東京理科大学)を開設した。著書に「中等物理教科書」「極大極小論」など。

【評伝・参考文献】
◇東京理科大学百年史　東京理科大学編　東京理科大学　1981.6.14
◇物理学校─近代史のなかの理科学生(中公新書ラクレ)　馬場錬成著　中央公論新社　2006.3.10　314p

三輪田 真佐子
みわだ・まさこ

天保14年(1843年)1月1日〜
昭和2年(1927年)5月3日

女子教育家　三輪田学園創立者
旧姓名は宇田。幼名は梅野。京都出生, 伊予国 (愛媛県) 出身。夫は三輪田元綱 (勤王家・国学者), 養子は三輪田元道 (三輪田学園理事長)。賞勲五等宝冠章〔昭和2年〕。

　松山藩儒・宇田淵の長女。幼い頃より父より漢学を授けられ、父の師である梁川星巌にも就き、その妻である紅蘭女史からも詩文、書、絵画を習い、薫陶を受けた。慶応2年 (1866年) 岩倉具視の内殿侍講となり、明治2年岩倉の勧めで勤王家の三輪田元綱と結婚。12年夫と死別。13年松山で私塾・明倫学舎を開き、17年より松山師範教師も務めた。20年上京し、神田に翠松学舎を開設。23年東京音楽学校講師、34年には日本女子大学校の設立に尽くして教授に就任。35年東京・麹町に三輪田女学校 (現・三輪田学園) を創設、36年三輪田高等女学校と改称。徳育を重視した良妻賢母教育を行った。一子・元孝を亡くしたため、山下富五郎 (改名して三輪田元道) を養子とし、元道の手により学園は一層の発展をみた。著書に「女子教育論」「女子の本分」「新家庭訓」などがある。

【 む 】

宗村　佐信
むねむら・すけのぶ

明治37年 (1904年) 6月3日～
昭和50年 (1975年) 8月29日

平田紡績会長, 暁学園創立者
三重県出生。息子は宗村完治 (平田紡績社長・故人)。四日市商〔大正12年〕卒。賞藍綬褒章〔昭和41年〕。

　昭和16年平田紡績取締役を経て、20年社長に就任。21年財団法人暁学園を設立、理事長に就任。

村上　専精
むらかみ・せんしょう

嘉永4年 (1851年) 4月2日～
昭和4年 (1929年) 10月31日

仏教史学者, 僧侶 (真宗大谷派)　東京帝大名誉教授, 大谷大学学長
旧姓名は広崎。別号は不住, 舟山。丹波国氷上郡野山村 (兵庫県春日町) 出生。高倉大学寮卒。帝国学士院会員〔大正7年〕。文学博士〔明治32年〕。

　真宗大谷派教覚寺に生まれる。生家が貧しい小寺のため、8歳で家を出て寺の小僧となり、苦学した。明治7年京都に出て高倉大学寮に入り、翌

8年三河の入覚寺の養嗣子となり村上姓となる。のち高倉大学寮副嗣、富山県教校長、曹洞宗大学林(現・駒沢大学)、哲学館(現・東洋大学)の講師を経て、23年東京大谷教校長、帝大文科大学講師、25年浄土宗本校講師となる。27年門下の鷲尾順敬、境野黄洋とともに雑誌「仏教史林」を創刊。30年「大日本仏教史」第1巻、31年「和漢仏教年契」などを刊行し、わが国における仏教史、特に日本仏教史の研究の基礎を築いた。34年「仏教統一論」(全3巻)の第1編・大綱論で大乗非仏説論者であると非難され僧籍を離れたが。38年東洋女学校(現・東洋女子高等学校)を設立。44年復籍。大正6年東京帝大の印度哲学講座の開講につとめ、初代教授に就任。7年帝国学士院会員、12年東京帝大名誉教授、15年大谷大学長、昭和4年真宗大学院教授となった。他の著書に「日本仏教一貫論」「仏教論理学」「日本仏教史綱」(全2巻)「真宗全史」「明治維新神仏分離史料」(全5冊)など多数。

村崎 サイ

むらさき・さい

元治1年(1864年)6月7日～
昭和20年(1945年)7月4日

教育者　村崎女子商業学校創立者
本名は村崎左以。讚岐国小豆島木庄村(香川県)出生。船場女学校(大阪)、又新女学校(岡山)。🏅文部大臣賞、徳島県知事賞。

明治21年愛媛県の裁縫・作方教員検定試験に合格、小学校教員となる。28年徳島市に私立裁縫専修学校を創立。大正13年徳島女子職業学校を併設、昭和19年には両校を併合して村崎女子商業学校とし、校長を務める。20年徳島空襲の際に校舎が焼失するなかで殉職するが、生涯、女子教育に情熱を傾けた。村崎女子商業学校は戦後に徳島女子大学、徳島文理大学へと発展。

村田 謙造

むらた・けんぞう

明治20年(1887年)1月2日～
昭和50年(1975年)3月23日

村田簿記学校創立者
山口県出生。大阪高等商業学校〔明治39年〕2年修了。🏅藍綬褒章〔昭和25年〕、紺綬褒章〔昭和39年〕。

明治41年四つ珠算盤の「村田式計算器」を発表、42年銀行会社事務員養成所を開き、大正2年村田速算学校を併設、6年村田簿記学校と改称。9年東京会計士懇話会(現・日本会計士)を設立、理事。昭和6年村田女子経理学校(現・村田女子商高)併設、18年村岡学園理事長となった。29年東京都法人各種学校協会を設立、初代会長。日本の簿記・珠算教育の振興発展に大きく貢献した。

村野 山人
むらの・さんじん

嘉永1年（1848年）7月8日〜
大正11年（1922年）1月13日

実業家　山陽鉄道副社長, 神戸電鉄社長

　小学校教師を経て、上京して巡査となり、警部に進む。兵庫県警部に任じ、郡長、神戸区長、書記官を歴任。のち官界を退き、実業界に入り、山陽鉄道の創立に参加して副社長となり、明治28〜34年豊川鉄道社長。さらに神戸電気鉄道を創立して社長に就任。乃木大将を深く敬慕し、私財を投じて、伏見桃山に乃木神社を建立した。大正9年村野徒弟学校（現・神戸村野工業高校）を設立。

【 め 】

目賀田 種太郎
めがた・たねたろう

嘉永6年（1853年）7月21日〜
大正15年（1926年）9月10日

財政家, 男爵　枢密顧問官, 大蔵省主税局長, 貴院議員（勅選）

　江戸・本所太平町出生。大学南校、ハーバード大学法学部〔明治7年〕卒。
　昌平黌、大学南校に学び、明治3年米国留学を命ぜられ、ハーバード大学法学部に学ぶ。7年帰国後文部省に出任、8年に官吏として再び渡米。以後司法省を経て、16年大蔵省に入り、少書記官、主税官、参事官を経て、24年横浜税関長、27年主税局長となり、日清・日露戦争時の国家財政を支える。税務監督局を創設し税官吏の養成を図る一方、関税自主権についての条約改正にも尽力した。37年韓国財政顧問に就任、43年に財政監査長官に進んだ。この間、37年〜大正12年勅選貴院議員。40年男爵。大正12〜15年枢密顧問官。一方、法律家としては明治12年横浜米国領事裁判所代言人、のち東京代言人組合会長、14年横浜裁判所判事などを務めた。専修大学の前身、専修学校の創設者としても知られる。

【 も 】

望月 軍四郎
もちずき・ぐんしろう

明治12年（1879年）8月15日〜
昭和15年（1940年）2月1日

実業家
静岡県出生。
　高小2年まで学び、15歳で村上太三郎の入丸商店に入り、株式界に入った。日糖事件で活躍、明治43年独立しサシ丸望月商店を開業。大正8年望月商事社長に就任し、11年株式界を

引退。13年田口銀行を買収、頭取となったが、金融恐慌後撤退。昭和4年日清生命社長に就任、5年京浜電車会長。他に赤司初太郎と共同で東邦炭礦、台湾パルプ工業など多くの会社の要職をつとめた。教育関係に熱心で、慶応義塾ほかに多額の寄付を行った篤志家でもあり、日満文化学会、大宮工業商業学校を創立した。武者小路実篤「望月軍四郎」がある。

元田 直
もとだ・なおし

天保6年（1835年）～
大正5年（1916年）2月4日

法律家，教育者
字は温郷、号は南豊。豊後国杵築（大分県）出生。

文久3年江戸に出て志士と交わり、勤王を唱えた。慶応2年乱を謀り幽囚されたが明治維新により赦され、内国事務局書記、度会県判事となり、太政官大史に任ぜられた。2年東京代言人会初代会長となり、7年法律学校を建て生徒に教授した。13年長崎上等裁判所判事になったが、眼を患って15年辞職し、20年東京府立尋常師範学校校長となった。21年東京府尋常中学校に分校を設置する計画が頓挫したのをきっかけに、同校長の丸山淑人、教諭の今泉定助、皇典講究所幹事の松野勇雄らと、同年9月私立補充中学校（東京都立戸山高校の前身）を設立した。晩年に失明。著書に「帝道」「南豊文集」などがある。

元田 肇
もとだ・はじめ

安政5年（1858年）1月15日～
昭和13年（1938年）10月1日

政治家　衆院議長, 逓信相, 鉄道相
号は国東。女婿は船田中（政治家）。東京大学法科〔明治13年〕卒。

杵築藩（大分県）の儒学者の養子となって上京し、大学を出て弁護士となった後政界入り。第1回総選挙以来、衆院議員当選16回、勤続40年余で衆院副議長3回。この間、第1次山本権兵衛内閣で逓相、原敬内閣で初代鉄道相、高橋是清内閣で衆院議長を務める。高橋内閣時代、首相の内閣改造に反対して一時政友会を除名されたが、間もなく復党、政友会の長老として大正、昭和の政界で重きをなした。昭和7年から枢密顧問官。また、明治18年には増島六一郎らと英吉利法律学校（現・中央大学）を創設。小畑敏四郎、船田中の岳父にあたる。

元良 勇次郎
もとら・ゆうじろう

安政5年（1858年）11月1日～
大正1年（1912年）12月13日

心理学者, 哲学者, 倫理学者　東京帝大文科大学教授
旧姓名は杉田。摂津国三田（兵庫県神

戸市)出生。同志社英語学校〔明治8年〕卒。Ph. D.(ジョンズ・ホプキンズ大学)〔明治21年〕, 文学博士〔明治24年〕。

摂州三田藩士杉田泰二の二男。明治14年元良家の養子となる。8年東京の学農社に入り, 14年東京英学校(青山学院の前身)教師となる。同年元良家の養子となり同家を嗣ぐ。16年渡米し, ボストン大学, ジョンズ・ホプキンズ大学で心理学, 哲学, 社会学を学び, 21年帰国。帝大文科大学(現・東京大学)講師となり, 23年同教授に就任, 27年東京高師教授を兼任した。この他, 22年外山正一, 神田乃武と正則予備校(のちの正則学院)を創立, 理学文書目録委員, 修身教科書調査委員, 国語調査委員会臨時委員をつとめ, 教育学術の振興に尽力。心理学, 哲学を講じ, 特に科学的な心理学研究の開拓と教育における功績は大きい。ヴント心理学を紹介した。主著に「教育新論」「心理学」「心理学綱要」「倫理学」など。

百瀬 泰男
ももせ・やすお

明治41年(1908年)1月21日〜
平成2年(1990年)12月31日

明泉学園理事長, 鶴川女子短期大学学長
長野県出生。長男は百瀬和男(鶴川女子短期大学学長)。日本大学〔昭和19年〕卒。

鶴川女子短期大学学長, 明泉学園理事長を歴任。

森 磯吉
もり・いそきち

明治28年(1895年)〜
昭和50年(1975年)5月7日

帝塚山学園理事長
昭和16年帝塚山学院創立25周年記念事業として, 当時の学院長庄野貞一と女学部主事であった森とで帝塚山学園設立を計画, 帝塚山中学校を開校した。同校の初代校長を務めた。23年帝塚山高等学校を設置。

森 嘉吉
もり・かきち

明治32年(1899年)12月15日〜
平成1年(1989年)11月3日

金山学園理事長, 岡山県私学協会長, 岡山県高野連会長
香川県仲多度郡興北村(善通寺市)出生。東京高師〔大正13年〕卒。
1960年に西大寺女子高等学校(学校法人金山学園)を創設, 理事長兼校長に就任。

森 茂樹
もり・しげき

明治26年(1893年)2月26日〜
昭和46年(1971年)4月21日

神戸学院大学学長
兵庫県出生。京都帝大医科大学〔大正8年〕卒。医学博士〔大正13年〕。団 病理学。

藤浪鑑、速水猛両教授の指導を受け、大正10年京大助手、11年助教授。15年熊本医科大教授となり病理学担当、体質医学研究所設置に尽力。また、日本体質学会を創設。昭和15年京大教授となり医学部病理学第2講座を主宰、31年定年退官。32年山口県立医科大学長、41年神戸学院大学を設立、学長となった。

森 嘉種
もり・よしたね

文久2年（1862年）12月23日～
昭和8年（1933年）9月4日

教育家　学法石川高校創設者
号は小峯。囗藍綬褒章〔昭和3年〕。

白河藩主阿部氏の儒者で軍学者でもあった森嘉会と、セツの長男として生まれる。明治10年16歳の時に水戸の私塾自彊舎に学ぶ。宮城県石巻小学校授業方、18年郷里棚倉小、石川尋常小勤務を経て、25年福島県に石川義塾（現・学法石川高校）を創立し、塾長兼教師となる。40年石川中学校を設立。県内初の私立中誕生であった。一方、鉱物学にも造詣が深く、30年頃より石川地方の鉱物収集に取り組み、後に東京帝国大学地質学教室の神保小虎博士について学ぶ。石川石、モナザイト、燐灰ウラン、ジルコンなど放射性物質を発見、学会に紹介した。昭和43年福島県の先覚者として顕彰される。

【評伝・参考文献】
◇学校法人石川高等学校100年史1892-1992　学校法人石川高等学校百年史編集委員会編　学校法人石川高等学校　1992.9.30

森 わさ
もり・わさ

慶応4年（1868年）6月4日～
昭和28年（1953年）10月12日

教育者　神戸森高等学校校長
旧姓名は岬。淡路国津名郡（兵庫県津名郡）出生。囗文部大臣表彰〔昭和3年〕。

19歳の時に警察官と結婚するが、間もなく夫が殉職。以後、1男2女を育てながら独学し、高等小学校教員の免許を取得した。郷里・兵庫県津名郡内の小学校教諭を歴任したのち神戸に移り、明治45年私立の森裁縫女学校を開校。当初の生徒は7人という小規模なものであった。のち学校の設備・規模を充実させて多くの生徒を教えるようになり、大正11年には森高等女学校に改組して商業科を設置。昭和3年にはこれまでの教育活動が評価され、文部大臣表彰を受けた。さらに23年同校を森高等学校に改称し、27年には神戸森短期大学を創立。これらはそれぞれ神戸学院女子高・神戸学院短期大学となって現在に至って

いる。

森田 一郎
もりた・いちろう

？～昭和51年(1976年)8月29日

京都外国語大学総長
福島県出身。妻は森田倭文子(京都外国語大学創立者)、長男は森田嘉一(京都外国語大学理事長・総長)。

妻とともに昭和22年京都外国語学校(57年廃校)、34年京都外国語大学創立。在京都メキシコ国名誉領事もつとめた。

森田 倭文子
もりた・しずこ

明治41年(1908年)3月3日～
平成6年(1994年)11月27日

京都外国語大学創立者・最高顧問
福島県出身。夫は森田一郎(元京都外国大学総長)、長男は森田嘉一(京都外国語大学理事長・総長)。福島県立女子師範学校(旧制)卒。賞アルフォンソ十世賢王勲章(スペイン)〔昭和53年〕、サンティアーゴ・ダ・エスパーダ騎士団勲章(ポルトガル)〔昭和59年〕、勲四等瑞宝章〔昭和59年〕。

夫の一郎とともに昭和22年に京都外国語学校(57年廃校)、34年に京都外国語大学を創立。42年には西日本で初めて、ブラジル・ポルトガル語学科を京都外大に創設、大学教育や留学生の交流などを通し、スペインやメキシコなどとの文化交流に努めた。また、湯川秀樹博士の夫人、湯川スミらと世界連邦全国婦人協議会を結成、昭和41年から理事長を務め、婦人の立場から世界平和を訴えた。50年から国際平和協会会長。

森村 市左衛門
もりむら・いちざえもん

明治6年(1873年)～
昭和37年(1962年)7月5日

実業家、男爵　森村産業会長、森村学園創始者、日本ゴルフ協会初代会長
幼名は開作。東京出身。父は森村市左衛門(実業家)、叔父は森村豊(実業家)。慶応義塾。

父の跡を継いで早くから実業界で活躍。森村産業会長を始め、富士電力会長、横浜正金銀行取締役、第一生命取締役、富士繊維工業取締役などを歴任。また日本人による初のゴルフクラブである東京ゴルフクラブ創設に参画、日本ゴルフ協会に会長職がおかれると初代会長に選ばれ、ゴルフ界の国際交流を推進した。森村学園の創始者でもある。

森本 厚吉
もりもと・こうきち

明治10年(1877年)3月2日～
昭和25年(1950年)1月31日

北海道帝国大学農科大学教授, 女子文化高等学院創立者

旧姓名は増山。京都府舞鶴市出生。札幌農学校〔明治34年〕卒, ジョンス・ホプキンス大学大学院。法学博士。

農学校在学中、有島武郎をキリスト教に入信させ、明治34年有島との共著「リビングストン伝」を刊行。卒業後、仙台の東北学院教授に就任。36年退職し、米国ジョンス・ホプキンス大学院に入学、経済学と歴史を学んだ。39年帰国、母校の札幌農学校で教鞭をとる。40年東北帝国大学農科大学予科教授、41年東北帝国大学農科大学助教授に就任。大正4年文部省の要請で米国に留学。帰国後、法学博士の学位を授与され、7年北海道帝国大学農科大学教授に就任。昭和2年女子文化高等学院を創設。3年財団法人女子経済専門学校を設立。晩年は農場解放に尽力した。著書に「生存より生活へ」などがある。

守屋 東

もりや・あずま

明治17年（1884年）7月7日〜
昭和50年（1975年）12月18日

社会事業家, 女性教育家　大東学園高校理事長

号は一桜。東京出生。東京府立第一高女〔明治33年〕卒。

明治34年キリスト教の洗礼を受ける。日本基督教婦人矯風会に入り、37年東京・下谷の万年小学校代用教員となり、教育に努める。大正6年東京婦人ホームを設立。10年には幼稚園・子どもの園を併設、婦人児童保護事業に携わる。昭和7年日本初の肢体不自由児の療育施設・クリュッペルハイム東雲学園を開設。17年大東学園女学校（現・大東学園高）を設立、44年まで理事長を務めた。また明治41年少年禁酒軍を組織するなど禁酒運動に取り組み、未成年者飲酒禁止法の制定に尽力し"禁酒の母"としても知られる。

【評伝・参考文献】
◇竹沢さだめ—肢体不自由児療育事業に情熱を燃やした女医　松本昌介著　田研出版　2005.5.2　176p

森谷 たま

もりや・たま

明治17年（1884年）12月1日〜
昭和17年（1942年）8月9日

教育家　山形精華高等学校創立者

山形県西村山郡谷地町出生。裁繡女学校〔明治38年〕卒, 東京府教育会附属家事科教員養成所〔明治39年〕卒。

小学校を卒業後山形市六日町秀月堂の門に入り、作法、茶道を学ぶ。明治36年上京し、裁繡女学校に入り苦学2年、38年3月卒業。同年4月東京府教育会附属家事科教員養成所に入り、翌年3月卒業後、母校裁繡女学校に就職。睡眠4時間制をとり、教育学・心理学は勿論、花道・和洋裁・手芸等女性と

して必要な各方面にわたり、自修研究に寸暇を惜しんで努力した。41年山形に帰郷、同年12月には山形市十日町の歌懸稲荷神社々務所に山形裁縫所の表札をかけた。入学するものは日々増加し、大正9年材木町京屋染色工場を改造して移転。15年山形市香澄町大宝寺に校舎新築を起工し（現・山形精華高等学校）同年6月に移転。これ等の経費は氏の不眠不休の賃仕事と、塾費の節約等によるもので、他からの援助は全く受けなかった。またかくれた慈善家であった。大正3年以来毎年大晦日の前夜には、生徒をともない共に覆面して貧困な家庭に米・衣類・金品をめぐんだ。また小学校の貧困児童にはひそかに衣類をおくるなどした。開塾以来生徒に対し人生訓として、忍耐は成功の基である、如何なる困難に遭遇しても忍耐を以ってこれを克服することこそ人生の要諦である、と説き塾の標語とした。

婚。諸沢裁縫伝習所に改称。10年水戸常磐女学校に改組し校長。昭和10年常磐高等女学校を設立、夫が校長となり、13年夫の没後校長を兼任。19年常磐学園理事長、41年短期大学を併設。

諸沢 みよ

もろさわ・みよ

明治20年（1887年）12月18日〜
昭和49年（1974年）7月25日

教育者　常磐学園理事長
旧姓名は小田木。茨城県茨城郡飯富村出生。女子共立会裁縫伝習科卒。勲三等瑞宝章。
　明治42年水戸市に小田木裁縫伝習所を開設。大正2年諸沢道之介と結

【や】

八代 斌助
やしろ・ひんすけ

明治33年（1900年）3月3日～
昭和45年（1970年）10月10日

キリスト教伝道者　日本聖公会主教
北海道函館市出生。立教大学予科〔大正9年〕中退、ケラム神学院〔昭和4年〕卒。

　大正9年中国に渡り帰国後、旭川歩兵連隊に入営、歩兵少尉で除隊。日本聖公会神戸支部の伝道師補となり、昭和2年英国留学、4年帰国し、須磨聖ヨハネ教会、神戸聖ミカエル教会を経て、15年神戸教区補佐主教、22年正主教となり、総会議長に選ばれ、43年日本聖公会首座主教となった。戦時中の宗教統制による教会合同に反対し聖公会の伝統保持を貫いた。戦後、ロンドンのランベス会議、アムステルダムの世界教会会議に出席、24年にはフィリピン・香港の日本人戦犯を訪問、25年オーストラリア、ニュージーランドへ親善の旅をし"空飛ぶ主教"として日本の国際的地位向上のため活躍した。また日本キリスト教協議会副議長、日本聖書協会副理事長、立教学院、聖公会神学院、聖路加国際病院、桃山学院、八代学院の院長、理事長などを歴任した。著書に「主イエス」、「八代斌助著作集」（全8巻）がある。

【評伝・参考文献】
◇八代斌助の思想と行動を考える―日本聖公会神戸教区の成立と活動（神戸国際大学経済文化研究所叢書）桑田優，平尾武之，山本祐策編著（京都）ミネルヴァ書房　2006.3.31　220p 21cm（A5）

矢代 操
やしろ・みさお

嘉永6年（1853年）～
明治24年（1891年）4月2日

法学者　明治法律学校創設者
旧姓名は松本。越前国（福井県）出生。
　鯖江藩士の三男として生まれ、明治2年同藩の矢代家の養嗣子となる。明治3年藩の貢進生として大学南校に入学。5年司法省明法寮に転じてボアソナードから法律を学んだ。卒業すると官途には就かず、11年講法学会を興して我が国の法学教育の先駆となった。14年法学と国民の権利意識の普及のため、明法寮からの友人・岸本辰雄、宮城浩蔵とはかって東京・麹町に明治法律学校（現・明治大学）を創設、フランス民法などを講じた。19年元老院書記官、23年貴族院議事課長。24年腸チフスのため夭折した。

安田 茂晴
やすだ・しげはる

大正13年(1924年)2月4日～
平成7年(1995年)8月27日

両洋学園理事長
中国名は張火旺。台湾・高雄市出生。立命館大学経済学部〔昭和26年〕卒。

　日本統治下の台湾・高雄市に台湾人として生まれ育つ。現地の旧制中学に入れず、昭和15年来日し京都の旧制中学に入学する。大学卒業後26年財務局入局、のち国際経済新聞に転じて記者を務め、30年東邦観光を設立し社長、57年会長。この間45年両洋学園理事、57年理事長。また栄光会理事長、ロイヤルオークスイミングクラブ会長も兼ねる。59年ボランの広場高校を開校したが、資金難や学校運営をめぐるトラブルで休校。平成2年同校の後身として、挫折し、落ちこぼれた生徒に立ち直りの機会を与える男子全寮制の京都美山高校を開校、理事長として陣頭指揮に当たった。リゾートホテルの経営などはすべて長男に任せ、アジアの青年のために寮付きの日本語学校の経営など公益的事業に情熱を傾けた。

保田 棟太
やすだ・むねた

安政3年(1856年)～
大正8年(1919年)6月28日

第一高等学校教授、東京物理学講習所創設者
東京大学理学部物理学科〔明治13年〕卒。

　明治14年有志21人で東京物理学講習所(のち東京物理学校、現・東京理科大学)を開設。第一高等学校教授などを務めた。共著に「立体幾何教科書」「平面幾何教科書」、訳書に「三角法教科書」など。

【評伝・参考文献】
◇東京理科大学百年史　東京理科大学編　東京理科大学　1981.6.14
◇物理学校―近代史のなかの理科学生（中公新書ラクレ）　馬場錬成著　中央公論新社　2006.3.10　314p

安田 リョウ
やすだ・りょう

明治17年(1884年)9月30日～
昭和52年(1977年)11月8日

教育者　安田学園創立者・学園長
旧姓名は広瀬。広島県深安郡広瀬村出生。山中女学校(広島市)卒、東京裁縫女学校高等師範部〔明治40年〕卒。🏅藍綬褒章〔昭和31年〕、勲四等宝冠章〔昭和39年〕、勲三等瑞宝章〔昭和52年〕（没後）。

　明治40年安田五一と結婚すると同時に、鹿児島女子師範教諭となる。5年後広島市に帰り、一時私立学校に勤めたが、女子の職業教育の必要性を感じ、私財を投じて大正4年広島技芸女学校を創立、校長に就任した。そ

の後同校は高等女学校、女子教員養成課程を併設したが、昭和20年原爆で潰滅した。自身は負傷だけですみ、再建を決意、学校法人安田学園として、幼稚園から安田女子大学に至る総合学園へと発展した。この間、常に学園長を務めた。

谷田部 梅吉
やたべ・うめきち

安政4年（1857年）～
明治36年（1903年）8月20日

東京高商教授，東京物理学講習所創設者
号は哲山。秋田県十二所（大館市）出生。東京大学理学部物理学科〔明治12年〕卒。

8歳で藩校明徳館に入り、十二所郷校成章書院でも学ぶ。13歳で藩の貢進生として、大学南校（東京大学の前身）に入学。大学卒業後、大学予備門教員、第一高等中学校（のち一高）改組後、教諭兼幹事。明治14年有志21人で東京物理学講習所（のち東京物理学校，現・東京理科大学）を開設、初代所長となる。山口高等中学教諭、外務省翻訳官、在マニラ領事、農商務省特許審判官兼東京高商教授、26年鹿児島造士館教授、29年京都商業校長を務めた。

【評伝・参考文献】
◇東京理科大学百年史　東京理科大学編　東京理科大学　1981.6.14

◇物理学校―近代史のなかの理科学生（中公新書ラクレ）馬場錬成著　中央公論新社　2006.3.10　314p

矢野 二郎
やの・じろう

弘化2年（1845年）1月15日～
明治39年（1906年）6月17日

東京高商校長，貴院議員（勅選）
江戸・駒込出生。

幕臣富永惣五郎の子として生まれ、幕臣矢野家の養嗣子となる。幕府の外国方翻訳官となり、文久3年遣欧使節池田筑後守一行に随行して渡欧。明治5年外務省に入り、二等書記官としてワシントンに駐在、帰国後官を辞した。8年森有礼が東京・京橋に創設した商法講習所を引き受け、9年同所長に就任。同講習所は東京会議所、農商務省、文部省と所轄を変え、東京高商（現・一橋大学）となったが、26年まで校長としてその育成に努め、我が国の商業教育の基礎を定めた。また、19年共立女子職業学校（現・共立女子学園）設立発起人の1人として創設に参加した。退職後、日本麦酒会社などの取締役となり、また東京商業会議所名誉会員、臨時高等商工会議員、勅選貴院議員となった。

【評伝・参考文献】
◇共立女子学園百十年史　共立女子学園百十年史編集委員会編　共立女子学園　1996.10.18

矢野 龍渓

やの・りゅうけい

嘉永3年(1850年)12月1日〜
昭和6年(1931年)6月18日

小説家,政治家,ジャーナリスト
本名は矢野文雄。豊後国南海郡佐伯(大分県佐伯市)出生。父は矢野光儀(政治家)。慶応義塾〔明治6年〕卒。

豊後佐伯藩士・矢野光儀の子として生まれる。明治3年父の葛飾県(現・千葉県)知事就任に従って上京し、慶応義塾に学ぶ。6年卒業と同時に同塾の教師となり、同大阪分校校長、同徳島分校校長などを務めた。9年郵便報知新聞に入社して副主筆となり、政治経済や社会問題で健筆を振るった。11年大隈重信や福沢諭吉の推薦で大蔵省少書記官として仕官し、のち太政官大書記官に昇るが、14年大隈とともに下野(明治14年の政変)。以後は藤田茂吉、犬養毅、尾崎行雄らと政社東洋議政会を結成し、郵便報知新聞を買収。15年大隈の立憲改進党の結党に参加してからは、同紙を同党の機関誌として論陣をはった。この間、近代化の推進を痛感し、国際的な視野を持つ人材を育てるため13年慶応義塾医学校の跡地に三田予備校を設立し、14年には芝愛宕町に移転して三田英学校に改称。16年古代ギリシアのテーベの盛衰を描くとともに自由民権の思想を鼓吹した政治小説「経国美談」前篇を刊行(後篇は17年刊)し、多くの青年たちを興奮させた。17年ヨーロッパ、米国を遊学し、憲法・議会制度や新聞事情を視察して19年帰国。22年政界引退を宣言。23年冒険小説「浮城物語」を刊行。国会開設後は宮内省、次いで外務省に出仕し、30年特命全権駐清公使として中国に赴任した。32年官を辞してからは文筆・新聞界に復帰し、社会問題に目を向けるとともに近事画報社顧問、毎日電報相談役、大阪毎日新聞社副社長などを歴任。また32年改正中学校令の施行によって三田英学校を錦城中学(現・錦城学園高校)に改組させ、大正12年まで校長を務めた。他の著書に「人権新説駁論」「周遊雑記」「新社会」、随筆「出鱈目の記」「龍渓随筆」「龍渓閑話」、伝記「安田善次郎伝」、小説「不必要」などがある。

【評伝・参考文献】
◇錦城百年史　錦城学園百年史編纂委員会編　錦城学園　1984.1.10
◇図録・新資料でみる森田思軒とその交友―龍渓・蘇峰・鷗外・天心・涙香　森田思軒研究会編著,川戸道昭,榊原貴教,谷口靖彦,中林良雄編著　松柏社　2005.11.30　119p

山内 豊範

やまうち・とよのり

弘化3年(1846年)4月17日〜
明治19年(1886年)7月13日

侯爵　高知藩知事,旧土佐藩主
幼名は熊五郎,字は君模,通称は鹿次

郎, 土佐守, 号は鵬羊。土佐国高知城内（高知県高知市）出生。実父は山内豊資（12代土佐藩主）、養父は山内豊信（は容堂、15代土佐藩主）。

12代土佐藩主山内豊資の末子に生まれ、のち15代藩主豊信（容堂）の養子となり、安政6年容堂の隠居と同時に家督を継ぎ、16代土佐藩主となる。文久2年江戸参勤の途上朝廷の召命をうけて京に入り、京都警衛、国事周旋の内勅を受け、薩摩、長州と並んで勤王三藩と称せられた。同年勅使三条実美、副勅使姉小路公知が江戸に下る際、往復の護衛を勤める。藩政は隠居容堂の後見に拠って行い、幕府の長州征伐には大坂警備に任じた。明治元年戊辰戦争では藩兵を東山道、東北に派遣、その戦功によって父と共に賞典禄4万石を下賜された。2年薩長肥の3藩主と連名して版籍奉還の奏請書を提出、高知藩知事に就任。4年廃藩置県後は東京に住み、銀行、鉄道などの事業に協力する傍ら、私塾・海南学校を経営した。明治17年華族令により侯爵。

山岡 次郎

やまおか・じろう

嘉永3年（1850年）～
明治38年（1905年）2月21日

化学者　東京大学教授, 農商務省技師
越前国（福井県）出生。

旧福井藩士で、文久2年蕃書調所に勤める。のち英学句読師を拝命、明治4年米国に留学し化学を学ぶ。帰国後10年東京大学理学部助教授、11年東京化学会創立委員、14年東京職工学校事務取扱を歴任。19年共立女子職業学校（現・共立女子学園）設立発起人の1人として創設に参加。23年の東京工業学校創設に際しては、手島精一に協力し、一時校長事務取扱いを務めた。その後農商務省技師となり、染色の研究、工業化、技術指導に活躍した。28年大蔵省税関監定官。33年にはフランス政府より勲章を受けた。

【評伝・参考文献】
◇共立女子学園百十年史　共立女子学園百十年史編集委員会編　共立女子学園　1996.10.18

山川 波次

やまかわ・なみじ

慶応3年（1867年）～昭和14年（1939年）

女子教育家　明善高等女学校創立者・初代校長
号は梅斎。香川県出生。藍綬褒章〔昭和14年〕。

高松藩士の羽原家に生まれ、のち私塾・明善堂を主宰する山川家を継ぐ。早より教育を志し、明治15年15歳の時、小学校教員となる。その後、香川県師範学校教諭、木田郡学校組合白山高等女学校校長を歴任。大正6年真の人間教育と女性本来の使命に立脚した教育を目指し、高松市に私立明善高等女学校を設立、初代校長に就任。また、梅斎と号して詩文や

書道をよくし、謡や茶を嗜むなど多趣味であった。

山川 二葉
やまかわ・ふたば
天保15年(1844年)8月〜
明治42年(1909年)11月14日

教育者　東京女子師範学校舎監
陸奥国会津(福島県会津若松市)出生。父は山川尚江(会津藩家老)、夫は梶原平馬(会津藩家老)、弟は山川浩(陸軍軍人)、山川健次郎(教育者)、妹は大山捨松(陸軍軍人・大山巌夫人)。

　会津藩家老・山川尚江の娘。陸軍軍人・山川浩、物理学者・山川健次郎は弟、のちに陸軍軍人・大山巌の妻となる山川捨松(日本初の女子留学生の一人)は妹にあたる。はじめ、同藩家老・梶原平馬と結婚するが、のちに離別。明治10年東京女子師範学校の舎監に就任。以後、28年に渡って在職し、適切な指導で生徒たちに敬慕された。その功績により、高等官四等・従五位を贈られた。この間、19年共立女子職業学校(現・共立女子学園)設立発起人の1人として創設に参加した。

【評伝・参考文献】
◇共立女子学園百十年史　共立女子学園百十年史編集委員会編　共立女子学園　1996.10.18

山口 準之助
やまぐち・じゅんのすけ
文久1年(1861年)4月21日〜?

東京帝国大学工科大学助教授
江戸出生。工部大学校土木学科〔明治16年〕卒。工学博士〔大正4年〕。

　明治16年大学卒業後、直ちに内務省に出仕。17年内務技師補、19年内務技手。10月東京帝国大学工科大学助教授。21年4月退職、山陽鉄道株式会社に聘せられ2級技師となる。工手学校(のちの工学院大学)創立委員として参画した。

【評伝・参考文献】
◇築　工学院大学学園創立百周年記念写真集　工学院大学百年史編纂委員会編　工学院大学　1989.4.1
◇工学院大学学園百年史　工学院大学学園百年史編纂委員会編　工学院大学　1993.9.30

山口 末一
やまぐち・すえいち
明治27年(1894年)6月11日〜
平成2年(1990年)8月22日

希望学園理事長,北海道教育委員長
北海道歌志内市出身。札幌師範〔大正4年〕卒,広島高師〔大正9年〕卒,京都帝大文学部〔昭和3年〕卒。

　京都、中国東北部で教壇に立ち、昭和23年札幌市立一条中教諭、25〜31年札幌南高校長を務めた。退職後、私

学振興に尽力、33年に希望学園を創設、理事長・同学園札幌第一高校長を務め、42年から札幌大学理事、43〜55年同大教授。35年から道教育委員、38年からは道教育委員長を1年間務めた。

山口 久太
やまぐち・ひさた

明治44年(1911年)4月26日〜
平成5年(1993年)7月12日

日本体育協会名誉副会長、八千代松陰学園理事長
佐賀県東松浦郡相知町出生。東京高師体育学部〔昭和9年〕卒。置勲六等瑞宝章〔昭和18年〕、藍綬褒章〔昭和49年〕、勲三等瑞宝章〔昭和56年〕。

習志野高、東海第一高の校長、東海大体育学部長を経て、昭和58年日本体育協会副会長に就任。習志野高の校長時代、野球、サッカー、ボクシングを全国優勝させた実績をもつ。自身で創立した八千代松陰高では、わずか2年目で野球部を選抜に送った。62年4月名誉会長に退く。

山崎 周信
やまざき・ちかのぶ

（生没年不詳）

東京女子体操学校設立者
明治35年4月23日付で提出された東京女子体操学校設立願に記された設立者。開校前の生徒募集広告において、「吾人は惟現今の時勢が如何に女子体育の必要を認めつつある歟、高等女学校女子師範学校其他女子小学校に於て女子体操教師を聘せんことを如何に渇望しつつある乎を知る」と述べている。学校設立者は37年3月山崎から高橋忠次郎に交代している。

【評伝・参考文献】
◇藤村学園八十年のあゆみ　藤村学園八十年史編集委員会編　藤村学園　1983.5.10

山崎 寿春
やまざき・としはる

明治11年(1878年)7月18日〜
昭和39年(1964年)11月19日

駿台予備学校創立者
鳥取県出生。東京外国語専門学校（東京外国語大学）〔明治35年〕卒。

郷里の中学教師を経て、明治39年米国アマースト大に留学。41年ハーバード大、エール大の大学院に学び、43年M.A.の学位を取得して帰国。44年明治大学に迎えられ、昭和15年まで教授をつとめた。この間、大正5年受験英語社を興し、月刊「受験英語」を創刊。7年東京受験講習会を開催し、昭和5年駿台高等予備校（現・駿台予備学校）を創立。"愛情教育"を校是としてその生涯を受験生教育に捧げた。

山崎 弁栄
やまざき・べんねい

安政6年(1859年)2月20日～
大正9年(1920年)12月4日

仏教思想家
幼名は啓之介,号は仏陀禅那,無所得子,不可知童子。下総国南相馬郡(千葉県東葛飾郡沼南町)出生。

明治12年20歳で出家し,千葉県東漸寺の大康に師事。14年東京に遊学,浄土宗乗の他,倶舎・唯識・華厳・真言などの余乗も広く学ぶ。15年帰郷し,夏の2カ月間筑波山中で修行,さらに同年より3年間埼玉の草庵にこもり「一切経」を読了。27年インドの仏跡を参拝し,帰国後は「阿弥陀経図絵」にもとづく伝道活動を行う。30年代に入ると,「無量寿経」の十二光による光明主義運動として宗教活動を展開していった。大正3年如来光明会趣意書を頒布し,7年に伝道者養成のための光明学園を設立した。著書に「人生の帰趣」「光明の生活」「無量光寿」などがある。

山下 亀三郎
やました・かめさぶろう

慶応3年(1867年)4月9日～
昭和19年(1944年)12月13日

実業家　山下汽船創立者
愛媛県宇和島喜佐方出生。明治法律学校(明治大学)中退。

明治17年に上京後、学生時代の放蕩生活の中で岩崎弥太郎らの豪遊ぶりを知り、実業界入りを志して退学、横浜で船会社向けの石炭販売業を始める。36年には喜佐丸を買って海運業に乗り出し、海軍の仕事を引き受けて折からの日露戦争による軍需景気で大もうけする。その後、何回か破産したが、海軍のバックアップで東南アジアを中心に不定期船を運航し、大正6年山下汽船(現・ナビックスライン)を設立、不定期船王と呼ばれる船成金となった。また、昭和15年献金を基に山水育英会が設立され、16年3月同育英会を母体に山水中学校(のちの桐朋高校)が創立された。著書に「沈みつ浮きつ」がある。

【評伝・参考文献】
◇沈みつ浮きつ　山下亀三郎著　四季社　1951　336p 図版 19cm
◇続 財界回顧―故人今人(三笠文庫)　池田成彬著, 柳沢健編　三笠書房　1953　217p 16cm
◇人使い金使い名人伝(〔正〕続)　中村竹二著　実業之日本社　1953　2冊 19cm
◇日本財界人物列伝(第1巻)　青潮出版株式会社編　青潮出版　1963　1171p 図版 26cm
◇愛媛の先覚者 第5　愛媛県教育委員会　1966　221p 図版 21cm
◇財界人物我観(経済人叢書)　福沢桃介著　図書出版社　1990.3　177p
◇山下亀三郎―「沈みつ浮きつ」の生涯　鎌倉啓三著　近代文芸社　1996.3　122p 20cm

山田 顕義

やまだ・あきよし

天保15年（1844年）10月9日～
明治25年（1892年）11月11日

陸軍中将，政治家，伯爵　司法相，日本大学創始者

通称は山田市之允、号は空斎、不抜、養浩斎。長門国松本村（山口県萩市）出生。孫は山田顕貞（日本大学法学部教授）。

長州藩士の長男として生まれ、同藩の藩政家・村田清風は大叔父にあたる。藩校の明倫館や、吉田松陰の松下村塾に学び、高杉晋作、久坂玄瑞らと尊王攘夷運動に加わる。元治元年（1864年）禁門の変に敗れて長州に逃げ戻るも、第一次長州征伐後、御楯隊を率いて高杉の決起に従い藩政を掌握。第二次征討では芸州口を転戦し幕府軍を退けた。明治2年戊辰戦争では官軍参謀として北越・東北・箱館五稜郭と戦い抜き、戦功を挙げた。同年大村益次郎の下で兵部大丞となり、大村が暗殺されるとその遺志を継いで兵制の確立に力を注いだ。4年岩倉使節団の一員として米欧に随行。6年東京鎮台司令官、同年清国特命全権公使兼任（赴任せず）。7年の佐賀の乱、10年の西南戦争の鎮定にあたり、11年陸軍中将。陸軍内では同じ長州出身の山県有朋の進める急激な徴兵制に反発、7年の台湾出兵の閣議決定でも反対の立場を示し、西南戦争後は軍政の第一線から退く一方で（21年予備役編入）、7～12年司法大輔を務め、11年元老院議官、12年参議兼工部卿、14年内務卿を歴任するなど、行政家・政治家としての色彩を強めた。16年司法卿を経て、18年第一次伊藤内閣の司法相に就任。この間、17年伯爵。その後も黒田内閣、第一次山県内閣、第一次松方内閣の各司法相や法律取締委員長を務めて民法・商法などの各種法典の制定準備に尽力、"法典伯"の異名を取った。24年大津事件の責任を取り司法相を辞任。この間、22年皇典講究所所長として国学院（現・国学院大学）の創立に当たった他、同年日本法律学校（現・日本大学）も創立した。25年生野銀山視察中に急死。病死したとされていたが、平成元年日大学術調査団の石棺発掘調査によって坑道の立て坑での転落死と鑑定された。

【評伝・参考文献】

◇山田義伝　日本大学　1963　1009p 図 肖像 22cm
◇山田顕義と日本大学―日本法律学校の誕生　荒木治著　大原新生社　1972　301p 図 肖像 19cm
◇大津事件と司法大臣山田顕義―日本大学学祖山田顕義研究論文　柏村哲博著　日本大学大学史編纂室　1983.8　57p 21cm
◇山田顕義関係資料（第1集）　日本大学精神文化研究所、日本大学教育制度研究所編　日本大学精神文化研究所　1985.2　208p 22cm
◇山田顕義関係資料（第2集）　日本大学精神文化研究所、日本大学教育制度研究所編　日本大学精神文化研究所　1986.2　219p 22cm

◇シリーズ学祖・山田顕義研究(第2集) 日本大学広報部編 日本大学 1986.3 281p 21cm
◇山田顕義関係資料(第3集) 日本大学精神文化研究所編 日本大学精神文化研究所 1987.1 15, 9, 103p 22cm
◇抵抗の器―小説・山田顕義 もりたなるお著 文芸春秋 1987.9 252p 20cm
◇シリーズ学祖・山田顕義研究(第3集) 日本大学広報部編 日本大学 1988.5 257p 21cm
◇劇画 日本大学 貴志真典著 ロングセラーズ 1989.10 211p 21cm
◇シリーズ学祖・山田顕義研究(第4集) 日本大学広報部編 日本大学 1990.9 250p 21cm
◇山田伯爵家文書―宮内庁書陵部蔵筆写本 日本大学大学史編纂室編 日本大学 1991.6~1992 8冊
◇山田顕義―人と思想 日本大学総合科学研究所編 日本大学総合科学研究所 1992.3 1247p 22cm
◇シリーズ学祖・山田顕義研究(第5集) 日本大学広報部編 日本大学 1992.9 212p 21cm
◇剣と法典―小ナポレオン山田顕義 古川薫著 文芸春秋 1994.11 317p 19cm
◇シリーズ学祖・山田顕義研究(第6集) 日本大学広報部編 日本大学 1995.3 256p 21cm
◇エイジレスの法理(沼正也著作集32) 沼正也著 Sanwa 1996.7 418p 22cm
◇剣と法典―小ナポレオン山田顕義(文春文庫) 古川薫著 文藝春秋 1997.12 381p 16cm
◇シリーズ学祖・山田顕義研究(第7集)(追補) 日本大学広報部編 日本大学 2001.3 308p 21cm

山田 喜之助
やまだ・きのすけ

安政6年(1859年)6月1日~
大正2年(1913年)2月20日

弁護士 衆院議員,東京弁護士会長
大阪出生。東京帝大法学部〔明治15年〕卒。

代言人を営むかたわら東京専門学校講師をつとめ、また立憲改進党に入る。明治18年英吉利法律学校(現・中央大学)の創立に参画。のち司法権少書記官、19年司法省参事官、東京控訴院・大審院検事、23年大審院判事などを歴任。のち辞任し、東京弁護士会長をつとめた。また衆議院議員となり、さらに衆議院書記官長、司法次官に任じた。38年の"日比谷事件"で首領の一人として下獄したこともあった。

山田 きみ
やまだ・きみ

明治21年(1888年)4月26日~
昭和36年(1961年)2月23日

教育者 山田学園理事長
青森県青森市出生。東京共立女子職業学校本科〔明治41年〕卒。紫綬褒章。

早くから箏曲や挿花を嗜む。明治38年に上京し、東京共立女子職業学校本科で裁縫・刺繍・割烹を学んだ。41年に同校を卒業ののち青森高等女学

校の教師となり家庭科を教えた。大正1年結婚退職。7年女子の自立に必要な家庭科の教育を志し、青森市に青森裁縫塾を開く。その傍ら、協成女学校や青森盲唖学校嘱託を兼務し、琴や挿花を講じた。この間にも徐々に同塾の実績を上げ、昭和6年各種学校令の施行により青森家政学園に改めた。次いで8年には文部省令により山田高等家政女学校に改称し、新校舎を建造。20年戦災に遭ったため校舎を移転して再起を図り、22年学校を財団法人化。23年学制改革で新制高校に昇格して山田高等学校となり、26年には男女共学を開始した。さらに26年学校法人法の施行によって学校法人山田学園に改組し、理事長に就任。また保育園や幼稚園・中学校・理容学校なども併設し、学園発展の基礎を固めた。教育活動の一方で婦人運動にも加わり、女性の地位向上のために力を尽くした。

山田 源一郎

やまだ・げんいちろう

明治3年（1870年）～
昭和2年（1927年）5月23日

教育家　東京音楽学校教授
　オペラを普及させるため楽苑会を結成。一方、音楽雑誌「音楽新報」を発行。「中等教育唱歌集」「学典教科書」などの教科書を執筆、日本の音楽教育の発展に大きく貢献。明治36年（1903年）に、日本最初の私立音楽学校として音楽遊戯協会講習所を創設。講習所は女子音楽学校と日本音楽協会（男性のための音楽学校）という二つの学校に発展し、昭和2年には音楽教育と幼稚園教員養成を教育の2本柱とする日本音楽学校が誕生した。

【評伝・参考文献】
◇音楽教育への挑戦　日本音楽学校編著　日本音楽学校　2003.10　273p　20cm

山田 新平

やまだ・しんぺい

？～平成13年（2001年）12月31日

山田学園名誉理事長、山田家政短期大学学長
愛知県日進市出身。
　昭和26年学校法人山田学園を創立、理事長に就任。32～36年山田家政短期大学（現・名古屋女子文化短期大学）学長。全国洋和裁技能検定協会理事長、全国料理学校協会副会長、中部日本和裁教授連合会会長なども歴任した。

山野内 四郎

やまのうち・しろう

？～昭和55年（1980年）1月8日

日本ゲージ会長、水城高校理事長
昭和39年水城高校を設立。

山村 婦みよ

やまむら・ふみよ

明治35年（1902年）9月1日～
平成8年（1996年）7月11日

女子教育家　山村学園創設者
山梨県相川村（甲府市）出生。父は山村忠吉（山村学園理事長），夫は山村要二（教育者）。東京縫製女学校（東京家政大学）師範科〔大正11年〕卒，大妻技芸学校（大妻女子大学）。置藍綬褒章〔昭和33年〕。

石川組製紙所の川越工場に住み込みで働きながら川越尋常小に通い、大正5年高等科を卒業。9年東京縫製女学校（現・東京家政大学）に入学し、11年卒業。11年4月から5ヶ月間麹町区の大妻技芸学校（現・大妻女子大学）手芸部に学ぶ。同年9月20歳の時に、川越町小仙波に裁縫手芸伝習所・山村塾を開設。昭和3年山村裁縫女学校を創設。6年山村高等裁縫女学校となり、「貞淑」「愛敬」「質実」を校訓とした。14年川越高等家政女学校と改称。24年新学制により、山村中学校を併設。26年学校法人山村学園として開校、校長に就任。34年川越市田町に山村女子高等学校を設置し、坂戸町の同校を山村第二女子高校（山村国際女子高校）と改称。今日の山村学園の基礎を整えた。

山本 宜喚

やまもと・ぎかん

万延1年（1860年）～
昭和20年（1945年）2月15日

教育者　東京女子学園理事長・設立者
静岡県出生。

東京大学予備門、明治義塾などに学ぶ。三田英学校、東京農林学校を経て、秋田県および群馬県の尋常中学校に勤務したのち、明治28年日本中学校教頭。31年郁文館中学校、同商業学校教頭、大正10年両校の校長に就任。この間、明治35年棚橋一郎、小川銀次郎、実吉益美、杉浦鋼太郎、高津鍬三郎、吉岡哲太郎とともに私立東京高等女学校（現・東京女子学園）設立を計画、36年の開校に尽力。昭和18年1月同校理事長に就任。

【評伝・参考文献】
◇東京女子学園九十年史　東京女子学園九十年史編集委員会編　東京女子学園　1993.12.25

山本 藤助

やまもと・とうすけ

明治7年（1874年）6月1日～
大正15年（1926年）8月16日

実業家　山本汽船代表取締役,衆院議員（庚申倶楽部），帝塚山学院創立者
旧姓名は川田。前名は実。鳥取県出身。京都府立一商〔明治28年〕卒。

帝国海上保険会社社員を経て、明治35年鉄鋼・船舶業を営む山本家の婿養子となり、家業を発展させ、山本汽船代表取締役、大阪製鉄取締役、南洋製糖取締役、東印度貿易取締役、日本簡易火災保険取締役、実用自動車製造取締役など10数社の重役を務めた。また大阪市議、大阪商業会議所議員などを経て、大正9年鳥取1区から衆院議員（庚申倶楽部）に当選、1期務める。一方、5年私財を投じ帝塚山学院を創立し常任理事に就任した。

山森 栄三郎

やまもり・えいざぶろう

明治39年（1906年）12月～
昭和36年（1961年）

教育家　松韻学園創立者
山形県米沢市出生。明治大学。

福島電灯勤務ののち、電気技術者の養成を目指し、昭和17年福島電気工業学校を設立。23年学校法人福島電気工業学校、26年学校法人電気学園福島工業高校と改称（54年合併により福島高校と改称）。福島第一高校、原町工業高校なども設立した。平成5年電気学園は、松韻学園と改称された。

山脇 玄

やまわき・げん

嘉永2年（1849年）3月3日～
大正14年（1925年）10月7日

法律学者　行政裁判所長官，貴院議員（勅選）
幼名は泰吉。越前国福井（福井県）出生。妻は山脇房子（山脇高等女学校長）。法学博士〔明治40年〕。

越前福井藩の藩医の長男に生まれる。藩の医学校に学び、のち長崎で蘭学を修める。明治3年ドイツに留学、ベルリン、ライプチヒ、ハイデルベルヒ等の諸大学で法学を学び、10年帰国。太政官権少書記官、参事院議官、法制局参事官、行政裁判所評定官、同長官を歴任し、大正2年辞任。この間明治24年勅選貴院議員をつとめ、36年高等女子実修学校（現・山脇学園）を創立。

【ゆ】

幸 フク

ゆき・ふく

明治2年（1869年）～
昭和29年（1954年）2月

社会事業家　城南女学校創立者
大分県大分市三ツ川出生。藍綬褒章〔大正15年〕。

幼い頃から手芸にすぐれ、11歳の時に1カ月に24反も織りだして人々を驚かせた。また、織り上げた布を自ら売りさばくなど、たくましい商魂と強い自信はフクの生涯を貫くバックボーンとなった。24歳の時幸荒太郎

と結婚。自分で織り上げた反物を行商し、無一文の身から三ケ田町に呉服店を開くまでになり、明治40年頃には南大分唯一の大呉服店に発展した。大正14年夫の荒太郎が死去。これを契機として、社会事業への積極的関心が強まり、三ケ田町少年会を組織して、少年少女の社会訓練にうちこんだ。また幼稚園教育のために1万円を寄付。この功績により、15年大分県で初めて勅定の紺綬褒章を受章。かねてから地方の女子が高等教育の機会に恵まれていないことを嘆いていたフクは、昭和2年8月6万余円を投じて城南女学校を創設。建学の精神は"温厚にして堅実な女性の育成"である。社会事業への奉仕精神は老後になっても変わらず、戦時中は大陸の出兵将士に軍馬や多量の梅干、慰問品を送った。

【評伝・参考文献】
◇創立60周年記念誌　城南学園大分市城南高等学校編　城南学園大分市城南高等学校　1987.11.6

行吉　哉女
ゆきよし・かなめ

明治36年(1903年)12月17日〜
平成15年(2003年)10月7日

行吉学園学園長, 神戸女子大学学長　岡山県出生。京都女子大学家政学部卒, 京都府立医科大学大学院〔昭和44年〕修了。医学博士〔昭和44年〕。團栄養生理学, 女子教育　團国際服飾学会圍藍綬褒章〔昭和41年〕, 勲三等瑞宝章〔昭和49年〕, 勲三等宝冠章〔平成5年〕, 兵庫県文化賞〔昭和59年〕, 神戸市文化賞〔昭和60年〕。

瀬戸高女教諭、神戸市内の教師を務めたのち、昭和15年神戸新装女学院を設立、院長。25年神戸女子短期大学を設立、学長。41年〜平成9年神戸女子大学学長。14年同大理事長を退任。著書に「洋装研究」「英国服装史」「基礎代謝の季節変化の人種的差異に関する研究」などがある。

湯本　武比古
ゆもと・たけひこ

安政2年(1855年)12月1日〜
大正14年(1925年)9月27日

教育者, 教育学者　東京高師教授, 開発社社長
信濃国下高井郡科野村(長野県)出生。義弟は伊沢多喜男(枢密顧問官)。東京師範学校〔明治16年〕卒。

長野中学校教師などを経て、明治11年上京、東京師範学校を卒業し、同校助手となる。17年文部省御用掛となり、18年国定教科書「読書(よみかき)入門」を編集した。19年明宮(大正天皇)祇候に挙げられ、東宮に侍し明宮御講掛専務となり、20年学習院教授に任ぜられる。22年ドイツに留学、26年帰国後、非職を命ぜられ、27年東京高師教授となる。29年開発社に入り、「教育時論」主幹を経て、のち社長に就任。また精華学校、京北

中学校なども設立し、校長を務めた。著書に「新編教育学」「新編教授学」「新編心理学」などがある。

【よ】

横井 玉子
よこい・たまこ

安政2年(1855年)9月12日～
明治36年(1903年)1月4日

教育家　女子美術大学創立者
江戸・築地(東京都中央区築地)出生、肥後国熊本(熊本県)出身。夫は横井左平太(時治)。熊本洋学校。

熊本藩の支藩新田藩家老の二女として江戸・築地に生まれ、慶応4年熊本に帰省、熊本洋学校で米国人ジェーンス夫人について洋裁と西洋料理を学んだ。明治5年儒学者・横井小楠の甥・左平太と結婚したが、9年死別。横井津世子、矢島楫子姉妹らの薫陶を受け、また浅井忠に油絵を学ぶ。新栄女学校、女子学院に勤務し、裁縫・礼式・割烹などを教え、舎監を務めた。傍ら、美術に関心を持つようになり、32年黒田清輝らの白馬会に入会。一方、東京美術学校(現・東京芸術大学)が女子学生を受け入れないことに反発。教職を辞し、33年独力で日本初の女子の美術学校、女子美術専門学校(現・女子美術大学)を創設。34年第1回の入学式を行ったが、36年がんのため死去。その後、最後を看取った順天堂医院3代目当主の妻・佐藤志津に引き継がれ、同女史が初代校主となった。

横川 楳子
よこがわ・うめこ

嘉永6年(1853年)1月～
大正15年(1926年)1月3日

教育者
武蔵国八王子(東京都八王子市)出生。

明治11年より東京女子師範学校附属幼稚園の保母見習として保育法を学ぶ。のち同園の保母を務めるが、17年父の死によって家督を相続したのを機に女子教育をはじめ、21年には八王子に八王子女学校を開設した。同校は間もなく廃校するが、のち上野原にある本立寺の住職及川親能の助力を得て、25年同寺の境内に八王子女学校・八王子幼稚園を再建。以後、15年に渡って学校経営に力を注ぐが、40年には校舎及び学校施設を東京府に寄附。これが基となって府立第四高等女学校(都立南多摩高校)が設立された。

横山 又吉
よこやま・またきち

安政2年(1855年)10月15日～
昭和14年(1939年)10月6日

教育者,民権運動家　高知商業高校長
号は黄木。土佐国土佐郡杓田村(高知県高知市)出生。陸士中退。

東京に遊学したのち郷里・高知県に帰り、立志学舎で学ぶ。明治13年高知新聞社に入社、論説などで政府を痛烈に批判し、社友の植木枝盛・坂崎紫瀾らと共に民権派の論客として知られた。20年三大事件建白運動に参加して上京するが、保安条例により逮捕・投獄。22年高知市政の発布とともに学務委員長となり、31年簡易商業学校(のち高知商業学校・市立高知商業高校)を創立してその初代校長に就任、多くの生徒を指導し、名校長と謳われた。大正6年に校長職を退いた後は高知商業銀行頭取となるが、13年3月に同行は破産。晩年は自宅に隠棲し、漢詩文を楽しんだ。

吉岡 哲太郎
よしおか・てつたろう

万延1年(1860年)～
大正4年(1915年)8月1日

出版人　吉岡書院経営,帝国女子専門学校長
号は鶯村。東京都出生。東京帝国大学理科大学卒。

農商務省技師、水産試験所技師、水産試験所部長兼水産講習所教授を歴任。39～40年欧米出張し、帰国後、帝国女子専門学校長。退職後、吉岡書院を経営。草軽電鉄社長も務めた。この間、35年棚橋一郎、山本宜喚、小川銀次郎、杉浦鋼太郎、実吉益美、高津鍬三郎とともに私立東京高等女学校(現・東京女子学園)設立を計画、36年の開校に尽力。

【評伝・参考文献】
◇東京女子学園九十年史　東京女子学園九十年史編集委員会編　東京女子学園　1993.12.25

吉岡 弥生
よしおか・やよい

明治4年(1871年)3月10日～
昭和34年(1959年)5月22日

女子医学教育者　東京女子医科大学創立者
旧姓名は鷲山。静岡県城東郡土方村(掛川市)出生。長男は吉岡博人(東京女子医科大学学長)。済生学舎〔明治25年〕卒。置勲六等瑞宝章〔大正13年〕、勲五等瑞宝章〔昭和15年〕、勲四等宝冠章〔昭和30年〕。

漢方医・鷲山養斎の二女として生まれる。明治22年上京、本郷の済生学舎に学ぶ。25年医術開業試験に合格、日本で27番目の女医となる。その後、東京至誠学院でドイツ語を学び、その縁で学院長の吉岡荒太と結婚。30年東京至誠医院を開業した。33年唯一女医志望者のために門戸を開いてきた母校・済生学舎が風紀問題と専門学校昇格を理由に新規募集を打ち切り、在校生の退学を図ったため、その受け入れ先として医院の一角に日本初の女医養成機関・東京女医学校

を創設。45年東京女子医学専門学校に昇格、昭和27年東京女子医科大学となった。この間、明治38年雑誌「女医界」を創刊。女医教育のほか女性の教養と地位向上にも努め、東京連合婦人会委員長、大日本婦人会顧問、大日本連合女子青年団理事長などを歴任。昭和22～26年公職追放。34年88歳の天寿を全うしたその遺体は遺言により解剖された。著書に「来るもののために」「女性の出発」「妊娠と安産」などがある。

【評伝・参考文献】
◇続吉岡弥生伝 この十年間 吉岡弥生著 学風書院 1952 202p 図版 19cm
◇吉岡弥生 髙見君恵著 中央公論事業出版 1960 309p 図版 22cm
◇吉岡弥生先生と私 竹内茂代著 金剛出版 1966 148p 図版 19cm
◇吉岡弥生伝 吉岡弥生女史伝記編纂委員会編 吉岡弥生伝伝記刊行会 1967 428p 図版 22cm
◇人物日本の女性史 第12巻(教育・文学への黎明) 集英社 1978.2 260p 20cm
◇吉岡弥生伝―伝記・吉岡弥生(伝記叢書 57) 神崎清著 大空社 1989.1 560, 10p 図版17枚 22cm
◇明治を彩った妻たち 阿井景子著 新人物往来社 1990.8 194p 19cm
◇夢のかたち―「自分」を生きた13人の女たち 鈴木由紀子著 ベネッセコーポレーション 1996.2 268p 19cm
◇済生学舎と長谷川泰―野口英世や吉岡弥生の学んだ私立医学校 唐沢信安著 日本医事新報社 1996.11 224p 21cm
◇吉岡弥生―吉岡弥生伝(人間の記録 63) 吉岡弥生著 日本図書センター 1998.8 386p 20cm
◇吉岡弥生選集(編集復刻版 第1巻) 吉岡弥生著, 吉岡博光監修 杢杢舎 2000.12 345p 22cm
◇愛と至誠に生きる―女医吉岡弥生の手紙 酒井シヅ著 NTT出版 2005.5.20 286p 19cm(B6)

吉津 度
よしず・わたる

明治11年(1878年)1月～
昭和31年(1956年)6月30日

衆院議員(立憲政友会)
大阪府出身。
　大阪市議を経て、衆院議員に当選2回。昭和2年5年制医学専門学校として財団法人大阪高等医学専門学校(現・大阪医科大学)を創立。

吉田 一士
よしだ・かずし

安政5年(1858年)10月7日～
明治24年(1891年)5月10日

教育家　関西法律学校初代校主
福岡県出生。
　明治16年頃、明治義塾法律学校監事を務めたほか、馬場辰猪らと自由民権運動に参加。18年日本郵船大阪支店に入社するが、翌年退社。同年関西法律学校(のちの関西大学)創立に中心的な役割を果たし、初代校主に就任。在任中に「関西法律学校講義録」「筆授生講義録」を発行。22年

退任後、郷里の福岡に帰養するが、24年32歳で亡くなった。

【評伝・参考文献】
◇関西大学百年史 人物編 関西大学百年史編纂委員会編 関西大学 1986.11.4

吉田 数馬
よしだ・かずま

弘化4年(1847年)12月17日～
明治43年(1910年)8月14日

教育家 海南学校校長
土佐国長岡郡三里村(高知県)出生。

土佐藩校・致道館で文武を学ぶ。最も剣道に長じ剣道指南役助手となり、また坂本龍馬に出会い影響を受ける。戊辰戦争に従軍し、新留守居組に昇進。明治4年親兵に編入され上京、のち砲兵隊の陸軍中尉となるが、征韓論政変で軍職を去る。郷里に帰り山地元治らと旧藩主・山内豊範に進言して、9年海南私塾分校(のちの海南中学)を創設、校長となり子弟を養成した。

吉田 源応
よしだ・げんおう

嘉永2年(1849年)6月10日～
昭和2年(1927年)7月25日

僧侶、社会事業家 天台座主、四天王寺管主
尾張国東春日井郡春日村(愛知県)出生。

12歳の時、尾張密院住職・円龍僧正の下で得度し天台宗の僧となる。明治30年大僧正に進み、36年天台座主。37年退くが、大正7年再び座主に就任、四天王寺住職を兼ねた。のち延暦寺管主及び四天王寺管主となり、天王寺の大梵鐘を作った。また天王寺女学校を経営し、同高等女学校の設立にも尽力した。一方、免囚保護事業に尽くし、大阪仏教和衷会会長を務めるなど、社会事業にも貢献するところが多かった。

吉田 マツ
よしだ・まつ

明治17年(1884年)2月17日～
昭和51年(1976年)12月5日

教育者 精華女子高等学校理事長
旧姓名は下沢。福岡県博多中間町(福岡市)出生。東京高等技芸専門学校卒。藍綬褒章、勲三等瑞宝章。

博多の豪商の家に生まれる。福岡県立福岡高等女学校を卒業後に上京し、東京高等技芸専門学校で和裁や刺繍などを修めた。明治42年福岡高等裁縫研究所を設立。女子教育に仏教の精神を取り入れた独特な教育方針で徐々に学園を発展させ、川島アクリや伴タツと並んで博多女流教育者の三傑と称された。昭和22年に精華女子中学校、23年に精華女子高等学校を開設して理事長に就任。さらに、42年には新たに精華女子短期大

学を開き、その名誉学長に選ばれた。

吉田 萬次
よしだ・まんじ

明治25年(1892年)3月2日～
昭和33年(1958年)12月21日

参院議員
愛知県出身。

　昭和17～22年愛知県一宮市長。参院議員となり、32～33年まで科学技術庁政務次官を務めた。一方、一宮において青少年に対する商業教育がなおざりにされている現状を憂い、愛知県に男子・女子商業学校の設置を強く働きかけた。13年男子の商業学校(現・一宮商業高等学校)が設立されたが、女子商業学校の設置は見送られたため、私財を投じて16年に一宮女子商業学校を設立した。

吉田 幸雄
よしだ・ゆきお

？～昭和60年(1985年)10月11日

明徳義塾中・高校理事・校長
高知県出身。

　明徳義塾の創立者で、モラロジー(道徳科学)の理念を教育の根底にした。スポーツに力を入れ、特に高校野球は昭和57年から3年連続選抜大会に出場、ベスト4に進んだ。以降甲子園出場の常連校となる。

吉村 寅太郎
よしむら・とらたろう

弘化5年(1848年)2月5日～
大正6年(1917年)1月14日

教育家　四高校長
慶応義塾卒。

　旧豊岡藩士の子として生まれ、明治6年文部省に出仕。広島外国語学校、広島師範校長を経て、20年第二高等中学校初代校長。のち四高校長を務めた。32年麹町下二番町に成女学校(のちの成女高等学校)を設立。

【評伝・参考文献】
◇不惜身命　奈良本辰也著　講談社　1973　296p 19cm
◇吉村虎太郎―天誅組烈士　平尾道雄著　土佐史談会　1988.12　307p 19cm
◇維新風雲回顧録(河出文庫)　田中光顕著　河出書房新社　1990.9　294p 15cm

吉森 梅子
よしもり・うめこ

万延1年(1860年)～昭和12年(1937年)

女子教育家　愛知淑徳学園創立者
京都出生。女婿は小林清作(愛知淑徳学園創立者)。

　京都の米穀商の家に生まれ、刷毛問屋の吉森商店に嫁ぐ。日露戦争中には出征者の遺族のために授産所を開いた。明治38年愛知淑徳女学校を

創設、娘婿・小林清作を校長とし、自身は舎監となった。39年愛知淑徳高等女学校と改称。県下初の高等女学校となった。淑徳学園内に梅子を記念した"白梅寮"がある。

四倉 ミツエ

よつくら・みつえ

明治22年(1889年)11月1日～
昭和38年(1963年)6月30日

女子教育家　清尚学院高校創立者
岩手県一ノ関市出生。一ノ関第二高卒。置藍綬褒章〔昭和34年〕、函館市文化賞〔昭和29年〕。

　結婚後、函館に出るが、上京。3年間の勉学の後資格を取得し、明治45年帰函。私塾を開くが、大正2年より塾生共々函館実践女学校に勤務。勤務後は、自宅で夜学を教授した。昭和5年退職し、堅実な女性の養成を目指した昭和技芸学校(のちの函館昭和女子学園)を創立する。9年3月函館大火により校舎を焼失するが、融資を得て移転・拡張する。14年中等学校に昇格し、函館昭和女子高等技芸学校に。23年函館昭和技芸高等学校、26年昭和竜谷技芸高等学校、36年昭和竜谷女子高等学校、44年函館昭和女子学園高等学校(平成15年清尚学院高校に改称)に改称した。教育に生涯を捧げた長年の功績により、昭和29年女性としては初の函館市文化賞を受賞。

米田 吉盛

よねだ・よしもり

明治31年(1898年)11月10日～
昭和62年(1987年)5月17日

神奈川大学名誉理事長、衆院議員
愛媛県内子町出生。中大法科〔大正15年〕卒。

　昭和17年愛媛1区から翼賛政治会で当選。以来、日本進歩党、民主党などを経て自民党に。30年から神奈川1区へ移り、38年まで当選4回。また昭和3年4月横浜市に神奈川大学の前身、横浜専門学校を創立。24～43年同大学長を務めた。

【ら】

ライト，カロライン
Wright, Caroline R.
（生没年不詳）

篤志家
米国ニューヨーク出生。
　駐ドイツ米国公使夫人として、長くベルリンに滞在し、社交界で活躍。敬虔な信仰をもち、外国伝道や貧民救済事業にも関心を寄せていた。1878年先夫との間にもうけた娘に先立たれる。失意の中、メソジスト監督派教会婦人伝道局の機関誌に掲載されていた米国人宣教師のハリス夫人の記事を読み、日本の教育の現状を知る。娘の教育資金にと貯めていたお金を婦人伝道教会に提供し、また同じ境遇にある者や有志に寄付を仰ぐ。こうして、1882年函館・元町にミセス・カロライン・ライト・メモリアル・スクール（のちの遺愛学院）が開校。1884年遺愛女学校、1948年遺愛女子高校と改称された。

ライネルス，ヨゼフ
Reiners, Joseph
1874年3月20日〜1945年8月23日

宣教師（神言会）、教育者　名古屋知牧（初代）、南山学園創立者
ドイツ・ライン地方ノイヴェルク出生。ボン大学卒。哲学博士（ボン大学）〔1907年〕。
　1898年司祭に叙階。1907年9月神言会に入会。1909年（明治42年）12月神言会宣教師として来日。1912年初代新潟知牧、1922年名古屋知牧区の臨時管理者、1926年初代名古屋知牧となり、1940年10月まで在任した。この間、1920年に秋田に聖心愛子会を設立し、日本におけるカトリック社会事業に貢献した。また1932年に名古屋に南山中学校を創立、同校は第二次大戦後、南山学園へと発展した。

【評伝・参考文献】
◇南山学園の歩み　南山学園著　南山学園　1964.11.1

ラッセル，エリザベス
Russell, Elizabeth
1836年10月9日〜1928年9月6日

女子教育家、宣教師　活水女学校創設者
米国オハイオ州・カディズ出生。勲藍綬褒章〔1919年〕。
　ペンシルベニア州の女学校を卒業後、個人教師についてラテン語とドイツ語を学ぶ。公立学校の教師を経て、自ら学校を経営。1879年メソジスト派の宣教師として女子教育を行うために来日。同年長崎の自宅で一緒に来日した宣教師ギールとともに

女子教育を始め、活水女学校を設立。1881年東山手に校舎を建設、今日の活水学院の基礎を築く。以後、1919年に日本を離れるまで、同校で女子教育に尽くした。'99年活水学院創設120周年を記念してラッセルの生涯を映画化した「わが心に刻まれし乙女たち」が作られた。

【評伝・参考文献】
◇長崎活水の娘たちよ―エリザベス・ラッセル女史の足跡… 白浜祥子著　彩流社　2003.12　265p 19cm

ランドルフ，アニー・エドガー

Randolph, Annie E.
1827年～1902年

宣教師(米国南部長老派教会)，教育者　金城学院創立者

米国ユニオン出生。

　医師であった夫の死後、南部長老派教会の派遣宣教師として中国杭州に赴任。健康上の理由で帰国の途中、R. E. マカルピンの招きで来日、名古屋に到着した。女子教育を志し、1889年(明治22年)マカルピンの協力を得て、名古屋区下堅杉町に女子専門冀望館を設立。翌年校名を金城女学校と改称。のちの金城学院の基礎を築いた。1892年帰国。

【評伝・参考文献】
◇宣教師・アニーの生涯―金城学院の創立者ランドルフ夫人　1827―1902　佐々頌著　中日出版社　1998.5 107p

31cm

ランバス，ウォルター・ラッセル

Lambuth, Walter Russel
1854年11月10日～1921年9月26日

宣教師(米国南部メソジスト監督教会)，教育者　関西学院創立者・院長(初代)，広島女学院創立者

中国・上海出生。父はランバス，ジェームス・ウィリアム(宣教師)。エモリー・アンド・ヘンリー・カレッジ(バージニア州)中退，バンダービルト大学(神学)卒，ベルビュー・ホスピタル・メディカル・カレッジ(医学)卒。M. D. (神学・医学)。

　"瀬戸内海伝道の父"といわれた宣教師ジェームス・ウィリアム・ランバス(老ランバス)の子として上海に生まれる。米国で教育を終え、宣教師として中国に帰った。さらに医学を修め、英国にも留学し、1877年再び中国に帰り医療宣教師として活躍。1886年(明治19年)日本伝道部総理に任命され父親とともに来日し神戸に居住、西日本各地で伝道に従事した。この間、来日後直ちに神戸にパルモア英学院を創立、次いで1889年(明治22年)に関西学院を創立し初代院長に就任。また1887年広島女学院の創立にも与った。1891年米国に帰り、南部メソジスト監督教会伝道局の総主事を経て、1910年監督(ビショップ)に選任された。世界各地を視察中の'21年9月横浜で客死した。著書に「Medical

Missions, The Twofold Task」('20年)「Prophet and Pioneer」('25年)などがある。"現代の使徒的宣教者"とたたえられ、世界宣教史上多くの功績を残した。

【評伝・参考文献】
◇ウォルター・ラッセル・ランバス資料1(関西学院キリスト教教育史資料3) 関西学院キリスト教主義教育研究室 1980.10 152p 21cm
◇ウォルター・ラッセル・ランバス資料2(関西学院キリスト教教育史資料5) 関西学院キリスト教主義教育研究室 1984.5 118p 21cm
◇ウォルター・ラッセル・ランバス資料3(関西学院キリスト教教育史資料6) 関西学院キリスト教主義教育研究室 1985.6 94p 21cm
◇ウォルター・ラッセル・ランバス資料4(関西学院キリスト教教育史資料8) 関西学院キリスト教主義教育研究室 1989.2 227p 21cm

ランバック, セレスタン

Rambach, Celestin
1862年〜1953年4月27日

宣教師(聖マリア会), 教育家
フランス・アルザス州シュヴォブスハイム出生。リス・オランジス師範学校〔1883年〕卒。

師範学校卒業後ノルマンディに赴く。のちカナダに渡り7年間を過ごし、1891年5月労務修士のエミール・チリショーとともに聖マリア会より派遣されて来日。J. A. クーザン長崎司教によりマリア会の長崎誘致の運動中だったため、暁星学校長A. ヘンリック師は長崎での学校開設を決意し、バルツ師の補佐役としてランバックを選出し、同年12月グットレーベン、ボーマンとともに長崎に入った。1892年バルツらと海星学校を創立し、1906年まで在職。健康を害し一時東京に帰ったがまもなく長崎へ戻り、再び教壇に立つとともに、長崎中学の英語教師となった。1912年から長崎高等商業学校でフランス語を教えた。1935年長崎県教育教会から教育30年以上の勤続功労者として表彰され、さらに翌1936年長崎高商創立30周年記念に当り、勤続23年の功労者として銀杯を贈られた。長崎を愛して強くこの地に留まることを望んだが、第二次世界大戦のため1943年に東京へ移った。

【評伝・参考文献】
◇海星百年史1892-1992 橋本国広, 嶋末彦編・著 海星学園 1993.12.15

【り】

了翁道覚

りょうおうどうかく
寛永7年(1630年)3月18日〜
宝永4年(1707年)5月12日

僧侶(黄檗宗)
出羽国雄勝郡八幡村(秋田県)出生。

12歳で出家し、出羽国岩井の曹洞宗龍泉寺の小僧となる。隠元が来日すると、長崎に出てその下で修行に励む。寛文5年(1665年)江戸池ノ端に薬店を開業し、"錦袋円"なる薬を発明して財を得る。白金瑞聖寺、上野寛永寺に文庫(公開図書館)を建立し、さらに寛永寺には勧学寮と勧学院を学問道場として設立。天和2年(1682年)の大火では罹災者の救済に努め、また灌漑事業や捨て子の養育など様々な社会事業にも尽力し、同年勧学講院を設立。のちの駒込中学校、駒込高等学校へと発展した。のち日光輪王寺法親王より勧学院権大僧都号を受けた。

【る】

ルラーヴ, ルイ
Relave, Jean Louis
1857年12月17日〜1941年2月1日

宣教師(パリ外国宣教会), 教育者
京都暁星高等学校創立者
フランス・リヨン郊外サン・テアン出生。パリ外国宣教会神学校卒。

パリ外国宣教会神学校に入学し、1885年9月28歳で司祭に叙階された。ただちに日本派遣を命ぜられ、同年(明治18年)12月来日し神戸に到着した。最初2年間は京都で宣教活動に従事したが、のち丹後宮津に転じ以後終生同地に居住した。宣教活動の傍ら、女子教育にも献身し、1907年(明治40年)には宮津裁縫伝習所を創設した。同所はのち宮津暁星女学院、暁星高等女学校、暁星女子高等学校、京都暁星高等学校(2003年3月)と改称した。1940年発病し大阪の聖母病院に入院加療したが、翌'41年2月死去。

【れ】

レイカー, メリー・ユージニア
Laker, Mary
1901年2月〜1990年5月24日

宣教師 ノートルダム女子大学学長
米国ミズーリ州セントルイス出生。セントルイス大学大学院。園キリスト教文学, ラテン語学。

1948年宣教師として来日。'52〜'54年ノートルダム女学院中・高、ノートルダム学院小を創設し初代校長。'61年ノートルダム女子大学を創設、'76年まで初代学長を務めた。'82年病気療養のため帰国。

レーメ, クサヴェラ
Rehme, Xavera
1889年〜1982年10月5日

修道女, 女子教育家　藤学園創立者
ドイツ・ハノーバー県オスターカッペルン出生。置勲四等宝冠章〔1959年〕, 第一級功労十字勲章（ドイツ）〔1980年〕, 北海道新聞文化賞〔1952年〕, 北海道社会貢献賞〔1958年〕, 旭川文化賞〔1959年〕, 北海道文化賞〔1963年〕。

1920年カトリック札幌教区長ヴェンセスラウス・キノルド司教の要請により, フランシスコ修道会修道女のヨハンナ・サロモン, カンジタ・フォン・デル・ハールとともに来日。'25年札幌藤高等女学校を開設。同年初代校長だったサロモンが急死したため, 2代目校長に就任。'51年学校法人藤学園となり, 初代理事長に就任。'53〜68年藤学園旭川高校校長を務めたのち, 引退。札幌のマリア院で修道女として暮らした。北海道赴任は62年に及び, 北海道の女子教育に功績を残した。

【ろ】

ロウ, J. H.
Rowe, John Hansford
1876年11月13日〜1929年8月12日

宣教師（米国南部バプテスト派教会）, 教育者　西南女学院創立者
米国ヴァージニア州アキリス出生。ウェストポイント・アカデミー〔1896年〕卒, リッチモンド大学〔1903年〕卒, ルイビル神学校〔1906〕卒。

1906年（明治39年）米国南部バプテスト派教会の宣教師として来日し, 長崎に赴任。1915年（大正4年）福岡での西南学院創立の際には, 理事長に就任。1920年小倉に転任、同地に西南女学院を設立。のち院長に就任した。

ロバート, ピエール
Robert, Pierre
1930年10月3日〜
2005年（2005年）5月8日

静岡聖光学院理事長
カナダ・ケベック州出生。モントリオール大学〔1952年〕卒, 早稲田大学〔1968年〕卒。置勲四等旭日小綬章（日本）〔1997年〕。

1954年カナダから宣教師として来日。静岡聖光学院設立の責任者として奔走し, '69年静岡聖光学院中の初代校長に就任。'72年静岡聖光学院高校を設立、校長。'77年聖マリア学園から独立して静岡聖光学院を設立, '96年から理事長を務めた。また静岡県私学協会理事としても活躍した。

ロング, C. S.
Long, Carroll Summerfield
1850年1月3日〜1890年9月4日

宣教師（北米メソジスト教会）, 教育者　鎮西学院創立者

東テネシー・ウエスレヤン大学〔1875年〕卒。Ph. D.〔1886年〕。

牧師の子に生まれる。1875年大学卒業後、米国ノースカロライナ州アッセビルの教会の牧師となる。1880年(明治13年)北米メソジスト教会外国伝道局から宣教師として派遣され来日。翌年(明治14年)長崎市東山手に加伯利英和学校(カブリー・セミナリー)を創立し、英語を教えた。カブリー・セミナリーは基金を寄付したネルソン・カブリー夫人の名を冠して名付けられた。1885年春休暇で米国に戻り、2年間滞在、米国各地の教会で伝道に従事した。1887年11月再び日本に戻り、名古屋に赴任。1890年7月妻が病気となり一家をあげて帰国した。カブリー・セミナリーは1889年に鎮西学館と改称され、さらに1906年現在の鎮西学院となった。

【評伝・参考文献】
◇C. S. ロング日本宣教記(鎮西学院研究叢書1)　鮫島盛隆著　キリスト新聞社　1974　163p 肖像 19cm

【わ】

輪島 聞声
わじま・もんしょう

嘉永5年(1852年)5月15日〜
大正9年(1920年)4月3日

尼僧, 教育者　東京尼衆教場監督, 淑徳女学校創立者

俗名は輪島こと。北海道松前郡福山出生。

明治9年浄土宗僧・福田行誡のもとで出家、東京の感応寺に住む。12年京都の知恩院入信院に移り、浄土宗大学林に学ぶ。21年入信院に尼衆教場を創設、22年教場を内田貞恩尼に託し、感応寺住職となる。同年東京・芝増上寺に東京尼衆教場を創設、監督兼教授に就任。25年東京・小石川の伝通院に淑徳女学校を創立し、主任となった。

和田 雄治
わだ・ゆうじ

安政6年(1859年)9月4日〜
大正7年(1918年)1月5日

気象学者, 地球物理学者
陸奥国二本松(福島県二本松市)出生。東京大学理学部物理学科〔明治12年〕

卒。理学博士。

陸奥二本松藩士の6男として生まれる。明治12年内務省地理局測量課に入り、測地・天測の傍ら気象を担当、日本の暴風警報・天気予報の創始にあたる。また14年寺尾寿らと東京物理学講習所（現・東京理科大学）を設立、18年中央気象台予報課長、22～24年フランスに留学、37年日露開戦に際し韓国仁川観測所長となる。在韓中の43年15世紀の李朝の雨量計による気象観測についての記録を仏文で発表、翌年英訳されて世界的に有名になった。大正4年退職して帰国、その後は河川の出水調査、海流びんによる日本近海の海流調査などを行い、数々の業績を残した。また気象観測練習会（現・気象大学校）の設立にも尽力。

【評伝・参考文献】
◇東京理科大学百年史　東京理科大学編　東京理科大学　1981.6.14
◇物理学校―近代史のなかの理科学生（中公新書ラクレ）　馬場錬成著　中央公論新社　2006.3.10　314p 18cm

渡辺　たま

わたなべ・たま

安政5年（1858年）3月5日～
昭和13年（1938年）10月26日

社会事業家　横浜女子商業補修学校創立者
別名は渡辺玉子（わたなべ・たまこ）。上野国碓氷郡松井田（群馬県）出生。

明治32年横浜花咲町の育児暁星園のあとを受け、横浜孤児院を創立、院長として孤児収容にあたった。34年横浜婦人慈善会理事となり、日露戦争当時の婦人活動を指導。41年横浜女子商業補修学校設立総代として女子教育に尽くす。大正2年横浜孤児院の附属として幼児教育所を開設（のち横浜保育院として独立）。12年大綱村白幡に浦島保育院を設立、副院長に就任。同年関東大震災が起こると、横浜連合婦人会を結成して復興に尽力。日本赤十字社篤志看護婦人会神奈川県支会副会長なども務めた。

渡辺　安積

わたなべ・あさか

安政6年（1859年）～
明治20年（1887年）2月24日

英吉利法律学校創設者
山口県岩国市出生。東京英語学校卒、東京大学法学部英法科〔明治15年〕卒。

明治7年岩国藩の貢進生として東京英語学校から開成学校、東京大学に進む。大学在学中、東京日日新聞に寄稿した「主権論」で有名になり、卒業とともに日報社に招かれ、17年からは東京大学のローマ法講義と訴訟演習の講師になる。持病の肺病のため、12月日報社をやめ、18年先輩の勧めで農商務省に入る。同年7月増島六一郎ら18名と英吉利法律学校（現・中央大学）を創設。19年「万国法律週報」

を発刊。過労のため病状が進み、20年熱海の保養先で病没した。

【評伝・参考文献】
◇風霜三代―中央大学八十年小史　大久保次夫（中央大学総務部調査部長）編　中央評論編集部　1965.2.15
◇中央大学百年史 通史編〈上巻〉　中央大学百年史編集委員会専門委員会編　中央大学　2001.3.31

渡辺 嘉重
わたなべ・かじゅう

安政5年（1858年）10月9日〜
昭和12年（1937年）2月4日

教育者　常総学院創設者
下総国岡田郡花島村（茨城県）出生。茨城師範〔明治14年〕卒。
　花島、古間、小山、木崎、下妻、鹿島、土浦などの小学校で訓導、校長を歴任。明治28年退職し、宮城県の郡視学。のち神奈川県小田原小学校長、大分高等女学校校長、岡山県視学などを務めた。木崎小学校の教員時代には、子守で学校に通えない子女にも学問を修めさせようと子守学校を創設。17年子守学校の必要性や学校の概略を著した「子守教育法」を刊行した。38年眼病のため土浦に帰郷。私財を投じ、小学校卒業者で、中学に進むことのできない子どものため、実用教育を主とした常総学院を創設。他の著書に、「改正合級教授術」「視学提要」「教育格言」「教育詩集」「修身規範」「小学作法書」「修身和歌」「教育百感」「金言篇」などがある。また、謡曲観世流の観世清廉につき免許となるほか、書画、骨董、囲碁など多趣味であった。

渡辺 洪基
わたなべ・こうき

弘化4年（1847年）12月23日〜
明治34年（1901年）5月24日

政治家, 官僚　衆院議員（無所属）, 貴院議員（勅選）, 帝国大学初代総長
越前国武生（福井県武生町）出生。長女は渡辺貞子（日本画家）。慶応義塾大学〔明治1年〕卒。
　漢学、蘭学を修め、佐藤舜海、福沢諭吉の塾で学ぶ。明治2年大学少助教となり、4年に外務省に入った。10月に岩倉全権大使に随行して欧米に出向する。帰国後、太政官大書記官兼外務大書記官となり、「外交志略」を編集。その後、11年学習院次長、13年太政官法制部主事、15年元老院議官、18年東京府知事、19年帝国大学初代総長、23年駐オーストラリア公使を歴任。25年衆院議員に選出され1期務める。30年12月〜34年5月勅選貴院議員。33年立憲政友会の創立に参画。この間、20年辰野金吾に協力を仰ぎ、工手学校創立協議会を開催。自ら創立委員長となり、当時の工業界の第一線で活躍する14名を創立委員として、翌21年工手学校（のちの工学院大学）を創立。その後も特選管理長として34年に辞するまで学園発展に寄与

した。著書に「維新前後政治の観察」
がある。

【評伝・参考文献】
- ◇夢渡辺洪基伝　渡辺進　1973　139p　図　26cm
- ◇築　工学院大学学園創立百周年記念写真集　工学院大学百年史編纂委員会編　工学院大学　1989.4.1
- ◇工学院大学学園百年史　工学院大学学園百年史編纂委員会編　工学院大学　1993.9.30
- ◇渡辺洪基伝―明治国家のプランナー　文殊谷康之著　ルネッサンスブックス, 幻冬舎ルネッサンス〔発売〕2006.10.1　254p　21cm（A5）

渡辺　辰五郎
わたなべ・たつごろう

天保15年（1844年）8月2日～
明治40年（1907年）5月26日

裁縫教育家　渡辺学園創立者

　安政6年（1859年）より江戸・日本橋の仕立屋に奉公し、裁縫技術を習得。明治元年年期奉公を終えて郷里に戻り、裁縫塾を開いた。裁縫を通じて文字の読み書きや算数の基礎、色彩などについても教え、10年には「裁縫掛図」を作って衣服の名称や裁ち方などを教授。それまでは1対1で教えていた方法から一斉授業を可能にして裁縫教育に革新をもたらし、また「雛形尺」「袖形」「褄形」などの裁縫技術を編み出した。13年に著した「普通裁縫教科書〈上・中・下〉」も最良の教科書として全国で用いられ、東京女子高等師範学校裁縫科でも教えた。この間、14年東京・本郷の自宅に和洋裁縫伝習所を開設、29年東京裁縫女学校と改称し、35年には師範科を設置。大正11年には裁縫を高等な学術技芸として教授する専門学校令による我が国初の学校である東京女子専門学校となり、渡辺学園女子中学校、渡辺学園女子高校、東京家政大学などを擁する学園として今日に至る。また19年宮川保全、鳩山春子ら34人らと共同で和洋裁縫伝習所の一隅に共立女子職業学校を創立、のちの共立女子大学となった。

【評伝・参考文献】
- ◇共立女子学園百十年史　共立女子学園百十年史編集委員会編　共立女子学園　1996.10.18

渡辺　登美
わたなべ・とみ

明治13年（1880年）～
昭和39年（1964年）3月

教育者　帯広渡辺学園創立者
岡山県出身。賞 藍綬褒章〔昭和37年〕、北海道文化奨励賞〔昭和33年〕。

　大正9年裁縫塾を開いていた姉から塾の引き継ぎを要請され、帯広に渡辺裁縫塾を開く。大正12年帯広裁縫女学校を設立。昭和14年校舎が火事で全焼し、存続の危機に立たされたが、16年には復興。しかし、その後も戦時中のため生徒が集まらなくなり、19年にいったん閉鎖した。22年渡

辺裁縫女学校の名で教育活動を再開。31年4月渡辺女子高校を開校し、校長に就任。38年学校法人の名称を帯広渡辺学園と改称した。

渡辺 操
わたなべ・みさお

安政2年(1855年)12月～
大正9年(1920年)3月18日

教育家　良文農学校創立者・校長
号は存軒。千葉県香取郡良文村久保出生。

　幼少より学問好きで、長じて信夫恕軒の門に入り経史百家の書を修める。同門の士に伯爵柳沢保恵、京都府事務官昌谷彰、韓国仁川民政長官信夫淳平等がいる。のち、興農殖産に情熱を傾け、独力で良文農学校(昭和3年県立に移管され小見川農業学校、26年小見川高校となる)を創立してその校長となり、専心農業教育の普及に努めた。その他、農業諸般の設備に斡旋し、業界発展への功績により大日本農会から表彰された。また文芸にも長け、作詩を得意とし、存軒と号した。

渡利 アイ
わたり・あい

明治21年(1888年)8月5日～
昭和5年(1930年)4月13日

教育家　竹田裁縫女学校設立者
山形県山形市小荷駄町出生。竹田裁縫女学校研究科〔大正8年〕卒。

　夫と死別後、大正6年10月上京し、竹田裁縫女学校に入学。竹田太郎吉、河北ツヤの指導を受け、8年同校研究科を卒業。8年山形市小姓町に渡利裁縫女学校を開設し、竹田式裁縫の普及をはかった。10年恩師竹田太郎吉を名誉校長として竹田裁縫女学校を開校した。渡利裁縫女塾はこのため発展的に解消した。竹田式裁縫は太郎吉来県以来きわめて順調に普及されてきたが、その功績は渡利氏の裁縫女学校設立に負うところが大きい。同校は女徳を涵養すること、日常必須な裁縫の術に熟達することを目的とし専攻科、速成科、予科、本科、研究科及び時宜に応じて夜間部をおくこととした。同12年コンクリートの新校舎が落成したが、この頃から病を得て療養生活がつづき、昭和5年に死去した。

亘理 晋
わたり・すすむ

嘉永6年(1853年)～昭和6年(1931年)

医師　宮城県医師会会長、刈田造士館創立者
号は松華。宮城県刈田郡白石本郷出身。東京大学医学部〔明治13年〕卒。

　亘理医院を開業。明治15年から42年間刈田郡医師会会長を務める。大正8年宮城県議。9年宮城県医師会会

長に就任。この間、明治32年刈田造士館を設立。34年郡立刈田中学校、43年宮城県立白石中学校、大正8年宮城県白石中学校（昭和23年新学制に伴い宮城県白石高校）と改称。

ワレン, C. F.
Warren, Charles Fredrick
1841年2月12日～1899年7月8日

宣教師（英国教会宣教会），教育者
英国ケント州マーゲート出生。
　1865年海外伝道を志願し、英国教会宣教会（CMS）の宣教師として香港に渡る。1868年病気のため帰国。1873年キリスト教禁令が解けたのを機に神戸に上陸。CMS在日幹事として日本語の修得と神戸在住の英国人のための礼拝に尽くした。1875年5月居留地内に最初のCMS礼拝堂が建立された。1884年居留地内の聖三一教会（Holy Trinity Church）の一室に、生徒わずか11名の三一小学校（1890年高等英学校を設立, 1985年桃山学院と改称）を開設した。1891年大阪地区大執事に就任。1899年伝道旅行途上の広島県福山で死去した。

人名索引

【あ】

合川正道 ……………………… 3
会沢信彦 ……………………… 3
愛知すみ ……………………… 3
合原琴 ………………………… 4
青木千代作 …………………… 4
青田進
　青田強 ……………………… 4
青田強 ………………………… 4
赤井米吉 ……………………… 4
赤尾儀十郎
　→内藤儀十郎 …………… 224
赤木周行 ……………………… 5
明石嘉聞 ……………………… 5
赤松五百磨
　赤松安子 …………………… 6
赤松克麿
　赤松安子 …………………… 6
赤松常子
　赤松安子 …………………… 6
赤松安子 ……………………… 6
赤松連城
　赤松安子 …………………… 6
秋草かつえ
　秋草芳雄 …………………… 6
秋草芳雄 ……………………… 6
秋山四郎 ……………………… 6
明山与志
　→中川与志 ……………… 228
安香烈 ………………………… 7
浅井熊太郎 …………………… 7
浅井猛
　浅井淑子 …………………… 7
浅井淑子 ……………………… 7
浅野五郎
　浅野総一郎 ………………… 8
浅野惣一郎

　→浅野総一郎 ……………… 8
浅野総一郎 …………………… 8
浅野総太郎
　浅野総一郎 ………………… 8
浅野泰次郎
　浅野総一郎 ………………… 8
浅野泰治郎
　→浅野総一郎 ……………… 8
浅野為五郎
　→浅野長勲 ………………… 9
浅野長訓
　浅野長勲 …………………… 9
浅野長勲 ……………………… 9
麻生繁樹 ……………………… 9
安達和俊
　安達寿雄 ………………… 10
足立闇励 …………………… 10
安達寿楽
　→安達寿雄 ……………… 10
安達清風 …………………… 10
安達忠貫
　→安達清風 ……………… 10
足立てる子 ………………… 10
安達寿雄
　梅村清明 ………………… 47
安達寿雄 …………………… 10
安達元成
　安達寿雄 ………………… 10
安達安子 …………………… 11
アトキンソン
　平賀義美 ………………… 273
跡見花渓
　→跡見花蹊 ……………… 11
跡見花蹊 …………………… 11
跡見木花
　→跡見花蹊 ……………… 11
跡見重敬
　跡見花蹊 ………………… 11
跡見玉枝
　跡見花蹊 ………………… 11

跡見西成		高木兼寛	181
→ 跡見花蹊	11	石川志づ	18
跡見李子		石川貞治	19
跡見花蹊	11	石津照璽	19
阿部ヤス	12	石田アヤ	
阿部野利恭	12	西村伊作	251
天野為之		石田学而	19
上野安紹	42	石田瑞呂	
天野貞祐	13	石田学而	19
雨森菊太郎	14	石田冨美	
荒木末生		→ 中野冨美	233
→ 荒木スヱヲ	14	石田米助	19
荒木スヱヲ	14	石野瑛	20
荒木民次郎	14	石橋絢彦	20
荒木民次郎	14	石橋蔵五郎	21
荒木スヱヲ	14	石原堅正	21
荒木千里		井尻艶太	21
荒木俊馬	14	石渡坦豊	22
荒木俊馬	14	イーストレーク, ウィリアム	
荒木雄豪		イーストレーク, フランク	22
荒木俊馬	14	イーストレーク, フランク	22
有木春来	15	泉屋利郎	
有田徳一	15	泉屋利吉	23
有馬頼万		泉屋利吉	23
有馬頼寧	15	伊瀬敏郎	23
有馬頼寧	15	磯江潤	23
有馬頼義		磯部醇	23
有馬頼寧	15	板野常太郎	
有元史郎	16	→ 板野不着	24
粟屋活輔	17	板野不着	24
		市川源三	24
		市毛金太郎	25
【い】		市邨芳樹	25
		伊藤卯一	25
		伊藤うた	25
飯村丈三郎	17	伊藤修	26
五十嵐豊吉	18	伊東静江	26
池上公介	18	伊藤春畝	
伊沢多喜男		→ 伊藤博文	27
湯本武比古	353	伊藤鶴代	26
石神良策			

伊藤博文	27
稲置繁男	31
稲置美弥子	
稲置繁男	31
稲毛多喜	31
稲葉興作	
江原素六	50
井上円了	31
井上源之丞	33
井上三郎	
桂太郎	85
井上はな	34
井上甫水	
→井上円了	31
井上操	34
井上吉之	34
井口在屋	35
今泉一瓢	
福沢諭吉	279
今泉定介	
→今泉定助	35
今泉定助	35
今村やす	
→柴田やす	153
井村荒喜	36
岩尾昭太郎	36
岩垣菊太郎	
→雨森菊太郎	14
岩崎小弥太	
岩崎弥之助	37
岩崎俊斎	
高木兼寛	181
岩崎清一	37
岩崎久弥	
岩崎弥之助	37
岩崎ふぢ	
→加藤ふぢ	89
岩崎弥太郎	
岩崎弥之助	37
岩崎弥之助	37

岩沢芳子	
→杉野芳子	170
岩下清周	38
岩下壮一	
岩下清周	38
岩田エイ	
→岩田英子	39
岩田英子	39
岩本スヱヲ	
→荒木スヱヲ	14
巌谷修	
巌谷立太郎	39
巌谷小波	
巌谷立太郎	39
巌谷立太郎	39

【う】

ウィリアムズ, チャニング・ムーア	40
上田勝行	40
下河辺光行	161
植田真一	41
上田ハ一郎	41
上田鳳陽	41
上野一郎	
上野陽一	43
上野閑雲	
→上野清	41
上野清	41
上野銀	42
植野慶四郎	42
上野安紹	42
上野陽一	43
上原とめ	43
植村花亭	43
ヴォーリズ, ウィリアム・メレル	
一柳満喜子	269

牛尾田絢子
　→棚橋絢子 ……………………… 196
宇城カ子 …………………………… 44
宇城照燿
　宇城カ子 ………………………… 44
宇城信五郎 ………………………… 44
宇田耕一
　宇田友四郎 ……………………… 44
宇田友四郎 ………………………… 44
宇田尚 ……………………………… 45
内木和
　→越原和 ………………………… 118
内村鑑三
　鈴木弼美 ………………………… 173
宇野元真
　→高岡元真 ……………………… 181
馬田行啓 …………………………… 45
梅沢鋭三 …………………………… 45
梅沢重雄
　梅沢鋭三 ………………………… 45
梅高秀山 …………………………… 46
梅高直次郎
　→梅高秀山 ……………………… 46
梅原融 ……………………………… 46
梅村清弘
　安達寿雄 ………………………… 10
　梅村清明 ………………………… 47
梅村清光 …………………………… 46
梅村清明 …………………………… 47
　安達寿雄 ………………………… 10
梅村光弘
　安達寿雄 ………………………… 10
　梅村清明 ………………………… 47
漆昌厳
　漆雅子 …………………………… 47
漆雅子 ……………………………… 47

【え】

江木衷 ……………………………… 47
江角ヤス …………………………… 48
エディ, エレン・G. ……………… 48
榎本釜次郎
　→榎本武揚 ……………………… 48
榎本武揚 …………………………… 48
榎本梁川
　→榎本武揚 ……………………… 48
江原素六 …………………………… 50
海老名弾正 ………………………… 51
海老名季昌
　海老名隣 ………………………… 52
海老名隣 …………………………… 52
遠藤政次郎 ………………………… 52
遠藤豊 ……………………………… 52
遠藤隆吉 …………………………… 53

【お】

扇本真吉 …………………………… 53
大井才太郎 ………………………… 54
大井龍跳 …………………………… 54
大石誠之助
　西村伊作 ………………………… 251
大江市松 …………………………… 54
大江スミ …………………………… 55
大久保剛石
　→大久保彦三郎 ………………… 55
大久保彦三郎 ……………………… 55
大隈重信 …………………………… 55
大隈信幸
　大隈重信 ………………………… 55
大倉喜八郎 ………………………… 59
大倉鶴彦

→大倉喜八郎	59	大谷智子	62
大倉真澄		大谷智子	62
大倉喜八郎	59	大谷子馨	
大倉雄二		→大谷光尊	62
大倉喜八郎	59	大谷春坡	
大倉喜彦		→大谷光演	61
大倉喜八郎	59	**大谷尊由**	62
大島貞敏	60	大谷光尊	62
太田耕造	61	大谷暢顕	
太田藤三郎		大谷光演	61
→鈴木藤三郎	173	大谷智子	62
大谷瑩潤		大谷暢順	
大谷光演	61	大谷光演	61
大谷句仏		大谷智子	62
→大谷光演	61	大谷蕪孫	
大谷愚峰		→大谷光演	61
→大谷光演	61	**大多和音吉**	63
大谷光瑩		大多和タカ	63
大谷光演	61	**大多和タカ**	63
大谷光演	61	大多和音吉	63
大谷光見		**大津和多理**	63
大谷智子	62	大塚香	
大谷光紹		→大塚鉄軒	64
大谷光演	61	大塚香次郎	
大谷智子	62	→大塚鉄軒	64
大谷光瑞		大塚子方	
大谷光尊	62	→大塚鉄軒	64
大谷尊由	62	大塚石堰	
大谷光尊	62	→大塚鉄軒	64
大谷尊由	62	**大塚鉄軒**	64
大谷光暢		大塚東麓	
大谷光演	61	→大塚鉄軒	64
大谷智子	62	大塚通夫	
大谷光道		→土居通夫	213
大谷光演	61	**大築仏郎**	64
大谷智子	62	**大妻コタカ**	65
大谷光明		大庭春峰	
大谷光尊	62	→大庭陸太	65
大谷尊由	62	**大庭陸太**	65
大谷光輪		**大森テル**	66

大山勘治 66
大山捨松
　山川二葉 345
岡内清太 66
小笠原清務 67
緒方惟謙
　→児島惟謙 118
岡田日帰 67
岡田ヤス
　→阿部ヤス 12
岡戸文右衛門 67
岡野さく 67
　岡野弘 68
岡野弘 68
　岡野さく 67
岡部鎗三郎 68
岡見清致 68
岡見如雪
　岡見清致 68
岡村輝彦 68
岡本巌 69
岡山兼吉 69
小川銀次郎 70
小川倭文
　→小林倭文 126
冲永荘兵衛 70
奥愛次郎 70
奥好義 71
オグスト, スール・マリ 71
奥田艶子 71
奥田義人 72
小倉久 72
生越三郎 73
尾崎はつ 73
押川春浪
　押川方義 73
押川方義 73
織田淑子 74
小田源吉 74
織田小三郎 74

織田枯山楼
　→織田小三郎 74
小田天釣
　→小田源吉 74
尾高惇忠
　渋沢栄一 154
小田木みよ
　→諸沢みよ 339
越智霞挙
　→越智宣哲 75
越智橘園
　越智宣哲 75
越智九骨子
　→越智宣哲 75
越智黄華
　→越智宣哲 75
越智宣哲 75
越智門郷
　→越智宣哲 75
オネジム, スール・マリ 75
小野光洋 75
小野由之丞 76
小原国芳 76
小原哲郎
　小原国芳 76
恩田重信 77

【 か 】

ガイ, ハーベイ 78
甲斐和里子 78
嘉悦氏房
　嘉悦孝子 79
嘉悦孝
　→嘉悦孝子 79
嘉悦孝子 79
嘉数昇 80
香川綾 80
　香川昇三 81

香川昇三	81	桂二郎		
香川綾	80	桂太郎		85
香川達雄		桂太郎		85
香川綾	80	葛城思風		
香川昌子	81	小泉俊太郎		114
香川靖雄		加藤勝弥		
香川綾	80	加藤俊子		87
香川芳子		加藤成之		
香川綾	80	→加藤弘之		87
影山四郎	82	加藤信次郎		
影山晴川		加藤ふぢ		89
→影山四郎	82	加藤誠之		
影山英之		→加藤弘之		87
影山四郎	82	加藤せむ		86
賀古烈		加藤照麿		
→安香烈	7	加藤弘之		87
笠原田鶴子	82	加藤俊子		87
梶浦逸外	82	加藤広吉		
霞城山人		加藤せむ		86
→中川重麗	227	加藤弘之		87
上代淑	83	加藤ふぢ		89
梶原平馬		加藤米		89
山川二葉	345	加藤利吉		89
加瀬代助	83	カートメル, マーサ・J.		89
片岡直温		金井兼造		90
片岡安	83	金尾馨		90
片岡安	83	金沢尚淑		90
片桐竜子	84	金丸箕山		
片桐竜三郎		→金丸鉄		91
片桐竜子	84	金丸鉄		91
片倉兼太郎(3代目)	84	金子惟謙		
片山石	84	→児島惟謙		118
片山精三		金子泰蔵		91
小泉俊太郎	114	兼松成言		91
勝海舟		兼松晩甘亭		
木原適処	104	→兼松成言		91
桂海城		兼松誠		
→桂太郎	85	→兼松成言		91
桂広太郎		鏑木忠正		92
桂太郎	85	釜瀬新平		92

上岡一嘉	92	菊池武夫	101
上岡長四郎	93	菊池道太	101
香山晋次郎	93	木沢鶴人	101
カロリヌ, スール	93	岸本辰雄	102
河井道	94	キダー, メアリー・エディ	102
川上冬崖		北一輝	
武村耕靄	191	北昤吉	103
河口愛子	94	北昤吉	103
川崎幾三郎	95	喜多川義比	103
川崎くら		キノルド, ヴェンツェスラウス	104
→増谷くら	313	木原適処	104
川崎祐宣	95	紀平悌子	
川島アクリ	95	佐々友房	140
川島至善	96	木辺孝慈	
川島隼彦	96	大谷光尊	62
川田鉄弥	96	木辺孝慈	
川並香順	97	大谷尊由	62
河野タカ	97	木宮和彦	
川原忠平	97	木宮泰彦	105
河辺貞吉	98	木宮高彦	
川俣英夫	98	木宮泰彦	105
川村竹治		木宮栄彦	
川村文子	98	木宮泰彦	105
川村文子	98	木宮泰彦	105
閑雲庵昇鶴		木村きね	
→伊藤卯一	25	→舘田きね	194
神田孝平		木村熊二	105
神田乃武	99	木村勉	
神田乃武	99	木村熊二	105
菅野慶助	99	木村鐙子	
菅野英孝		木村熊二	105
菅野慶助	99	木村秀子	106
		清浦明人	
		→人見東明	269
【 き 】		清岡映一	
		福沢諭吉	279
		桐山篤三郎	106
祇園寺きく	100	ギール, ジェニー	106
菊田きく			
→祇園寺きく	100		
菊池九郎	100		

【く】

九条武子
 大谷光尊 ･････････････････････ 62
 大谷尊由 ･････････････････････ 62
グットレーベン, ジョセフ ･･･････ 107
国信玉三 ･････････････････････････ 107
久邇宮邦彦
 大谷智子 ･････････････････････ 62
九里総一郎 ･･･････････････････････ 107
九里とみ ･････････････････････････ 108
熊谷弘士 ･････････････････････････ 108
熊田コタカ
 →大妻コタカ ･････････････････ 65
熊見直太郎 ･･･････････････････････ 108
久米民之助
 五島慶太 ･････････････････････ 122
クライン, フレデリック・チャールズ ･･････････････････････････ 109
栗原サダ
 →佐山サダ ･･･････････････････ 145
栗本志津
 栗本祐一 ･････････････････････ 109
栗本宏
 栗本祐一 ･････････････････････ 109
栗本祐一 ･････････････････････････ 109
栗本廉 ･･･････････････････････････ 109
グレンジャー, ウィリアム ･･･････ 110
黒沢酉蔵 ･････････････････････････ 110
クロスビー, ジュリア・ニールソン ･･････････････････････････ 111
クローソン, バーサ ････････････ 111
黒土四郎 ･････････････････････････ 112
桑沢洋子 ･････････････････････････ 112
桑原玉市 ･････････････････････････ 113
桑原芙雄
 →豊田芙雄 ･･･････････････････ 223

【け】

ゲーンズ, ナニー・B. ･････････ 113

【こ】

小泉順三 ･････････････････････････ 113
小泉俊太郎 ･･･････････････････････ 114
小泉てる
 →三田てる ･･･････････････････ 326
公江喜市郎 ･･･････････････････････ 114
香淳皇后
 大谷智子 ･････････････････････ 62
高村坂彦 ･････････････････････････ 115
古賀喜三郎 ･･･････････････････････ 115
古賀肇 ･･･････････････････････････ 115
古賀通生
 古賀肇 ･･･････････････････････ 115
後閑菊野 ･････････････････････････ 116
黒正巌 ･･･････････････････････････ 116
木暮山人 ･････････････････････････ 117
コサンド, ジョセフ ･････････････ 117
越泰蔵 ･･･････････････････････････ 117
越原はる
 →越原春子 ･･･････････････････ 117
越原春子 ･････････････････････････ 117
 越原和 ･･･････････････････････ 118
越原和 ･･･････････････････････････ 118
 越原春子 ･････････････････････ 117
児島惟謙 ･････････････････････････ 118
児島強介
 上野安紹 ･････････････････････ 42
小島仙
 →津田仙 ･････････････････････ 206
ゴーセンス, エルネスト ･･･････ 119
五代松陰

→五代友厚 …………… 120	小林双松
五代富文	→小林虎三郎 …………… 126
五代友厚 …………… 120	小林虎三郎 …………… 126
五代友厚 …………… 120	小林病翁
児玉九十 …………… 122	→小林虎三郎 …………… 126
児玉淡岳	小林炳文
→児玉九十 …………… 122	→小林虎三郎 …………… 126
小寺謙吉 …………… 122	木原秀三郎
五島慶太 …………… 122	→木原適処 …………… 104
後藤象二郎	駒井重格 …………… 127
岩崎弥之助 …………… 37	小松謙助 …………… 128
五島昇	小松原賢誉 …………… 128
五島慶太 …………… 122	コルベ,マキシミリアノ …… 128
小梨コマ …………… 124	コルベ神父
小西信八 …………… 124	→コルベ,マキシミリアノ …… 128
近衛篤麿 …………… 125	近藤誠一郎
近衛霞山	→近藤真琴 …………… 130
→近衛篤麿 …………… 125	近藤ちよ …………… 129
近衛貞子	近藤真琴 …………… 130
近衛篤麿 …………… 125	
近衛忠房	
近衛篤麿 …………… 125	【 さ 】
近衛直麿	
近衛篤麿 …………… 125	西園寺公一
近衛秀麿	西園寺公望 …………… 131
近衛篤麿 …………… 125	西園寺公望 …………… 131
近衛文麿	斎藤英明 …………… 133
近衛篤麿 …………… 125	斎藤辰 …………… 133
近衛光子	斎藤馨泉
近衛篤麿 …………… 125	→斎藤英明 …………… 133
小林有也 …………… 126	斎藤貞子
小林寒翠	→三幣貞子 …………… 148
→小林虎三郎 …………… 126	斎藤辰 …………… 133
小林清	斎藤英明 …………… 133
→上野清 …………… 41	斎藤秀雄
小林倭文 …………… 126	斎藤秀三郎 …………… 133
小林士朗	斎藤秀三郎 …………… 133
小林倭文 …………… 126	斎藤由松 …………… 134
小林清作 …………… 126	酒井嘉重 …………… 134
吉森梅子 …………… 358	酒井堯 …………… 135

佐方鎮	
→佐方鎮子	135
佐方鎮子	135
坂田祐	135
阪谷朗廬	135
佐久間惣治郎	136
桜井鷗村	137
桜井熊二	
→木村熊二	105
桜井忠温	
桜井鷗村	137
桜井ちか	137
桜井ちか子	
→桜井ちか	137
桜井彦一郎	
→桜井鷗村	137
桜井房記	138
佐香ハル	138
佐々木政義	
佐々木勇蔵	139
佐々木とよ	138
佐々木勇蔵	139
笹野雄太郎	139
笹森儀助	139
佐々淳行	
佐々友房	140
佐々克堂	
→佐々友房	140
佐々友房	140
佐々弘雄	
佐々友房	140
佐々鵬洲	
→佐々友房	140
佐々正之	
佐々友房	140
薩埵正邦	140
佐藤一男	141
佐藤カツ	141
佐藤伎具能	141
佐藤紅園	

→佐藤泰然	142
佐藤重遠	142
佐藤庄右衛門	
→佐藤泰然	142
佐藤善治郎	142
佐藤泰然	142
佐藤夕子	143
佐藤タネ子	
→佐藤夕子	143
佐藤徳助	143
実吉益美	144
佐野鼎	144
鮫島純子	
渋沢栄一	154
鮫島晋	144
佐山サダ	145
佐山左右治	
佐山サダ	145
沢井順次郎	
→高楠順次郎	182
沢井兵次郎	145
沢田亀	146
沢野忠基	146
沢柳政太郎	146
沢山保羅	147
三田葆光	148
三幣貞子	148

【し】

椎尾弁匡	149
椎名節堂	
→椎尾弁匡	149
椎名政司	
→長戸路政司	231
椎野詮	149
塩原市三郎	150
塩原キク	150
志方鍛	150

383

成富椿屋
　津田白印 ……………………… 207
シスター・ピア
　→園部ピア ……………………… 180
品川弥二郎 ……………………… 151
篠田時化雄 ……………………… 151
斯波安 ……………………………… 152
斯波安子
　→斯波安 ……………………… 152
柴田周吉 ………………………… 152
柴田徳次郎 ……………………… 152
柴田直記 ………………………… 152
柴田やす ………………………… 153
渋川忠二郎 ……………………… 153
渋沢栄一 ………………………… 154
渋沢和男
　渋沢栄一 ……………………… 154
渋沢喜作
　渋沢栄一 ……………………… 154
渋沢敬三
　渋沢栄一 ……………………… 154
渋沢青淵
　→渋沢栄一 …………………… 154
渋沢華子
　渋沢栄一 ……………………… 154
渋沢秀雄
　渋沢栄一 ……………………… 154
渋谷慥爾 ………………………… 159
島地謙致
　→島地黙雷 …………………… 160
島地威雄
　島地黙雷 ……………………… 160
島地黙雷 ………………………… 160
島地八千代
　島地黙雷 ……………………… 160
島田イシ
　→島田依史子 ………………… 160
島田依史子 ……………………… 160
清水郁子
　清水安三 ……………………… 161

清水畏三
　清水安三 ……………………… 161
清水安三 ………………………… 161
下出民義 ………………………… 161
下河辺勝行
　→上田勝行 ……………………… 40
下河辺光行 ……………………… 161
下沢マツ
　→吉田マツ …………………… 357
下条恭兵 ………………………… 162
下田歌子 ………………………… 162
下田重麗
　→中川重麗 …………………… 227
下村海南
　下村房次郎 …………………… 163
下村房次郎 ……………………… 163
下八川共祐
　下八川圭祐 …………………… 164
下八川圭祐 ……………………… 164
ジャジソン, コーネリア ……… 164
十文字こと ……………………… 165
彰如
　→大谷光演 ……………………… 61
ショーレンマー
　平賀義美 ……………………… 273
白井こう ………………………… 165
白井種雄 ………………………… 166
白井俊子
　→加藤俊子 ……………………… 87
白川ミサヲ
　→船田ミサヲ ………………… 299
白川義則
　船田ミサヲ …………………… 299
白坂栄彦
　→白阪栄彦 …………………… 166
白阪栄彦 ………………………… 166
白戸光久 ………………………… 166
新海栄太郎 ……………………… 166
新城新蔵
　荒木俊馬 ……………………… 14

信谷定爾	167
進藤貞範	167

【 す 】

須賀栄子	168
須賀友正	168
菅沢重雄	168
杉浦鋼太郎	169
杉浦重剛	169
杉浦梅窓	
→杉浦重剛	169
杉野芳子	170
杉原正市	171
杉村次郎	171
杉森シカ	171
椙山いま	172
椙山正弌	172
椙山今子	
→椙山いま	172
椙山正弌	172
椙山いま	172
スクーンメーカー，ドーラ	173
鈴木弼美	173
鈴木藤三郎	173
鈴木行吉	
→長嶋行吉	230
鈴木よね	174
鈴木米次郎	174
スタウト，エリザベス	175
スタウト，ヘンリー	175
須藤いま子	175
砂本貞吉	176
スミス，サラ・クララ	176
住友友純	
西園寺公望	131

【 せ 】

瀬尾チカ	177
関口隆吉	177
石松義美	
→平賀義美	273
関本真空	
→関本諦承	177
関本諦承	177
世耕弘一	178
世耕弘昭	
世耕弘一	178
世耕弘成	
世耕弘一	178
世耕政隆	
世耕弘一	178
瀬島源三郎	178
千本福隆	179

【 そ 】

相馬永胤	179
相馬信夫	
相馬永胤	179
園部ピア	180
ソーパー，ジュリアス	180

【 た 】

ダウド，アニー	181
高井望	
小原国芳	76
高岡元真	181
高木章	181
高木兼寛	181

高木きみ
　→高木君 ･････････････････････････　182
高木君 ･････････････････････････････　182
高楠順次郎 ･････････････････････････　182
高碕達之助 ･････････････････････････　183
高島鞆之助 ･････････････････････････　184
高千穂宣麿
　西園寺公望 ･････････････････････　131
高津鍬三郎 ･････････････････････････　184
高津仲次郎 ･････････････････････････　185
高野瀬宗則 ･････････････････････････　185
高橋一勝 ･･･････････････････････････　185
高橋健三 ･･･････････････････････････　186
高橋石斎
　高橋健三 ･･･････････････････････　186
高橋忠次郎 ･････････････････････････　186
高畑こと
　→十文字こと ･･･････････････････　165
高村正彦
　高村坂彦 ･･･････････････････････　115
高柳義一 ･･･････････････････････････　186
高山紀斎 ･･･････････････････････････　187
滝信四郎 ･･･････････････････････････　188
滝川一益 ･･･････････････････････････　188
滝川弁三 ･･･････････････････････････　188
田口卯吉
　木村熊二 ･･･････････････････････　105
田口芳五郎 ･････････････････････････　188
竹内明太郎
　竹内綱 ･････････････････････････　190
武熊弁三
　→滝川弁三 ･････････････････････　188
竹崎茶堂
　竹崎順子 ･･･････････････････････　189
竹崎順子 ･･･････････････････････････　189
　徳富久子 ･･･････････････････････　216
武沢詮
　→椎野詮 ･･･････････････････････　149
竹添進一郎
　→竹内綱 ･･･････････････････････　190

武田学千
　武田ミキ ･･･････････････････････　189
武田文子
　→川村文子 ･････････････････････　 98
武田ミキ ･･･････････････････････････　189
武田みつ
　→松良みつ ･････････････････････　319
武富アサ子
　→永渕アサ子 ･･･････････････････　235
武中武二 ･･･････････････････････････　190
竹内明太郎 ･････････････････････････　190
竹内綱 ･････････････････････････････　190
　竹内明太郎 ･････････････････････　190
武村玉蘭軒
　→武村耕靄 ･････････････････････　191
武村耕靄 ･･･････････････････････････　191
武村千佐子
　→武村耕靄 ･････････････････････　191
田沢清四郎
　田沢康三郎 ･････････････････････　191
田沢康三郎 ･････････････････････････　191
田島はつ
　→尾崎はつ ･････････････････････　 73
田尻稲次郎 ･････････････････････････　192
田尻北雷
　→田尻稲次郎 ･･･････････････････　192
辰馬章夫
　辰馬吉男 ･･･････････････････････　193
辰馬悦蔵
　辰馬吉左衛門(13代目) ････････････　192
辰馬吉左衛門(13代目) ･･････････････　192
辰馬篤市
　→辰馬吉左衛門(13代目) ･････････　192
辰馬吉男 ･･･････････････････････････　193
ダッドレー，ジュリア・エリザベス ･･　193
辰野金吾 ･･･････････････････････････　193
辰野隆
　辰野金吾 ･･･････････････････････　193
舘田悦郎

舘田きね	…………	194	谷口長雄 ………………	198
舘田きね	…………	194	谷口弥三郎	
立野信之			谷口長雄 ………………	198
稲毛多喜	…………	31	谷本多加子 ………………	198
田中阿歌麿			田沼志ん ………………	198
田中千代	…………	195	田沼太右衛門 ……………	199
田中薫			田沼志ん ……………	198
田中千代	…………	195	玉木鶴亭	
田中重信	…………	194	玉木リツ ……………	199
田中寿一	…………	195	玉木リツ ………………	199
田中省三	…………	195	玉名程三 ………………	199
田中千代	…………	195	田村国雄 ………………	200
田中釟三郎			田村哲夫 ………………	200
→平生釟三郎	…………	271	田村米	
田中久			→加藤米 ……………	89
田中千代	…………	195	タルカット，エリザ ………	200
田中文蔵			団琢磨	
→藤田文蔵	…………	295	牧田環 ………………	312
田中睦啓				
田中重信	…………	194		
棚橋絢			【ち】	
→棚橋絢子	…………	196		
棚橋絢子	…………	196	千葉クラ ………………	201
棚橋一郎	…………	196	千葉七郎 ………………	202
棚橋衡平	…………	197	チマッチ，ヴィンセンチオ ……	202
棚橋一郎	…………	196	チャーチ，エラ …………	202
棚橋絢子	…………	196		
棚橋衡平	…………	197		
棚橋衡平	…………	197	【つ】	
棚橋松村				
棚橋衡平	…………	197	塚原嘉代子	
棚橋大作			塚原善兵衛 ……………	203
棚橋一郎	…………	196	塚原善兵衛 ………………	203
棚橋天籟			塚本英世 ………………	203
→棚橋衡平	…………	197	辻本一郎 ………………	203
棚橋嘉和			都築貞枝 ………………	203
→棚橋衡平	…………	197	都築泰寿	
田辺精一			都築貞枝 ……………	203
→手島精一	…………	211	都築頼助 ………………	204
谷岡登	…………	198		

津田梅子	204		
津田仙	206		
津田仙	206		【と】
津田梅子	204		
津田白印	207	土居通夫	213
津田白道人		戸板関子	214
→津田白印	207	遠山参良	215
津田明導		禿須美	215
→津田白印	207	禿了教	215
津田むめ		禿了教	215
→津田梅子	204	禿須美	215
土屋智重	207	徳大寺公純	
常見ろく	207	西園寺公望	131
津曲貞助	208	徳大寺実則	
鶴虎太郎	208	西園寺公望	131
鶴襄	209	徳富一敬	
水流登		徳富久子	216
→鶴襄	209	徳富蘇峰	
鶴襄	209	海老名弾正	51
鶴虎太郎	208	竹崎順子	189
鶴岡トシ	209	徳富久子	216
鶴崎規矩子	210	徳永規矩	216
鶴見守義	210	徳富久子	216
		竹崎順子	189
		徳冨蘆花	
	【て】	海老名弾正	51
		竹崎順子	189
ディクソン, ジェムス	211	徳富久子	216
手島精一	211	徳永規矩	216
手塚岸衛	212	徳永四郎	216
手塚太郎	212	徳永規矩	216
手塚安紹		徳野常道	217
→上野安紹	42	土光敏夫	
寺尾亨		土光登美	217
寺尾寿	213	土光登美	217
寺尾寿	213	利光鶴松	
寺田勇吉	213	伊東静江	26
寺部だい	213	ドージャー, チャールズ・ケルゼイ	218
天台道士			
→杉浦重剛	169	戸津高知	218

戸野みちゑ ……… 218	中川庫吉
土肥モト ……… 219	中川与志 ……… 228
富沢カネ ……… 219	中川謙二郎 ……… 227
富沢昌義 ……… 219	中川健忘斎
富沢昌義 ……… 219	→中川横太郎 ……… 228
富田かね ……… 220	中川小十郎 ……… 227
富田小一郎 ……… 220	中川重麗 ……… 227
富田鉄耕	中川四明
→富田鉄之助 ……… 220	→中川重麗 ……… 227
富田鉄之助 ……… 220	中川登代蔵
友国晴子 ……… 221	→中川重麗 ……… 227
富山伎具能	中川横太郎 ……… 228
→佐藤伎具能 ……… 141	中川与志 ……… 228
外山ハツ ……… 221	永島運一 ……… 229
外山正一 ……… 221	中島槐堂
豊田周衛 ……… 222	→中島吉郎 ……… 229
豊田太蔵 ……… 222	中島吉郎 ……… 229
豊田芙雄 ……… 223	中島久万吉 ……… 230
豊田冬子	長嶋行吉 ……… 230
→豊田芙雄 ……… 223	中島貞善
豊田芙雄子	中島ヤス ……… 231
→豊田芙雄 ……… 223	中島信行
豊増一女 ……… 223	中島久万吉 ……… 230
	中島ヤス ……… 231
	永末ミツヱ ……… 231
【な】	仲田順光 ……… 231
	長戸路政司 ……… 231
	中沼葵園
内木玉枝 ……… 224	→中沼了三 ……… 232
内藤儀十郎 ……… 224	中沼了三 ……… 232
内藤登免	中野和高
→新穂登免 ……… 247	中野ミツ ……… 233
那珂通世 ……… 225	永野たけ ……… 232
藤村晴 ……… 296	中野初子 ……… 233
永井荷風	中野冨美 ……… 233
永井久一郎 ……… 225	中野ミツ ……… 233
永井久一郎 ……… 225	中野与之助 ……… 234
永井幸次 ……… 226	中原市五郎 ……… 234
永井泰量 ……… 226	永原まつよ ……… 235
永井来青	永渕アサ子 ……… 235
→永井久一郎 ……… 225	

中村絢彦
　→石橋絢彦 …………………… 20
中村恭平 ……………………… 235
中村精男 ……………………… 235
中村貞吉 ……………………… 236
中村治四郎 …………………… 236
中村秋香
　中村春二 …………………… 238
中村清蔵 ……………………… 237
中村仙巌 ……………………… 237
中村全亨 ……………………… 237
中村ハル ……………………… 238
中村春子
　中村萬吉 …………………… 238
　中村みつ …………………… 239
中村春二 ……………………… 238
中村文彦
　中村全亨 …………………… 237
中村萬吉 ……………………… 238
　中村みつ …………………… 239
中村みつ ……………………… 239
　中村萬吉 …………………… 238
中村ユス ……………………… 239
中村由太郎 …………………… 239
中村六三郎 …………………… 240
中森孟夫 ……………………… 240
中山巌
　→黒正巌 …………………… 116
中山峰男
　中山義崇 …………………… 240
中山義崇 ……………………… 240
夏川嘉久次 …………………… 241
鍋島権馬
　→信清権馬 ………………… 257
並木伊三郎 …………………… 241
名村程三
　→玉名程三 ………………… 199
成瀬仁蔵 ……………………… 242
難波正 ………………………… 242
南部あき子
　→南部明子 ………………… 243
南部明子 ……………………… 243
　南部高治 …………………… 243
南部高治 ……………………… 243
　南部明子 …………………… 243

【に】

新島襄 ………………………… 244
新名百刀 ……………………… 247
新穂登免 ……………………… 247
二階堂トクヨ ………………… 247
西周 …………………………… 248
西敏 …………………………… 249
西川鉄次郎 …………………… 250
西田市太郎
　→西田天香 ………………… 250
西田天香 ……………………… 250
西田のぶ ……………………… 251
西村伊作 ……………………… 251
西森元 ………………………… 252
新田長次郎 …………………… 252
　新田仲太郎 ………………… 253
新田仲太郎 …………………… 253
　新田長次郎 ………………… 252
蜷川親継 ……………………… 253
二宮邦次郎 …………………… 254

【ぬ】

額賀キヨ ……………………… 254
　額賀三郎 …………………… 254
額賀三郎 ……………………… 254
　額賀キヨ …………………… 254
額田晋 ………………………… 254
　額田豊 ……………………… 255
額田豊 ………………………… 255

額田晋 …………………… 254

【ね】

根津嘉一郎(1代目) ………… 255
根津嘉一郎(2代目)
　根津嘉一郎(1代目) ……… 255
根津公一
　根津嘉一郎(1代目) ……… 255
根津嘉澄
　根津嘉一郎(1代目) ……… 255

【の】

能美ヨシ子 ……………… 256
野口援太郎 ……………… 256
野口周善 ………………… 257
信清権馬 ………………… 257
野又貞夫 ………………… 258
野村武衛 ………………… 258
野村鈴吉 ………………… 258

【は】

橋本八郎
　→品川弥二郎 ………… 151
橋本方義
　→押川方義 …………… 73
長谷川蘇山
　→長谷川泰 …………… 259
長谷川泰 ………………… 259
長谷川鉄雄 ……………… 260
長谷川匡俊
　長谷川良信 …………… 260
長谷川良昭
　長谷川良信 …………… 260

長谷川良信 ……………… 260
廿日出彪 ………………… 261
服部綾雄 ………………… 261
服部一三 ………………… 261
服部純
　服部綾雄 ……………… 261
服部仁平治 ……………… 262
鳩山威一郎
　鳩山春子 ……………… 262
鳩山一郎
　鳩山春子 ……………… 262
鳩山薫
　鳩山春子 ……………… 262
鳩山和夫
　鳩山春子 ……………… 262
鳩山春子 ………………… 262
鳩山秀夫
　鳩山春子 ……………… 262
花岡タネ ………………… 263
羽仁協子
　羽仁もと子 …………… 263
　羽仁吉一 ……………… 264
羽仁恵子
　羽仁もと子 …………… 263
　羽仁吉一 ……………… 264
羽仁五郎
　羽仁もと子 …………… 263
羽仁進
　羽仁もと子 …………… 263
　羽仁吉一 ……………… 264
羽仁説子
　羽仁もと子 …………… 263
　羽仁吉一 ……………… 264
羽仁未央
　羽仁もと子 …………… 263
　羽仁吉一 ……………… 264
羽仁もと子 ……………… 263
　千葉クラ ……………… 201
　羽仁吉一 ……………… 264
羽仁吉一 ………………… 264

羽仁もと子 …………………… 263	人見円吉
馬場ショウ	→人見東明 …………………… 269
→藤井ショウ ……………… 292	人見楠郎
浜尾文郎	人見東明 …………………… 269
加藤弘之 ……………………… 87	人見緑 ……………………… 270
浜尾実	人見東明 ……………………… 269
加藤弘之 ……………………… 87	人見緑 ……………………… 270
浜田健次郎 …………………… 265	人見緑 ………………………… 270
早坂久之助 …………………… 265	人見東明 …………………… 269
林恵海 ………………………… 265	日向隣
林霊法 ………………………… 265	→海老名隣 ………………… 52
原愛子	平岩愃保 ……………………… 271
→河口愛子 ………………… 94	平尾歌子
原口隆造 ……………………… 266	→下田歌子 ………………… 162
原田キク	平尾喜三郎
→塩原キク ………………… 150	→古賀喜三郎 ……………… 115
原田竜子	平生釟三郎 …………………… 271
→片桐竜子 ………………… 84	平岡英信
ハリス，フローラ …………… 266	平岡静人 …………………… 272
ハリス，メリマン・コルバート	平岡静人 ……………………… 272
ハリス，フローラ ………… 266	平岡宕峯
春木南溟	→平岡静人 ………………… 272
武村耕靄 …………………… 191	平賀義美 ……………………… 273
バルツ，ジャック …………… 267	平方金七 ……………………… 273
バローズ，マーサ …………… 267	平沢直吉 ……………………… 273
	平田華蔵 ……………………… 274
	平野ちか
【ひ】	→桜井ちか ………………… 137
	平野恒 ………………………… 274
ピアソン，ルイーズ・ヘンリエッタ ……………………… 267	比留間安治 …………………… 274
ピカステス，エドワード …… 268	広池千英
疋田運獣 ……………………… 268	広池千九郎 ………………… 274
土方成美	広池千九郎 …………………… 274
土方寧 ……………………… 268	広池千太郎
土方寧 ………………………… 268	広池千九郎 ………………… 274
日高藤吉郎 …………………… 269	広岡恵三
一柳末徳	一柳満喜子 ………………… 269
一柳満喜子 ………………… 269	広重寿輔
一柳満喜子 …………………… 269	→弘重寿輔 ………………… 276
	弘重寿輔 ……………………… 276

広瀬リョウ
　→安田リョウ ･･････････････････ 341
広田精一 ･･････････････････････････ 276

【ふ】

フォス, グスタフ ･･････････････････ 277
フォス, ヒュー・ジェームス ･･････ 277
深井鑑一郎 ･･･････････････････････ 277
福井直秋 ･･････････････････････････ 278
福井直俊
　福井直秋 ･･････････････････････ 278
福井直弘
　福井直秋 ･･････････････････････ 278
福川泉吾 ･･････････････････････････ 278
福沢進太郎
　福沢諭吉 ･･････････････････････ 279
福沢桃介
　福沢諭吉 ･･････････････････････ 279
福沢泰江 ･･････････････････････････ 279
福沢諭吉 ･･････････････････････････ 279
福島益
　→三守益 ･･････････････････････ 328
福田昌子 ･･････････････････････････ 290
福田敏南
　福田昌子 ･･････････････････････ 290
福冨震一
　福冨芳美 ･･････････････････････ 290
福冨芳美 ･･････････････････････････ 290
福西志計子 ･･･････････････････････ 291
福原軍造 ･･････････････････････････ 291
福本寿栄 ･･････････････････････････ 291
福山起弥
　福山重一 ･･････････････････････ 291
福山重一 ･･････････････････････････ 291
藤井健造 ･･････････････････････････ 292
藤井高蔵 ･･････････････････････････ 292
　藤井ショウ ･･････････････････････ 292
藤井ショウ ･･････････････････････････ 292

藤井高蔵 ･･････････････････････････ 292
藤井曹太郎 ･･･････････････････････ 293
藤井正男 ･･････････････････････････ 293
藤枝泉介
　船田兵吾 ･･････････････････････ 298
不思議庵
　→井上円了 ･･････････････････････ 31
伏木田隆作 ･･･････････････････････ 293
藤田啓介 ･･････････････････････････ 294
藤田進 ･･････････････････････････････ 294
藤田隆三郎 ･･･････････････････････ 295
藤田東湖
　豊田芙雄 ･･････････････････････ 223
藤田文蔵 ･･････････････････････････ 295
藤松チカ
　→瀬尾チカ ･･････････････････････ 177
伏見登美
　→土光登美 ･････････････････････ 217
藤村トヨ ･･････････････････････････ 295
藤村晴 ･･････････････････････････････ 296
藤村操
　藤村晴 ･････････････････････････ 296
藤村通世
　→那珂通世 ･････････････････････ 225
藤本寿吉 ･･････････････････････････ 296
藤原市太郎 ･･･････････････････････ 296
藤原銀次郎 ･･･････････････････････ 297
二木和夫
　二木謙吾 ･･････････････････････ 298
二木謙吾 ･･････････････････････････ 298
二木秀夫
　二木謙吾 ･･････････････････････ 298
不知歌斎
　→井上円了 ･･････････････････････ 31
船田亨二
　船田兵吾 ･･････････････････････ 298
船田中
　船田兵吾 ･･････････････････････ 298
　元田肇 ･････････････････････････ 334
船田兵吾 ･･････････････････････････ 298

393

船田ミサヲ	299
船田譲	
船田兵吾	298
ブライン, メアリ	300
ブラウン, チャールズ・L.	300
ブリテン, ハリエット・ガートルード	300
古市公威	301
古市造次	
→古市公威	301
古沢百合子	
鳩山春子	262
古田貞	301
古田重二良	301
古屋喜代子	302
古屋真一	302
古屋真一	302
古屋喜代子	302
古屋忠彦	
古屋真一	302
フロジャク, ヨゼフ	303

【へ】

ベスト, フローラ	
→ハリス, フローラ	266
ヘッセル, メリー	303
ヘボン	304

【ほ】

ホーイ, ウィリアム・エドウィン	305
朴沢三代治	305
星新一	
星一	305
星一	305
星野フサ	306

星野房子	
→星野フサ	306
穂積重遠	
穂積陳重	306
穂積陳重	306
穂積八束	
穂積陳重	306
細川泰子	307
細野安	
→片岡安	83
細谷浜子	
→松平浜子	315
堀田正忠	307
ホフマン, ヘルマン	308
ボーマン, レオポルド	308
堀栄二	308
堀内政三	
遠藤隆吉	53
堀越千代	308
堀水孝教	309
ボルジア, フランソワ・ドゥ	
→ボルジア, メール	309
ボルジア, メール	309
本庄京三郎	310
本多庸一	310

【ま】

前田若尾	311
牧田環	312
牧野賢一	312
マクレイ, ロバート・サミュエル	312
増島九十	
→児玉九十	122
増島六一郎	313
増田孝	313
増谷かめ	313
増谷くら	313
増谷くら	313

増谷義雄	松前重義 …………………… 317
増谷くら …………………… 313	松前達郎
増村度次 …………………… 314	松前重義 …………………… 317
増村朴斎	松前紀男
→増村度次 ………………… 314	松前重義 …………………… 317
松井明	**松本荻江** …………………… 317
田中千代 …………………… 195	**松本生太** …………………… 318
松井慶四郎	**松本隆興** …………………… 318
田中千代 …………………… 195	松本操
松井千代	→矢代操 …………………… 340
→田中千代 ………………… 195	松本むつ
松浦昇平 …………………… 314	→松本荻江 ………………… 317
松尾泰量	**松山鎰** ……………………… 318
→永井泰量 ………………… 226	**松浦詮** ……………………… 318
松岡クラ	松浦厚
→千葉クラ ………………… 201	松浦詮 ……………………… 318
松岡登波 …………………… 314	松浦源三郎
松岡八郎	→松浦詮 …………………… 318
千葉クラ …………………… 201	松浦心月庵
松岡正男	→松浦詮 …………………… 318
千葉クラ …………………… 201	松浦朝五郎
松岡もと子	→松浦詮 …………………… 318
→羽仁もと子 ……………… 263	松浦肥前守
松倉金吾	→松浦詮 …………………… 318
→辰野金吾 ………………… 193	**松良みつ** …………………… 319
松田進勇 …………………… 314	マテ，フィリベルトゥ
松田秀雄 …………………… 315	→ボルジア，メール ……… 309
松田藤子 …………………… 315	マリア・アダレナ
松平順一	→江角ヤス ………………… 48
松平浜子 …………………… 315	丸木清浩
松平太郎	丸木清美 …………………… 319
松平浜子 …………………… 315	**丸木清美** …………………… 319
松平浜子 …………………… 315	**丸橋光** ……………………… 319
松平頼聡	**丸山淑人** …………………… 320
松平頼寿 …………………… 316	
松平頼寿 …………………… 316	
松永いし …………………… 316	【 み 】
松野勇雄 …………………… 316	
松前仰	**三浦幸平** …………………… 320
松前重義 …………………… 317	三浦鉄巌

大塚鉄軒 ……………………	64
三浦鉄軒	
→大塚鉄軒 …………………	64
三上アイ ……………………	320
三木省吾 ……………………	321
御木長次郎	
→御木徳一 …………………	321
御木徳近	
御木徳一 ……………………	321
御木徳一 ……………………	321
岬わさ	
→森わさ ……………………	336
三島駒治 ……………………	321
三島よし ……………………	322
三島中洲 ……………………	322
三島毅	
→三島中洲 …………………	322
三島貞一郎	
→三島中洲 …………………	322
三島桐南	
→三島中洲 …………………	322
三島一	
三島中洲 ……………………	322
三島よし ……………………	322
三島駒治 ……………………	321
水月哲英 ……………………	323
水田宗子	
水田三喜男 …………………	323
水田三喜男 …………………	323
水谷キワ ……………………	324
水野鼎蔵 ……………………	324
水野百刀	
→新名百刀 …………………	247
三角錫子 ……………………	324
三角風蔵	
三角錫子 ……………………	324
水山烈 ………………………	325
聖園テレジア ………………	325
溝部ミツヱ …………………	325
三田伊兵衛	
→三田葆光 …………………	148
三田俊次郎 …………………	325
三田てる ……………………	326
三田義正 ……………………	326
三田定則	
三田俊次郎 …………………	325
三田てる ……………………	326
三田俊次郎 …………………	325
三田義正 ……………………	326
三田俊次郎 …………………	325
満田ユイ ……………………	327
三室戸為光 …………………	327
三室戸東光	
三室戸為光 …………………	327
三室戸文光	
三室戸為光 …………………	327
三室戸敬光	
三室戸為光 …………………	327
三守益 ………………………	328
三守守 ………………………	328
宮川視明 ……………………	328
宮川保全 ……………………	328
宮城浩蔵 ……………………	329
宮田慶三郎 …………………	329
宮田静甫	
→宮田慶三郎 ………………	329
宮本一郎 ……………………	330
明如	
→大谷光尊 …………………	62
三好晋六郎 …………………	330
ミラー, エドワード	
キダー, メアリー・エディ ……	102
三輪桓一郎 …………………	330
三輪田元綱	
三輪田真佐子 ………………	330
三輪田真佐子 ………………	330
三輪田元道	
三輪田真佐子 ………………	330

【む】

陸奥宗光
　中島久万吉 ………………… 230
宗村完治
　宗村佐信 …………………… 331
宗村佐信 ……………………… 331
村上琴
　→合原琴 …………………… 4
村上専精 ……………………… 331
村上不住
　→村上専精 ………………… 331
村崎左以
　→村崎サイ ………………… 332
村崎サイ ……………………… 332
村田謙造 ……………………… 332
村野山人 ……………………… 333

【め】

目賀田種太郎 ………………… 333

【も】

望月軍四郎 …………………… 333
元田国東
　→元田肇 …………………… 334
元田直 ………………………… 334
元田南豊
　→元田直 …………………… 334
元田肇 ………………………… 334
元良勇次郎 …………………… 334
百瀬和男
　百瀬泰男 …………………… 335
百瀬泰男 ……………………… 335

森磯吉 ………………………… 335
森嘉吉 ………………………… 335
森茂樹 ………………………… 335
森小峯
　→森嘉種 …………………… 336
森嘉種 ………………………… 336
森わさ ………………………… 336
森田一郎 ……………………… 337
　森田倭文子 ………………… 337
森田倭文子 …………………… 337
　森田一郎 …………………… 337
森田嘉一
　森田一郎 …………………… 337
　森田倭文子 ………………… 337
森村市左衛門 ………………… 337
森村豊
　森村市左衛門 ……………… 337
森本厚吉 ……………………… 337
守屋東 ………………………… 338
守屋うた
　→伊藤うた ………………… 25
森谷たま ……………………… 338
諸沢みよ ……………………… 339

【や】

矢島楫子
　竹崎順子 …………………… 189
　徳富久子 …………………… 216
矢島久子
　→徳富久子 ………………… 216
八代斌助 ……………………… 340
矢代操 ………………………… 340
安田茂晴 ……………………… 341
保田棟太 ……………………… 341
安田リョウ …………………… 341
谷田部梅吉 …………………… 342
谷田部哲山
　→谷田部梅吉 ……………… 342

397

矢野二郎	342
矢野文雄	
→矢野龍渓	343
矢野龍渓	343
山内鹿次郎	
→山内豊範	343
山内豊資(12代土佐藩主)	
山内豊範	343
山内豊信(15代土佐藩主)	
山内豊範	343
山内豊範	343
山岡次郎	344
山川健次郎	
山川二葉	345
山川尚江	
山川二葉	345
山川波次	344
山川梅斎	
→山川波次	344
山川浩	
山川二葉	345
山川二葉	345
山口準之助	345
山口末一	345
山口久太	346
山崎周信	346
山崎寿春	346
山崎弁栄	347
山下亀三郎	347
山田顕貞	
山田顕義	348
山田顕義	348
山田喜之助	349
山田きみ	349
山田源一郎	350
山田至善	
→川島至善	96
山田新平	350
山梨稲川	
中村春二	238

山野内四郎	350
山村忠吉	
山村婦みよ	351
山村婦みよ	351
山村要二	
山村婦みよ	351
山本宜喚	351
山本琴谷	
武村耕靄	191
山本こう	
→白井こう	165
山本貞吉	
→中村貞吉	236
山本藤助	351
山本米吉	
→赤井米吉	4
山森栄三郎	352
山脇玄	352
山脇房子	
山脇玄	352
谷本昇	
谷本多加子	198

【ゆ】

幸フク	352
行吉哉女	353
湯本武比古	353

【よ】

横井左平太	
横井玉子	354
横井玉子	354
横井津世子	
竹崎順子	189
横川楳子	354

横山又吉	354	ランバス,ウォルター・ラッセル・	361
与謝野晶子		ランバック,セレスタン	362
赤松安子	6		
与謝野照幢		**【り】**	
赤松安子	6		
与謝野鉄幹		了翁道覚	362
赤松安子	6		
与謝野礼厳		**【る】**	
赤松安子	6		
吉岡鶯村		ルラーヴ,ルイ	363
→吉岡哲太郎	355		
吉岡哲太郎	355	**【れ】**	
吉岡博人			
吉岡弥生	355	レイカー,メリー・ユージニア	363
吉岡弥生	355	レーメ,クサヴェラ	363
吉津度	356		
吉田一士	356	**【ろ】**	
吉田数馬	357		
吉田源応	357	ロウ,J.H.	364
吉田茂		ロバート,ピエール	364
竹内明太郎	190	ロング,C.S.	364
竹内綱	190		
吉田マツ	357	**【わ】**	
吉田萬次	358		
吉田幸雄	358	若尾輝子	
吉村寅太郎	358	福井直秋	278
吉森梅子	358	鷲津毅堂	
小林清作	126	永井久一郎	225
四倉ミツヱ	359	輪島こと	
米田吉盛	359	→輪島聞声	365
		輪島聞声	365
【ら】		和田雄治	365
		渡辺たま	366
ライト,カロライン	360		
ライネルス,ヨゼフ	360		
ラッセル,エリザベス	360		
ランドルフ,アニー・エドガー	361		
ランバス,ウォルター・ラッセル	361		
ランバス,ジェームス・ウィリアム			

渡辺安積 …………………… 366
渡辺英子
　→岩田英子 ……………… 39
渡辺嘉重 …………………… 367
渡辺洪基 …………………… 367
渡辺貞子
　渡辺洪基 ……………… 367
渡辺存軒
　→渡辺操 ……………… 369
渡辺辰五郎 ………………… 368
渡辺玉子
　→渡辺たま …………… 366
渡辺登美 …………………… 368
渡辺操 ……………………… 369
渡辺淑子
　→浅井淑子 ……………… 7
渡利アイ …………………… 369
亘理松華
　→亘理晋 ……………… 369
亘理晋 ……………………… 369
ワレン, C.F. ……………… 370

学校名索引

【 あ 】

愛敬女学校
　→棚橋絢子 …………………… 196
愛国学園
　→織田小三郎 ………………… 74
愛国高等学校
　→織田淑子 …………………… 74
愛国女子商業学校
　→織田淑子 …………………… 74
会津女学校
　→海老名隣 …………………… 52
愛知淑徳学園
　→小林清作 …………………… 126
　→吉森梅子 …………………… 358
愛知大学
　→近衛篤麿 …………………… 125
青島高等裁縫女学校
　→仲田順光 …………………… 231
青島女子商業学校
　→仲田順光 …………………… 231
青森商業補修夜学校
　→笹森儀助 …………………… 139
青山学院
　→マクレイ, ロバート・サミュエル …………………………………… 312
青山学院女子高等部
　→スクーンメーカー, ドーラ …… 173
青山学院女子部
　→津田仙 ……………………… 206
青山学院神学部
　→ソーパー, ジュリアス ……… 180
青山学園
　→能美ヨシ子 ………………… 256
明石短期大学
　→福冨芳美 …………………… 290
暁学園
　→宗村佐信 …………………… 331

秋草学園
　→秋草芳雄 …………………… 6
秋草学園高等学校
　→秋草芳雄 …………………… 6
秋草学園短期大学
　→秋草芳雄 …………………… 6
秋田経済大学
　→古田重二良 ………………… 301
秋田経済法科大学
　→古田重二良 ………………… 301
秋田鉱山専門学校
　→竹内綱 ……………………… 190
秋田大学鉱山学部
　→竹内綱 ……………………… 190
秋田短期大学
　→古田重二良 ………………… 301
赤穂高等学校
　→福沢泰江 …………………… 279
浅井学園大学
　→浅井淑子 …………………… 7
浅野学園
　→浅野総一郎 ………………… 8
浅野学校
　→浅野長勲 …………………… 9
浅野高等学校
　→浅野総一郎 ………………… 8
浅野総合中学校
　→浅野総一郎 ………………… 8
旭丘高等学校
　→新名百刀 …………………… 247
旭川実業高等学校
　→堀水孝教 …………………… 309
旭川女子高等学校
　→沢井兵次郎 ………………… 145
旭川大学高等学校
　→沢井兵次郎 ………………… 145
旭川日本大学高等学校
　→沢井兵次郎 ………………… 145
旭川龍谷学園
　→石田学而 …………………… 19

旭川竜谷高等学校
　→石田学而 …………………… 19
朝日大学
　→宮田慶三郎 ………………… 329
麻布学園
　→江原素六 …………………… 50
亜細亜学園
　→太田耕造 …………………… 61
亜細亜大学
　→太田耕造 …………………… 61
足利高等裁縫女学校
　→上岡長四郎 ………………… 93
芦屋大学
　→福山重一 …………………… 291
麻生学園
　→麻生繁樹 …………………… 9
麻生尋常中学校
　→江原素六 …………………… 50
安達学園
　→安達寿雄 …………………… 10
足立学園
　→足立闊励 …………………… 10
　→足立てる子 ………………… 10
跡見学園
　→跡見花蹊 …………………… 11
跡見女学校
　→跡見花蹊 …………………… 11
網走学園
　→千葉七郎 …………………… 202
網走高等学校
　→千葉七郎 …………………… 202
網走女子技芸専門学校
　→千葉七郎 …………………… 202
阿部高等技芸学校
　→阿部ヤス …………………… 12
阿部裁縫女学校
　→阿部ヤス …………………… 12
天城中学校
　→大塚鉄軒 …………………… 64
安房女子校
　→三幣貞子 …………………… 148
安房女子高等学校
　→三幣貞子 …………………… 148
安城学園
　→寺部だい …………………… 213
安城裁縫女学校
　→寺部だい …………………… 213

【い】

遺愛学院
　→ハリス，フローラ ………… 266
　→ライト，カロライン ……… 360
遺愛女学校
　→ハリス，フローラ ………… 266
　→ライト，カロライン ……… 360
遺愛女子高等学校
　→ライト，カロライン ……… 360
英吉利法律学校
　→合川正道 …………………… 3
　→磯部醇 ……………………… 23
　→江木衷 ……………………… 47
　→岡村輝彦 …………………… 68
　→岡山兼吉 …………………… 69
　→奥田義人 …………………… 72
　→菊池武夫 …………………… 101
　→渋谷慥爾 …………………… 159
　→高橋一勝 …………………… 185
　→高橋健三 …………………… 186
　→西川鉄次郎 ………………… 250
　→土方寧 ……………………… 268
　→藤田隆三郎 ………………… 295
　→穂積陳重 …………………… 306
　→増島六一郎 ………………… 313
　→元田肇 ……………………… 334
　→山田喜之助 ………………… 349
　→渡辺安積 …………………… 366
育英黌
　→豊田太蔵 …………………… 222

育英黌農業科	
→榎本武揚	48
育英女学校	
→藤井高蔵	292
→藤井ショウ	292
郁文館	
→棚橋一郎	196
池上学院高等学校	
→池上公介	18
池上学園	
→池上公介	18
石川義塾	
→森嘉種	336
出雲女子高等学校	
→水谷キワ	324
一関修紅高等学校	
→小梨コマ	124
一宮女子商業学校	
→吉田萬次	358
市邨学園	
→市邨芳樹	25
一致英和女学院	
→桜井ちか	137
一燈園高等学校	
→西田天香	250
伊藤学園	
→伊藤うた	25
稲置学園	
→稲置繁男	31
稲毛学園	
→稲毛多喜	31
稲沢高等女学校	
→足立閏励	10
→足立てる子	10
稲沢女子高等学校	
→足立閏励	10
→足立てる子	10
稲沢女子短期大学	
→足立閏励	10
茨城高等学校	
→飯村丈三郎	17
茨城中学校	
→飯村丈三郎	17
揖斐高等学校	
→棚橋衡平	197
今市裁縫女学校	
→水谷キワ	324
岩尾昭和学園	
→岩尾昭太郎	36
磐城高等女学校	
→川島至善	96
磐城桜が丘高等学校	
→川島至善	96
磐城女学校	
→川島至善	96
磐城女子高等学校	
→川島至善	96
岩崎学園	
→岩崎清一	37
岩崎女学校	
→岩崎清一	37
岩崎通信機青年学校	
→岩崎清一	37
岩田高等学校	
→岩田英子	39
岩田実科高等女学校	
→岩田英子	39
岩田女学校	
→岩田英子	39
岩手医学専門学校	
→三田俊次郎	325
岩手医科大学	
→三田俊次郎	325
岩手高等学校	
→三田義正	326
岩手女子高等学校	
→三田俊次郎	325
→三田てる	326
岩手中学校	
→三田義正	326

石見工業高等学校
　→生越三郎 73
石見工業専修学校
　→生越三郎 73

浦和実業学園高等学校
　→九里総一郎 107

【え】

栄光学園
　→フォス，グスタフ 277
栄光中学校
　→フォス，グスタフ 277
盈進高等学校
　→藤井曹太郎 293
盈進商業実務学校
　→藤井曹太郎 293
盈進中学校
　→藤井曹太郎 293
英知大学
　→田口芳五郎 188
英和女学校
　→ギール，ジェニー 106
エディの学校
　→エディ，エレン・G. 48
荏原女学校
　→漆雅子 47
荏原女子技芸伝習所
　→漆雅子 47
愛媛実科女学校
　→沢田亀 146
　→船田ミサヲ 299
エリザベト音楽大学
　→ゴーセンス，エルネスト 119
エリザベト音楽短期大学
　→ゴーセンス，エルネスト 119

【う】

上田学園
　→水野鼎蔵 324
上田城南高等学校
　→水野鼎蔵 324
上野学園
　→石橋蔵五郎 21
鶯谷女子高等学校
　→佐々木とよ 138
宇都宮英語簿記学校
　→上野安紹 42
宇都宮学園
　→上野安紹 42
宇都宮実業学校
　→上野安紹 42
宇都宮女子高等職業学校
　→須賀栄子 168
宇都宮女子実業学校
　→上野安紹 42
宇都宮須賀女学校
　→須賀栄子 168
宇都宮短期大学
　→須賀友正 168
宇部学園
　→二木謙吾 298
梅香崎女学校
　→スタウト，エリザベス 175
　→スタウト，ヘンリー 175
梅沢学園
　→梅沢鋭三 45
梅村学園
　→梅村清光 46
　→梅村清明 47

【お】

オイスカ高等学校
　→中野与之助 234

学校名	創立者	頁
奥羽大学		
→影山四郎		82
王子高等女学校		
→菅沢重雄		168
追手門学院		
→高島鞆之助		184
桜美林学園		
→清水安三		161
桜美林高等学校		
→清水安三		161
桜美林高等女学校		
→清水安三		161
桜美林大学		
→清水安三		161
桜美林短期大学		
→清水安三		161
桜美林中学校		
→清水安三		161
近江兄弟社学園		
→一柳満喜子		269
近江高等学校		
→夏川嘉久次		241
近江実修工業学校		
→夏川嘉久次		241
鷗友学園		
→石川志づ		18
→市川源三		24
鷗友学園高等女学校		
→石川志づ		18
→市川源三		24
鷗友学園女子高等学校		
→石川志づ		18
大分裁縫学校		
→岩田英子		39
大分裁縫伝習所		
→岩田英子		39
大江義塾		
→徳永規矩		216
大倉商業学校		
→大倉喜八郎		59
大阪医科大学		
→吉津度		356
大阪大倉商業学校		
→大倉喜八郎		59
大阪音楽学校		
→永井幸次		226
大阪音楽大学		
→永井幸次		226
大阪偕行社附属小学校		
→高島鞆之助		184
大阪学院大学		
→白井種雄		166
大阪キリスト教学院		
→河辺貞吉		98
大阪経済大学		
→黒正巌		116
大阪経済法科大学		
→金沢尚淑		90
大阪芸術大学		
→塚本英世		203
大阪工大摂南大学		
→本庄京三郎		310
大阪交通大学		
→瀬島源三郎		178
大阪交通短期大学		
→瀬島源三郎		178
大阪高等医学専門学校		
→吉津度		356
大阪産業大学		
→瀬島源三郎		178
大阪歯科医学校		
→藤原市太郎		296
大阪歯科大学		
→藤原市太郎		296
大阪商業講習所		
→五代友厚		120
大阪商業大学		
→谷岡登		198
大阪城東商業学校		
→谷岡登		198

大阪城東大学	
→谷岡登	198
大阪女学院	
→桜井ちか	137
大阪市立大学	
→五代友厚	120
大阪鉄道学校	
→瀬島源三郎	178
大阪伝道学館	
→河辺貞吉	98
大洲高等学校	
→中野ミツ	233
大洲女学校	
→中野ミツ	233
太田高等家政女学校	
→常見ろく	207
太田裁縫女学校	
→常見ろく	207
大多和学園	
→大多和音吉	63
→大多和タカ	63
邑智裁縫女学院	
→三上アイ	320
大妻学院	
→大妻コタカ	65
大妻女子大学	
→大妻コタカ	65
大手前文化学院	
→藤井健造	292
大宮工業商業学校	
→望月軍四郎	333
大森高等女学校	
→戸板関子	214
大森城南女学校	
→戸板関子	214
岡崎高等家政女学校	
→白井こう	165
岡崎裁縫女学校	
→白井こう	165
岡崎女子高等学校	
→白井こう	165
岡山高等女子職業学校	
→佐藤伎具能	141
岡山実科女学校	
→白阪栄彦	166
→進藤貞範	167
岡山城北女子高等学校	
→佐藤伎具能	141
岡山女子高等学校	
→佐藤伎具能	141
岡山薬学校	
→中川横太郎	228
沖縄高等学校	
→嘉数昇	80
沖縄女子短期大学	
→嘉数昇	80
沖縄大学	
→嘉数昇	80
奥田裁縫女学校	
→奥田艶子	71
尾道高等学校	
→金尾馨	90
尾道商業学校	
→市邨芳樹	25
帯広裁縫女学校	
→渡辺登美	368
帯広渡辺学園	
→渡辺登美	368
小見川高等学校	
→渡辺操	369
小見川農業学校	
→渡辺操	369
折尾女子学園	
→増田孝	313
温情舎	
→岩下清周	38

【か】

海岸女学校
　→スクーンメーカー,ドーラ …… 173
海軍予備校
　→古賀喜三郎 ………………… 115
海城学校
　→古賀喜三郎 ………………… 115
海城高等学校
　→古賀喜三郎 ………………… 115
海城中学校
　→古賀喜三郎 ………………… 115
海星学園
　→グットレーベン,ジョセフ … 107
　→バルツ,ジャック …………… 267
　→ボーマン,レオポルド ……… 308
　→ランバック,セレスタン …… 362
開成学園
　→佐野鼎 ……………………… 144
海星学校
　→グットレーベン,ジョセフ … 107
　→バルツ,ジャック …………… 267
　→ボーマン,レオポルド ……… 308
　→ランバック,セレスタン …… 362
開星高等学校
　→大多和タカ ………………… 63
海南学校
　→山内豊範 …………………… 343
海南私塾分校
　→吉田数馬 …………………… 357
海南中学校
　→吉田数馬 …………………… 357
嘉悦女子高等学校
　→嘉悦孝子 …………………… 79
嘉悦女子中学校
　→嘉悦孝子 …………………… 79
嘉数学園
　→嘉数昇 ……………………… 80

香川栄養学園
　→香川綾 ……………………… 80
香川学園
　→香川昌子 …………………… 81
香川学園高等学校
　→香川昌子 …………………… 81
香川高等女学校
　→香川昌子 …………………… 81
香川裁縫塾
　→香川昌子 …………………… 81
格致学院
　→小田源吉 …………………… 74
格致中学校
　→小田源吉 …………………… 74
学法石川高等学校
　→森嘉種 ……………………… 336
鶴鳴学園
　→笠原田鶴子 ………………… 82
鹿児島高等実践女学校
　→満田ユイ …………………… 327
鹿児島高等商業学校
　→津曲貞助 …………………… 208
鹿児島高等女学校
　→津曲貞助 …………………… 208
鹿児島女子技芸学校
　→満田ユイ …………………… 327
鹿児島中学校
　→津曲貞助 …………………… 208
柏崎専門学校
　→下条恭兵 …………………… 162
春日部共栄高等学校
　→岡野さく …………………… 67
加世田女子高学園
　→西敏 ………………………… 249
加世田女子高等学校
　→西敏 ………………………… 249
片桐高等女学校
　→片桐竜子 …………………… 84
片山女子高等技芸学校
　→片山石 ……………………… 84

活水女学校
　→ギール, ジェニー …………… 106
　→ラッセル, エリザベス ……… 360
加藤学園
　→加藤ふぢ ……………………… 89
金井学園
　→金井兼造 ……………………… 90
神奈川学園
　→佐藤善治郎 …………………… 142
神奈川裁縫女学校
　→高木君 ………………………… 182
神奈川大学
　→米田吉盛 ……………………… 359
金沢経済大学
　→稲置繁男 ……………………… 31
金沢工業大学
　→泉屋利吉 ……………………… 23
金沢高等予備学校
　→石原堅正 ……………………… 21
金沢女子学院
　→大谷尊由 ……………………… 62
金沢星稜大学
　→稲置繁男 ……………………… 31
金山学園
　→森嘉吉 ………………………… 335
カプリー・セミナリー
　→ロング, C.S. ………………… 364
可部女子高等学校
　→武田ミキ ……………………… 189
可部女子短期大学
　→武田ミキ ……………………… 189
鎌倉女子大学
　→松本生太 ……………………… 318
烏山学館
　→川俣英夫 ……………………… 98
烏山高等学校
　→川俣英夫 ……………………… 98
刈田造士館
　→疋田運猷 ……………………… 268
　→亘理晋 ………………………… 369

刈田中学校
　→疋田運猷 ……………………… 268
　→亘理晋 ………………………… 369
川崎医科大学
　→川崎祐宣 ……………………… 95
川崎医療短期大学
　→川崎祐宣 ……………………… 95
川崎医療福祉大学
　→川崎祐宣 ……………………… 95
川崎東山学校
　→平生釟三郎 …………………… 271
川島学園
　→川島アクリ …………………… 95
　→川島隼彦 ……………………… 96
川島裁縫女学校
　→川島アクリ …………………… 95
川島女子専門学校
　→川島アクリ …………………… 95
河野学園
　→河野タカ ……………………… 97
河野高等技芸院
　→河野タカ ……………………… 97
川村学園
　→川村文子 ……………………… 98
川村高等学校
　→川村文子 ……………………… 98
川村女学院
　→川村文子 ……………………… 98
川村女学院高等女学校
　→川村文子 ……………………… 98
川村短期大学
　→川村文子 ……………………… 98
川本家庭高等学校
　→三上アイ ……………………… 320
関西大倉高等学校
　→大倉喜八郎 …………………… 59
関西外国語学校
　→谷本多加子 …………………… 198
関西外国語大学
　→谷本多加子 …………………… 198

関西外国語短期大学
　→谷本多加子 …………… 198
関西工学専修学校
　→片岡安 ……………………… 83
　→本庄京三郎 …………… 310
関西実業高等学校
　→平賀義美 ……………… 273
関西商工学校
　→平賀義美 ……………… 273
関西大学
　→有田徳一 ………………… 15
　→井上操 …………………… 34
　→大島貞敏 ………………… 60
　→小倉久 …………………… 72
　→児島惟謙 ……………… 118
　→志方鍛 ………………… 150
　→渋川忠二郎 …………… 153
　→鶴見守義 ……………… 210
　→手塚太郎 ……………… 212
　→土居通夫 ……………… 213
　→野村鈴吉 ……………… 258
　→堀田正忠 ……………… 307
　→吉田一士 ……………… 356
関西中学校
　→中川横太郎 …………… 228
関西中学校天城分校
　→大塚鉄軒 ………………… 64
関西法律学校
　→有田徳一 ………………… 15
　→井上操 …………………… 34
　→大島貞敏 ………………… 60
　→小倉久 …………………… 72
　→児島惟謙 ……………… 118
　→志方鍛 ………………… 150
　→渋川忠二郎 …………… 153
　→鶴見守義 ……………… 210
　→手塚太郎 ……………… 212
　→土居通夫 ……………… 213
　→野村鈴吉 ……………… 258
　→堀田正忠 ……………… 307

　→吉田一士 ……………… 356
関西簿記研究所
　→白井種雄 ……………… 166
神埼清明高等学校
　→中島吉郎 ……………… 229
神埼農業高等学校
　→中島吉郎 ……………… 229
関西学院
　→ランバス，ウォルター・ラッセ
　　ル ……………………… 361
関西高等学校
　→中川横太郎 …………… 228
神田高等女学校
　→小笠原清務 ……………… 67
　→松田秀雄 ……………… 315
神田女学園高等学校
　→小笠原清務 ……………… 67
関東学院
　→坂田祐 ………………… 135
関東女子専門学校
　→松平浜子 ……………… 315
関東女子短期大学
　→松平浜子 ……………… 315
関東短期大学
　→松平浜子 ……………… 315

【き】

祇園寺学園祇園寺高等学校
　→祇園寺きく …………… 100
菊華高等学校
　→奥田艶子 ………………… 71
菊池女子高等学校
　→荒木スエヲ ……………… 14
　→荒木民次郎 ……………… 14
北日本学院大学高等学校
　→沢井兵次郎 …………… 145
吉備商科短期大学
　→井尻艶太 ………………… 21

411

吉備商業学校
　→井尻艶太 ……………… 21
岐阜裁縫専門学校
　→片桐竜子 ……………… 84
岐阜裁縫伝習所
　→佐々木とよ …………… 138
岐阜歯科大学
　→宮田慶三郎 …………… 329
岐阜実科高等女学校
　→片桐竜子 ……………… 84
希望が丘学園
　→西敏 …………………… 249
希望学園
　→山口末一 ……………… 345
君が淵学園
　→中山義崇 ……………… 240
君が淵電気電波専門学校
　→中山義崇 ……………… 240
君が淵電波工業高等学校
　→中山義崇 ……………… 240
九州学院
　→遠山参良 ……………… 215
　→ブラウン, チャールズ・L.…… 300
九州工業短期大学
　→都築頼助 ……………… 204
九州高等女学校
　→釜瀬新平 ……………… 92
九州産業大学
　→中村治四郎 …………… 236
九州商科大学
　→中村治四郎 …………… 236
九州女子高等学校
　→釜瀬新平 ……………… 92
九州女子大学
　→福原軍造 ……………… 291
九州女子短期大学
　→福原軍造 ……………… 291
九州電気学園
　→中村全亨 ……………… 237
九州電気学校

　→中村全亨 ……………… 237
九州電機工業短期大学
　→中村全亨 ……………… 237
九州電機短期大学
　→中村全亨 ……………… 237
究数学院商工学校
　→鶴虎太郎 ……………… 208
救世学校
　→スクーンメーカー, ドーラ …… 173
共愛学園
　→高津仲次郎 …………… 185
共栄学園
　→岡野弘 ………………… 68
共栄学園高等学校
　→岡野さく ……………… 67
共栄学園短期大学
　→岡野さく ……………… 67
享栄学校
　→堀栄二 ………………… 308
享栄高等学校
　→堀栄二 ………………… 308
享栄女子商業高等学校
　→堀栄二 ………………… 308
享栄貿易学校
　→堀栄二 ………………… 308
暁星女子高等学校
　→ルラーヴ, ルイ ……… 363
京都外国語学校
　→森田一郎 ……………… 337
　→森田倭文子 …………… 337
京都外国語大学
　→森田一郎 ……………… 337
　→森田倭文子 …………… 337
京都学園
　→辻本一郎 ……………… 203
京都学園高等学校
　→辻本一郎 ……………… 203
京都学園大学
　→辻本一郎 ……………… 203
京都暁星高等学校

→ルラーヴ, ルイ	363	→佐野鼎	144
京都工科学校		共立歯科医学校	
→中森孟夫	240	→中原市五郎	234
京都高等女学校		共立女子学園	
→甲斐和里子	78	→愛知すみ	3
京都産業大学		→合原琴	4
→荒木俊馬	14	→秋山四郎	6
京都商業高等学校		→安香烈	7
→辻本一郎	203	→安達安子	11
京都女子手芸学校		→上野銀	42
→中森孟夫	240	→植村花亭	43
京都私立独逸学校		→奥好義	71
→雨森菊太郎	14	→加藤米	89
→上田勝行	40	→後閑菊野	116
→香山晋次郎	93	→小西信八	124
→喜多川義比	103	→佐方鎮子	135
→小泉俊太郎	114	→鮫島晋	144
→下河辺光行	161	→三田葆光	148
→中川重麗	227	→柴田直記	152
→原口隆造	266	→武村耕靄	191
京都精華女子高等学校		→手島精一	211
→篠田時化雄	151	→富田鉄之助	220
京都橘女子高等学校		→豊田芙雄	223
→中森孟夫	240	→那珂通世	225
京都文化短期大学		→永井久一郎	225
→辻本一郎	203	→中川謙二郎	227
京都法政学校		→服部一三	261
→中川小十郎	227	→鳩山春子	262
京都美山高等学校		→藤村晴	296
→安田茂晴	341	→松岡登波	314
京都薬科大学		→松本荻江	317
→雨森菊太郎	14	→丸橋光	319
→上田勝行	40	→三守益	328
→香山晋次郎	93	→宮川保全	328
→喜多川義比	103	→矢野二郎	342
→小泉俊太郎	114	→山岡次郎	344
→下河辺光行	161	→山川二葉	345
→中川重麗	227	→渡辺辰五郎	368
→原口隆造	266	共立女子職業学校	
共立学校		→愛知すみ	3

きょう

→合原琴 ……………………… 4
→秋山四郎 …………………… 6
→安香烈 ……………………… 7
→安達安子 …………………… 11
→上野銀 ……………………… 42
→植村花亭 …………………… 43
→奥好義 ……………………… 71
→加藤米 ……………………… 89
→後閑菊野 …………………… 116
→小西信八 …………………… 124
→佐方鎮子 …………………… 135
→鮫島晋 ……………………… 144
→三田葆光 …………………… 148
→柴田直記 …………………… 152
→武村耕靄 …………………… 191
→手島精一 …………………… 211
→富田鉄之助 ………………… 220
→豊田芙雄 …………………… 223
→那珂通世 …………………… 225
→永井久一郎 ………………… 225
→中川謙二郎 ………………… 227
→服部一三 …………………… 261
→鳩山春子 …………………… 262
→藤村晴 ……………………… 296
→松岡登波 …………………… 314
→松本荻江 …………………… 317
→丸橋光 ……………………… 319
→三守益 ……………………… 328
→宮川保全 …………………… 328
→矢野二郎 …………………… 342
→山岡次郎 …………………… 344
→山川二葉 …………………… 345
→渡辺辰五郎 ………………… 368
共立女子神学校
　→クロスビー，ジュリア・ニール
　　ソン ……………………… 111
　→ピアソン，ルイーズ・ヘンリエッ
　　タ ………………………… 267
杏林学園
　→松田進勇 ………………… 314

共和裁縫教習所
　→須賀栄子 ………………… 168
共和裁縫女学校
　→須賀栄子 ………………… 168
基督教独立学園高等学校
　→鈴木弼美 ………………… 173
近畿大学
　→世耕弘一 ………………… 178
金城学院
　→ランドルフ，アニー・エドガ
　　ー ………………………… 361
錦城学園高等学校
　→矢野龍渓 ………………… 343
金城女学校
　→ランドルフ，アニー・エドガ
　　ー ………………………… 361
錦城中学校
　→矢野龍渓 ………………… 343
金城遊学館
　→加藤せむ ………………… 86
金蘭短期大学
　→佐藤一男 ………………… 141

【く】

久我山中学校
　→岩崎清一 ………………… 37
鵠沼高等学校
　→上原とめ ………………… 43
鵠沼女子高等学校
　→上原とめ ………………… 43
葛生高等学校
　→永井泰量 ………………… 226
国本女子高等学校
　→有木春来 ………………… 15
国本女子中学校
　→有木春来 ………………… 15
九里学園高等学校
　→九里とみ ………………… 108

九里裁縫女学校
　→九里とみ ………………… 108
熊本医学校
　→高岡元真 ………………… 181
　→谷口長雄 ………………… 198
熊本英学校
　→海老名弾正 ……………… 51
　→德永規矩 ………………… 216
熊本英学校附属女学校
　→德富久子 ………………… 216
熊本英語学会
　→德永規矩 ………………… 216
熊本学園大学
　→阿部野利恭 ……………… 12
熊本工業大学
　→中山義崇 ………………… 240
熊本女学会
　→德富久子 ………………… 216
熊本女学校
　→海老名弾正 ……………… 51
　→竹崎順子 ………………… 189
　→德富久子 ………………… 216
熊本信愛女学院
　→ボルジア, メール ………… 309
倉敷翠松高等学校
　→片山石 …………………… 84
久留米工業大学
　→大山勘治 ………………… 66
久留米高等学校
　→大庭陸太 ………………… 65
　→星野フサ ………………… 306
久留米淑徳女学校
　→熊谷弘士 ………………… 108
久留米昭和高等女学校
　→有馬頼寧 ………………… 15
久留米女子職業学校
　→大庭陸太 ………………… 65
　→星野フサ ………………… 306
桑沢学園
　→桑沢洋子 ………………… 112

群馬女子短期大学
　→須藤いま子 ……………… 175
群馬女子短期大学附属高等学校
　→須藤いま子 ……………… 175

【け】

慶応義塾
　→福沢諭吉 ………………… 279
慶応義塾大学工学部
　→藤原銀次郎 ……………… 297
京華高等女学校
　→磯江潤 …………………… 23
京華商業学校
　→磯江潤 …………………… 23
京華中学校
　→磯江潤 …………………… 23
恵泉女学園
　→河井道 …………………… 94
京浜高等女学校
　→松本生太 ………………… 318
京浜女子家政理学専門学校
　→松本生太 ………………… 318
京浜女子工芸学校
　→松本生太 ………………… 318
京浜女子大学
　→松本生太 ………………… 318
京浜女子短期大学
　→松本生太 ………………… 318
京北中学校
　→井上円了 ………………… 31
　→湯本武比古 ……………… 353
顕道女学院
　→甲斐和里子 ……………… 78

【 こ 】

小石川女子高等学校
　→河口愛子 …………………… 94
興亜工業大学
　→小原国芳 …………………… 76
興亜専門学校
　→太田耕造 …………………… 61
光塩学園家政専門学校
　→南部明子 …………………… 243
光塩学園女子短期大学
　→南部明子 …………………… 243
　→南部高治 …………………… 243
工学院大学
　→石橋絢彦 …………………… 20
　→井口在屋 …………………… 35
　→巌谷立太郎 ………………… 39
　→大井才太郎 ………………… 54
　→栗本廉 ……………………… 109
　→杉村次郎 …………………… 171
　→辰野金吾 …………………… 193
　→中野初子 …………………… 233
　→中村貞吉 …………………… 236
　→藤本寿吉 …………………… 296
　→古市公威 …………………… 301
　→三好晋六郎 ………………… 330
　→山口準之助 ………………… 345
　→渡辺洪基 …………………… 367
興学舎
　→椎尾弁匡 …………………… 149
光華女子学園
　→大谷智子 …………………… 62
耕教学舎
　→ソーパー，ジュリアス …… 180
　→津田仙 ……………………… 206
攻玉社
　→近藤真琴 …………………… 130
航空科学専門学校

　→松前重義 …………………… 317
麹町学園
　→大築仏郎 …………………… 64
麹町女学校
　→大築仏郎 …………………… 64
工手学校
　→石橋絢彦 …………………… 20
　→井口在屋 …………………… 35
　→巌谷立太郎 ………………… 39
　→大井才太郎 ………………… 54
　→栗本廉 ……………………… 109
　→杉村次郎 …………………… 171
　→辰野金吾 …………………… 193
　→中野初子 …………………… 233
　→中村貞吉 …………………… 236
　→藤本寿吉 …………………… 296
　→古市公威 …………………… 301
　→三好晋六郎 ………………… 330
　→山口準之助 ………………… 345
　→渡辺洪基 …………………… 367
興譲館
　→阪谷朗廬 …………………… 135
興譲館高等学校
　→阪谷朗廬 …………………… 135
興譲館中学校
　→阪谷朗廬 …………………… 135
光星学院高等学校
　→中村由太郎 ………………… 239
興誠学園
　→廿日出厖 …………………… 261
興成義塾
　→粟屋活輔 …………………… 17
興誠商業学校
　→廿日出厖 …………………… 261
光星商業学校
　→キノルド，ヴェンツェスラウス …………………………… 104
高知学園
　→信清権馬 …………………… 257
高知工業学校

→竹内明太郎	190	神戸実践女子商業学校	
高知工業高等学校		→熊見直太郎	108
→竹内綱	190	神戸松蔭女子学院	
高知商業学校		→フォス，ヒュー・ジェームス	277
→横山又吉	354	神戸女学院	
高知商業高等学校		→ダッドレー，ジュリア・エリザベス	193
→横山又吉	354	→タルカット，エリザ	200
高知女学校		神戸女子神学校	
→ダウド，アニー	181	→ダッドレー，ジュリア・エリザベス	193
江津女子高等学校		→バローズ，マーサ	267
→三上アイ	320	神戸女子短期大学	
甲南学園		→行吉哉女	353
→平生釟三郎	271	神戸市立女子商業学校	
江南義塾盛岡高等学校		→鈴木よね	174
→菊池道太	101	神戸市立第一女子商業学校	
甲南高等学校		→鈴木よね	174
→平生釟三郎	271	神戸新装女学院	
甲南中学校		→行吉哉女	353
→平生釟三郎	271	神戸村野工業高等学校	
江の川学園		→村野山人	333
→三上アイ	320	神戸森短期大学	
江の川高等学校		→森わさ	336
→三上アイ	320	光明学園	
江の川短期大学		→山崎弁栄	347
→三上アイ	320	甲陽学院高等学校	
国府台高等女子学校		→辰馬吉男	193
→平田華蔵	274	江陽学舎	
国府台女子学院		→信清権馬	257
→平田華蔵	274	江陽学校	
国府台女子学院高等部		→信清権馬	257
→平田華蔵	274	甲陽高等商業学校	
甲府湯田高等女学校		→辰馬吉左衛門(13代目)	192
→伊藤うた	25	甲陽中学校	
神戸英和学校		→辰馬吉左衛門(13代目)	192
→ダッドレー，ジュリア・エリザベス	193	→辰馬吉男	193
神戸英和女学校		香蘭高等学校	
→タルカット，エリザ	200	→佐香ハル	138
神戸学院大学		香蘭高等女学校	
→森茂樹	335		

香蘭女学校
　→ビカステス，エドワード …… 268
広陵学園
　→鶴虎太郎 ……………… 208
広陵高等学校
　→石田米助 ……………… 19
広陵中学校
　→石田米助 ……………… 19
　→鶴虎太郎 ……………… 208
国学院
　→山田顕義 ……………… 348
国学院大学
　→山田顕義 ……………… 348
国漢学校
　→小林虎三郎 …………… 126
国際外国語学校
　→高木章 ………………… 181
国際商科大学
　→金子泰蔵 ……………… 91
国際短期大学
　→高木章 ………………… 181
国際武道大学
　→松前重義 ……………… 317
国士舘義塾
　→柴田徳次郎 …………… 152
国民英学会
　→イーストレーク，フランク …… 22
五所川原学園
　→舘田きね ……………… 194
五所川原家政学院
　→舘田きね ……………… 194
湖南学舎
　→中沼了三 ……………… 232
駒込高等学校
　→了翁道覚 ……………… 362
駒込中学校
　→了翁道覚 ……………… 362
小松原学園
　→小松原賢誉 …………… 128

駒場東邦高等学校
　→額谷豊 ………………… 255
小諸義塾
　→木村熊二 ……………… 105

【さ】

済生学舎
　→長谷川泰 ……………… 259
西大寺女子高等学校
　→森嘉吉 ………………… 335
埼玉医科大学
　→丸木清美 ……………… 319
埼玉英和学校
　→岡戸文右衛門 ………… 67
斎藤裁縫塾
　→斎藤辰 ………………… 133
斎藤女学校
　→斎藤由松 ……………… 134
斎藤洋裁女学校
　→斎藤由松 ……………… 134
済美高等学校
　→沢田亀 ………………… 146
　→船田ミサヲ …………… 299
佐賀旭高等女学校
　→中島ヤス ……………… 231
佐賀栄養専門学校
　→永原まつよ …………… 235
佐賀女学校
　→豊増一女 ……………… 223
　→永淵アサ子 …………… 235
佐賀女子高等学校
　→中島ヤス ……………… 231
佐賀女子短期大学
　→中島ヤス ……………… 231
酒田南高等学校
　→斎藤英明 ……………… 133
佐賀短期大学
　→永原まつよ …………… 235

作新学院
　→船田兵吾 …………… 298
作陽音楽大学
　→松田藤子 …………… 315
作陽学園
　→松田藤子 …………… 315
作陽学園大学
　→松田藤子 …………… 315
作陽短期大学
　→松田藤子 …………… 315
桜井女学校
　→桜井ちか …………… 137
桜井女塾
　→桜井ちか …………… 137
桜丘女子商業学校
　→稲毛多喜 …………… 31
佐香和洋裁女学校
　→佐香ハル …………… 138
佐々木裁縫女学校
　→佐々木とよ ………… 138
佐々木実科女学校
　→佐々木とよ ………… 138
札幌大谷高等学校
　→大谷光演 …………… 61
札幌光星学園
　→キノルド，ヴェンツェスラウス …………… 104
札幌商業学校
　→戸津高知 …………… 218
佐藤学園
　→佐藤夕子 …………… 143
佐藤技芸高等学校
　→佐藤夕子 …………… 143
佐藤裁縫学校
　→佐藤伎具能 ………… 141
佐藤裁縫女学校
　→佐藤夕子 …………… 143
佐野清澄高等学校
　→佐山サダ …………… 145
佐野裁縫女学校
　→佐山サダ …………… 145
寒川高等女学校
　→佐久間惣治郎 ……… 136
狭山ケ丘学園
　→近藤ちよ …………… 129
沢田裁縫女学校
　→沢田亀 ……………… 146
佐原淑徳高等学校
　→井上はな …………… 34
佐原淑徳裁縫女学校
　→井上はな …………… 34
三育学院
　→グレンジャー，ウィリアム …… 110
産業能率短期大学
　→上野陽一 …………… 43
山水中学校
　→山下亀三郎 ………… 347
山陽英和女学校
　→上代淑 ……………… 83
山陽学園
　→上代淑 ……………… 83
山陽高等学校
　→石田米助 …………… 19

【 し 】

塩原学園
　→塩原市三郎 ………… 150
　→塩原キク …………… 150
滋賀女子高等学校
　→中野冨美 …………… 233
四国女子大学
　→佐藤カツ …………… 141
四国女子短期大学
　→佐藤カツ …………… 141
四国文化服装学院
　→佐藤カツ …………… 141
自修学園
　→大井龍跳 …………… 54

自修学校		→満田ユイ	327
→大井龍跳	54	実践学園高等学校(東京)	
四条畷学園高等学校		→平沢直吉	273
→牧田環	312	実践高等商業学校(石川)	
四条畷学園高等女学校		→稲置繁男	31
→牧田環	312	実践商業学校(東京)	
静岡英和女学院		→平沢直吉	273
→関口隆吉	177	実践女学校(東京)	
→平岩愃保	271	→下田歌子	162
静岡学園大学予備校		実践女子大学(東京)	
→牧野賢一	312	→下田歌子	162
静岡聖光学院		実践第二高等学校(石川)	
→ロバート，ピエール	364	→稲置繁男	31
静岡女学校		自動車学園	
→関口隆吉	177	→伏木田隆作	293
→平岩愃保	271	品川高等学校	
静岡女子高等学院		→漆雅子	47
→木宮泰彦	105	品川高等女学校	
静岡女子高等学校		→漆雅子	47
→酒井嘉重	134	芝浦工業大学	
静岡女子商業学園		→有元史郎	16
→長嶋行吉	230	柴田学園	
静岡精華高等女学校		→柴田やす	153
→杉原正市	171	柴田女子高等学校	
静岡精華女学校		→柴田やす	153
→杉原正市	171	芝和英聖書学校	
静岡大成高等学校		→グレンジャー，ウィリアム	110
→杉原正市	171	渋谷教育学園	
静岡和洋学園静岡女子高等学校		→田村哲夫	200
→酒井嘉重	134	清水ケ丘高等学校	
静岡和洋高等学校		→土肥モト	219
→酒井嘉重	134	清水女子学園	
静岡和洋裁縫女学校		→市毛金太郎	25
→酒井嘉重	134	下北沢成徳高等学校	
静岡和洋女子職業学校		→武中武二	190
→酒井嘉重	134	下関短期大学	
実習女学校(佐賀)		→河野タカ	97
→豊増一女	223	歯友会歯科技術専門学校	
→永渕アサ子	235	→木暮山人	117
実践学園(鹿児島)		自由ケ丘学園	

自由ケ丘学園
　→手塚岸衛 ……………… 212
自由ケ丘学園高等学校
　→手塚岸衛 ……………… 212
自由が丘産能短期大学
　→上野陽一 ……………… 43
自由学園
　→羽仁吉一 ……………… 264
自由学園北京生活学校
　→羽仁もと子 …………… 263
修紅短期大学
　→小梨コマ ……………… 124
就実大学
　→白阪栄彦 ……………… 166
　→進藤貞範 ……………… 167
就実短期大学
　→白阪栄彦 ……………… 166
　→進藤貞範 ……………… 167
周智高等学校
　→鈴木藤三郎 …………… 173
　→福川泉吾 ……………… 278
周智農林学校
　→鈴木藤三郎 …………… 173
修道学園
　→浅野長勲 ……………… 9
修道高等学校
　→水山烈 ………………… 325
周東実用中学校
　→植野慶四郎 …………… 42
修道中学校
　→水山烈 ………………… 325
修徳学園
　→中川与志 ……………… 228
修徳学校
　→中川与志 ……………… 228
修徳高等女学校
　→関本諦承 ……………… 177
自由の森学園
　→遠藤豊 ………………… 52
十文字学園
　→十文字こと …………… 165

十文字高等学校
　→斯波安 ………………… 152
　→戸野みちゑ …………… 218
十文字高等女学校
　→十文字こと …………… 165
夙川学院
　→増谷かめ ……………… 313
夙川学院高等学校
　→増谷くら ……………… 313
夙川学院短期大学
　→増谷くら ……………… 313
淑徳女学校
　→輪島聞声 ……………… 365
樹徳高等学校
　→野口周善 ……………… 257
春靄学舎
　→板野不着 ……………… 24
春靄高等女学校
　→板野不着 ……………… 24
春靄実科高等女学校
　→板野不着 ……………… 24
純心女学院
　→早坂久之助 …………… 265
純心女子学院
　→江角ヤス ……………… 48
純心女子学園
　→江角ヤス ……………… 48
純心女子高等学校
　→早坂久之助 …………… 265
順正女学校
　→福西志計子 …………… 291
順天堂
　→佐藤泰然 ……………… 142
淳和女学校
　→津田白印 ……………… 207
淳和女子高等学校
　→津田白印 ……………… 207
松蔭女学校
　→フォス, ヒュー・ジェームス … 277
　→松浦昇平 ……………… 314

松蔭女子学院
　→フォス, ヒュー・ジェームス 277
頌栄女学校
　→岡見清致 68
尚絅高等学校
　→内藤儀十郎 224
正眼短期大学
　→梶浦逸外 82
城西学園
　→中島久万吉 230
　→野口援太郎 256
城西実務学校
　→中島久万吉 230
城西大学
　→水田三喜男 323
常総学院
　→渡辺嘉重 367
上智学院
　→ホフマン, ヘルマン 308
上智大学
　→ホフマン, ヘルマン 308
城東商業学校
　→信清権馬 257
浄土宗教育資団淑徳高等女学校
　→長谷川良信 260
城南学園
　→幸フク 352
城南高等学校
　→幸フク 352
湘南女学校
　→白戸光久 166
城南女学校
　→幸フク 352
湘南女子学園
　→白戸光久 166
湘南女子高等学校
　→白戸光久 166
城南幼稚園
　→戸板関子 214
庄原格致高等学校
　→小田源吉 74
松風塾高等学校
　→田沢康三郎 191
城北学園
　→深井鑑一郎 277
湘北高等学校
　→大井龍跳 54
湘北中学校
　→大井龍跳 54
城北中学校
　→井上源之丞 33
　→深井鑑一郎 277
昭和医学専門学校
　→鏑木忠正 92
昭和音楽短期大学
　→下八川圭祐 164
昭和学園高等学校
　→岩尾昭太郎 36
昭和技芸学校
　→四倉ミツエ 359
昭和高等商業学校
　→黒正巌 116
昭和女子大学
　→人見東明 269
　→人見緑 270
昭和第一学園高等学校
　→比留間安治 274
昭和第一工業学校
　→比留間安治 274
昭和竜谷技芸高等学校
　→四倉ミツエ 359
昭和竜谷女子高等学校
　→四倉ミツエ 359
女子英学塾
　→桜井鴎村 137
　→津田梅子 204
女子栄養大学
　→香川綾 80
　→香川昇三 81
女子聖学院

女子聖書学校
　　→クローソン, バーサ ………… 111
女子聖書学校
　　→クローソン, バーサ ………… 111
女子独立学校
　　→加藤俊子 ……………………… 87
女子美術学校
　　→藤田文蔵 …………………… 295
女子美術専門学校
　　→横井玉子 …………………… 354
女子美術大学
　　→藤田文蔵 …………………… 295
　　→横井玉子 …………………… 354
女子文化高等学院
　　→森本厚吉 …………………… 337
女子文芸学舎
　　→島地黙雷 …………………… 160
白梅学園
　　→小松謙助 …………………… 128
白梅学園短期大学
　　→小松謙助 …………………… 128
白菊高等洋裁学院
　　→塚原善兵衛 ………………… 203
白峰学園
　　→平野恒 ……………………… 274
仁愛女学校(福井)
　　→禿了教 ……………………… 215
尽誠学園高等学校
　　→大久保彦三郎 ………………… 55
尽誠舎
　　→大久保彦三郎 ………………… 55
進徳女学校
　　→岡内清太 …………………… 66
神陽学館
　　→中島吉郎 …………………… 229
神陽女学校
　　→中島吉郎 …………………… 229
親和高等女学校
　　→友国晴子 …………………… 221
親和女学校
　　→友国晴子 …………………… 221

【す】

水城高等学校
　　→山野内四郎 ………………… 350
数理学会
　　→鶴虎太郎 …………………… 208
巣鴨高等商業学校
　　→遠藤隆吉 …………………… 53
巣鴨女子商業学校
　　→長谷川良信 ………………… 260
杉並学院高等学校
　　→奥田艶子 …………………… 71
杉野学園ドレスメーカー学院
　　→杉野芳子 …………………… 170
杉野女子大学
　　→杉野芳子 …………………… 170
杉森女学園
　　→杉森シカ …………………… 171
杉森女学校
　　→杉森シカ …………………… 171
杉森女子学園
　　→杉森シカ …………………… 171
椙山高等女学校
　　→椙山正式 …………………… 172
椙山女学園
　　→椙山いま …………………… 172
椙山女学園大学
　　→椙山正式 …………………… 172
椙山女子専門学校
　　→椙山正式 …………………… 172
須坂商業学校
　　→越泰蔵 ……………………… 117
須藤学園
　　→須藤いま子 ………………… 175
須藤高等技芸学校
　　→須藤いま子 ………………… 175
須磨高等女学校
　　→西田のぶ …………………… 251

須磨裁縫女学校
　→西田のぶ ………………… 251
須磨女学校
　→西田のぶ ………………… 251
スミス女学校
　→スミス, サラ・クララ ……… 176
純美礼学園
　→中野冨美 ………………… 233
駿台高等予備校
　→山崎寿春 ………………… 346
駿台予備学校
　→山崎寿春 ………………… 346

【 せ 】

成安裁縫学校
　→瀬尾チカ ………………… 177
成安女子高等学校
　→瀬尾チカ ………………… 177
成医会講習所
　→高木兼寛 ………………… 181
青雲高等学校
　→塚原善兵衛 ……………… 203
西遠高等女学校
　→岡本巌 …………………… 69
西遠女子学園
　→岡本巌 …………………… 69
精華学校
　→寺田勇吉 ………………… 213
　→湯本武比古 ……………… 353
聖学院神学校
　→ガイ, ハーベイ …………… 78
聖学院中学校
　→ガイ, ハーベイ …………… 78
精華高等女学校
　→篠田時化雄 ……………… 151
精華女学校
　→篠田時化雄 ……………… 151
精華女子高等学校
　→篠田時化雄 ……………… 151
　→吉田マツ ………………… 357
精華女子短期大学
　→吉田マツ ………………… 357
精華女子中学校
　→吉田マツ ………………… 357
生活学園
　→細川泰子 ………………… 307
生活学園高等学校
　→細川泰子 ………………… 307
生活学園短期大学
　→細川泰子 ………………… 307
正気書院商業学校
　→越智宣哲 ………………… 75
清教学園
　→植田真一 ………………… 41
成蹊園
　→中村春二 ………………… 238
成蹊学園
　→中村春二 ………………… 238
成蹊実務学校
　→中村春二 ………………… 238
静修学園
　→宮本一郎 ………………… 330
清尚学院高等学校
　→四倉ミツエ ……………… 359
成城学園
　→沢柳政太郎 ……………… 146
成城学校
　→日高藤吉郎 ……………… 269
成女学校
　→吉村寅太郎 ……………… 358
成女高等学校
　→吉村寅太郎 ……………… 358
聖書神学校
　→ガイ, ハーベイ …………… 78
誠心高等学校
　→長谷川鉄雄 ……………… 260
済々黌
　→佐々友房 ………………… 140

済々黌附属女学校
 →内藤儀十郎 ………………… 224
正則英語学校
 →イーストレーク, フランク …… 22
 →斎藤秀三郎 ………………… 133
正則学院
 →神田乃武 …………………… 99
 →外山正一 …………………… 221
 →元良勇次郎 ………………… 334
正則高等学校
 →神田乃武 …………………… 99
 →外山正一 …………………… 221
 →元良勇次郎 ………………… 334
正則予備校
 →神田乃武 …………………… 99
 →元良勇次郎 ………………… 334
聖徳学園
 →川並香順 …………………… 97
成徳学園高等学校
 →武中武二 …………………… 190
成徳学園中学校
 →武中武二 …………………… 190
聖徳家政学院
 →川並香順 …………………… 97
成徳高等学校
 →武中武二 …………………… 190
成徳女子商業学校
 →武中武二 …………………… 190
成徳中学校
 →武中武二 …………………… 190
西南学院
 →ドージャー, チャールズ・ケルゼイ ……………………… 218
西南女学院
 →ドージャー, チャールズ・ケルゼイ ……………………… 218
 →ロウ, J.H. ………………… 364
済美学園
 →沢田亀 ……………………… 146
成美学園
 →ブリテン, ハリエット・ガートルード ……………………… 300
済美高等女学校
 →船田ミサヲ ………………… 299
成美女学校
 →豊増一女 …………………… 223
清風学園
 →平岡静人 …………………… 272
聖母の騎士高等学校
 →コルベ, マキシミリアノ …… 128
聖マリアンナ医科大学
 →明石嘉聞 …………………… 5
青藍泰斗高等学校
 →永井泰量 …………………… 226
星稜高等学校
 →稲置繁男 …………………… 31
星稜女子短期大学
 →稲置繁男 …………………… 31
聖霊学園
 →園部ピア …………………… 180
聖霊女子短期大学
 →園部ピア …………………… 180
聖霊女子短期大学附属高等学校
 →園部ピア …………………… 180
清和学園
 →ダウド, アニー …………… 181
聖和女子学院
 →ダッドレー, ジュリア・エリザベス ……………………… 193
 →バローズ, マーサ ………… 267
清和女子高等学校
 →ダウド, アニー …………… 181
摂南大学
 →片岡安 ……………………… 83
 →藤田進 ……………………… 294
仙巌学園
 →中村仙巌 …………………… 237
専修学校
 →駒井重格 …………………… 127
 →相馬永胤 …………………… 179

せんし　　　　　　　　　　学校名索引　　　　　　　　学校創立者人名事典

　→田尻稲次郎 …………… 192
　→目賀田種太郎 ………… 333
泉州高等学校
　→佐々木勇蔵 …………… 139
専修大学
　→駒井重格 ……………… 127
　→相馬永胤 ……………… 179
　→田尻稲次郎 …………… 192
　→目賀田種太郎 ………… 333
扇城学園
　→梅高秀山 ……………… 46
扇城女学校
　→梅高秀山 ……………… 46
洗足学園
　→前田若尾 ……………… 311
洗足高等女学校
　→前田若尾 ……………… 311
洗足女子中学校
　→前田若尾 ……………… 311
仙台育英学校
　→加藤利吉 ……………… 89
仙台育英高等学校
　→加藤利吉 ……………… 89
仙台神学校
　→ホーイ，ウィリアム・エドウィン …………………… 305
仙台数学院
　→五十嵐豊吉 …………… 18
　→上野清 ………………… 41
仙台大学
　→朴沢三代治 …………… 305
善隣商業学校
　→大倉喜八郎 …………… 59

【そ】

相愛女学校
　→大谷光尊 ……………… 62
相愛大学

　→大谷光尊 ……………… 62
総社高等学校
　→板野不着 ……………… 24
総社高等女学校
　→板野不着 ……………… 24
崇城大学
　→中山義崇 ……………… 240
相馬農業高等学校
　→佐藤徳助 ……………… 143

【た】

第一薬科大学
　→都築貞枝 ……………… 203
　→都築頼助 ……………… 204
第一幼児教育短期大学
　→都築頼助 ……………… 204
大乗淑徳学園
　→長谷川良信 …………… 260
大成学園
　→額賀キヨ ……………… 254
　→額賀三郎 ……………… 254
大東学園高等学校
　→守屋東 ………………… 338
大東学園女学校
　→守屋東 ………………… 338
第二静岡学園
　→牧野賢一 ……………… 312
台湾協会学校
　→桂太郎 ………………… 85
高岡第一高等学校
　→川原忠平 ……………… 97
高木学園女子商業高等学校
　→高木君 ………………… 182
高木高等女学校
　→高木君 ………………… 182
高千穂商科大学
　→川田鉄弥 ……………… 96
高千穂大学

学校名	創立者	頁
→川田鉄弥		96
高松高等女学校		
→岡内清太		66
高水学園		
→宮川視明		328
高宮学園		
→都築貞枝		203
高山歯科医学院		
→高山紀斎		187
滝川学園		
→滝川一益		188
滝川中学校		
→滝川弁三		188
滝実業学校		
→滝信四郎		188
拓殖大学		
→桂太郎		85
武田学園		
→武田ミキ		189
竹田裁縫女学校		
→渡利アイ		369
竹田女学校		
→会沢信彦		3
竹田南高等学校		
→会沢信彦		3
橘学苑		
→土光登美		217
橘学苑高等学校		
→土光登美		217
辰馬学院		
→辰馬吉左衛門(13代目)		192
舘田学園		
→舘田きね		194
田中学園		
→田中重信		194
田中千代学園		
→田中千代		195
玉川学園		
→小原国芳		76
玉川大学		
→小原国芳		76
玉木女子高等学校		
→玉木リツ		199
多摩帝国美術学校		
→北昤吉		103
玉名女子高等学校		
→新穂登免		247
玉木女学校		
→玉木リツ		199
多摩美術大学		
→北昤吉		103

【ち】

学校名	創立者	頁
筑紫高等女学校		
→水月哲英		323
筑紫女学園		
→水月哲英		323
筑紫女学校		
→水月哲英		323
筑紫洋裁女学院		
→宇城信五郎		44
筑邦学園		
→熊谷弘士		108
筑邦高等学校		
→熊谷弘士		108
筑邦女子高等学校		
→熊谷弘士		108
千葉学園		
→千葉クラ		201
千葉敬愛学園		
→長戸路政司		231
千葉敬愛経済大学		
→長戸路政司		231
千葉敬愛短期大学		
→長戸路政司		231
千葉経済学園		
→佐久間惣治郎		136
千葉工業大学		

ちはさ

→小原国芳 76
千葉裁縫女塾
　→千葉クラ 201
千葉商科大学
　→遠藤隆吉 53
千葉女子商業学校
　→佐久間惣治郎 136
中越高等学校
　→斎藤由松 134
中央商科短期大学
　→梅原融 46
中央商業学校
　→梅原融 46
中央大学
　→合川正道 3
　→磯部醇 23
　→江木衷 47
　→岡村輝彦 68
　→岡山兼吉 69
　→奥田義人 72
　→菊池武夫 101
　→渋谷慥爾 159
　→高橋一勝 185
　→高橋健三 186
　→西川鉄次郎 250
　→土方寧 268
　→藤田隆三郎 295
　→穂積陳重 306
　→増島六一郎 313
　→元田肇 334
　→山田喜之助 349
　→渡辺安積 366
中京高等女学校
　→内木玉枝 224
中京裁縫女学校
　→内木玉枝 224
中京商業学校
　→梅村清光 46
中京女子大学
　→内木玉枝 224

中京女子短期大学
　→内木玉枝 224
中京大学
　→梅村清明 47
中京大学附属中京高等学校
　→梅村清光 46
中部工業大学
　→三浦幸平 320
中部工業短期大学
　→三浦幸平 320
中部大学
　→三浦幸平 320
徴古館
　→浅野長勲 9
長生学園
　→永野たけ 232
長生家政高等学校
　→永野たけ 232
長生家政女学校
　→永野たけ 232
長生女子高等学校
　→永野たけ 232
千代田女学園
　→島地黙雷 160
鎮西学院
　→ロング, C.S. 364

【つ】

塚原学園
　→塚原善兵衛 203
塚原高等学校
　→塚原善兵衛 203
塚原青雲高等学校
　→塚原善兵衛 203
塚本学院
　→塚本英世 203
都築育英学園
　→都築貞枝 203

都築学園
　→都築貞枝 …………… 203
津田塾大学
　→桜井鷗村 …………… 137
　→津田梅子 …………… 204
常見裁縫伝習所
　→常見ろく …………… 207
津曲学園
　→津曲貞助 …………… 208
津山女子高等技芸学院
　→松田藤子 …………… 315
鶴岡裁縫女学校
　→伊藤鶴代 …………… 26
鶴岡中央高等学校
　→伊藤鶴代 …………… 26
鶴学園
　→鶴襄 ………………… 209
鶴川女子短期大学
　→百瀬泰男 …………… 335

【て】

帝京商業学校
　→冲永荘兵衛 ………… 70
帝国女子医学専門学校
　→額田晋 ……………… 254
　→額田豊 ……………… 255
帝塚山学院
　→山本藤助 …………… 351
帝塚山学園
　→森磯吉 ……………… 335
帝塚山高等学校
　→森磯吉 ……………… 335
帝塚山中学校
　→森磯吉 ……………… 335
電機学校
　→扇本真吉 …………… 53
　→広田精一 …………… 276
天真学園高等学校
　→斎藤辰 ……………… 133
天王寺高等女学校
　→吉田源応 …………… 357
天籟学校
　→棚橋衡平 …………… 197
天竜高等学校
　→塚原善兵衛 ………… 203

【と】

戸板裁縫学校
　→戸板関子 …………… 214
独逸学協会学校
　→桂太郎 ……………… 85
　→加藤弘之 …………… 87
　→品川弥二郎 ………… 151
　→西周 ………………… 248
東亜大学
　→石津照璽 …………… 19
　→井上吉之 …………… 34
　→野村武衛 …………… 258
　→林恵海 ……………… 265
東亜同文書院
　→近衛篤麿 …………… 125
桐蔭学園
　→柴田周吉 …………… 152
東奥学園高等学校
　→大森テル …………… 66
東奥家政女学校
　→大森テル …………… 66
東奥義塾
　→兼松成言 …………… 91
　→菊池九郎 …………… 100
東奥女子高等学校
　→大森テル …………… 66
東海学園女子短期大学
　→林霊法 ……………… 265
東海女子高等学校
　→林霊法 ……………… 265

とうか

東海大学
　→松前重義 ……………… 317
東海中学
　→椎尾弁匡 ……………… 149
東京英語学校
　→杉浦重剛 ……………… 169
東京英和学校
　→マクレイ, ロバート・サミュエル ……………… 312
東京海洋大学
　→中村六三郎 …………… 240
東京学園高等学校
　→下村房次郎 …………… 163
　→浜田健次郎 …………… 265
東京家政学院
　→大江スミ ……………… 55
東京経済大学
　→大倉喜八郎 …………… 59
東京工業学校
　→手島精一 ……………… 211
東京工業大学
　→手島精一 ……………… 211
東京高等音楽院大塚分教場
　→三室戸敬光 …………… 327
東京高等工業学校
　→手島精一 ……………… 211
東京高等工商学校
　→有元史郎 ……………… 16
東京高等女学校
　→高津鍬三郎 …………… 184
　→棚橋絢子 ……………… 196
　→棚橋一郎 ……………… 196
　→吉岡哲太郎 …………… 355
東京国際大学
　→金子泰蔵 ……………… 91
東京歯科大学
　→高山紀斎 ……………… 187
東京慈恵会医科大学
　→高木兼寛 ……………… 181
東京女医学校
　→吉岡弥生 ……………… 355
東京商船学校
　→中村六三郎 …………… 240
東京女学館
　→伊藤博文 ……………… 27
　→岩崎弥之助 …………… 37
　→渋沢栄一 ……………… 154
　→ディクソン, ジェムス … 211
　→外山正一 ……………… 221
東京職工学校
　→手島精一 ……………… 211
東京女子医学専門学校
　→吉岡弥生 ……………… 355
東京女子医科大学
　→吉岡弥生 ……………… 355
東京女子学院高等学校
　→酒井堯 ………………… 135
東京女子学園
　→小川銀次郎 …………… 70
　→実吉益美 ……………… 144
　→杉浦鋼太郎 …………… 169
　→高津鍬三郎 …………… 184
　→棚橋絢子 ……………… 196
　→棚橋一郎 ……………… 196
　→山本宜喚 ……………… 351
　→吉岡哲太郎 …………… 355
東京女子高等職業学校
　→奥田艶子 ……………… 71
東京女子師範学校
　→武村耕靄 ……………… 191
東京女子専門学校
　→木村秀子 ……………… 106
東京女子体育専門学校
　→藤村トヨ ……………… 295
東京女子体育大学
　→藤村トヨ ……………… 295
東京女子体操学校
　→高橋忠次郎 …………… 186
　→山崎周信 ……………… 346
東京聖徳学園

→川並香順 ……………… 97
東京成徳高等学校
　→菅沢重雄 ……………… 168
東京成徳高等女学校
　→菅沢重雄 ……………… 168
東京成徳大学高等学校
　→菅沢重雄 ……………… 168
東京専門学校
　→大隈重信 ……………… 55
東京造形大学
　→桑沢洋子 ……………… 112
東京電機大学
　→扇本真吉 ……………… 53
　→広田精一 ……………… 276
東京堂教習所
　→平沢直吉 ……………… 273
東京農業大学
　→榎本武揚 ……………… 48
東京物理学講習所
　→赤木周行 ……………… 5
　→加瀬代助 ……………… 83
　→桐山篤三郎 …………… 106
　→小林有也 ……………… 126
　→桜井房記 ……………… 138
　→鮫島晋 ………………… 144
　→沢野忠基 ……………… 146
　→信谷定爾 ……………… 167
　→千本福隆 ……………… 179
　→高野瀬宗則 …………… 185
　→玉名程三 ……………… 199
　→豊田周衛 ……………… 222
　→中村恭平 ……………… 235
　→中村精男 ……………… 235
　→難波正 ………………… 242
　→三守守 ………………… 328
　→三輪桓一郎 …………… 330
　→保田棟太 ……………… 341
　→谷田部梅吉 …………… 342
　→和田雄治 ……………… 365
東京物理学校

　→赤木周行 ……………… 5
　→加瀬代助 ……………… 83
　→桐山篤三郎 …………… 106
　→小林有也 ……………… 126
　→桜井房記 ……………… 138
　→鮫島晋 ………………… 144
　→沢野忠基 ……………… 146
　→信谷定爾 ……………… 167
　→千本福隆 ……………… 179
　→高野瀬宗則 …………… 185
　→玉名程三 ……………… 199
　→寺尾寿 ………………… 213
　→豊田周衛 ……………… 222
　→中村恭平 ……………… 235
　→中村精男 ……………… 235
　→難波正 ………………… 242
　→三守守 ………………… 328
　→三輪桓一郎 …………… 330
　→保田棟太 ……………… 341
　→谷田部梅吉 …………… 342
　→和田雄治 ……………… 365
東京文学院
　→杉浦重剛 ……………… 169
東京法学社
　→伊藤修 ………………… 26
　→金丸鉄 ………………… 91
　→薩埵正邦 ……………… 140
　→堀田正忠 ……………… 307
東京理科大学
　→赤木周行 ……………… 5
　→加瀬代助 ……………… 83
　→桐山篤三郎 …………… 106
　→小林有也 ……………… 126
　→桜井房記 ……………… 138
　→鮫島晋 ………………… 144
　→沢野忠基 ……………… 146
　→信谷定爾 ……………… 167
　→千本福隆 ……………… 179
　→高野瀬宗則 …………… 185
　→玉名程三 ……………… 199

とうき

→寺尾寿	213
→豊田周衛	222
→中村恭平	235
→中村精男	235
→難波正	242
→三守守	328
→三輪桓一郎	330
→保田棟太	341
→谷田部梅吉	342
→和田雄治	365

東京立正高等学校
 →岡田日帰 … 67

同志社
 →新島襄 … 244

東成学園
 →下八川圭祐 … 164

東星学園
 →フロジャク, ヨゼフ … 303

道徳科学専攻塾
 →広池千九郎 … 274

道南学院
 →野又貞夫 … 258

桐朋高等学校
 →山下亀三郎 … 347

東邦高等学校
 →下出民義 … 161

東邦商業学校
 →下出民義 … 161

東邦大学
 →額田晋 … 254
 →額田豊 … 255

東北栄養専門学校
 →柴田やす … 153

東北学院
 →ホーイ, ウィリアム・エドウィン … 305

東北高等学校
 →五十嵐豊吉 … 18
 →上野清 … 41

東北歯科大学
 →影山四郎 … 82

東北女子職業学校
 →三島よし … 322

東北女子専門学校
 →柴田やす … 153

東北女子短期大学
 →柴田やす … 153

東北短期大学
 →斎藤英明 … 133

東北中学校
 →五十嵐豊吉 … 18

東北法律学校
 →三島駒治 … 321

東北薬学専門学校
 →高柳義一 … 186

東北薬科大学
 →高柳義一 … 186

東洋医科大学
 →明石嘉聞 … 5

東洋英和女学院
 →カートメル, マーサ・J. … 89

東洋英和女学校
 →カートメル, マーサ・J. … 89

東洋音楽学校
 →鈴木米次郎 … 174

東洋罐詰専修学校
 →高碕達之助 … 183

東洋語学専門学校
 →阿部野利恭 … 12

東洋女学校
 →村上専精 … 331

東洋食品工業短期大学
 →高碕達之助 … 183

東洋女子高等学校
 →村上専精 … 331

東洋女子歯科医学専門学校
 →宇田尚 … 45

東洋女子短期大学
 →宇田尚 … 45

桃夭女塾

→下田歌子 …………… 162
東洋大学
　→井上円了 …………… 31
東横学園
　→五島慶太 …………… 122
東和大学
　→福田昌子 …………… 290
常磐学園(群馬)
　→常見ろく …………… 207
常磐学園(茨城)
　→諸沢みよ …………… 339
常磐木学園高等学校
　→松良みつ …………… 319
常磐木学園高等女学校
　→松良みつ …………… 319
常磐高等学校
　→常見ろく …………… 207
常磐高等女学校
　→三角錫子 …………… 324
　→諸沢みよ …………… 339
トキワ松学園
　→松山錥 …………… 318
常磐松高等女学校
　→松山錥 …………… 318
徳島裁縫学院
　→佐藤カツ …………… 141
徳島服装学院
　→佐藤カツ …………… 141
徳島洋服学院
　→佐藤カツ …………… 141
徳山女学校
　→赤松安子 …………… 6
徳山大学
　→高村坂彦 …………… 115
常葉学園
　→木宮泰彦 …………… 105
常葉女子短期大学
　→木宮泰彦 …………… 105
土佐高等学校
　→川崎幾三郎 …………… 95

土佐中学校
　→宇田友四郎 …………… 44
　→川崎幾三郎 …………… 95
十津川高等学校
　→中沼了三 …………… 232
独協学園
　→天野貞祐 …………… 13
独協大学
　→天野貞祐 …………… 13
鳥取技芸女学校
　→古田貞 …………… 301
鳥取裁縫女学校
　→古田貞 …………… 301
鳥取女子高等学校
　→古田貞 …………… 301
土肥裁縫女学校
　→土肥モト …………… 219
富沢学園
　→富沢カネ …………… 219
　→富沢昌義 …………… 219
富田学園
　→富田かね …………… 220
富田高等女学校
　→富田かね …………… 220
富田女学校
　→富田かね …………… 220
富田女子高等学校
　→富田かね …………… 220
トモエ学園
　→手塚岸衛 …………… 212
戸山高等学校
　→今泉定助 …………… 35
　→松野勇雄 …………… 316
　→丸山淑人 …………… 320
　→元田直 …………… 334
豊橋裁縫女学校
　→伊藤卯一 …………… 25

【な】

内木学園
　　→内木玉枝 …………………… 224
長岡家政学園高等学校
　　→斎藤由松 …………………… 134
長岡高等家政女学校
　　→斎藤由松 …………………… 134
長岡女子商業学校
　　→斎藤由松 …………………… 134
長崎鶴鳴女学校
　　→笠原田鶴子 ………………… 82
長崎純心大学
　　→江角ヤス …………………… 48
長崎女子学院
　　→笠原田鶴子 ………………… 82
長崎女子裁縫学校
　　→玉木リツ …………………… 199
永島学園
　　→永島運一 …………………… 229
長門興風学校
　　→粟屋活輔 …………………… 17
長戸路学園
　　→長戸路政司 ………………… 231
中野学園
　　→中野与之助 ………………… 234
長野家政学園
　　→小林倭文 …………………… 126
長野女子高等学校
　　→小林倭文 …………………… 126
長野女子短期大学
　　→小林倭文 …………………… 126
中野中学校
　　→御木徳一 …………………… 321
長野文化学院
　　→尾崎はつ …………………… 73
長野文化高等学校
　　→尾崎はつ …………………… 73

永原学園
　　→永原まつよ ………………… 235
中村栄養短期大学
　　→中村ハル …………………… 238
中村学園
　　→中村ハル …………………… 238
中村学園大学
　　→中村ハル …………………… 238
中村割烹女学院
　　→中村ハル …………………… 238
中村高等学校
　　→中村清蔵 …………………… 237
中村高等女学校
　　→中村清蔵 …………………… 237
　　→中村ユス …………………… 239
中村裁縫伝習所
　　→中村ユス …………………… 239
中村産業学園
　　→中村治四郎 ………………… 236
中村女子高等学校
　　→中村ユス …………………… 239
名古屋衛生技術短期大学
　　→藤田啓介 …………………… 294
名古屋英和学校
　　→クライン,フレデリック・チャールズ ……………………………… 109
名古屋学院
　　→クライン,フレデリック・チャールズ ……………………………… 109
名古屋高等女学校
　　→越原春子 …………………… 117
名古屋高等理工科講習所
　　→田中寿一 …………………… 195
名古屋裁縫女学校
　　→椙山いま …………………… 172
　　→椙山正弌 …………………… 172
名古屋商科大学
　　→栗本祐一 …………………… 109
名古屋女学院高等学校
　　→越原春子 …………………… 117

名古屋女学院短期大学
　→越原春子 ……………… 117
名古屋女学校
　→越原春子 ……………… 117
　→越原和 ………………… 118
名古屋女子商業学校
　→市邨芳樹 ………………　25
名古屋女子大学高等学校
　→越原春子 ……………… 117
名古屋女子大学短期大学部
　→越原春子 ……………… 117
名古屋女子文化短期大学
　→山田新平 ……………… 350
名古屋専門学校
　→田中寿一 ……………… 195
名古屋保健衛生大学
　→藤田啓介 ……………… 294
浪速外語学院
　→塚本英世 ……………… 203
浪速外語短期大学
　→塚本英世 ……………… 203
浪速芸術大学
　→塚本英世 ……………… 203
浪華高等商業学校
　→黒正巖 ………………… 116
　→徳永四郎 ……………… 216
並木学園
　→遠藤政次郎 ……………　52
浪商学園
　→徳永四郎 ……………… 216
奈良育英高等学校
　→藤井高蔵 ……………… 292
　→藤井ショウ …………… 292
奈良育英高等女学校
　→藤井高蔵 ……………… 292
　→藤井ショウ …………… 292
奈良学園
　→伊瀬敏郎 ………………　23
奈良産業大学
　→伊瀬敏郎 ………………　23

奈良女子高等学校
　→越智宣哲 ………………　75
南薩商業高等学校
　→西敏 …………………… 249
南山学園
　→ライネルス, ヨゼフ …… 360
南山中学校
　→ライネルス, ヨゼフ …… 360
南筑高等学校
　→大庭陸太 ………………　65
南筑中学校
　→大庭陸太 ………………　65
南部服装研究所
　→南部明子 ……………… 243
　→南部高治 ……………… 243

【 に 】

新潟産業大学
　→下条恭兵 ……………… 162
新島学園高等学校
　→岡部鎗三郎 ……………　68
新島学園中学校
　→岡部鎗三郎 ……………　68
新名学園
　→新名百刀 ……………… 247
新名裁縫女学校
　→新名百刀 ……………… 247
二階堂体操塾
　→二階堂トクヨ ………… 247
西九州大学
　→永原まつよ …………… 235
西山高等女学校
　→関本諦承 ……………… 177
西山専門学寮
　→関本諦承 ……………… 177
二松学舎
　→三島中洲 ……………… 322
二松学舎大学

→三島中洲 ································ 322
日曜学校太子館
　　→鶴崎規矩子 ···························· 210
日彰館
　　→奥愛次郎 ································ 70
日生学園高等学校
　　→青田強 ·································· 4
新田高等学校
　　→新田仲太郎 ···························· 253
新田中学校
　　→新田仲太郎 ···························· 253
日本音楽学校
　　→山田源一郎 ···························· 350
日本学園
　　→杉浦重剛 ································ 169
日本航空学園
　　→梅沢鋭二 ································ 45
日本歯科医学専門学校
　　→中原市五郎 ···························· 234
日本歯科医学校
　　→中原市五郎 ···························· 234
日本歯科大学
　　→中原市五郎 ···························· 234
日本女子経済専門学校
　　→嘉悦孝子 ································ 79
日本女子経済短期大学
　　→嘉悦孝子 ································ 79
日本女子高等学院
　　→人見東明 ································ 269
　　→人見緑 ·································· 270
日本女子高等学校
　　→嘉悦孝子 ································ 79
日本女子実務学校
　　→河口愛子 ································ 94
日本女子商業学校
　　→嘉悦孝子 ································ 79
日本女子体育大学
　　→二階堂トクヨ ························ 247
日本女子大学
　　→成瀬仁蔵 ································ 242

日本体育会
　　→日高藤吉郎 ···························· 269
日本大学
　　→山田顕義 ································ 348
日本中学校
　　→杉浦重剛 ································ 169
日本文化大学
　　→蜷川親継 ································ 253
日本法律学校
　　→山田顕義 ································ 348

【ぬ】

沼津淑徳女学院
　　→加藤ふぢ ································ 89

【の】

ノースアジア大学
　　→古田重二良 ···························· 301
ノートルダム女学院高等学校
　　→レイカー，メリー・ユージニア ···································· 363
ノートルダム女子大学
　　→レイカー，メリー・ユージニア ···································· 363
野又学園
　　→野又貞夫 ································ 258
能美学園
　　→能美ヨシ子 ···························· 256

【は】

梅花女学校
　　→沢山保羅 ································ 147
梅光学院

| 学校名索引 | はちの |

→スタウト, エリザベス ……… 175
→スタウト, ヘンリー ………… 175
梅光女学院
　→スタウト, エリザベス ……… 175
　→スタウト, ヘンリー ………… 175
榛原高等学校
　→浅井熊太郎 ………………… 7
聖保禄女学校
　→オグスト, スール・マリ …… 71
　→オネジム, スール・マリ …… 75
　→カロリヌ, スール ………… 93
博多高等学校
　→永末ミツエ ………………… 231
博多女子商業高等学校
　→永末ミツエ ………………… 231
白鷗女子短期大学
　→上岡一嘉 …………………… 92
白鷗大学
　→上岡一嘉 …………………… 92
　→上岡長四郎 ………………… 93
柏専学院
　→下条恭兵 …………………… 162
白陵高等学校
　→三木省吾 …………………… 321
函館医療保育専門学校
　→野又貞夫 …………………… 258
函館栄養専門学校
　→野又貞夫 …………………… 258
函館大妻学園
　→外山ハツ …………………… 221
函館大妻技芸学校
　→外山ハツ …………………… 221
函館大妻技芸高等学校
　→外山ハツ …………………… 221
函館大妻高等学校
　→外山ハツ …………………… 221
函館化学工業学校
　→野又貞夫 …………………… 258
函館計理学校
　→野又貞夫 …………………… 258

函館計理商業
　→野又貞夫 …………………… 258
函館高等計理学校
　→野又貞夫 …………………… 258
函館商科短期大学
　→野又貞夫 …………………… 258
函館昭和技芸高等学校
　→四倉ミツエ ………………… 359
函館昭和女子学園高等学校
　→四倉ミツエ ………………… 359
函館昭和女子高等技芸学校
　→四倉ミツエ ………………… 359
函館女子商業高等学校
　→野又貞夫 …………………… 258
函館白百合学園高等学校
　→オグスト, スール・マリ …… 71
　→オネジム, スール・マリ …… 75
　→カロリヌ, スール ………… 93
函館大学
　→野又貞夫 …………………… 258
函館大学附属柏稜高等学校
　→野又貞夫 …………………… 258
函館大学附属有斗高等学校
　→野又貞夫 …………………… 258
函館短期大学
　→野又貞夫 …………………… 258
函館保母養成専門学院
　→野又貞夫 …………………… 258
函館有斗高等学校
　→野又貞夫 …………………… 258
八王子女学校
　→横川楳子 …………………… 354
八戸裁縫講習所
　→千葉クラ …………………… 201
八戸女塾
　→千葉クラ …………………… 201
八戸大学
　→中村由太郎 ………………… 239
八戸千葉裁縫女学校
　→千葉クラ …………………… 201

花岡学園
　→花岡タネ ……………… 263
浜松学芸高等学校
　→中村萬吉 ……………… 238
　→中村みつ ……………… 239
浜松裁縫女学校
　→中村萬吉 ……………… 238
　→中村みつ ……………… 239
浜松淑徳女学校
　→岡本巌 ………………… 69
早鞆高等学校
　→阿部ヤス ……………… 12
原町工業高等学校
　→山森栄三郎 …………… 352
パルモア英学院
　→ランバス, ウォルター・ラッセル ……………………… 361

【ひ】

美會神学校
　→マクレイ, ロバート・サミュエル ……………………… 312
東敬愛実科女学校
　→長戸路政司 …………… 231
東筑紫学園
　→宇城カ子 ……………… 44
　→宇城信五郎 …………… 44
東筑紫高等学校
　→宇城カ子 ……………… 44
　→宇城信五郎 …………… 44
東筑紫短期大学
　→宇城カ子 ……………… 44
東福岡学園
　→徳野常道 ……………… 217
東福岡高等学校
　→徳野常道 ……………… 217
東山学院
　→スタウト, ヘンリー …… 175

比治山女子短期大学
　→国信玉三 ……………… 107
比治山女子中学校
　→国信玉三 ……………… 107
日田家政女学校
　→岩尾昭太郎 …………… 36
日ノ本学園
　→チャーチ, エラ ………… 202
日の本女学校
　→チャーチ, エラ ………… 202
日比谷中学校
　→古賀喜三郎 …………… 115
白蓮女学校
　→赤松安子 ……………… 6
日向学院
　→チマッチ, ヴィンセンチオ … 202
平田学園
　→平田華蔵 ……………… 274
平塚高等家政女学校
　→上原とめ ……………… 43
平塚裁縫女学校
　→前田若尾 ……………… 311
広池学園
　→広池千九郎 …………… 274
弘前学院
　→本多庸一 ……………… 310
弘前和洋裁縫女学校
　→柴田やす ……………… 153
広島英学校
　→木原適処 ……………… 104
広島英和女学校
　→ゲーンズ, ナニー・B. … 113
広島技芸女学校
　→安田リョウ …………… 341
広島工業大学
　→鶴襄 …………………… 209
広島工業短期大学
　→鶴襄 …………………… 209
広島高等学院
　→鶴虎太郎 ……………… 208

広島高等電波学校
　→鶴襄 ………………………… 209
広島高等予備学校
　→鶴虎太郎 …………………… 208
広島国際大学
　→藤田進 ……………………… 294
広島実業学校
　→鶴虎太郎 …………………… 208
広島女学院
　→木原適処 …………………… 104
　→ゲーンズ，ナニー・B. ……… 113
　→砂本貞吉 …………………… 176
　→ランバス，ウォルター・ラッセル ……………………………… 361
広島女子商業学校
　→笹野雄太郎 ………………… 139
広島電気学校
　→鶴虎太郎 …………………… 208
広島電機高等学校
　→鶴虎太郎 …………………… 208
広島電波工業高等学校
　→鶴襄 ………………………… 209
広島文教女子大学
　→武田ミキ …………………… 189

【 ふ 】

フェリス女学院
　→キダー，メアリー・エディ …… 102
フェリス和英女学校
　→キダー，メアリー・エディ …… 102
深川女子技芸学校
　→中村清蔵 …………………… 237
福井工業大学
　→金井兼造 ……………………… 90
福井実業高等学校
　→金井兼造 ……………………… 90
福井仁愛学園
　→禿須美 ……………………… 215

福井仁愛高等女学校
　→禿了教 ……………………… 215
福井仁愛高等女子学校
　→禿須美 ……………………… 215
福岡教員養成所
　→麻生繁樹 ……………………… 9
福岡工業大学
　→桑原玉市 …………………… 113
福岡工業短期大学
　→桑原玉市 …………………… 113
福岡高等栄養学校
　→中村ハル …………………… 238
福岡女学院
　→ギール，ジェニー …………… 106
福岡女学校
　→ギール，ジェニー …………… 106
福岡第一高等学校
　→都築貞枝 …………………… 203
　→都築頼助 …………………… 204
福岡第一商業高等学校
　→都築貞枝 …………………… 203
　→都築頼助 …………………… 204
福岡電子工業短期大学
　→桑原玉市 …………………… 113
福岡電波学園電子工業大学
　→桑原玉市 …………………… 113
福岡舞鶴高等学校
　→川島アクリ …………………… 95
福島工業高等学校
　→山森栄三郎 ………………… 352
福島高等学校
　→山森栄三郎 ………………… 352
福島女子短期大学
　→菅野慶助 ……………………… 99
福島第一高等学校
　→山森栄三郎 ………………… 352
福島電気工業学校
　→山森栄三郎 ………………… 352
福徳学院高等学校
　→幸フク ……………………… 352

福原学園
　→福原軍造 ……………………… 291
福山高等学校
　→田中省三 ……………………… 195
福山中学校
　→田中省三 ……………………… 195
福山電波工業専門学校
　→藤井正男 ……………………… 293
藤枝学園
　→仲田順光 ……………………… 231
藤枝南女子高等学校
　→仲田順光 ……………………… 231
藤学園
　→キノルド，ヴェンツェスラウ
　　ス ……………………………… 104
　→レーメ，クサヴェラ ………… 363
富士学園
　→服部仁平治 …………………… 262
藤高等女学校
　→キノルド，ヴェンツェスラウ
　　ス ……………………………… 104
不二越工科学校
　→井村荒喜 ………………………… 36
不二越工業高等学校
　→井村荒喜 ………………………… 36
富士商業学校
　→服部仁平治 …………………… 262
富士女子商業学校
　→服部仁平治 …………………… 262
藤田学園
　→藤田啓介 ……………………… 294
藤田保健衛生大学
　→藤田啓介 ……………………… 294
藤ノ花学園
　→伊藤卯一 ………………………… 25
富士見高等学校
　→服部仁平治 …………………… 262
富士見女学校
　→服部仁平治 …………………… 262
藤原工業大学
　→藤原銀次郎 …………………… 297
婦人仁愛会教園
　→禿須美 ………………………… 215
武相学園
　→石野瑛 ………………………… 20
武相高等学校
　→石野瑛 ………………………… 20
武相中学校
　→石野瑛 ………………………… 20
不動岡高等学校
　→岡戸文右衛門 …………………… 67
芙蓉高等女学校
　→酒井堯 ………………………… 135
芙蓉女学校
　→酒井堯 ………………………… 135
ブリテン女学校
　→ブリテン，ハリエット・ガート
　　ルード ………………………… 300
ブリテン男子校
　→クライン，フレデリック・チャー
　　ルズ …………………………… 109
普連土学園
　→コサンド，ジョセフ ………… 117
普連土女学校
　→コサンド，ジョセフ ………… 117
文化学院
　→西村伊作 ……………………… 251
文化学園
　→遠藤政次郎 ……………………… 52
　→尾崎はつ ………………………… 73
文華高等女学校
　→斯波安 ………………………… 152
　→十文字こと …………………… 165
　→戸野みちゑ …………………… 218
文化裁縫学院
　→遠藤政次郎 ……………………… 52
文華女子高等学校
　→河口愛子 ………………………… 94
文化女子大学
　→遠藤政次郎 ……………………… 52

学校創立者人名事典　　　　学校名索引　　　　　　　ほつか

　→並木伊三郎 …………… 241
文化短期大学
　→遠藤政次郎 …………… 52
文化服装学院
　→遠藤政次郎 …………… 52
文京学園
　→島田依史子 …………… 160
文教学園
　→小野光洋 ……………… 75
文武館
　→中沼了三 ……………… 232
文武講習館
　→日高藤吉郎 …………… 269

【へ】

平安女学院
　→エディ, エレン・G. ………… 48
別府高等技芸学校
　→溝部ミツヱ …………… 325
別府女子高等学校
　→溝部ミツヱ …………… 325
別府女子短期大学
　→溝部ミツヱ …………… 325
別府大学附属高等学校
　→小野由之丞 …………… 76
別府溝部学園短期大学
　→溝部ミツヱ …………… 325
ベル学園高等学校
　→佐藤伎具能 …………… 141

【ほ】

鳳凰高等学校
　→西敏 …………………… 249

朴沢松操学校
　→朴沢三代治 …………… 305
豊州高等女学校
　→小野由之丞 …………… 76
豊州女学校
　→小野由之丞 …………… 76
法政大学
　→伊藤修 ………………… 26
　→金丸鉄 ………………… 91
　→薩埵正邦 ……………… 140
　→堀田正忠 ……………… 307
報徳学園
　→大江市松 ……………… 54
報徳実業学校
　→大江市松 ……………… 54
北星学園
　→スミス, サラ・クララ ……… 176
北星女学校
　→スミス, サラ・クララ ……… 176
北陸学院
　→ヘッセル, メリー ………… 303
北陸電気学校
　→金井兼造 ……………… 90
北陸明正珠算簿記専修学校
　→稲置繁男 ……………… 31
星野女学校
　→中村仙巌 ……………… 237
星薬学専門学校
　→星一 …………………… 305
星薬科大学
　→星一 …………………… 305
補充中学校
　→今泉定助 ……………… 35
　→松野勇雄 ……………… 316
　→丸山淑人 ……………… 320
　→元田直 ………………… 334
北海英語学校
　→石川貞治 ……………… 19
　→大津和多理 …………… 63
北海学園札幌高等学校

441

→戸津高知 ………………	218
北海高等学校	
→石川貞治 ………………	19
→大津和多理 ……………	63
北海女学校	
→大谷光演 ………………	61
北海中学校	
→石川貞治 ………………	19
北海道栄養短期大学	
→鶴岡トシ ………………	209
北海道栄養短期大学附属高等学校	
→鶴岡トシ ………………	209
北海道自動車学校	
→伏木田隆作 ……………	293
北海道尚志学園	
→伏木田隆作 ……………	293
北海道女子栄養学校	
→鶴岡トシ ………………	209
北海道文教大学	
→鶴岡トシ ………………	209
北海道文教大学短期大学部	
→鶴岡トシ ………………	209
北海道文教大学明清高等学校	
→鶴岡トシ ………………	209
北海ドレスメーカー女学園	
→浅井淑子 ………………	7
ボランの広場高等学校	
→安田茂晴 ………………	341
堀越高等女学校	
→堀越千代 ………………	308
本郷女学院	
→島田依史子 ……………	160
本郷中学校	
→松平頼寿 ………………	316
本田裁縫女学校	
→岡野さく ………………	67

【ま】

玫瑰女学校	
→ボルジア, メール ………	309
前橋英学校	
→高津仲次郎 ……………	185
益田工業高等学校	
→生越三郎 ………………	73
益田商工高等学校	
→生越三郎 ………………	73
増谷裁縫女学校	
→増谷かめ ………………	313
松江家政高等学校	
→大多和タカ ……………	63
松江第一高等学校	
→大多和タカ ……………	63
松江ミシン裁縫女学院	
→大多和タカ ……………	63
松江洋裁女学校	
→大多和タカ ……………	63
松永裁縫教授所	
→松永いし ………………	316
松村裁縫速進教授所	
→中野冨美 ………………	233
松本学校	
→松本隆興 ………………	318
松本商業学校	
→木沢鶴人 ………………	101
松本商業実務学校	
→松本隆興 ………………	318
松本松南高等学校	
→片倉兼太郎(3代目) ………	84
松本女子実業学校	
→片倉兼太郎(3代目) ………	84
松本戊戌学校	
→木沢鶴人 ………………	101
松本戊戌商業学校	
→木沢鶴人 ………………	101

松山高等商業学校
　→新田長次郎 ………… 252
松山東雲学園
　→二宮邦次郎 ………… 254
松山城南高等学校
　→ジャジソン，コーネリア …… 164
松山女学校
　→二宮邦次郎 ………… 254
大乗学園
　→長谷川良信 ………… 260
真備高等学校
　→西森元 ……………… 252

【 み 】

三浦学苑
　→福本寿栄 …………… 291
三浦中学校
　→福本寿栄 …………… 291
三木学園
　→三木省吾 …………… 321
三島学園
　→三島駒治 …………… 321
　→三島よし …………… 322
三島高等学校
　→青木千代作 ………… 4
　→土屋智重 …………… 207
三島実科高等女学校
　→青木千代作 ………… 4
　→土屋智重 …………… 207
三島実践女学校
　→青木千代作 ………… 4
　→土屋智重 …………… 207
水谷学園
　→水谷キワ …………… 324
御園学園短期大学
　→聖園テレジア ……… 325
御園高等保母学院
　→聖園テレジア ……… 325

御園保母学園
　→聖園テレジア ……… 325
溝部学園
　→溝部ミツヱ ………… 325
三田英学校
　→矢野龍渓 …………… 343
三田高等女学校
　→戸板関子 …………… 214
三田中学校
　→小寺謙吉 …………… 122
三菱商船学校
　→中村六三郎 ………… 240
緑ケ丘高等女学校
　→越原春子 …………… 117
三室戸学園
　→三室戸敬光 ………… 327
宮城学院
　→押川方義 …………… 73
宮城県白石高等学校
　→疋田運獣 …………… 268
　→亘理晋 ……………… 369
宮城女学校
　→押川方義 …………… 73
宮津暁星女学院
　→ルラーヴ，ルイ …… 363
明星学園
　→赤井米吉 …………… 4
明星学園高等女学校
　→上田八一郎 ………… 41
明星学園中学校
　→上田八一郎 ………… 41
明星実務学校
　→児玉九十 …………… 122
三輪田学園
　→三輪田真佐子 ……… 330
三輪田高等女学校
　→三輪田真佐子 ……… 330
三輪田女学校
　→三輪田真佐子 ……… 330

むこか　　　　　学校名索引　　　　学校創立者人名事典

【む】

武庫川学院
　→公江喜市郎 …………… 114
武庫川高等女学校
　→公江喜市郎 …………… 114
武蔵工業大学
　→五島慶太 ……………… 122
武蔵高等学校
　→根津嘉一郎 …………… 255
武蔵高等工科学校
　→五島慶太 ……………… 122
武蔵野音楽学校
　→福井直秋 ……………… 278
武蔵野音楽大学
　→福井直秋 ……………… 278
武蔵野女子学院
　→高楠順次郎 …………… 182
睦学園
　→鶴崎規矩子 …………… 210
村崎女子商業学校
　→村崎サイ ……………… 332
村田女子経理学校
　→村田謙造 ……………… 332
村田女子商業高等学校
　→村田謙造 ……………… 332
村田簿記学校
　→村田謙造 ……………… 332
村野徒弟学校
　→村野山人 ……………… 333

【め】

明治学院
　→服部綾雄 ……………… 261
　→ヘボン ………………… 304

明治女学校
　→木村熊二 ……………… 105
明治大学
　→岸本辰雄 ……………… 102
　→宮城浩蔵 ……………… 329
　→矢代操 ………………… 340
明治法律学校
　→岸本辰雄 ……………… 102
　→宮城浩蔵 ……………… 329
　→矢代操 ………………… 340
明治薬学校
　→恩田重信 ……………… 77
明治薬科大学
　→恩田重信 ……………… 77
名城大学
　→田中寿一 ……………… 195
明星学苑
　→児玉九十 ……………… 122
明泉学園
　→百瀬泰男 ……………… 335
明善高等女学校
　→山川波次 ……………… 344
明徳義塾
　→吉田幸雄 ……………… 358
明倫短期大学
　→木暮山人 ……………… 117
明和高等学校
　→平方金七 ……………… 273
明和女子短期大学
　→平方金七 ……………… 273
目黒学園女子商業高等学校
　→田村国雄 ……………… 200
目黒商業女学校
　→田村国雄 ……………… 200
目白学園
　→佐藤重遠 ……………… 142

444

【 も 】

桃山学院
　→ワレン，C.F. ………… 370
盛岡栄養専門学校
　→細川泰子 ………………… 307
盛岡実科高等学校
　→三田俊次郎 …………… 325
盛岡実科高等女学校
　→三田てる ………………… 326
盛岡実践女学校
　→富田小一郎 …………… 220
盛岡市立女子商業高等学校
　→富田小一郎 …………… 220
盛岡生活学園
　→細川泰子 ………………… 307
森高等学校
　→森わさ …………………… 336
森高等女学校
　→森わさ …………………… 336
森裁縫女学校
　→森わさ …………………… 336
森村学園
　→森村市左衛門 ………… 337

【 や 】

焼津高等学校
　→松永いし ………………… 316
焼津高等裁縫女学校
　→松永いし ………………… 316
焼津女子商業学校
　→松永いし ………………… 316
八代学院
　→八代斌助 ………………… 340
安田学園
　→安田リョウ …………… 341
安田女子大学
　→安田リョウ …………… 341
八千代松陰高等学校
　→山口久太 ………………… 346
柳井学園高等学校
　→植野慶四郎 …………… 42
柳川高等学校
　→古賀肇 …………………… 115
柳川高等技芸学校
　→杉森シカ ………………… 171
柳川商業学校
　→古賀肇 …………………… 115
八幡筑紫女子学園
　→能美ヨシ子 …………… 256
山形学院高等学校
　→森谷たま ………………… 338
山形高等女子職業学校
　→富沢カネ ………………… 219
山形城北高等学校
　→富沢カネ ………………… 219
山形女子短期大学
　→富沢カネ ………………… 219
山形精華高等学校
　→森谷たま ………………… 338
山口講習堂
　→上田鳳陽 ………………… 41
山口講堂
　→上田鳳陽 ………………… 41
山口高等学校
　→上田鳳陽 ………………… 41
山口中学校
　→上田鳳陽 ………………… 41
山口明倫館
　→上田鳳陽 ………………… 41
山田学園
　→山田きみ ………………… 349
山田家政短期大学
　→山田新平 ………………… 350
山田高等学校

大和学園
　→伊東静江 ………………… 26
大和学園女子短期大学
　→伊東静江 ………………… 26
大和農芸女子専門学校
　→伊東静江 ………………… 26
山中高等女学校
　→浅野長勲 ………………… 9
山梨英和女学校
　→新海栄太郎 ……………… 166
山梨学院
　→古屋喜代子 ……………… 302
　→古屋真一 ………………… 302
山梨学院大学
　→古屋真一 ………………… 302
山梨航空工業高等学校
　→梅沢鋭三 ………………… 45
山梨裁縫学校
　→伊藤うた ………………… 25
山梨女子実科高等女学校
　→伊藤うた ………………… 25
山村学園
　→山村婦みよ ……………… 351
山本学園高等学校
　→渡利アイ ………………… 369
山脇学園
　→山脇玄 …………………… 352
谷本英学院
　→谷本多加子 ……………… 198

【ゆ】

遊学館高等学校
　→加藤せむ ………………… 86
猶興学園
　→太田耕造 ………………… 61
有功学舎
　→安達清風 ………………… 10
有恒学舎
　→増村度次 ………………… 314
猶興館高等学校
　→松浦詮 …………………… 318
有恒高等学校
　→増村度次 ………………… 314
郵便電信学校
　→下村房次郎 ……………… 163
猶興書院
　→松浦詮 …………………… 318
由良育英高等学校
　→豊田太蔵 ………………… 222

【よ】

八日市場女学校
　→長戸路政司 ……………… 231
横須賀商業学校
　→石渡坦豊 ………………… 22
横浜英和学院
　→ブリテン，ハリエット・ガートルード ……………………… 300
横浜英和学校
　→クライン，フレデリック・チャールズ ………………………… 109
横浜英和女学校
　→ブリテン，ハリエット・ガートルード ……………………… 300
横浜学園
　→田沼太右衛門 …………… 199
横浜学園高等学校
　→田沼志ん ………………… 198
横浜学園中学校
　→田沼志ん ………………… 198
横浜共立学園
　→クロスビー，ジュリア・ニールソン ………………………… 111
　→ピアソン，ルイーズ・ヘンリエッタ ………………………… 267

　　　　→ブライン，メアリ ……………… 300
横浜高等学校
　　　　→黒土四郎 …………………… 112
横浜高等女学校
　　　　→田沼太右衛門 ……………… 199
横浜実科女学校
　　　　→佐藤善治郎 ………………… 142
横浜女学校
　　　　→田沼志ん …………………… 198
横浜女子商業学園高等学校
　　　　→渡辺たま …………………… 366
横浜女子商業学校
　　　　→渡辺たま …………………… 366
横浜女子商業補習学校
　　　　→渡辺たま …………………… 366
横浜女子短期大学
　　　　→平野恒 ……………………… 274
横浜専門学校
　　　　→米田吉盛 …………………… 359
横浜中学校
　　　　→黒土四郎 …………………… 112
横浜山手女子高等学校
　　　　→渡辺たま …………………… 366
米子北高等学校
　　　　→小泉順三 …………………… 113
米沢女子職業学校
　　　　→椎野詮 ……………………… 149
米沢中央高等学校
　　　　→椎野詮 ……………………… 149

【ら】

来徳女学校
　　　　→本多庸一 …………………… 310
酪農学園
　　　　→黒沢酉蔵 …………………… 110
酪農義塾
　　　　→黒沢酉蔵 …………………… 110

【り】

立園義塾
　　　　→新海栄太郎 ………………… 166
立教学院
　　　　→ウィリアムズ，チャニング・ムーア ………………………………… 40
立教学校
　　　　→ウィリアムズ，チャニング・ムーア ………………………………… 40
立教大学
　　　　→ウィリアムズ，チャニング・ムーア ………………………………… 40
立正学園
　　　　→馬田行啓 ……………………… 45
　　　　→小野光洋 ……………………… 75
立正学園高等家政女学校
　　　　→馬田行啓 ……………………… 45
立正高等女学校
　　　　→岡田日帰 ……………………… 67
立正裁縫女学校
　　　　→馬田行啓 ……………………… 45
　　　　→小野光洋 ……………………… 75
立正幼稚園
　　　　→小野光洋 ……………………… 75
立命館
　　　　→西園寺公望 ………………… 131
　　　　→中川小十郎 ………………… 227
立命館大学
　　　　→中川小十郎 ………………… 227
良文農学校
　　　　→渡辺操 ……………………… 369

【わ】

隈府女子技芸学校

→荒木スヱヲ	14
→荒木民次郎	14
和光学園	
→弘重寿輔	276
早稲田実業学校	
→大隈重信	55
早稲田大学	
→大隈重信	55
渡辺学園	
→渡辺辰五郎	368
渡辺裁縫女学校	
→渡辺登美	368
渡辺女子高等学校	
→渡辺登美	368
和洋学園	
→堀越千代	308
和洋裁専門学校	
→佐香ハル	138
和洋裁縫女学校	
→堀越千代	308
和洋女子専門学校	
→堀越千代	308
和洋文化女学校	
→永末ミツヱ	231

学校創立者人名事典

2007年7月25日 第1刷発行

発 行 者／大高利夫
編集・発行／日外アソシエーツ株式会社
　　　　　〒143-8550 東京都大田区大森北1-23-8 第3下川ビル
　　　　　電話(03)3763-5241(代表)　FAX(03)3764-0845
　　　　　URL http://www.nichigai.co.jp/
発 売 元／株式会社紀伊國屋書店
　　　　　〒163-8636 東京都新宿区新宿3-17-7
　　　　　電話(03)3354-0131(代表)
　　　　　ホールセール部(営業)　電話(044)874-9657

電算漢字処理／日外アソシエーツ株式会社
印刷・製本／株式会社平河工業社

不許複製・禁無断転載　　　《中性紙H-三菱書籍用紙イエロー使用》
〈落丁・乱丁本はお取り替えいたします〉
ISBN978-4-8169-2058-5　　Printed in Japan,2007

本書はディジタルデータでご利用いただくことができます。詳細はお問い合わせください。

学校名変遷総覧　大学・高校編
B5・810頁　定価29,400円（本体28,000円）　2006.11刊

現行の大学、短大、高専、高校あわせて6,481校の創立時から現在に至る校名を一覧。学制改革、再編・統合等による校名の変遷を源流となった藩校や塾名まで遡って調べることができる。

「大学教育」関係図書目録 1989-2005
――"学問の府"はいま

A5・700頁　定価29,925円（本体28,500円）　2006.9刊

大きな変革期を迎える、大学・高等教育に関する近年の図書を一望できる目録。国立大学法人化、大学発ベンチャー、国際化、大学評価、管理・運営、記録・記念誌など幅広い分野の図書7,645点を収録。

児童教育の本全情報 1992-2005
A5・1,080頁　定価24,990円（本体23,800円）　2006.1刊

1992～2005年に刊行された児童教育に関する図書13,443点を収録。ゆとり教育、不登校、フリースクール、学級崩壊、ジェンダー・フリー教育、障害児教育、PTA活動、子供の遊びなど300のテーマごとに一覧。

新訂増補　海を越えた日本人名事典
富田 仁編　A5・940頁　定価15,750円（本体15,000円）　2005.7刊

16世紀から明治中期に、欧米諸国に渡航し日本と西洋の交流のさきがけとなった2,100人の人名事典。使節団、留学生、商人、技術者、旅芸人、漂流者など幅広く収録。略歴、渡航先・年、目的のほか、参考文献も掲載。

教育パパ血風録　（日外選書Fontana）
澤井 繁男 著　四六判・200頁　定価1,680円（本体1,600円）　2007.5刊

「教育」は、教育する側にとっても自分が教えられ育つものである、という持論を基に、学力低下論争、後発進学校、予備校、学校週休2日制、いじめ問題などについて元予備校講師の著者が鋭く切り込む。

お問い合わせは…　データベースカンパニー　日外アソシエーツ
〒143-8550　東京都大田区大森北1-23-8
TEL.(03)3763-5241　FAX.(03)3764-0845
http://www.nichigai.co.jp/